# 한국사

## 38

## 개화와 수구의 갈등

국사편찬위원회

자문위원

신 용 하　　유 영 익　　정 창 렬

편찬위원

권 태 억　　유 영 렬　　최 창 희

집필(개화와 수구의 갈등)

구 선 희　　권 석 봉　　권 오 영
김 원 모　　문 소 정　　변 승 웅
서 영 희　　신 용 하　　윤 병 희
이 택 휘　　조 성 윤　　허 동 현

기획 · 편집

이 해 준　　강 영 철　　이 근 택
고 성 훈　　고 숙 화　　윤 병 희
이 상 일

복간 간행 : 김 용 곤 · 장 득 진

# 한국사 간행취지

우리 겨레가 앞으로 어떻게 살아갈 것인가 하는 문제는 우리들은 물론 우리와 더불어 살아가는 세계인들의 관심사일 것이다. 이에 대한 해답은 과거에 어떻게 살아왔는가 하는 우리 역사에 대한 인식을 통해 찾을 수 있을 것이라고 생각된다.

본 위원회에서는 이미 1970년대에 『한국사』 25권을 간행하여 해방 이후 한국사의 연구성과를 집대성함으로써 한국사에 대한 인식을 새롭게 한 바 있다. 그 이후 한국사회는 놀라운 성장과 발전을 이루었고 역사학계도 상당한 연구성과를 축적하였다. 이러한 변화에 발맞추어 한국사학계는 새로운 『한국사』 편찬의 필요를 느끼게 되었다.

이에 본 위원회는 일차적으로 한국사 연구지원비를 마련하여 역사학계로 하여금 1980년대 중반까지 연구성과가 미진하다고 생각되는 분야를 연구할 수 있도록 하였다. 이어서 1989년부터 1990년까지의 준비를 거쳐 1991년에는 '신편 한국사 편찬위원회'를 따로 구성하고 총 60권에 달하는 새로운 『한국사』를 편찬하기로 하였다. 그리고 다음과 같은 『한국사』 편찬의 목표를 세웠다.

① 한국의 역사와 문화에 대한 객관적 인식의 토대를 제공할 수 있는 한국사를 편찬한다.

② 민족의 창조적 문화활동과 민족사의 내재적 발전을 드러내는 한국사를 편찬한다.

③ 최근까지의 연구성과를 체계화하고 새로운 영역을 개척함으로써 한국사 연구의 지평을 넓힌다.

④ 한국사 연구와 관련하여 고고학·인류학·사회학·경제학 등 인접학문의 연구성과를 수용하여 한국사 인식의 폭을 넓히는 데 기여한다.

새로운 『한국사』를 펴내면서 우리 모두가 바라는 바는, 민족의 통일에 대비해야 하고 급격히 변화하는 시대상황 속에서, 한국사 연구자의 깊이 있는 연구를 도와주고 독자들의 역사인식을 드높일 수 있는 길잡이 구실을 할 수 있었으면 하는 것이다.

국사편찬위원회 위원장

# 목 차

## Ⅲ. 위정척사운동



## Ⅳ. 임오군란과 청국세력의 침투

# V. 갑신정변

# 개 요

## I

19세기 중엽의 한국민족과 한국사회에는 서양열강의 도전으로 말미암아 조성된 민족적 위기와 전근대사회의 구조적 모순 및 가렴주구로 말미암아 조성된 체제적 위기를 객관적으로 인식하고, 이를 적절하게 극복하여 민족과 나라의 자주독립과 발전방책을 추구한 선각적 지식인들이 나타나게 되었다.

당시 조선의 지식인들은 조선과 중국의 이웃 관계를 이와 입술의 관계인 이른바 脣齒之間으로 생각하고 있었으므로, 脣亡齒寒이라는 표현과 같이 입술인 중국의 몰락은 이빨인 조선을 시리게 만드는 결과를 가져온다고 생각하고 있었다. 그런데 중국으로부터 들려오는 소식은 날로 위기감을 가중시키는 것뿐이었다.

더욱 놀라운 것은 청국이 천진조약의 비준을 지연하자 1860년 영국과 프랑스의 동양함대가 연합하여 중국을 또 공격했는데, 1개월 만에 중국은 수도 북경을 점령당해 버리고 청국황제는 황망히 만리장성을 넘어 북으로 도망하여 熱河에 피난했다는 충격적인 소식이었다.

동양에서 가장 강대한 나라인 중국이 서양의 무력 앞에 힘없이 굴복하여 수도까지 점령당했다는 사실은 조만간 서양의 무력이 조선에도 닥쳐와 공격을 시작할 것임을 예고하는 것으로 선각적 조선 지식인들에게는 인식되었다. 그것은 만일 한국민족이 서양세력의 도전에 조선이 적절하게 응전하지 못하고 실패하는 경우에는 열강의 강대한 침략의 힘에 의해서 나라가 식민지로 떨어지게 되는 '민족적 위기'로 조선 지식인들에게 인지된 것이었다.

19세기 중엽의 조선의 선각적 지식인들은 서양세력의 이 새로운 도전을 적절히 극복하고 민족적 위기를 타개하려면 종래와 같은 전근대적 응전의 방법으로는 불가능하고, 이번에는 새로운 응전의 방안을 고안해 내서 실행해야 한다는 사실을 자각하게 되었다. 서양열강의 도전에 대한 응전의 사상으로 19세기 중엽에 조선민족의 지식인들이 만든 새로운 사상들을 크게 나누어 보면 開化思想·東學思想·衛正斥邪思想 등이었다.

## II

한국의 개화사상을 형성한 비조는 널리 알려진 대로 吳慶錫·劉鴻基·朴珪壽 등이었다. 이 중에서 가장 먼저 개화사상을 터득한 이는 오경석이었다. 오경석은 대대로 8대에 걸쳐 역관을 지낸 중인 집안에서 태어나 16세 때 譯科시험에 漢學(중국어)으로 합격하여 정식으로 중국어역관이 되었다.

오경석은 23세 때인 1853년(철종 4) 10월에 처음으로 조선왕조가 중국에 매년 파견하는 사행의 통역으로서 북경에 가게 되었다. 오경석은 이 때부터 이듬해까지 11개월간이나 북경에 체류하면서, 서양열강의 침투와 침략으로 말미암아 붕괴되어 가는 중국의 실상을 예리하게 관찰하고, 중국이 당면하고 있는 위기가 곧 우리 나라에도 도래하여 민족적 위기를 조성할 것이라고 예견하였다. 당시 중국에서는 서양열강의 침략과 그에 굴복한 청국조정에 반대가 일어났는데, 그 가운데 홍수전은 1850년 남방에서 무장봉기하여 1851년에 '태평천국'의 수립을 선포했다. 청국조정은 이의 '진압'을 위해서 영국군을 차병하였고, 오경석이 북경에 간 1853년에는 남방에서 전투가 벌어지고 있던 때였다.

이에 따라 중국의 선각적 인사들과 예민한 청년들 사이에서는 위기의식이 팽배하게 되고, 서양세력의 실상을 소개하면서 서양열강의 침략으로부터 중국을 구하기 위한 대책을 논의한 '新書'들이 간행되기 시작하였다. 오경석은 조선에도 닥쳐오는 '민족적 위기'를 예견하고 이에 대한 대책수립과 관련하여 제1차 북경여행 때부터 '신서'를 구입하여 북경의 객사에서도 읽고 귀국한 후에도 연구하여 개화사상을 형성하기 시작하였다.

오경석은 1858년까지 네 차례나 북경을 다녀왔는데, 이 때마다 '신서'들을 구입하였다. 《海國圖志》·《瀛環志略》·《博物新編》·《월비기략》·《북요휘편》 등을 비롯한 다수의 신서들이 그것이었다. 오경석은 또한 북경에서 張之洞·吳大澂 등 자기 또래의 과거시험(진사시험) 보러 북경에 온 중국 동남지방 출신의 애국청년들과 널리 교제하여 자기의 견문을 넓히었다. 오경석은 안으로는 박제가 등의 실학을 계승하여 발전시키면서, 밖으로는 자신이 구입해 온 신서들을 연구하여 1853~1859년의 기간에 한국에서 처음으로 한국의 '개화사상'을 형성하였다.

여기서 주목해야 할 것은 한국의 개화사상은 1853~1859년에 오경석에 의하여 처음 형성되었다는 사실이다. 오경석은 1860년 8월 영불동양함대 연합군이 북경을 점령한 사건이 일어난 직후인 그 해 10월 정례적인 동지사의 역관으로 북경에 갔다가 이듬해 3월에 귀국하였다. 그러나 청국황제는 이미 열하에 피난중이었다. 중국은 1860년 10월에 굴욕적인 '북경조약'을 체결하여 겨우 영불연합군을 철수시켰지만 여전히 대혼란에 빠져 있었다. 오경석은 서양열강의 침략 앞에 무력하게 붕괴되어 가는 중국을 보고 거듭 큰 충격을 받았으며, 조선의 민족적 위기를 더욱 절감하게 되었다.

오경석은 귀국하자 그가 견문한 사실과 자기의 새로 형성한 개화사상을 친우인 유홍기에게 설명하면서 그가 그간 중국으로부터 구입해 온 '신서'들을 유홍기에게 빌려 주어 나라를 구할 방책을 연구하도록 요청하였다. 유홍기는 오경석의 견문한 것과 새 사상을 듣고 '신서'들을 연구한 결과 유홍기도 1861년경에 '개화사상'을 형성하여 갖게 되었다.

한편 박규수는 조선 후기 실학자 燕巖 朴趾源의 친손자로서 영불연합군의 북경점령사건에 대하여 조선조정이 1861년 1월 북경에 위문사절단을 파견할 때 부사로 임명되어 다녀오게 되었다. 박규수도 서양열강의 침략 아래 있는 북경에서 중국의 실상을 직접 관찰하고 큰 충격을 받았음은 물론이다. 그리하여 박규수도 귀국할 때는 《해국도지》·《영환지략》 등 신서들을 구입해 가지고 돌아왔다. 박규수도 이 신서들을 읽어 가며 1861년부터 스스로 '개화사상'을 형성하게 되었다.

그리하여 19세기 중엽인 1850~1860년대 조선에서는 개화사상의 3비조인 오경석·유홍기·박규수 등에 의하여 마침내 개화사상이 형성되기에 이르렀다.

오경석과 유홍기는 1866년(고종 3) 제너럴 셔먼호사건과 '병인양요'에 큰 충격을 받아 조선의 민족적 위기가 더욱 급박하게 되었음을 판단하고 나라를 구하기 위한 혁신정치의 주체세력을 형성하는 방안을 토론하였다. 오경석과 유홍기는 중인신분이었으므로, 당시의 양반신분제도 밑에서는 정치를 담당하거나 정치적 발언을 할 수 없는 신분이었다. 이에 오경석과 유홍기는 우선 정치담당 신분인 양반신분 중에서 서울 북촌(양반 거주지역)의 가장 영민한 양반자제들을 선발하여, 그들이 형성한 개화사상을 가르치고 발전시켜 정치세력으로서의 개화파를 형성하여 혁신의 기운을 일으키고, 그들로 하여금 혁신정치를 단행해서 나라를 구하게 하도록 합의하였다. 그러나 오경석과 유홍기 등 중인신분으로서는 당시의 신분적 제약 때문에 양반출신 영민한 청년자제들을 선발하여 개화사상을 교육시킬 힘이 없었다. 이 방식에는 고위 양반출신의 개화사상 비조인 박규수의 힘과 역할이 절대적으로 필요하였다.

박규수는 1866년 3월 평안도관찰사로 임명되어 평양에 부임해 있던 중에 그 해 8월 제너럴 셔먼호의 도발을 받고 이를 화공으로 격침시켰다. 박규수는 대동강에 가라앉은 제너럴 셔먼호의 엔진과 기선장치와 병기 등을 건져올려 서울로 보내어 대원군으로 하여금 실험케 하였다. 박규수는 같은 해 9월 프랑스동양함대가 '병인양요'를 일으켜 강화도를 3개월간이나 점령하고 서울을 침공하려고 도전해 오자 민족적 위기를 더욱 급박하게 절감했지만 평안도 방어에만 전심전력했지 서울에서의 활동은 할 수 없었다.

박규수는 3년 후인 1869년 4월에 한성판윤으로 임명되어 평안도로부터 서울로 상경하였고, 6월에는 형조판서까지 겸직으로 임명되었다. 마침 오경석은 중국에 통역관으로 파견되었다가 1869년 12월 귀국하여, 유홍기와 같이 박규수를 방문해서 개화사상의 교육을 위한 방안을 제의하자, 박규수는 흔쾌히 받아들여 오경석·유홍기·박규수 등 개화사상의 비조 3인은 1869년 말에 완전히 동지로서 합류하게 되었고, 1870년 초부터 박규수의 사랑방에서 개화사상의 교육이 시작되었다.

박규수는 북촌의 양반자제들 중에서 영민하기로 평판이 있는 金玉均·朴泳教·洪英植·兪吉濬·朴泳孝·徐光範 등을 일차로 발탁하여 개화사상을 교육시키게 되었다. 이웃에 거주했던 金弘集과 魚允中 등도 박규수의 사랑방을 출입한 것으로 알려져 있다.

박규수의 개화사상의 교육은, ① 박규수 · 오경석 · 유홍기 등이 형성한 개화사상과 중국 등지에서의 견문, ②《燕巖集》을 비롯한 실학사상, ③ 오경석과 박규수 등이 중국에서 구입해 온 신서 등과, ④ 이에 비추어 본 국정논책 등이었다. 박규수의 사랑방에서 개화사상의 교육을 받은 김옥균 등 영민한 양반자제들은 그들도 한번 개화사상을 갖게 되자, 신분을 넘어서 유홍기 · 오경석의 직접적인 지도도 받고 그들이 가져온 신서들도 빌려 읽었다.

한국의 개화사상은 1853~1860년대에 오경석 · 유홍기 · 박규수의 3비조에 의하여 형성되었고, 1870년 초부터 박규수 · 유홍기 · 오경석 등에 의하여 양반 출신 영민한 자제들인 김옥균 · 박영교 · 김윤식 · 홍영식 · 유길준 · 박영효 · 서광범 · 김홍집 · 어윤중 등을 선발해서 박규수의 사랑방 등에서 개화사상을 교육함으로써 다음 세대에 확산되었다. 이어서 1874년부터 김옥균이 관계에 진출하게 되자 정치세력으로서의 초기 개화파를 형성하기 시작한 것이었다고 볼 수 있다.

## Ⅲ

1876년 '조 · 일수호조규'에 의해 개항된 뒤 조선은 서양열강과의 통상교섭이 확대되고 열강의 도전이 증대되기 시작하자, 국내외 정세변화에 대처하여 본격적인 개화정책을 추진하려는 노력이 선각자들과 초기 개화파 관료들 사이에 나타났다. 그들은 서양열강의 도전에 대항하여 나라의 독립과 안전을 지키기 위해서는 하루속히 개화정책을 실시하여 자주부강한 조국을 건설해야 한다고 생각하였다. 또, 개항 이후의 정세변화에 대처하기 위해서는 전통을 계승하면서 열강의 선진 과학기술을 배우고 제도개혁을 단행하여 부강한 근대국가 체제를 갖추는 것이 급선무임을 깨달았다.

초기 개화정책의 움직임은 1878년부터 현저히 나타나기 시작하였다. 열강의 약육강식의 정책 아래 늦게 출발한 개화정책은 수많은 시련에 부딪쳤지만, 우여곡절 속에서도 줄기차게 진전되어 많은 성과를 내기 시작하였다. 그것은 1880년 최초의 신식 정부기구로서 통리기무아문의 설치로부터 비롯하여, 1881년 신식 군대인 별기군의 창설 등으로 이어져 착착 단행되었다(본문 I－1－3) 참조).

## Ⅳ

국내 위정척사파로부터의 반발과 국외로부터의 열강의 압력이 있었음에도 불구하고 1880년대에 들어오면서 개화정책은 빠르게 진전되었다.

개화사상의 대두와 개화정책 시행에 강력히 반발한 것이 衛正斥邪사상과 운동이었다. 위정척사사상은 李恒老·奇正鎭·金平默 등이 주도하여 이미 병인양요(1866) 시기에 정립되어 유생들 사이에 강력한 지지를 받고 있었다.

개항 후 김홍집이 1881년 일본에 수신사로 다녀올 때에 黃遵憲의《朝鮮策略》을 가져와서 이를 널리 배포하기 시작하자 유학자들이 선두에 서서 개화정책을 반대하고 성리학체제를 지키려는 위정척사운동을 맹렬히 전개하였다. 李晩孫을 선두로 〈영남만인소〉가 정납되었으며, 전국 유림들이 개화정책을 비판하고 반대하였다.

1882년에는 구군대 급료지급의 부정으로 말미암아 일부 군인들이 '임오군란'을 일으켜 폭동군인들이 감옥에 있던 수백 명의 위정척사 유생들을 석방시킨 결과 대원군이 집권하여 반개화정책을 실시하기 시작하였다. 임오군란이 일어나서 민비정권이 붕괴되고 홍선대원군이 집권하자 민비 수구파는 청국에 구원을 요청하였으며, 청국은 이에 한림원학사 張佩綸의 '東征善後六策'이라는 건의안을 채택하여 이 기회에 군대를 파견해서 임오군란을 진압한 다음 조선을 실질적으로 '屬邦化'하기로 결정하였다.

이에 청국은 3,000명의 군대를 조선에 파병하여 주둔시키고, 집권자이며 국왕의 아버지인 대원군을 청국 군함에 초청하여 놓고는 그대로 납치하여 청국에 실어다가 保定府에 유폐하여 버리는 만행을 저질렀다. 청국은 대원군 정권을 붕괴시킨 다음 민비정권을 세워 원상복구를 해 놓고서도 청군을 철수시키지 아니하고 장기 주둔시킨 채 이 무력을 배경으로 허구의 종주권을 주장하면서 조선 속방화를 위한 적극 간섭정책을 자행하고 조선의 자주독립권을 크게 침해하였다.

뿐만 아니라 청국과 청군은 김옥균을 중심으로 한 개화당의 개화정책과 개화운동이 궁극적으로 청국으로부터의 조선의 독립을 추구하는 것이라 보고 온갖 방법으로 개화당을 탄압하고 개화운동을 저지하였다. 청국은 조선내정에 깊숙이 간섭하면서 개화당을 정계에서 숙청하기 시작했으므로 김옥균 등 개화당의 정치적 지위는 매우 위험한 처지에 놓이게 되었다.

민비 수구파는 임오군란에 의하여 정권이 한번 붕괴되었다가 청국의 구원으로 재집권하게 되자, 청국의 조선 속방화정책에 순응하여, 나라의 독립이 크게 침해되고 자주근대화가 저지되는 것은 전혀 돌아보지 않고 사리사욕을 채우기에 급급하였다. 결국 갑신정변의 원인은 청국의 조선 자주독립의 침해와, 개화당의 자주근대화정책에 대한 청국 및 민비 수구파의 저지와 탄압에 있었다고 말할 수 있다. 개화당은 청국의 조선 속방화정책과 개화정책 탄압에 대하여 단호하게 무장정변의 방법으로 대항해서 나라의 독립과 자주근대화를 달성하려 한 것이었다.

1882~1884년 무렵의 조선의 사회정치세력은 대체로, ① 급진개화파(개화당), ② 온건개화파, ③ 민비수구파, ④ 대원군수구파, ⑤ 위정척사파 등 5대 세력으로 분화되어 있었다. 1884년의 갑신정변은 이 5대 사회정치세력 중에서 급진개화파와 친청사대적인 민비수구파 사이의 정치투쟁이었다.

## V

김옥균을 중심으로 한 개화당(급진개화파)은 청군을 몰아내고 나라의 완전독립을 찾음과 동시에 먼저 정권을 장악하여 '위로부터의 대개혁'을 단행하기 위해서, 1883년 무장정변을 모색하며 준비하기 시작하였다.

1884년 봄부터 청국과 프랑스 사이에 안남문제를 둘러싸고 청불전쟁의 조짐이 짙어지자 청국은 1884년 4월 29일(양력 5월 23일)경 서울에 주둔시켰던 3,000명의 청군병력 중에서 1,500명을 안남전선으로 이동시킨 결과, 서울에는 1,500명만 남게 되었다. 뒤이어 1884년 8월에 청불전쟁이 발발하여 프랑스함대가 청군의 福建艦隊를 격파시켰고, 청군은 계속해서 패배하였다. 김옥균 등 개화당은 이 때가 정변을 일으킬 시기라고 판단하고, 1884년 음력 8월(양력 9월) 정변의 단행을 결정하였다. 왜냐하면, 이 시기에는 청군이 안남전선에 묶여 조선에서 대규모 군사행동으로 전선 두 개를 동시에 만들 여력이 없다고 보았기 때문이었다. 여기서 주목해야 할 것은 김옥균 등 개화당의 정변 결정이 전적으로 개화당의 독자적 결정에 의하여 주체적으로 이루어졌다는 사실이다.

개화당이 독자적으로 정변 단행의 결정을 내려 본격적 준비가 진행된 약 1개월여 후에 본국에 갔던 일본공사 다케조에(竹添進一郎)가 1884년 9월 12일(양력 10월 30일) 일본으로부터 서울로 귀임하여, 종전의 개화당에 대한 적대적 태도를 바꾸어 적극적 호의를 보이면서 접근해 왔다. 이에 김옥균 등 개화당은 부족한 무력을 보충하고 청군을 견제하기 위해 일본측의 호응을 얻어 일본공사관 호위병인 일본군 150명을 정변에 끌어넣기로 하였다. 일본측은 그들의 공사관 병력 150명과 일화 300만 엔을 빌려 주겠다고 약속하였다. 이렇게 해서 일본군 150명이 정변의 무력준비에 추가되었다. 개화당은 일본군의 소임에 대해서 왕궁 호위와 청군에 대한 방비만을 분담하고, 국내 수구파 제거와 내정개혁에는 관여하지 않으며, 이것은 오직 개화당이 맡을 것을 요구하여 일본측의 동의를 얻었다.

개화당은 마침내 1884년 10월 17일 홍영식이 총판으로 있던 우정국 낙성식의 축하연을 계기로 정변을 일으켰다. 개화당은 우선 국왕과 왕비를 창덕궁으로부터 방어하기 좋은 景祐宮으로 옮기고 군사지휘권을 가진 수구파 거물 韓圭稷·尹泰駿·李祖淵 등을 국왕의 이름으로 불러들여 처단하였다. 개화당은 민비 수구파 거물인 閔台鎬·閔泳穆 등도 또한 국왕의 이름으로 불러들여 처단하고, 개화당의 배신자인 柳在賢도 처단하였다.

개화당은 뒤이어 곧바로 신정부수립에 착수하였다. 여러 단계의 인사발령이 있었으나, 최종적인 신정부의 각료는 영의정 李載元(국왕의 종형), 좌의정 홍영식, 전후영사 겸 좌포장 박영효, 좌우영사 겸 대리외무독판 및 우포장 서광범, 좌찬성 겸 우참찬 李載冕(대원군의 嗣子), 이조판서 겸 홍문관제학 申箕善, 예조판서 金允植, 병조판서 李載完(이재원의 아우), 형조판서 尹雄烈, 공조판서 洪淳馨(왕대비의 조카), 호조참판 김옥균, 병조참판 겸 정령관 서재필, 도승지 박영교 등이었다.

개화당의 소임 분담은 개화당 대표(좌의정)에 홍영식이 추대되고, 재정은 김옥균, 군사는 박영효와 서재필, 외교는 서광범, 국왕의 비서실장 책임은 박영교가 담당하도록 하였다. 물론 정변과 신정부의 실질적인 지도자가 김옥균이었음은 두말할 필요도 없다.

결국 정변을 일으켜 신정부를 수립한 개화당은 그들의 새로운 개혁정치의 지침인 혁신정강을 제정·공포하였다. 혁신정강의 조항은 상당히 많아 일본인의 기록에는 80여 개 조항에 달했다고 하나, 현재 정확히 전해지고 있는 것은 14개 조항으로, 대원군을 가까운 시일내에 돌려보낼 것과 동시에 조공하는 허례를 폐지할 것 등이 김옥균의 〈갑신일록〉에 수록되어 있다(본문 V-3-4) 참조).

갑신정변의 혁신정강 14개조는 당시 개화당 신정부의 개혁정치의 의지와 기본내용을 집약적으로 보인 것이었다.

## Ⅵ

국왕 고종이 혁신정강을 재결하고 대개혁정치 실시의 조서를 내린 10월 19일 오후 3시에 청군은 마침내 1,500명의 병력을 두 부대로 나누어 창덕궁의 돈화문과 선인문으로 각각 공격하여 들어왔다. 이에 대항하여 외위를 담당한 친군영 전후영의 조선군이 용감히 응전하였으나, 수십 명의 전사자를 내고 중과부적으로 패퇴하여 흩어져 버렸다. 다음은 중위를 담당한 일본군의 차례였으나, 그들은 제대로 전투도 하지 않고 철병하여 버렸다. 일본군은 그 이전부터 철병을 준비하고 있었다. 창덕궁의 넓은 지역에서 개화당의 50명 장사와 사관생도로 편성된 내위만으로는 정면에 부딪친 1,500명의 청군에 도저히 대항할 수 없어, 갑신정변은 청군의 무력공격에 패배함으로써 붕괴되고 실패로 돌아가게 되었으며, 개화당의 집권은 '3일천하'로 끝나고 말았다. 이에 김옥균·박영효·서광범·서재필·변수와 일부 사관생도 등 9명은 일본으로 망명하고, 홍영식·박영교와 사관생도 7명은 고종을 호위하여 청군에 넘겨준 후 피살되었다. 그 뒤 국내에 남은 개화당들은 민비 수구파에 의하여 철저히 색출되어 수십 명이 피살되고 개화당은 몰락하였다.

갑신정변의 실패 원인으로는, ① 청군의 불법적 범궐과 군사적 공격, ② 개화당의 일본군 借兵의 실책과 일본군의 배신적 철병, ③ 개화정책을 지지할 사회계층으로서의 시민층의 미성숙, ④ 민중의 지지 결여, ⑤ 개화당의 민비와 청군의 연락에 대한 감시 소홀과 정변수행 기술의 미숙 등을 들 수 있다. 갑신정변은 이처럼 실패한 운동임에도 불구하고 중요하게 다루어지고 그 실패를 애석해 하는 이유가, 그것이 한국근대사에서 처음으로 자주부강한 근대국가를 건설하려는 과감한 운동이었으며, 갑신정변의 신정부가 최초의 근대적 정권이었고, 그들의 혁신정강의 개혁 구상과 정책이 열강의 침략 속에서 나라를 구할 수 있는 '大更張改革' 구상과 정책이었기 때문이다.

갑신정변은 실패했음에도 불구하고 그 사회사적 의의는 큰 것이었다.

첫째, 갑신정변은 세계사적으로 한국민족이 개혁을 단행하기에는 가장 적절한 시기에 가장 적극적으로 중세국가체제를 청산하고 자주부강한 근대국가를 건설하려 한 첫 번째 큰 자주근대화운동이었다.

둘째, 갑신정변은 한국근대사에서 개화운동의 방향을 정립해 주었다. 갑신정변이 추구한 자주부강한 근대국가와 시민사회, 자본주의경제와 근대문화, 그리고 자주국방의 건설은 그 이후의 모든 개화운동이 계승하여 추구한 것이었다. 10년 후의 갑오개혁은 갑신정변의 개혁안을 다른 상황에서 실현한 것이었다. 이 점에서 갑신정변은 개화사상과 개화운동의 발전에 하나의 이정표를 세운 것이었다고 말할 수 있다.

셋째, 갑신정변은 한국의 반침략 독립운동에도 하나의 기원을 정립한 것이었다. 갑신정변의 독립운동은 당시 중국의 대조선 속방화정책에 대한 과감한 응전의 형태를 가진 것이었지만, 이 운동의 내부 성격은 모든 외세의 침략에 대한 저항과 독립의 추구가 본질을 이루고 있었다. 박은식이 그의 고전적 저서 《韓國獨立運動之血史》의 제1장을 '갑신독립당의 혁명실패'로부터 시작한 것은 이 때문이었다.

넷째, 갑신정변은 한국 근대민족주의의 형성과 발전에 하나의 이정표를 세운 운동이었다. 한국근대사에서 모든 민족주의운동은 갑신정변을 계승하여 그것을 반성하고 발전시키고 있다. 그 후의 독립협회·만민공동회운동과 애국계몽운동은 직접적으로 갑신정변을 성찰하면서 계승하고 발전시킨 운동이었다고 볼 수 있다.

갑신정변 실패의 영향으로 국내에서는 민비 수구파정권이 재수립되었으며 개화당은 몰락하여 가혹하게 숙청당하였다. 그 결과 1885년부터는 일시 개화정책이 부진하게 되었다. 또 그 뒷처리로 조선과 일본 사이에는 '한성조약', 청국과 일본사이에는 '천진조약'이 체결되었다.

〈愼鏞廈〉

# Ⅰ. 개화파의 형성과 개화사상의 발전

1. 개화파의 형성과 활동

2. 개화사상의 발전

# Ⅰ. 개화파의 형성과 개화사상의 발전

## 1. 개화파의 형성과 활동

### 1) 개화파의 형성

조선왕조에서는 19세기 중엽 서양세력의 침입으로 말미암아 조성된 민족적 위기를 타개하기 위한 사상의 하나로 개화사상이 吳慶錫(1831~1879), 劉鴻基(1831~1884?), 朴珪壽(1807~1876) 등 3인의 비조에 의하여 1853년~1860년대에 형성되었다.

1866년(고종 3) '제너럴 셔만호사건'과 '병인양요'의 큰 충격을 받고 개화사상의 3인의 비조는 개화사상을 실천하여 나라를 크게 개혁해서 구해 낼 혁신적 정치세력인 개화파를 형성시키고자 하였다.[1] 오경석의 아들 吳世昌은 다음과 같이 회고하여 기록하였다.

> 나의 아버지 오경석은 조선의 譯官으로서 당시 조선으로부터 중국에 파견되는 冬至使 및 기타의 사절의 통역으로 자주 중국을 왕래하였다. 중국에 체재 중 세계 각국의 각축하는 상황을 견문하고 크게 느낀 바 있었다. 뒤에 列國의 역사와 각국 흥망사를 연구하여 자기 나라 정치의 부패와 세계 대세에 실각되고 있음을 깨닫고, 앞으로 언젠가는 반드시 비극이 일어날 것이라고 하여 크게 개탄하는 바가 있었다. 이로써 중국에서 귀국할 때에 각종의 新書를 지참하였다…평상시 가장 친교가 있는 友人 중에 大致 劉鴻基라는 동지가 있었다. 그는 학식과 인격이 모두 고매 탁월하고 또한 교양이 심원한 인물이었다. 오경석은 중국에서 가져온 각종 新書를 그에게 주어 연구를 권하였다. 그 뒤 두 사람은

---

1) 姜在彦, 〈開化思想·開化派·甲申政變〉(《朝鮮近代史研究》, 日本評論社, 1970).
李光麟, 〈開化黨의 形成〉(《省谷論叢》 3, 1972 ; 《開化黨研究》, 一潮閣, 1973).
愼鏞廈, 〈金玉均의 開化思想〉(《東方學志》 46·47·48, 1985).
金雲泰, 〈韓末開化思想과 그 運動의 展開〉(《朝鮮王朝政治思想研究》, 1987).

사상적 동지로서 결합하여 서로 만나면 나라의 형세가 실로 바람 앞의 등불처럼 위태하다고 크게 탄식하고 언젠가는 일대 혁신을 일으키지 않으면 안 된다고 상의하였다. 어떤 날 劉大致가 오경석에게 '우리 나라의 개혁은 어떻게 하면 성취할 수 있겠는가' 하고 묻자, 후자는, '먼저 동지를 北村(서울의 북부 당시 상류계급의 거주구역)의 양반자제 중에서 구하여 혁신의 기운을 일으켜야 한다' 고 하였다(古筠紀念會 編, 《金玉均傳》 상, 慶應出版社, 1944, 48~49쪽).

여기서 특히 주목할 것은 풍전등화같이 위태한 형세에 있는 나라를 구하기 위하여 일대 혁신을 일으킬 수 있는 동지들로서 서울 북촌의 양반자제들 중에서 영민한 청년들을 선발하여 개화사상을 전파 교육해서 혁신적 정치세력을 형성한 시기가 언젠인가의 문제이다.

오경석과 유홍기는 中人신분의 역관과 한약사이었으므로, 당시의 양반신분 사회에서는 북촌의 영민한 양반자제들을 선발하여 교육시킬 수 있는 사회신분이 아니었다. 개화사상의 세 비조 중에서 양반신분은 박규수뿐이었다. 박규수는 실학자 燕巖 朴趾源의 친손자로서 그가 조부의 실학을 계승하여 개화사상을 형성한 무렵에는 그는 이미 고관대작의 지위에 있었다. 그러므로 박규수는 북촌의 영민한 양반자제들을 자유롭게 선발하여 개화사상을 교육시킬 수 있었다.

박규수는 1866년 음력 2월 4일 평안도관찰사로 임명되어,[2] 3월 22일 서울을 출발하여 평양에 부임해서,[3] 7월 19일(양력 8월 28일) '제너럴 셔만호'의 도발을 받고, 이를 7월 23일(양력 9월 1일) 火攻으로 격침시켰다.[4] 박규수가 평안도관찰사의 임기를 끝내고 藝文館提學의 발령을 받은 것은 약 3년 후인 1869년 4월 3일이었다.[5] 박규수는 상경하자 바로 4월 23일자로 한성판윤에 임명되었고,[6] 뒤이어 6월 15일자로 형조판서에 겸임으로 임명되었다.[7] 이 때 박규수의 집은 북촌의 齋洞에 있었다.[8]

2) 《高宗實錄》, 고종 3년 2월 초4일.
3) 《高宗實錄》, 고종 3년 3월 22일.
4) 《高宗實錄》, 고종 3년 7월 22일 및 7월 27일 平安監司 朴珪壽狀啓 참조.
5) 《高宗實錄》, 고종 6년, 4월 초3일.
6) 《高宗實錄》, 고종 6년 4월 23일.
7) 《高宗實錄》, 고종 6년 6월 15일.
8) 《高宗實錄》, 고종 11년 3월 초5일.

한편 오경석은 1866년에는 프랑스 동양함대의 침공설로 말미암아 그 해 5월에 중국에 파견되어 10월에 귀국하였다.[9] 또한 1869년에는 오경석은 열 번째로 또 중국에 파견되어 12월에 귀국하였다.[10]

그러므로 오경석·유홍기를 하나로 하고 박규수를 다른 하나로 하여 형성된 한국의 개화사상의 3비조가 합류한 시점은 1869년이라고 볼 수 있다. 북촌의 영민한 양반자제들을 선발하여 개화사상을 교육해서 개화파 혁신세력을 형성하려는 전략을 일찍이 합의하여 갖고 있던 오경석과 유홍기가 '제너럴 셔만호사건'을 처리하고 1869년에 서울의 관직에 임명받아 귀경한 박규수를 방문하여 서양세력의 침입으로 말미암아 조성된 나라의 위기를 논의했을 것임은 의문의 여지가 없다. 뿐만 아니라 오경석의 후손들이 증언하는 바와 같이 북학파인 박규수 가문과 8대나 대대로 중국어 통역관인 오경석의 가문은 대를 이은 교제가 있었다. 또한 박규수가 오경석에 보낸 날짜가 적혀 있지 않은 편지 한 통이 남아 있는 바, 박규수는 이 편지에서 오경석을 정3품 당하관 이하의 관인에게 쓰이던 '혜인'이라는 예의상의 호칭을 사용하면서 매우 친밀한 안부와 중국인 관계의 문의를 하고 있는데, 오경석은 1869년 7월에 정3품 堂上譯官이 되었으므로 1869년 이전에 박규수와 오경석이 신분은 다르지만 친밀한 교제가 있었음을 증명해 주고 있는 것이다.[11]

요컨대 오경석·유홍기·박규수는 1869년 말에 완전히 합류하였고, 박규수가 북촌의 양반자제들 중에서 영민한 청년들을 선발하여 박규수의 사랑방에서 1870년 초 전후하여 개화사상의 교육이 본격적으로 시작된 것이었다.

물론 박규수의 사랑방에 학숙을 차린 것은 아니었고, 북촌의 영민한 양반자제들이 집단으로 또는 개인으로 박규수의 사랑방을 정기적으로 또는 부정기적으로 방문하여 박규수의 지도를 받은 것이었다. 박규수의 가르침을 받아 개화사상을 형성한 대표적 인물로는 우선 金玉均·洪英植·朴泳教·朴泳孝·徐光範 등이 있었다. 박영효는 다음과 같이 회고하였다.

---

文一平, 〈名相 朴珪壽의 옛터〉(《湖岩全集》 3, 朝光社, 1941), 266~268쪽.

9) 吳世昌 작성, 《吳慶錫·吳世昌年譜》 참조.

10) 愼鏞廈, 〈吳慶錫의 開化思想과 開化活動〉(《歷史學報》 107, 1985), 130~133쪽 참조.

11) 〈朴珪壽의 吳慶錫에게의 '惠人' 書簡〉(吳一六 소장) 참조.

그 新思想은 내 일가 朴珪壽 집 사랑에서 나왔소. 金玉均·洪英植·徐光範 그리고 내 백형(朴泳敎를 가리킴)하고 齋洞 朴珪壽 집 사랑에 모였지요…《燕巖集》의 귀족을 공격하는 글에서 평등사상을 얻었지요(李光洙, 〈朴泳孝씨를 만난 이야기〉, 《東光》, 1931년 3월호).

신채호도 박규수가 그의 집에서 김옥균에게 실학을 계승하여 개화사상을 교육한 사례를 다음과 같이 기록하였다.

金玉均이 일찍이 우의정 朴珪壽를 방문한즉, 박씨가 벽장 속에서 地球儀 1座를 내어 김씨에게 보이니, 그 지구의는 곧 박씨의 조부 燕巖선생이 중국에 유람할 때에 사서 휴대하여 온 바더라. 박씨가 지구의를 한 번 돌리더니 김씨를 돌아보며 웃어 가로되,

'오늘에 중국이 어디 있느냐. 저리 돌리면 미국이 중국이 되며, 이리 돌리면 朝鮮이 中國이 되어, 어느 나라든지 한 가운데로 돌리면 중국이 되나니, 오늘에 어디 정한 중국이 있느냐' 하니,

김씨 이 때 開化를 주장하여 新書籍도 좀 보았으나, 매양 수백년래 流傳된 사상, 곧 대지 중앙에 있는 나라는 중국이요, 동서남북에 있는 나라는 四夷니 사이는 중국을 높이는 것이 옳다 하는 사상에 속박되어 국가독립을 부를 일은 꿈도 꾸지 못하였다가 박씨의 말에 크게 깨닫고 무릎을 치고 일어났더라. 이 끝에 甲申政變이 폭발되었더라(申采浩, 〈地動說의 效力〉, 《改訂版 丹齋申采浩全集》 하, 1987, 384쪽).

金允植도 김옥균과 함께 박규수의 문하에서 개화사상을 공부하였다. 김윤식은 자기가 김옥균과 함께 박규수의 제자임을 다음과 같이 기록하였다.

① 처음에 古愚(김옥균)는 瓛齋(박규수)선생 문하에서 배워 宇內의 대세를 대개 깨닫고 일찍이 동지들과 더불어 국사를 근심하고 개탄했다(金允植, 《續陰晴史》 하, 국사편찬위원회판, 577쪽).

② 옛날에 朴瓛齋(珪壽)께서 丙寅洋擾의 때를 당하여 사람들이 모두 西學에 물드는 것을 우려하였는데, 瓛齋만이 홀로 말하기를, '어찌 우리 道가 서양에 적셔 들어가지 않는다고 할 수 있는가. 이 말이 거의 장차 증명되지 않겠는가'라고 하였다(金允植, 《續陰晴史》 하, 125쪽).

兪吉濬(榘堂)도 박규수의 가르침을 받아 박규수가 준 《海國圖志》 등을 읽고

개화사상을 갖게 되었으며 개화파가 되었다. 김윤식은 유길준도 김윤식과 함께 박규수로부터 개화사상을 배웠다고 다음과 같이 기록하였다.

> 兪榘堂(길준)은 어려서부터 재주가 뛰어나 다박머리 유소년 때에도 말하는 바가 속되지 않았다. 朴瓛齋(박규수)선생이 이 때에 그를 보고 그 國器임을 알아 크게 칭찬했으며, 魏默深(魏源)이 지은 《海國圖志》를 주며 가로되, '이 시기에는 外洋의 외국일들을 알지 않으면 안된다'고 하였다. 우리들은 이로써 더욱 스스로 분발하였다(金允植, 〈榘堂詩鈔序〉, 《兪吉濬全書》 5권, 일조각판, 161쪽).

金弘集은 북촌 재동 박규수의 이웃집에 거주했는데, 그의 또래 영민한 양반출신 청년들이 출입하는 박규수의 사랑방에 김홍집도 방문하면서 공부했으리라는 것은 추정하기 전혀 어려운 일이 아니다.

즉 박규수는 자기의 사랑방에서 뒤에 한국 근대 개화파 거물들이 된 김옥균·김윤식·박영교·박영효·홍영식·서광범·유길준·김홍집 등에게 개화사상을 교육하여 개화세력을 양성한 것이었다.

박규수의 사랑방에서 개화사상을 학습한 청소년들은 처음에는 중인출신 오경석과 유홍기에게서 직접 배우려 하지 않았지만, 일단 개화사상이 형성되어 사회신분제의 부당성을 깨닫고 신분 장벽을 극복할 수 있게 되자, 오경석과 유홍기로부터도 때때로 직접 개화사상을 배우게 되었다. 오세창은 유홍기와 김옥균이 서로 만나 알게 된 것은 김옥균이 20세 때였으며, 이 때부터 유홍기로부터 배우게 되었다고 다음과 같이 회고하여 기록하였다.

> 劉大致가 金玉均과 서로 안 것은 김옥균이 20세 전후의 무렵이다. 김옥균은 유대치로부터 新思想을 배웠으며, 일면에는 세간의 교유를 널리 구하고, 또 壯年科擧에 응하여 문과에 등제하고 官場에 올랐으며, 새로이 官途에 나아가자 동지를 구하는데 급급하게 노력하였다(《金玉均傳》 상, 50쪽).

김옥균이 20세 때는 1870년이다. 즉 1870년 전후에 김옥균 등 박규수 사랑방에서 개화사상을 공부하는 양반자제들은 유홍기·오경석으로부터도 개화사상을 배우게 된 것이었다.

박규수·유홍기·오경석 등이 김옥균 등 영민한 양반자제들에게 개화사상을 교육할 때의 지적 자료들은 ① 오경석·유홍기·박규수 등이 형성한 최초의 개화사상, ② 燕巖 朴趾源·楚亭 朴齊家 등 북학파의 실학사상과 그 밖에 다른 실학자들의 실학사상, ③ 오경석과 박규수 등이 중국으로부터 구입해 온 《海國圖志》·《瀛環志略》 등을 비롯한 각종 신서들이었다.

박규수의 사랑방에서 그리고 유홍기와 오경석 등으로부터 개화사상을 배우고 발전시킨 김옥균 등 청년들은 언제부터 정치세력으로서의 '開化派'를 형성했는가. 김옥균은 갑신정변(1884)의 10년 전부터 자기의 정치세력을 형성하기 시작했다고 기록하였다.

> 궁녀 모씨는 나이는 42세이고, 신체가 튼튼하고 커서 남자 이상의 膂力을 가져 보통 남자 5·6인을 당할 수 있다. 평상시에 顧大嫂라는 별명으로 불렸고, 곤전의 近侍로 뽑혀 있는 분인데, 벌써 10년 전부터 我黨(우리 당)을 따라서 때로 密事를 통고해 주는 사람이다(金玉均, 〈甲申日錄〉, 1884년 12월 1일, 《金玉均全集》, 아세아문화사판, 73쪽).

김옥균이 스스로 1884년 10년 전에 이미 '우리 당(我黨)'에 비밀스런 일을 알려주던 궁녀의 일을 기록하고 있으니, 김옥균에 의하면 '개화파'가 적어도 1874년에는 형성되기 시작한 것이었다.

또한 오경석의 아들 오세창은 김옥균의 정치세력 형성에 대하여, "김옥균은…일면에는 세간의 교유를 널리 구하고, 또 장년 과거에 응하여 문과에 급제하고 官場에 올랐으며, 새로이 官途에 나아가자 동지를 구하는데 급급하게 노력하였다"[12]고 회고하여 기록하였다. 즉 김옥균이 동지를 모으는데 적극적 활동을 한 것은 그가 문과에 급제하여 관직에 나아간 때부터라는 것이다.

김옥균은 22세 때인 1872년 2월 4일에 알성문과에 장원급제하였고,[13] 24세 때인 1874년 2월 24일에는 弘文館校理에 임명되었다.[14] 오세창이 증언한 바 김옥균이 문과에 급제한 후 官途(홍문관 교리)에 나아가자 동지를 모으는 일에 급급했다는 해인 1874년과, 앞서 김옥균이 기록한 바 궁녀 顧大嫂가

---

12) 古筠記念會, 《金玉均傳》 상(慶應出版社, 1944), 50쪽.
13) 《高宗實錄》, 고종 9년 2월 초4일.
14) 《高宗實錄》, 고종 11년 2월 24일.

'我黨(우리 당)'에 비밀스러운 일을 통보해 주었다는 해인 1874년은 완전히 일치하는 것이다.

김옥균의 관직 경력을 보면, 1874년 2월 24일 홍문관 교리에 임명되었다가 같은 해 12월 3일에는 도리어 홍문관 부교리로 좌천되었다.[15] 그 후 김옥균은 약 8년을 부교리로서 더 이상 승진을 못한 채 같은 지위에 있다가,[16] 제1차 渡日 이후인 1882년 9월 22일에야 비로소 승정원 우부승지로 승진하였다.[17] 김옥균이 홍문관 교리와 부교리로 재직하던 시기가 김옥균이 동지들을 급급하게 구하여 개화파를 형성하는데 정력적으로 활동한 시기라고 볼 수 있다.

개화파 형성의 기점을 이상과 같이 1874년으로 볼 수 있지만, 때로는 1879년을 기점으로 보는 견해도 있다.[18] 그러나 명백한 논증자료가 있는 이상 1874년설을 취함에 문제가 있는 것은 아니다.[19]

개화파는 1874년경에 형성되기 시작했으나, 1876년 조·일수호조규(강화도조약)체결과 개항 때에는 개화파 요인들은 아직 어린 청년들이어서 정치적 활동을 통해 영향을 끼칠 처지가 못되었다. 1876년의 조·일수호조규체결 때에는 개화파의 스승인 박규수가 우의정을 역임한 판중추부사로서, 역시 개화파의 스승인 오경석이 問情官으로서 활동했을 뿐이었다.

그러나 1876년 조·일수호조규가 체결되고 부산(1876)·원산(1880)·인천(1883)의 3항이 연이어 개항되자 조선왕조의 민비정권은 세계의 정세와 대외통상을 아는 새로운 관료들을 긴급히 필요로 하게 되었다. 이에 따라 박규수의 사랑방에서 그리고 오경석·유홍기 등으로부터 개화사상의 교육을 받은 김옥균·김윤식·박영교·박영효·홍영식·서광범·김홍집·유길준 등 최초의 개화파들이 정부조직에 진출하여 어린 나이임에도 불구하고 일정한 활동을 할 수 있게 되었다. 그들은 국왕과 다른 고위 관료들을 움직여 가면서 초기 개화정책을 추진했을 뿐 아니라 다른 신진관료들과 청년들에게 개화사상을

15) 《高宗實錄》, 고종 11년 12월 초3일.
16) 《高宗實錄》, 고종 17년 6월 초7일.
17) 《高宗實錄》, 고종 19년 9월 22일.
18) 李光麟, 《開化黨硏究》(一潮閣, 1973), 15~16쪽 참조.
19) 愼鏞廈, 〈金玉均의 開化思想〉(《東方學志》 46·47·48, 1985) 참조.

전파하면서 적극적으로 개화파를 형성 확대시켜 나갔다. 특히 김옥균은 이 시기에 개화사상 전파와 동지 규합에 적극적으로 활동하였다.

이 시기에 개화사상의 3비조 중에서 박규수는 조·일수호조규(강화도조약)가 체결된 병자년 12월 27일(양력 1877년 2월 9일) 별세하였으므로 개항 후의 개화파의 확대에는 별 영향을 끼칠 수 없었다. 또한 오경석은 조·일수호조규를 체결할 때 과로한 결과 1876년 4월 중풍으로 쓰러져 반신불수의 상태로 병석에 누웠으며, 1879년 8월 22일(양력 10월 7일) 49세를 일기로 역시 별세하였으므로, 개항 후의 개화파의 확대에는 오경석 역시 큰 영향을 끼칠 수 없었다. 오직 유홍기만이 건강하게 정력적 활동을 계속했으므로, 김옥균 등이 중심이 된 개화파의 세력형성과 확대에는 유홍기가 스승으로서 큰 영향을 끼치게 되었다.

일찍이 최남선은 개화파 형성과 유홍기의 관계에 대하여 다음과 같이 기록하였다.

> 그런데 吳慶錫이 朝官을 유도하여 외교를 운용할 때에, 一白衣로 市井에 隱伏하여《海國圖志》·《瀛環志略》등으로써 세계의 사정을 卜察하면서 뜻을 내정의 국면 전환에 두고 가만히 귀족 중의 英俊을 규합하여 방략을 가르치고 志氣를 고무하여 준 이가 있으니, 당시 아는 이들 사이에 白衣政丞의 이름을 얻은 劉大致가 그라. 朴泳孝·金玉均·洪英植·徐光範과, 귀족 아닌 이로 白春培·鄭秉夏 등은 다 大致 문하의 俊髦로…박영효·김옥균 등이 연래로 일본교섭의 선두에 선 것은 실상 大致의 指劃 중에서 나온 것이요, 세상이 開化黨으로 지목하는 이는 대개 大致의 門人을 이름하였다(崔南善,《古事通》, 1943, 218쪽).

여기서 후에 중요한 개화파 인사로 활동한 白春培·鄭秉夏 등이 유홍기의 영향으로 개화파에 참가했음을 알 수 있다.

또한 이능화는 유홍기의 사상적 영향을 받은 인물로서 김옥균·서광범·박영효를 비롯하여 李淙遠·李鼎煥·朴齊絅·吳慶潤·吳慶林·金永漢·金永汶·韓世鎭·李熙穆 등을 들었다.[20] 이들은 유홍기로부터 불교사상만 배운 것이 아니라 개화사상의 영향도 받아 개화파의 일부를 형성했다고 볼 수 있다.

20) 李能和,《朝鮮佛敎通史》하(新文館, 918), 899쪽.

유홍기의 영향을 받은 불교승려로서는 李東仁·卓挺埴 등이 일찍이 개화사상을 배워 개화파에 가담하였다.

김옥균의 활동에 의하여 개화사상을 갖게 되고 개화파의 일원이 된 인사로는 왕족으로서 李載兢(영의정 李最應의 아들)·李獻愚 등이 있었고, 그 밖에 무인으로서 柳赫魯와 柳相五 부자, 중인출신으로서 邊樹(燧), 吳鑑·朴永昌·吳世昌 등이 있었다. 尹雄烈과 尹致昊 부자도 개화파에 가담하였다.

김옥균은 또한 군인 장교들도 개화파에 포섭하였는 바, 일찍이 申福模·李殷乭(李銀石) 등의 외국에서 사관교육을 받은 장교들이 개화파에 가담하였다. 김옥균은 후에 14명의 사관생도들을 선발하여 일본 陸軍戶山學校에 유학시켰는데, 徐載弼·鄭蘭敎·朴應學·鄭行徵·林殷明·申重模·尹泳觀·李圭完·河應善·李秉虎·申應熙·李建英·鄭鍾振·白樂雲 등 사관생도들이 개화파가 되었다. 이들 사관생도들과 거의 같은 시기에 일본에 유학하여 양잠학과 영어를 공부하고 돌아온 徐載昌, 의학(우두)을 공부하고 돌아온 南興喆, 승려였다가 환속하여 김옥균을 수행해서 일본에 다녀온 車弘植도 개화파에 가담하여 활동하였다.[21]

김옥균은 궁궐 안에도 개화파를 심기 시작하였다. 그는 환관 柳載(在)賢을 개화파로 포섭하였으며,[22] 顧大嫂라는 별명을 가진 궁녀는 일찍이 개화파에 가담하여 1874년경부터 김옥균 등에게 궁중의 중요한 정보들을 알려주었다.[23] 고대수의 본명은 갑신정변 뒤에 희생되었다는 李禹石인 것으로 추정되고 있다.[24]

김옥균은 특히 武弁들 중에서 유능한 인물들에게 개화사상을 교화시키고 개화파에 참가시켰다. 姜瑋와 윤웅렬이 그 대표적 인물이었다.[25] 신복모·이은돌 등이 일찍이 개화파가 된 것도 김옥균의 영향이었다. 김옥균은 친군영 전영의 군인 장교들도 비밀리에 개화파에 가담시켰는데, 尹景完·李應浩·閔

---

21) 李光麟, 앞의 책, 31쪽.
22) 《尹致昊日記》, 1884년 6월 13일(양력 8월 3일) 참조.
23) 金玉均, 〈甲申日錄〉, 1884년 (양력)12월 1일.
24) 《金玉均傳》 상, 421쪽.
李光麟, 앞의 책, 30쪽.
25) 李光麟, 〈姜瑋의 人物과 思想〉(《東方學志》 17, 1976) 참조.

昌洙·全興龍·金昌基·崔聖郁 등이 그 대표적 장교들이었다.

김옥균은 또한 하인들 중에서도 능력 있는 자들에게 개화사상을 교육하여 개화파에 참가시켰다. 金奉均·高興宗·李占乭·李允相 등이 그 대표적인 사람들이었다.

김옥균은 이와 같이 신분·계급·지위·종교를 초월하여 개화파 형성에 진력한 결과 1874~1878년 사이에 개화파는 상당한 세력으로 확립되었다. 그리하여 정치세력으로서의 김옥균을 중심으로 한 개화파는 1878년경에는 활발한 정치활동을 할 수 있는 단계에까지 성장한 것으로 보인다. 일찍이 갑신정변과 김옥균을 연구한 민태원은 오늘날 우리가 갖지 못한 다수의 자료들과 생존자들의 증언을 채록하여 검토한 후에, 개화파 형성의 시기는 밝히지 않으면서도 김옥균 등 개화파가 1878년(戊寅)에 개혁단행의 '제1차 구체적 계획'이 있었다가 뜻하지 않은 중요 동지의 사망으로 계획을 중지했었다고 다음과 같이 기록하였다.

> 이와 같이 남 모르는 목적을 품은 그(김옥균－인용자)는 우선 교제를 널리하여 有爲한 동지를 구하였으니, 錦陵尉 朴泳孝, 徐光範, 柳相五 등은 실로 동지 중의 동지였으며, 더욱이 駙馬 금릉위가 참가한 것은 밖으로 세인의 신망을 더하고 안으로 宮中府中의 연락이 편리하게 되어 무엇보다도 유리한 조건으로 볼 수 있었다.
>
> 그네들 중에 구체적 계획이 있은 것은 이로부터(갑신정변으로부터－인용자) 7년 전 되는 戊寅의 해였으나, 마침 중요 동지의 사망으로 제1계획은 土崩瓦解에 돌아가고 이래 3년간에 하염없는 세월을 보내던 金·朴·徐 3인은 우선 외국에 유람하여 세계대세와 문물제도를 살필 필요가 있음을 생각하고 같이 일본에 도항하기를 결정하였으나, 박영효는 사정이 있어 이를 중지하였고, 김씨 홀로 인천을 출발하여 일본을 향하게 되니 때는 辛巳 12월이었다(閔泰瑗, 《甲申政變과 金玉均》, 1925 또는 1947, 37~38쪽).

민태원의 기록과 같이 1878년에 개혁단행의 제1차 계획을 실천하려다가 중요 동지의 사망으로 그것을 중단했다면 개화파는 이미 1878년 이전에 확고하게 형성되었기에 1878년에는 정치개혁의 제1차 계획을 실천하려고 추구했던 것이라고 볼 수 있다.

김옥균을 중심으로 한 개화파가 1878년부터 이동인을 일본에 파견하려고 노력하다가 1879년에 마침내 이동인을 일본에 보낸 사실에서도 개화파는 1878년 이전에 이미 형성되었음을 방증해 준다. 부산의 일본인 거류지의 東本願寺 일본승려 오쿠무라(奥村圓心)는 1878년에 이동인을 처음 만났고,[26] 1879년에는 이동인과 함께 일본에 건너갔었는데, 그 때 그의 일기에서 김옥균·박영효 등을 '韓國改革黨'이라 기록하고, 이동인을 '革命黨' 박영효·김옥균의 동지라고 다음과 같이 기술하였다.

> 東仁은 원래 승려일지라도 평상시 愛國護法의 神經家로서 최근 조선국의 국운이 날로 쇠폐하고 종교는 이미 땅에 떨어졌다고 하다. 이 때 革命黨 朴泳孝·金玉均 등은 국가의 쇠운을 분개하고 크게 쇄신하려고 하다. 또한 東仁도 의견이 竹節하였으므로 朴泳孝·金玉均 양씨가 東仁을 引見하고 중용하기에 이르다. 그러므로 列國의 公法 등을 알기 위하여 我宗門에 歸入하여 일본에 도항하려고 하다. 東仁은 박영효가 준 純金의 丸棒 4본(길이 2촌, 둘레 1촌 여의 물건)을 나에게 보이고 이것을 路費로 하여 도항한다고 말하다. 그러므로 和田씨 및 총영사관 前田獻吉씨에게 計하여 本山에 보내기로 하다. 이것은 즉 韓國改革黨이 일본에 도항하는 시작이다(奥村圓心, 《朝鮮布敎日誌》, 1879).

일본승려 오쿠무라(奥村)가 1878년의 일기에서 이동인을 처음 만났다고 하고, 1879년의 일기에서 이동인을 한국개혁당 또는 혁명당의 김옥균·박영효의 동지라고 기록한 것은 조선 개화파가 1878년에는 확고하게 형성되어 동지의 해외파견 활동까지 추진했었음을 잘 알려주는 것이라고 볼 수 있다.

그러므로 과거에 일본학계에서 김옥균을 중심으로 한 조선 개화당의 형성은 김옥균의 1881년 음력 12월(양력 1882년 2월) 제1차 일본방문 때 일본 개명파 후쿠자와(福澤諭吉)의 영향을 받고 돌아간 직후라고 보아 온 것은 전혀 사실과 일치하지 않은 천만부당한 억설인 것이다.[27]

김옥균을 중심으로 한 정치적 결사로서의 조선 개화파는 이미 1874년~

---

26) 奥村圓心, 《朝鮮布敎日誌》, 1878년(明治 11) 6월 2일.

27) 田保橋潔, 《近代日鮮關係の硏究》(1940), 909쪽 등에서 朝鮮開化思想과 開化黨의 형성을 1882년 이후 金玉均이 福澤諭吉의 가르침을 받은 이후라고 왜곡하여 해설하였다.

1878년경에 확고하게 형성되어 동지의 해와파견까지 적극 추진한 것이었다. 김옥균·박영효에 의해 1879년에 일본에 파견된 개화승 이동인은 일본에서 각국 공사관의 외교관들과도 접촉하면서 '일본국정시찰단(신사유람단)'의 파견 계획까지 추진하였다.[28] 이것이 김옥균을 중심으로 한 개화파의 활동의 일환이었음은 더 말할 필요도 없다.

이동인이 1881년에 암살당하자 일본의 《朝野新聞》은 김옥균의 제1차 도일 이전인 1881년 양력 5월 6일자에 〈朝鮮開化黨을 위하여 암살된 李東仁〉이라는 제목 아래 이에 대한 장문의 해설을 게재하였다.[29]

또한 일본국정시찰단(신사유람단)이 조선조정으로부터 일본에 파견되어 부산을 출발하자 일본의 《東京日日新聞》은 김옥균의 제1차 도일 이전인 1881년 5월 7일자에서 〈(조선)開化黨員 50명은 日本漫遊〉라고 보도하였다.[30] 또한 조선의 일본국정시찰단이 일본에 도착하여 활동을 시작하자 일본의 《조야신문》은 김옥균의 제1차 도일 이전인 1881년 5월 20일자에 〈朝鮮國朝士日本研究에 渡來―開進·守舊의 吳越同舟―〉라는 표제로 일본국정시찰단 중의 개화당 魚允中과 수구당 인사 사이의 논쟁을 보도하였다.[31] 일본측은 1878년경에 조선에서 개화파의 형성이 확고히 되었고, 1881년에 들어서자 조선의 개화파와 수구파 사이에 갈등과 논쟁이 있었을 정도로 개화파의 성장이 있었음을 이 때에 알고 있었던 것이다.

개화파의 영수격인 김옥균은 개화파가 추진한 일본국정시찰단이 성공적으로 임무를 수행하고 귀국하자 그 자신이 직접 일본의 근대화 진행과정을 시찰할 필요를 절감하고 1881년 음력 12월(양력 1882년 2월) 제1차 일본방문 길에 올라 부산을 출발하였다. 이 때 부산의 일본거류민 신문인 《朝鮮新報》는 1882년 양력 3월 15일자에 〈金玉均 왕명을 받아 日本에〉라는 제목 밑에 '朝鮮의

---

28) 《Satow日記》, 1880년 12월 1일, Asano (淺野 : 李東仁의 일본 변명) went off this morning after breakfast. His last idea is to bring a mission composed of the most advanced men here and make conventions with the foreign representatives 참조.

29) 《朝野新聞》, 1881년(明治 14) 5월 6일, 〈朝鮮開化黨の爲に暗殺された李東仁〉(《新聞集成明治編年史》 4권, 386~387쪽).

30) 《東京日日新聞》, 1881년 5월 7일(《新聞集成明治編年史》 4권, 388쪽).

31) 《朝野新聞》, 1881년 5월 20일(《新聞集成明治編年史》 4권, 393쪽).

開化黨의 유명한 金玉均씨는 왕명을 받들고 我國(일본－인용자)에 渡航'[32]하려 하고 있다고 보도하였다. 김옥균이 아직 최초로 일본에 도착하기도 전에 '조선의 개화당의 유명한 김옥균씨'라고 하여, 조선 개화당이 김옥균 도일 후에 후쿠자와를 만나 영향을 받고 나서 형성된 것이 아니라 이미 그 이전에 형성되었음을 명료하게 알려주고 있는 것이다.

김옥균이 나가사키(長崎)에 도착하자 일본의 《동경일일신문》은 1882년 양력 4월 13일자에서 〈朝鮮開化黨 首領 金玉均 來遊—《朝鮮新報》의 기사에 신경을 날카롭게 하다—〉라는 제목을 달아 이 사실을 대대적으로 다음과 같이 보도하였다.

> 이전에 우리 지상에 보도한 바와 같이 朝鮮開化黨의 領首인 金玉均씨는 日本遊歷을 하려고 요사이 長崎에 도착하여 아직 同港에 체류중이다. 원래 同氏는 우리 무역상회의 甲斐軍次씨와 동행하여 도항했으나, 甲斐씨는 어떤 지급한 볼일이 있어서 부산으로 가고 볼일을 끝낸 다음에 또 長崎에 귀항하게 되면 그 때에는 다시 金玉均과 일당의 柳五衛씨도 동행할 것 같은데, 이 양씨의 도항의 일에 대해서는 여러 가지 소문이 있다. 이미 지난 일자 발행의 《朝鮮新報》 등에는 右兩氏의 일본행은 전적으로 國王의 內命을 받들어서 國債募集을 위함이다라고 게재되었다. 양씨는 이 신문을 보고 크게 놀라서 당혹한 모습으로 다음과 같이 다른 사람에게 말하였다. 금일 우리들의 일본행은 결코 官用의 義를 띤 것이 아님은 우리 조정의 실정을 보아도 명료한 것인데, 어떻게 하여 이러한 訛言이 전해졌는가. 그렇지 않아도 우리 반대당은 이것저것 誣說을 지어내고 여러 가지 疑念을 품어서 우리들에게 대항하려고 하는 勢에 있는데, 이제 이 신문이 한번 그들의 눈에 띄어 우리들의 일본행은 이러한 것이 사실이라고 생각하면, 우리들이 歸韓의 後에 어떠한 變事가 몸에 미칠지 알 수 없다. 원래 우리의 此行은 一은 반대당의 氣焰을 피하고, 一은 일본 近事의 內情을 시찰하여 향후 隣交內地의 참고에 충당하려는 의도 외에 없는 것이다라고 하여 심하게 同新聞의 誤傳에 迷惑하고 있다더라(《東京日日新聞》, 1882년 4월 13일, 朝鮮開化黨首領 金玉均來遊－《朝鮮新報》の記事に神經を尖らす－；《新聞集成明治編年史》 5권, 62쪽).

위의 자료들에서 명백히 알 수 있는 바와 같이 조선의 개화파 형성은 김

32) 《朝鮮新報》, 1882년 3월 15일(《新聞集成明治編年史》 5권, 48쪽).

옥균의 제1차 도일시기 이전에 이미 확고하게 이루어진 것이었다 사실이 그러했기 때문에 정작 김옥균이 제1차로 일본에 건너갈 때에는 당시 일본의 중요한 중앙지들이 김옥균을 '朝鮮開化黨의 首領'이라고 보도하고, 조선 개화당의 유명한 김옥균씨가 일본을 방문한다고 대대적으로 보도한 것이었다. 아직 조선에서 개화파가 형성되지 않은 상황에서 김옥균이 제1차로 일본에 건너가 일본 개명파의 거두 후쿠자와를 만나 그로부터 배워서 그 후 개화사상과 개화파를 형성했다고 가정하면 김옥균이 제1차로 일본에 건너가 도착하기도 전에 '조선 개화당 수령' 김옥균씨가 일본에 온다고 표현할 수가 없는 것이었다. 따라서 김옥균이 제1차로 도일하여 후쿠자와를 만난 후 조선 개화파가 형성되었다는 과거 일본학계의 주장은 일고의 가치도 없는 억설인 것이다.

요컨대 조선의 개화파는 김옥균을 중심으로 하여 주로 유홍기의 지도를 받으면서 1874년~1878년경에 확고하게 형성되었다. 뿐만 아니라 1878년에는 근대적 개혁 단행을 위한 '제1차 구체적 계획'까지 수립하여 실천하려다가 중요 동지의 사망으로 중단하기도 하였다. 조선 개화는 1879년에는 이동인을 일본에 파견할 수 있을 만큼 활발하게 활동범위를 외국에까지 넓혔으며, 일본국정시찰단(신사유람단)의 파견을 기획하고 추진하기까지 하였다.

조선 개화파의 초기 성장이 이와 같이 급속하게 진전된 결과 1881년 말 김옥균이 제1차로 일본에 건너가기 직전에는 개화파의 이동인이 암살당하였고 김옥균 등이 반대당의 공격을 두려워할 정도로 개화파와 수구파 사이에 갈등과 대립이 조선조정 내부에 나타나고 있었음을 알 수 있다.

### 2) 개화파의 분화

개화파는 개항 후 개화활동을 활발히 전개하는 중에 1881년(고종 18)까지는 수구파인 위정척사파의 공격에 대응하기에도 힘이 부족한 형편이어서 아직 개화파 내부의 분화는 뚜렷하게 나타나지 않고 있었다. 갈등은 주로 개화파와 위정척사파 사이에서 전개되었다.

개화파의 개화활동을 불안하게 보고 있던 유생들은 1880년 10월 수신사 김홍집이 일본에서 귀국할 때 주일 청국대사관의 중국인 외교관 黃遵憲이 지어준 《朝鮮策略》을 국왕에게 바치고 이 책이 필사되어 유생들에게 전해지자 전국 유생들이 들고 일어나 개화파와 정부의 개화정책을 비판 공격하기 시작하였다.

《조선책략》의 주요 내용은 가장 위험한 나라를 러시아로 보고 조선은 러시아의 침략에 대항하기 위해 '親中國·結日本·聯美國'할 것을 권고한 것이었다. 또한 이 책은 조선이 미국과도 수호통상조약을 체결할 것을 적극 권고하면서, 야소교(신교)는 천주교와 뿌리는 같으나 당파가 달라 정치에 간여하지 않으므로 두려워하지 말 것을 강조하고, 은근히 그 수용도 시사하였다.

이 책을 읽어 본 유생들은 수신사 김홍집이 귀국하여 복명한 지 약 1개월 후부터 《조선책략》을 규탄함과 동시에 이를 가져온 김홍집의 처벌과 개화정책 추진의 중단을 요구하는 위정척사 상소운동을 본격적으로 전개하기 시작하였다. 이듬해인 1881년(辛巳)에는 이른 봄부터 〈영남만인소〉가 올라오고, 뒤이어 전국 유생들이 줄을 이어 상소를 올리면서 《조선책략》을 규탄함과 동시에 개화파의 개화활동과 정부의 실정도 규탄했으므로 일년 내내 개화파와 위정척사파의 상소 형식을 빌린 논쟁이 계속되었다. 그 위에 대원군의 서자 李載先이 중심이 되어 위정척사파와 손잡고 정변을 일으켜서 국왕을 폐위시키고 대원군정권을 수립하려는 음모까지 발각되어 정부·개화파 대 위정척사파의 갈등은 더욱 격화되었다.

개화파는 이러한 상황 속에서 개화정책을 추진하고 있었으므로 그들은 개혁문제에 대하여 의견 차이가 나오는 경우에도 1881년까지는 서로 잘 협조하면서 개화활동을 전개하고 있었다. 후에 온건개화파에 속하게 된 김윤식은 후에 급진개화파의 영수가 된 김옥균에 대하여 1881년 영선사파견 무렵까지 그들 사이의 공고한 단결과 협조를 다음과 같이 기록하였다.

> 처음에 古愚(김옥균)는 瓛齋(박규수)선생 문하에서 배워 宇內의 대세를 대개 깨닫고 일찍이 동지들과 더불어 國事를 근심하고 개탄했다. 辛巳년간 나는 領選使로 天津에 들어가고, 古愚 등은 동쪽으로 일본에 건너가 유람하면서 함께

扶國하기로 약속했었다(金允植,《續陰晴史》하, 부록 追補陰晴史, 577쪽 참조).

그러나 1882년 6월 9일(양력 7월 23일) 임오군란이 일어나고 청군이 개입함으로써 사태는 근본적으로 달라지기 시작하였다.

임오군란이 일어나서 민비정권이 붕괴되고 대원군이 집권하자 민비 수구파는 청국에게 구원을 요청했으며, 청국의 북양대신 李鴻章 등은 이에 대한 대책을 수립함에 있어서 한림원 학사 張佩綸의 이른바 〈東征善後六策〉이라는 건의안을 채택하여 이 기회에 청국군을 파견하여 서울에 상주시키면서 적극 간섭정책을 실시하고 조선을 실질적으로 '속방화'하기로 결정하였다.

청국은 이에 1882년 6월 27일 약 3,000명의 청군을 조선에 파병하여 서울에 주둔시키고, 7월 7일에는 집권자이자 국왕의 아버지인 대원군을 군함에 초청해 놓고는 그대로 납치하여 청국에 실어다가 保定府에 유폐하여 버렸다. 이에 청군의 작용으로 대원군정권은 붕괴되고 다시 민비정권이 재집권하게 된 것이었다.

청국은 민비정권을 다시 세워 원상복구를 해놓고서도 3,000명의 청국군을 철수시키지 아니하고 서울 복판에 주둔시킨 채 이 무력을 배경으로 하여 허명의 종주권을 주장하면서 조선을 실질적으로 속방화하기 위한 적극 간섭정책을 집행하고 조선의 자주독립을 크게 침해하기 시작하였다.

조선에 주둔한 청국의 장군 吳長慶과 젊은 장교 袁世凱는 조선조정의 군사권을 장악하고, 재정고문으로 파견된 陳樹棠은 재정권을 장악해 갔으며, 이홍장이 파견한 묄렌도르프(Paul Georg von Möllendorff, 穆麟德)는 새로 설립한 해관을 장악했을 뿐 아니라 외교까지 장악하려 하였다.

청국측은 뿐만 아니라 김옥균을 중심으로 한 조선 개화파의 개화활동이 궁극적으로 청국으로부터의 조선의 자주독립을 추구하는 활동이라고 보고 여러 가지 방법으로 개화파를 탄압하고 개화활동을 방해하였다. 조선 개화파는 임오군란 이후에는 어떠한 개화정책을 실시하려 해도 청국측의 방해와 견제를 물리치지 않으면 안 되었다.

당시 '임오군란'에 의하여 한 번 정권이 붕괴되었다가 청국측의 구원으로 다시 정권을 장악하게 된 민비 수구파는 청국의 '속방화'정책에 순종하여 조선의 독립이 청군에 의해 크게 침해되고 자주근대화가 저지되는 것은 전혀 돌아보지 않았다. 임오군란 이전에 제휴하여 등용했던 개화파에 대해서도 이제는 이를 경원시했으며, 도리어 청군과 야합하여 개화파를 견제하고 탄압하기까지 하였다

당시 청국이 조선의 자주독립을 얼마나 침해했는가의 몇 가지 사례를 들면 청국은 임오군란을 진압한 직후에 민비정권에게 압력을 가하여 그 동안 조선이 각국과 맺은 불평등 통상조약들 중에서도 가장 불평등하고 청국의 특권을 설정한 〈朝中商民水陸貿易章程〉을 1882년 8월 23일(양력 10월 4일) 체결토록 강요했으며, 그 전문에는 조선을 중국의 속방이라고 문자로 명시해 넣었다. 심지어 속국 조선은 중국과 '조약'·'조규'의 용어를 사용할 수 없다고 하면서 '章程'의 용어를 사용해야 한다고 주장하고, 청국측이 일방적으로 초안을 작성한 무역장정의 승인을 강요하여, 국왕의 승인을 받았다고 주장하면서 선포하였다. 재정고문 陳樹棠은 방자하게 '조선은 중국의 속국'이라는 귀절을 넣은 방문을 숭례문에 써 붙이기까지 하였다.[33]

진수당은 또한 한국인의 집을 강제로 사들이고자 하여 이에 항의한 조선 조정의 正言 李範晋을 청군의 군영에 잡아다가 어지러이 매를 때리는 만행까지도 자행하였다.[34] 또한 청국은 민비정부에 대하여 '무릇 외교에 관한 일은 일체를 청국에 문의하라'고 지시했으며, 청군 대장 오장경은 조선국왕 고종에게 맞대놓고 "내가 3천 군대를 거느리고 이 곳에 와 있으므로 매사에 皇朝(청국)를 배반해서는 안 된다"[35]고 협박하였다. 오장경은 고종에게 "내년 봄에는 청국의 군대가 증파될 것이다"[36]라고 위협하기도 하였다.

서울에 주둔한 청군의 행패도 극심하였다. 하나의 예만 들면 청군들이 광통교 약국에서 무상으로 약품을 빼앗으려 하다가 약값을 요구하는 약국주인 최씨의 아들을 사살하고 최씨에게 총을 쏘아 중상을 입힌 사건이 발생하였다.[37] 조선정부에서 발행하는 개화파의 신문인 《漢城旬報》가 이 사건을 보

33) 《尹致昊日記》, 1883년 10월 5일.
34) 《尹致昊日記》, 1884년 5월 28일.
35) 《尹致昊日記》, 1883년 10월 3일.
36) 《尹致昊日記》, 1883년 12월 4일.
37) 《尹致昊日記》, 1884년 1월 3일.

도하자, 청군은 이 사건을 보도했다는 이유로 해서《한성순보》를 발행하는 통리기무아문의 博文局을 습격하기까지 하였다.[38] 그러나 청군의 도움으로 재집권한 민비정권은 이러한 청군의 만행에 대하여 항의조차 한 번 변변히 하지도 못하는 형편이었다.

임오군란 이후의 청국의 이러한 정책전환과 청군의 만행에 대하여 대응책을 놓고 1882년 8월부터는 개화파의 내부에서 현저하게 견해 차이가 노출되어, 개화파는 김옥균·박영교·홍영식·박영효·서광범 등을 중심으로 한 급진파와 김윤식·어윤중·김홍집·박정양 등을 중심으로 한 온건파로 분화되기 시작하였다. 개화파가 급진파와 온건파로 분화된 가장 중요한 요인으로서는 다음의 세 가지 점이 특히 주목될 수 있다.

첫째, 청국의 조선에 대한 속방화의 적극적인 간섭정책에 대한 비판과 조선의 자주독립에 대한 강조의 무게에 있어서 개화파 내부에 의견 차이가 노출되었다.

김옥균을 중심으로 한 개화파세력은 청국의 조선에 대한 속방화 적극 간섭정책을 조선의 자주독립에 대한 중대한 침해이며 조선에 대한 매우 큰 침략적 위협이라고 간주하여 이를 격렬하게 규탄했으며, 비록 개화파의 정적이었지만 대원군을 청국이 납치해 간 것을 조선의 주권을 유린한 만행이라고 통분해 하고 이를 격렬하게 규탄하였다. 김옥균은 이 무렵 청국의 조선 독립 침해에 대하여 그의 친우에게 보낸 편지에서 다음과 같이 기록하였다.

> 자래로 청국이 자의로 (조선을) 屬國으로 생각해 온 것은 참으로 부끄러운 일이며 나라(조선)가 振作의 희망이 없는 것은 역시 여기에 원인이 없지 않다. 여기서 첫째로 해야 할 일은 羈絆을 撤退하고 특히 獨全自主之國을 수립하는 일이다. 독립을 바라면 정치와 외교를 불가불 自修自强해야 한다(金玉均, 〈朝鮮改革意見書〉,《金玉均全集》, 110~111쪽).

김옥균이 여기서 말한 '獨全自主之國'은 현대어로 번역하면 '완전 자주독립국가'라고 말할 수 있다. 김옥균은 청국이 조선에 대하여 속방화 적극 간섭정책을 쓰기 때문에 조선의 큰 발전의 희망이 없는 것이므로 조선에서 첫째

---

38)《漢城旬報》10호, 1884년 1월 3일, 〈革兵犯罪〉.

로 해야 할 일은 청국의 멍에를 철퇴하고 완전 자주독립국을 수립하는 일이라고 강조한 것이었다.

김옥균의 동지인 서재필은 이 점에 대하여 김옥균의 생각을 다음과 같이 회고하였다.

> 그 때 김옥균의 생각은 무엇보다도 청나라 세력을 꺾어 버리는 동시에 그에 추종하는 귀족들의 세력을 빼앗은 후에 우리 나라의 완전 자주독립정치를 수립하자는 것이 그의 이상이었고 실현의 최고 목적이었다.
>
> 더욱이 청나라에서 대원군을 납치하였다는 것은 우리로서 참을 수 없는 치욕이라고 하여 분개함을 참을 수가 없어 그 세력구축과 귀족타파의 깃발을 둘러메고 나서려 한 것이다(金道泰 編, 《徐載弼博士自敍傳》, 首善社, 1949, 86~87쪽).

서재필은 김옥균 등의 이 문제에 대한 견해에 대하여 또 다음과 같이 기록하였다.

> 김옥균은 조국이 청국의 종주권 아래 있는 굴욕감을 참지 못하여 어찌하면 이 수치를 벗어나 조선도 세계 각국 중에 평등과 자유의 일원이 될까 주주야야로 노심초사하였던 것이다(徐載弼, 〈回顧甲申政變〉; 閔泰瑗, 《甲申政變과 金玉均》, 82쪽).

개화파에 의하여 일본에 유학생으로 파견되었던 申重模는 당시 김옥균으로부터 들은 말을 다음과 같이 공술하였다.

> 나는 원래 常漢이었으나 유길준의 愛顧에 의하여 일본에 건너가서 어학을 배우고 귀국하였다. 당시 渡日한 20여 명 중에서 나를 비롯한 14명은 士官學校에서 1년 반 공부했으나, 그 후 金玉均이 일본에 와서 1주일에 1회씩 모이게 되어 누누히 相會하였다. 따라서 김옥균으로부터 들은 말에 의하면, '서양 각국은 모두 독립국가이다. 어떠한 국가든지 독립한 연후에야 비로소 타국과 화친할 수 있는 것이다. 조선은 오직 청국의 屬國이 되어 있는 바 참으로 부끄러운 일이다. 조선도 언젠가는 독립국가가 되어서 서양제국과 同列에 서야 할 것이다.'라고 말하였다(《推案及鞫案》, 大逆不道罪人喜貞等鞫案 중의 申重模의 供述, 亞細亞文化社版 30책, 588쪽).

김옥균 등이 청국의 조선에 대한 속방화정책에 얼마나 적극적으로 대항했으며, 청국의 종속화정책으로부터의 조선의 완전 독립쟁취를 얼마나 중시했는가를 위의 자료들에서 충분히 알 수 있다.

이에 비하여 김윤식·어윤중 등은 청국 체류중에 민비의 의뢰를 받고 이홍장에게 청군의 조선파병에 의한 임오군란의 진압 요청을 전달해 주었으며, 청국의 대원군 납치에도 방조적이었다. 김홍집도 청국의 적극 간섭정책과 대원군 납치에 대한 비판의 정도가 김옥균 등과 같이 강렬하지 못하였다. 조·청관계에 관련하여 자주독립의 중요성에 대한 강조의 정도에서 개화파 내부에 현저한 견해 차이가 드러나 개화파 분화의 요인을 이룬 것이었다.

둘째, 조선의 개화를 추진하는 범위와 속도에 대하여 개화파 내부에 견해 차이가 노출되었다.

김옥균을 중심으로 한 개화파는 서양의 선진 과학기술을 적극적으로 수용해야 할 뿐 아니라 정치·경제·사회·문화 모든 부문에서 모든 제도의 '대경장개혁'을 주장하는 '변법적 개화'를 주창하였다. 김옥균은 일본 자유당계 요인들에게 보낸 편지에서도 "4백년 누적된 頑俗을 갑자기 변화시키기가 매우 어렵다. 대세는 부득불 정부를 한 번 大更張改革을 한 연후에야 군권(독립권)을 높일 수 있고 민생을 보전할 수 있다"[39]고 하면서 "독립을 바라면 정치와 외교를 불가불 自修自强해야 하는데, 이 일은 지금의 정부 인물로서는 될 수 없으므로 군권(독립권)을 위태롭게 하고 권세만 탐내는 고식배들을 역시 불가불 한 번 소제할 수밖에 없다"[40]고 주장하였다.

서재필은 김옥균의 꿈이 국가의 모든 부문에서 급속히 개화를 성취하여 "일본이 동방의 영국 노릇을 하려 하니 조선은 아시아의 프랑스 같은 나라를 만들어야 하는 것"이었다고 다음과 같이 회고해서 기록하였다.

> 매 일요일이면 우리는 반드시 그(김옥균)를 築地 寓居로 심방하였다. 그럴 때마다 그는 우리를 親弟와 같이 대접하며 숨김없고 남김없는 폐간 속의 말을

39) 金玉均, 〈朝鮮改革意見書〉(《金玉均全集》, 109~110쪽).
40) 위와 같음(111쪽).

> 우리에게 들려 주었다. 그는 祖國刷新에 대한 우리의 중차대한 임무를 말하는 동시에 나라에 돌아가 우리가 빛나는 대공훈을 세울 것을 믿어 마지아니하였다. 그리고 그는 늘 우리에게 말하기를 '일본이 동방의 英國 노릇을 하려 하니 우리는 우리 나라를 亞細亞의 佛蘭西로 만들어야 한다'고 하였다. 이것이 그의 꿈이었고 또 유일한 야심이었다. 우리는 김씨의 말을 신뢰하고 우리의 전도에 무엇이 닥쳐오든지 우리의 책임을 이행하고야 말겠다는 굳은 결심을 하였던 것이다(徐載弼, 〈回顧甲申政變〉, 《甲申政變과 金玉均》, 84~85쪽).

한편 당시에 김윤식·어윤중·김홍집 등은 서양의 선진 과학기술의 수용에는 마찬가지로 적극적이었으나, 사회제도의 대개혁에는 매우 소극적이어서 아직도 東道西器論的 성격이 강했으며, 개화의 속도도 점진적인 것을 선호하였다.[41] 김윤식·어윤중·김홍집 등은 온건개화를 추구했던 것이다.

셋째, 개화독립정책을 단행하기 위한 권력 장악의 방법에 대하여 개화파 내부에 견해 차이가 내재하였다.

김옥균을 중심으로 한 급진개화파는 자주독립과 대경장개혁의 단행을 위한 권력 장악의 방법에 있어서는 '權道'의 사용은 당연히 있을 수 있는 것으로 생각하였다. 그들은 이 때문에 '정변'의 방법을 기회 있을 때마다 중시하였다.

김옥균은 대경장개혁 단행의 두 개의 방법으로 일찍이 '평화행사의 방법'과 '무력행사의 방법'을 구분하여 강조한 바 있다.[42] 김옥균에 의하면 평화행사의 방법이란 국왕의 칙령을 빌어서 평화적 방법으로 점진적으로 개혁사업을 수행하는 것이다. 한편 무력행사의 방법은 국왕의 密意에 의탁하면서 무력을 사용하여 정변이나 혁명을 일으켜 먼저 정권을 장악한 다음에 급진적으로 개혁사업을 신속히 단행하는 방법이다.

서재필은 김옥균이 개화를 ① 구미형과 ② 일본형으로 나누어 보면서, 구미형은 수세기(수백년)에 걸쳐 점진적으로 이룩된 것인데 비하여 일본형은 한 세대에 이룩한 것인데, 조선은 뒤늦게 개화를 하려는 것이므로 김옥균이 단기형인 일본형을 선택하여 이를 성취하려고 정변의 방법도 생각한 것이었다

---

41) 尹致昊, 〈風雨二十年一韓末政客의 回顧談〉(《東亞日報》, 1930년 1월 12일).
42) 金玉均, 〈朝鮮改革意見書〉(《金玉均全集》, 111~112쪽) 참조.

고 설명하였다.

> 그(김옥균)는 歐美의 문명이 일조일석의 것이 아니고 열국간 경쟁적 노력에 의한 점진 결과로 幾多 世紀를 요한 것이었는데, 일본은 한 代 동안에 그것을 달성한 양 깨달았다. 그리하여 그는 자연 일본을 모델로 청하여 백방으로 분주하였던 것이다(徐載弼, 〈回顧甲申政變〉, 《甲申政變과 金玉均》, 82쪽).

한편 김윤식·어윤중·김홍집 등 온건개화파는 아무리 대경장개혁이 필요하다 할지라도 권도로서의 '정변'의 방법은 찬성하지 않았으며, 세력을 길러 국왕의 자발적 임명에 의거한 정권 장악의 방법을 추구하는 정치적 견해를 갖고 있었다.

주로 이상과 같은 요인으로 말미암아 초기 개화파는 1882년 후반부터 1884년 사이에 김옥균·홍영식·박영교·박영효·서광범 등을 중심으로 한 급진개화파와 김윤식·어윤중·김홍집 등을 중심으로 한 온건개화파로 분화하게 되었다.

1882년~1884년 당시 국내 정치세력의 분화와 그 중요 인물 및 정치적 특징을 살펴보면 다음의 〈표 1〉과 같다.

〈표 1〉 1882~84년의 조선 정치세력과 당파의 분화

| | 정치세력당파 | 중요 인물 | 정치적 특징 |
|---|---|---|---|
| ① | 급진개화파<br>(개화당) | 劉鴻基, 金玉均, 洪英植, 朴泳敎, 朴泳孝, 徐光範, 柳相五, 徐載弼, 尹雄烈, 尹致昊, 邊樹(燧), 朴齊炯 그 밖의 다수 | ㅇ변법적 개화 및 국정 전반에 걸친 대경장혁신을 추구<br>ㅇ청국의 적극 간섭정책과 속방화정책에 적극 저항<br>ㅇ개변의 방법도 불사<br>ㅇ주로 선각적 청년 지식인층으로 구성<br>ㅇ조정의 중간 관직에 다수 진출 |
| ② | 온건개화파<br>(중간파) | 金綺秀, 金弘集, 金允植, 魚允中, 朴定陽, 金晩植, 金仁植, 姜文馨, 李鑢永, 申箕善, 李元會, 趙秉鎬 그 밖의 다수 | ㅇ東道西器論的 개화를 추구<br>ㅇ점진적 개화를 추구<br>ㅇ정변의 방법에 불찬성<br>ㅇ주로 장년층 중심의 구성<br>ㅇ조정의 고위 관직에 다수 진출 |

| ③ | 민비수구파 (집권파) | 閔 妃, 閔台鎬, 閔謙鎬, 閔應植, 閔泳翊, 閔丙奭, 閔泳穆, 閔種默, 趙寧夏, 韓圭稷, 李祖淵, 尹泰駿 그 밖의 다수 | ㅇ守舊를 원칙적으로 추구했으나 불가피할 때는 開化를 승인<br>ㅇ임오군란 후에는 親淸事大정책을 추구<br>ㅇ閔氏戚族을 중심으로 구성<br>ㅇ주로 노년·장년층이 중심<br>ㅇ조정의 최고권력과 관직을 점유한 집권파임 |
|---|---|---|---|
| ④ | 대원군수구파 | 興宣大院君(李昰應), 李載元, 李載完, 李載冕, 李載先, 洪淳馨, 鄭顯德, 申應朝, 李景夏, 韓聖根, 李載純 그 밖의 다수 | ㅇ守舊를 원칙으로 추구<br>ㅇ왕권의 강화, 宗社의 구습보전을 추구<br>ㅇ청에 대해서는 의례적 사대외교만 하고, 실질적으로는 자주를 추구<br>ㅇ대원군을 중심으로 하여 종친과 그 세력으로 구성<br>ㅇ임오군란 때 1개월간 집권했으나 그 이후에는 실권 |
| ⑤ | 위정척사파 (재야유림 수구파) | 金平默, 崔益鉉, 柳麟錫, 李晩孫, 白樂寬, 梁憲洙, 申 櫻, 洪在鶴, 奇宇萬, 韓洪烈, 高定柱, 金鎭淳 그 밖의 다수 | ㅇ철저한 守舊와 위정척사를 이론적 실천적으로 고수<br>ㅇ명과 중국에는 사대적이며, 淸에는 중립적 외교지지<br>ㅇ일본과 서양에 대해서는 극단적으로 배척<br>ㅇ서원과 향교를 근거지로 한 유림세력으로 구성<br>ㅇ평상시에는 조정의 관직에 진출하지 않고 재야세력으로 존재 |

위의 〈표 1〉에서 ①과 ②의 정치세력과 파당이 개화파의 범주에 들어오는 것이고, ③④⑤의 정치세력이 수구파의 범주에 드는 것이다. 위의 표는 ①의 정치세력에 접근할수록 더욱 개화적이고, ⑤의 정치세력에 접근할수록 더욱 수구적인 정파의 분류표이다.

1884년의 갑신정변은 위의 표의 5개 정치세력·정파 중에서 ①의 급진개화파가 청군과 ③의 민비 수구파정권에 대항하여 일으킨 정치운동이었다.

### 3) 개화파의 활동

개화파는 1879년(고종 16)에 이동인을 일본에 파견한 것을 비롯해서 1880~1884년 갑신정변 직전까지 여러 가지 개화활동을 전개하였다. 그 중에서 몇 가지 중요한 것을 항목화하여 들면 다음과 같다.

#### (1) 통리기무아문의 설치(1880)

조정에 진출한 개화파들이 중심이 되어 개항 후의 정세변화에 대응하기 위해 외교와 통상을 관장하는 새로운 행정기구로서 종래의 의정부·6조 기구와는 별도로 1880년 12월(양력 1881년 1월) 통리기무아문을 신설하였다.[43] 그 설치 목적은 "통리아문의 설치는 時務를 강구하고 變通을 참작함을 전담하기 위한 것이다"[44]라고 규정하고 있는 바와 같이 전적으로 개항 후의 정세변동에 대응하기 위하여 설치한 근대적 행정기구였다.

통리기무아문은 처음 설치할 때 다음과 같이 12司를 두어 업무를 분담하도록 하였다.

① 事大司 : 중국과의 외교문서와 사신 왕래 등 중국에 대한 외교를 관장
② 交隣司 : 일본 및 기타 각국 관계의 문서와 사신 왕래 등의 외교사무를 관장
③ 軍務司 : 서울과 지방의 군사를 통솔하는 사무를 관장
④ 邊政司 : 邊政의 사무와 이웃 나라의 동정·정탐 등의 사무를 관장
⑤ 通商司 : 중국 및 이웃 나라와의 통상사무를 관장
⑥ 軍物司 : 병기제조 등의 사무를 관장
⑦ 機械司 : 각종의 기계제조 등의 사무를 관장
⑧ 船艦司 : 각종의 선박제조와 통솔 등의 사무를 관장

---

43) 全海宗, 〈統理機務衙門 設置의 경위에 대하여〉(《歷史學報》 17·18, 1962).
李光麟, 〈統理機務衙門의 組織과 機能〉(《學術院論文集》-인문·사회과학편 26-, 1987).
金弼東, 〈갑오경장 이전 朝鮮의 近代的 官制改革의 추이와 새로운 官僚機構의 성격〉(《韓國社會史學會論文集》 33-한국의 사회제도와 농촌사회의 변동-, 문학과 지성사, 1992).
44) 《統理機務通商事務衙門章程》(규장각 도서) 참조.

⑨ 譏沿司 : 연안의 포구를 왕래하는 선박의 검사 등 사무를 관장
⑩ 語學司 : 각국의 언어·문학 등을 번역·해석하는 사무를 관장
⑪ 典選司 : 才藝를 택하여 취하고 각 司의 需用 등의 사무를 관장
⑫ 理用司 : 財用의 경리 등의 사무를 관장

통리기무아문은 신설된 후 세 차례의 개편을 보았다. 그 첫 개편은 1882년 11월 통리기무아문을 統理衙門과 統理內務衙門으로 분화시킨 것이다. 그 다음은 한 달 후인 1882년 12월에 다시 통리아문을 統理交涉通商事務衙門으로 개칭하고 통리내무아문을 統理軍國事務衙門으로 개칭하였다. 이 때에는 김윤식·박정양·어윤중·김홍집·홍영식·김옥균·金明均·卞元圭·尹起晉·李源兢·尹致昊·李健鎬·呂圭亨·高永喆·張博·金基駿 등 개화파들이 크게 진출하여 활동하였다.

이 두 아문은 다시 1884년 10월 통리군국사무아문을 의정부에 통합시켰으므로 통리교섭통상사무아문만이 남게 되어 이것이 기구가 축소된 채 그 후 통리아문으로서 갑오경장 때까지 존속되었다.

### (2) 일본국정시찰단(신사유람단)의 파견(1881)

김옥균·박영효 등이 1879년 일본에 파견한 이동인의 활동의 결과로 조선 조정은 일본의 개화실태를 시찰하기 위하여 일본국정조사단(紳士遊覽團)을 1881년 1월 파견하였다.[45] 당시에는 1881년 위정척사운동이 본격적으로 전개되기 시작했으므로 시찰단의 朝士들은 모두 동래암행어사의 발령을 받고 비밀리에 동래에 집합하여 일본으로 향하게 되었다.[46]

시찰단의 구성은 12개 반으로 편성하여 그 책임자는 각각 朝士 12명으로 구성하고, 조사 1명에게 대체로 隨員 2명, 通事 1명, 하인 1명을 배치하여 1개 반을 5명으로 구성했으며 시찰단의 총 인원은 62명이었다(시찰단 12개 반

45) 鄭玉子, 〈紳士遊覽團考〉(《歷史學報》 27, 1965).
李光麟, 〈開化僧 李東仁〉(앞의 책, 1973).
李用熙, 〈東仁僧의 行蹟(上)－金玉均派 開化黨의 形成에 沿하여－〉(《서울大 國際問題硏究所論文集》 창간호, 1973).
許東賢, 〈朝士日本視察團에 관한 硏究〉(《韓國史硏究》 52, 1986).
46) 《高宗實錄》, 고종 18년 12월 14일.

의 구성은 〈표 2〉 참조).

〈표 2〉 일본국정시찰단(신사유람단) 일행 일람표

| 朝士 | 隨員 | 通事 | 下人 |
|---|---|---|---|
| 趙準永 | 李鳳植 徐相直 | 文順錫 | 崔允伊 |
| 朴定陽 | 王濟膺 李商在 | 金洛俊 | 李秀(壽)吉 |
| 嚴世永 | 嚴錫周 崔成大 | 徐文斗 | 朴春鳳(奉) |
| 姜文馨 | 姜晉馨 邊宅浩 | 金順伊 | 劉福(卜)伊 |
| 趙秉稷 | 安宗洙 兪箕煥 | 金基(箕)文(李章浩) | 林錫奎 |
| 閔種默 | 閔載厚 朴會植 | 金福奎 | 李正(貞)吉 |
| 李鑣永 | 李弼永 閔建鎬 | 林基(箕)弘 | 金五文 |
| 沈相學 | 兪鎭泰 李鍾彬 | 金永得(正植) | 尹相龍(商容) |
| 洪英植 | 高永喜 咸洛基 全洛雲 | 白福周 | 鄭用(龍)石(錫) |
| 魚允中 | 兪吉濬 柳正秀 尹致昊 金亮漢 | 黃天彧 | 金永根 |
| 李元會 | 宋憲斌 沈宜永 | 李壽萬 | 金鴻達 李順吉 |
| 金鏞元 | 孫鵬九 | 金大弘 | |

일본국정시찰단의 12개 반은 다음과 같이 시찰대상을 분담하여 정밀한 시찰을 하였다.

朴定陽(참판) : 내무성・농상성
魚允中(교리) : 대장성
嚴世永(승지) : 사법성
洪英植(참의) : 육군・체신
趙秉稷(승지) : 세 관
閔種默(승지) : 외무성
趙準永(참판) : 문부성
姜文馨(승지) : 공부성
李鑣永(승지) : 세 관
李元會(부사) : 군 사

일본국정시찰단의 파견은 3개월의 짧은 기간이었지만 각 부문에서 정밀한 視察報告書와 聞見事件錄이 작성 제출되어 장차 조선의 개화정책에 많은 참고자료를 수집하게 되었으며, 시찰단에 참가한 일행들 가운데 개화를 지지하는 인사들이 다수 나와 개화세력이 크게 강화되었다.

### (3) 영선사(병기학습 유학생사절단)파견(1881)

김윤식・어윤중 등의 개화파가 중심이 되어 중국에 들어와 있는 서양의 선진

과학기술 및 병기 제조기술을 학습하고 도입하기 위해 조선조정은 청국측과 약정을 체결하고 1881년 9월 26일 중국의 天津機器局에 공학도를 파견하게 되었다.[47] 당시 천진기기국은 주로 독일 쿠루프회사의 서양기술이 도입되어 있었다. 이 때의 領選使 일행은 관리 12명, 隨從 19명, 학도 20명, 工匠 18명 등을 비롯해서 모두 69명으로 구성되었다. 그러나 실제로는 각 관리와 학도들이 사사로이 거느린 하인들이 14명이었으므로,[48] 실제의 단원수는 83명이나 되었다. 이 때 파견된 영선사 일행의 단원 구성과 천진기기국의 배치상황은 다음과 같다.[49]

領 選 使：金允植　　　從 事 官：尹泰駿
別遣堂上：卞元圭・李根培　　　官 辯：白樂倫
譯 官：崔性學 등(이상 관리 12명, 수종 19명)
工 匠：金元永 등 18명　　　學 徒：高永喆 등 20명

〈표 3〉 영선사행 학도와 공장의 학습 일람표

| 學堂及廠名 | | 학도・공장명 | | 학 습 내 용 | 비 고 |
|---|---|---|---|---|---|
| 東局 | 水 師 | 학도 | 高永喆 | | |
| | 水 雷 | 〃 | 崔圭漢 | 專習洋文・洋語 | |
| | | 공장 | 朴永祚 | | |
| | 銅 冒 | 학도 | 高永鎰・金光練 | 銅冒・後膛鎗子의 제법 | 학도 金光練은 水師學堂에서 |
| | | 공장 | 河致淡 | | |
| | 硔 水 | 학도 | 金台善 | 黃硔・硝硔・鹽硔・水硝硔 등의 제법 | |
| | | 공장 | 黃貴成 | | |
| | 機 器 | 〃 | 崔志亨・宋景和・安應龍 | 修造機器의 조작법 | |
| | 木 樣 | 〃 | 張榮煥 | 畵本에 의한 모형제조법 | |
| | 火 藥 | 〃 | 金興龍・金德鴻 | 화약제조법 | 火藥廠八局 중 燒炭局에 있었음 |
| | 化 學 | 학도 | 李熙民 | 각항 약물제조법 | 水師學堂 자퇴 |
| | 電 氣 | 〃 | 趙漢根 | 水電砲의 電理 | 〃 |

47) 權錫奉, 〈領選使行에 대한 一考察〉(《歷史學報》 17・18, 1962) 참조.
48) 金允植, 《陰晴史》 상, 고종 18년 10월 29일(국사편찬위원회 편, 14쪽).
49) 金允植, 《陰晴史》 상, 고종 19년 2월 11일(83~86쪽) 참조.

| | | | | | |
|---|---|---|---|---|---|
| 南局 | 畵圖 | 학도 | 趙台源·安昱相 | 諸廠機器의 제도법 | |
| | 電氣 | 〃 | 安浚·尙澐 | 陽電氣의 이론 | |
| | 鏻沙 | 공장 | 崔同順·金泰賢 | 銅鐵의 鎔鑄法 | 공장 朴奎性이 일시 分隷되었음 |
| | 機器 | 〃 | 金元永·韓得俊 | 機器의 輪流 | |
| | 木様 | 〃 | 金聖元 | 東局과 같음 | 공장 皮三成이 일시 分隷되었음 |
| | 火器 | 학도 | 李南秀 | 화약제조법 | |

그러나 중국에 파견한 이 병기학습 유학생은 유종의 미를 거두지 못하고 1년 만에 학습이 중단되어 1882년 10월 모두 철수하게 되었다. 그 이유는 ① 1882년 6월 본국에서 임오군란이 일어나자 그 소식을 들은 유학생들이 낙심하여 학습장에 나가지 않고 귀국을 원했으며, ② 38명의 유학생 중 절반인 19명이 학습 도중에 탈락하여 이미 귀국해 버렸고, ③ 경비·재정조달이 불충분했으며, ④ 서울에 機器廠을 설치하려는 계획이 수립되었으므로 본국에서도 학습이 가능한 것으로 예견되었기 때문이었다.

영선사 일행의 파견은 짧았으나 그 영향은 상당히 컸다. 즉 ① 이 때 파견된 공학도들에 의하여 처음으로 서양의 선진 과학기술이 체계적으로 학습되어 도입되었으며, ② 각종 서양식 현대기계[50]와 과학기술 서적이 대량으로 도입되었고,[51] 우리 나라 최초의 근대 병기공장인 기기창이 1883년 3월 서울 삼청동 북창에 건립되었다.[52]

### (4) 신식 육군(별기군)의 창설(1881)

개화파는 개항 후 국방을 강화하고 근대화하기 위하여 개화파 別選軍官 尹雄烈이 중심이 되어 5군영으로부터 지원자 80명을 선발해서 한국 최초의 신식 육군인 別技軍을 창설하였다.

별기군 당상에는 閔泳翊, 정령관에 韓聖根, 좌부령관에 윤웅렬, 우부령관에 金魯完, 참령관에 禹範善이 임명되었으나, 실질적으로는 윤웅렬이 이를

50) 金允植, 《陰晴史》 下, 고종 19년 10월 15일(212~213쪽) 참조.
51) 金允植, 《陰晴史》 下, 고종 19년 4월 26일(144~145쪽) 참조.
52) 金允植, 《陰晴史》 下, 고종 20년 4월(225쪽).

주도하였다. 처음에는 중국으로부터 훈련교관을 초빙할 계획이었으나 시일이 오래 걸리고 일본측의 추천도 있었으므로 서울의 일본공사관에 근무하는 공병소위 호리모토(掘本禮造)를 교관으로 초빙하여 서양 신식 군사훈련을 시작하였다.[53]

별기군은 신식 장총에 초록색 신식 군복을 착용하고 신식 군대로 처음에는 큰 성과를 내기 시작했으나, 1년 만에 '임오군란'이 일어나서 구식 군대의 습격을 받아 교관 호리모토는 피살되고, 1882년 6월 폐지되었다. 그러나 별기군의 창설은 그 후 신식 군대창설의 기초가 되었다.

### (5) 기무처의 설치(1882)

개화파들은 정책을 입안하는 새로운 근대적 기구로서 1882년 7월 25일 정부 안에 機務處를 신설하였다. 기무처는 정치・경제・사회・군사・법률 등 모든 군국기무에 대하여 정책을 입안해서 의정부를 통하여 국왕의 재가를 받은 다음 집행하도록 하는 합의제 정책의결기관이었다. 설립과 동시에 기무처 당상에는 조영하・김병시・김홍집・김윤식・홍영식・어윤중 등 7명이 임명되었다.[54] 이 중에서 조영하・김병식를 제외하고는 5명이 모두 개화파였으므로, 기무처는 개화정책을 추진하는 중요한 기구의 하나가 되었다.

1882년의 기무처는 갑신정변의 실패로 폐지되었지만, 그 후 1894년에 갑오경장을 추진한 軍國機務處로 계승 발전되었다.

### (6) 감생청의 설치(1882)

개화파들은 불필요하면서 방만해진 행정기구들을 개편 정리하고 재정비용을 줄이기 위하여 한시적 기구로 1882년 10월 20일 減省廳을 설치하였다.[55] 이것은 현대어로 번역하면 행정개혁위원회와 유사한 것이었다. 감생청의 총책임자에는 개화파인 어윤중이 임명되었고, 그 실무관리 8명 중에는 유홍기

53) 《日本外交文書》 14권, 문서번호 153, 朝鮮國ニ於ケル創銃隊創設ノ件, 365~369쪽 참조.

54) 《高宗實錄》, 고종 19년 7월 25일.

55) 李鉉淙, 〈高宗때 減省廳 설치에 대하여〉(《金載元博士回甲紀念論叢》, 1969).

가 副司勇(종9품)으로 임명되어 활동하였다.56)

감생청은 1883년 5월 10일까지 6개월밖에 존속하지 못했지만, 불필요하게 비대해져서 무위도식하는 관료들로 가득찬 불필요한 관청들, 왕족들과 공신 후예들을 위한 불필요한 관청들, 왕실의 낭비생활을 위하여 설치된 불필요한 궁정내 관청들을 폐지하거나 축소하고, 관리를 문벌에 구애됨이 없이 인재를 뽑아 등용하도록 건의하는 등 상당히 적극적인 개혁활동을 하였다.57)

### (7) 대외적 균세정책의 실시(1882)

개화파는 일본과의 1876년 '조·일수호조규'가 불평등조약일 뿐만 아니라 일본 1개국과만 개국통상을 실시하는 것이 나라를 위해 불리함을 알고, 세력균형(balance of power)을 세우는 균세정책 실시의 일환으로 다른 서양국가들과의 개국통상을 추구하였다.

개화당의 균세정책으로서는 일찍이 이동인이 1880년에 일본에서 조·미수호통상조약의 체결을 추진하고 준비한 일이 있었다.58) 이어서 관세설정과 일본 견제를 위하여 서양 각국과의 수호통상조약의 체결이 필요하다는 것을 절감하고 있던 개화파는 영선사 김윤식과 일본국정시찰단으로 일본에 갔다가 천진에 들린 어윤중에게 청국의 이홍장이 일본 견제를 위해 조·미수호통상조약을 권고하자 이를 기꺼이 받아들여 1882년 4월 4일(양력 5월 22일) '조·미수호통상조약'을 체결하였다. 1883년 5월에 초대 미국공사 푸트(Lucius H. Foote)가 서울에 오자, 조선조정은 '報聘使'라는 이름으로 친선사절단을 미국에 파견하게 되어 정사에는 민영익, 부사에는 홍영식, 종사관에는 서광범, 수원에는 변수와 유길준을 임명하였는데, 민영익을 제외하고는 모두 개화파들이었다.59)

이어서 1883년 10월 27일(양력 11월 26일)에는 '조선·영국수호조규'와 '조

---

56) 《備邊司謄錄》, 고종 19년 10월 19일 참조.
《高宗實錄》, 고종 19년 10월 20일 참조.
57) 《高宗實錄》, 고종 19년 2월 29일 참조.
58) 李光麟, 앞의 글(1973) 참조.
59) 金源模, 《近代韓美交涉史》(弘盛社, 1979).
柳永益, 〈朝美條約(1882)과 初期韓美關係의 展開〉(《東洋學》 13, 1982).

선·독일수호조규', 그리고 1884년 윤5월 4일(양력 6월 26일)과 윤5월 15일(양력 7월 7일)에 '조선·이태리수호조규'와 '조선·러시아수호조규'가 각각 체결되어 서양열국과의 전면적 개국통상이 시작되었는데, 이것은 개화파들의 균세정책의 실시 노력과도 관련되어 있었다.

### (8) 해관의 설치(1882~1883)

조선조정은 1876년 조·일수호조규를 체결할 때 일본측에게 기만당하여 불평등조약을 체결하고 無關稅무역을 인정하였다. 개화파들이 조정에 진출하자 이를 개정하고 해관을 설치하기 위한 활동이 전개되었다.[60]

김홍집은 1880년 5월 수신사로 일본에 건너가 일본측과 관세설정을 교섭하고, 수입상품에 5%를 과세하는 '관세세목초안'을 일본측에 제안하였다. 그러나 일본정부는 회피만하고 전혀 교섭에 성의를 보이지 않았다. 김홍집은 주일청국공사에게 협조를 청한 결과 일본이 근일 서양 각국과 조약을 개정하여 관세율을 평균 30%까지 올리려 하고 있다는 정보를 입수하였다. 김홍집은 일본이 불응하는 상태에서 저율의 관세율을 교섭하는 것보다 후일 고율의 관세율 교섭을 하는 것이 현명하다고 판단하여 황준헌의 《조선책략》만 얻어 가지고 귀국하였다.

통리기무아문은 제2차로 1881년 11월 조병호를 수신사로 일본에 파견하여 관세설정을 교섭케 하였다. 이 때 조병호는 수입품목을 6종으로 분류하여 10%를 기준으로 하고 품목분류에 따라 5%~35%의 관세를 부과하는 초안을 일본측에 제안하고 협상을 벌였다.[61] 그러나 일본정부는 역시 전혀 성의를 보이지 않았다.

김홍집·김윤식 등 개화파는 일본측이 끝까지 관세설정에 응하지 않으므로 이제는 구미제국과 수호통상조약을 체결할 때 관세를 설정하여 이를 일본에게도 적용하는 우회 전략을 채택하였다. 그리하여 1882년 4월 체결된 조

---

60) 高柄翊, 〈穆麟德의 顧聘과 그 背景〉(《震檀學報》 25·26·27, 1964).
李鉉淙, 〈監理署 硏究〉(《亞細亞硏究》 11-3, 1968).
金敬泰, 〈開港直後 關稅權 回復問題〉(《韓國史硏究》 8, 1972).
夫貞愛, 〈朝鮮海關의 創設 經緯〉(《韓國史論》 1, 서울大 國史學科, 1973).

61) 《朝日稅議》(규장각 고문서), 辛巳新擬海關稅則 참조.

선・미국수호조규의 제5관에 조선측이 주장한 관세자주권과 10% 기준의 관세율을 명기하는데 성공하였다. 이에 의하면 수입관세는 일용품이 10%, 사치품은 30%로 정하고, 수출세는 5%로 정했으며, 선박세는 매 톤당 5전으로 정하였다. 조선조정은 1882년 6월 14일 金弘集・金輔鉉을 통하여 일본정부에게 미국과 동율의 관세율을 적용할 것을 촉구하였다.62)

개화파들의 활동에 의하여 해관이 설치되고 대외통상에 관세가 설정되었으나, 곧 불행한 일이 일어났다. 임오군란 이후 청국의 속방화 적극 간섭정책 속에서 민비정권은 이홍장이 추천한 독일인 묄렌도르프을 해관의 총세무사 겸 통리교섭통상사무아문의 협판에 겸임시키게 되었다. 묄렌로드프는 김윤식・김홍집・어윤중 등 관세문제에 정력을 쏟았던 조선 개화파들의 자문을 전혀 받지 않고 독단으로 일본과 서양 각국과의 관세설정에서 그들에게 아첨하여 평균 5% 기준의 저율 관세율을 약정해 버리고 말았다.

해관의 수세사무는 1883년 11월부터 시행되었으나, 청국의 속방화 적극 간섭정책으로 말미암아 이원체제로 운영되었다. 즉 조선정부는 부산・원산・인천에 監理署를 설치하고 감리를 임명하여 이를 관리했으며, 총세무사 묄렌도르프는 중국인을 비롯한 외국인 稅務司를 두어 관세를 장악하려 하였다.

### (9) 근대학교의 설립(1883)

개항 후 신지식의 교육이 절실하게 필요하게 되자 근대적 신식 학교의 설립도 일어나기 시작하였다.

개항장 원산에서는 처음에 개량서당을 설립하여 자제들을 교육하다가 1883년 봄에 개화파관료인 덕원부사 겸 원산감리 鄭顯奭과 원산의 민간인들이 합작하여 근대학교로서 元山學舍를 설립하였다. 원산학사는 설립 후 운영에 성공하자 정현석이 무예반의 자격인준 때문에 1883년 8월 28일자로 정부에 보고를 올렸으며, 정부는 10월 20일 이를 승인하였다.63)

이 학교는 당시의 긴급한 필요에 따라 학생을 문예반과 무예반으로 나누

---

62) 《通商新約附籤條辨》(규장각 고문서) 참조.

63) 愼鏞廈, 〈우리나라 最初의 近代學校設立에 대하여〉(《韓國史硏究》 10, 1974) 참조.

고, 정원을 처음에는 문예반 50명, 무예반 200명으로 하였다.[64] 교육과목은 공통과목으로서 時務의 긴요한 과목으로 산수·물리로부터 각종 기계기술·농업·양잠·광산채굴 등을 가르쳤고, 특수과목으로서 문예반은 經義를 무예반은 병서와 사격술을 교육하였다.[65] 교재로서는 처음에는 ① 瀛志, ② 聯邦志, ③ 奇器圖說, ④ 日本外國語學, ⑤ 法理文, ⑥ 大學豫備門, ⑦ 瀛環志略, ⑧ 萬國公法, ⑨ 心史, ⑩ 農政新編 등이 사용되었다. 교육기간은 처음에는 1년을 단위로 했으나 뒤에 소학교 기준으로 연장되었다.

원산학사를 설립할 때에는 원산의 민간인 118명이 개별적으로 도합 5,325냥을 출재했으며, 원산주민들이 의무적으로 240냥을 각출했고, 매년 200냥의 경비를 보조하기로 하였다. 같은 때에 설립된 원산상업회의소도 50냥을 보조하였다. 개화파관료로서는 덕원부사 겸 원산감리 정현석이 100냥, 서북경략사 어윤중이 100냥, 승지 鄭憲時가 100냥 등 도합 300냥을 기증하였다. 원산해관에 고용되어 있던 외국인들도 이에 찬동하여, 중국인·영국인·미국인·덴마크인 각 1명이 도합 760냥을 찬조하였다.[66] 외국세력과 직접 부딪치는 개항장에서 자발적으로 국민들과 개화파관료들이 단결하여 1883년에 한국 최초의 근대학교인 원산학사를 설립한 것은 큰 의의를 가진 일이었다.

또한 1882년 서울에서는 군국기무아문 안에 영어학교로서 통역관 양성을 위하여 同文學이라는 학교를 설립하였다.[67] 동문학은 어학도 약 40명을 선발하여 오전반과 오후반으로 나누어서 영어·일본어·서양산수 등을 교육하였다. 학도들의 학용품·교재·기숙시설은 통리기무아문에서 공급하였다. 동문학은 처음에는 영어교사를 구하지 못하여 중국인 교사를 채용했다가 1883년 7월 영국인 핼리팩스(T. E. Hallifax, 奚來百士)를 고빙하여 본격적으로 영어를 가르치기 시작하였다.[68]

1883년 일반학교로서의 원산학사와 영어학교로서의 동문학의 설립은 개화파들에 의하여 근대적 신식 학교가 설립되기 시작했음을 나타내는 것이었다.

---

64) 《春城府志》, 興學 참조.
65) 《德源府啓錄》 1책, 고종 20년 8월 28일.
66) 《春城府志》, 興學 참조.
67) 金允植, 《陰晴史》 하, 고종 19년 11월 21일(224쪽 참조).
68) 《漢城旬報》 15호, 1884년 12월 22일.

### (10) 근대신문의 발간(1883)

개화파들은 1880년대에 들어서자 박영효를 중심으로 신문 발간을 주창해 오다가 그가 한성판윤에 임명된 1883년 1월 국왕의 승인을 받았다. 박영효는 유길준에게 신문의 발간업무를 맡겼으며 후자는 漢城府新聞局章程과 創刊辭와 창간호에 실릴 원고까지 준비했으나, 전자가 수구파의 미움을 받아 광주유수로 좌천됨으로써 이 신문의 발간계획은 중단되었다.[69]

신문 발간계획을 이어서 인계받은 것은 김윤식이었다. 그는 신문 발간을 통리기무아문에서 실행하고자 하여 신문 발행부서로 博文局을 신설하고 그 책임자로 金寅植, 편집부원으로 張博·吳容默·金基駿 등을 임명했으며, 번역부원으로 일본인 이노우에(井上角五郎)를 고용하였다.

박문국은 김인식의 책임하에 1883년 10월 1일(양력 10월 31일) 한국 최초의 근대신문인《漢城旬報》창간호를 발행하였다. 신문의 체제는 가로 25㎝ 세로 9㎝ 크기의 8면에 달하고 10일 만에 1호씩 발행되어 오늘날의 잡지 비슷한 체제였다. 내용은 순한문을 사용하고 정부소식의 '內國記事'와 외국소식의 '各國近事'와 개화교양을 위한 '解說記事'로 신문을 편집하였다.[70]《한성순보》는 창간 후 1호도 빠짐없이 정확하게 10일마다 1호씩 발간되다가 1884년 10월 17일 갑신정변으로 박문국이 파괴되어 신문 간행이 중단되었다.

《한성순보》의 발간은 관리들과 국민들에게 세계정세와 국내사정의 변화를 상세히 알게 하고 나라를 개화시키는 데 큰 기여를 하였다.

### (11) 근대적 산업시설의 대두와 고취

개화파들은 개항 후 자주부강한 근대국가를 만들기 위해서는 근대적 산업을 일으켜야 한다고 주장하고 이를 적극 고취하였다. 개화파들이 주장하고 고취한 근대적 산업시설의 조직은 근대적 會社형태의 것이고, 공업은

---

69)《兪吉濬全書》4권, 漢城府新聞局章程 및 創刊辭 참조.

70) 李光麟, 〈漢城旬報·漢城周報에 대한 一考察〉(《歷史學報》38, 1968).
趙恒來, 〈韓末新聞의 發達과 論調에 관한 고찰〉(《韓沽劤博士停年紀念史學論叢》, 1981).
鄭晋錫, 〈漢城旬報·周報에 관한 연구〉(《新聞硏究》36, 1983).

증기기관을 동력으로 사용하는 공장제 생산기업을 의미한 것이었다. 개화파들의 이러한 주장과 활동이 부분적으로 채택되어 통리기무아문은 회사의 설립을 적극 장려하고, 민간이 회사를 설립하여 신고하는 경우에는 이를 즉각 승인할 뿐 아니라 전국에 훈령을 내려 잡세징수나 그 밖의 자유로운 영업행위를 저해하는 모든 제약을 철거하도록 해서 회사를 보호하였다.[71]

이에 따라 1880년대에 들어서자 서울과 전국 각 지방에서 각종의 근대적 회사들이 설립되기 시작하였다. 1880년부터 1884년 갑신정변 직전까지 설립된 근대적 회사형태의 상공업 기업체들을 찾아 정리해 보면 다음의 〈표 4〉와 같이 약 26개에 달하였다.

〈표 4〉 1880~1884년의 근대적 상공업 기업체

| 工 業 企 業 體 | | |
|---|---|---|
| 명 칭 | 업 종 | 창립 또는 자료에 처음 보이는 일자(모두 음력임) |
| ① 機器廠 | 병기공장 | 1883. 3 |
| ② 捲烟局 | 捲煙제조공장 | 1883 |
| ③ 順和局 | 〃 | 〃 |
| ④ 釀春局 | 양조공장 | 〃 |
| ⑤ 長春社 | 〃 | 〃 |
| ⑥ 豆餅局 | 두부공장 | |
| ⑦ 金化烟務局 | 捲煙공장 | 1883. 8. 18 창립 |
| ⑧ 鑄一所 | 철공장 | 1883. 9. 6 |
| ⑨ 博文局 | 인쇄공장·출판 | 1883. 9. 10 |
| ⑩ 廣仁社 | 〃 | |
| ⑪ 三湖玻璃局 | 玻璃공장 | 1883. 3. 25 |
| 商 會 社 | | |
| ⑫ 大同商會 | 각종물산 | 1883. 8. 15 |
| ⑬ 長通商會 | 〃 | 1883 |
| ⑭ 慶尙道金泉社商會 | 〃 | 1884. 2. 20 창립 |
| ⑮ 居奇社 | 〃 | 1884. 4. 7 〃 |

71) 《統理機務衙門日記》 1책, 1883년 8월 28일·29일.

| | | |
|---|---|---|
| ⑯ 安東乃成里商會 | 각종물산 | 1884. 4. 25 창립 |
| ⑰ 南部義信號招商社 | 〃 | 〃 |
| ⑱ 義信會社(義信社) | 〃 | 1884. 5. 14 창립 |
| ⑲ 太平商會社 | 〃 | 1884. 閏 5. 25 창립 |
| ⑳ 慶尙道布木商會社 | 견직물상업 | 1884. 6. 15 창립 |
| ㉑ 博林社 | 각종물산 | 1884. 6. 22 〃 |
| ㉒ 永信商會 | 〃 | 1884. 8. 30 〃 |
| ㉓ 蠶桑公司 | 견직물상업 | 1884. 9. 1 〃 |
| ㉔ 順信商會 | 각종물산 | 1884. 9. 6 |
| ㉕ 順信昌商會社 | 〃 | 1884. 9. 26 |
| 汽 船 海 運 會 社 | | |
| ㉖ 汽船會社 | 기선해운업 | 1884. 10. 14 창립 |

* ①②④~⑥⑬ 金允植,《陰晴史》하, 고종 20년 4월~6월.
③《日本官報》, 명치 17년 3월 21일.
⑦~⑨⑫《統理機務衙門日記》1책, 고종 20년 8·9월.
⑩《漢城旬報》15호, 개국 493년 갑신 2월 21일.
⑪⑭~⑱《統理機務衙門日記》2책, 고종 21년 2월~5월.
⑭⑱~㉖《統理機務衙門日記》3책, 고종 21년 5월~10월.

위와 같은 상공업 기업체들은 모두 새로이 설립된 근대적 기업체만을 가려 열거한 것이다.

농업부문에서도 1884년에 農桑公司가 설치되고, 근대적 양잠법을 적극적으로 장려하였다. 또한 외국의 농법과 양잠법을 소개하고 보급할 목적으로 개화파들이 각종의 새로운 농서를 편찬하기 시작하여, 安宗洙의《農政新編》(1881), 李祐珪의《蠶桑撮要》(1884) 등이 간행되었다.[72)]

특히 1884년 農務牧畜試驗場의 설립은 획기적 사업이었다.[73)] 1883년 보빙사가 미국에 파견되었을 때 洪英植이 중심이 되어서 농업시험장 설치의 희망을 표시하고 협조를 약속 받은 다음 귀국하자 국왕에게 요청하여 동대문

72) 李光麟,〈安宗洙와 農政新編〉(《歷史學報》37, 1968) 참조.
73) 李光麟,〈農務牧畜試驗場의 設置에 대하여〉(《金載元博士回甲紀念論叢》, 1969) 참조.

박 籍田을 받고 여기에 수행원 崔景錫을 책임자로 하여 농무목축시험장을 설립하였다. 1884년 봄에는 미국에 주문한 18개 짐짝의 농기구도 도착하였다. 이 농업시험장에서는 각종 농작물과 채소를 재배하고, 재래종과 최경석이 미국에서 가져온 신품종을 재배하여 첫해에 큰 성공을 거두었다.[74] 최경석은 여기서 수확한 개량 신품종을 재배법과 사용법을 설명하는 해설서를 첨부하여 305개 지방군현에 송부해서 재배하도록 권장하였다.

최경석은 여기에 그치지 않고 목축도입과 가축개량을 시도하였다. 그는 미국으로부터 젖소·황소·말·돼지·양의 신품종을 도입했으며, 가축의 품종개량 및 사육방법의 개선과 함께 낙농제품의 생산도 계획하였다. 그러나 1886년에 최경석이 사망하여, 이 농업시험장은 침체기에 들어갔다.

또한 증기선의 해운부문에서도 1884년에 汽船會社가 설립되어 큰 발전이 이루어졌다. 기선회사는 통리기무아문의 전운국에서 미국상인과 계약하여 3척의 기선(海龍號·蒼龍號·顯益號)을 구입하여 설립했으며, 연해의 화물운송과 조세곡수송, 그리고 군대 및 관용의 화물운송도 담당하였다.[75]

이 밖에도 개화파의 활동으로서 주목할 것으로는 김옥균·어윤중 등에 의한 수많은 유학생의 해외파견, 박영효가 한성판윤으로 있을 때의 治道局 설립과 종로로부터 동대문까지의 근대식 도로확장사업, 근대적 경찰제도의 수립, 홍영식이 중심이 된 우정국 설립과 근대적 우편제도의 창설, 개화파들이 추진한 복식제도의 개혁과 간소화 등이 중요한 것들이었다.

개화파들의 갑신정변 이전까지의 이러한 개화활동과 성과는 1882년 후반부터는 서울에 주둔한 청군 및 청국측의 간섭과 저지 방해를 물리쳐 가면서 많은 노력을 투입하여 이룩한 성과였다.

〈愼鏞廈〉

---

74) 《試驗場各種目錄》(규장각 도서) 참조.

75) 韓㳓劤, 〈開港後 商業構造의 變遷〉(《韓國開港期의 商業硏究》, 一潮閣, 1970), 226~227쪽.

## 2. 개화사상의 발전

19세기 중엽 이후 조선사회에 민족적 위기를 타개하려고 했던 사상에는 크게 위정척사사상·개화사상·동학사상이 있었다. 우선 위정척사사상은 18세기 후반 서학이 만연하자 정부 차원에서 正學을 숭상하고 異端을 배척한다는 기치를 내건 것에 그 연원을 두고 있다. 이 사상은 19세기 초부터 여러 차례의 천주교에 대한 박해를 거치면서 정부에서 위정척사정책의 이념으로 채택되었고, 재야유림에서 李恒老·奇正鎭 등에 의해 체계적으로 형성되어 발전해 나갔다. 반면, 개화사상은 19세기 중엽부터 몇몇 개명지식인들에 의해 형성되기 시작하여[1] 몇 단계를 거쳐 발전해 나갔다.[2]

---

1) 개화사상의 형성시기에 대해서는 몇 가지 설이 있는데, ① 1850년대 형성설과 ② 1860년대 형성설, 그리고 ③ 1870년대 형성설이 있다. ①은 오경석의 개화사상과 개화활동을 연구하여 개화사상이 1853~1859년(철종 4~10)의 시기에 형성되었다고 하였다(신용하, 〈吳慶錫의 開化思想과 開化活動〉, 《歷史學報》 107, 1985). ②③은 박규수의 사상과 행동에 초점을 맞추어 1870년대 전반기에 개화사상이 형성되었다고 주장하였다가(이광린, 《韓國史講座》 V 近代篇, 一潮閣, 1981), 그 뒤 申櫶이 《海國圖志》를 참고로 하여 水雷砲를 제작한 1860년대 후반기로 보아야 할 것 같다고 하였다(이광린, 〈開化思想의 形成과 發展〉, 《韓國史市民講座》 4, 一潮閣, 1989).

2) 이광린은 개화사상과 운동의 발전단계를 '개화를 개국과 같은 개념으로 사용한 1870년대', '서양과학기술의 도입을 통하여 국가의 부강을 꾀한 1880년대', '국권과 민권을 주장한 1890년대'의 3단계로 구분하였다. 金榮作은 개항 이후부터 갑신정변까지를 전기, 그 이후를 후기로 구분하고, 다시 이를 서양의 洋砲·洋物에 착안한 단계, 보다 넓은 과학기술 일반에 착안한 단계, 서양의 정치·경제·교육 등 제도적 방법과 함께 서양적 이념과 가치를 인정한 단계로 나누었다. 姜在彦은 제1단계(1872~1884)-개명적 양반 소장파 중심의 단계, 제2단계(1896~1898)-대중적 정치운동의 단계, 제3단계(1906~1911)-구국계몽운동의 단계로 나누었다. 金敬泰는 크게 전기(1874~1894)와 후기(1896~1910)로 구분하고 이를 다시 제1기(1874~1879), 제2기(1880~1884), 제3기(1885~1894), 제4기(1896~1904), 제5기(1905~1910)의 5단계로 나눌 것을 제안하였다. 鄭昌烈은 개화사상·개화운동의 시기를 1876년(고종 13)부터 1910년(융희 4)까지로 설정하고 1905년(광무 9) '을사늑약'을 경계로 두 단계로 구분하였다. 李完宰는 개화사상을 초기와 후기로 나누어 '초기개화사상'은 1870년대 개화파의 형성기부터 1884년 갑신정변까지 전개된 개화사상을 말하고, 그 이후 만민공동회가 해체되기까지를 '후기개화사상'이라 하였다. 이러한 개화사상의 발전단계에

개화사상의 연원은 멀리 조선 후기 實學과 西學에 그 뿌리를 두고 있었다. 그러나 실학자들이 1801년(순조 1) 신유박해로 엄청난 탄압을 받게 되자 실학과 서학은 크게 위축되었다. 이러한 역사적 조건 아래서도 丁若鏞과 崔漢綺를 비롯한 몇몇 선각자들은 근대지향적이거나 근대적인 사상을 가지고 장차 도래할 조선의 현실을 걱정하면서 그 사상을 정리하고 있었다. 정약용이 19세기 초엽에 그 전의 실학사상을 집대성하였다면, 최한기는 19세기 중엽에 실학에서 개화에로 성큼 다가서서 서양의 과학기술뿐만 아니라 좋은 정치나 법제까지도 수용하려는 적극적인 태도를 보였다.

그런가 하면 朴珪壽는 1860년대 말에 자기집 사랑방에 청년지식인들을 모아 놓고 그의 할아버지 朴趾源이 지은 《燕巖集》을 강독하는 등 이른바 북학파의 실학사상을 계승하여 발전시켰다. 또한 박규수는 金玉均 등에게 地球儀를 돌리면서 "오늘날 중국이 어디에 있는가. 저쪽으로 돌리면 아메리카가 중국이 되고 이쪽으로 돌리면 조선이 중국이 되어 어느 나라든 한 가운데로 돌리면 중국이 된다. 오늘날 어디에 정해진 중국이 있단 말인가"[3]라고 하면서 청년지식인들이 의식의 전환을 가져오게 하였다.

한편 1840년대 중반 이후 《海國圖志》·《瀛環志略》 등 이른바 신서가 조선에 들어오자, 1850년대부터 이미 일부 지식인들은 이를 깊이 연구하기 시작하여 새로운 지식을 흡수하였다.[4] 吳慶錫은 역관으로 여러 차례 북경을 다녀왔는데, 그는 《해국도지》·《영환지략》 등의 새로운 서적을 다수 구입하여 돌아와 이를 친구 劉洪基에게 주고 깊이 연구하게 하여 개화사상을 형성시켰다.[5] 최한기 역시 《해국도지》와 《영환지략》을 깊이 연구하여 동서의 풍토와 물산, 관습과 정교를 망라하여 《地球典要》를 편찬하였다. 이처럼 1850년대부터 오경석·유홍기·최한기 등은 조선의 개화를 위하여 이른바 신서적을 연구하여 개화사상을 형성하였던 것이다.

---

대한 정리는 이완재의 《初期開化思想硏究》(民族文化社, 1989, 19쪽) 참조.

3) 申采浩, 〈地動說의 效力〉(《龍과 龍의 大激戰》, 1927 ; 《改訂版 丹齋申采浩全集》 하, 1987, 384쪽).

4) 李光麟, 〈「海國圖志」의 韓國傳來와 그 影響〉(《改訂版 韓國開化史硏究》, 一潮閣, 1985).

5) 愼鏞廈, 〈吳慶錫의 開化思想과 開化活動〉(《歷史學報》 107, 1985).

이러한 개화사상은 박규수·오경석·유홍기·최한기 등을 중심으로 실학사상을 계승하면서 다른 한편으로 중국을 통한 서구학문의 영향을 받아 형성되었다. 특히 개화사상가들의 사상 속에는 박지원·朴齊家 등 북학파 실학자나 정약용 등 근기남인 실학자들의 실학사상의 이용후생론과 부국강병론이 면면히 흐르고 있었고, 여기에 서양학문, 특히 과학기술부문이 포함된 서학이 용해되어 있었던 것이다.

한편 박지원 등 북학파의 실학사상을 이은 박규수 이외에도 金正喜·兪莘煥 등의 영향을 받은 申櫶·姜瑋·金弘集·魚允中·閔台鎬·韓章錫·金晩植·金允植·南廷哲 등의 개명지식인들이 개항 전후에 관료로 진출하여 여러 방면에 걸쳐 개화사상을 골고루 발전시켜 나가기도 하였다.

개화사상의 발전과 함께 1876년(고종 13) 개항 전후에는 개화파가 정치세력으로 형성되었고, 1880년대 초에는 개화의식이 확산되어 관료나 재야유생들 사이에서는 東道西器論이 일어났다. 그리고 1882년 임오군란 뒤에는 개화파 내부에서도 정치적·사상적 차이 때문에 온건개화파와 급진개화파로 분기되어 두 파 사이에는 시국인식과 개혁방법론을 놓고 그 대립이 뚜렷하게 드러났다.[6] 그러다가 1884년 10월 급진개화파에 의한 갑신정변이 일어났고, 이 때 급진개화파는 일본의 메이지유신(明治維新)을 모델로 하여 서양의 기술은 물론, 사상·제도까지도 받아들여 조선의 전통적인 정치사회체제를 개혁해야 된다고 주장하였다. 반면 온건개화파는 청국의 洋務運動을 모델로 하여 서양의 과학기술부문만을 받아들이고 우리의 사상이나 제도는 고수하자고 하였다.

1890년대 후반이 되면 개화사상은 독립협회의 활동으로 일반 민중에까지

---

6) 1880년대 개화파를 온건개화파와 급진개화파로 보아야 할 것인가에 대해서는 몇 가지 의견이 제기되고 있다. 전통적인 입장에서는 개화파를 사대당과 독립당으로 구분하였다. 이에 대해 姜在彦은 수구파에 대한 개화파의 자세에 따라서 '온건적 개화파' 및 '급진적 개화파'라는 규정보다는, 개화파 내부의 각각의 사상 내용에 의하여 '변법적' 개화파와 '개량적' 개화파로 나누는 것이 보다 적절하다고 하였다(姜在彦, 《朝鮮の開化思想》, 岩波書店 1980, 202~213쪽). 한편 개화파를 동도서기론의 흐름과 문명개화론의 두 흐름으로 이해하는 견해(朱鎭五, 19세기 後半 開化 改革論의 構造와 展開, 연세대 박사학위논문, 1995)와 시무개화파와 변법개화파로 나누어 파악하는 견해(河元鎬, 〈개화사상과 개화운동의 역사적 변화〉, 《한국근대 개화사상과 개화운동》, 신서원, 1998)가 있다.

파급되어 그들도 개화운동에 일부 참가하게 되었다. 그 뒤 일제의 침탈로 나라가 위기에 처하자 개화사상은 애국계몽운동의 중심사상으로 발전하였다.

### 1) 동도서기론의 대두

1880년대 초에 온건개화파와 급진개화파가 분기되기 전부터 개명지식인들은 이미 자기의 도를 지키면서 다른 나라의 우수한 과학기술을 받아들이자는 동도서기론의 경향을 띠고 있었다. 사실 동도서기론의 연원은 조선에 처음 서양의 천문학과 수학 등을 포괄하는 '西法'이 수용된 17세기로 거슬러 올라갈 수 있을 것이다. 그러나 19세기 후반에 대두한 동도서기론의 직접적인 연원은 개항 이전에 박규수·최한기 등의 주장에서 살필 수 있다. 그러다가 1876년 개항 후 서양문물이 본격적으로 들어오게 되자 1880년대 초부터 동도서기론은 申箕善·郭基洛을 선두로 하여 제창되었다.

박규수는 1861년(철종 12)과 1872년(고종 9) 두 차례에 걸쳐 중국을 방문한 적이 있다. 그는 두 차례 중국을 다녀온 후 중국이 서양의 기술을 배워 무기와 선박을 자립적으로 생산하여 이익을 얻고 있다는 사실을 국내에 소개하고 있다. 그는 이제 정부가 서양물품을 배척만 할 것이 아니라 서양대포와 화륜선 등을 수용하여 그 제조법을 익힘으로써 부국강병의 방법을 모색할 필요성을 제기하였다. 특히 해양세력의 군사적 침입을 막기 위해 해안의 방어를 강화하고, 군사력의 증강과 군사무기의 개발을 도모하려고 하였다. 그리고 열강 속에서 고립을 면하기 위하여 미국 등 각국과 수교를 해야 한다고 생각하였다.[7]

그런데 박규수의 이러한 주장이 있기 오래 전에 이미 최한기는 백성의 일상생활에 도움이 되는 기계를 제조하는 자가 있으면 높은 벼슬을 주어 앞날의 기술의 발달을 권장해야 한다고 역설하였다. 그는 서양의 기계에 관심을 갖고 《心器圖說》·《陸海法》 등을 저술하여 서양의 기계를 적극 수용하여 소개하였다. 그리하여 서양의 이로운 기계인 선박·대포·풍차·직조기 등을

7) 孫炯富, 《朴珪壽의 開化思想硏究》(一潮閣, 1997).

수용할 것을 주장하였다. 또한 그는 서양의 종교가 천하에 퍼지는 것은 근심할 필요가 없고 오직 실용적인 기계를 다 수용하여 사용하지 못하는 것이 걱정일 뿐이라고 하였다.[8] 최한기는 서구 과학기술의 수용에 대해서 적극적이었을 뿐만 아니라 심지어 五倫과 仁義禮智는 천하에 보편적인 人道로서 바뀔 수 없는 도라고 하면서 서양인에게도 윤리가 있음을 인정하고 그들의 정치·법제까지도 수용할 수 있다는 적극적인 자세를 견지하였다. 따라서 최한기는 이미 동도서기론에서 일보 나아가 西道의 수용론으로까지 발전하고 있었다.

그러면 동도서기론의 논리구조는 어떤 것인가. 우선 동도서기론은 중국의 中體西用論이나 일본의 和魂洋才論과 마찬가지로 19세기에 서양 자본주의 열강의 침략에 대응하기 위한 방법의 하나로 조선 지식인들이 제창한 논리였다. 즉 우리의 전통윤리와 도덕을 유지하면서 서양의 과학기술을 받아들여 부국강병을 이룩하려는 것이 그 주요 목적이었다. 이 동도서기론의 논리구조는 유교의 전통적 개념인 도와 기의 관계에 의해 설명된다. 즉《周易》繫辭傳의 "形而上을 道라고 이르고 形而下를 器라고 이른다"는 말이 송대의 학자 程顥에 이르러 道器合一로 이해되고, 朱熹 역시 정호의 논리를 받아들여 도와 기의 합일을 부연 설명하였다.

조선조에 들어와 도와 기에 대한 인식은 李珥에 이르러 도와 기는 분리될 수 없는 것으로 이해된다. 그 후 기호학계에서는 이이의 도와 기는 서로 떨어질 수 없다는 이러한 논리가 지배적인 主氣論的 학풍이 지속되었다. 동도서기론자인 신기선과 김윤식은 둘 다 기호의 대표적 유학자인 任憲晦와 유신환의 문하에서 학업을 닦았다. 따라서 이들 역시 도와 기는 서로 분리될 수 없다는 논리에 근거하여 도와 기는 서로 모순되지 않으며, 또 기를 떠나서는 도를 구할 수가 없다고 하였다.[9] 특히 신기선은 도와 기에 의거하여

---

8) 崔漢綺,《推測錄》권 6, 推物測事, 東西取捨.

9) 그러나 동도서기론의 논리가 완벽한 것은 아니었다. 도와 기는 서로 떨어지지 않는다는 일면이 있지만, 서로 섞이지 않는다는 측면도 있기 때문이다. 그 어느 경우이든 서양의 도와 서양의 기도 서로 떨어지지 않고 서로 섞이지 않는 측면이 있기 때문에 서양의 기를 받아들이면 자연히 그 기 속에는 서도가 들어 있는 것이다. 신기선이 동도서기론의 논리적 약점을 인식했는지는 모르겠

논리적으로 동도서기론을 제기한 인물이었다.[10]

그런데 1881년 동도서기론이 상소의 형태로 공식적으로 표현된 것은 곽기락에 의해서였다. 그는 기계의 제조법이나 농업·임업에 관한 책으로 우리에게 이익이 된다면 가려서 사용하기를 주장하였다. 그는 서양사람이 싫다고 하여 서양의 좋은 기술까지도 아울러 배척할 필요는 없다고 하였다.[11] 이와 같이 곽기락은 우리 나라의 부국강병을 위하여 서양의 도덕과 기술을 분리하여 서양도덕은 배제하고 기술은 적극적으로 받아들일 것을 주장하였다. 그리하여 동양의 도덕과 서양기술이 서로 방해되지 않고 병존하는 관계가 설정되었다.

1876년 개항이 이루어진 후 정부에서는 새로운 국제질서를 파악하고 일본과 중국의 새로운 문물제도를 시찰하고 그들의 선진 과학기술을 배우기 위하여 노력하였다. 그 일환으로 1880년 김홍집은 수신사로 일본에 갔다가 돌아올 때, 주일청국공사관 참찬관 黃遵憲으로부터 《易言》을 얻어 왔다. 그리고 황준헌이 지은 조선의 외교방략을 적은 《朝鮮策略》도 받아 왔다. 이 두 책은 1880년대의 개화사상에 지대한 영향을 미쳤다. 《조선책략》에서는 '自强'이 특히 강조되었고, 《이언》의 내용에는 부국강병의 문제를 주로 다루고 있었다. 1840~50년대에 조선에 들어온 《해국도지》나 《영환지략》이 해외지식을 소개하는데 역점을 두었던 반면, 《이언》의 핵심사상은 과학기술을 발전시키어 산업을 개발하고 통상을 장려하여 부국강병을 이룩하고, 만국공법을 실시하여 외국과 대등한 외교를 맺어야 한다는 것이었다.[12]

1881년에 조선정부는 紳士遊覽團(朝士視察團)과 領選使를 각각 일본과 청국에 파견하였다. 신사유람단은 일본에 건너가 정치·군사·교육·교통·농업·과학기술 등 다양한 선진문물을 자세히 탐지하고 돌아왔다. 또한 이 신사유람단의 파견과 함께 추진하였던 영선사의 일행에는 38명의 기술유학생이 선발되었다. 이들은 9월 26일 조선을 출발하여 12월 6일 天津에 도착하여 機器

---

으나 金漢燮에 의하여 그 약점은 날카롭게 지적되었다(金漢燮, 《吾南文集》 권 13, 雜著, 農政新書序條辨).

10) 申箕善, 《農政新編》 序.

11) 《承政院日記》, 고종 18년 6월 8일.

12) 李光麟, 〈「易言」과 韓國의 開化思想〉(앞의 책, 1985) 참조.

廠의 南局 및 東局, 水師學堂, 水雷學堂에 배속되어 기술을 배웠다. 영선사 김윤식은 당시 국제관계 속에서 국방력의 중요성을 절감하고 서구열강의 도전에 대처하기 위해서는 먼저 군사를 훈련하고, 군사를 훈련하기 위해서는 무기를 예리하게 만들어야 한다고 생각하였다.[13] 따라서 영선사 일행의 주요 목적은 앞으로 조선의 부국강병을 이루기 위하여 화약·탄약의 제조법과 이와 관련되는 전기·화학·제련·기초기계학 등의 기술습득과 무기를 사오는 일이었다.

영선사 일행이 천진에서 기술교육을 받고 있던 도중에 이들은 본국에서 임오군란이 발생하였다는 소식을 들었다. 이에 김윤식은 1882년 7월에 일시 귀국하여 8월 5일 자신이 대신 지은 국왕 고종의 교서에서 정부가 동도서기론을 앞장서 추진하겠다는 의지를 다음과 같이 분명히 밝혔다.

> 저들(서양)의 敎는 사특하니 마땅히 음탕한 소리나 치장한 여자를 멀리하듯이 해야 하지만, 저들의 器는 이로우니 진실로 이용후생을 할 수 있다면 농업·양잠·의약·병기·배·수레의 제도는 무엇을 꺼려서 피하겠는가. 그 교는 배척하되 그 기는 본받는 것이 진실로 병행하여 거스르지 않는 것이다. 하물며 강약의 형세가 이미 크게 차이가 벌어졌는데, 만약 저들의 기를 본받지 않는다면 어떻게 저들에게 모욕당하고 저들이 욕보이는 것을 막을 수 있겠는가(《高宗實錄》, 고종 19년 8월 5일 및 金允植, 《雲養集》 권 5, 綸音布諭, 曉諭國內大小民人 壬午).

고종의 교서는 그 뒤 동도서기론의 확산에 결정적인 역할을 하였다. 이것은 바로 18세기 말 정조 때부터 순조·헌종을 거쳐 홍선대원군 집권기까지 조선조정이 줄곧 견지해 오던 위정척사정책의 변화가 공식적인 형태로 나타난 것이었다. 그리하여 그 상징적 사건으로 홍선대원군이 1871년(고종 8) 신미양요 직후에 전국 고을에 세웠던 斥和碑가 뽑혀졌다. 그러자 전현직 관료는 물론 재야유생층에서도 동도서기론의 주장이 우후죽순처럼 대두되었다.

1882년 8월 23일 충주 幼學 池錫永은 서양의 과학기술을 적극적으로 도입하여 그것을 연구하고 교육시키는 연구기관의 설치를 주장하였다. 그는 《萬國

---

13) 《高宗實錄》, 고종 18년 11월 4일.

公法》·《朝鮮策略》·《普法戰紀》·《博物新編》·《格物入門》·《格致彙編》 등의 외국서적과 金玉均의《箕和近事》, 朴泳教의《地球圖經》, 安宗洙의《農政新編》, 金景遂의《公報抄略》 등은 개화에 필요한 서적들로서 시무를 위하여 필요하므로 여러 사람들이 열람하게 하자고 하였다. 또 각국의 수차·농기구·직조기·화륜기·무기 등을 사들일 것을 주장한 다음, 각 도의 모든 고을에 공문을 발송하여 그 고을의 뛰어난 유생과 관리를 각각 1명씩 선출하여 개화관계 서적과 기계를 연구하게 할 것을 주장하였다. 이러한 지석영의 주장은 백성을 교화하여 아름다운 풍속을 이루고 이용후생을 기하려는 목적에서 제기된 것이었다.[14]

또한 直講 朴淇鍾도 동도서기론에 입각한 소를 올리었다. 1882년 9월 5일에 올린 소에서 그는 서양의 교는 멀리하되 그 기는 이로운 것으로 이용후생에 도움이 되며, 따라서 농업·양잠·의약·무기·선박 등의 기술을 도입해야 할 것이라고 하였다.[15]

한편 서울에 거주하고 있던 高穎聞은 보다 진보적인 개혁안을 제시하였다. 그의 개혁안은 모두 7개항으로 구성되어 있다. 첫째 서양의 여러 나라에 사절을 파견하여 그 나라의 풍속과 경제를 살펴보고 우의를 두텁게 한 뒤, 숙련된 여러 분야의 기술교사를 초빙하여 우리 나라 백성들로 하여금 서양의 기예를 학습시킬 것, 둘째 정부 외의 기관으로 公議堂을 따로 설립하고 時務를 아는 인사를 특별 채용하여 시무에 전념케 할 것, 셋째 광산을 개발할 것, 넷째 50호를 1區로 편제하여 1구에 區長 1명을 뽑아 정하고, 구장 휘하에 매 구마다 4명씩 두어 구내의 도적·수재·화재·음주의 폐단을 순찰하여 조사하게 할 것, 다섯째 商會所와 국립은행을 서울에 설립할 것, 여섯째 인천항은 부산이나 원산항과 달라 삼남지방에서 들어오는 漕運의 요충지이고 서울의 인후부에 해당되니 해군기지를 창설하여 그 지역을 튼튼하게 할 것과 마지막으로 불필요한 관직과 雜頁의 혁파를 주장하였다.[16]

---

14) 《承政院日記》, 고종 19년 8월 23일.

15) 《日省錄》, 고종 19년 9월 5일.
朴淇鍾, 《竹圃集》 권 2, 疏 壬午封疏.

16) 《承政院日記》, 고종 19년 9월 22일.

동도서기론자들의 일차적 목표는 과학기술서적을 통하거나 서양의 기술교사를 초청하여 그들의 과학기술을 배워야겠다는 것이었다. 그것은 곧 서양의 선진 과학기술을 배워 부국강병을 이룩하겠다는 말이었다. 그러나 고영문의 상소에서 보듯 이제 동도서기론은 종래의 과학기술이나 농업·의약의 수용에 그치지 않고 행정·경제제도 등의 개혁이 미약하게나마 제시되고 있었다.

이처럼 지석영·박기종·고영문 등은 한결같이 서양의 과학기술과 농업·상업·광업 등 여러 분야에 걸쳐 우리보다 외국이 우수한 측면이 있다면 수용해야 된다는 견해를 표명하였다. 이러한 상황에서 1882년 10월 14일 민간인도 火輪船·風帆船을 구매하여 사용할 수 있다는 국왕의 분부가 나오게 되었다. 이것은 이제 서양의 과학기술 수용이 민간에까지 확산되어 가는 것을 의미하였다.

그런데 재야유생층의 상소에서는 그들이 동도에 대해서보다는 서기에 더 관심을 두었다. 이것은 바로 1880년대 초 조선의 현실이 무엇보다도 동도를 지키는 문제보다도 서기를 하루빨리 수용하여 부국강병을 이룩하려는 측면이 더 강하였기 때문으로 이해된다. 그렇다 할지라도 이들이 결코 동도를 가볍게 생각하고 있는 것은 아니었다. 신기선·김윤식 등의 주장에서 찾아볼 수 있는 동도서기론의 논리를 1882년 12월 22일에 尹善學이 올린 소에서 살필 수 있다.

> 아! 西法이 나오게 되자 그 기계의 정밀함과 부국의 방법에 있어서는 비록 周를 일으킨 呂尙이나 蜀을 다스린 諸葛亮이라 할지라도 그 사이에 간여하여 논의할 수 없게 되었다. 君臣·父子·夫婦·長幼·朋友의 윤리는 하늘로부터 얻어서 본성에 부여된 것인데, 천지에 통하고 만고에 뻗치도록 변하지 않는 이치로 위에서 道가 된 것이다. 수레·배·군사·농업·기계는 백성에게 편하고 나라에 이로운 것으로 밖에 드러나 器가 되는 것이니, 제가 변화시키고자 하는 것은 기이지 도가 아닙니다(《承政院日記》, 고종 19년 12월 22일).

윤선학은 도를 군신·부자·부부·장유·붕우의 윤리라고 보고, 대신 기는 수레·배·군사·농업·기계 등 백성과 국가에 편리한 것으로 이해하였다. 여기서 그는 동양의 도를 유지시켜 나가는 것을 여전히 강조하는 한편, 서양의 과학기술의 측면을 조속히 배워 부국강병한 나라를 만들기를 바랐다.

이러한 동도서기론에 입각한 소는 趙汶·卞鋈·趙壂敎·鄭暎朝·柳完秀·卞應洙·金源濟 등에 의해서도 올려졌다. 이들은 주로 무기에 관심을 표명하고 외국의 선진기술을 받아들여 부국강병을 이룩하기를 주장하였다. 이러한 상소에 대해 당시 정부로서도 시무로 인정하여 정책에 반영시키겠다는 의지를 국왕의 批答을 통하여 밝히었다.

그런데 동도서기론을 주장한 인물들은 그 계층이 현직관료를 비롯하여 전직관료·재야유생·무과급제자 등 매우 다양하였다. 김윤식·신기선·곽기락·박기종·변옥·변응수·김원제 등은 모두 문과에 급제하여 그 후 관료를 역임했거나 관료로서 동도서기론을 전개하였다. 특히 이들 가운데 김윤식·신기선·박기종 등은 소년시절에 성리학에 깊이 전념하였다가 그 뒤 官界에 진출하여 서기의 필요성을 절감하고 동도서기론으로 사상적 전환을 하였다.

이러한 동도서기론은 1884년(고종 21) 갑신정변에 이르기까지 적어도 서양의 과학기술을 받아들여 부국강병을 이룩하려는 목표에 있어서는 김옥균·박영효 등의 급진개화파의 사상과도 공조체제를 유지하였다. 다시 말해 1880년대 초부터 갑신정변 직전까지 동도서기론자와 급진개화파는 상호보완적인 관계를 유지하면서 개화정책의 추진에 함께 참여하였다고 이해해야 할 것이다. 그런 반면 동도서기론자들이 동도에 강한 집착을 갖고 있었음에도 불구하고 이들이 서양의 과학기술을 인정하고 받아들이기를 주장하자, 오히려 재야의 위정척사론자와 심한 대립과 갈등을 겪었다.

그러나 동도서기론자라 하여 그 사상과 행동노선이 반드시 일치한 것만은 아니었다. 신기선과 김윤식의 정치적·사상적 차이는 이미 1880년대부터인데, 김윤식이 친청파인데 비하여 신기선은 적어도 갑신정변 직전까지는 김옥균 등 급진개화파를 지지하는 입장에 있었다. 신기선은 갑신정변 직후 급진개화파와 결별을 선언하고 보수노선을 확실히 정하였던 반면, 김윤식은 갑신정변 뒤에도 급진개화파가 못다 이룬 정책을 일부나마 이루어 나가면서 아울러 서양과의 외교관계나 서양의 종교에 대하여 지속적인 관심을 보였다. 그렇지만 김윤식이나 신기선의 경우 變法의 성향을 띤 개화사상으로의 전환

가능성을 찾기는 어려우며 끝가지 동도의 우월성을 지지하고 있었다고 할 수 있다.

결국 동도서기론은 유교가 지배하는 당시 조선사회에 서양의 사상과 과학기술이 들어오자, 과도기적으로 서양 과학기술을 수용하기 위하여 제기되었던 하나의 사조였다. 따라서 동도서기론이란 개화파 내부에서 동도를 강조하는 보수적 성향을 지니고 있는 부류와 위정척사파 내부에서 일탈하여 서양 과학기술을 인정하는 진보적 성향을 띤 인사들의 자기보존 논리를 가리키는 다소 모호한 성격을 지닌 것이다. 그러므로 이 논리는 정도의 차이는 있을지 모르나 온건개화파나 급진개화파 모두의 내면에 내재된 논리이기도 하였다.

### 2) 온건개화파의 개화사상

개항 이후 조선사회는 새로운 문물의 접촉으로 급격하게 변하기 시작했다. 그리하여 1880년대 초에는 조선사회에 '開化'와 '自强'이라는 말이 풍미하고, 이에 대응하는 위정척사운동이 그 어느 시기보다 강하게 일어나 개화와 척사의 갈등은 격렬했으나, 1882년 임오군란을 고비로 척사는 고개를 숙이고 대신 정부정책은 개화로 급격히 전환하고 있었다

이 '개화'라는 개념에 대해서는 兪吉濬이 "인간과 관련된 모든 사물이 지극히 선하고 아름다운 경지에 다다름을 이르고, 모든 사물을 궁구하고 경영하여 날로 새롭기를 기약하는 것"이라 하여 개화를 문화가 날로 새로워짐을 의미한다고 설명하였다. 이러한 유길준의 개화에 대한 개념정의는 곧 개명화 혹은 문명화를 의미하는 것이었다.[17]

1880년대 개화파는 크게 온건개화파와 급진개화파로 나누어진다. 그런데 임오군란 이전까지는 온건개화파와 급진개화파와의 관계를 명확하게 구분하여 설명하기는 어렵다. 아마 온건개화파든 급진개화파든 당시 사회분위기에서 동도를 쉽게 포기하기는 어려운 입장이었을 것이다. 그러므로 오히려 서기보다 서양의 정치, 사상이나 종교를 포괄하는 서도를 언제 어느 정도 인정하

17) '개화'의 개념에 대해서는 李光麟, 〈開化思想 硏究〉(앞의 책, 1985) 참조.

느냐의 여부가 온건개화파와 급진개화파의 구분에 주요한 준거가 될 것이다.

우선 온건개화파와 급진개화파의 분기의 싹은 1876년 겨울 박규수가 죽은 뒤로 시국인식과 개혁방법론을 놓고 드러나기 시작하였다. 김옥균 등 급진개화파는 박규수가 죽은 뒤에도 갑신정변 직전까지 유홍기의 지도를 계속 받았던 반면, 김윤식 등 온건개화파는 당시 실권을 쥔 정치세력과 결탁해 있었다. 또한 온건개화파는 국내 정치세력뿐만 아니라 청국과도 연결되어 있어 1884년 갑신정변이 수습된 뒤에도 그들은 당분간 정치적으로 살아 남아 정치·경제·교육·기술 등의 측면에서 개화정책을 추진하였다.

온건개화파는 청국과의 전통적 국제관계를 중시하면서 청국의 양무운동을 점진적 개혁의 모델로 삼았다. 김윤식·어윤중·김홍집 등은 당시의 집권세력의 구성원이었고 이들은 조선사회의 점진적 개혁을 바랐다. 따라서, 급진개화파에 비해 상대적으로 보수적 성향이어서 서양의 기술을 받아들이되 종교와 사상은 우리 것을 고수하기를 바랐다.

갑신정변 1년 전에 간행된《漢城旬報》의 기사는 당시 개화파의 사상을 대변하는 것이었다. 1850년대부터 1880년대 초까지만 해도《해국도지》와《영환지략》을 읽고 일부 지식인만이 세계 각국에 대한 신지식을 갖게 되었던 것을 이제 이 신문을 통하여 일반 백성들도 신지식을 공유할 수 있게 되었다. 특히《한성순보》의 간행취지는 일반 백성의 계몽을 위한 것이었기 때문에 개화사상의 확산에 큰 영향을 미쳤다.《한성순보》서문에는 개화파의 개화에 대한 기본 인식이 잘 나타나 있다. 즉 나라 안팎의 정세 변화와 세계 각국의 문물제도를 알리고 백성의 견문을 넓힌다는 것이 그 주된 내용이었다.[18]

한편《한성순보》를 통해 백성을 계몽할 때에 가장 많이 거론한 구체적인 사물은 부국강병의 도구가 되는 선박과 전선 등이었다.[19] 그리고 부강의 기

18)《한성순보》의 주요내용은 각 대륙의 정치·지리에 관한 지식 보급을 위한 논문으로 論洲洋, 地球圖解, 地球論(창간호), 歐羅巴洲(제2호), 亞米利加洲(제3호), 亞非利駕洲(제4호), 阿西亞尼亞洲(제5호) 등이 있고 선진 각국의 제반 사정 및 제도에 관한 것(英國誌略, 法國誌略, 美國誌略, 德國誌略), 자연과학 분야의 새로운 지식에 관한 것(恒星動論, 電報說, 歲星圖說, 測天遠鏡), 그 밖에 각국의 군비(俄國海軍)나, 국제분쟁에 관한 것(深春信息), 청·러국경분쟁의 내용에 관한 것(安南事起源) 등이 많은 비중을 차지하고 있다.

19)《漢城旬報》창간호, 〈旬報序〉(1883).

초로 상업을 강조하고 통신이 전쟁의 승패를 좌우한다고 인식하여 상업과 통신의 역할을 중시하였다.[20] 갑신정변 전까지 《한성순보》의 내용을 검토해 보면 적어도 사상적 측면에서는 온건·급진개화파가 합심하여 국민을 계몽하는 데 앞장섰던 것을 알 수 있다.

그러나 급진개화파의 갑신정변 실패를 계기로 온건개화파의 개화에 대한 인식도 급속도로 달라졌다. 김윤식은 개화에 대하여 다음과 같이 말하였다.

> 내가 일찍이 개화에 대하여 매우 괴이하게 여겼다……歐洲의 風을 듣고 그 俗을 변화하는 것을 개화라 말하는데 東土는 문명의 땅인데 다시 어찌 개명시켜 변화할 것이 있겠는가. 갑신 諸賊들이 구주를 매우 높이고 堯·舜을 박대하고 孔·孟을 폄하하여 彝倫의 도로써 野蠻이라 이르고 그 도로써 바꾸고자 하여 걸핏하면 개화라 하니 이는 天理가 끊어지고 갓과 신이 거꾸로 된 것이다(金允植,《續陰晴史》상, 國史編纂委員會, 1960, 156쪽).

갑신정변의 실패로 조야의 분위기는 썰렁하여 급진개화파는 성토의 대상이었고 당분간 '개화'라는 말을 입에 담기는 어려웠다. 그러나 온건개화파는 국민계몽이나 교육사업, 의료사업, 통신사업 등에 있어서 개화정책을 추진하고 있었다. 이들은 국민에게 개화의 필요성과 당위성을 널리 계몽·홍보하기 위해 1886년 1월《漢城周報》를 창간하였고, 나아가 학교교육을 통해 서양의 근대적 학문과 기술을 체계적으로 수용·학습할 것을 주장하였다.[21]

1886년과 1887년에는 어윤중과 김윤식 등이 정계에서 비록 실각하였으나 개화사상과 개화운동의 발전은 지속되고 있었다. 유길준은 갑신정변 실패 이후부터 김옥균·박영효 등 급진개화파와 관계를 끊었으나 전날의 급진개화파의 관계 때문에 1885년 말부터 1892년까지 연금생활을 하였다. 그는 갑신정변 전까지만 해도 급진개화파와 가까이 지내면서 급진적인 개화사상의 성향을 띠었으나 정변실패 후에는 점진적 개량에 의한 개화를 희망하고 있었다. 그래서 그는 이 연금생활 시기에 閔泳翊과 韓圭卨의 후원을 받고 김홍집·

20)《漢城旬報》9호,〈電報說〉.

21) 한철호,〈시무개화파의 개혁구상과 정치활동〉(《한국근대 개화사상과 개화운동》, 신서원, 1998).

朴定陽·어윤중·金鶴羽 등과 친밀한 관계를 맺으면서《西遊見聞》을 집필하였다. 이 책은 온건개화파 인사들의 개혁사상을 대변하는 글이었다.[22] 그리고 유길준의 1892년 연금해제와 더불어 새로운 관료군들이 형성되고 있었는데, 바로 유길준과 가까운 관계를 유지하였던 김학우·權瀅鎭·趙義淵·金嘉鎭 등이 그들이었다. 이들은 갑오경장 때 김홍집·김윤식·어윤중 등과 함께 유대관계를 맺고 개혁의 실무를 담당하게 되었다.[23]

당시 온건개화파의 개화사상은 유길준의《서유견문》을 통하여 살펴볼 수 있다. 이《서유견문》에 나타난 개화사상의 주된 내용은 유길준이 소년기에 접한 유학과 실학의 토대 위에서 일본과 미국유학에서 학습한 후쿠자와(福澤諭吉)의《西洋事情》에 보이는 문명개화론과 서구의 계몽사상의 천부인권설과 사회계약설이 들어 있다. 이러한 유길준의 개화사상은 중국의 양무론자들이 내걸었던 중체서용론 내지 동도서기론과 그 궤를 같이하는 것이었다.[24]

유길준은 인간의 역사가 미개화·반개화·개화의 단계를 거쳐 발전한다는 견해를 피력하였다. 그가 설정한 개화한 사회란 인간이 도덕적·정치적·학문적·물질적인 여러 측면에 있어서 최고로 완성된 사회인 것이다. 그는 인간의 완전한 평등을 강조하고, 그 당연한 귀결로서 여러 가지 신분적 특권을 부정하였다. 유길준은 원칙적으로 생명을 보호하는 자유, 재산의 자유, 영업의 자유, 집회의 자유, 종교의 자유, 언론의 자유, 명예를 수호하는 자유 등이 보장되는 것이 좋다고 생각하였다.[25] 그러나 이러한 모든 자유는 국법을 어기지 않는 범위 안에서 행해져야 함을 강조하였다. 그에 의하면 국가의 법은 인간의 천부권리에 우위하는 것이고, 따라서 법과 교육이 사회발전에 있어 결정적인 요인이 된다고 생각하였다.

유길준은 자주권과 국가평등을 주장함으로써 조선이 청국과의 종속관계에서 벗어나 청국에 대한 평등한 관계를 실현하고자 하였다. 그는 군주의 절대

---

22) 柳永益,〈『西遊見聞』論〉(《韓國史市民講座》7, 一潮閣, 1990).

23) 柳永益,〈甲午開化派 官僚의 執權經緯·背景 및 改革構想〉(《甲午更張硏究》, 一潮閣, 1990).

24) 柳永益, 앞의 글(1990a), 156쪽.

25) 兪吉濬,《西遊見聞》4편, 人民의 權利(《兪吉濬全書》1, 一潮閣, 1971, 116~118쪽).

적 권력을 확립하고, 다른 한편으로는 인민들 사이에 평등권을 확립함으로써 국민적 통합을 도모하고자 하였다. 이와 같은 국민적 통합의 구상은 政體論으로 결정되어 나타났다.

유길준은 먼저 역사적으로 존재한 정체의 유형을 크게 다섯 가지로 분류하여 ① 君主의 擅斷하는 政體, ② 君主의 명령하는 정체(혹은 압제정체), ③ 貴族의 주장하는 정체, ④ 君民의 共治하는 정체(혹은 입헌정체), ⑤ 國人의 共和하는 정체(혹은 合衆政體)[26]로 나누었다. 이러한 정체 가운데 그가 가장 훌륭한 것으로 여긴 것은 군민이 공치하는 정체였다.[27] 즉 유길준이 목표로 한 정치체제는 입헌군주제를 모델로 한 군민공치정체였고, 그 정체를 기반으로 법에 의한 지배를 이념으로 하고 있었다.

이처럼 유길준은 국가의 의사가 다수의 국민에 의해 결정되는 공화제보다는 군주와 국민이 함께 정치에 참여하는 군민공치의 정체를 이상적인 형태라고 보았다. 그러나 그가 입헌군주제를 이상적인 모델로 강조하였지만 그것은 인민주권론 때문이 아니라 전통적인 정치관습과 군주권이 서로 조화를 이루어 나갈수 있다는 생각에서였다. 사실 그의 입헌군주제에 대한 견해는 철저한 신분제도의 타파나 민권의 확립을 포함하고 있는 것은 아니었다.[28]

유길준은 군주권을 인위적 현상에 의해 변개될 수 없는 별개의 천부권으로 설명하고 있다. 특히 부자가 서로 전하는 세습군주제는 만세토록 변개할 수 없는 법으로 인식하였다. 다만 군주권 속에 인위적 변개가 가능한 사항을 제시함으로써 군주의 지나친 독단을 방지하려 하였던 것이다. 따라서 그에게 있어서 군주권은 결코 민권의 신장을 위해 약화될 수 있는 성질의 것은 아니었다. 군주권은 자연스럽게 민권을 종속시킬 수 있는 논리적 정당성을 갖게 되며, 민권은 늘 군주권을 제한하지 않는 범위내에서 인정되었다.

한편 유길준의 경제론에 있어서는 지주제에 입각한 地代徵收權에 대해서 재산권보호라는 차원에서 인정하고 있었다. 그는 1891년에 저술한 〈地制議〉에서 토지분배론이 토지를 빼앗긴 자의 원성을 초래하는 반면, 토지를 얻고

26) 兪吉濬, 《西遊見聞》 5편, 政府의 種類(위의 책, 143~145쪽).
27) 兪吉濬, 《西遊見聞》 5편, 政府의 種類(위의 책, 151쪽).
28) 尹炳喜, 《兪吉濬硏究》(國學資料院, 1998).

자 하는 자에게는 요행심을 조장하여 백성을 병들게 하기 때문에 반대한다고 하였다. 그는 토지분배론에 반대하면서 그 대신 농민경제를 안정시킬 방안을 주로 세제개혁론에서 찾았다. 이것은 사실 농민부담을 경감시키려는 데 그 목적이 있었다기보다는 국가재정의 안정적 확보에 있었다. 그는 당시 조세행정의 문제는 조세액의 과중에 있는 것이 아니라 불법적인 수탈에 있다고 보아 세액이 비록 과중하다고 하더라도 정부가 그 세액을 국가의 보존과 올바른 정책의 추진에 사용하기만 한다면 문제가 없다고 보았다.[29)]

온건개화파는 갑오경장을 거치고 독립협회의 활동 이후에 줄곧 儒學(舊學)과 新學의 절충을 주장하였다. 1898년(광무 2) 11월 5일자 《매일신문》 논설을 보면 천문학 등 서양의 학문과 과학은 나라를 부강시킬 수 있는 실학인데 우리 나라는 그것을 배우려 하고 있지 않는다고 비판하였다. 그리고 《皇城新聞》의 주필인 張志淵·朴殷植·柳瑾 등도 대체로 신학과 구학을 절충하기를 주장하였다. 구학이나 신학 하나만으로는 성인의 도도 될 수 없고 학문의 진리도 될 수 없다고 비판하면서 신학편에 서서 절충을 시도하였던 것이다. 이들의 경향은 1890년대 새로운 온건개화파라고 불러도 좋을 것이다.[30)]

한편 1908년(융희 2) 3월 김윤식은 《大東學會月報》 창간호 서문에서 인의도덕으로써 體를 삼고 이용후생으로 用을 삼아야 하며 이 두 가지 중 어느 하나도 폐지할 수 없다고 하였다. 김윤식은 인의도덕을 세계 각국이 함께 우러러 받든다고 하면서 이제 인의도덕의 보편성에 입각하여 서양인도 인의도덕을 가진 것으로 인정하고 서학을 받아들일 자세는 어느 정도 되어 있었다.

### 3) 급진개화파의 개화사상

19세기 지식인이라면 위정척사파는 물론 개화파들도 대부분 소년기에 전통적인 방식으로 서당이나 서원·향교 등의 교육기관에서 유학교육을 받았

---

29) 兪吉濬, 《西遊見聞》 7편, 收稅ᄒᆞ는 法規(위의 책, 181~196쪽) 및 人民의 納稅ᄒᆞ는 分義(위의 책, 196~204쪽).

30) 李光麟, 〈開化期 知識人의 實學觀〉(《東方學志》 54·55·56, 延世大 國學研究院, 1987).

다. 따라서 급진개화파도 기본적으로 유학에 소양이 있었으니, 김옥균의 경우에도 그가 일소해 버리려고 한 것은 부패한 기득권층이었지, 유학 그 자체는 아니었다.

급진개화파란 1880년대 주로 서양과 일본의 앞선 문화를 수용하려고 했던 일군의 정치가들이다. 바로 김옥균·朴泳孝·洪英植·徐光範 등이 그 핵심세력이다. 홍영식은 영의정 洪淳穆의 아들로 명문 집안에서 태어났다. 그는 1883년 7월 報聘使의 민영익과 함께 미국에 사절로 파견되어 미국의 정치·교육·국방·농업·상공업·전신·우편제도 등 제반 선진문물을 견문하고 귀국, 복명문답기를 남겼다. 사실 1880년 《조선책략》의 도입을 계기로 조선정부의 대미인식은 변화를 일으키고 있었다. 그리하여 1882년 미국과 최초로 수교가 이루어졌고 그 결과 홍영식·서광범·유길준·邊燧 등은 미국 각지를 직접 둘러보고 와서 미국이 세계 최대의 부강국인 동시에 선진 문명국가임을 확인했던 것이다.31) 그런가 하면 김옥균·박영효 등은 일본을 시찰하고 돌아와 일본을 '동양의 영국'이라고 하면서 너무 부러워하고 홍영식과 짝이 되어 중국을 배척하고 서양을 존중하는 '排華尊洋'론을 주장하면서 말할 때마다 自主를 일컬었다.32)

급진개화파는 청국과의 종속적인 사대관계를 청산하고 완전한 자주독립을 지향하고 일본의 메이지유신을 그 개혁의 모델로 삼았다. 그리고 집권층인 수구정치세력과 대결하여 정권을 장악함으로써 급진적인 변법을 추구하였다. 여기서 변법이란 유교정치의 기본 틀인 군주제를 바탕으로 하면서도 서양의 정치제도까지도 수용해야 한다는 것이었다.

급진개화파는 1884년 갑신정변 때 제시된 〈甲申政綱〉에서 중국과의 전통적 사대관계를 끊고 조선이 자주독립국가임을 공포하였다. 급진개화파는 임오군란 때 청국이 홍선대원군을 保定府로 강제 납치해 간 것에 대해 자주독립국가로서 너무나 부끄럽고 욕된 사건으로 생각하였다. 그래서 청국의 조선에 대한 속방화정책과 적극적 간섭정책의 굴레로부터 하루빨리 벗어나야 한다고 생각하여 그 동안 전통적으로 이행하여 오던 朝貢을 폐지할 것을 선포

31) 金源模, 《韓美修交史》(철학과 현실사, 1999).
32) 金允植, 《續陰晴史》 하, 追補陰晴史(國史編纂委員會 편, 1960).

하였다.[33]

급진개화파는 정치·사회개혁의 하나로 양반신분제도의 즉각 폐지를 주장하였다. 이러한 주장은 문벌이나 신분제도가 그 동안 사회적 불평등의 근원이었을 뿐만 아니라 사회의 부패나 국가의 멸망까지도 초래할 수 있다는 견해에 근거한 것이다. 이와 관련하여 김옥균은 갑신정변 뒤인 1885년에도 조선의 부국강병책에 대해서 언급하면서 "양반을 폐지하여 그 폐원을 없애 버리지 않는다면 국가의 폐망을 기다릴 뿐이다"라고 하였다.[34]

급진개화파는 전제군주제하에서 국왕을 모시고 대신회의를 하던 것을 없애고, 국왕을 배제하고 議政所에서 대신과 참찬끼리만 매일 일과로서 회의를 하도록 하였다. 그래서 이 회의에서 논의하여 먼저 결정한 다음에 국왕에게 아뢰어 정령을 실시하고, 六曹 이외에는 국왕에게 의견을 아뢰어 전교를 받아내는 모든 권력기관을 폐지하도록 하였다. 그렇게 함으로써 육조의 대신·참찬회의에서만 모든 안건을 회의·결정하도록 권력을 고위 관료에게 집중시키고 대신 국왕의 실질적 권한은 제한하였다.

급진개화파의 핵심인물인 김옥균은 조선의 자주부강한 근대국가를 건설하기 위하여 '大更張改革'을 주장하였다. 그는 '대경장개혁'을 통하여 정부를 개혁한 뒤에 군권을 높일 수 있고 민생을 보호할 수 있다고 보았다. 그리고 청국으로부터의 독립을 위해서도 정치·외교를 반드시 自修自強한 뒤에 이룰 수 있다고 보아, 당시 정부의 인물로서는 결코 자수자강을 할 수 없다고 여겨, 군권을 기울여 위태롭게 하는 무능한 무리를 다 쓸어버려야 한다고 주장하였다.[35]

김옥균은 하루빨리 자기 나라를 개화하기를 바라고, 그 개화를 위해서는 청년층에게 신지식과 과학기술교육을 실시하여 민지를 개발하는 것이 무엇보다 시급한 일이라고 주장하였다. 그는 청년층을 교육하는 방법으로서 우선

---

33) 金玉均, 〈甲申日錄〉(《金玉均全集》, 亞細亞文化社, 1979, 95~96쪽).

34) 金玉均, 〈池運永事件糾彈上疏文〉(위의 책).

35) 金玉均, 〈朝鮮改革意見書〉(위의 책, 111쪽). 여기서 김옥균이 군권을 높이려했던 것은 우선 정변이 성공한 뒤 장차 양반신분제도를 폐지하는 등 '위로부터의 개혁'의 성공을 위해서는 군권이 절대적으로 필요하다고 생각했기 때문이었다.

유학생파견을 주장하여 해외에 청년유학생을 많이 파견하여 선진지식을 학습해 와야 한다고 주장하였다.[36]

급진개화파의 한 사람인 박영효는 개화를 통하여 조선의 부국강병과 대외적 독립의 달성을 주장하고, 국가의 부강과 독립을 위해서는 정부가 '保民'과 '護國'에 힘써야 한다고 하였다. 그는 당시 국제관계에 대해 "강자는 약자를 합하고 대국은 소국을 삼키고 있으며, 비록 만국공법이 있고 均勢公議가 있다고 하지만 나라에 자립자존의 힘이 없으면 반드시 영토가 깎이고 분열되어 유지하지 못하니 공법공의가 원래 믿을 바가 못 되는 것입니다"[37]라고 하였다. 그리하여 그는 약육강식이 팽배한 당시 국제사회의 현실 속에서 '만국공법'이나 '균세공의'라는 것은 전혀 믿을 수 없는 것이라 하면서 조선의 대외적 위기를 천명하였다.

박영효는 나라의 부강을 도모하기 위해서는 군권을 감소하지 않고서 어찌 백성들로 하여금 當分의 자유를 누리게 할 수 있겠는가라고 반문하면서, 군권을 축소하고 민권을 신장하지 않으면 안 된다고 생각하였다.[38] 그는 모든 백성은 자유의 權이 있는데 군권이 定함이 있으면 민국은 길이 안정되나, 백성이 자유의 권이 없고 군권이 제한이 없으면 비록 잠시 강성한 날이 있더라도 오래지 않아 쇠망할 것이라 하였다.[39]

박영효는 정부에 대해서도 우선 정부의 직분은 국민을 온당하게 다스리되 속박함이 없고, 국법을 굳게 지키되 뜻을 마음대로 함이 없고, 외국과 교제를 하되 신의를 중하게 여기는 것이라 하였다. 즉 박영효가 이해한 정부의 기능이란 어디까지나 백성의 자연권의 실현을 보장하며 안으로는 치안을 유지하고 밖으로는 세계 열강으로부터의 침략을 방지하는 데 있다는 것이다.

한편 급진개화파는 호조에 의한 재정의 통일적 관할과 예산제도의 수립을 주장하였다. 갑신정변 당시의 개화파의 재정개혁의 기본 방향은 국가의 재정관리를 모두 호조로 통일하고, 호조 이외의 모든 재무관청을 혁파하여 예산

---

36) 愼鏞廈, 〈金玉均의 開化思想〉(《韓國近代社會思想史研究》, 一志社, 1987), 221~223쪽.
37) 《日本外交文書》 21권, 朝鮮國關係雜件, 朝鮮國內定ニ關スル朴泳孝建白書, 196쪽.
38) 위와 같음(306쪽).
39) 위와 같음(309쪽).

제도를 실시하고 세입과 세출을 단일화하기를 바랐다. 그리고 地租法과 조세제도를 근대적으로 개혁하여 세율을 내려서 법정화하고, 이서배의 농간과 탐관오리의 중간 착취와 부정을 제거하고자 하였다.[40)]

급진개화파는 갑신정변 이전에 상공업의 진흥을 역설하였다. 이를 위해 우선 1883년 8월에 설립된 이래로 줄곧 어용 보부상을 보호하며 통제하고 있던 惠商公局을 폐지할 것을 주장하였다. 그 배경에는 혜상공국이 개화파의 개화활동을 저지하려는 민씨를 비롯한 수구파 정치세력의 정치자금과 물리력을 동원하는 온상이 되어 있었기 때문이었다. 그 동안 권력의 비호를 받은 보부상은 이 혜상공국의 권력을 남용하여 백성들에게 많은 폐해를 끼치고 있었던 것이다.

급진개화파는 회사제도를 도입하여 근대적 산업경제를 발전시켜야 한다고 주장하였다. 《한성순보》 제3호에 수록된 〈회사설〉은 주식회사와 합자회사를 설립하여 민족자본을 형성하는 방법을 설명하고 있다. 회사가 제도적으로 서양 각국의 부국강병의 기초라고 생각하고, 하루빨리 회사제도를 도입하여 민간자본을 회사에 동원하여 업종별로 이를 전문화시킬 것을 주장하였다.

김옥균은 공업을 발전시키는 것이 부국의 기초가 된다고 강조하고 철공업·기계공업·조선공업 등의 건설을 언급하였다. 그리고 이러한 공업을 발전시켜야 부국강병을 기할 수 있으며, 나아가 세계 열강과 경쟁할 수 있고 아울러 자력으로 자기 나라를 지킬 수 있다고 강조하였다. 또 자기 나라에 매장된 풍부한 광산자원을 개발하지 않고 다른 나라에 개발을 의뢰하는 것을 개탄하면서 석탄광산의 개발에 큰 비중을 두었다. 김옥균뿐만 아니라 박영효도 상업과 공업을 일으키고 그 원리와 기술을 배워 익힐 것을 주장하였다.

한편 김옥균은 각 나라의 정치 세목 중에서 우선 절실한 것으로 위생·농상·도로 세 가지를 들었다. 그는 '대경장개혁'의 한 부분으로 특히 '治道' 즉 도로의 개선과 정비를 매우 중요하게 생각하였다. 그는 1880년대 초를 대경

---

40) 개화파의 경제개혁은 조선 후기 이래 지주적 입장의 개혁노선을 계승하고 있다고 한다. 즉 개화파는 모든 당시의 모순을 부세제도의 문란에서 비롯되었다고 보고, 이서배들의 농간을 배제하고 탐관오리의 숙청을 강조하였는데 이는 饒戶富民層을 보호하겠다는 의미로 해석된다는 것이다(朱鎭五, 《19세기 後半 開化 改革論의 構造와 展開》, 延世大 博士學位論文, 1995).

장의 기회로 보고 일본의 변법을 이야기하면서 오직 치도의 공에 효과를 크게 거두었다고 설명하면서, 아울러 위생과 농상의 문제에 대하여 자신의 견해를 피력하였다. 그는 〈治道略論〉에서 중앙정부에 治道局을 설치하여 대신이 이를 관장할 것을 주장하고, 서울과 지방에도 치도를 위한 행정조직을 완비하되 서울에서는 한성판윤이 이를 관장하고 지방의 각 부에서는 면적과 인구의 크기에 따라 등급을 정해서 치도를 위한 행정기구를 설치할 것을 주장하였다.

또한 김옥균은 당시 조선이 개혁해야 할 중요한 과제의 하나로 위생을 강조하였다. 그는 전염병이 기승을 부리어 번지는 원인으로 거처의 불결과 음식의 무절제와 의약의 미발달 등을 들었다. 그리고 위생의 요체로 청결과 의약의 발달을 들고, 국민의 보건과 위생을 위하여 국민이 생활하는 거처를 청결하게 할 것을 강조하였다.

박영효는 도로와 위생을 興農과 관련지어 설명하였다. 그는 당시 먼저 서둘러야 할 일이 홍농만한 것이 없다고 보고 홍농을 하려면 糞田을 해야 하고 분전을 하면 거리가 깨끗해지고 전염병을 방지할 수 있다고 하였다. 또 농법은 수송이 중요하고 수송을 하려면 치도를 해야 하고 도로에서 거마를 이용하면 10명의 노력을 1명이 할 수 있으니 9명은 기술자로 직업 전환이 가능하다고 보았다.

한편 김옥균·박영효 등 급진개화파는 종교의 자유를 인정하는 사상을 지녔다. 급진개화파는 국민의 '교화'를 위하고 교육과 의료사업을 위해서는 선교사를 초빙하고 서양 종교의 포교를 승인하는 것이 국익에 도움이 된다고 생각하였다. 사실 1884년 6월 24일에는 감리교회 선교사 맥클레이(R. S. Maclay)가 조선에 들어와 7월 3일 고종으로부터 교육과 의료사업을 할 수 있도록 선교 허락를 받았다. 이제 정부를 포함하여 급진개화파든 온건개화파든 갑신정변 직전에는 모두 교육사업과 의료사업의 필요성을 절감하고 선교사의 조선입국과 기독교를 인정하는 분위기가 조성되어 가고 있었던 것 같다.

특히 김옥균 자신은 종교에 대해서도 자유로운 생각을 가지고 있어 국민의 '교화'를 위해서는 서양 종교의 유입이 필요하다고 생각하여 맥클레이의 고종 배알을 주선하였다고 한다. 그리고 그는 스승 유홍기의 영향을 받아 불교에 호의와 깊은 관심을 가지고 있었다. 김옥균이 불교를 알고 있었기 때문에 급진개화사상가 되었다거나[41] 김옥균이 급진개화사상을 가졌기 때문에 불교에 대하여 매우 적극적이고 긍정적 태도를 갖게 되었다[42]는 것은 그의 종교에 대한 자유로운 태도를 보여준다. 또한 박영효는 미국뿐 아니라 문명한 나라들이 부강한 이유를 기독교의 교화에서 찾았다. 그는 인간은 종교 없이는 자립할 수 없고 정치를 하는 자는 종교를 제외하고서 많은 인민을 교육할 수 없다고 하면서 동양제국이 기독교를 신봉하지 않으면 구미 각국과 같이 병존할 수 없다고 생각하였다.

요컨대 급진개화파는 대내적으로는 양반신분제의 폐지와 문벌에 관계없이 유능한 인재를 등용할 것을 주장하였고, 대외적으로는 청국으로부터 독립을 주장하고 서양열강과 친밀한 외교관계를 유지할 것을 강조하였다. 아울러 신문을 발간하여 백성을 계몽하고, 나아가 교육과 의료사업을 위해서 외국의 선교사를 불러들여 종교의 포교를 승인하는 것이 옳다고 생각하였다. 그리고 상공업에 의한 국가재정의 확충과 광산의 개발을 도모하고 근대적 병력의 양성 등을 통하여 부국강병을 기하기를 주장하였다.

이러한 급진개화파의 개화사상은 갑신정변의 실패로 위축되었다가 갑오경장을 거쳐 독립협회에 의하여 계승되어 한 단계 더 발전하여 전개되었다. 개화사상의 발전과정에서 1890년대에는 일반 백성들도 소수이기는 하지만 개화사상의 영향을 받아 개화운동에 참여하게 되었다. 드디어 갑신정변과 갑오경장 때 제시되었던 개화사상과 개화정책이 민중 속에 영향을 미치면서 발전해 나가기 시작했다. 이 당시 《독립신문》을 간행하고 독립협회를 조직하여 활동하였던 徐載弼은 18세기 유럽에서 발달한 계몽사상의 천부인권설에 의거하여 사람은 누구나 이성을 지니고 있고, 태어날 때부터 자유와 평등의 생존권을 갖고 있다고 하였다.[43] 서재필은 독립협회에 토론회를 도입하여 자기 나라의 정치·경제·사회 등 제반문제를 토론에 부쳤다. 그리하여 구체적으로 열강에게 이권을 넘겨주어서는 안 된다는 반대운동을 벌였고, 국민의 인

---

41) 李光麟, 〈開化黨의 形成〉(《開化黨研究》, 一潮閣, 1973), 12쪽 참조.
42) 愼鏞廈, 〈金玉均의 開化思想〉(《東方學志》 46·47·48, 1985).
43) 《독립신문》 2권 28호, 1897년(건양 2) 3월 9일.

권과 재산권보호, 참형과 연좌법의 폐지, 그리고 국민의 언로를 넓히기 위해 의회를 설치해야 된다는 등의 개화운동을 벌여 개화사상은 점차로 민중 속에 번져 갔다.

1896년(건양 1) 4월 7일에 창간된 《독립신문》에서는 민권의 신장에 목적을 둔 대중적 계몽지로서 출발한다는 사실을 명백히 천명하였다. 이 《독립신문》에서는 민권·법치주의·주권수호 등이 특히 강조되었다. 《독립신문》이 발행된 지 3개월 뒤인 7월 2일에는 독립협회가 창립되었다. 독립협회를 중심으로 한 개화사상은 사상의 내적 논리에서 보면 1880년대의 개화사상을 계승하면서 한층 발전시킨 것이었다. 이제 독립협회의 개화사상은 자유민권사상이 체계적으로 정립되어 민족주의사상과 결합되어 나타났다.

그 특징으로서는 우선 국민자유권사상을 체계적으로 정립하여, 생명과 재산의 자유권, 언론·집회·결사의 자유권을 주장하고 발전시켰다. 또한 국민평등권사상을 발전시켜서 사회신분제도의 폐지론뿐 아니라 남녀평등론을 체계적으로 정립, 발전시키는 여권운동이 대두되었다. 다음으로 국민이 나라의 주인이며 주권이 국민에게 있다는 국민주권사상을 정립하였다. 그리고 국민주권론에 기초하여 국민참정권사상을 체계적으로 정립하고 국민의 직접적인 참정을 제도화하자는 주장을 하였다.[44]

독립협회는 당시 지방행정의 문란과 농민의 동요를 해결하는 방법으로 농민들에게 '참정권'을 주어 일반선거제도에 의해서 지방관을 그 지방인민의 투표에 의하여 선출하게 하자고 제안하였다. 독립협회는 국민참정권사상을 지방정치에서뿐만 아니라 중앙정치에도 적용하여 의회설립을 주장하였다. 독립협회의 의회설립론은 종래 정부자문기관으로 설치되어 있던 중추원을 먼저 '上院'으로 개편하는 형식으로 입안되어, 1898년(광무 2) 11월 4일 의회설립법인 〈중추원신관제〉가 공포되었다. 이 때 공포된 의회의 권한은 입법권, 조약비준권, 의정부에서 의결하고 상주하는 일체 사항에 대한 동의권, 칙명을 받고 의정부에서 자문하는 사항에 대한 동의권, 의정부의 임시건의에 諮詢하는 사항, 중추원에서 임의 건의하는 사항, 인민의 헌의사항 등의 심의결

44) 愼鏞廈, 《獨立協會研究》(一潮閣, 1976), 175~214쪽.

정권으로 되어 있었다.[45]

이 독립협회를 중심으로 전개된 개화사상은 계몽사상의 성격을 띠면서 점차 민중 속에 번져 가기 시작했다. 독립협회의 개화사상도 당시에는 주로 도시민과 청년층에게 영향을 미친 정도였다. 그러나 개화사상이 지속적으로 발전함에 따라 집권층도 일부 개화정책을 추진하기도 하여 1904년까지 자주적 근대화가 부분적이나마 시행되었다. 그 뒤 독립협회를 중심으로 전개되던 개화사상은 일제에 의해 국권이 침탈당하는 위기 아래 전개된 애국계몽운동의 사상적 이념으로 전환되었다. 그러다가 일제강점기에는 문학·역사 등 신문화운동의 이념으로 발전하였으며, 그 후에도 줄곧 한국의 근대화에 가장 직접적으로 영향을 미친 사상이었다.

지금까지 살펴본 바와 같이 개화사상은 1850년대 말부터 형성되기 시작하여 1876년 개항 이후에는 정치세력인 개화파가 형성되었고, 1880년대에는 개화파가 추진한 개화정책의 이념으로 작용하였다. 그러나 1880년대 초에는 전현직 관료나 일부 재야유생층은 동도서기론을 기반으로 하는 온건개화사상을 지니고 있었다. 아직 서양의 정치제도나 사상, 종교를 인정하는 급진개화사상은 김옥균·홍영식 등 소수 양반출신과 일부 청년지식인들만이 갖고 있었다. 이 때문에 급진개화파는 먼저 정권을 장악하여 정부의 권력으로 개화사상에 의거한 '위로부터의 대개혁'을 단행하려고 갑신정변을 일으켰으나 실패하였다.

갑신정변의 실패로 개화정책은 다소 위축되었다. 그러나 온건개화파는 1886년 1월 《한성주보》의 발행 등을 통하여 국민계몽과 교육사업 등을 줄곧 추진해 나갔다. 유길준이 《서유견문》을 집필하는 등 개화사상을 학문적으로 정리하고 구체화시켜 나가기도 하였다. 1894년(고종 31)에 이르러서는 온건개화파가 다시 정치일선에 등장하여 개화정책의 추진에 참여하였다. 그 뒤 개화사상은 독립협회의 자유민권사상으로 발전하였고, 1900년대 초에 일제가 국권을 침탈하자 애국계몽사상으로 발전하여 주로 교육사업과 신문화운동을 통한 계몽운동의 사상으로 존재하였다.

---

45) 위와 같음.

요컨대 개화사상은 조선의 부국강병이라는 목표를 위하여 정치사회적으로는 전제군주제를 입헌군주제로 개혁하여 국민이 정치에 참여하는 정치체제를 수립하기를 바랐다. 그리고 양반신분제도를 폐지하고 인재를 능력에 따라 발탁하여 쓰고, 국민의 자유와 평등을 실현함으로써 자유로운 시민사회를 수립하려고 하였다. 이를 위해서는 국민계몽과 신교육이 필요하다고 생각하여 신문을 발간하고, 경학이나 사장학 중심의 교육을 근대적으로 개혁하여 신식학교를 널리 설립하고 신교육을 실시해야 한다고 주장하였다. 뿐만 아니라 상공업과 광업을 개발하여 근대산업체제를 수립하려고 하였고, 외국의 군함을 도입하여 해안을 지키고, 구식 군대를 신식 군대로 개편하면서 근대적 무기로 무장시켜 부국강병을 이룩하여 열강의 침략위협으로부터 국가를 보위하려고 하였다. 개화사상은 19세기 중후반기에 조선사회가 당면했던 민족적 위기를 타개하고 장차 자주부강한 근대국민국가를 건설하여, 나라의 자주독립과 발전을 실현할 수 있는 중추적 이념이었다. 개화사상의 본질은 완전 자주독립한 입헌군주정체의 나라를 수립하고, 자본주의경제의 추구를 그 목표로 한 것이었다.

〈權五榮〉

# Ⅱ. 개화정책의 추진

1. 개화정책의 추진세력
2. 신문명의 도입
3. 제도의 개혁

# Ⅱ. 개화정책의 추진

## 1. 개화정책의 추진세력

### 1) 고종의 개화의지

1873년(고종 10) 11월 親政선포 이후 서양세력의 동향에 상당한 관심을 표명하고 있던 고종은 1876년 1월 드디어 개항을 결정하였다. 명치유신 이후 계속된 일본의 개항요구가 1875년 4월경부터 포함시위로 바뀐 이후에도 朴珪壽·李最應 등을 제외한 대부분의 정부대신들은 개항을 반대하고 있었다. 그런데 고종이 결국 수교를 결심한 것이었다.[1] 이 결정에는 청의 권고가 중요한 영향을 미쳤고 대원군의 쇄국노선에 일단 반대하고 보자는 정치적 측면도 있었으나, 적어도 무력충돌을 감수하면서까지 쇄국을 고집할 수 없다는 것이 고종의 판단이었다.[2]

그러나 쇄국에서 개항으로의 전환이 아직은 주체적인 開國論에 의한 것이 아니었고 개국론자가 수적으로도 소수였으므로, 개항이 곧 본격적인 개화추진을 의미하는 것은 아니었다. 일본과의 교섭과정에서 '大日本'·'皇上' 등의 용어를 문제삼을 만큼 華夷論的 세계관이 여전하였던 대부분의 관료들은 개

---

1) 《高宗實錄》, 고종 13년 1월 24일.

2) 1874년(고종 11) 6월 24일 청이 조선에 밀서를 보내, 일본이 대만에 출병한 병력으로 곧 조선을 침공할 것이라고 경고함으로써 조선이 일본과의 국교교섭을 재개하도록 하였고, 1876년 운양호사건으로 본격적인 개항회담이 진행중일 때에도 일본과 수교하여 전쟁을 피하라고 권고한 것은 사실이나(宋炳基, 《近代韓中關係史研究》, 檀大出版部, 1985, 14~23쪽), 고종은 청의 밀서가 있기 전인 1874년 1월에 이미 東萊府使 朴齊寬, 2월에 경상좌도 암행어사 朴定陽을 파견하여 강경한 對日斥和策을 주도한 前동래부사 鄭顯德, 前訓導 安東畯 등 대원군세력을 숙청하였으므로, 아마도 청의 권고가 없었더라도 이미 일본과 국교를 재개할 의사가 있었다고 생각된다.

항을 사대교린의 입장에서 종래의 외교관계를 재개하는 의미로 받아들였을 뿐이었다. 다만 雲揚號事件으로 일본의 막강한 군사력에 큰 충격을 받은 고종만이 군비강화와 부국강병에 큰 관심을 가지게 되었고, 조약체결 직후 일본에 파견된 修信使 金綺秀를 통해 일본 근대화의 실상을 파악하려 하였다.

1811년(순조 11)의 마지막 通信使節 이래 오랫동안 왕래가 두절되었던 일본에 파견되는 김기수에게 "왜인들은 서양의 앞잡이이며 귀신이고, 적이면서 간첩"이라고 경계론을 편 사람이 있는가 하면, "일본이 겉으로는 서양이나 속은 아니며, 일본-조선-중국 3국이 동맹하면 구라파를 이겨낼 수 있으니 이번에 일본의 실정을 타진하고 친교를 맺어 함께 서양을 방어할 술책을 찾아보라"고 한 제휴론자도 있었다. 또 박규수가 편지를 보내 격려하였고 魚允中도 그를 환송하러 나올 정도로, 개항 이후 첫 번째 일본행은 조선의 개화세력들에게 귀추가 주목되는 사건이었다.[3]

김기수는 약 1개월간 일본에 머무르면서 이토 히로부미(伊藤博文), 이노우에 카오루(井上馨) 등 일본정부의 주요 인사들을 두루 만났고, 그들의 권유대로 海軍省·陸軍省·工部省과 근대식 학교시설 등을 시찰하였다. 그러나 그들이 두세 번 권하면 겨우 응할 만큼 소극적이었고, 서양인 항해사와는 동승하지 않겠다고 우기는 등 폐쇄적인 태도로 일관하였다. 일본인들이 서양식 문물을 직접 본 소감을 묻고, 배울 의사가 있으면 도와주겠다고 해도 "이번에는 修信이 목적이니 遊學은 다음 기회에 하겠다"고 대답하였다. 육군성 무기제조소의 근대적 기계시설을 보고는 너무나 놀라서, 조선을 떠나올 때 주위에서 함부로 유람하지 말라고 한 충고를 지키지 않은 것을 후회할 정도였다. 더 나아가 '그들이 꾀하는 것은 모두 外事末端으로 우리가 내치만 잘 행하면 저들은 스스로 복종할 것이다. 저들의 부국강병은 우리가 해서는 안 될 것이니, 우리 것을 버리고 남의 것을 따라갈 수는 없는 것이다'[4]라고 다짐하기도 하였다.

김기수가 귀국하자 고종은 일본의 부국강병의 실상 특히 근대적 군사력과

3) 金綺秀, 《日東紀游》 권 1, 商略(《海行摠載》 속편 권 10, 민족문화추진회, 1977).
4) 金綺秀, 《日東紀遊》 권 2, 結識·玩賞·問答 및 권 4, 附觀陸軍省精造局記·日東紀遊後敍 등 참조.

전선·주전·화륜선·농기구 등 서양식 기술문명 도입의 현황에 대해 상세히 묻고 그것을 배울 수 있는지에 대해 관심을 표명하였다. 김기수가 "그들이 억지로 청한 이후에야 부득이 시찰했으므로 그 기술에 대해서는 한 번도 질문하지 않았습니다"라고 대답하자, 고종은 "만약 그 기술을 듣고 알아들었으면 좋지만 그렇지 못했을 때는 체면을 상했을 것이니 잘했다"고 하면서도 일본에 洋學者가 있는지 묻고, 일본인들이 타고난 재능에 부지런한 학습으로 기계문명을 습득했다면서 부러워하였다. 서양 각국과의 통상·외교현황과 조선에 대한 일본인들의 태도, 미국·러시아 등에 대해 적극적으로 질문하는 고종에게, "일본이 통상으로 인해 부강하기는 하나, 물가앙등 때문에 그것이 오래 갈 것 같지는 않습니다"라고 답변하는 김기수의 소극적·부정적 태도는 고종의 진지한 관심을 충분히 만족시킬 수 없었다.[5]

이처럼 제1차 수신사행이 기대한 만큼 성과를 거두지 못한 결과 개화는 아직 시작될 수 없었다. 그러나 점차 일본과의 무역통상이 증가하면서 관세문제가 제기되고 추가개항, 외교사절의 서울주재 등이 양국간 외교현안으로 떠오르던 차에,[6] 1879년 7월경 청의 李鴻章이 서양 여러 나라와 수교하여 일·러를 견제하라고 권고함으로써 개화정책은 일대 전기를 맞게 되었다.[7]

고종은 즉시 역관 李容肅을 청에 파견하여 수교거부 의사를 밝혔으나, 청의 군비강화 권고에는 관심을 가지고 1880년 4월경 유학생을 파견하여 軍器제조기술을 학습시키기로 결정하였다. 이어서 5월에는 제2차 수신사 金弘集을 일본에 파견하여 실정을 정탐하게 하는 등 주변정세에 대처하여 개화를 추진하려는 적극적인 움직임을 보이기 시작하였다. 7월에는 또 역관 卞元圭를 청에 보내 武備강구를 정식으로 요청하면서 슬며시 서양 각국과의 수교에 대해 자문을 구하였다. 이홍장은 역시 서양과의 수교통상을 다시 한 번

5) 《修信使記錄》 권 1, 修信使日記, 고종 13년 6월 1일(國史編纂委員會, 1958).
6) 金敬泰, 〈불평등조약 개정교섭의 전개〉(《韓國史硏究》 11, 1975) 참조.
7) 李鴻章은 1879년 5월 前福建省 巡撫 丁日昌이 "일본을 견제하고 러시아에 대비하기 위해 조선이 구미제국과 수교해야 한다"고 제안한 以夷制夷정책을 받아들여 조선의 李裕元에게 密函을 보냈다(金正起, 〈淸의 朝鮮政策(1876~1894)〉, 《1894년 농민전쟁연구 3-농민전쟁의 정치·사상적 배경》, 역사비평사, 1993, 34쪽).

권고하였고 〈朝鮮國員弁來學製造操練章程〉으로 領選使파견이 결정되었다.[8]

한편 李祖淵·姜瑋·尹雄烈 등 58명의 수행원을 데리고 도일한 제2차 수신사 김홍집은 애초에 관세협정·미곡수출금지·인천개항건 등 현안을 가지고 파견되었으나, 그 해결보다는 駐日淸國公使 何如璋, 參贊官 黃遵憲 등과 6차례나 면담을 갖고 조선을 둘러싼 열강의 정세와 조선의 향후 외교진로에 대해 깊숙히 논의하였다. 1879년 일본의 琉球병합 이후 일본을 견제하기 위해 조선에 서양 각국과의 수교를 권고하였던 청은 伊犁紛爭 이후에는 다시 러시아에 대한 위기의식이 고양되어 김홍집에게 과다한 '恐露'의식을 불어넣어 줌과 동시에 그 대책으로 특히 미국과의 수교를 적극 권유하였다. 그 결과가 바로 황준헌이 쓴 《朝鮮策略》인데, 이 책의 핵심인 '聯美'조항 때문에 김홍집 귀국 이후 적지 않은 파란이 일어났고 개화와 통상에 대한 본격적인 논쟁이 시작되었다.[9]

8월 말 김홍집의 귀국보고 자리에서 고종은 역시 일본의 군비, 통상외교와 근대교육 등에 대해 묻고 일본이 조선에 대해 악의는 없는지 재삼 확인하면서, "일본을 깊이 믿을 수 없으니 우리도 부강의 기술을 행하는 수밖에 없다"고 자강의 의지를 보여주었다. 러시아의 침략위협에 대해서는 유사시 청이 조선을 도울 의사가 있는지 물으면서 청에 의존하는 태도를 보였다.[10]

또 김홍집이 가져온 슈펠트(R. W. Shufeldt)와 이노우에(井上馨)의 對美수교를 권고하는 서한을 본 고종은 우선 《조선책략》을 전현직 대신들에게 돌려 검토케 하는 한편, 곧바로 개화승 李東仁을 비밀리에 일본에 파견하여 미국과의 수교 결심을 하여장에게 알렸다.[11] 《조선책략》에서 제의한 '연미'에 찬

8) 宋炳基, 앞의 책, 32~52쪽. 그런데 이 때에도 원로대신들이 소극적인데 비해 고종은 학도파견의 필요성을 강조하면서 인재천거의 기준까지 제시하였다. 즉 學行이 독실하고 吏治에 두드러지며 사물을 처리하는 局量에 숙달된 사람, 기계에 정민하고 병기를 수선·제조할 사람, 산술에 능한 사람 등을 천거토록 하였는데, 이들이야말로 고종이 생각하는 새 시대가 필요로 하는 인재들이었다(《承政院日記》, 고종 17년 5월 25일).

9) 彭澤周, 《明治初期日韓淸關係の硏究》(塙書房, 1969), 94~95쪽.

10) 金弘集, 《金弘集遺稿》, 入侍筵說(고려대 출판부, 1976), 302~304쪽.

11) 김홍집 복명 이후 4일 만인 9월 3일 이동인과 탁정식을 밀사로 일본에 파견하였다(宋炳基, 앞의 책, 122쪽).

성하는 정부대신은 李最應·金炳國 등 소수였고 대부분 마지못해 양해하는 수준이었으나 고종은 이에 상관없이 적극적으로 수교를 결심한 것이다.[12] 11월에는 청의 이홍장에게도 역관 이용숙을 파견하여 미국과의 수교의사를 밝혔다.[13] 바로 1년 전인 1879년만하여도 이홍장의 수교 권고에 대해 즉각 거부의사를 밝혔던 고종은 수신사 김홍집의 보고를 통해 일본이 가까운 장래에 조선을 침략할 의사가 없고 오히려 러시아의 위협이 크다고 판단하게 되자 그 대책으로 미국과의 수교를 결정한 것이다. 일본에 대한 태도는 상당히 완화되어 朝鮮國駐箚辨理公使로서 하나부사(花房義質)가 착임하여 국서를 봉정하고 상주외교를 시작함을 묵인하였으며, 그 동안 미루어 왔던 인천개항에도 동의하였다.[14]

1880년 12월에는 본격적인 개화 추진기구로 統理機務衙門을 설치하였다. 개국론자였던 영의정 이최응이 총리대신에, 李載兢·金輔鉉·閔謙鎬·趙寧夏·鄭範朝·申正熙·金炳德·尹滋悳·閔泳翊·金弘集 등 10명이 당상에 임명되었는데, 대체로 민씨 척족과 왕실 측근들이 중심이고 개화관료로는 김홍집만이 참여하여 통상을 전담하게 되었다.[15] 동시에 개화정책 추진에 필요한 정보수집과 인재양성을 목적으로 일본에 대규모 시찰단파견이 결정되었다(1881년 1월). 개항 이후 일본의 수차례에 걸친 권고가 있었던 데다 이제 본격적으로 개화를 추진하기로 한 이상 수신사의 피상적인 보고 정도가 아닌 보다 전문적인 견문이 있어야 한다고 판단했기 때문이었다.[16] 특히 인천개항이 박두한 시점에서 조일간의 현안문제인 稅則협정을 마무리짓기 위해서도 세관사무에 대한 구체적인 정보가 요구되었다.

그러나 정부내 척사세력들은 《조선책략》의 연미론과 김홍집을 공박하고

---

12) 宋炳基, 위의 책, 79쪽.

13) 이용숙은 이홍장과의 면담에서 '請示節略'을 제시하고 일본과의 외교통상에 관한 현안문제, 각국과 수교할 때 준비사항, 무비학습건에 대해 문의하였다(宋炳基, 위의 책, 127쪽).

14) 《高宗實錄》, 고종 17년 12월 29일.

15) 《高宗實錄》, 고종 17년 12월 20일.

16) 시찰단파견의 목적과 구체적인 경위에 대해서는 鄭玉子, 〈紳士遊覽團考〉(《歷史學報》 27, 1965) 및 許東賢, 〈1881년 朝鮮 朝士 日本視察團에 관한 一硏究〉(《韓國史硏究》 52, 1986) 참조.

인천개항과 군사유학생의 파견을 반대하는 상소를 올리기 시작하였다. 재야 유생들도 전국적인 집단상소를 준비하고 있었다.[17] 이러한 척사세력들의 반대 때문에 12명의 朝士 및 수행원으로 구성된 일본시찰단은 비밀리에 동래부 암행어사라고 위장한 채 파견되었다.

조사들은 대부분 과거합격 후 10여 년의 경력을 쌓은 종2품 이하 정4품 이상의 중견관료들로서 정부내에서 명민하고 학식 있는 사람으로 인정받는 인물들이었다.[18] 이들은 4월부터 7월까지 약 3개월 동안 각자가 맡은 부문별로 일본의 근대제도를 대단히 구체적으로 시찰하고 세세한 실무자료까지 수집하였으며, 매우 적극적으로 관계자와 문답을 갖는 등 이전의 수신사절과는 달리 실제적인 시찰과 학습을 하고 돌아왔다. 또 명치유신 이후 일본의 부국강병책을 주도한 주요인사들인 이토 히로부미(伊藤博文)·이노우에 카오루(井上馨)·마쓰카타 마사요시(松方正義)·시부자와 에이이치(澁澤榮一)·후쿠자와 유키치(福澤諭吉) 등과 만나 시급한 근대화개혁을 권고 받기도 하였다.[19]

그러나 朴定陽·趙準永·嚴世永·姜文馨·李 永·沈相學 등 대부분의 시찰단원들은 근본적으로 일본의 근대화가 무조건적인 서양의 모방이며, 관세문제에서 보이듯이 서양과의 통상이 자주적이지 못하고 예속적인 것이라는 태도를 갖고 있었다. 또 일본의 부강은 감탄스러우나 외채누적·물가앙등 등으로 외화내빈일 뿐이라고 생각하였다.[20] 이들은 당시 조선 지식인에게 일반적이었던 동도서기론의 입장에서 일본의 서구화를 비판했던 것이다.[21]

이러한 보고를 받은 고종 역시 일본이 옛것을 모두 버리고 좋은 것과 나쁜 것을 절충하지 못했다고 하는 등 전형적인 동도서기론적 관점을 보여주었다. 또한 일본의 군사력에는 비상한 관심을 보이면서도, 일본이 각국과의 불평등조약을 개정하지 못하는 점을 들어 중국과 똑같은 비자주국이라고

---

17) 宋炳基, 〈辛巳斥邪運動〉(《史學研究》 37, 1983) 참조.
18) 許東賢, 앞의 글, 103쪽.
19) 李鑢永, 《日槎輯略》, 別單·聞見錄·問答錄 등 참조(《海行摠載》 속편 권 11, 민족문화추진회, 1977).
20) 李鑢永, 《日槎輯略》, 고종 18년 8월 30일, 復命.
21) 김홍집이 일본에서 가져온 鄭觀應의 《易言》이 널리 보급되면서 조선에 中體西用論이 수용되었는데, 시찰단의 일본에 대한 부정적 자세와 청의 양무운동을 긍정하는 태도의 배경에는 이러한 동도서기론이 있었다고 생각된다.

비판하였다. 고종은 철저하게 자주적인 부국강병을 목표로 하고 있었던 것이다.[22)]

그런데 시찰단 중 魚允中과 洪英植만은 일본의 부국강병에 긍정적인 반응을 보였다. 먼저 홍영식은 일본의 제도가 광대하고 재정이 번창하며 군대가 강한 것은 모두 그들이 밤낮으로 부지런히 노력한 결과라고 높이 평가하였다. 또 중국과 일본 사이에 어떤 문제는 없느냐는 고종의 물음에 대해서도 일본인들이 항상 일본-조선-중국 삼국이 연합해서 밖으로 歐洲를 막아내자고 하는데 사세로 보아 그럴 수밖에 없다고 대답함으로써 일본의 아시아 연대론에 호감을 표명하였다.[23)] 어윤중은 일본의 침략의사에 대해 "옛날에는 조선을 적대시하다가 서양과 통상 이래 다시 이웃 나라로 보고 있으나, 침략의사가 있고 없고는 우리가 부강한 나라가 되느냐 여부에 달려 있습니다"라고 하면서 고종의 근대화 추진을 촉구하였다.[24)] 홍영식과 어윤중은 모두 일본의 근대화를 긍정적으로 평가하면서도 일본에 대한 신뢰도에 있어서는 약간의 차이를 드러냈다. 고종은 이들과는 또 달리 시종 일본을 경계하는 모습이였다.

이처럼 개화의 방법을 두고 내부에 이견은 있었으나 시찰단 귀국 이후 근대화에 필요한 정보와 지식은 상당히 축적되었다. 시찰단원들은 귀국 후 12명의 朝士와 수행원 安宗洙·高永喜·李商在·兪箕煥·柳正秀 등이 모두 각 분야에서 개화관료로 활약하게 되었다. 각자가 일본에서 시찰한 분야에 따라 통리기무아문의 업무를 분담하였고, 11월의 통리기무아문 체제개편 때에도 중용되었다. 해관과 각 개항장 감리서 등에도 배치되어 주로 통상업무에 종사하였다.[25)] 그리고 이들의 영향으로 정부내에서 개화관료의 비중도 점차 증

22) 李鑢永, 《日槎輯略》, 고종 18년 8월 30일, 復命.
23) 《承政院日記》, 고종 18년 9월 1일.
24) 魚允中, 《從政年表》, 고종 18년 12월 14일.
25) 1881년 11월 17일의 통리기무아문 인선을 보면, 軍務司에 홍영식·이원회, 通商司에 김홍집·조병직·이헌영·민종묵, 利用司에 박정양, 典選司에 조준영, 律禮司에 엄세영, 監工司에 강문형, 同文司에 심상학이 임명되어 청나라에 가 있던 어윤중을 제외한 시찰단원 거의 전원이 등용되고 있다(《高宗實錄》, 고종 18년 11월 21일). 또 이후에도 조병직이 인천감리서에, 이헌영이 부산감리서에 배치되어 통상관련 업무에 종사하기도 하였다(黃玹, 《梅泉野錄》 권 1 상,

대되고 있었다.

그러나 嶺南萬人疏사건 이래 척사상소자가 전국적으로 펴져 가는 등 아직도 일반적인 여론은 척사가 압도적이었다. 고종도 일시적으로 척사윤음을 내려 이들의 거센 반대를 미봉하려 하였으나[26] 前사헌부 掌令 郭基洛이 척사와 수교·자강은 무관하다는 개화상소를 올리자 즉시 예조참의로 발탁할 정도로 개화의지는 확고하였다.[27] 또한 극렬한 척사상소로 왕을 비난한 洪在鶴을 처형하고, 대원군세력의 쿠데타 모의를 빌미로 자신의 이복형인 李載先에게 사약을 내린 고종은 이제 척사세력과 완전히 결별하고 개화를 적극 추진하기 시작하였다.[28]

그 동안 근대기술 수용도 본격화되어 피혁제조법과 세관사무를 배울 기술유학생 다수를 오사카(大阪)와 나가사키(長崎)에 파견하였고(1881년 3월·6월), 광산·조폐·제철·제혁에 필요한 기계구입을 위해 鄭秉夏 등을 오사카에 파견하기도 하였다. 특히 일본의 신무기에 지대한 관심을 가지고 있던 고종은 1881년 4월에 창설된 別技軍에 일본 육군소위 호리모토(掘本禮造)를 초빙하고 일본식 군사훈련을 시작하게 하였다. 나아가 9월에는 관세협정차 파견된 제3차 수신사 趙秉鎬의 수행원 申福模·李銀乭 등을 일본 육군사관학교에 입학시키기도 하였다.[29]

한편 청에 파견하는 군사유학생은 1880년 4월에 결정되고도 그간 척사세력의 반대로 계속 지연되다가, 1881년 9월에야 영선사 김윤식의 인솔하에 天津으로 출발하게 되었다. 이 때 뽑힌 유학생 38명은 천진 機器局에서 약 9개월간 연수를 받고 돌아와 나중에 신설된 기기국·기기창·전보국 등에 등용되었다.[30]

그런데 김윤식은 이 때 유학생 인솔이라는 표면적인 역할 외에 국내 척사

---

갑오이전).

26) 《高宗實錄》, 고종 18년 5월 15일.

27) 《高宗實錄》, 고종 18년 6월 8일.

28) 이재선사건에 대해서는 조성윤, 〈개항직후 대원군파의 쿠데타시도〉(《한국근대정치사연구》, 사계절, 1985) 참조.

29) 宋炳基, 앞의 책, 148쪽.

30) 영선사행에 대해서는 權錫奉, 〈領選使行考〉(《淸末對朝鮮政策史硏究》, 一潮閣, 1986) 참조.

세력의 눈을 피해 천진에서 대미수교 문제를 교섭하라는 밀명을 띠고 있었다. 이에 앞서 영선사행이 지연되자 시찰단으로 일본에 가 있던 어윤중이 천진으로 파견되어 이미 수교문제를 논의한 바 있었다. 10월에 천진에 간 어윤중은 이홍장과 유학생파견, 朝·淸간 解禁과 通商, 조선사절단의 북경상주, 미국과의 수교에 대해 협의하였고, 수교 때 조선을 중국의 속방이라 한다는 조항에도 이미 합의하였다. 김윤식은 11월과 12월 천진에서 이홍장과 조약체결에 대해 협의하였으나 직접 미국과의 협상에 참여하지는 못하고 이홍장에게 모든 것을 위임하였다. 고종은 국내 척사세력의 반대를 제어하기 위해 청의 권위를 이용할 생각으로 미국사절단이 조선에 올 때 중국관원이 함께 와서 조약을 협상, 체결해 줄 것을 요청하였다. 결국 슈펠트가 馬建忠과 함께 조선으로 오고 조선측에서는 김홍집이 나서서 1882년 4월 6일 조미조약이 체결되었다. 조약의 교섭에서 체결단계까지 고종과 몇몇 개화관료들이 극비리에 추진하였고 정부대신들은 슈펠트가 조선에 도착할 때까지도 수교결정 사실을 모르고 있을 정도였다.[31]

이어서 조영조약·조독조약도 체결되었다. 이후 고종은 각국과의 조약이 조선을 강력하게 하리라는 믿음에서 러시아·프랑스와도 통상을 희망하고 미국에 알선을 요청하기도 하였다.[32] 이처럼 서양 각국과의 조약체결은 청의 적극적인 권유와 고종의 개화의지가 결합되어 빚어낸 결과로서, 고종은 각국과의 수교로 일·러·청 등 주변의 열강 모두를 견제한다는 均勢外交論에 대하여 인식하고 있었다. 이미 청에 대해서도 전래의 사대관계를 폐지하고 근대적 통상관계를 정립할 것을 요구한[33] 고종은 동아시아전통의 중화체제를 부정하고 호혜평등의 원칙에 입각한 萬國公法的 질서를 수용하고 있었다.[34] 청의 以夷制夷정책에서 나온 수교 권고는 결국 구래의 조청관계를 약

31) 宋炳基, 앞의 책, 제7장과 제8장 참조.

32) 李光麟, 《韓國史講座》 V 近代篇(一潮閣, 1981), 118쪽.

33) 고종은 1881년 1월경 역관 이용숙을 청에 보내 해금과 통상을 요청하였고, 10월 어윤중도 이홍장과의 회담에서 사대사행 폐지와 사신상주 등을 논의하였다. 1882년 2월 問議官으로 파견된 어윤중·이조연은 또 다시 이홍장에게 사대사행 폐지를 요구하였으나, 6월 임오군란의 발생으로 청군이 조선에 주둔하게 되면서 그 자주적 의지가 꺾이고 10월 불평등한 〈朝淸商民水陸貿易章程〉으로 귀착되고 말았다.

화시키는 쪽으로 작용하였다. 이제 조선은 청의 보호를 기대할 수 없게 되었으므로 스스로 국제사회에 나서기 위해 더욱 개화에 노력을 경주할 수밖에 없었다.

### 2) 개화파의 형성과 활동

본격적인 개화정책이 시작되면서 그 동안 막후에서 고종의 개화의지를 북돋워 온 일군의 개화세력들도 전면에 나서게 되었다. 개화를 추진하기로 한 결정은 고종과 권력핵심부의 민씨 척족들이 내렸지만 실제로 개화정책을 수행하는 것은 이들 개화관료들의 몫이었기 때문이다.

이에 일찍이 개국통상론을 주장한 박규수 문하에 드나들며 새로운 사상에 눈을 뜨고, 박규수 사망 이후에는 劉大致(劉鴻基)의 지도를 받으며 사상적·정치적 결사를 형성하고 있던 金玉均·朴泳孝·徐光範·洪英植 등 노론 명문의 자제들이 개화정권의 핵심으로 떠오르게 되었다.[35] 이들은 이미 과거합격 이전부터 왕실과 깊은 관련을 맺고 권력핵심에 접근하여 고종이 개화를 결심하는데 큰 영향을 미쳤으며, 그들 주변에는 姜瑋·李東仁·卓挺埴·鄭秉夏·朴齊絅 등 중인 이하 출신의 개화세력들도 모여들고 있었다.[36]

박영효(1861년생)는 원래 가난한 시골 진사의 아들로 태어났으나 먼 친척인 박규수의 천거로 1872년(고종 9) 철종의 딸 영혜옹주와 결혼하였다. 그의 나이 14세 때인 1875년에는 왕세자 책봉문제로 조선에 온 청의 칙사를 국왕을 대신하여 방문하는 등 왕실의 총애를 한몸에 받는 부마였다. 그는 박규수에게서 개혁사상을 전수받았고, 형 朴泳敎를 통해 김옥균과 알게 된 후 불교사상를 매개로 친교를 맺게 되었다.[37]

김옥균(1851년생) 역시 빈한한 향반의 아들로 태어났으나 출세한 안동김씨

34) 만국공법에 대해서는 李光麟, 〈한국에 있어서 만국공법의 수용과 그 영향〉(《韓國開化史의 諸問題》, 一潮閣, 1986) 참조.
35) 鄭玉子, 〈開化派와 甲申政變〉(《國史館論叢》 14, 國史編纂委員會, 1990) 참조.
36) 李光麟, 〈開化黨의 形成〉(《開化黨硏究》, 一潮閣, 1973) 참조.
37) 李光麟, 〈春皐 朴泳孝〉(《開化期의 人物》, 연세대 출판부, 1993), 94쪽.
古筠記念會 編, 《金玉均傳》 상(慶應出版社, 1944), 60쪽.

친척에게 입양되어 서울 북촌으로 이사한 뒤, 박규수·오경석·유대치 등과 만나 개화사상을 접하게 되었다. 그는 양부 김병기가 강릉부사를 역임한 후 형조참의까지 오르는 동안 박영효·홍영식·민영익·김만식·서광범 등 당대 최고 명문의 자제들과 교유하였다. 또 왕실의 최고 어른인 조대비와 인척관계라는 점 때문에 일찍부터 왕실에 출입하며 총애를 받고 있었다.[38] 그러나 1872년(고종 9) 20세가 넘어 문과에 장원급제한 후 벼슬살이는 순탄치 못해서, 1882년 무렵까지 사헌부 지평, 홍문관 부교리 등 5품직을 벗어나지 못하였다.[39]

서광범(1859년생)은 조부가 평안감사, 부친이 이조참판까지 지낸 달성서씨 명문출신으로 22세인 1880년 과거에 급제하였는데, 부인이 안동김씨인 관계로 일찍부터 김옥균과 사귀어 형제처럼 지내고 있었다.[40]

이상 세 사람은 함께 박규수 집에 드나들며 우정을 나누었고, 영의정 이최응의 아들로 고종의 사촌인 이재긍, 민씨 척족의 젊은 세도가인 민영익, 역시 영의정을 지낸 洪淳穆의 아들 홍영식 등 최고 권력층의 자제들과 교유하며 개화의 꿈을 키우고 있었다.

홍영식(1855년생)은 1873년 과거에 급제한 후 뛰어난 가문을 배경으로 쉽사리 종2품 참판까지 올라 개화파 중 가장 관력이 화려하였다. 1년 먼저 과거에 장원급제하고도 원래 출신가문이 한미하기 때문인지 승진이 빠르지 못했던 김옥균과는 차이가 있었다. 1881년에는 시찰단의 일원으로 일본 육군성을 조사하고 돌아와 보다 적극적인 부국강병을 추진하자고 주장하였다. 통리기무아문에서는 민영익과 함께 군무사를 담당하였다.[41]

민영익(1860년생)은 민비의 친정조카로서 고종의 개화정책을 가장 측근에서 보좌한 젊은 세도가였다. 개화파를 고종에게 천거하고,[42] 1881년 일본시

---

38) 조대비는 자신의 친정조카로서 병권을 장악하고 있던 趙寧夏의 從弟 趙成夏의 모친 김씨가 김옥균의 숙모라는 인연으로 청년시절부터 자주 김옥균을 불러들여 만났다고 한다(《金玉均傳》 상, 44쪽).

39) 愼鏞廈, 〈金玉均의 開化思想〉(《東方學志》 46·47·48, 1985) 참조.

40) 李光麟, 〈緯山 徐光範〉(《開化期의 人物》, 연세대 출판부, 1993), 204쪽.

41) 李光麟, 〈洪英植硏究〉(《開化期硏究》, 一潮閣, 1994) 참조.

42) 민영익의 일생에 대해서는 崔完秀, 〈芸楣實紀〉(《澗松文華》 37, 1989) 참조.

찰단 파견을 기획한 것도 민영익이었다.[43] 민영익이 개화파를 발탁한 것은 권력기반이 미약했던 민씨 일족[44]이 대원군 및 기존의 세도가문에 대항하여 일거에 정권을 장악하기 위한 수단으로 당시 불가피한 時務였던 개화를 추진하려 했기 때문이었다. 대원군정권과 달리 수구가 아닌 개화를 추진한 것은 결국 정권의 안정적 유지를 위한 것이었다.

그러나 조야에 편만한 척사세력의 공격 때문에 양반출신 개화관료들은 처음부터 직접 전면에 나설 수 없었다. 우선 이동인 등 비양반출신들을 고용하여 비밀리에 개화를 추진하였다. 이동인은 강화도조약체결 당시 하나부사(花房義質)의 통역으로 조선에 왔던 일본 本願寺 승려 楓玄哲과 교유한 인연으로 1878년 무렵부터 부산의 東本願寺 別院에 드나들고 있었다. 1879년 8월에는 일본의 개화 실정을 알고자 하는 유대치·김옥균·박영효 등의 부탁을 받고 직접 도일하였다. 일본 재야의 유명한 문명개화론자인 후쿠자와 유키치(福澤諭吉) 문하에서 약 1년여를 머무르며 근대문물을 배우고 있던 그는 1880년 8월 수신사로 일본에 온 김홍집 일행을 만나 함께 귀국한 뒤 민영익에게 소개되었다. 그리고 다시 민영익의 천거로 고종에게 발탁된 이동인은 이후 고종의 일본통 밀사 역할을 맡게 되었다.[45]

이동인은 1880년 9월 승려 無不(탁정식)과 함께 두 번째로 도일하여 미국과의 수교 결심을 밝힌 고종의 밀서를 주일청국공사 하여장에게 전달하였다. 12월에 귀국한 이후에는 다시 대규모 일본시찰단의 파견을 기획하였다. 그리

---

43) 李鑢永의 《日槎輯略》에 의하면, 시찰단의 일원으로 동래로 내려가던 도중 3월 16일 밀양읍에서 민영익을 만났는데, 그는 홍영식·어윤중 등과 함께 영남루에 머무르고 있다가 고종의 봉서를 받고 3월 19일 서울로 올라갔다고 하므로, 애초에 민영익도 비공식적으로 시찰단과 동행하려 했던 것으로 생각된다.

44) 당시 민씨 척족들은 國舅가 중심이 된 19세기의 세도가문과는 달리 閔升鎬·閔謙鎬·閔奎鎬·閔台鎬 등이 왕비와 동렬이고 閔泳翊·閔泳煥·閔泳駿 등은 조카뻘로 연배나 경륜이 정계의 여론을 주도할 만한 위치에 있지 않았다. 따라서 고종 친정체제 성립 이후 정권은 척족과 이최응·이재원·이재긍 등 종실, 金炳國·金炳始·金輔鉉 등 안동김씨의 연합형태로 이루어졌다(延甲洙, 〈개항기 권력집단의 정세인식과 정책〉, 《1894년 농민전쟁 연구 3》, 역사비평사, 1993, 96~99쪽 참조).

45) 李光麟, 〈開化僧 李東仁〉(앞의 책, 一潮閣, 1973) 및 〈開化僧 李東仁에 관한 새 史料〉(《韓國開化史의 諸問題》, 一潮閣, 1986) 등 참조.

고 그 자신도 통리기무아문 별선군관으로 임명되어 시찰단의 향도로서, 또 일본에서 총포와 선박을 구입해 오라는 고종의 밀명을 받고 前府使 李元會와 함께 도일하려 하였으나 도중에 행방불명되고 말았다.[46]

한편 중견관료층 안에서는 김홍집·어윤중·김윤식 등이 고종의 신임을 받는 개명관료그룹으로 성장하고 있었다. 흔히 온건개화파라고 불리는 이들은 김홍집이 1880년 수신사로 일본에 파견되고, 1881년 어윤중·김윤식이 각각 일본시찰단과 영선사로 임명되면서 두각을 나타내기 시작하였다.

김홍집(1842년생)은 대사헌·개성유수·형조참판을 역임한 金永爵의 아들로서, 소론 명문출신이지만 북촌의 노론 자제들과 교유하면서 김옥균을 알게 되었다. 또 강위와도 친분이 있는 등 일찍부터 개화세력들과 관련을 맺고 있었다. 1868년 27세로 庭試 병과에 급제했는데, 1873년 注書로서 經筵에 참가했을 때 5대조가 숙종조의 國舅인 慶恩府院君 金柱臣이라는 것이 알려지면서 고종의 특별한 신임을 얻게 되었다. 1880년 제2차 수신사로 발탁된 것도 그러한 인연이 작용한 것이었다.[47] 일본의 근대문명을 시찰하고 온 김홍집은 동도서기적인 부국강병론의 입장에 서게 되었으며, 《조선책략》 때문에 척사세력의 공격을 받기도 하였다. 이후 김홍집은 신설된 통리기무아문에 참여하여 일본과 인천개항의 교섭, 조미조약의 체결 등 외교통상 분야에서 활약하였다.[48]

어윤중(1848년생)은 가난한 선비 집안에서 태어나 어려서 부모를 여의고 주경야독으로 21세인 1869년 殿試 병과에 합격하자 정계에 진출하였다. 조부의 영향으로 茶山 丁若鏞의 실학을 계승하였던 그는 1872년 김옥균을 장원급제시킨 시험관이었으며,[49] 민영익과 친교가 있었고,[50] 유대치의 집에도 드

46) 李光麟은 위의 글에서 김홍집·이조연 등 온건파에 의한 암살이라고 추정하였으나, 이 시점에서 개화세력내의 노선 갈등이 암살까지 감행할 정도였다고는 볼 수 없고, 아마도 왕실의 개화추진에 불만을 품은 척사세력의 소행이었다고 생각된다.

47) 金弘集, 〈以政學齋日錄〉, 1873년 9월 15일 및 〈修信使日記〉, 1880년 5월 28일(《金弘集遺稿》, 高麗大 出版部, 1976).

48) 崔震植, 《한국 근대의 온건개화파 연구》(영남대 박사학위논문, 1990) 참조.

49) 崔震植, 〈魚允中의 富强論 硏究〉(《國史館論叢》 41, 1993) 76쪽.

50) 민영익의 집에 드나든 8學士 중에는 홍영식·김옥균과 함께 어윤중도 끼어

나드는 등 개화세력과 상당한 관련이 있었다.[51] 1877년 전라우도암행어사로서 능력을 발휘한 이후 고종의 인정을 받게 되었고, 1881년 시찰단의 일원으로 일본을 다녀온 뒤부터 개화에 더욱 적극적으로 참여하였다. 일본의 각종 근대시설을 둘러보고 난 후, 다시 고종의 밀명으로 청에 파견되어 미국과의 수교교섭을 진행하면서 天津機器局을 시찰한 경험은 임오군란 후 減省廳개혁의 토대가 되었다. 또한 일본에 동행한 수행원 윤치호·유길준·유정수 등을 모두 유학시켜 개화세력 확대에도 큰 공헌을 하였다.[52]

김윤식(1835년생)은 역시 어려서 부모와 사별하고 숙부집에서 김만식 등 사촌형제들과 함께 성장하면서 정통유학이면서도 현실참여적이고 실학적 측면이 있었던 兪莘煥에게서 수학하였다. 이 때 민태호·민규호·민영목 등 민씨 척족들과 동문수학한 인연으로 후일 자연스레 권력 핵심부에 접근할 수 있었으며, 유신환 사후에는 박규수에게도 사사하였다. 1865년 蔭官으로 관계에 진출하였다가 40세 때인 1874년 문과에 급제하여 좌부승지·순천부사 등의 관직을 역임하였다. 1881년 영선사에 임명된 것은 역시 민씨 척족들과의 인연 때문이었으며, 이후 천진에서 이홍장과 조미조약체결에 대해 논의하면서부터 개화관료로 활약하게 되었다.[53]

그런데 이들 온건개화파들은 주로 막후에서 활동하고 있던 급진개화파와 달리 청·일과의 공식 외교채널에 투입되었다. 이들의 온건한 성향이 척사세력의 반대를 완화시킬 수 있다고 생각한 고종의 배려였던 것이다. 김홍집·어윤중·김윤식 등은 서로 뚜렷한 교유관계는 없었으나 함께 개화 실무에 종사하였고, 또 대체로 온건한 개화노선을 지향했다는 공통점 때문에 점차 한 집단으로 분류되기 시작하였다. 이들이 추구한 개화는 청의 洋務論처럼 점진적·개량적 근대화로서, 완전한 서구화가 아니고 제한적·선별적으로 서

---

있었다(黃玹, 《梅泉野錄》 권 1 상, 갑오이전).

51) 어윤중이 1881년 시찰단으로 일본에 다녀와서 쓴 여행기 《中東紀》를 유대치에게 주자, 김옥균이 이를 읽고 도일을 결심하였다는 기록(《金玉均傳》 상, 130~131쪽)과 유대치의 유일한 官歷이 임오군란 이후 어윤중이 주도하였던 減省廳에의 참여였던 점으로 미루어 짐작할 수 있다.

52) 崔震植, 앞의 글(1993) 참조.

53) 鄭玉子, 〈雲養 金允植 硏究〉(《歷史와 人間의 對應－高柄翊先生 華甲紀念論叢》, 한울, 1985) 및 崔震植, 앞의 글(1990), 14~15쪽 참조.

양문명의 이기를 받아들여 그것으로 외적을 막자는 것이었다. 또한 外交觀에 있어서도 외교관의 북경상주를 요구하고 朝貢使行의 폐지를 주장하는 근대적인 일면과, 여전히 청의 '屬邦' 주장을 수용하는 한계를 동시에 가지고 있었다. 이 점이 청으로부터 완전한 독립과 유교적 가치질서의 폐기를 주장한 급진파 계열과는 차이가 있었다.

한편 김옥균 등 급진파들은 청이 아닌 일본을 근대화의 모델로 삼고 있었다. 이동인의 일본행 이후 일본의 내외정세에 대해 더욱 호기심을 가지게 된 김옥균 등은 어윤중의 일본·중국여행기인 《中東紀》를 읽고 마침내 도일을 결심하였다. 마침 이재선사건의 종결로 척사세력의 기선을 제압한 고종도 김옥균 등의 일본행을 허락하였고, 민비도 민영익에게 적극 권유하였으나 사정상 김옥균만 첫 번째 도일에 성공하였다.[54]

드디어 1881년 12월 徐光範·柳赫魯·邊燧 등과 함께 일본에 도착한 김옥균은 근대문명의 실상을 직접 목격하게 되었다. 이듬해인 1882년 6월 귀국하기까지 약 6개월 동안 김옥균은 후쿠자와 유키치의 문명개화사상에 접하였고, 그의 소개로 이노우에 카오루(井上馨)·이토 히로부미(伊藤博文)·오오쿠마 시게노부(大隅重臣)·시부자와 에이이치(澁澤榮一)·고토 쇼지로(後藤象次郞) 등 일본정부 및 민간의 유력인사와 면담하면서 고종의 관심사인 일본 조야의 對韓策을 탐문하였다.[55] 박규수로부터 북학사상을 전수받으며 개화를 꿈꾸었던 김옥균은 마침내 일본의 눈부신 발전상을 보고 더욱더 급격한 개화추진을 결심하게 되었다.

그런데 귀국 도중 임오군란과 대원군의 납치 소식을 듣고 분개한 김옥균은 점차 어윤중 등 친청 온건파와는 거리를 두게 되었다. 청에 대한 입장 차이로 온건파와 급진파가 분기하기 시작한 것이다.[56] 이후 급진파 주변에는 주로 일본유학생 출신의 소장개화파들이 결집하여 개화세력의 저변을 확대하게 되었다. 대표적인 인물이 尹致昊·徐載弼·兪吉濬 등인데, 무관 윤웅렬

54) 古筠記念會 編, 《金玉均傳》 상, 121~129쪽.
55) 古筠記念會, 위의 책, 136~137쪽.
56) 김윤식의 회고에 의하면, 온건파와 급진파는 똑같은 憂國之士로서 동지였으나 임오군란 이후 청의 간섭을 계기로 서로 분화했다고 한다(金允植, 《續陰晴史》 하, 577쪽).

의 아들 윤치호는 어윤중의 수행원으로 일본시찰단에 동행하였다가 유학생활 뒤 돌아와 통리기무아문 주사 겸 미국공사관 통역관으로 활약하였다.[57] 서광범의 친척인 서재필은 김옥균의 권유로 일본 육군호산학교에 유학하고 돌아와 나중에 갑신정변의 적극 가담자가 되었다.[58] 그 밖에 申福謨·李殷乭·林殷明·李圭完·鄭蘭敎·申應熙 등 유학파 무관들과 李寅鍾·柳赫魯 등 하급 군인,[59] 역관 邊燧[60] 등이 급진파와 입장을 같이하였다. 다만 박규수 문하에 드나들다가 어윤중의 수행원으로 일본에 유학한 유길준만이 민영익과의 인연으로 온건개화의 입장을 견지하였다.[61]

### 3) 개화추진세력의 분화

1882년(고종 19) 6월의 임오군란은 민씨 척족들을 중심으로 개화를 추진해 온 고종 친정체제에 대한 최초의 도전이었다. 당시 권력의 최상층부에 있던 이최응·민겸호·김보현이 살해되었는데, 이최응은 고종의 백부였고 민겸호는 민영익의 숙부, 김보현은 민영익의 처조부였다. 그러나 군란 이후 고종의 혁신의지는 오히려 더욱 확고해졌다. 7월 20일 국왕 즉위 이래의 실책을 자책하면서 대사면과 유신을 다짐하는 윤음을 내린 것은 어디까지나 일시적으로 정권을 잡은 대원군의 분부에서 나온 것이었고,[62] 대원군이 청에 납치되고 다시 친정을 회복하면서부터는 여러 가지 혁신조치들이 발표되었다.

7월 22일 고종은 '문벌숭상 타파'의 교서를 내려 서북인, 송도인, 서얼, 의·역 중인, 하급 서리와 군졸 등을 모두 차별하지 않고 顯職에 등용하겠다고

57) 柳永烈, 《開化期의 尹致昊硏究》(한길사, 1985) 참조.
58) 서재필은 13촌 아저씨인 서광범으로 인해 김옥균과 알게 되었고, 또 김옥균이 서재필의 養母의 친정 안동김씨의 친척이 되므로 가깝게 지내게 되었다고 한다(李光麟, 〈徐載弼의 開化思想〉《韓國開化思想硏究》一潮閣, 1979, 99쪽).
59) 鄭玉子, 앞의 글(1990), 224쪽.
60) 변수는 강위의 제자로서 김옥균 등과의 인연으로 1883년 보빙사 민영익을 수행하여 세계일주를 한 뒤 통리교섭통상사무아문 주사, 내아문 주사로 발탁되었고 갑신정변 때에는 외아문 참의에 임명되기도 하였다(李光麟, 〈한국 최초의 미국 대학졸업생 변수〉, 앞의 책, 1986).
61) 柳永益, 〈甲午更張 이전의 兪吉濬〉(《甲午更張硏究》, 一潮閣, 1990) 참조.
62) 《高宗實錄》, 고종 19년 7월 20일.

다짐하였다.[63] 이는 전통적인 양반지배체제하에서 정치참여가 봉쇄되어 온 소외계층에 대한 전격적인 문호개방 선언이었다. 조선 후기 이래 계속된 신분제 해체현상은 개항 이후 더욱 가속화되었고, 특히 중인층 이하 출신들이 개화정책의 추진과정에서 기존의 양반관료들보다 뛰어난 적응력을 보이자 이들의 실무능력을 충분히 수용할 필요가 있었던 것이다. 이러한 표방으로 고종이 주도하는 개화정책의 추진세력은 그 외연을 더욱 확대하게 되었다.

한편 7월 25일에는 다시 대궐내에 機務處를 설치하였고, 8월 5일 동도서기적인 부국강병을 지향하는 교서를 발표하였다.[64] 그리고 전국의 척화비를 뽑아 내고 개화정책을 공식화하였다.[65] 그러자 전국 각계각층으로부터 개화상소가 쏟아져 들어왔다.[66] 개화를 지향하는 세력이 이미 전국적으로 광범하게 형성되고 있다는 반증이었다.

이제 혁신정책을 추진하는데 구체제와 구세력들은 걸림돌이 될 뿐이었다. 이에 10월에는 減省廳을 설치하여 司饔寺·內贍寺·內資司 등 다기한 재정관련 기관들을 호조로 통합시키고 造紙署·活人署·舟橋司 등 시대변화로 쓸모없게 된 기관들을 폐지하였다. 또한 〈各司官員遵行節目〉을 발표하여 관료의 부패방지 등 기강확립을 시도하였다.[67] 이 개혁은 어윤중이 주도하였는데,[68] 당시 권력의 핵심인물들도 함께 참여하여 정부내에서 보수적 여론을 형성하는 원로대신들을 대폭 숙청하였다.[69]

그리고 12월 28일에는 종래의 '世貴之風'을 반성하여 관료이든 상천민이든 누구나 재화를 벌어 부자가 되게 하고, 농민·상인·수공업자의 자식일지라도 출신에 상관없이 학교에 입학할 수 있게 한다는 교서가 발표되었다.[70] 이

63) 《高宗實錄》, 고종 19년 7월 22일.

64) 《高宗實錄》, 고종 19년 8월 5일.

65) 척화비 철폐는 이미 5월 5일 일본공사가 요구했던 것인데, 이 때 의정부를 통해 공식적으로 철폐를 전국에 명령하였다.

66) 李完宰, 《初期開化思想硏究》(민족문화사, 1989) '부록 개화에 대한 상소문' 참조.

67) 《高宗實錄》, 고종 19년 12월 29일, 減省廳減省別單.

68) 黃玹, 《梧下記聞》, 제1필 계미.

69) 이 때 70세 이상 의정부 堂上을 모두 減下하였는데, 56명 가운데 13명이 해당되었고 정1품 아문인 宗親府·議政府·忠勳府도 減省 대상이었다(延甲洙, 앞의 글, 122쪽).

70) 《高宗實錄》, 고종 19년 12월 28일.

쯤되면 중세사회의 골간을 이루었던 신분제는 내용적으로 거의 폐지되었으며, 富國 달성이라는 목표 앞에서 유교사회의 전통적 직업관도 의미를 잃게 되는 순간이었다. 실제로 이 조치 이후 1880년대 후반에는 서자나 중인출신의 개화관료들이 상당히 등장하였다.[71)]

그러나 이러한 고종의 개혁정책은 군란을 진압해 준 청이 속방화정책으로 내정간섭을 강화하면서 장애를 만나게 되었다.[72)] 또 이를 계기로 개화관료내에 온건파와 급진파의 대립도 본격화되었다. 우선 임오군란이 터지자 청에 구원병을 요청하여 그들과 함께 귀국한 김윤식·어윤중 등의 친청파 동도서기론자들은 그 세력을 급속히 확대하였다. 기무처를 설립할 때도 김윤식·어윤중·김홍집·조영하·김병시·신기선 등 친청세력이 대거 참여하였다. 군란수습 후 陳奏使로 파견된 조영하·김홍집도 외국인고빙과 차관제공을 요청하면서 청에 의존한 개혁추진을 표방하였다.[73)]

그리고 11월 이홍장의 추천으로 馬建常과 묄렌도르프가 도착하여 내정과 외교를 간섭하고 신설된 통리아문·통리내무아문에도 친청세력이 대거 진출하면서 이들의 정국주도는 더욱 강화되었다.[74)] 특히 김윤식은 袁世凱의 도움으로 강화도에 鎭撫營을 설치, 청나라식 군사훈련을 시작함으로써 평소 그의 주장대로 강병에 의한 禦洋論을 현실화시키고 있었다.[75)] 청의 간섭이 있기 전에는 정도의 차이만 있을 뿐 다 같이 개화를 지향하였던 온건파와 급진파는 이제 김윤식 등 친청세력과 김옥균이 이끄는 반청세력으로 완전히 분화되었다. 군란이 일어났을 때 김윤식·어윤중은 청에, 김옥균·서광범은 일본에 각각 구원병력을 요청하면서 청의 간섭에 대한 인식에서 뚜렷한 차이를

71) 柳永益, 〈甲午 開化派官僚의 執權經緯·背景 및 改革構想〉(앞의 책) 참조.

72) 金正起, 앞의 글 참조.

73) 延甲洙, 앞의 글, 117쪽.

74) 11월 18일 통리아문·통리내무아문의 인선과 12월 통리군국사무아문·통리교섭통상사무아문으로 체제개편 때의 인선을 분석해 보면, 1881년 통리기무아문 인선에 비해 신진기예보다는 온건 친청세력이 중심이 되었다. 즉 민태호·민영목·민영익 등 척족세력과 조영하·김병시·윤태준·한규직·정범조 등 보수대신이 고위급에, 김윤식·박정양·어윤중·김홍집·신기선·민종묵·이조연 등 온건개화관료가 실무진에 배치되었다. 그러나 아직은 홍영식·김옥균·윤치호·장박 등도 포함되어 급진파 계열이 완전히 실각한 것은 아니었다.

75) 崔震植, 앞의 글(1990) 참조.

드러낸 것이다.

한편 청의 속방화정책에 가장 큰 불만을 가진 사람은 역시 고종이었다. 따라서 비밀리에 급진세력들을 지원하며 반청의 독자적 근대화를 추진하였다.[76] 군란수습 후 손해배상과 제물포조약 비준서 교환, 그리고 여전히 해결되지 않고 있던 관세설정에 관한 문제를 협의하기 위해 일본에 파견된 수신사절단은 이러한 급진파계열의 진로와 관련하여 주목되는 행보였다.

1882년 8월 박영효를 정사로, 김만식을 부사로 하여 구성된 사절단에는 서광범이 종사관으로, 고종의 밀명을 받은 김옥균과 민영익이 고문으로 동행하여 당시 고종 측근에서 개화를 추진해 온 핵심인사들이 총망라되었다.[77] 박영효는 훗날 이 일본행에서 明治 일본의 발전상을 본 견문이 일평생을 지배하여 이 때 받은 충동으로 조급한 마음에 갑신정변을 일으킨 것이라고 회고할 정도였다.[78] 또한 이 때 받은 융숭한 대접은 김옥균과 박영효가 일본에 의존을 결심하게 된 계기가 되었다.[79]

이들은 3개월의 체류기간 동안 오오쿠마 시게노부·이토 히로부미·이노우에 카오루·후쿠자와 유키치·시부자와 에이이치·오오이 겐타로(大井憲太郎)·이누카이 쓰요시(犬養毅) 등 일본 조야의 유력인사들과 광범하게 접촉하고, 청·미국·영국·독일 등 이미 국교가 수립된 나라들뿐 아니라 러시아·프랑스·네덜란드·벨기에·스페인·이탈리아 등 아직 수교가 성립되지 않은 나라의 외교사절과도 폭넓은 교제를 가졌다. 조선과 수교를 준비하고 있던 프랑스공사에게는 특별히 서신을 보내 수교교섭에 유리한 전략을 충고해 주기까지 하였다.[80] 그런데 이들이 일왕을 알현하고 외무성 관료들과 각국

---

76) 李光麟, 〈開化黨의 形成〉(앞의 책, 一潮閣, 1973), 35쪽 및 〈甲申政變 政綱에 대한 再檢討〉(《開化期硏究》, 一潮閣, 1994) 19쪽에 의하면, 갑신정변은 고종과 개화당 사이에 충분한 숙의를 거쳐 일어난 것으로 고종의 사전 密勅이 있었을 가능성이 추정된다. 그러나 박영효가 고종과 합의해서 결행한 것은 아니라고 반박한 자료도 있다(李光麟, 〈春皐 朴泳孝〉, 앞의 책, 1993, 125쪽).

77) 朴泳孝, 《使和記略》(《海行摠載》 권 11, 민족문화추진회), 9월 9일조에 의하면 수행원은 유혁로·변수·박제경·윤웅렬 등 4인이었다.

78) 《新民》 14, 1926년 6월.

79) 金玉均, 〈甲申日錄〉 참조.

80) 朴泳孝, 《使和記略》 9월 8일·10월 3일 기록 등 참조.

공사를 초청하여 대규모 연회를 열기도 하는 등 이전의 수신사절과 달리 화려한 외교활동을 펼 수 있었던 것은 아무래도 왕실의 부마라는 박영효의 높은 지위 덕분이었다. 물론 수교를 앞둔 각국 외교사절의 입장에서도 조선의 실력자와 미리 친해 두는 것이 수교교섭에 유리하다고 계산했을 것이다.

이들 일행 중 민영익은 청나라에 가려고 10월 19일 가장 먼저 출발하였고,[81] 박영효·김만식은 11월에 귀국길에 올랐으나, 김옥균과 서광범은 고종의 특명에 따라 다시 3개월이나 더 머무르게 되었다.[82] 김옥균은 이 때 관계에 진출한 지 실로 오랜만에 우부승지로 승진하는 등 고종으로부터 상당한 지원을 받고 있었다.[83] 그는 이러한 고종의 신임과 1년 전 첫 번째 도일 때 쌓은 일본인사들과의 광범한 친교를 바탕으로 차관교섭에 나서 일본의 조선에 대한 지원 가능성을 타진하였다. 觀兵式과 工部大學 등을 둘러본 후 일본의 근대적 군비와 기계화에 감복하였고, 특히 일본정부의 증세정책에 의한 군비증강에 주목하면서 재정의 중요성을 더욱 인식하였기 때문이다. 이에 일본의 외무대신 이노우에는 정부의 조선정책이 소극책으로 전환하였음에도 불구하고 橫濱正金銀行에서 17만 원의 차관을 얻어 주었다. 이 소액차관은 유학생 비용을 충당하는데 불과하였으나, 김옥균은 이것을 일본의 계속적인 지원 약속으로 믿고 고토 쇼지로(後藤象次郎)와 제주도 벌채사업과 포경사업 등을 함께 하기로 약속하고 1883년 3월 귀국하였다.[84]

한편 먼저 귀국한 박영효는 일본에서 데리고 온 육군호산학교 졸업생 신복모와 이은돌, 경응의숙 유학생 유길준 등과 함께 개화를 추진하고 있었다. 1882년 12월, 23세의 나이로 한성판윤이 된 박영효는 고종에게 신문 발간을 건의하고, 유길준을 통리교섭아문 주사로 발탁하여 사업을 추진시켰다.[85] 또

81) 민영익은 이 때 대원군문제로 중국을 방문하고 천진·상해·홍콩 등지를 여행하였다(崔完秀, 앞의 글).
82) 朴泳孝, 《使和記略》, 11월 18일.
83) 朴泳孝, 《使和記略》, 10월 19일.
84) 古筠記念會 編, 《金玉均傳》 상, 212~218쪽 및 최덕수, 〈개항이후 일본의 조선정책〉(《1894년 농민전쟁 연구》 3, 역사비평사, 1993) 참조.
85) 李光麟, 〈漢城旬報와 漢城周報에 대한 일고찰〉(《韓國開化史硏究》, 一潮閣, 1969) 참조. 이 사업은 박영효가 한성판윤을 그만둠으로써 중단되었다가 7월 김윤식에 의해 博文局이 설치된 후 김만식의 주도로 10월 1일 첫 신문이 발간되었다.

김옥균의 〈治道略論〉에 의거하여 도로정비를 목적으로 治道局을 설치하였고 치안을 위해 巡警部를 만드는 등 의욕적으로 근대화사업에 투신하였다. 도로정비사업 중 주민들의 민원으로 3개월 만에 한성판윤을 그만두고 廣州留守로 자리를 옮긴 이후에는, 고종의 허락을 받아 광주에 특별군영을 설치하고 이은돌·신복모 등과 함께 일본식 군사교련으로 신식 군대를 양성하였다. 그러나 수구파의 공작으로 이 군대가 친군영에 이속되고 유수직도 6개월 만에 해임된 후 미국유람을 계획하게 되었다.[86]

반면 일본의 재정지원을 믿고 귀국한 김옥균은 東南諸島開拓使兼管捕鯨事로 임명되어 본격적인 차관교섭을 위한 담보확보, 재원개발에 노력하고 있었다. 그러나 청이 임명한 외교고문 묄렌도르프와 민태호·민영목·민응식 등 척족세력들의 재정문제를 해결하고자 한 당오전의 주조는 악화남발에 그치고 말았다.[87] 민영익과 함께 통리교섭통상아문 富敎司담당이었던 김옥균은 그것이 근본적인 해결책이 될 수 없음을 주장하여 묄렌도르프 등과 대립한 후, 차관교섭을 위해 1883년 6월 또 다시 도일하게 되었다.[88]

고종은 동남제도개척사라는 직함의 김옥균에게 신임장을 주어 차관교섭을 일임할 정도로 그의 일본행에 큰 기대를 걸었다.[89] 고종으로서는 서양 각국과 수교 이후 들어온 각종 새로운 문물들, 특히 전등·전화·전신 등 서양문명의 이기들을 사용해 보고 싶어했다. 또 근대적 무기로 무장한 정예병을 양성하여 청국군대에 대한 의존에서 벗어나 보려는 자주의지도 있었다. 그 밖에 각국 사신 및 내방객 접대와 교제비용 등 개항 이후 급작스레 늘어난 개화비용들을 화폐주조와 매관매작에 의존하고 있는 처지였으므로 김옥균의 차관교섭에 큰 기대를 걸었던 것이다.[90]

또한 고종과 왕실 측근들은 이 무렵부터 청을 피해 미국에 의존해 보려는

---

86) 古筠記念會 編, 《金玉均傳》 상, 273쪽.

87) 吳斗煥, 〈갑오경제개혁의 구조와 성격〉(《인하대 사회과학논문집》 3, 1984) 참조.

88) 〈甲申日錄〉에 의하면, 김옥균은 조영하·민태호·민영목·민영익·윤태준 등과 주전관계로 고종 면전에서 다툰 것이 여러 차례요 글로 건의하기는 수십 차례였으며, 이 때부터 척족세력 특히 묄렌도르프와의 대립이 심화되었다고 한다.

89) 이 차관교섭은 묄렌도르프가 일본공사 竹添進一郞을 통해 신임장이 가짜라고 공작하는 바람에 일본정부의 불신으로 실패로 돌아갔다(〈甲申日錄〉).

90) 古筠記念會 編, 《金玉均傳》 상, 254쪽.

聯美策을 적극적으로 추진하기 시작하였다. 청을 견제할 방법은 서양 강국으로서 영토적 야심이 없는 미국에 의존하는 길밖에 없다고 생각했던 것이다. 따라서 7월 미국에 파견된 사절단(報聘使)은 표면적으로는 조선주재 초대 미국공사로 푸트(Lucius H. Foote)가 내한한 데 대한 답례였으나, 실제로는 미국에 가서 직접 서양문명의 실체를 접해 보고 가능하면 그들의 관심과 지원을 이끌어내 보려는 데 목적이 있었다. 이에 이제까지 막후에서 개화정책을 조정하던 민영익이 직접 전면에 나서 정사에 임명되었고 부사와 서기관에도 왕실의 신뢰도가 높은 홍영식과 서광범이 발탁되었다.

1883년 7월 출발, 일본을 거쳐 9월 초 미국에 도착한 보빙사 일행은 미국 대통령 아더(Chester A. Arthur)를 만나 국서를 전달한 다음, 40여 일 동안 워싱톤의 각종 정부기관을 방문하고 뉴욕·시카고·보스턴에서 수많은 상공인들의 접대를 받았다. 근대적 시설의 공장·농장·병원·전신국·전기시설·우체국·신문사·육군사관학교 등을 시찰했을 뿐 아니라 외국박람회도 참관하였다. 특히 박람회에 전시된 각종 근대문물을 보고는 경탄을 금치 못하면서 귀국후 조선에서도 국제박람회를 열겠다고 제의함으로써 수교 이후 조선과의 교역증진을 기대하고 있던 상공인들의 비상한 관심을 모았다. 이들은 연회에는 관심이 없고 오로지 한 가지라도 더 많은 것을 배우려는 열의에 가득차서 어디든지 지칠 줄 모르고 구경하였다. 미국무장관을 방문했을 때는 외교·군사고문과 교사를 파견해 달라고 요청하기도 하였다.[91]

이처럼 적극적인 자세로 미국을 배우고 의존하려는 태도를 본 미국정부는 특별히 민영익·서광범·변수 등을 해군함정에 태우고 대서양을 횡단, 유럽 각국을 거쳐 수에즈운하를 통과하고 인도양을 지나 조선에 이르는 6개월간의 세계일주를 주선하였다. 따라서 홍영식 등 나머지 사절단은 11월에 먼저 귀국하였고,[92] 수행원 유길준은 민영익의 배려로 미국에 남아 유학생활을 시작하였으며,[93] 민영익 일행은 프랑스·영국·이탈리아·이집트·인도·싱가

---

91) 金源模, 〈朝鮮 報聘使의 美國使行(1883) 硏究〉 상·하, (《東方學志》 49·50, 1985·1986)참조.

92) 《承政院日記》, 고종 20년 11월 21일 및 金源模, 〈遣美使節洪英植復命問答記 解題〉(《史學志》 15, 1981) 참조.

93) 李光麟, 〈兪吉濬의 開化思想〉(앞의 책, 1979), 55쪽.

포르·홍콩·일본 나가사키 등을 거쳐 1884년 5월에야 귀국하였다.[94]

보빙사행 이후 개화정책은 급격히 미국을 통로로 추진되기 시작하였다. 1883년 12월 창설된 畿沿海防營에 미국인 군사교관을 초빙하고 라이플총 4,000정을 미국에 주문한 것은 임오군란 이후 심화되어 온 청의 군사적 영향력을 배제하려는 노력의 일환이었다. 1884년 1월 양잠시설과 상해－인천, 부산－나가사키간 기선항해를 미국회사에 허락하고, 5월에는 홍영식이 미국에서 구입한 가축들로 목장을 개설하였으며, 9월에는 대궐에 쓸 전등장비를 미국에 주문하였다.[95]

그런데 연미책이 진행되면서부터 그 동안 일본에 의존해 근대화를 추진하고자 했던 급진개화파는 상당히 소외되고 있었다.[96] 우선 개화파를 적극 지원하였던 민영익과 김옥균 등의 사이가 멀어졌다. 흔히 민영익이 미국행 이후 개화에서 후퇴하여 수구세력 쪽으로 가담하였다고 하나, 이는 개화를 포기한 것이라기보다 일본을 통한 서기수용을 중단한 것이라고 보아야 할 것이다. 여기에는 차관교섭차 일본을 방문했던 김옥균이 임오군란 이후 소극적 조선정책으로 전환한 일본정부의 방침 때문에 아무런 성과없이 귀국한 것도 한 계기가 되었다.

김옥균은 이후 관직에서 물러나 교외에 한거하면서 보다 획기적인 국면전환을 모색하게 되었다. 그는 갑신정변 이전까지 미국공사 빙햄(J. Bingham)과 20여 차례나 면담하면서 미국의 지원도 탐색하였으나 실패하자, 청불전쟁을 계기로 다시 개화파에 접근해 온 일본과 정변을 모의하였다. 미국여행중 민영익과 의견 차이를 보였던 홍영식과 서광범도 김옥균 쪽에 가담하여 1884년 5월 무렵부터 함께 정변을 모의하였고, 8월 친군영제 개편 때 한규직·이조연·윤태준·민영익 등 왕실 측근들이 병권을 장악하고 자신들을 소외시키자 드디어 정변을 감행하였다.[97]

그러나 주지하듯이 정변은 실패로 돌아갔고 정계내에서 급진개화파의 위

94) 《承政院日記》, 고종 22년 5월 9일.
95) 古筠記念會 編, 《金玉均傳》 상, 234쪽.
96) 李光麟, 앞의 책(1981), 173쪽.
97) 愼鏞廈, 〈초기개화파와 갑신정변의 민족주의〉(《韓國近代民族主義의 形成과 展開》, 서울대 출판부, 1987) 참조.

상은 완전히 추락하였다. 이후 청의 내정간섭은 더욱 강화되었고 친청세력의 독주도 심화되었다. 우의정에 김병시, 의정부 공사당상 및 선혜청 제조에 어윤중, 병조판서 및 의정부 유사당상에 김윤식이 임명되는 등 친청파가 요직을 차지하였다.[98]

한편 정변 직후 국정 주도권을 포기하는 교서를 발표하고 의정부로 권한 이양을 선언하였던[99] 고종은 다시 개화를 추진하면서 오히려 반청노선을 분명히 하였다. 우선 청을 견제할 세력으로 러시아를 끌어들여 제1차 조러밀약을 추진하였다. 이 때 외무독판이면서도 외교교섭에서 소외된 김윤식이 반발하자 1885년 3월 단행된 관직개편에서 김윤식을 교체하고 4월에 어윤중을 퇴진시키는 등 친청세력 제거에 착수하였다.[100] 5월에는 대궐내에 內務府를 설치하고 산하에 商理局·錢圜局·轉運局·鑛務局·機器局·育英公院·種牧局·鍊武公院·電報局 등을 두어 1880년대 후반 개화자강사업을 이끌어 나갔다.[101]

이에 청은 고종과 민비를 견제하기 위해 8월 청의 保定府에 연금되어 있던 대원군을 환국시켰다. 또한 10월에는 원세개를 駐箚朝鮮總理交涉通商事誼로 임명하여 조선에 대한 압력을 강화하였다. 그러자 고종은 미국인 외교고문 데니(O. N. Denny)와 협판 내무부사 민영환 그리고 金嘉鎭·金鶴羽 등 신진 개화세력들과 함께 1886년 3월 다시 한 번 러시아의 보호를 요청하는 밀약을 추진하였다.[102]

이처럼 고종의 반청운동이 계속되자 원세개는 1886년 7월 마침내 고종폐위를 시도하기에 이르렀다. 그리고 '朝鮮大局論'에서 내정개혁 10개조를 발표하여 국왕의 정국운영 배제와 개화정책 중단을 선언하였다. 그러나 결과는 원세개와 함께 고종폐위를 구상하였던 친청파의 거두 김윤식이 민영익의 밀

98) 延甲洙, 앞의 글, 127~128쪽.

99) 《高宗實錄》, 고종 22년 11월 30일 敷心之別諭. 이 교서는 친청파 김윤식이 대찬한 것이었으므로(《雲養集》 권 9, 御製代撰 중 常參綸音) 고종 자신의 견해라기보다는 청과 친청파 관료들의 생각을 반영한 것이라고 생각된다.

100) 李光麟, 앞의 책(1981), 200~205쪽.

101) 徐榮姬, 〈1894~1904년의 政治體制 變動과 宮內府〉(《韓國史論》 23, 서울大 國史學科, 1990), 337~378쪽.

102) 李光麟, 앞의 책(1981), 208~210쪽.

고로 유배를 떠나는 것으로 귀착되었다.103) 이로써 갑신정변 이후 급진파의 몰락에 이어 온건개화파들도 모두 정계를 떠나게 되었다. 갑신정변 때 민태호·민영목·조영하·윤태준·이조연·한규직 등 친청파가 모두 살해되어 세력을 잃은 데다 왕실과 척족들이 청의 압력을 거부하여 친러책을 쓰기 시작하였고, 이제 선위음모까지 발각된 마당에 청의 위세가 아무리 크다 하더라도 더 이상 정권을 유지할 수 없었던 것이다. 1886년 말에서 1887년 초 사이 김윤식·어윤중·김홍집 등은 모두 차례로 퇴진하였다.104)

이후 고종은 1887년 5월부터 민씨 척족들을 대거 진출시켜 정권기반을 확고히 하였다. 이 때 閔丙奭·閔應植·閔泳煥·閔泳駿 등이 새로이 세력가로 떠올랐고, 李鍾健·韓圭卨 등도 대표적인 친위관료로 활약하였다.105) 趙羲淵·安駉壽·金鶴羽·金嘉鎭·權瀅鎭·鄭秉夏 등 신진개화파와 유길준 등은 민씨 척족들의 후원으로 육영공원(1886), 연무공원(1887), 광무국(1887), 기기창(1887) 등 근대화기구에서 각종 실무를 담당하였다.106) 고종은 또한 연무공원에 미국인 군사교관을 고빙하고,107) 미국·일본·영국·독일·프랑스·이탈리아·러시아 등에 상주 외교관을 설치하여 전권공사를 파견하는 등 외교다변화 전략을 통해 청의 속방화에 대항하였다.108)

그런데 신설된 각종 근대화기구들은 재원부족으로 곧 운영이 정지되는 상태에 빠지고 말았다. 1888년 재정적자로 《漢城周報》가 폐간된 데 이어 1889년 農桑所와 農務牧畜試驗場이 폐지되었다. 고종은 차관으로 그 운영자금을 마련코자 하였으나 청의 방해로 번번히 실패하였다. 청은 조선의 자주적 근대

---

103) 原田環, 〈80年代後半閔氏政權と金允植〉(《朝鮮史硏究會論文集》 22, 1985) 및 金允植, 《續陰晴史》 하, 582쪽 참조.

104) 김윤식과 어윤중은 1886년 4월 박영효의 아버지 朴元陽의 시체매장사건에 연루되어 탄핵을 받았다. 김윤식은 박원양이 자기 생질의 백부가 되기 때문에, 어윤중은 보은 태생으로서, 수원에서 훈장을 하던 박원양에게 어려서 수학한 인연으로 그를 도왔다가 갑신정변세력 비호라는 비판을 받게 되었다(崔震植, 앞의 글, 1990, 179~185쪽).

105) 糟谷憲一, 〈閔氏政權上層部の構成に關する考察〉(《朝鮮史硏究會論文集》 27, 1990) 참조.

106) 柳永益, 앞의 글(1990) 참조.

107) 李光麟, 〈美國軍事敎官의 招聘과 鍊武公院〉(《韓國開化史硏究》, 一潮閣, 1969).

108) 李光麟, 앞의 책(1981), 215~218쪽.

화를 방해하기 위해 자기 나라의 차관을 강요하면서, 고종이 알렌(H. Allen), 데니, 메릴(N. F. Merrill), 르장드르(Le Gendre) 등 고빙인사들을 통해 미국·프랑스·일본 등으로부터 들여오려는 차관교섭을 방해하였다.[109] 따라서 1880년대 후반 근대화 추진에 필요한 재원은 결국 세원확장과 증세에서 찾을 수밖에 없었다. 그 결과 개화정책의 추진은 곧 조세수탈의 강화로 이어져 민중의 부담을 가중시켰다.[110]

이처럼 갑신정변 이후 고종 주도로 추진된 개화는 재정부족과 청의 간섭 때문에 실패로 돌아갔다. 또한 추진세력에 있어서도 고종이 자신의 주권을 위협할 가능성이 있는 개화관료들을 모두 축출하고 고빙 외국인과 일부 신진 개화파들에게만 의지함으로써 그 기반이 매우 협소하였다. 고종은 평소《海國圖志》·《瀛環志略》·《易言》등 개화서적들을 통해 개혁의지를 다졌고, 다산 정약용의《與猶堂集》을 항상 옆에 두고 참고할 만큼[111] 실학적 개화론을 가지고 있었으나, 봉건군주로서의 한계 또한 명백하였다.

고종의 개화 추진방식은 근본적으로 청의 中體西用論과 같은 동도서기론의 입장에 서 있었다. 그러나 그것이 곧 청의 간섭을 용인하는 것은 아니었다. 고종은 청의 간섭을 배제한다는 면에서 친청파 동도서기론자들과 차이가 있었고, 일본의 급격한 서구화에 비판적인 점에서 급진파와도 입장을 달리하였다. 결국 군주로서 고종은 왕권강화를 위해 서기를 수용하되, 그 어떤 이유에서도 자신의 주권이 흔들리는 것은 싫어하였으므로 청·일 모두를 견제하고 개화파도 외세와 연결될 때는 철저히 숙청하였다. 따라서 1880년대의 개화정책은 광범한 사회적 추진주체를 형성하지 못했고 몇 가지 근대문물을 수용하는 선에서 불완전하게 끝을 맺고 말았다.

〈徐榮姬〉

---

109) 金正起,〈朝鮮政府의 淸借款 導入〉(《韓國史論》3, 1976) 참조.

110) 徐榮姬,〈개항기 봉건적 국가재정의 위기와 민중수탈의 강화〉(《1894년 농민전쟁연구》1, 역사비평사, 1991) 참조.

111) 金泳鎬,〈開化思想의 形成과 그 性格〉(《한국사》16, 국사편찬위원회, 1975), 256쪽.

## 2. 신문명의 도입

### 1) 일본시찰단의 파견

#### (1) 파견계획의 수립

朝士視察團(속칭 '紳士遊覽團')은 12명의 朝士가 1881년(고종 18) 4월 초부터 윤7월까지 약 4개월 가량 메이지(明治) 일본의 문물제도를 시찰하고 그 견문한 바를 조선의 개화·자강정책에 반영하고자 했던 우리 나라 근대화 운동사상 획기적인 의미를 갖는 사건이다.[1] 조사시찰단은 1876년과 1880년 두 차례의 수신사행을 통해 문호개방과 부국강병의 필요성을 자각한 조선정부가 1880년 말에 統理機務衙門을 설치한 뒤 別技軍 창설, 領選使 파견, 그리고 미국과의 수교추진 등 일련의 개화·자강정책을 단행하면서 그 일환으로 파견하였다. 또한 그 파견은 수신사행들의 보고를 통해 일본의 발전상을 확

---

1) '신사유람단'이란 명칭은 1930년 1월 12일자 《동아일보》에 실린 윤치호의 '十二紳士遊覽團'이라는 제목 아래 조사시찰단에 관한 회고담에서 최초로 사용되었으며, 鄭玉子의 〈紳士遊覽團考〉(《歷史學報》 27, 1965)가 발표된 뒤 보편화되었다. 그러나 조사시찰단의 일본파견을 언급한 논저에서는 '日本遊覽朝士'(山口正之, 〈明治十四年の日本遊覽朝士〉, 《文教の朝鮮》, 1930), '遊覽朝士'(田保橋 潔, 《近代日鮮關係の硏究》 상, 京城 ; 朝鮮總督府 中樞院, 1940), '일본시찰반'(古筠紀念會 編, 《金玉均傳》 上, 東京 ; 慶應出版社, 1944), '일본시찰단'(사회과학원 역사연구소, 《김옥균》, 평양 ; 사회과학원 출판사, 1964), '일본국정시찰단'(愼鏞廈, 〈開化政策〉, 《한국사》 16, 국사편찬위원회, 1975), '官紳視察團'(姜在彦, 《朝鮮近代史硏究》, 東京 ; 時事評論社, 1970), 그리고 '일본에 파견된 시찰단'(宋炳基, 《近代韓中關係史硏究》, 단국대 출판부, 1985) 등 다양한 용어가 사용되고 있다.

이렇게 논저마다 그 호칭이 다른 이유는 당시 조선정부가 보수세력의 공격을 피하기 위해 조사시찰단 조사들을 동래암행어사로 임명했을 뿐 대외적인 공식 직함을 부여하지 않은 데 있다. 조선과 일본의 관계기록을 살펴볼 때 박정양 등 12명을 '신사'로 부른 것은 일본측이었으며, 조선정부는 이들을 일관성 있게 '조사'라고 지칭했다. 또한 이들 조사들에게 부여되었던 임무를 고려해 볼 때 '유람'이란 말도 현대적 어의에 어긋난다. 왜냐하면 '유람'의 원의는 문물과 제도를 살핀다는 뜻이지만 현재에는 본뜻이 전화되어 사용되므로 조사시찰단의 역사적 의의가 폄하될 가능성이 높기 때문이다.

인한 고종의 결단과, 조사시찰단 파견을 통해 대원군세력을 누르고 민씨세력을 신장하려 한 閔泳翊의 정치적 의도 및 개화승 李東仁의 숨은 노력이 결합해 조선측이 자발적·주체적으로 결행한 것이다. 특히 조사시찰단 파견의 결정적 계기는 고종의 결단이었다. 그렇다해도 조선정부가 사전 교섭이 없이 조사시찰단을 일본에 보낼 수는 없는 일이었으므로, 그 파견은 입안단계에서부터 조선에 대한 정치·경제적 영향력의 확대를 노린 일본측의 적극적인 협조 아래 추진된 것이었다.[2)]

한마디로 조사시찰단은 대외개방과 부국강병 등의 필요성을 절감한 조선정부가 독자적인 판단에 의해 파견한 것이다. 그러나 이 계획은 1876년 이래 조선에 대해 '개화와 독립의 후원자'이자 '제국주의적 침략자'라는 양면적인 태도를 보인 일본이 능동적으로 협조함으로써 성사될 수 있었다.[3)]

### (2) 고종의 밀명

조사시찰단 조사들의 임명시기는 1881년 (음)1월 11일에서 2월 26일 사이이었다. 이들에게는 각각 일본정부내 여러 성의 사무 및 세관사무, 기선운항과 육군 조련 등에 관한 사항을 파악해서 보고하라는 고종의 밀명이 내려져 있었다.

1월 11일에 朴定陽·趙準永·嚴世永·姜文馨·沈相學·洪英植·魚允中 등 7명이 '동래암행어사'라는 직함으로 조사로 임명되었으며, 각자 일본의 내무성·문부성·사법성·공부성·외무성·육군성·대장성의 사무를 조사하여 보고하는 임무가 주어졌다. 그리고 어윤중과 홍영식에게는 미국과의 수교와 관련된 외교사항을 조사하는 임무까지 첨가되어 있었으며, 또 어윤중은 유길준을 비롯하여 자신의 수원들을 유학시키는 일도 맡고 있었다.

2월 2일에 李鑢永·閔種默·趙秉稷·李元會가 동래암행어사로 임명되었다. 이헌영을 비롯한 세 사람은 세관사무를, 이원회는 육군의 조련상황을 조사해

---

2) 許東賢, 〈1881年 朝士視察團의 活動에 관한 硏究〉(《國史館論叢》 66, 國史編纂委員會, 1995), 8~16쪽.

3) 柳永益, 〈한·미관계 전개에 있어서의 일본의 역할〉(《한·미수교 1세기의 회고와 전망》, 한국정신문화연구원, 1983), 136~142쪽.

서 보고할 임무를 띠고 있었다. 이 가운데 이원회는 2월 10일에 통리기무아문의 '軍械船艦事差定 參劃官'으로 임명되어 참모관 이동인과 함께 기선과 총포 구입계획을 담당하기로 되어 있었다. 그러나 닷새 후인 15일경 이동인이 실종되는 바람에 계획에 차질이 빚어져서 26일에 조사로 복귀되었다. 그리고 이동인을 대신하여 金鏞元이 "기선운항에 관계된 제반사항에 관한 정보를 수집하라"는 지시를 받아 동래암행어사 자격은 아니지만 조사시찰단의 일원으로 합류하였다.

처음 계획과는 다르게 조사시찰단의 규모가 확대된 것은 당시 조선의 정치상황과 연관지어 살펴볼 필요가 있다. 정부가 1차로 박정양 등 일곱 명을 조사로 임명한 목적은 메이지유신 이후 일본의 전반적인 정세, 즉 '朝廷議論·局勢形便·風俗人物·交聘通商' 등을 상세히 탐지하고, 정부 각 부서의 사무를 조사·파악해 조선 내정개혁의 지침이 될 방안을 강구하되 특히 1880년에 신설한 통리기무아문의 운영에 필요한 정보와 참고자료를 수집하는 데 있었다. 조사시찰단의 규모가 확대 개편된 것은 당시 조선과 일본의 최대 현안이었던 세칙에 관한 협상이 난항을 거듭하고 있었기 때문이었다. 조선정부는 일본 쪽에 비교적 높은 세율의 차등관세와 개항장에서의 미곡 수출 금지 등을 규정한 세칙을 합의할 것을 제안했지만, 그에 앞서 인천을 먼저 개항할 것을 요구한 일본공사의 주장을 받아들여 1882년 9월을 기하여 인천을 개항하기로 합의하였다. 이와 같이 인천개항이 눈앞에 다가오고 세칙에 관한 협상이 타결될 가능성이 높아지자 조선정부로서는 앞으로 창설될 세관의 운영과 인천개항이 초래할 사회·경제적인 영향에 대비한 조치를 서둘러 마련하지 않을 수 없었다. 그리하여 조선정부는 2월 2일에 이헌영 등 세 명을 조사로 추가 임명하고 일본의 세관사무를 조사하여 보고하게 했다. 그러나 이헌영 일행은 임명되고도 한 달이나 지나서 출발했는데, 그것은 이동인의 갑작스런 실종으로 말미암아 인천개항에 대비한 기선과 총포 구입계획이 차질을 빚었던 때문인 듯하다.[4]

4) 許東賢, 앞의 글, 16~20쪽.

### (3) 어떤 인물들인가

이처럼 중요한 임무를 띤 조사들은 어떤 기준에 의해 선발되었을까. 대부분의 조사들은 종실이나 벌족에 속하는 양반 명문가출신이었다. 또 연배가 20대 후반에서 50대 중반인 이들은 과거급제 후 적어도 10년 가까이 관직에 몸담은 종2품계 이하 정4품계 이상의 중견 관료들로서, 일찍이 일본에 파견된 수신사의 관등이나 경력에 비해 뒤떨어질 게 없었다. 그리고 이원회와 김용원을 빼놓고는 모두들 주로 홍문관이나 대간출신의 언관으로 학식과 문장이 탁월했고, 국왕의 近侍로서 국정 전반을 잘 파악할 수 있는 위치에 있으면서 경연에서 각종 정치문제에 대해 고종에게 조언했다. 또한 이들은 박정양과 강문형처럼, 조사시찰단을 파견하기 두 달 전에 대간들의 반대상소를 무릅쓰면서까지 유배를 풀고 다시 불러 쓸 정도로 고종의 두터운 신임을 받는 근왕세력이었다.

조사로서 선발되기 전에 박정양·엄세영·강문형·어윤중·이헌영은 암행어사로, 엄세영·강문형·민종묵·김용원은 청국 혹은 일본파견 사절로, 그리고 이원회·김용원은 군사전문가로 활약했듯이, 이들은 실무능력과 전문지식을 겸비한 정예 관료였다. 이 가운데 어윤중은 1877년에 전라우도암행어사로 활약했을 때 고종으로부터 그 능력을 인정받아 조사로 발탁되었으며, 다른 조사들도 각각 학식이 풍부한 점이 높이 인정받았던 것 같다. 그리고 조사들은 모두 대원군이 권좌에서 물러난 뒤로 득세한 민씨파의 인물이었다. 하나부사 요시모토(花房義質)공사의 보고에 의하면, 박정양·어윤중·조준영·홍영식·심상학·엄세영·강문형 등은 모두 '민씨당'의 사람들이었으며, 특히 어윤중과 홍영식은 조사시찰단의 파견을 후원한 민영익의 집을 드나들던 이른바 '8학사'에 속하는 인물로서 민영익과 친분관계가 두터웠고, 김용원 역시 민영익의 집을 출입하던 인물이었다.[5)]

그러면 조사들을 수행한 수원들의 면면은 어떠했을까. 수원들도 대부분 양반출신이며, 그 가운데 崔成大나 王濟膺을 비롯한 몇 명은 오위장, 참봉 같은 하위 관리이기도 했다. 그 밖에 중인출신이 다섯 명, 尹致昊 같은 서출의

5) 許東賢, 위의 글, 20~26쪽.

자제도 들어 있었다. 대체로 수원들은 조사들과 사적으로 이런저런 연줄이 닿아 발탁된 것으로 보인다. 예를 들어 姜晋馨·李弼永·閔載厚는 인척관계로, 李商在·兪吉濬은 조사들과의 친분이 있어 발탁된 것 같고 윤치호는 어윤중의 제자인 것이 인연이 되어 수원이 된 것으로 판단된다. 그리고 향리를 지냈던 邊宅浩·全洛雲·高永喜·朴會植은 그 전에 일본에 갔었다는 점과 실무능력을 인정받아 선발된 듯하다.

또 어윤중의 수원이었던 유길준·윤치호·柳正秀·金亮漢은 조선 최초의 국비유학생으로 예정되어 선발된 인물들이다. 김용원의 수원인 孫鵬九 역시 마찬가지였는데, 이들은 관직에 오르는 지름길이라 할 수 있는 과거를 포기한 이른바 '선각자'들이었다.[6]

### (4) 일본시찰 활동

동래암행어사로 임명된 조사 12명이 출발지 동래부에 집결한 것은 3월 25일이었다. 29일에는 고종이 조사시찰단 경비로 하사한 5만 냥을 鄭秉夏가 가지고 와서 이것을 일본돈으로 환전하여 별도 파견 형식의 김용원을 제외한 11명에게 1,366엔씩 지급하였다(당시 환율은 일본돈 1엔에 대해 3냥 3전 3푼이었다). 4월 1일에는 辦察官 玄昔運을 통해 선박을 임대했으며, 3일에는 출항에 앞서 조사들이 경비를 염출해 강문형의 수원 변택호를 제주로 해신제를 올렸다. 5일에는 일본회사 스미토모(住友) 소유의 화륜선 안레이마루(安寧丸)가 도착하였고, 8일 조사시찰단은 일본영사관을 예방한 후 그 다음날 출항했다. 그러나 기상상태가 나빠 회항했다가 4월 10일(양력 5월 7일)에 다시 일본을 향해 출항했다.

조사시찰단의 규모는 조사와 수행원 62명을 비롯하여, 보수를 주고 고용한 일본인 통역 2명까지 포함하여 모두 64명이었다. 이 밖에 조사시찰단의 편의를 돌봐주기 위해 일본영사관 직원이 합류했다.

4월 11일 쓰시마(對馬島)에 도착한 조사시찰단은 일본측 지방관들의 접대를 받으며 나가사키(長崎)·오사카(大阪)·교토(京都)·고베(神戶)·요코하마(橫

---

6) 許東賢, 위의 글, 20~26쪽.

〈표〉 조사시찰단의 구성

<table>
<tr><th>조 사</th><th>수 원</th><th>통 역</th><th>하 인</th><th>일본인 통역</th></tr>
<tr><td>朴定陽</td><td>王濟膺・李商在</td><td>金洛俊</td><td>李秀(壽)吉</td><td rowspan="12">上野敬助<br>武田邦太郞</td></tr>
<tr><td>趙準永</td><td>李鳳植・徐相直</td><td></td><td>文順錫・崔允伊</td></tr>
<tr><td>嚴世永</td><td>嚴錫周・崔成大</td><td>徐文斗</td><td>朴春鳳</td></tr>
<tr><td>姜文馨</td><td>姜晉馨・邊宅浩</td><td>金順伊</td><td>劉福(卜)伊</td></tr>
<tr><td>沈相學</td><td>兪鎭泰・李鐘彬</td><td>金永得(正植)</td><td>尹相龍(商容)</td></tr>
<tr><td>洪英植</td><td>高永喜・咸洛基・全洛雲</td><td>白福周</td><td>鄭龍石(錫)</td></tr>
<tr><td>魚允中</td><td>柳正秀・兪吉濬・尹致昊・<br>黃天彧・金亮漢</td><td></td><td>金永根</td></tr>
<tr><td>李𨯶永</td><td>李弼永・閔建鎬</td><td>林基(箕)弘</td><td>金五文</td></tr>
<tr><td>閔種默</td><td>閔載厚・朴會植</td><td>金福奎</td><td>李正(貞)吉</td></tr>
<tr><td>趙秉稷</td><td>安宗洙・兪箕煥</td><td>李章浩(金箕文)</td><td>林錫奎</td></tr>
<tr><td>李元會</td><td>宋憲斌・沈宜永</td><td>李壽萬</td><td>金鴻逵・李順吉</td></tr>
<tr><td>金鏞元</td><td>孫鵬九</td><td>金大弘</td><td></td></tr>
</table>

* 李𨯶永, 〈日槎集略〉(《(국역)해행총재》 11, 민족문화추진회, 1977), 72~73쪽.
朴定陽, 〈從宦日記 : 辛未－癸未〉(《朴定陽全集》, 亞細亞文化社, 1984), 368~370쪽.
宋憲斌, 〈東京日記〉(《倭使日記・東京日記》, 亞細亞文化社, 1975), 28~29쪽.

濱) 등지의 산업시설을 시찰한 다음, 같은 달 28일에 도쿄에 도착했다. 비록 조선정부나 조사들은 조사시찰단이 공식사절이 아님을 누차 밝혔지만, 일본 측은 조사시찰단이 일본의 각 성과 세관, 산업시설, 군사시설은 물론이고 각종 기술에 이르기까지 제한 없이 둘러보고 조사할 수 있도록 협조했다.

조사시찰단은 일본정부의 협조를 받아 각자의 임무를 수행하기 시작했다. 이들은 주로 해당분야의 일본측 관리들과 접촉하였으며, 관련자료도 수집해 일본인들의 도움을 받아 한문으로 옮겼다. 일례로 세관사무를 담당했던 이헌영 같은 이는 도쿄로 가는 길에 들른 나가사키와 고베세관에서도 세관업무를 조사했지만, 본격적인 조사활동은 5월 4일과 5일 두 차례에 걸쳐 외무성 大書記官 미야모토 고이치(宮本小一)를 만나 조언과 협조를 얻으면서 시작되었다. 미야모토는 4일 세관사무를 조사해 보겠다는 이헌영에게 "먼저 관세국에 탐문해서 대략 세관의 개요만이라도 안 뒤에 요코하마에 가는 것이 좋을 것이고 세관사무 중 긴요한 사항은 써 드리도록 하겠습니다"라고 조언했다. 다음날 이헌영은 관세국을 방문하여 같은 달 25일 요코하마세관을 방문하기 전까지 관세국 관계자들과 세칙에 관해 문답하고《條約類纂》등 관계서적도 빌려 오는 등 세관업무에 대한 정보를 수집했다. 그리고 나서는 6월 17일까지 요코하마세관에서 수입·수출·상품하역·감정 등 실무 전반을 중점적으로 조사하고, 7월 10일까지는《조약유찬》·《釜山元山半年輸出入表》·《稅關事例》등 그간 수집한 세관사무 관련문건들을 일본인 한학자들의 도움을 받아 한문으로 옮기고 내용을 교정하였다.

또한 조사들은 각자 임무를 수행하면서도 메이지유신 이후 추진한 부국강병책의 결실이랄 수 있는 각종 근대시설과 육·해군의 훈련실황 등을 폭넓게 시찰·조사했으며, 또 정계·경제계·교육계 등 각 분야의 인사들과 교류했다. 물론 조사들간에는 시찰한 시설이라든가 접촉인사들의 범위와 수준에 차이가 있었다. 예를 들어 박정양은 주로 자신이 담당한 내무성과 농상무성에 관련된 시설을 시찰하고 인사들을 접촉했으며, 다른 조사들도 주로 자신의 담당부서와 밀접한 관계가 있는 시설과 인사들을 시찰하고 접견했다. 그러나 이들은 기회가 닿는 대로 일본의 근대시설들을 둘러보았고 여러 계통의 인사들과도 폭넓게 안면을 넓히려고 노력했다.

수원들은 보다 세부적인 활동을 전개했다. 특히 송헌빈은 이원회를 보좌해 구마모토(熊本)포대·이다바시(板橋)화약제조소·사관학교·도야마(戶山)학교·군용전신국·근위병영·포병공창 같은 군사관계 시설을 주로 시찰하면서 일본의 군제를 폭넓게 조사했다. 또 그는 주로 포병공창에서 탄환·뇌관·화약의 제조법과 군사기술을 집중적으로 수집하였으며, 일제 무라타(村田)총과 미제 레밍턴(Remington)총, 전기지뢰와 같은 신식 화기의 성능과 전신 등의 통신체계 운용방법도 견학했다. 이 밖에도 그는 유리·설탕·성냥의 제조법과 도자기 채색기술, 제사·제지·조선 등의 일반 산업기술에도 관심을 기울였으며, 말라리아치료법·키니네제조법과 같은 의료기술까지 조사·연구했는가 하면, 황산·초산·염산·염화칼륨의 제조공정도 상세하게 조사하였다. 특히 염화칼륨은 대량 생산할 경우 종래의 초목의 태운 재를 대체해 농업생산력을 급증시킬 수 있는 화학비료제조법이었으며, 황산·초산·염산 등도 비료·폭약 등 공업용·군수용 등 공업 일반에 폭넓게 응용될 수 있는 기초 화공약품들이었다. 요컨대 송헌빈은 일본 국내에서 접할 수 있는 서양 근대 기술 가운데 군사·산업·농업·의료 전 분야에 걸쳐 실용성이 있다고 판단한 것은 거의 대부분 조사·연구했다고 볼 수 있다.

그리고 조병직의 수원인 안종수는 서양식 근대농법의 수용에 많은 관심을 기울였다. 그리하여 농업 관련학자와 관료를 두루 만났으며, 그 가운데는 일본의 대표적 농학자인 쓰다 센(津田仙)도 있었다. 안종수는 쓰다로부터 근대 농학에 관한 지식을 배웠으며, 이를 바탕으로 귀국 후 1881년 말에 《農政新編》이란 책을 펴내기도 했다.

이 밖에 최초의 관비유학생으로 선발되어 일본에 온 유길준과 유정수는 5월 12일(양력 6월 8일)에 慶應義塾에 입학했다. 이들의 입학은 당시 일본신문에 보도되기도 했는데, 이들은 경응의숙 최초의 외국인 유학생으로 입학해 서양 근대학문을 본격적으로 연마하였다. 윤치호는 원래 농업학교에 입학할 예정이었지만, 이노우에의 소개로 同人社에 입학해 일본어를 배우는데 주력했으며, 또 손붕구와 함께 만났던 주일 영국공사관의 서기관 사토(Ernest M. Satow)로부터 영어를 배우지 않겠느냐는 제의를 받았다고 한다. 그러나 윤치호가 영어를 본격적으로 배우기 시작한 것은 1882년 말 수신사 朴泳孝와 함께 도일한 金玉均의 권고를 받은 뒤부터였다.

김양한은 조사시찰단이 귀국한 후 요코스카(橫須賀)조선소에서 항해술을 배우고 가마이시(釜石)광산에서 주철기술을 학습하여 1882년 11월경에는 일본정부로부터 자격증을 취득하기까지 했다. 손붕구는 원래 동경대학에서 의학을 연수하려 했으나 어학능력이 부족해 입학이 여의치 않자 시나가와(品川)유리공장의 견습직공으로 들어가 유리 제조기술을 배웠다.

어느덧 조사시찰단이 일본에서 시찰활동을 수행한 지 4개월이나 흘렀다. 조사 어윤중과 김용원, 그리고 유길준을 비롯한 유학생을 제외한 나머지 조사 10명과 그 수행원들은 일본시찰을 마치고 7월 14일에서 23일 사이에 도쿄를 떠나 귀로에 올랐다. 이들은 나가사키에 모두 모여서 윤7월 초하룻날에 귀국선을 타고 출항한 지 하루 만에 부산에 도착했다. 그 후 이들은 8월 25일에서 9월 2일 사이에 고종에게 복명했고, 일본에 남아 있던 어윤중은 미국과의 수교협상과 관련한 특별 임무를 마친 뒤 11월 10일 부산을 통해 귀국해 12월 14일에 복명했으며, 김용원은 그대로 일본에 머물렀다.[7]

### (5) 일본견문 보고서

조사들에게는 일본의 실정 전반을 관찰·보고할 임무 외에 일본정부의 각 성과 세관의 운영상황 그리고 육군의 조련 등에 관한 것 중 한 가지를 각자 전문적으로 연구·조사하여 그 결과를 보고하는 임무가 부여되어 있었다. 그리하여 이들은 귀국하여 한양으로 올라오는 약 두 달 사이에 자신들의 임무 수행을 보고서로 작성하여 그것을 고종에게 올렸다. 이들의 보고서는 크게 두 종류 '聞見事件'과 '視察記'로 나눌 수 있다.

'문견사건' 방식의 보고서를 작성한 것은 조사들의 공식 직함이 동래암행어사이자, 일종의 외국파견 사절이었기 때문인 것으로 보인다. 암행어사나 통신사와 연행사가 복명할 때와 똑같은 절차로, 이들은 封書에서 탐지하도록 지시된 일본의 실정 전반에 관해 조사한 결과를 '문견사건'이라는 제목의 書啓로 보고했다. '문견사건'식 보고서는 강문형·이헌영·민종묵·엄세영·박정양·조준영·심상학·어윤중의 것이 전해지고 있다. 이 가운데 어윤중의 보고서 《재정견문》은 여느 조사들과 형식을 달리해서 근대적인 서술방식을 취해 주로 일본 경제문제를 다루고 있다.

나머지 조사들이 남긴 '문견사건'들에는 메이지유신 이후 일본정부가 이룩한 정치·경제·군사·사회·교육 등 여러 방면의 제도개혁을 비롯해 자유민권운동과 정계 내부의 갈등 등 정계의 동향, 통상·외교관계와 대외팽창, 관세자주권 확보를 위한 서구와의 교섭 등 대외사무, 물가·재정상황과 산업시설·물산 등 경제의 동향, 우편·전신·철도의 보급과 가로망의 확충 등 교통·통신시설의 발달, 의식주의 서구화와 풍속·종교·신분제도상의 변화상, 그리고 역사 및 지리적 환경 등을 포함한 일본의 실정 전반에 관한 정보와 평가가 담겨 있다.

'시찰기' 방식의 보고서 가운데는 특히 박정양의 보고서가 돋보인다. 그는

---

7) 許東賢, 위의 글, 26~35쪽.

일본의 근대 행정체계를 구체적으로 조사한《日本國內務省職掌事務》와《日本國內務省各局規則》(전 3권), 농상무성과 관련한《日本農商務省各局規則》(전 2권)을 비롯해《일본국내무성직장사무》의 부록으로 실은《農商務省職掌事務》도 남겼다. 이 보고서들은 일본의 내무성과 농상무성 및 산하 부서의 소관업무, 직제, 각종 행정실무에 관한 각종 규칙을 망라하고 있지만, 단순히 제도나 규칙만을 등재해 놓은 것은 아니다. 내무행정 관계보고서에는 호적관리·국토측량·보건위생 등 일반 행정업무와 3府 37縣의 지방행정 및 경찰업무에 이르기까지 전국의 모든 행정사무를 통일적으로 관리·감독하는 내무성 중심의 중앙집권적 행정체계와 府·縣會 의원의 선출방법과 투표제도 그리고 메이지시대의 경찰의 역할과 활동범위를 자세히 소개하고 있다. 이런 메이지 일본의 행정체계에 대한 지식과 정보는 1881년 이후 조선이 행정제도를 개편하고 정치적 변혁을 이루는데 상당한 영향을 미쳤을 것으로 여겨진다.

그리고 어윤중의 보고서《日本大藏省職制事務章程》이 있는데, 대장성의 직제와 사무장정, 조세국·관세국·국채국·은행국·회계국 등 예하 13국의 직제와 사무장정이 소개되고 있다. 중앙집권적 재정기구의 운영에 관한 내용을 담고 있는 이 보고서는 개화기 조선의 경제제도를 개혁하는 데 귀중한 자료로 이용되었을 것으로 판단된다.

엄세영의《日本司法省視察記》(전 7권)는 메이지 일본의 사법체계와〈民法草案〉을 제외한 법전 전부를 채록한 보고서이다. 자신의 보고서에 관해 엄세영은 "대개 형법·치죄법·헌법·소송법·민법·상법이 프랑스사람이 말하는 육법이다. 일본이 이를 다 본뜨지 못했고, 갖추기는 했더라도 소송법과 같이 시행하기에 이르지 못한 것도 있으므로, 사무장정·형법·치죄법·소송법·監獄則·新律綱領·改定律例撮要·改定律例 등 7권을 한문으로 옮겨 엮었다"고 말했다.《일본사법성시찰기》제1권에는 사법성과 최고재판소인 大審院을 비롯한 각급 재판소의 사무장정과 직제가, 제2권에는 1882년 시행 예정인 '형법'이, 제3권과 제4권에는 오늘날의 형사소송법에 해당하는 '치죄법'과 '소송법'이 실려 있다. 제5권에는 '감옥칙'이, 제6권에는 메이지유신 직후에 만들어진 형법전 '신률강령'과 '개정율례촬요'가, 제7권에는 '개정율례'가 수록되어 있다. 개화기에는 자주적인 법제정비가 부국강병의 근대국가로 성장하는데 초석이었을 뿐 아니라, 당시 개화·자강운동을 주도한 개화파 인사들의 법의식을 알 수 있는 자료가 거의 드물다는 사실을 감안할 때, 엄세영이 남긴 이 문헌들은 개화파의 근대법에 대한 인식 수준과 조선의 서구 근대법 수용과정을 살펴볼 수 있는 귀중한 자료이다.

강문형이 남긴 《工部省》에는 공부성의 연혁·직제·소관업무·사무장정을 비롯해 산하 기관들의 직능과 업무에 이르기까지 역시 메이지유신 이후 일본이 정비한 산업진흥정책의 추진체계를 파악한 내용이 담겨 있다. 그리고 이 책에는 공·광·농업에 사용되는 각종 근대 기계류, 예를 들어 증기기관·수차·풍차·기중기·착암기·자동성형기계·선풍기·정미기·파종기의 성능과 특징이 자세하게 기록되어 있으며, 유리제조법과 정전기의 발생원리, 충전지의 원리, 발전기의 원리 및 지상·지중·해저에 이르는 전신가설법과 원거리 전신할 때의 전신신호 보강법에 이르기까지 전신가설에 따르는 과학기술 정보도 실려 있다. 여기에 소개된 각종 제도와 기계류는 1881년 이후 조선에 이와 유사한 기구를 설립·운영하고 또 기계류를 도입하는 데 많은 참조가 되었을 것으로 보인다.

조준영의 《文部省》에는 문부성의 연혁·직제·사무장정, 대학·사범학교·여자사범학교·외국어학교·체조전습소의 교과과정과 규칙, 그리고 도서관·교육박물관의 규칙 등 일본의 근대 교육제도에 관한 정보가 망라되어 있다.

홍영식은 일본 육군의 군사행정 및 관리체계를 《日本陸軍總制》(전 2권)로 보고했다. 근위병 선발방법, 신병 훈련과정, 사관학교 등 각종 군사학교의 교과과정과 교과목, 군사운영 전반에 대한 검열제도, 군제운영을 비롯하여, 각 단위부대별 병력배치 현황과 병종별 병력편제가 기록되어 있다. 그리고 전시체제하에서의 각 병대별 병력증원, 여단과 사단편제, 군단장 이하 참모부·포병부·공병부 등 군단 산하기구들의 직무, 육군 운영비의 회계·경리방법, 육군의 계급별·군종별 봉급액까지 자세히 소개하고 있다.

이원회는 주로 군사훈련 방법 및 육군의 전술·전법에 관한 정보를 수집하여, 《日本陸軍操典》(전 4권)으로 남겼다. 이 책에는 기병·포병·공병·輜重兵(수송병) 등 병종별 단위부대 편성방법, 부대전술, 전투대형, 신병훈련, 그리고 체조교련법 등에 이르기까지 실질적인 군사훈련 방법과 전법, 전술에 관한 정보가 수록되어 있다.

심상학의 보고서 《外務省》(전 4권)에는 외무성의 소관사무, 외교실무와 관행에 관한 규칙과 서식, 미국·영국·독일·중국·프랑스·러시아·포르투갈·네덜란드·스위스·벨기에·이탈리아·덴마크·스페인·스웨덴·오스트리아·페루·하와이 등 17개국과 체결한 각종 조약의 원문이 실려 있다. 또 이 책에는 〈만국우편연합파리조약〉이나 〈만국전신조약서〉와 같은 국제조약과 일본내 외국인 거류 및 활동에 관한 규정과 관계서식 등 일본이 수용한 서구적 외교제도와 조약문을 비롯해 공사·영사의 임무, 조약체결, 외교관행, 공사관 개설절차, 일본의 해외공사관 운영비 지급방법, 외국인 거류지에서 나오는 수익금의 규모와 사용방법에 대한 정보도 담겨 있다.

민종묵은 자신이 작성한 시찰기의 목차와 이에 대한 해설을 담은 《日本國際條例目錄》을 포함하여 《各國條約》·《居留條例》·《貿易則類》·《六開港場》·《稅關規例》·《各國稅則》을 남겼다. 그리고 이헌영의 보고서로는 《貿易章程》·《稅關事務》·《各港稅關職制》가 있다. 이 보고서들에서는 세관의 직제, 실무와 관행 등에 관한 규칙과 서식, 17개국과 체결한 조약과 무역장정, 무역실무에 관한 각종 서식, 청국과 일본의 세칙, 일본의 '개정세액안'과 이를 구미 각국의 세액과 비교한 '세칙비교표' 같은 당시 일본의 통상관계 제도 및 관행과 조약, 그리고 부산항의 수출입 동향 등 일본에서 입수 가능한 통상과 세관운영에 관한 지식과 정보가 광범위하게 파악되고 있다. 이 문건들은 이들이 귀국한 뒤 곧 파견된 제3차 수신사 趙秉鎬가 세칙안을 작성할 때와 1881년 이후에 세관을 창설할 때 활용되기도 했다.

이상의 일본 견문보고서들을 살펴볼 때, 조사시찰단은 일본이 근대 서구문물을 받아들여 정치·경제·군사·산업·사회·문화·교육부문에서 이룩한 괄목할 만한 성과를 온몸으로 느꼈다는 것을 짐작할 수 있다. 물론 이들은 이 같은 성과에 대해 전폭적으로 지지하고 또 때로는 매우 경계하기도 했다. 그러나 메이지 일본의 국력의 실체를 체계적으로 파악하고 평가했다는 점에서, 조사시찰단은 일본의 근대국가 형성에 주요한 계기로 작용했던 이와쿠라(岩倉)사절단에 비견되는 역사적 의의를 지녔다고 할 수 있다. 이와쿠라사절단을 동행했던 쿠메 쿠니타케(久米邦武)가 1876년에 《米歐回覽實記》(전 5

권)를 펴냄으로써 이 사절단이 거둔 성과는 일본정부와 국민들이 서구문물을 폭넓게 수용하는 계기로 이어졌다.

그러나 우리의 조사시찰단이 남긴 보고서들은 일반 사람들에게까지 광범위하게 알려지지 못함으로 해서, 그 당장은 쿠메의 《미구회람실기》와 같은 영향력을 발휘했다고 보기는 어려울 것이다. 그럼에도 불구하고 이들의 보고서가 당시 조선의 개화와 자강을 열망하던 개화파를 비롯하여 식자층 사이에서 상당한 반향을 불러일으킨 것은 틀림없다. 예컨대 이들의 책을 접한 김옥균 등 개화파 인사들은 일본을 둘러보기로 결심했는가 하면, 정부는 이를 계기로 일본유학생 파견에 적극성을 보였다. 또 池錫永 같은 일부 유생들은 이 책을 보고 각성하여 개화정책을 적극적으로 추진할 것을 촉구하는 일련의 개화상소를 고종에게 올렸다. 이 보고서들에 소개되어 있는 일본 근대문물에 관한 구체적인 지식과 정보는 당시 지식인들이 갖고 있던 위정척사론에 입각한 부정적 일본관 나아가 서구문물관을 허무는 기폭제 역할을 했다고 볼 수 있다.

이러한 점에서 이 보고서들의 역사학적 가치는 지금까지 '급진·온건개화파' 관료들의 개혁사상을 대표하는 문헌으로 주목받아 온 김옥균의 〈治道略論〉(1882)과 박영효의 〈建白書〉(1888) 및 유길준의 《西遊見聞》(1895)에 견주어 손색이 없다. 또한 이들 기록에 보이는 일본에 대한 인식은 제1차 수신사 김기수의 《日東記遊》(1876)나 제2차 수신사 김홍집의 《修信使日記》(1880), 그리고 박영효의 《使和記略》(1882)보다 훨씬 뛰어난 폭과 깊이를 갖추고 있다. 따라서 여기서 소개한 조사들의 보고서는 조사시찰단연구만이 아니라 1880년대 개화·자강을 추진하려던 조선왕조 위정자들이 일본과 서구문물에 대해 가졌던 인식태도 및 그 심도를 가늠하는 데 중요한 자료일뿐 아니라, 조선의 근대 서구문물 수용과 개화·자강운동의 역사연구에서 빼놓을 수 없는 일급 사료라 할 수 있다.[8)]

### (6) 일본을 보는 두 개의 눈－엇갈리는 진단과 평가

10년이면 강산도 변한다는 속담이 있다. 하지만 인간은, 더구나 기득권을

---

8) 許東賢, 〈朝士視察團(1881)의 日本見聞記錄 總覽〉(《史叢》 48, 1998), 26~53쪽.

누리는 사람들이 세상을 보는 눈을 바꾸기란 쉽지 않다. 인간이 사물을 보는 인식의 폭과 깊이는 그가 받은 교육의 내용과 그가 견문한 세상의 크기에 비례한다. 조사들도 자신이 알고 있던 기존의 지식을 바탕으로 일본의 서구화된 근대제도와 문물을 이해했으며, 자신들이 느낀 만큼 조선의 개혁에 응용하려 하였다.

일본의 유명한 계몽사상가 후쿠자와 유키치(福澤諭吉)는 1860년경에 유럽을 둘러보았는데 그 때 이미 蘭學者로서 서구 자연과학에 대한 지식을 어느 정도 갖추고 있었다. 그러나 서구 근대의 산물인 민주주의의 기본제도들은, 이에 대한 사전 지식이 전혀 없던 그에겐 도대체 이해할 수 없는 대상이었을 뿐이다.

> 정치상의 선거법이라는 것이 무엇인지 전혀 이해되지 않는다. 알 수가 없기 때문에 선거법이란 것이 어떠한 법률이고 의회라는 것은 어떠한 관청이냐고 질문하면, 저 쪽 사람은 단지 웃기만 하고 있다. 무엇을 묻는지 잘 알고 있다는 태도이다. 그런데 이 쪽에서는 이해할 수 없어 어떻게 해도 始末을 알 수가 없다. 또한 당파로는 보수당과 자유당이라는 徒黨같은 것이 있어 쌍방이 지지 않고 밀리지 않으려고 맹렬하게 싸우고 있다고 한다. 무슨 일인가. 태평무사한 천하에 정치상의 다툼을 하고 있다고 한다. 도대체 알 수가 없다. 이거야 대단한 일인가. 무엇을 하고 있는지 알 수가 없다. 조금도 생각해 볼 만한 여지가 없다. 저 사람과 이 사람이 적이라고 하면서 한 테이블에서 술을 마시고 밥을 먹고 있다. 조금도 이해가 되지 않는다(福澤諭吉, 〈福翁自伝〉, 《福澤諭吉全集》 7, 岩波書店, 1970, 107~108쪽).

조사 이헌영에게서도 후쿠자와와 비슷한 경험을 찾아볼 수 있다. 그는 일본을 시찰하는 중에 미국 해군의 의전행사를 목격하게 되었다. 어마어마하게 큰 군함의 돛대 상하좌우에는 군기가 펄럭이고, '돛대에는 5층의 사다리가 놓여 있고 그 위에 사람들이 매우 위태롭게 죽 늘어서 있는' 모습에서 그 용맹과 민첩함이 절로 풍겨났지만, 도대체 '무엇 때문에 이러한 의식을 하고 있는지 알 수' 없었던 그로서는 의아할 따름이었다.[9)]

그러나 후쿠자와는 서구제국에 대한 시찰에서 보고 들은 새로운 견문을

---

9) 李𨯶永, 〈日槎輯略〉(《(국역)해행총재》 11, 민족문화추진위원회, 1977), 22쪽.

바탕으로 근대적 계몽사상가로 거듭났다. 서구의 근대문물을 접하면서 습득한 지식과 정보가 그 당장은 잘 이해가 되지 않았지만, 장기적으로 후쿠자와의 세계관 변화에 큰 영향을 미쳤던 것은 확실하다.

우리의 조사들도 일본시찰에서 후쿠자와와 같은 경험을 할 수 있었을까. 그러면 일본시찰에 임한 조사들은 어떠한 잣대로 일본의 근대문물을 이해하려 하였으며, 이를 통해 사상적으로 어떠한 변화를 경험하게 되었을까.

조사들 가운데 어윤중과 홍영식의 경우 개항 이후에 학문적으로 초기 개화사상가라 할 수 있는 朴珪壽와 劉大致의 영향을 받고, 또 김홍집이나 박영효, 김옥균과 교류하면서 초기 개화파의 일원으로 성장했다. 그래서 이들이 조사로 임명되었을 즈음에는 화이론적 세계관과 소중화의식에서 벗어나 일본의 근대문물제도를 객관적으로 인식하고 이해할 수 있는 열린 눈을 갖고 있었다. 그러나 다른 조사들은 학식과 문장이 뛰어난 유교적 지식인으로서 실학적 사고성향을 갖고 있었다고는 하지만 여전히 유교적 가치를 잣대로 세상을 바라보았다. 이 점은 당시 조사시찰단의 동정을 취재해 보도한《朝野新聞》의 기사에서도 확인할 수 있다. 이 기사에 의하면, 조사들은 "모두 다 開進黨이라고는 할 수 없다. 한 당은 수구 한 당은 개진의 양파로서 京城에 있을 때는 서로 持論을 고집하면서 마치 얼음과 숯불이 상대를 용납하지 않는 형세이니, 이번에 함께 일본시찰의 內命을 받고 함께 부산으로 내려왔다고는 해도 은연중에 양당이 서로 용납하지 않는" 것은 여전했다. 또 이 기사에는 당시의 일화를 하나 소개하고 있는데, 부산의 일본영사가 이들을 방문했을 때, 참의 심상학이 손으로 눈을 가리기에 영사는 "어디 아픈 것 아니냐"며 의사한테 가보라고 했다고 한다. 그러자 옆에 있던 개진당의 어윤중이 심참의의 병은 "일본 물로 씻고 일본 바람을 쐬면 금방 나을 것"이라고 참견했다. 이 소리를 듣고 심상학은 크게 화를 냈으나, 어윤중은 비록 눈은 뜨고 있다고 해도 눈뜬장님이나 다를 바 없어서 "아직은 사물을 보는 눈이 없다" 면서 이제 일본에 건너가 '그 개화를 눈으로 직접 보고 가슴속에 갇혀 있는' 수구사상을 한번 씻어버리면 되니까 별로 근심할 필요가 없다고 대꾸했다. 그래서 어윤중과 심상학은 한바탕 논쟁을 벌였다고 한다.[10)]

이 일화에서 우리는 두 가지 흥미로운 사실을 확인할 수 있다. 그 하나는 어윤중이 보기에 눈뜬장님인 심상학과 같은 이들은 일본을 시찰하면서 사고를 혁신시킬 교육대상이었으며, 자신은 세상을 보는 새로운 잣대를 갖추고 있음을 자부하고 있었다는 점이다. 또 하나는 조선정부가 조사들에게 일본의 근대문물을 돌아보게 한 주요한 이유는 일본의 경험을 조선개혁의 모델로 활용하기 위해서였다는 것이다. 이런 정부의 의도는 이동인이 조사시찰단의 파견을 위한 사전 교섭과정에서 하나부사공사를 만나 "조선의 고귀하고 저명한 소장 지사들이 일본에 갔다 오면 나랏일을 결정하는 사람의 방향이 정해질 수 있고 그 방향이 정해지면 개혁의 목적도 따라서 정해진다"고 해 조선개혁의 목적을 정하기 위해 일본을 모범으로 삼고자 하니 조사시찰단의 파견을 도와 달라고 부탁한 데서도 잘 나타난다.[11)]

이처럼 조사들은 나름대로 뚜렷한 목적을 갖고 일본을 배우러 갔지만, 무릇 인간은 자신이 아는 범위 안에서 세상을 인식하게 마련이다. 개화사상이라는 세상을 보는 새로운 인식 틀을 가지고 일본을 둘러본 어윤중·홍영식 두 사람과 유학적 세계관을 그대로 고수하면서 일본의 새로운 문물을 접한 심상학과 같은 조사들은 일본을 보는 잣대가 당연히 다를 수밖에 없었다. 그리하여 이들은 일본의 근대제도와 문물을 이해하고 진단함에 있어 그 폭과 깊이에서나 일본을 시찰하면서 얻은 조선개혁에 관한 구상 면에서 매우 큰 차이가 났다.[12)]

이미 유교적 가치관의 굴레에서 벗어나 있던 어윤중과 홍영식에게 일본

---

10) 《朝野新聞》, 1881년 5월 20일.

11) 《日本外交文書》 14, 문서번호 143, 仁川開港談判振幷=朝鮮國內近況內報ノ件, 344쪽.

12) 許東賢, 〈1881년 朝鮮 朝士 日本視察團에 관한 一硏究〉(《韓國史硏究》 52, 1986), 135~146쪽.
———, 〈1881년 朝士視察團의 明治日本 政治制度 理解〉(《韓國史硏究》 86, 1994), 136~137쪽.
———, 〈1881년 朝士視察團의 明治日本 司法制度 理解〉(《震檀學報》 84, 1997), 146~148쪽.
———, 〈1881년 朝士視察團의 明治日本 軍制觀 硏究〉(《아태연구》 5, 1998), 483~487쪽.
———, 《일본이 진실로 강하더냐 : 근대의 길목에 선 조선의 선택》(당대, 1999), 95~109쪽.

시찰은 자신들이 꿈꾸는 새로운 국가의 밑그림을 완성할 수 있는 기회였다. 어윤중은 이 때 새로운 근대국가에 관한 구상을 체계화하였다. 그는 유학 숭상의 폐단을 통렬히 비판하면서 폐단의 가장 큰 원인이었던 과거제도를 폐지하고 해외유학과 신식 교육을 통해 국민정신을 개혁할 것을 주창했다. 그리고 조선의 경제가 빈한한 것은 유교의 안빈낙도식 사고에서 비롯되었다고 보아 그 전까지의 절용을 바탕으로 한 경제관에서 벗어나 상공업진흥을 주장하는 사상적 기반을 닦았다고 할 수 있다. 특히 어윤중과 홍영식은 당시 국권론자로 이름이 높았던 후쿠자와 유키치를 만나고 또 일본정부가 실현한 문명개화정책을 직접 눈으로 봄으로써, 집권적 정부 주도하의 개혁론, 다시 말해 계몽을 통한 위로부터의 개혁을 구상하게 되었다.[13] 다음과 같이 이들은 일본이 이룩한 발전상을 긍정적으로 받아들이면서 일본의 부국강병정책을 당시 실정에 맞는 합리적인 방안으로 보았던 것이다.

고 종 : 일본의 제도가 장대하고 정치가 부강하다고 하는데 살펴보니 이와 같더냐.
홍영식 : 일본의 제도가 비록 장대하나 모두 모이고 쌓여서 이루어진 것입니다. 재력에 이르러서는 여러 가지 사업을 추진하는 것이 매우 많으므로 항상 부족함을 근심합니다. 그 軍政은 강하지 않다고 할 수 없습니다. 그러나 이는 모두 밤낮을 가리지 않고 부지런히 마음과 힘을 하나로 모아 이룩한 것입니다. 일본이 노력한 바를 갖고 현재 이룩된 것을 보면 진실로 어려운 일은 아닙니다.
(《承政院日記》, 1881년 9월 1일).

고 종 : 오로지 부강만을 도모하던 戰國시대와 동일하더냐.
어윤중 : 진실로 그러합니다. 春秋戰國은 바로 小戰國이며 오늘날은 바로 大戰國이라 모든 나라가 다만 智力으로 경쟁할 뿐입니다…현재 局勢를 돌아볼 때 부강함이 아니면 국가를 지키지 못하므로 상하가 한 뜻으로 노력할 것이 바로 이 한 가지 일일뿐입니다.
(魚允中, 《從政年表》 권 2, 고종 18년 12월 14일, 國史編纂委員會 編, 1958, 122쪽).

---

13) 許東賢, 〈1881년 朝士 魚允中의 日本 經濟政策 認識〉(《韓國史硏究》 93, 1996), 124~129쪽.

여기서 우리는 어윤중과 홍영식은 일본에서 보고 듣고 익히는 과정에서 일본과 같은 근대 국민국가의 수립을 꿈꾸는 사상적 전회를 경험했음을 알 수 있다. 특히 어윤중의 국가 구상은 그가 명치 일본의 參議 중심 집단지도 체제, 중앙집권적 재정·조세·예산제도, 근대산업의 진흥과 교통·통신시설의 확충 및 국력 창출을 위한 여러 조치를 높이 평가한 데서 미루어 알 수 있듯이 근대 국민국가의 이상에 접근하는 것이다. 또한 그의 이상은 김옥균·홍영식·박영효 등의 그것과 일맥상통하는 것으로 이들 급진개화파가 주도한 갑신정변 때에 천명된 방안의 원형이다. 즉 어윤중이 귀국 직후인 1881년 12월 20일자로 후쿠자와 유키치에게 김옥균·박영효·서광범의 일본방문을 알리며 편의를 주선해 줄 것을 요청한 소개서한에서 이들을 '절친한 친구'로 표현한 바 있고, 이후 김옥균이 1882년 일본시찰 때 어윤중이 지은 《中東紀》를 손에서 놓지 않았다는 일화와 1882년에 수신사행으로 방일한 것이 갑신정변을 일으킨 주요 계기가 되었다고 한 박영효의 회고담에서 알 수 있듯이, 어윤중의 김옥균 등에 미친 사상적 영향력은 간과될 수 없는 것이다.[14]

그러나 나머지 대부분의 조사들에게 불과 4개월 남짓한 일본경험은 수십 년 동안 몸에 밴 유교의 가치와 세계관을 한꺼번에 떨쳐 버리기에는 너무나 짧았다. 조사들은 일본을 둘러보면서 공자를 모신 文廟의 제향을 폐지한 것을 개탄했는가 하면 유학이 쇠잔해 가는 것을 몹시 아쉬워하기도 했다. 그러다 보니 이들은 유교적 가치기준으로 일본의 근대문물을 보고 평가할 수밖에 없었으며, 일본의 서구화와 발전 모습에 대체로 비판적이었다. 이들은 일본이 외양적으로 부강해진 것을 인정하였지만 그로 인해 나라 재정이 나빠지고 생활풍습이 서구화된 것을 비난했던 것이다.[15] 박정양은 나중에 조선으로 돌아와 고종에게 이런 자신의 소감을 세세하게 고했다.

> 고 종 : 일본의 강약이 어떠하더냐.
> 박정양 : 일본은 겉모습을 보면 자못 부강한 듯합니다. 영토가 넓지 않은 것이 아니고 군대가 굳세지 않은 것이 아니며, 건물과 기계가 눈에 화려하

14) 許東賢, 〈1881년 朝士視察團의 明治日本 社會·風俗觀〉(《韓國史硏究》 101, 1998), 136~137쪽.

15) 許東賢, 위의 글, 167~168쪽.

지 않은 것이 아닙니다. 그러나 그 속을 자세히 살피면 실은 그렇지 않은 바가 있습니다. 일단 서양과 통교한 이후로는 단지 교묘한 것을 좇을 줄만 알고 재정이 고갈되는 것은 생각하지 않았으므로 기계를 설치할 때마다 각국에 진 부채의 액수가 심히 많습니다. 기계에서 이익이 남는 것을 국채의 이자와 계산해 보면 간혹 부족하다고 걱정합니다. 이러는 사이에 서양인에게 제재를 받아 감히 기운을 떨치지 못하고 한결같이 그 제도를 좇아 위로는 政法과 풍속에서부터 아래로는 의복과 음식에 이르기까지 절차가 변하지 않은 것이 없습니다

고 종 : 왜인들이 다른 나라의 법을 다 좋아하여 필시 절충하지 않았으므로 의복까지도 그와 같이 되었구나. 이는 그 나라의 잃은 바이다.

(朴定陽, 〈東萊暗行御史復命入侍時筵說〉, 《朴定陽全集》 4, 亞細亞文化社 編, 1984, 332쪽).

비단 박정양만이 아니었다. 조준영도 일본이 무조건 서양 것을 본받아 그 나라 땅과 백성말고는 전통적인 것은 눈을 씻고 찾아봐도 없을 정도라고 했는가 하면, 강문형은 일본이 전혀 부끄러워하는 기색 없이 서양을 모방하려 들기만 하니 결국 잃는 것이 더 많은 셈이라고 말했다. 그러면서도 이헌영과 조준영처럼 "모든 후생의 방법과 부강의 술책에서 본받을 만한 것은 본받고 바꿀 만한 것은 바꿀 수 있다"거나, "그 군제·무기·배·기계·농법 등 나라를 튼튼하게 하고 백성들을 넉넉하게 할 만한 것은 본받을 만하다"고 생각했다.

이로써 미루어 볼 때, 대부분의 조사들은 전통적 가치를 보존하는 범위 내에서 국가의 생존과 백성들의 생활에 도움이 될 수 있는 군사 및 산업기술과 영농방식 같은 것은 선별적으로 배워서 익혀야 한다는 생각을 갖고 있었다고 할 수 있다. 뿐만 아니라 이들은 유교적 가치기준에 어긋나지 않는다고 판단한 일본의 제도에 대해서도 개방적 자세를 취했다는 점에서 당시의 위정척사론자들보다는 외국의 문물을 수용하는데 유연했던 것 같다. 그래서 이들이 일본에서 경험한 근대문물과 제도에 대한 지식은 후쿠자와의 경우와 마찬가지로 장기적으로 이들의 유교적 가치관을 변화시키는 데 큰 영향을 미쳤을 것으로 보인다. 그러나 이들은 서구 근대사상이 명치유신 후 명치정부가 적극 추진하고 있는 문명개화의 원동력임을 이해하지 못함으로써 서구

근대기술의 우월성만을 인정하고 그 기술문명을 꽃피운 토대의 중요성은 인식하지 못하는 우를 범하고 말았다.[16]

그렇지만 이들의 선별적 서구문화 수용론은 1881년 말부터 전개된 郭基洛·池錫永·朴淇鍾·趙汶 등 개화유생들의 개화상소운동을 촉발시킴으로써 이른바 동도서기론의 대두에 공헌하였으며, 특히 임오군란 이후에는 조선정부 개화정책의 중심논리로 천명되어 1880년대 초반의 개화정국을 주도하였다.[17] 이 점은 1882년 8월 5일 金允植이 지은 다음과 같은 고종의 교서에 잘 나타난다.

> 논의하는 자들은 또 서양과 수교를 하면 장차 邪敎에 전염된다고 말하니 이것은 실로 斯文을 위하고 世敎를 위하여 깊이 생각한 것이다. 그러나 수호는 수호대로 행하고 禁敎는 금교대로 할 수 있으며, 조약을 맺어 통상을 하는 것은 다만 公法에 의거할 뿐이다. 처음부터 內地에 사교를 전하는 것을 허락하지 않는다면 그대 백성들은 본래 공자와 맹자의 가르침에 익숙하고 오래도록 예의의 풍속에 젖어 있으니 어찌 하루아침에 바른 것을 버리고 사악한 것을 좇을 것인가…저들의 종교는 사악하니 마땅히 음탕한 소리나 치장한 여자를 멀리하듯이 해야 하지만, 저들의 기기는 이로우니 진실로 이용후생할 수 있다면 농업·양잠·의약·병기·배·수레의 제도는 무엇을 꺼려서 피하겠는가. 그 종교는 배척하되 그 기기는 본받는 것은 진실로 병행할 수 있으며 서로 충돌하는 것이 아니다. 하물며 강약의 형세가 이미 현격한 격차가 벌어졌는데, 만일 저들의 기술을 본받지 않는다면 어떻게 저들의 모욕을 받고 저들의 엿보는 것을 막을 수 있겠는가(《高宗實錄》, 1882년 8월 5일).

이렇게 볼 때 조사들이 일본시찰 후 입안한 국민국가수립론과 동도서기론의 상이한 서구문물 수용론은 1880~1890년대 조선정부가 추진했던 개화·자강운동의 정신적 원동력이자 이를 추동한 쌍두마차였다. 그러나 현재적 입장에서 돌이켜 볼 때 서양기술의 우월성만을 인정하고 그 기술문명을 꽃피운 토대인 서구 근대사상의 중요성을 인식하지 못했다는 점에서 시대착오적이었던 동도서기론보다는 국민국가수립론이 훨씬 더 바람직한 것이었다. 이와 같이 근대 국민국가 수립을 추진하려는 세력의 수적 열세는 이후 전개된

---

16) 許東賢, 앞의 글, 168~170쪽.

17) 權五榮, 〈東道西器論의 구조와 그 전개〉(《韓國史市民講座》 7, 1990), 84~96쪽.

조선정부의 근대화정책의 앞길이 험난함을 시사해 주는 것이었다.

〈許東賢〉

## 2) 청국유학생(영선사)의 파견

### (1) 사행의 교섭

조선정부에서는 강화도조약의 체결 직후 일본을 통하여 서구문물제도와 특히 무비자강책에 관한 관심이 고조되었고, 신무기 도입이나 학습의 가능성을 모색하게 되었다. 그러나 일본과의 조약 자체에 강하게 반발하고 있었던 척왜론자의 주장이 지배적인 상황이었기 때문에 그 가능성은 실천에 옮길 수 없었다. 척왜론의 핵심은 斥邪論과 倭洋一體論이었다.

결국 무비자강책은 청을 통하여 강구하는 길만이 유일한 방법이었다. 청나라의 總署나 북양대신 李鴻章 등 洋務관료가 조선정부의 이 정책을 적극지지하여 지원한 것은, 일본·러시아의 조선에 대한 침략을 억제하기 위해 추진한 列國立約勸導策[1]을 조선정부가 거부하고 있었던 상황에서 그들이 추진한 정책과 병행되어야 할 정책으로 판단하였으며, 더욱이 자국의 국력의 한계를 인식한 바탕 위에 속방관계를 공고히 할 수 있는 정책으로 판단하였기 때문이다.

조선정부에서 軍械學造事의 가능성을 청측에 타진한 것은 강화도조약이 맺어진 같은 해인 1876년(고종 13) 9월이다. 조선정부에서는 사역원 副司直 李容肅의 사행편에 이 계획을 永平府知府 游智開를 통하여 이홍장에게 전하였으며, 이홍장은 이를 찬성하고 청측에 정식으로 요청할 것을 지시함으로써 유학생 파견의 단서가 마련되었다.

그러나 조선정부에서는 3년이 지난 1879년 8월에 이르러 비로소 청측과 교섭을 진행시켰으니 그 계기가 된 것은 이홍장에 의해 실천에 옮겨진 對朝

---

1) 權錫奉, 〈李鴻章의 對朝鮮列國立約勸導策에 대하여〉(《歷史學報》 21, 歷史學會, 1963 ; 《淸末 對朝鮮政策史硏究》, 一潮閣, 1986, 79~116쪽).

鮮列國立約策에 관한 密函이 영중추부사 李裕元에게 전해짐으로써이다. 조선정부에서는 역시 이용숙 편에 유지개를 통하여 이홍장에게 열국입약책을 거부하면서 製器·練兵문제의 주선을 요청하였으며 이 때 또한 이홍장의 적극적인 지지와 요청 방법에 관한 지시가 있었다.[2)]

이와 같이 교섭이 성공한 다음 조선정부에서 이 문제에 관한 논의가 있었던 것은 그 다음해인 1880년 4월이다. 이 논의에서 이유원, 영돈녕 洪淳穆, 판부사 韓啓源, 영의정 李最應, 판중추부사 金炳國 등 모두가 인선·재정문제 등을 들어 신중론을 폈다.[3)] 그러나 5월 25일에 고종은 결단을 내려 자문의 찬출과 賫咨官의 택정을 하명하였다.[4)]

조선정부의 請咨文은 7월 9일에 別賫咨官에 임명된 卞元圭에 의해 부송되었고, 예부를 거쳐 光緖帝에게 奏明되었으며, 8월 29일 이 문제를 이홍장으로 하여금 妥籌하도록 유지가 있었다.[5)] 이에 따라 이홍장은 天津海關道 鄭藻如, 永定河道 유지개, 辦理軍械各局候補道 劉含芳, 候選道 王德均 등과 논의하여 제조뿐만 아니라 購器·練兵문제까지 확대하여 구체적인 세목을 결정하니 〈代朝鮮擬製器練兵各條〉[6)]가 그것이며, 이와 함께 유학생 파견의 절차·규모·규칙 등을 규정한 〈朝鮮國員弁來學製造操練章程〉[7)] 4조도 작성되었다.

---

2) 中央硏究院 近代史硏究所 編,《淸季中日韓關係史料》2권, 光緖 5년 11월 15일, 北洋大臣李鴻章函(臺北 ; 近代史硏究所, 1972), 394b~395a쪽.
吳汝綸 編,《李文忠公全集》譯署函稿 권 10, 光緖 5년 11월 13일, 籌朝鮮(臺北 ; 文海出版社, 1965), 15b~17a쪽.

3)《承政院日記》, 고종 17년(1880, 광서 6), 4월 30일.

4)《承政院日記》, 고종 17년(1880, 광서 6), 5월 25일.

5)《淸德宗景皇帝實錄》권 118, 光緖 6년 8월 29일(臺北 ; 華文書局, 1970).

6) 中央硏究院 近代史硏究所,《淸季中日韓關係史料》2권, 光緖 6년 9월 28일, 北洋大臣李鴻章文, 附件(3) 朝鮮派人來學製器練兵分條擬具淸摺, 462a~430a쪽.
吳汝綸,《李文忠公全集》奏稿 권 38, 光緖 6년 9월 27일, 妥籌朝鮮製器練兵摺, 附件 朝鮮派人來學製器練兵分條擬具淸摺, 40a~43a쪽.

7) 中央硏究院 近代史硏究所,《淸季中日韓關係史料》2권, 光緖 6년 9월 28일, 北洋大臣李鴻章文, 附件(2) 擬議該國員弁來學製造操練章程, 425a~426a쪽.
吳汝綸,《李文忠公全集》奏稿 권 38, 光緖 6년 9월 27일, 擬議朝鮮來學章程片, 附件 朝鮮國員弁來學製造操練章程.

製器는 화약·탄약제조에 중심을 두되 그에 필요한 畫圖·木樣·飜沙·鎗子捲銅·機器·熟鐵·火器·電機·火藥·礪水 등 11科에 1명 내지 4명을 배정하고, 유학생의 연령은 15~16세로부터 20세 내외자로 하며, 이들 38명을 天津機器局의 東·西兩局에 배정시킨다는 것이다.

購器·練兵에 대해서는 王城現兵 30,000명을 馬兵 3,000명, 礮兵 3,000명, 步兵 24,000명으로 구분하여 이들의 무장에 필요한 무기와 그 가격을 다음과 같이 정하였다. 즉 마병용 무기는 毛瑟(mausser) 後膛鎗과 恩費爾來福(Enfield rifle) 前膛鎗을 반씩 병용하고, 보병은 20,000명이 무장하되 후당창 3,000정과 전당창 17,000정을 사용하고, 포병용으로는 克鹿卜四磅後膛銅礮(Krupp cannon) 18문과 兩磅過山後膛礮 18문 등을 책정하였고, 각 탄약가를 포함하여 총계 221,400량을 계상하였다. 이 무기의 조련을 위하여 弁兵 수십 명을 天津 鎗·礮隊에 배속시키는 한편 水雷·電機의 학습도 병행시킨다는 것이다.

이와 같은 구체적인 議定 결과에 대하여 9월 29일 광서제는 軍機大臣에게 유지를 내려 재가하고 그 실행 여부는 조선국왕이 결정토록 하였으며,[8] 이러한 성공적인 교섭 결과는 11월 1일 본국에 전해져 이에 따라 유학생파견은 결정적인 단계에 이르렀다.

### (2) 사행준비와 출발

변원규의 귀국을 계기로 유학생파견은 적극성을 띠어 1880년 11월 7일 이용숙을 동지사행에 수행시켜 北洋咨式·憑票·海道 등 사행에 따르는 문제를 자세히 묻게 하였다.[9]

그러나 한편 이 문제가 알려짐에 따라 반대의견이 대두되었다. 그 대표적인 것이 前정언 許元栻의 〈時弊再疏〉와 장령 李駿善의 〈時弊疏〉이다. 허원식

8) 《淸德宗景皇帝實錄》 권 120, 光緖 6년 9월 29일.

9) 中央硏究院 近代史硏究所, 《淸季中日韓關係史料》 2권, 光緖 7년 2월 3일 北洋大臣 李鴻章函, 附件(6) 酌覆朝鮮詢問各條, 475a~480a쪽과 光緖 7년 2월 5일 軍機處交出 李鴻章抄摺, 附件(1) 酌覆朝鮮詢問各條照繕淸單, 484a~490a쪽.
吳汝綸, 《李文忠公全集》 奏稿 권 40, 答覆朝鮮所問事宜摺, 附件 酌覆朝鮮詢問各條照繕淸單, 13a~17b쪽.

은 12월 17일의 시폐재소에서 무예학습에 관한 소식이 러시아측에 알려지면 오히려 외적을 불러들이는 결과가 될 우려가 있음을 지적하고, 우리의 군비가 갖추어져 있다는 점을 들어 그럴 필요가 없다고 하였으며, 특히 많은 군졸을 파견할 경우 그 재정지원의 어려움을 지적하여 중단할 것을 주장하였다.[10] 뒤이어 12월 28일에는 이준선도 시폐소에서 역시 재정지원의 어려움을 들고 기예학습을 위한 北學은 그 전례가 없다는 점을 들어 반대하였다.[11]

그러나 사행을 위한 준비는 진행되었다. 그 다음해인 1881년 2월 4일에 고종은 統理機務衙門에 명하여 領率사신의 칭호와 工士資送에 관한 것을 마련하게 하였으며, 이에 대하여 그 아문에서는 26일에 사신칭호는 領選使라 하고 기계는 工徒를 파견하여 학습하나 구기·연병은 중지할 것을 상계하여 결정되고, 동일자로 趙龍鎬가 영선사로 임명되었다.[12]

영선사의 출발일자에 대하여 최초로 택일하명이 있었던 것은 3월 5일이었으며, 이에 따라 예조에서는 같은 날 상계를 올려 4월 11일로 결정하였다. 그러나 그 이후 5차에 걸쳐 출발일자가 변경되었으니 준비가 불충분한 때문이었으며, 더욱이 윤7월 15일에는 조용호가 병사함에 따라 順天부사 金允植이 영선사로 임명되었다.[13] 5차에 걸친 변경 끝에 최종적으로 결정이 내려진 것은 윤7월 29일로서 9월 26일에 출발하기로 하였던 것이다.

유학생의 선발과정에 대하여 김윤식은 공도 28명은 京中에서, 10명은 의주에서 선발하였다고 하였으며, 또한 경중에서 9월 23일에 6명, 9월 25일에 11명을 선발하였다고 하였기 때문에 그 밖에 11명은 그 이전에 선발되었을 것이다.[14]

선발된 유학생은 16·7세로부터 40여 세까지로 연령은 청측의 지시를 따르지 못하였다고 할 수 있다. 그리고 출신성분은 군계학습의 성격으로 보아 중인 또는 그 이하 계층의 출신자로 구성되었으나 양반계층의 출신자도 선

10) 《承政院日記》, 고종 17년 12월 17일.
11) 《承政院日記》, 고종 17년 12월 28일.
12) 《承政院日記》, 고종 18년 2월 4일 · 26일.
13) 《政治日記》 13권, 신사 윤7월 15일(서울大 中央圖書館所藏 筆寫本).
14) 金允植, 《陰晴史》 상, 신사 9월 23일·25일 및 10월 25일(韓國史料叢書 6, 國史編纂委員會 編, 1958).

발되었으니 이들 38명의 유학생을 학도와 工匠으로 구분한 것으로 보아 알 수 있다.

이들 유학생의 명단을 제시하면 다음과 같다.[15)]

學徒 : 高永喆 · 李苾善 · 朴台榮 · 秦尙彦 · 尙澐 · 高永鎰 · 李熙民 · 金光鍊 · 李昌烈 · 金台善 · 趙漢根 · 趙台源 · 安昱相 · 安浚 · 李章煥 · 李南秀 · 李瓚 · 崔圭漢 · 金聲 · 鄭在圭

工匠 : 金元永 · 河致淡 · 皮三成 · 韓得俊 · 金聖元 · 洪萬吉 · 黃貴成 · 張榮煥 · 宋景和 · 金興龍 · 崔同順 · 金泰賢 · 朴奎性 · 安應龍 · 崔志亨 · 金成孫 · 朴永祚 · 金德鴻

다음으로 官員 · 隨從 등의 명단을 《啓下咨文冊》의 기록에 의하여 보면 아래와 같다.

| | | | | |
|---|---|---|---|---|
| 領選使 | 金允植 | 從事官 | 尹泰駿 | |
| 官 弁 | 白樂倫 | 譯 官 | 崔性學 | |
| 醫 員 | 柳鍾翕 | 伴 倘 | 朴永鈺 | |
| 從事官伴倘 | 尹泰駉 | 別遣堂上 | 卞元圭 | 李根培 |
| 通 事 | 鄭麟興 李文熙 崔志華 | | | |
| 隨 從 | 順得 仁錫 學甫 長孫 善基 萬吉 根成 | | | |
| | 龍成 興福 在吉 公孫 千萬 壽鳳 學祚 | | | |
| | 貞哲 同伊 仁石 石伊 漢傑 | | | |

이상과 같은 영선사행의 인원구성을 보면, 유학생 38명을 중심으로 관원 12명, 수종 19명 등 도합 69명이 정식 인원이며 그 밖에 私帶隨從이 14명이 있었다.

김윤식은 예정대로 9월 26일 興福軒에서 고종에게 고별한 다음 야심하여

---

15) 이 명단은 《啓下咨文冊》 11책, 朝鮮國委員學徒通事隨從等名數別錄〉(서울大 奎章閣圖書)에 의하였다(《陰晴史》 상, 신사년 10월 25일조, 派員工匠通事隨從等名에는 학도 25명, 공장 13명으로 기록하고 있으나 학도명단 중 安應龍 · 崔志亨 · 金成孫 · 朴永祚 · 金德鴻 등 5명은 공장의 오기일 것으로 본다. 왜냐하면 安應龍 · 崔志亨 · 金德鴻 등 3명은 《陰晴史》 상, 임오년 2월 11일조에 공장이라 명기하였고, 金成孫 · 朴永祚 양인은 義州에서 선발되었다는 점으로 보아 공장이었을 것이 추측되기 때문이다).

출발하였다. 영선사 일행은 의주에서 회동하였으며 10월 26일에 도강하여 柵門에 도착하였다. 일행은 본래 〈朝鮮國員弁來學製造操練章程〉 제2조의 규정에 따라 海道를 이용하도록 되어 있었으나 해도가 이미 封凍되었기 때문에 육로를 택한 것이다. 김윤식은 책문을 통과할 때 15조로 된 〈領選行中節目〉[16]을 제정, 포고하여 유학생과 행중 인원의 규율을 명시하였다.

### (3) 학습상황

영선사 일행이 북경에 도착한 것은 동년 11월 17일이었다. 김윤식은 예부에 咨文을 전한 다음 이홍장과 회담하기 위하여 22일에 保定府로 향발하였고, 유학생 일행은 27일에 북경을 출발하여 30일에 천진기기국에 도착하였고 대부분 南局에 머물렀다.

보정부에서 있었던 28일의 김윤식·이홍장의 제1차 회담에서 김윤식은 영선사의 임무가 군계학조사에 있음은 물론 聯美事에 있다는 것을 밝혔으며, 군계학조사에 대하여 언급된 것은 유학생의 연령, 유학 예정기간, 경비문제 등이었다. 그 후 11월 30일과 12월 1일에 제2차와 제3차 회담이 있었으나 논의된 것은 연미사에 관한 것뿐이었다.

12월 6일 천진에 도착한 김윤식은 청측의 軍械所觀察 劉含芳, 機器局總辦 許其光, 南局總辦 王德均, 東局總辦 潘駿德 등 관계위원과 더불어 學徒分廠에 관한 논의를 거듭하였다. 그 결과 우선 조한근·고영철·김광련 등 학도 3명이 水師學堂에서 실시한 시험에 합격하여 입당할 것이 결정되었으며(후에 학도 이희민이 추가되었다), 학도 최규한과 공장 박영조는 가장 연소하였기 때문에 水雷學堂 總兵 文瑞가 교습을 자청하여 16일에 입당하게 되었다.

그러나 이미 연말이 되어 동·남국이 모두 放工할 때였으므로 유학생의 분창은 천연되었다. 그리하여 그 다음해 1월 8일 開工을 기하여 처음으로 분창이 실시되었으나 주로 동국에 소속된 유학생이 학습을 시작한 것이다. 그 후 1월 17일 남국의 유학생이 취업함으로써 유학생의 분창은 일단 완료하였다. 그러나 김윤식이 밝힌 바에 의하면 2월 초까지도 완전히 정리되지 못했다.[17]

16) 金允植, 《陰晴史》 상, 신사 10월 28일.
17) 金允植, 《陰晴史》 하, 임오 2월 11일.

유학생의 분창상황을 2월 11일을 기준으로 하여 살펴보면 동국에 13명(학도 5명, 공장 8명), 남국에 12명(학도 5명, 공장 7명), 수사학당에 학도 1명, 수뢰학당에 2명(학도·공장 각 1명)으로 합계 28명이 학습하고 있었는데 다음의 도표와 같다.

유학생의 分廠상황과 학습내용

| 學堂及廠名 | | 학도·공장명 | | 학습내용 | 비고 |
|---|---|---|---|---|---|
| 東局 | 水師 | 학도 | 高永喆 | | |
| | 水雷 | 〃 | 崔圭漢 | 專習洋文·洋語 | |
| | | 공장 | 朴永祚 | | |
| | 銅冒 | 학도 | 高永鎰·金光錬 | 銅冒·後膛鎗子의 제법 | 학도 金光錬은 水師學堂에서 옮김 |
| | | 공장 | 河致淡 | | |
| | 磺水 | 학도 | 金台善 | 黃磺·硝磺·鹽磺·水硝磺 등의 제법 | |
| | | 공장 | 黃貴成 | | |
| | 機器 | 〃 | 崔志亨·宋景和·安應龍 | 修造機器의 조작법 | |
| | 木樣 | 〃 | 張榮煥 | 畵本에 의한 모형제조법 | |
| | 火藥 | 〃 | 金興龍·金德鴻 | 화약제조법 | 火藥廠八局 중 燒炭局에 있었음 |
| | 化學 | 학도 | 李熙民 | 각항 약물제조법 | 水師學堂 자퇴 |
| | 電氣 | 〃 | 趙漢根 | 水電砲의 電理 | 〃 |
| 南局 | 畵圖 | 학도 | 趙台源·安昱相 | 諸廠機器의 제도법 | |
| | 電氣 | 〃 | 安浚·尙澐 | 陽電氣의 이론 | |
| | 飜沙 | 공장 | 崔同順·金泰賢 | 銅鐵의 鎔鑄法 | 공장 朴奎性이 일시 分隸되었음 |
| | 機器 | 〃 | 金元永·韓得俊 | 機器의 輪流 | |
| | 木樣 | 〃 | 金聖元 | 東局과 같음 | 공장 皮三成이 일시 分隸되었음 |
| | 火器 | 학도 | 李南秀 | 화약제조법 | |

유학생의 학습내용은 화약·탄약의 제조법에 한정한 것이 아니라 전기·화학·제도·제련·기초기계학 등은 물론 외국어에까지 그 범위가 확대되었다.

유학생의 학습이 진행되는 동안 김윤식과 관계위원간에 논의된 것이 기기에 관한 것이었다. 그것은 유학생들이 귀국 후 실제로 전용할 수 있는 기기는 小手機器이어야 한다는 견해에서 비롯된 것이다. 이러한 문제와 관련하여 동국총판 반준덕은 김윤식에게 본국 설창에 관한 재정적 뒷받침이 없는 군계학조에 회의를 표시하였으며,[18] 대부분의 관계위원들도 같은 이유로써 유학생이 학습하고 있는 기기의 부적성을 지적하였다.[19] 김윤식 자신도 기기국의 규모를 목격한 후 그들의 주장이 타당하다는 것을 인식하게 되었고, 따라서 소수기기의 학습이 오히려 적당하다는 결론을 얻었다. 이리하여 때마침 北京神器營에서 銅冒手器를 학습하기 위하여 기기국에 공장들이 파견되어 있었으므로 銅冒廠의 유학생도 이들과 함께 학습토록 하였으며 礮水廠에서도 역시 소수기기를 학습하게 되었다.

3월 17일과 25일에 유학생의 학습상황에 대하여 남국총판 왕덕균과 동국총판 반준덕은 각기 보고서를 이홍장에게 제출하였다.[20] 이 보고서에서 왕덕균은 남국 유학생에 대하여 비교적 좋은 평가를 내렸으나 반면 반준덕은 동국 유학생에 대하여 혹평을 가하고 있다. 유학생들이 儒雅의 기풍은 뛰어나나 疆毅의 자질이 부족하고 모든 것에 빠른 효과를 도모한다고 평하고 있으며, 특히 자질이 부족하여 이희민·조한근·김광련 등 수사학당의 학도 3명이 자퇴하였고, 공장 하치담이 동모창에 입창한 후 몇 차례 보고서도 손을 대지 못했다는 것 등은 관계위원에게 나쁜 인상을 주었다.

한편 본국에서는 유학생의 학습상황을 점검한다는 명목으로 통리기무아문 주사 魚允中과 李祖淵이 問議官으로 임명되어 2월 17일에 출발하여 3월 28일에 남국에 도착하였다. 이들은 2월 2일에 考選官으로 差下되었으나 그 다음날 문의관으로 改差되었다.[21] 그러나 이들은 그 전년 12월 19일에 보정부에서 있었던 김윤식·이홍장의 제4차 회담에서 조선사신을 초치하여 연미사를 협의케 하려는 이홍장의 의견에 따라 파송된 것이다. 따라서 유학생에 관한 임무로는 身病者와 無實效者를 송환한다는 것뿐이었다.[22]

---

18) 金允植,《陰晴史》상, 신사 12월 8일.

19) 金允植,《陰晴史》하, 임오 정월 24일.

20) 金允植,《陰晴史》하, 임오 3월 17일 및 3월 25일에 있는 남국총판 왕덕균의 〈詳報朝鮮學徒勤慢草〉와 동국총판 반준덕의 〈詳報朝鮮學徒勤慢草〉가 이 보고서이다.

21)《日省錄》권 255, 고종 19년 2월 3일.

### (4) 유학생의 철수

유학생이 철수하는 계기는 의외에도 빨리 왔다. 6월 9일에 야기된 壬午軍變이 그것이다. 이 군변소식이 김윤식에게 알려진 것은 6월 18일이며,[23] 그 다음날부터 기기국에 나가는 유학생은 한 사람도 없었다고 김윤식도 밝히고 있다.[24]

유학생 철수의 결정적 계기가 된 것은 물론 임오군변이나 이 계기가 없었다고 하더라도 다음과 같은 실정을 고려한다면 유학생의 조기철수는 불가피했을 것이다. 즉 귀국자의 속출, 재정적 곤궁, 본국 설창계획의 추진 등이 그것이다.

유학생의 중도 귀국자가 속출하게 된 중요한 원인은 신병과 無才였다. 유학생 중 최초로 귀국한 것은 1881년(고종 18) 12월 18일 별견당상 변원규의 귀국 편에 부송된 박태영·이창렬 등 학도 2명이었다. 그 다음해 1월 3일에도 학도 김성, 이현이 송환되었던 바, 후자는 김윤식·이홍장의 제4차 보정부회담 결과 본국정부에 이 사실을 알리기 위하여 전송된 것이다.

그 뒤 3월 6일 별차관 李應俊의 귀국 편에 학도 7명(이장환·정재규·이필선·고영일·김광련·이남수·최규한)과 공장 2명(장영환·피삼성)이 부송되었다. 이들 중 이장환·정재규·이필선 등 학도 3명은 무재자로서 당초에 분창되지 않았던 자이며, 그 밖에도 학도 2명(고영일은 聞其親病重, 이남수는 有故)을 제외하고 모두 분창된 후 무재자로 판정되어 송환된 것이다. 그리고 송환일자는 불명이나 동국총판의 보고서에 보면 학도 진상언과 공장 김성손이 귀국한 것을 알 수 있다. 그리고 1월 3일에 공장 홍만길이 병사하였으며, 5월 1일 종사관 윤태준의 귀국 편에 병으로 인하여 공장 김흥룡·안응룡·최동순 등 3명이 부송되었다. 이렇게 하여 5월 초까지의 중도귀국자의 총수는 3월 22일 관변 백낙윤과 함께 귀국한 학도 상운을 포함하여 38명 중 19명에 달하였다. 이미 반수가 귀국한 것이다.

---

22) 魚允中, 《從政年表》, 고종 19년 2월 17일(國史編纂委員會 編, 1958).
23) 權錫奉, 〈大院君被囚問題에 대한 再檢討 上·下〉(《人文學硏究》 3·4·5, 中央大 人文學硏究所, 1976·1977 ; 《淸末 對朝鮮政策史硏究》, 一潮閣, 1986, 195쪽).
24) 金允植, 《陰晴史》 하, 고종 19년 6월 19일.

다음에 재정적인 문제를 살펴보기로 하겠다. 1881년 11월 28일 보정부에서 있었던 김윤식·이홍장의 제1차 회담에서 보면 경비로 한 사람에게 하루 1~2냥이 粮銀으로 지급되기로 하였으며, 이 경비를 가지고 오거나 換給하기로 하였다는 것을 알 수 있다. 그러나 김윤식이 밝힌 바와 같이 包蔘을 換銀하여 경비로 쓰는 방법을 사용하였으며 특히 정월 이후에는 북경 玉河館 옆에 있었던 官號錢莊인 和豊局에서 차용하여 경비에 충당하였다.[25] 그러나 화풍국의 차관도 1월 하순에 이르면 여의치 못해 2월 초에 행중 일행의 경비 문제는 심각한 단계에 이르렀다.

문의관 어윤중은 3월 28일에 천진에 도착한 후 이러한 재정 궁핍상을 목격하고 이를 본국정부에 보고하는 한편 김윤식과 함께 해결책을 강구하였다. 그 결과 천진해관도 周馥의 주선으로 招商局總辦 唐景星을 통하여 천진 동문 밖에 있는 華裕局에서 庫平銀 10,000냥을 차관하는데 성공하였다.

이 차관으로 경비와 債銀을 지불하였으나 그 동안 지급하지 못한 2월부터 5월까지의 四朔銀을 3분의 1을 삭감하였다는 것으로 보아 경비는 여전히 궁핍하였다는 것을 알 수 있다. 화유국의 채은은 그 이후 10월 15일까지 16,000냥으로 증가하였다.

이와 같은 중도귀국자의 속출과 재정적 궁핍은 유학생의 조기철수를 불가피하게 하였을 것이다. 그리고 또 하나 조기철수를 시사해 주는 것이 곧 김윤식과 관계위원간에 본국설창계획이 논의되고 추진되었다는 점이다. 이 계획에 대한 논의는 이미 2월 말부터 있었으나,[26] 김윤식은 영선사행이 점차 불리한 여건에 직면하게 되고 또한 군계학조사가 단시일내에 그 성과를 얻기 어렵다는 판단을 하게 됨에 따라 이 계획은 구체적으로 추진되었다. 그리하여 마침내 5월 23일에는 馬建忠 편에 통리기무아문의 下封書가 전달되었다. 이 하봉서에는 본국설창에 따르는 기기구입의 자금으로 6월 말 이전에 15,000~16,000냥이 전송된다는 내용이 밝혀져 있었다.[27] 이렇게 하여 본국설창계획은 추진단계에 이르고 있었던 것이다.

---

25) 金允植,《陰晴史》하, 고종 19년 4월 27일.
26) 金允植,《陰晴史》하, 고종 19년 2월 30일.
27) 金允植,《陰晴史》하, 고종 19년 5월 29일.

김윤식은 군변소식을 들은 직후 어윤중과 더불어 주복을 통하여 청측의 파병을 요청하였다. 청조는 6월 29일에 김윤식과 어윤중 양인을 嚮導官으로 임명하는 한편 파병준비를 갖추었다. 이보다 앞서 어윤중은 6월 22일에 군변의 진상을 탐사하고자 조선으로 도해하는 北洋水師提督 丁汝昌과 더불어 超勇艦에 편승하여 귀국하였고, 김윤식도 그 뒤를 이어 7월 3일에 초상국 상선 日新號 편으로 천진을 출발하였다. 그는 5일 烟臺 부근의 해상에서 廣東水師提督 吳長慶과 회동하여 威遠艦에 편승하였으며, 경기 남양부에 도착한 것은 7일이었다.[28] 이 때 함께 귀국한 유학생은 학도 안준·조한근 등 2명이었으니 천진에 잔류한 유학생은 동국 9명, 남국 6명, 도합 15명으로 되었다.

이렇게 하여 일단 귀국한 김윤식은 9월 29일 잔류유학생의 철수와 설창을 위한 기기구입을 위하여 천진에 파견되었다. 그는 종사관 金明均을 대동하고 問候官 李載德 일행과 함께 10월 6일 천진에 도착하였다.

김윤식은 유학생의 철수와 기기구입 문제에 관하여 10월 8일과 14일 두 차례에 걸친 이홍장 및 관계위원과의 회담을 가졌으며, 기기구입 문제를 다음과 같이 결정하였다. 즉 이 문제는 동·남국총판을 비롯한 관계위원과 협의하되 남국총판 왕덕균이 주관하고, 구입할 기기는 소수기기를 원칙으로 하여 그 종류도 銅冒·彈子小手機器에 한정하지 않고 수리기구·礮水諸具·化學小試機器·電氣器具·水龍兩具·擧重器一具 등으로 결정되었다. 이 기기구입의 결정에 의하여 10월 15일에 약 5,000냥 상당의 〈購入機器品目〉[29]이 전하여졌으며, 이 기기구입에 있어서 주선을 담당한 사람은 왕덕균, 주복 그리고 독일인 슈미트(Schmidt, 斯米德) 등이었다.[30] 이 밖에 남국에서 拉火手器를 비롯한 각종 서적이 기증되었고 또한 유학생들이 만든 각종 木樣과 圖樣도 전달되었다.

이렇게 하여 철수 준비를 갖춘 김윤식은 마침내 10월 16일 잔류하고 있었던 동국 유학생 7명, 역관 최성학 및 奴子 등을 영솔하고 귀로에 올랐다. 일행은 다음날 大沽 앞 海口에 이르렀으나 예정되었던 泰安艦이 오지 않아 대

28) 金允植, 《陰晴史》 하, 고종 19년 7월 3·5·7일.
29) 金允植, 《陰晴史》 하, 고종 19년 10월 15일.
30) 위와 같음.

고로 회항하였고, 10월 19일 保大商船 편으로 연대로 향하였다. 이 곳에서 태안함의 내항을 기다리던 중 26일에는 조영하 일행과 정부에 고빙된 穆麟德(P. G. von Möllendorff) 일행이 도착하였다. 김윤식 일행은 이들과 함께 초상국총판 당경성이 주선한 초상국 상선 輿感號에 편승하여 연대를 출발한 것이 28일이었고, 11월 1일에 경기 남양을 거쳐 인천에 도착하였다.

이와 같이 무비자강책의 강구라는 원대한 이상 아래 군계학조사라는 중요한 임무를 띠고 고종 19년 9월 26일 본국을 출발한 영선사 일행은 소기의 목적을 달성하지 못한 채 1년여 만의 유학기간(실제로 학습한 것은 6개월 정도이다)에 종지부를 찍고 전원 철수하게 되었던 것이다. 그러나 이 영선사행이야말로 고종 20년 3월 천진에 있었던 종사관 김명균이 天津工匠 袁榮燦 등 4명을 영솔 귀국하여 삼청동 北倉에 처음으로 機器廠[31]을 창건하는 데 결정적 계기가 되었다는 것은 두말할 나위 없다.[32]

〈權錫奉〉

### 3) 미국시찰단의 파견

#### (1) 조미조약의 체결

1882년(고종 19) 5월 22일 조선은 구미열강 가운데 미국과 최초로 朝美條約을 체결했다. 조미조약체결의 역사적 의의를 정리해 본다면, 첫째로 조선은 斥邪·斥洋을 기조로 한 鎖國攘夷政策을 지양하고 개화·개항정책을 채택, 미국과 입약함으로써 명실공히 세계만방에 문호를 개방했다. 이로써 조선은 구미 선진문물을 받아들일 수 있게 되었다. 둘째로 조선은 조미조약의 체결로 중국에 대한 사대외교를 청산하고 자주독립국가로 새 출발을 하게

31) 《漢城旬報》 1호, 조선개국 492년 10월 1일, 內國紀事(統理機務衙門 博文局 刊)에 보면, 이 機器廠의 규모에 대하여 "所立廠舍 卽飜沙·熟鐵·銅冒及庫房"이라 하였다.

32) 權錫奉, 〈領選使行에 대한 一考察－특히 軍械學造事를 중심으로－〉(《歷史學報》 17·18, 1962 ; 앞의 책, 147~188쪽).

되었다. 조선은 조미조약체결 1년 전에 국호를 '朝鮮'에서 '大朝鮮國'으로, 국왕을 '大君主'로 격상하는 등 자주독립국가로서의 체모를 갖추었다.[1] 셋째로 미국은 對韓獨立國政策을 구현했다. 조미조약은 시종일관 조선대표의 참여 없이 李鴻章과 미국대표 슈펠트(Robert W. Shufeldt, 薛斐爾) 양자간의 교섭에 의해 타결된 조약이다. 이홍장은 對韓宗主權 유지를 위해 조미조약 제1조에 "조선은 중국의 속국이다"라는 屬邦論을 명문화할 것을 주장한 반면 슈펠트는 조선의 완전 자주독립국 지위를 주장, 이를 단호히 거부했다. 속방론문제로 회담이 결렬 위기에 봉착하자, 양자는 일보씩 양보하여 조약문에 속방론을 삭제하는 대신 조약체결 후 조선국왕이 미국대통령에 보내는 별도 조회문에 속방문제를 언급하기로 타결했다. 넷째로 미국은 조선을 주권국가로 인정하여 대등한 호혜평등의 입장에서 입약했기 때문에 그 당시 강대국과 약소국과의 조약체결에서 볼 수 있듯이 불평등조약이 아니라「쌍무적 협약」의 의미가 강하다는데 역사적 의의가 크다고 하지 않을 수 없다.

미국의회는 1883년 1월 9일 속방조항이 삭제된 조미조약을 비준하자, 아더(Chester A. Arthur)대통령은 2월 13일 이를 최종 비준한 후 3월 9일 푸트(Lucius H. Foote, 福德, 1826~1913)를 주한미국특명전권공사에 임명했다.[2] 미국정부가 주한미국공사의 지위를 주청·주일공사의 지위와 동등 또는 그 이상의 '특명전권공사'로 격상한 것은 미국의「조선독립국정책」의 일환책으로 취한 조치이다. 미국은 청의 대한간섭을 원천적으로 배제하면서 조선을 완전 자주독립국이라는 한 개체로 인정했다. 가령 영국은 총영사를 파견, 주청영국공사의 지휘를 받도록 했고, 독일은 외교관 중 가장 낮은 영사를 서울에 주재시킴으로써 청의 對韓屬邦政策을 간접적으로 지지했다. 그러나 이처럼 미국은 청의 대한속방정책을 전면 거부하고 특명전권공사를 서울에 주재시킨 것이다.

조미조약 제2조에 "본 조약을 입약하고 通商和好한 뒤에 양 체약국은 각각 외교대표를 상대국 수도에 주재할 수 있다. 이는 자국의 편의에 따른다"라고 규정하고 있다. 이와 같은 외교관 교환원칙에 따라 초대 주한미국공사

1) 《高宗實錄》, 고종 18년 윤7월 27일.
2) 高麗大 亞細亞問題硏究所, 《舊韓國外交文書》 권 10, 美案 1(1967), 18쪽.

푸트는 1883년 5월 19일 서울에 부임하여 조미간 비준문서를 교환했다. 그는 제시한 비준서에서 조선의 독립국 지위를 재천명하고 있다.

> 조선은 자치권이 있는 독립국가이다. 본 조약은 제3국과 미국과의 협상을 통해서가 아니라 우리 주권국가간의 협약에 의해 체결된 것이기에 비준한다 (National Archives, *Diplomatic Documents*, President Chester A. Arthur to His Majesty, The King of Chosen, March 14, 1883).

다음날인 5월 20일 미국의 국서를 제정하는 자리에서 푸트는 또한 이렇게 언명하였다.

> 진보주의시대에는 상비군보다 더 강력한 '도덕적 힘'이 존재한다. 한 국가가 허약해지는 것은 이러한 '도덕적 힘'이 약화되었기 때문이다. 우호국가간에 상호 자유로운 교섭을 통해서만이 최고의 문명국가를 성취할 수 있는 시대가 도래할 것이다. 우리는 평등한 조약규칙을 준수하고, 국가보전을 보장한다(*FRUS*, Address of Mr. Foote to the King of Corea, 1883, p. 243).

이와 같이 푸트는 조미조약의 조약규칙을 준수하면서 조선의 국가보전을 위해 미국이 상비군보다 더 막강한 '도덕적 힘'이 되어 주겠다고 약속했다.

푸트는 비준문서를 교환한 후 貞洞에 주한미국공사관을 개설했다. 조선정부도 조미조약 제2조에 명시되어 있는 외교관 교환이라는 상호주의 원칙에 따라 미국 워싱턴에 조선전권공사를 파견 주재해야 한다. 그러나 재정적 부담 때문에 상주하는 공사관을 개설할 수 없었다. 이에 푸트는 상주하는 공사를 보내는 대신에 遣美使節團 파견을 제의했다. 7월 9일 조선정부는 푸트의 건의를 수용, 朝鮮報聘使를 워싱턴으로 파견하기로 결정했다. 푸트는 프릴링하이젠(F. T. Frelinghuysen)국무장관에 다음과 같이 보고했다.

> 동양의 여러 나라와 마찬가지로 조선도 틀림없이 외국인 고문관을 다수 채용할 필요성을 느낄 것이다. 미국의 조선고문관 참여 여부는 조선보빙사가 미국에 가서 받은 인상 여하에 달려 있다고 본다. 현재 조선은 미국의 제도에 대해 높이 평가하고 있다(*Korea Despatches*, vol. 1, Foote to Frelinghuysen, July 13, 1883).

### (2) 조선보빙사의 미국파견 및 일정

조선정부가 견미사절단을 파견한 목적은 두 가지로 요약해 볼 수 있다. 첫째로 조선은 조선보빙사 미국파견으로 미국으로부터 공인 받은 완전 자주 독립국이라는 사실을 국제적으로 과시할 수 있는 호기를 얻게 되었다. 미국은 朝美立約교섭에서 시종일관 청의 대한 종주권주장을 원천 봉쇄하겠다는 외교책략에 따라 조선독립국정책을 관철시켰다. 조선정부는 미국의 대한정책을 전폭 수용하면서 견미사절을 파견했다. 둘째는 미국인 고문관·교사·군사교관 등을 다수 고빙하여 개화운동을 전개한다는 것이다. 조선이 전권공사를 미국에 파견한다는 것은 청국측 입장에서 보면 조선이 청의 정치적 영향권(宗主權)에서 완전 이탈한다는 것을 의미한다. 조미수교 직후 임오군란으로 청은 대원군을 납치하고 對朝鮮종주권 확보를 위하여 묄렌도르프(P. G. Möllendorff, 穆麟德)를 파견하는 등 대조선 내정간섭을 강화했음에도 불구하고 청은 조선보빙사의 미국파견을 반대하지 못했다. 그것은 밖으로는 安南(베트남)문제로 청·불전쟁의 처리문제, 임오군란 발발로 청·일간의 군사적 긴장이 고조된 가운데, 조선보빙사의 미국파견 반대로 미국과 외교적 분쟁을 일으킬 수 없었기 때문이다.[3)]

1883년 7월 16일 조선정부는 마침내 견미사절인 조선보빙사를 임명했다. 그 구성원을 보면, 전권대신에 閔泳翊, 부대신에 洪英植, 종사관에 徐光範, 외국참찬관 겸 고문관에 미국인 로우엘(Percival Rowell, 魯越), 수원에 兪吉濬·崔景錫·邊燧·高永喆·玄興澤 외에 중국어 통역관 우리탕(吳禮堂) 등 10명이었다. 조선은 최초로 견미사절을 보냄에 있어서 외교에 너무 어둡고, 그 위에 언어 장벽을 극복하기 어려운지라 조선보빙사 미국사행 임무를 끝까지 지도 안내할 미국외교관이 절대 필요했다. 이에 조선은 빙햄(John A. Bingham) 주일미국공사의 천거로 로우엘을 특채했다. 조선의 대미교섭은 로우엘을 통해 일본어를 통한 이중통역으로 진행되었기 때문에 로우엘은 영어에 능통한 일본인 宮岡恒次郎을 개인비서로 채용했다.[4)]

---

3) Francis C. Jones, *Foreign Diplomacy in Korea, 1866~1894*, Harvard University, 1935, p. 414.

조선보빙사 일행은 인천에서 아시아함대 소속 모노카시(Monocacy)호로 일본 요코하마(横濱)에 도착, 東京에서 약 1개월간 체재한 후 8월 15일 아라빅(Arabic)호로 9월 2일 샌프란시스코에 도착했다. 샌프란시스코에서 워싱턴까지 대륙횡단철도로 약 1주일간 걸려 시카고를 거쳐 9월 13일 워싱턴에 도착했다. 동서양을 막론하고 외국특사가 오면 이들을 영접 안내하는 관리를 임명하는 것은 외교관례이다. 조선에서는 이를 接伴使라 하는 바, 미국정부는 조선보빙사를 안내할 접반사에 메이슨(Theodore B. Mason) 해군대위와 포크(George C. Foulk, 福久) 해군소위를 임명했다.[5] 그 당시 아더대통령은 뉴욕에 체재하고 있었기 때문에 조선보빙사는 메이슨과 포크 두 사람의 안내로 9월 17일 뉴욕에 도착, 대통령이 묵고 있는 피브스 애버뉴호텔에 투숙했다.

국서제정식은 1883년 9월 18일 오전 11시에 호텔 대접견실에서 거행되었다. 전권대신 민영익을 비롯하여 사절단 전원이 紗帽冠帶로 정장하고 일렬종대로 대접견실로 나아갔다. 흉배와 각대를 두른 청홍 색깔의 사모관대 차림은 조선의상의 화려하고도 황홀한 아름다움을 유감없이 발휘했다. 대접견실 중앙에 아더대통령이 국무장관과 함께 서 있었는데, 조선보빙사 일행은 민영익을 선두로 차례대로 대통령에게 큰절을 올렸다. 대통령은 서서 허리를 굽혀 답례했다. 1860년 일본 최초의 견미사절은 선 채로 허리를 굽혀 대통령에게 인사한 것과 대조적이었다.[6]

인사가 끝난 후 민영익 전권공사는 대통령에게 〈대조선국 국서〉(신임장, 全權憑據)를 제정했다. 한글본 〈대조선국 국서〉[7]는 다음과 같다.

ᄃᆡ됴선국ᄃᆡ군주(大朝鮮國大君主)ᄂᆞᆫ ᄃᆡ미국ᄇᆡᆨ니ᄉᆡ텬덕(大美國伯理璽天德, 대

4) 金源模, 《韓美修交史》(철학과 현실사, 1999), 21~121쪽.

5) *Robert W. Shufeldt Letters*(Library of Congress), Chandler to Davis, September 28, 1883.

6) *New York Times*, September 18, 1883.
*Frank Leslie's Illustrated Newspaper*, September 29, 1883.
《万延元年 遣米使節史料集成》 권 1(豊間書房, 1961), 124쪽.

7) 이 「한글 국서」는 한문으로 된 국서를 번역하여 미국신문에 전문이 게재되었다. 한글문서가 미국신문에 소개되기는 처음이다. 원문은 구철자 순한글로 되어 있고, 이해를 돕기 위해 한자를 병기했다.

통령)게 글월을 올니ᄋᆞᆸ 이ᄉᆞ이 두나라이 됴약(條約)을 박구고 화의(和誼)가 돗타우ᄆᆡ 젼권ᄃᆡ신(全權大臣) 민녕익(閔泳翊)과 부ᄃᆡ신(副大臣) 홍영식(洪英植)을 흠차(欽差)ᄒᆞ여 귀국(貴國)의 보ᄂᆡ서 폐ᄇᆡᆨ(幣帛) 갑ᄂᆞᆫ 녜(禮)을 닥긔노니 이 ᄃᆡ신(大臣)들이 공번(公反)되며 충셩(忠誠)허며 주밀(周密)ᄒᆞ며 자서(仔細)ᄒᆞ여 능(能)히 ᄂᆡ의 속마음을 몸바더 고달(告達)헐 터이며 범사(凡事)의 변리(辨理)허미 적당(適當)허리니 다ᄒᆡᆼ(多幸)히 ᄇᆞ라노니 졍셩(精誠)을 미루어 서루 미더서 더욱 화목(和睦)케 ᄒᆞ며 한가지 ᄐᆡ평(泰平)을 누리게 ᄒᆞ시ᄋᆞᆸ ᄉᆡᆼ각허건ᄃᆡ ᄯᅩ한 귀ᄇᆡᆨ니ᄉᆡ텬덕(貴伯理璽天德)도 깃거허실ᄇᆡ리이로소이다 ᄀᆡ국ᄉᆞᄇᆡᆨ구십이년 뉵월 십이일(開國 四百九十二年 六月 十二日)(*New York Herald*, September 19, 1883 ; 《舊韓國外交文書》 권 10, 21쪽).

민영익은 국서를 제정하고 다음과 같은 提呈辭를 했다.

ᄉᆞ신(使臣) 민녕익(閔泳翊) 홍영식(洪英植) 등(等)은 낫흐로 ᄃᆡ아미리가합즁국(大亞美理駕合衆國) ᄃᆡᄇᆡᆨ니ᄉᆡ쳔덕(大伯理璽天德)게 알외ᄋᆞᆸᄂᆞ이다 ᄉᆞ신등(使臣等)이 ᄃᆡ됴선국(大朝鮮國) ᄃᆡ군주(大君主) 흠명(欽命)을 밧ᄌᆞ와 와서 ᄃᆡ신(代身)으로 ᄃᆡᄇᆡᆨ니ᄉᆡ쳔덕게서와 밋 합즁국 모든 인민(人民)이 한가지로 안녕(安寧)험을 누리시기을 쳥(請)ᄒᆞ오며 ᄯᅩᄂᆞᆫ 두나라 인민이 서로 사귀고 죠와허ᄂᆞᆫ 우의(友誼)에 확실헌 ᄯᅳᆺ슬 고ᄒᆞ여 피차 돈밀(敦密)ᄒᆞᆷ을 ᄉᆡᆼ각허와 실상(實狀)으로 서루 직힘을 정(定)ᄒᆞ여 기리 무궁(無窮)헌 복(福)이 되기을 ᄇᆞ라ᄂᆞ이다 밧드러온 바 국서(國書) 두 봉(封)의 ᄒᆞ나ᄂᆞᆫ 우리 ᄃᆡ군주게ᄋᆞᆸ서 ᄃᆡᄇᆡᆨ니ᄉᆡ쳔덕게 회답(回答)허심이오 ᄒᆞ나ᄂᆞᆫ ᄉᆞ신의 전권빙거(全權憑據)오니 삼가 밧침을 알외ᄋᆞᆸᄂᆞ이다 (*New York Herald*, September 19, 1883).

아더대통령은 〈대조선국 국서〉와 〈대조선국 대군주회답〉을 받고 다음과 같은 답사를 했다.

우리는 주위에 수 많은 도서로 둘러싸인 아름다운 한반도와 그 산물, 그리고 조선백성의 근면성을 잘 알고 있습니다. 사실 귀국 인구는 우리 나라가 독립할 당시의 인구의 두 배나 됩니다. 우리 양국의 영역 사이에 가로놓여 있는 대양도 이제는 증기기선 항해의 도입과 완비로 편리하고도 안전한 교역의 大公路가 된 것입니다. 우리 공화국은 과거 역사에서 보듯이 다른 나라 영토를 점령 지배할 의도는 없으며 오로지 상호 우호적 관계와 호혜적 교역을 통해 이익을 같이 나누고자 합니다(*Notes From the Korean Legation*, Draft ; *FRUS*, President Arthur Address to the Representatives of Tah Chosun

Corea, 1883, pp. 249~250).

국서제정식의 역사적 의의를 정리해 본다면, 첫째로 조선은 최초의 미국사행을 통하여 자주독립국가라는 사실을 세계만방으로부터 국제적 공인을 받게 되었다. 국서에 '대조선국'·'대군주'를 최초로 사용했을 뿐만 아니라 중국연호를 버리고 「開國年號」만 사용했다. 조미조약에는 청국 光緖연호와 개국연호를 병기했는데, 국서에는 아예 광서연호를 폐기하고 개국연호만 사용했다. 이는 독립국가임을 상징하고 있다. 둘째, 조선사신은 국서를 한글로 번역하여 미국신문에 게재함으로써 조선이 중·일과 상이한 독자적인 고유의 표음문자 「한글」을 가진 문화국가임을 전세계에 과시했다. 셋째로 조선은 주체의식을 살린 자주외교를 유감없이 발휘했다. 조미조약 영문본에는 조선을 일본어식으로 'Chosen'이라 표기하고 있다. 그러나 미국정부는 일제히 대조신을 조선어식으로 'Tah Chosun', 조선인을 'Chosunese'로 표기함으로써 조선은 비로소 종속외교의 기반으로부터 벗어났음을 강조하고 있다.[8)]

국서제정식을 엄수한 후 조선보빙사 일행은 동부지방의 산업시찰 여행길에 올랐다. 보스턴·로우엘 등 산업도시를 순방하면서 사절단이 유숙하는 호텔에는 으레 태극기를 게양하여 조선사절단의 위엄을 과시했다. 견미사절은 미국사행 때 새로 제정한 태극기(1883년 3월 6일 국기제정 반포)를 휴대하고 도미, 이를 호텔 옥상에 게양함으로써 견미사절단의 위엄을 과시했을 뿐만 아니라 조선의 국위를 선양했다. 사절단은 동부지방의 방적공장·미국박람회·월코트농장(Wolcott Farm) 등을 시찰하면서 미국의 선진 영농기술을 도입, 조선의 농업 근대화사업에 착수하고, 서울에서 국제박람회를 개최할 것임을 발표했다.[9)]

동부지방 시찰을 끝낸 조선보빙사는 뉴욕으로 돌아와서 뉴욕의 각 공장

---

8) *Notes From the Korean Legation*, Draft.
*FRUS*, Persident Arthur Address to the Representatives of Tah Chosun, Corea, 1883, pp. 249~250.

9) *Boston Daily Globe*, September 19, 1883.
*New York Herald*, September 27, 1883.
*New York Times*, September 27 · October 23, 1883.
George M. McCune and John A. Harrison, ed., Korean—American Relations, Vol. 1, University of California Press, 1951, pp. 32~34.

그리고 뉴욕 헤럴드 등 신문사·소방서·육군사관학교·우체국 등을 시찰했다. 특히 공장견학 때 유길준은 전기불을 보면서 '마귀불'이라 불렀다.

> 우리는 일본에서 전기용품을 본 일이 있다. 그러나 전기불이 어떻게 켜지는지 몰랐다. 우리는 인간의 힘으로서가 아니라 마귀(devil)의 힘으로 불이 켜지게 된다고 생각했다(*New York Herald*, October 15, 1883).

뉴욕시찰을 완료한 조선보빙사는 워싱턴으로 가서 미국정부 각 부처를 순방했다. 특히 농무부를 방문했을 때, 미국 영농기술도입에 강한 의지를 표명하여 각종 농작물 종자 및 영농책자를 얻었다. 우체국을 방문했을 때 홍영식은 우편제도의 도입에 열의를 보였다. 시찰여행을 끝낸 조선보빙사 일행은 10월 12일 백악관을 예방, 아더대통령에게 고별인사를 나누었다. 이 자리에서 아더대통령은 미국 해군함정 트렌턴(Trenton)호로 전권공사 민영익 일행을 호송하라는 특별지시를 내리면서 항행비용도 미국 해군이 부담하게 조처했다.10)

대통령고별인사를 끝낸 조선보빙사는 두 패로 나뉘어 귀국하게 되었다. 부사 홍영식은 참찬관 미국인 로우엘, 중국인 吳禮堂, 수원 현흥택·최경석·고영철, 로우엘의 개인비서 宮岡恒次郞 등을 대동하고 10월 16일 귀국길에 올랐다. 그러나 정사 민영익은 종사관 서광범, 수원 변수, 해군무관 포크 등과 함께 트렌턴호로 대서양을 항행, 6개월간 유럽 각국을 순방하면서 조선인으로서는 최초의 세계일주 항행 후 귀국하였다. 미국이 중·일에도 없는 해군무관을 조선에 파견한 것은 이례적인 조치이다. 유길준은 민영익의 특별배려로 조선인 최초의 미국유학생 제1호로서 상투를 자르고 양복을 입고 미국에 남아 공부하게 되어서「단발 제1호」가 되었다.11)

정사 민영익과 부사 홍영식이 동행 귀국하지 않고 개별적으로 귀국하게 된 이유를 추구하는 것이 갑신정변 발발의 원인을 밝히는 데 도움이 될 것이다. '편의상 개별귀국설'과 '양자간의 정견분열로 인한 개별귀국설' 두 가지

---

10) Harold J. Noble, "The Korean Mission to the United States in 1883," *Transactions*(1929), p. 14.
*FRUS*, Corea, Frelinghuysen to Foote, November 12, 1883, p. 125.

11) *New York Times*, November 8·16, 1883.

시각이 대립되고 있다. 정·부사는 사행임무를 끝마치고 동행귀국이 일반적 관례이기 때문에 편의상 개별귀국설은 설득력이 없다. 역사적으로 遣外使節간 정견분열로 말미암아 국가적 위난과 외세침략을 당한 일이 있었으니, 임진왜란 직전 日本通信使 정사 黃允吉과 부사 金誠一간의 정견충돌로 말미암아 7년 전란의 환난을 당한 일이 있다. 견미사절의 경우도 정·부사간「政見不和」로 말미암아 갑신정변이 발발한 것이다. 원래 민영익과 홍영식은 뜻을 같이하는 개화파의 동지였다. 민영익을 조선보빙사에 천거한 것도 개화파 영수 김옥균이었다. 그러나 미국사행이 개시되면서 민영익은 민씨 척족세력의 영수로서 친청사대주의 정치노선을 취하고 있었고, 홍영식은 배청·자주독립 노선을 취하면서 양자간 심각한 정치적 갈등과 의견충돌을 빚었기 때문이다. 워싱턴에서의 양자간 정견대립은 노골화되었다. "홍영식은 워싱턴 체재중 민영익과 정견의 충돌을 보게 되었다. 후자는 사대주의를 고집하는데 대해 전자는 독립자주를 역설한 결과 마침내 단호히 손을 뿌리치고 동서로 分路하여 후자는 유럽漫遊의 길을 떠나고, 전자는 태평양을 건너 고국으로 돌아온 것이다."[12] 이와 같이 양자간의 정견분열은 갑신정변 발발의 직접적 원인이 되었다. 민영익과 홍영식 사이의 정견분열로 인한 개별귀국설에 대해서는 수행원 유길준의 증언이 이를 뒷받침해 주고 있다.

> 얼마 안 되어 내가 유학차 미국으로 갈때 일본 동경에서 홍영식과 같이 김옥균을 만나 정치개혁문제를 의정한 바 있다. 김옥균은 나라 밖에서 군사를 양성하고, 홍영식은 나라 안에서 서울주둔 청·일양국 군대를 철수하도록 권고하고, 약 5년 후 거사하기로 했다. 나는 일개 서생으로 이러한 거사계획에 참여할 수 없었고, 다만 이 두 사람의 거사계획담을 듣고만 있었다(《兪吉濬全書》 권 5, 시문편 書趙忠定公, 一潮閣, 1971, 263~265쪽).

이와 같이 조선보빙사가 도미 도중에 동경체재 1개월간 홍영식은 정사 민영익을 따돌리고, 유길준과 함께 그 당시 차관교섭차 동경에 머물고 있는 金玉均을 은밀히 만나 갑신정변 거사계획을 구체적으로 협의했다. 뿐만 아니라 홍영식은 미국사행 임무를 완수하고 귀국길에 동경을 재방문하여 김옥균을

12) 閔泰瑗, 《金玉均傳記》(을유문화사, 1969), 72~73쪽.

만나 차관문제를 협의했는데, 이는 바로 거사자금을 조달하기 위한 것이었다. 홍영식은 1883년 12월 22일 복명한 그 날로 성급하게도 푸트공사를 찾아가 차관교섭 문제를 심도 있게 논의했다는 사실이다.13)

### (3) 조선보빙사 파견의 성과

조선보빙사의 미국파견의 성과에 대하여 민영익은 "서울을 떠날 때 푸트공사는 우리들에게 이렇게 말한 바 있다. 미국정부는 우리를 대대적으로 환영할 것이고, 우리는 미국의 각 공공기관을 시찰할 뿐만 아니라 증기기관과 전기시설까지 시찰할 것이고, 조선에서 볼 수 없는 기타 많은 문물을 보고 듣게 될 것이라고 말했다. 그래서 그의 친절한 격려의 말씀에 감사하고 있다. 그런데 이제 그의 말씀은 현실화되었다. 오히려 푸트가 언급한 이상으로 우리는 친절한 환대를 받았고, 그래서 우리는 미국정부와 각 공공기관에 대해 심심한 감사를 표한다."14)

민영익 일행은 12월 1일 트렌턴호를 타고 유럽 각국 순방여행길에 올랐다. 민영익 일행은 영국·프랑스·이탈리아 등 유럽 각국, 그리고 아프리카의 이집트까지 시찰한 후 수에즈운하를 거쳐 인도양을 항행, 남중국해를 통과, 1884년 6월 2일 귀국하여 복명했다. 조선인으로서는 최초의 세계일주 항행을 완수한 셈이다. 트렌턴호의 6개월간 함상생활에서 포크 해군무관은 민영익과 서광범·변수 사이의 구미문물 견학시찰의 반응이 정반대로 나타나고 있다는 것을 간파했다.

> 나는 이들과 8개월간 가깝게 사귀었다. 민영익은 처음에는 국가발전을 위해 정력적인 노력을 경주하겠다는 의지를 표명한 바 있다. 그러나 오랫동안 관찰해 본 결과 그는 마음이 약하고 변덕심이 심한 성격의 인물임을 알게 되었다. 그는 항상 휴대하고 다니는 유교관계 漢籍만을 탐독하고 있었는데, 이 같은 그의 수구적 태도는 슬프게도 모처럼 구미 선진문물을 관찰하고 계몽을 받을 수 있는 좋은 기회를 놓치는 것 같이 보여서 안타까웠다. 이에 반하여 서광범·변수는 내가 백과사전을 번역하여 설명해 주면 자기 나라에 유용한 사항을 노트에다가 적는데 지

---

13) 尹致昊, 《尹致昊日記》 권 1, 1883년 12월 22일(國史編纂委員會 編, 1973).

14) *New York Herald*, October 15, 1883.

칠 줄 모르는 열의를 보였다(McCune and Harrison, *op. cit.*, pp. 101~111).

6월 2일 제물포에서 서울로 올라오면서 서광범은 포크에게 민영익이 도미할 때에는 개화의지를 가지고 출발했지만 구미 선진문물을 시찰하고 귀국하면서부터는 附淸的 정치노선을 취하고 있다고 밝히면서 결국 민영익은 견문한 진보사상을 버리고 보수반동적 사대주의사상으로 후퇴할 것이라고 예언했다.[15] 서광범은 귀국 직후 정치개혁을 통해 개화운동을 벌임으로써 근대화를 이룩해야 하며, 이러한 거창한 개화사업을 추진하려면 슈펠트를 정치고문으로 雇聘할 것을 역설하기도 했다.[16] 민영익은 구미여행 소감에 대해 "나는 암흑세계에서 태어나서 광명세계로 들어갔다가 이제 또다시 암흑세계로 되돌아왔다"[17]라고 솔직히 피력하고 있다. 홍영식도 "어둠 속으로부터 나와 눈부신 광명세계로 뛰어들어간 기분이나"[18]라고 고백하고 있다. 이와 같이 민·홍 양인은 다같이 암흑세계로부터 광명세계로 들어갔다는 데는 공통점을 이루고 있지만, 홍영식은 광명세계에서 견문한 구미 선진문물을 도입하여 정치적 개혁을 통해 개화운동의 열의를 보인 반면, 민영익은 개화의지를 부정하고 부청정책으로 보수반동적 사대주의 정치노선을 취한 것이다.

조선정부가 견미사절을 파견한 일차적 목적은 조미조약 제2조의 외교관 교환이라는 상호주의 원칙에 따라 사절단을 보냈지만, 주목적은 미국의 선진문물을 도입하여 개화운동을 벌여 보겠다는 데 있다.

첫째로 조선은 고문관·교사·군사교관을 고빙하여 정치개혁을 통해 개화사업을 이룩하려고 했다. 조선정부는 견미사절을 파견한 후 10월 19일 푸트공사에게 직접 고문관·군사교관을 보내 줄 것을 요청했고, 실제로 민영익도 미국정부에 대해 교사·고문관·군사교관 등을 파견해 줄 것을 정식 요청했다.[19] 둘째로 미국문화의 수용이다. 이 취지에 따라 민영익은 유길준을 미국

15) Noble, *op. cit.*, p. 17.
16) *Korea Instructions*, vol. 1, Frelinghuysen to Foote, November 12, 1883. *Shufeldt Letters*, Foulk to Shufeldt, February 26, 1884.
17) *FRUS*, Foote to Frelinghuysen, June 17, 1884, p. 126.
18) Noble, *op. cit.*, p. 16.
19) *Korea Despatches*, vol. 1, Foote to Frelinghuysen, October 19, 1883. Jones, *Foreign Diplomacy in Korea*, p. 415.

에 남게 해서 최초의 국비유학생이 되었다. 셋째로 조선은 미국의 선진 영농기술을 도입, 농업근대화를 성취하려고 시도했다. 이 취지에 따라 최경석은 실제로 농무부로부터 각종 농작물의 신품종 종자 및 농기구뿐만 아니라 심지어 각종 가축까지 도입하여 忘憂里 밖에 農務牧畜試驗場을 개설 운영하는 성과를 거두었다. 넷째로 제도의 개혁이다. 홍영식은 귀국 복명하는 자리에서 대군주에게 미국의 선진제도를 본받아 제도개혁을 단행할 것을 역설하였고, 그의 주장대로 한국 최초의 미국식 우편제도를 도입, 郵征局을 창설하고 그 자신이 우정국 總辦에 취임하였다.[20)]

그러나 1884년 12월 4일 갑신정변 발발로 이 같은 의욕적 개화운동은 좌절되고 말았다. 교사·고문관·군사교관이 도착하기는 정치적 안정을 되찾은 1886년 7월이었다. 한국 최초의 국비 미국유학생 유길준은 고국에서의 정변 소식을 듣고 학업을 중단하고 귀국했고, 최경석의 농무목축시험장은 성공적으로 개장하여 한국 농업근대화에 견인차 역할을 할 것으로 기대했지만, 최경석이 1886년 급사함으로써 농업근대화의 꿈은 무산되었다. 끝으로 갑신정변의 주역 홍영식은「위로부터의 정치적 개혁」을 통해 개화사업을 성취해 보고자 정변을 주도했으나 청군개입으로 인한 거사실패로 그의 근대화 기도는 좌절되고 말았다.

〈金源模〉

## 3. 제도의 개혁

### 1) 정치·군사부문

#### (1) 정부기구의 개편

조선국왕 고종은 강화도조약체결 이후 종래의 의정부와 삼군부체제로는 새로운 대내외 문제에 효과적으로 대응할 수 없다는 것을 깨닫게 되었다. 의

20) 金源模, 〈遣美使節洪英植復命問答記〉(《史學志》 15, 1981), 183~230쪽.

정부 중신을 비롯하여 대부분의 정부 관료들은 사대교린체제에 안주하려 하였으므로 새로운 국제관계에 효과적으로 대처하지 못하였다. 동래부사를 비롯한 지방관으로부터 예조, 의정부로 이어지는 외교통로와 일본 외교관의 도래 또는 외교적 현안이 발생할 때 임시로 마련되는 接見官 講修官 임명 등을 통한 양국관계의 처리는 많은 문제를 야기하였다. 현안처리 기일이 지연되거나 담당관료들의 의식 차이에 따른 사안 처리의 일관성 결여로 분쟁이 끊이지 않는 등 많은 문제를 야기하였다. 또한 대원군이 서양세력의 통상요구를 거절하고 스스로를 지키기 위해 신무기를 개발하고, 해안경비를 강화하는 등 국방을 강화하는 동안 중시되었던 삼군부는 대원군이 실각하고 일본의 강압적 요구를 수용할 수밖에 없었던 상황에서 무력감을 드러내었다. 조선 후기 비변사가 국방문제를 비롯한 대내외 문제 전반을 다루었다면 삼군부는 邊情과 군사문제에 국한하여 그 권한을 행사하도록 조치되어, 1871년의 신미양요 당시에는 그런 대로 그 존재 가치를 발휘하였다. 그러나 대원군이 실각하고 雲揚號사건에서 일본의 무력시위에 효과적으로 대처할 수 없었던 삼군부는 유명무실한 상태에 놓이게 되었던 것으로 보여진다.[1)]

이러한 상황에서 새로운 외교적 현안은 더욱 중대되었고 문호개방을 요구하는 열강의 위협 또한 계속 증대되었다. 조선은 스스로를 지키기 위한 효과적인 외교와 武備自強策을 강구하지 않으면 아니 되었다. 조선국왕 고종은 수신사의 보고를 통해 일본의 발전상을 알게 되었고, 또한 일본과 러시아의 위협이 증대되고 있는 가운데 미국에 대한 수교의 유용성도 알게 되었다. 서양의 새로운 문물도입을 통한 부국강병책의 마련이 시급함도 알게 되었다. 그리하여 고종은 이를 위한 새 기구의 설치를 마련토록 지시하게 되었다. 이렇게 해서 마련된 새 기구가 통리기무아문이었다.[2)]

통리기무아문 설치의 직접적인 계기는 새로운 기계제조 기술을 배우게 해

---

1) 《承政院日記》, 고종 17년 12월 20일.

2) 統理機務衙門에 대해서는 다음의 연구로 그 설치 경위와 조직 및 기능이 밝혀졌다.
全海宗, 〈統理機務衙門 設置의 經緯에 對하여〉(《歷史學報》 제17·18집 1962).
李光麟, 〈統理機務衙門의 組織과 機能〉(《開化派와 開化思想 硏究》, 一潮閣, 1989).

달라는 조선정부의 청원에 대한 청나라의 답신이 오면서부터였다. 새로운 무비에 관심이 많았던 고종은 1880년 4월 사역원에 명하여 기기의 수입 및 기계제조 기술의 학습에 대한 청나라의 협조를 구하는 문안을 작성토록 지시하는 한편 정부에 대하여 청에 파견할 인재들을 천거하도록 명하였다. 이어 정부는 무비강구의 자문을 만들어 청나라에 보냈고, 청나라는 조선의 요구를 수락하였다. 기계제조 학습에 대한 청나라의 수락통보를 받은 고종은 바로 이 문제의 처리와 사대·교린·변정 등에 관한 일을 맡을 새로운 기구의 설치를 명하였다.[3] 이어 신설 기구에 대한 절목을 빨리 만들어 바치도록 독촉하였다.[4]

국왕의 독촉을 받은 의정부는 대신과 참찬, 그리고 유사당상들과 의논하여 절목을 만들어 바치는 한편 신설아문의 처소 마련이 쉽지 않음을 호소하였다. 이에 대해 국왕은 "삼군부의 설치가 비록 여러 해가 되었으나 지금은 한만한 직책이니 이를 혁파해서 신설아문의 처소로 삼도록 하라"고 답하였다.[5] 이렇게 해서 마련된 통리기무아문은 事大司·交隣司·軍務司·邊政司·通商司·軍物司·機械司·船艦司·譏沿司·語學司·典選司·理用司 등 12개사로 조직되었다.[6] 통리기무아문은 군국기무를 總領할 수 있도록 정1품아문으로 그 지위가 보장되었고, 대신 중에서 총리를 임명하고 시·원임대신으로 이 기관의 都相을 겸하게 하였다. 따라서 1881년 1월 19일(음력 12월 20일) 아문이 설치되자 당시의 실력자들이 당상으로 임명되었고, 중견 인물들이 각사의 낭청에 등용되었다. 또한 외무를 처리하여야 했으므로 외국어에 밝은 漢學과 倭學의 역관들을 참사로 임명하였다. 그리고 당시 비상한 인물로 알려진 수문장 이제마(한의)와 별선군관 이동인(승려) 등이 참모관으로 발탁되었다.[7]

이렇게 출발한 통리기무아문은 나라의 모든 중요 기밀을 취급하게 되어 처음 삼군부 자리에 있다가 그 처소를 궁궐 안 內兵曹·典設司 근처로 옮기게 되었다.[8] 그러나 12사는 그 설립 취지에 비해 업무처리와 효율성에 문제

---

3) 《備邊司謄錄》 261, 고종 17년(1880) 12월 7일.
4) 《備邊司謄錄》 261, 고종 17년 12월 17일.
5) 《備邊司謄錄》 261, 고종 17년 12월 20일.
6) 全海宗, 앞의 글, 689쪽.
李光麟, 앞의 글, 6쪽.
7) 李光麟, 위의 글, 4~11쪽.

가 있었던 듯 1881년 12월에 이르러 사대사와 교린사를 통합하여 同文司로 합치는 등, 軍務司·通商司·典選司·律例司·監工司 등으로 축소 조정되었다.[9] 주로 대외문제의 효과적인 처리를 위해 설치되었던 통리기무아문은 대외문제 만이 아니라 군국기무와 관련된 내정문제도 처리함으로써 조선 후기의 비변사와 같이 국정의 최고기관으로 자리 잡게 되었다. 고종은 통리기무아문을 중시하여 아문의 현판을 직접 써서 하사하였을 뿐만 아니라 중앙의 각사 제궁과 지방 8道4都로부터 대·소 업무를 보고 받아 처리하도록 하였다. 평상시 국왕과 차대할 때에는 경리당상들이 모두 모여 국정을 협의 결정하고, 긴급한 일이 있을 때에는 각사의 당상들이 일단 궁궐 밖에 모여 협의한 뒤 국왕에게 보고하도록 함으로써 통리기무아문은 국가의 모든 중요한 문제에 관여하였다.[10]

통리기무아문은 설치된 이후 제일 먼저 領選使의 파견문제를 처리하였다. 영선사란 새로운 군기제조의 기술습득을 위하여 학도와 공장을 인솔하고 청나라에 갔던 사신을 말하는 것으로, 이에 대한 조선의 청원이 청나라에 의해 받아들여지면서 이의 처리가 통리기무아문 설치의 직접적 계기가 되었던 것이므로 당연하다 하겠다. 다음으로 통리기무아문은 일본의 신문물 시찰을 위한 신사유람단 파견, 신식 군인 별기군 설치와 군제개편, 미국을 비롯한 서양제국과의 수호조약체결 등을 추진하여 개화정책 담당기구로서 기능을 발휘하였다. 이외에도 일본인의 침투가 심해진 울릉도에 대한 검찰관의 파견, 해로의 요충지인 동래부 절영도에 鎭을 설치하는 문제, 재정문제 해결을 위한 鑄錢, 금은채광과 包蔘管理 문제 등 각종의 현안을 처리하였다.[11]

1882년 7월 임오군란이 일어나자 통리기무아문은 폐지되었다. 보수적 유학자들을 비롯한 개화 반대세력들은 개화정책 추진에 앞장서 온 통리기무아문과 신식 군대인 별기군의 폐지를 주장하였고, 개화정책의 일환으로 별기군이 설치되면서 소외되고 차별대우를 받았던 구식 군인들의 난을 계기로 대원군

8) 《承政院日記》, 고종 18년 1월 17일·18일.
9) 《高宗實錄》, 고종 18년 11월 9일.
10) 李光麟, 앞의 글, 12~23쪽.
11) 위와 같음.

은 정권을 잡게 되었고, 별기군의 해체에 이은 군제의 복구와 더불어, 과거 대원군의 攝政기간에 중시되었던 변정·군사기구인 삼군부의 권한이 다시 부활되면서 통리기무아문은 혁파되었던 것이다.[12] 그러나 대원군이 집권 33일 만에 중국으로 납치되어 가자 고종은 기무처를 궁궐 내에 설치하여 중요 문제를 논의하고 처리하게 하였다.[13]

그런데 기무처는 임시기구로서 규모 면에서 날로 복잡해지는 국정을 처리하기에 적절치 않았던 모양으로 고종은 다시 1882년 12월 통리아문 및 통리내무아문을 설치하였다.[14] 이어 1883년 1월에는 통리아문을 통리교섭통상사무아문(약칭 외아문), 통리내무아문을 통리군국사무아문(약칭 내아문)이라 개칭하였다.[15] 이어 삼군부와 기무처는 통리군국사무아문에 합병하였다.[16] 전자는 외교통상관계 사무를, 후자는 군국의 기무를 비롯하여 내정일체를 관장하게 하였다. 이 두 관청에는 당시 이름난 대부분의 인재들이 배치되어 개화정책을 추진하고 새로운 국제정세의 변화에 대처하였다.[17] 내정과 군사를 담당하는 통리군국사무아문은 갑신정변 이후 의정부에 합부되었다가[18] 다시 내무부로 부활되었다. 내무부는 초기에 軍務局·司憲局·修文局·地理局·工作局·職制局·農務局 등을 두어 내정전반을 관할하였고, 뒤에도 필요에 따라 商理局·鑛務局 등 새로운 국을 증설하여 현안문제들을 해결하였다.[19]

이와 같이 내외정세의 변화에 따라 새로운 기구가 설치되었으므로 자연히 유명무실한 기구와 인원에 대한 조정이 필요하게 되었다. 더욱이 오랜 동안 내려 온 불필요한 기구와 관직, 이에 따르는 수세정책의 난맥과 재정낭비는 개항 이후 새로운 정책과 사업의 추진을 어렵게 만들고 있었다. 이에 정부는 이를 시정하고자 1882년(고종 19) 10월 20일 減省廳을 설치하였다. 감생청은 국왕의 식사·복식에서부터 형식과 낭비를 줄이는 한편 왕족과 공신 후예들

---

12) 《承政院日記》, 고종 19년 6월 10·12일.
13) 《高宗實錄》, 고종 18년 7월 25일.
14) 《高宗實錄》, 고종 19년 11월 18일.
15) 《高宗實錄》, 고종 19년 12월 4일.
16) 《高宗實錄》, 고종 19년 12월 22일.
17) 李光麟, 〈開化·斥邪運動〉(《韓國史講座》 V, 一潮閣, 1981), 161쪽.
18) 《高宗實錄》, 고종 21년 10월 21일.
19) 《高宗實錄》, 고종 22년 5월 25일·6월 20일·8월 10일, 24년 4월 5일 참조.

을 대우하기 위해 만들어진 필요 이상의 관청이나 인원을 줄이는 작업을 전개하였다. 더 나아가 행정절차를 간소화하고 중앙과 지방의 관청과 인원, 그리고 군사조직을 축소 조정하고 문벌에 관계없이 인재를 등용하여 효율성을 높이고 재정낭비를 줄일 수 있는 조치를 취하도록 국왕에게 건의하였다. 또 收稅혼란과 공물납부의 폐해도 시정토록 조치하였다. 이에 국왕은 각 기관과 관료들에게 감생청의 조치를 철저히 이행토록 명령하였다.[20] 그러나 이렇게 과감하게 추진되었던 정부의 개혁작업은 실제에 있어서는 성과를 거두지 못함으로써 개화정책의 추진을 어렵게 하였던 것으로 생각된다.[21]

### (2) 군사제도의 개혁

#### 가. 군사편제의 변천

서구열강의 통상요구가 거세지는 가운데 집권한 대원군은 집권 붕당세력의 군사권 장악의 수단으로 활용되어, 왕권을 약화시키는 기구로 기능하고 있던 비변사의 권한을 축소하여 유명무실해졌던 의정부의 정치적 기능을 회복시키는 한편 삼군부를 부활시켜 군사·국방문제를 분담하게 하였다.[22] 대원군은 삼군부를 의정부와 대등한 1품아문으로 승격시켜 병조에서 독립된 아문으로서 모든 軍令權을 장악하게 하였다. 이어 대원군은 세도정치기를 거치면서 허약해진 훈련도감·금위영·용호영·총융청·어영청 등 5군영의 중앙군을 개편 강화하여 국왕호위를 보강하는[23] 한편 서양세력의 침입에 대비하여 경기연안에 포대시설을 강화하는 한편 강화부를 진무영으로 승격시키고 주변 요새에 포대와 포군을 배치하였을 뿐만 아니라 남북의 국경경비도 강화하였다.[24] 그리고 각종의 무기를 구입하거나 개발하는데 진력하였다.[25] 이러한 노력을 전개하던 대원군은 1873년 국왕의 친정을 주장하는 세력에

---

20) 李鉉淙, 〈高宗때 減省廳 설치에 대하여〉(《金載元博士回甲紀念論叢》, 1969).
21) 《高宗實錄》, 고종 20년 9월 23일.
22) 《承政院日記》, 고종 2년 3월 28일·5월 26일, 5년 3월 23일·6월 8일·6월 18일 참조.
23) 車文燮, 〈舊韓末 軍事制度의 變遷〉(《軍史》 5, 1982), 24~48쪽.
24) 《高宗實錄》, 고종 8년 1월 25일·5월 25일.
25) 李瑄根, 〈國防對策과 軍制改革〉(震檀學會 編, 《韓國史》 最近世篇, 乙酉文化社, 1973), 208~218쪽.

밀려 실각하였다.

대원군을 하야시킨 새 정부는 武衛所를 설치하여 국왕에 대한 호위를 강화하는 등 국왕친위군을 강화하였다.[26] 그러나 외침에 대해서는 별다른 군비 강화책을 마련하지 못한 채 일본이 보낸 운양호의 무력시위에 굴복하여 강화도조약을 체결하지 않으면 아니 되었다. 새 정권은 조약의 체결로 일단 병화를 모면하였으나 계속되는 일본과 열강의 위협 속에 새로운 군사체제를 마련할 필요성을 절감하게 되었다. 그리하여 전술한 바와 같이 청나라에 새로운 군기제조의 방법을 가르쳐 주도록 청원하였다. 25명의 학도와 13명의 공장을 비롯한 69명의 인원이 김윤식의 인솔하에 天津機器局에 파견되어 신무기 제조기술을 학습하도록 조치되었다. 그러나 학도들은 근대적 기술을 받아들일 태세가 되어 있지 않았고 정부의 재정적 뒷받침도 부족하여 소기의 성과를 거두지 못하였다.[27] 다만 종사관 김명균이 천진에서 공장을 데리고 귀국하여 機器廠을 설치한 것에 만족하여야 했다.[28]

조선의 재정은 강화도조약체결 이후 일본의 경제적 침탈이 심화되는 가운데 어려워지고 있었다. 특히 일본으로 많은 미곡이 유출됨으로써 미곡이 부족하여 군에 대한 녹봉미 지급이 제대로 이루어지지 못하는 상황에까지 이르게 되었다. 조선정부는 이런 가운데 군사제도의 개혁을 추진하였다. 1881년 5월 통리기무아문의 진언에 의하여 신식 군대로 별기군을 창설하였다. 수신사 김홍집을 수행하여 일본에 갔던 윤웅렬이 통리기무아문 군무사 경리당상 민겸호와 예조판서 홍우창을 설득하여 추진한 것이었다. 민겸호와 홍우창은 국왕에게 새로운 군사훈련의 필요성을 건의하였고, 일본공사관 공병 중위 호리모토(掘本禮造)를 교관으로 초빙하여 5영의 군인 중에서 80여 명을 선발하여 훈련을 실시하였다.[29] 한편 구식 군대의 편제도 개혁을 추진하였다. 1882년 2월 통리기무아문은 7조로 된 〈各軍門變通節目〉을 마련하여 국왕에게 상주하였다. 즉 종래의 무위소·훈련도감·용호영·호위청을 합하여 무위

26) 車文燮, 앞의 글, 29쪽.
27) 權錫奉, 〈領選使行에 對한 一考察〉(《歷史學報》 17·18, 1962), 277~312쪽.
28) 金允植, 《陰晴史》(國史編纂委員會, 1958), 225쪽.
29) 李光麟, 〈別技軍의 설치〉(앞의 책, 1989), 15~16쪽.

영으로, 금위영 어영청·총융청을 합하여 장어영으로 하는 2영체제로 축소 조정하였다.[30]

이러한 군제개혁은 반발에 부딪히게 되었다. 무위영 소속의 별기군은 일본 교관의 교도 아래 구식 군인과는 달리 국왕의 근위병으로, 민씨 척족의 사병과 같이 여겨져 우대되었다.[31] 이에 구식 군대 소속의 군인들은 불만을 나타내었다. 13개월이나 밀렸던 녹봉미를 지급하는 과정에서 불만을 터뜨린 구훈련도감 군인들을 중심으로 폭동이 일어나 민겸호와 이최응을 비롯한 고관들이 습격을 당하여 희생되고 민비는 충주로 피신하였다. 별기군의 일본인 교관 掘本禮造도 희생되었다. 임오군란이라고 불리는 이 난을 계기로 대원군이 다시 정권을 잡게 되었다.[32]

임오군란 후 고종은 무위영을 訓局으로 바꾸게 하고 각 營도 복구토록 하였다. 그러나 청나라의 개입으로 5군영제는 다시 개편되었다. 청은 임오군란이 일어나자 군대를 파견하여 대원군을 납치하였다. 그리고 종주권을 내세워 조선의 내정에 간섭하였다. 특히 군제개편은 군란 뒤 서울에 진주한 청국 광동수사제독 吳長慶의 막료 袁世凱의 주도하에 진행되었다. 오장경 휘하의 원세개가 조선의 장정 1,000여 명을 선발하여 1隊는 王得功을 시켜 훈련원에서 교련하고, 또 다른 1대는 朱先民·何增珠 등 청군 장교들을 교관으로 삼아 東營에서 훈련하였다. 이를 新建親軍이라 하는데, 전자는 좌영으로 이조연을, 후자는 우영으로 윤태준을 감독으로 임명하였다. 뒤이어 1883년 10월 23일 교련소를 설치하여 박영효가 廣州에서 양성하던 南漢敎鍊兵隊를 친군 전영으로 재편하고, 1884년 7월 22일 연융대에 이주한 부대를 친군 후영으로 하여 이른바 친군 4영이 성립되었다. 이들 전영과 후영은 일본식으로 훈련된 병사들로 구성되었다. 그리하여 이들은 좌·우영군과 갈등을 일으키기도 하였다.[33] 또 그동안 舊京軍4營(용호영·금위영·어영청·총융청)의 군이 1884년 8월 29일 친군 4영에 옮겨 같이 훈련을 받다가 이들 중 금위영과 어영청 군

30) 李光麟, 〈軍制改編〉(위의 책), 20~21쪽.

31) 林在讚, 〈開化期 軍制改編에 대하여〉(《考古歷史學志》 5·6, 東亞大 博物館, 1990), 359~375쪽.

32) 李光麟, 〈壬午軍亂〉(앞의 책, 1981), 145~149쪽 참조.

33) 崔炳鈺, 〈壬午軍亂後 親軍制의 成立과 그 矛盾〉(《軍史》 26, 1993), 76~119쪽.

을 합하여 친군 별영으로 조직되었다. 이로써 중앙군인 경군은 형식적으로는 비록 군무사 조련국에 의해 통할 절제되었으나 완전히 청군식으로 편제되고 청군에 의해 훈련되었다.[34] 무기는 이홍장에게 요청하여 천진기기국으로부터 구제 12방, 청동포 10문, 영국제 시조총 1,000정과 탄약 등을 공급받아 훈련에 사용하였다.[35]

이후 미국으로부터 군사교관을 초빙한 조선정부는 다시 군제개혁을 단행하였다. 미국의 다이장군 등 4명의 군사교관이 도착한 뒤인 1888년 5월 11일 국왕은 총리내무부사 심순택·김홍집을 소견하여 군제변통을 詢議하였다. 청의 간섭 아래 좌·우·전·후 4영 외에 별영, 해방영 등이 설치되었는데, 각 영이 분치되어 군비가 과다하게 지출되고 또 영마다 5백명은 훈련규칙에도 적합하지 않으니 개혁하자는 것이었다. 그리하여 청의 간섭하에 설치되었던 군영들은 장위영·통위영·총어영의 3영으로 축소 조정되었다. 즉 우영 후영 해방영을 합하여 통위영, 전영과 좌영을 합하여 장위영, 별영을 총어영으로 개편하였다. 그리고 1891년 2월 왕명에 의하여 경리청이 복설되었다[36]. 이는 수도 외곽 방비의 요충지인 蕩春臺와 北漢山城의 수비를 전담하는 군영으로 처음에 통위영에 속해 있던 전 총융군을 다시 분리하여 편성한 것이었다.[37] 이듬해 용호영·총어영·경리청은 합하여 친군으로 불리게 되었다.[38]

군제개혁은 주로 중앙군 중심으로 이루어져 지방군은 별다른 발전을 이루지 못하였다. 다만 중앙군이 차츰 신식 군대화함에 따라 지방 요지의 군대는 친군영체제로 신식 군대화하게 되었다. 강화도에 친군 심영, 평안도에 친군 서영, 경상도에 친군 남영 등을 두어 친군영체제를 본받아 훈련하게 하고, 때로는 상경하여 중앙군과 함께 훈련하도록 했으나, 지방은 갑오개혁에 이전까지 그대로 鎭軍이 수비를 담당하였다.[39]

---

34) 林在讚, 앞의 글, 364~365쪽.
35) 《高宗時代史》 II(國史編纂委員會, 1968), 396쪽.
36) 《高宗實錄》, 고종 25년 4월 19일, 28년 2월 27일 참조.
37) 林在讚, 앞의 글, 366쪽.
38) 《高宗實錄》, 고종 29년 9월 17일.
39) 車文燮, 앞의 글, 34쪽.

### 나. 사관 양성제도의 마련

조선정부는 신식 군사지휘관인 사관을 양성하기 위하여 1882년 12월 서재필을 비롯한 14명의 청년을 선발하여 일본 동경의 陸軍戶山學校에 파견하였다. 그러나 이들은 갑신정변을 추진하던 김옥균 일파의 소환으로 교육을 받기 시작한 지 일년 좀 넘어 귀국하였다. 개화당 요인들은 1884년 7월 서재필 등 유학을 갔던 사관생도 14명이 일본에서 귀국하자 국왕에게 사관학교를 설립하여 그들을 수용하도록 건의하였다. 또 창덕궁으로 불려가 교련과 체조 등을 시범하여 국왕으로부터 칭찬을 받은 사관생도들이 국왕에게 사관학교 설립을 간청하자, 고종은 이를 받아들여 조련국을 설치하고 서재필을 사관장으로 임명하고 사관학교 설립을 추진토록 하였다. 이는 청국군의 압력으로 실현되지 못하였다.[40)]

조선의 사관양성제도는 미국으로부터 군사교관이 초빙되어 온 1888년에 이르러 연무공원이 설립됨으로써 드디어 정식 출범하게 되었다. 1882년 미국과 수호조약을 체결한 조선정부는 미국에 대하여 군사교관의 파견을 요청하였다. 이후 우여곡절을 거친 끝에 1884년 4월 미국으로부터 다이준장, 커민스대령, 리소령, 그리고 일본에 있던 예비역 해군 대령 닌스테드가 고빙되어 부임하였다.[41)]

미국 군사교관의 부임에 앞서 국왕 고종은 1888년 1월(음력 1887년 12월) 16세 이상 27세 이하로 훈련받을 학생을 우선 천거하도록 명하였다. 그리고 한 달 뒤에는 연무공원 설치에 관한 조서를 내리고 그 시행에 다른 제반규칙에 관한 자세한 절목을 만들어 바치도록 내무부에 명령하였다. 국왕의 명에 따라 내무부는 일차로 40명의 청년을 선발하여 장교교육을 시키는 한편 같은 해 6월 〈연무공원직제절목〉을 만들어 바쳤다. 한편 국왕은 연무공원을 운영할 관리들을 임명함으로써 운영체계를 갖추게 되었다.[42)]

이렇게 출발한 연무공원은 초기 얼마 동안은 활기에 넘쳐 있었다. 일차로 선발된 40명의 연무공원 학도들은 새로운 제복을 입고 장차 새로운 군대의 장교가 될 희망으로 열심히 교육에 임하였다. 그들의 열성적인 관심과 소질

---

40) 李光麟, 〈美國軍事敎官의 招聘과 鍊武公院〉(《韓國開化史硏究》, 一潮閣, 1981).
41) 李光麟, 위의 글, 161~173쪽.
42) 《高宗實錄》, 고종 24년 12월 1일·25일, 25년 6월 22일 기사 참조.

은 교관들에게 큰 자극을 줄 정도였다. 그리고 정부는 이들 연무공원 학도들에게 각종 신식 무기의 사용법을 체득시키기 위하여 신식 무기를 구입하였다. 즉 고종 25년(1888년) 9월 21 조선정부는 각국 공사에게 공문을 보내 연무학도들에게 보여주려고 하니 각국에서 현재 사용하는 무기를 한 자루씩 신속히 구입해 보내주도록 협조를 요청하였다. 이 결과 미국 일본·독일·러시아의 무기들이 수입되어 연무공원 학도들의 군사훈련에 이용되었다.43)

그러나 연무공원의 운영은 점차 부진한 상태에 빠지게 되었다. 정부의 재정난, 담당관료들의 무능과 부패, 담당관료와 교관들간의 불화, 기성 군인과 원세개 등의 방해공작 등으로 교관과 학생들은 점차 의욕을 상실하게 되었기 때문이었다. 운영이 지지부진하던 연무공원은 동학농민전쟁을 계기로 조선에 진출한 일본군이 1894년 7월 조선군을 무장해제 시키는 한편 신식 무기를 약탈한 뒤 개혁을 강요함으로써 자연히 없어지게 되었다.44)

그럼에도 불구하고 연무공원은 근대한국군제사에서 일정한 위치를 점하였다고 할 수 있을 것이다. 1895년 을미사변 1개월 뒤 친일 훈련대가 해산되고 친위대가 설치되었을 당시 연무공원 출신 인 이범래가 참령으로 제1대대장, 이진호가 참령으로 제2대대장, 남만리가 중대장으로 임명되어 국왕친위대의 요직을 독점했던 사실이 이를 말해준다고 할 것이다. 열강의 각축에 따른 정세의 변화로 상당수의 연무공원 출신들이 희생되었으나 연무공원교육을 통해 이루어진 미국식 훈련규칙과 작전법 등이 상당기간 근대 초기 한국군훈련에 계속 적용되었던 것으로 평가되고 있다.45)

### 2) 경제부문

#### (1) 농업기술의 도입과 상업적 농업의 진흥

가. 농업진흥을 위한 제도 마련

개국통상과 서양문물의 수용을 통한 부강한 근대국가 수립을 앞장서 주장

43) 李光麟, 앞의 글(1981), 181~184쪽.
44) 李光麟, 위의 글, 178~193쪽.
45) 李光麟, 위의 글, 181~202쪽.

하고 있었던 개화파들은 지주·전호제의 합법화를 통해 지주자본을 바탕으로 농업을 발전시키고 이를 토대로 상업과 무역을 발전시켜야 할 것으로 생각하고 있었다. 자연히 그들은 토지재분배를 통한 농민경제의 안정을 추구하기보다는 地租改正에 의한 합리적 수세를 통한 농민경제의 안정과 지권의 발행 등에 의한 지주층의 보호를 통한 국가 부강의 실현을 추구하였다.[46)]

이들 개화파는 농민경제의 안정을 토지재분배를 통해서가 아니라 조세제도의 개혁을 통하여 이루려 하였으므로 자연히 농민경제를 파탄으로 내몰고 있었던 삼정의 개혁을 추구하였다. 박규수·유신환 등의 삼정개혁론을 계승한 김윤식은 군포제도를 혁파하여 그 세를 전세에 포함시켜야 한다고 주장하였다. 당시의 삼정은 권력과 신분, 부력에 따라 불공정하게 적용되어 국민의 원성을 사고 있었으므로, 세를 단일화하여 전결을 기준으로 모든 세를 부과하면 토지가 많은 자는 많이, 토지가 없는 자는 세금을 내지 않게 되어 사회가 안정될 것으로 생각하였다. 김윤식은 지주에게 부과하는 세금도 과중하지 않아야 하며, 商稅나 船稅를 새로 설정하여 부과함으로써 국가재정을 충실히 할 수 있다고 보았다.[47)]

갑신정변을 주도했던 김옥균과 박영효 역시 세제개혁을 통한 민생안정에 역점을 두고 있었다. 김옥균은 갑신정강 14개 항에서 지조법의 개혁과 환곡의 혁파를 도모하였다. 그리고 박영효는 일본 망명중 국왕에게 다음과 같이 상소하였다.[48)]

1. 地租를 개량하고 地券을 발행할 것.
1. 민이 외국인에게 토지 파는 것을 금할 것.
1. 세금과 수렴을 가볍게 하고 그 법을 너그럽게 하여 편중되는 일이 없게 할 것.

지조개정을 통한 민생안정책은 유길준에 의해 더욱 구체화되었다. 유길준

---

46) 金容燮, 〈甲申·甲午改革期 開化派의 農業論〉(《韓國近代農業史研究》, 一潮閣, 1981), 303~432쪽.
47) 金容燮, 위의 글, 330~331쪽.
48) 金容燮, 위의 글, 331쪽.

은 지조개정을 위해서는 토지를 새로이 측량하여 지권을 발행함으로써 소유주를 분명히 하고 토지가격을 확정하여 토지면적과 가격에 따라 세금을 부과해야 한다고 주장하였다. 또한 토지면적은 결부제가 아닌 경무법으로, 수세는 현물세가 아닌 금납제로 할 것을 주장하였다.49) 즉 개화파는 지주층을 보호하고 농업을 발전시켜 이를 바탕으로 상업과 무역을 발전시킴으로써 부국강병을 이루자고 주장하였다.

그리하여 조선정부에서는 우선 농업발전을 위한 방안으로 〈統戶規則〉·〈農務規則〉·〈養桑規則〉 등 일련의 농업정책을 마련하였다. 모두 4조로 된 〈통호규칙〉은 5가작통법의 호법을 분명히 하고, 각 읍에는 농과장의 직제를 신설하여 농업권장에 힘쓰고 농업발전에 방해가 되는 놀고먹는 자를 없애는 것을 주요 목표로 하였다. 그리고 모두 6조로 된 〈농무규칙〉은 농지를 개간하고 수리시설을 신설 또는 보수함으로써 농업을 크게 발전시키는 것을 주요 목표로 제정되었다. 오래된 舊陳田을 개간한 자에게는 그 소유권까지도 넘겨주고 특히 농지개간에 우수한 성적을 올린 자에게는 벼슬과 여러 가지 포상을 약속함으로써 농지개발사업에 대한 의욕을 촉구하였다.50)

이와 더불어 조선정부는 농지개발에 민간자본을 동원하기 위한 조치를 강구하였다. 이미 서구의 회사조직에 의한 민간자본의 동원방법 등이 《한성순보》 등에 소개되고 있는 상황에서, 국왕은 1884년 9월 농정에 관한 교서를 내려 군국아문으로 하여금 農桑·織造·瓷甎·牧畜·紙茶 등을 전담할 기구설치와 敎民興業을 위한 방안을 강구하도록 지시하였다.51) 이에 따라 정부는 전부터 조선사회에 관행 되던 계와 향약의 전통 위에 서구 자본주의사회에서 성행하는 회사의 개념을 도입하여 농상회사의 설립을 추진하였다.52) 즉 1885년 2월 〈京城農桑會章程〉이 마련되어 농지개발을 위한 회사가 설립되었다. 정부의 지원하에 이 회사는 자금을 모아 회를 설립하고 농기구를 비치하고 개간할 현지를 조사하여 저수지와 관개시설을 확충하는 한편

49) 金容燮, 위의 글, 333~334쪽.
50) 《漢城旬報》 7호, 고종 20년 12월 1일(1883. 12. 29), 〈內衙門布示〉.
51) 《日省錄》 284책, 고종 21년 9월 12일.
《承政院日記》, 고종 21년 9월 12일.
52) 金容燮, 앞의 글, 350쪽.

농업생산력을 높이고 수입을 올릴 뿐만 아니라 유학생을 파견하고 각국과의 통상을 확대하여 민과 국의 부를 확충하는 것을 목표로 하였다. 그리고 정부는 더 나아가 각 지방의 인민들이 이 회사를 모방하여 지방단위의 농지개발회사를 설치할 것을 희망하였다. 이에 따라 交河農桑社가 설립되기도 하였다.[53]

나 농무목축시험장과 농무학당

조선정부는 또한 개화파의 주도하에 새로운 기술과 경영기법의 수용을 통한 농업진흥을 꾀하였다. 개항 이후 일본과 미국을 방문한 조선정부의 지도자들은 조선의 농업이 이들 나라에 비해 뒤떨어져 있음을 알게 되었다. 농업을 근본으로 삼고있는 나라에서 농업이 다른 나라에 비해 뒤떨어져 있다는 것은 곤란한 일이었다. 그리하여 조선정부의 지도자들은 이들 나라로부터 선진 농법과 기술을 받아들이려고 노력하였다.

1881년 신사유람단의 일원으로 일본을 방문하였던 김옥균·박영효·서광범 등은 1882년에 일본을 시찰하고 돌아온 후 농업기술 전문가를 양성하여야 한다고 강력히 주장하였다. 이 영향으로 서재창이 중심이 되어 농업학교의 설립을 추진하였고,[54] 안종수는 일본인 농학자 津田 仙으로부터 농서를 구입하고 이를 바탕으로 《농정신편》을 저술하여 서양의 농법을 국내에 소개하였다.[55] 또한 1882년 미국과 수호조약을 체결한 뒤 미국을 방문하였던 보빙사 일행은 보스턴박람회와 월코트모범농장 시찰을 통해 미국의 농법과 농업기계 기술 등이 우리보다 발달하고 있음을 알고 이를 배워들이려고 하였다. 따라서 보빙사 일행은 미국 농무성으로부터 각종 농작물의 종자를 얻는 한편 전권대신 민영익은 미국무장관 프릴링하이젠(F. T. Frelinghuysen)에게 기술자의 파견을 요청하였다. 미국을 방문했던 보빙사 일행은 귀국하여 미국 시찰에 대한 보고와 함께 국왕에게 새로운 농업기술을 도입하기 위한 모범농장의 설치를 건의하였다. 이에 국왕은 서울 망우리 일대의 광대한 토지를

---

53) 金容燮, 위의 글, 353~354쪽.

54) 孫仁銖, 《韓國開化敎育硏究》(一志社, 1981), 266쪽.

55) 李光麟, 〈農法의 導入〉(앞의 책, 1981a), 246쪽.

모범농장부지로 하사하였고, 1884년 초 최경석을 관리관으로 삼아 농무목축 시험장을 설치하였다.[56] 모범농장의 설치와 함께 조선정부는 미국의 농기계 수입을 추진하여 벼베는 기계, 벼 떠는 기계, 심는 기계, 인분 뿌리는 기계, 저울, 보습과 쇠시랑 등 미국에서 사용되고 있던 새로운 종류의 기계들을 수입하였다.[57]

모범농장에는 각종 농작물과 야채, 과수들을 재배하였다. 보빙사 일행이 미국에서 얻어 온 것, 뒤에 미국에서 보내온 것, 그리고 재래종 등 많은 종류의 것을 시험 재배하였다. 그리고 1년 뒤 이곳에서 시험한 재배법과 사용법을 소개한 해설서를 첨부하여 수확물의 종자를 305개 처에 달하는 지방 군현에 보내 재배토록 권하였던 것으로 파악되고 있다. 한편 미국 캘리포니아에서 소와 말 등의 가축도 들여다 품종개량과 사육방법의 개선을 꾀하고 버터 치즈까지 만들 수 있는 낙농업도 계획하였다.[58]

그러나 농무목축시험장은 1886년 봄 큰 시련에 부딪히게 되었다. 그 동안 열성적으로 시험장을 경영해오던 최경석이 급사했기 때문이었다. 최경석은 급변하는 정치적 변혁기에 정치보다는 농업문제의 해결에 더 열성적이었다. 보빙사의 수원으로 미국을 방문하던 당시부터 동료 수원인 변수 등과 함께 미국의 선진적인 농업기술에 깊은 관심을 가지고 이의 연구와 보급에 혼신의 힘을 기울이었고 그 결과 병을 얻어 급사했던 것으로 파악되고 있다.[59] 최경석과 같이 보빙사 수원의 일원이었던 변수는 1882년 김옥균을 수행하여 일본에 갔다가 교토에 남아 양잠학과 화학을 공부하였고, 갑신정변 후 미국에 망명하여 메릴랜드주립농과대학에서 농학을 연구하였다. 그러나 그는 1890년 10월 교통사고로 사망하였다.[60] 이렇듯이 개화파 인사들은 선진 산업기술을 직접 배워 조선의 산업 발전에 이바지하고자 하였다. 미국의 선진 농업기술을 배워들이려 했던 이 두 사람의 죽음은 조선으로서는 큰 불운이었

---

56) 李光麟, 〈農務牧畜試驗場의 設置에 대하여〉(앞의 책, 1981b), 203~218쪽.
57) 李光麟, 위의 글, 208쪽.
58) 李光麟, 〈農法의 導入〉(앞의 책, 1981a), 246~248쪽.
59) 李光麟, 앞(주 56과 같음)의 글.
60) 李光麟, 〈韓國 最初의 美國大學 卒業生 邊燧〉(《韓國開化史의 諸問題》, 1990), 64~90쪽.

다고 할 것이다.

최경석의 죽음으로 경영이 어려워진 시험장을 정부는 농목국으로 개칭하고 내무부 농무사에서 관할하게 하였다. 조선정부는 일찍부터 미국의 기술자를 초빙하여 선진 농업기술을 배워들이기 위해 미국정부에 기술자의 파견을 요청한 바 있었다. 그러나 미국정부가 기술자의 파견에 선뜻 응하지 않았으므로 내무부 농무사는 마침 한국에 온 영국인 기사 재프리(R. Jaffray)와 1887년 9월 1일부로 고빙계약을 체결하였다. 정부는 재프리를 통해 2년제 농무학당 즉 농업학교를 세워 농업기술자를 양성할 계획이었다. 재프리는 조선정부의 요청에 따라 부족한 농기구의 수입을 추진하는 한편 농업학교 설립에 열성을 기울이었다. 그러나 일을 시작한 지 10개월 뒤인 1888년 7월 재프리 역시 병사하였다. 이후 정부는 시험장 경영에 의욕을 상실하였고 농업학교 설립은 흐지부지 된 채, 약간의 외국종 야채와 곡식을 생산하는 농장과 목장으로 명맥을 유지하였던 것으로 파악되고 있다.[61]

다. 잠상공사의 설립

조선정부가 이렇듯이 새로운 농업기술을 받아들이고자 했던 것은 광공업이 발전되지 못한 채 米綿 교역형으로 대외교역이 이루어지고 있는 상황에서 국부를 이루는 가장 현실적인 길은 상업적 농업을 발전시키는 것이었기 때문이었다. 따라서 조선정부는 상업적 농업진흥책의 하나로 무엇보다도 양잠에 관심을 기울이게 되었다.

조선정부가 양잠산업에 관심을 갖게 된 것은 조선 재래의 양잠과 직조기술 및 산업이 정체되면서 외국으로부터 막대한 양의 고급견직물이 수입되어 국가경제를 어렵게 만들고 있었기 때문이었다. 특히 청나라의 紋織物 및 染織物의 상등품인 緞子·繻子·縮緬·紹紗類 등은 조선인이 가장 좋아하는 것으로 오래 전부터 수입되어 오고 있었다. 개항 전에는 육로로 의주를 거쳐 수입되었고 개항 이후에는 해양을 통해 전 보다 싼 가격으로 수입되면서 수입량이 더욱 증가하게 되었다. 더구나 청나라 상인들은 조선사람의 기호를 열심히 연구하여 직법을 개량하고 값도 싸게 하면서 판로를 확대하였다. 또

61) 李光麟, 〈農務牧畜試驗場의 설치에 대하여〉(앞의 책, 1981b), 214~217쪽.

한 청나라 정부가 임오군란을 계기로 조선에 압력을 가하여 〈조청상민수륙무역장정〉을 체결한 뒤 각 개항장에 상무위원을 파견하여 청나라 상인들의 활동을 적극 옹호하였으므로 청나라 상인들의 조선시장 침투는 급격한 속도로 확대되었다.[62] 同順泰와 華興號를 비롯한 청나라 巨商들은 급속히 그들의 상권을 확장시켜 나갔으며, 그들은 견직물을 들여와서는 조선의 금·은 등의 광물류와 미곡 등 일차산업의 생산품을 사들여 감으로써 조선경제를 어렵게 만들고 있었다. 견직물을 비롯한 각종 물화를 수출하고 막대한 이익을 확보한 청나라 상인들은 점차 조선에서 가옥과 토지를 구입하기도 하고 요업 채석업 등 조선의 재래산업에 까지 침투하였다.[63]

청나라 상인들이 특히 임오군란을 계기로 조선의 견직물시장을 장악해가자 일본인들은 이를 극복하기 위한 대책을 강구하였다. 일본인들은 청나라의 견직물 보다 값이 싼 甲斐絹을 통해 조선의 견직물시장을 탈환하려고 하였다. 일본인들은 조선인에게 애용되고 있는 청나라의 毛綃綢緞을 모방하여 싼 값의 갑비견을 생산하였다. 이는 한때 성공을 거두어 특히 紺玉·茶玉 등 지질이 얇고 광택이 아름다우면서도 값이 싼 갑비견은 조선의 중류 이상의 계층에 애용되기도 하였다. 이렇듯 청나라 상인을 비롯한 일본 등 외국 상인이 조선의 견직물 수요에 관심을 가지고 조선시장에 진출하고 있는 것은 조선이 관리의 예복을 만드는데 견직물을 재료로 하였을 뿐만 아니라 관혼상제 등에도 견직물이 이용되고 특히 조선의 상류층이 사치품으로 비단옷을 즐겨 입어 수요가 많았기 때문이었다. 따라서 조선정부는 침체된 양잠과 견직물 생산기술 그리고 그 관리체제를 개혁함으로써 수입을 억제하고 견직물의 자급체제를 구축하고자 하였다.[64]

한때 관서지방에서는 견직물만을 전문적으로 생산하는 전업적 생산자가 등장하기도 했던 것으로 파악되고 있으나 특히 개항 이후 외국의 고급 견직물 수입에 압도되어 국내의 양잠과 견직물생산이 정체되고 있었으므로

62) 金英姬, 〈大韓帝國時期의 蠶業振興政策과 民營蠶業〉(《大韓帝國硏究》 V, 이화여대 한국문화연구원, 1986), 7~28쪽.
63) 韓沽劤, 〈淸商人의 活動〉(《韓國開港期의 商業硏究》, 一潮閣, 1980), 83~91쪽.
64) 金英姬, 앞의 글.

개항 이후 일본을 시찰했던 조선정부의 관료들은 새로운 양잠과 생사, 방직 기술 그리고 그 관리체계에 관심을 기울이게 되었다. 1881년 신사유람단의 朝士 자격으로 참가하였던 박정양은 귀국 후 그 보고에서 일본은 농상무성 농무국에서 양잠을 관장한다는 것을, 강문형은 직포, 제사에 사용하는 윤전기에 대하여, 민종묵은 일본의 농업 및 잠상을 통한 부국책에 대하여, 엄세영은 직기의 사용에 대하여 보고하였다. 또한 새로운 농서의 저술을 통해 외국의 양잠에 관한 기술도 소개되었다. 안종수의 《농정신편》, 이우규의 《잠상촬요》, 정병하의 《농정촬요》 또 이희규의 《잠상집요》 등이 1881년에서 86년에 이르는 사이에 계속 간행되어 외국의 양잠법을 수용하려는 노력이 전개되었다.[65]

이와 같은 상황에서 조선정부는 통리군국사무아문내에 농상사를 설치하고 戶·農·桑·茶를 관리하게 하였다. 그리고 1883년 〈양상규칙〉을 발표하였다. 모두 11조로 된 〈양상규칙〉은 양잠업을 발전시키기 위한 뽕나무심기에 대한 규정, 무명과 삼베생산을 위한 규정, 감자와 고구마·차 등의 재배를 장려하는 규정, 베 짜기에 공이 많은 자에 대한 시상 규정 등 상업작물의 재배와 농촌수공업 발전을 촉진하기 위한 노력의 일환으로 제정 포고되었다.[66] 조선정부는 이 〈양상규칙〉의 발표에 이어 지방의 잠업을 발달시키기 위해 농상신법을 각도에 명령하였다. 이는 양잠기술의 진흥을 위해서 뽕나무 심는 기술을 넓히도록 한 조치였다. 그러나 이러한 진흥정책들은 양잠업을 담당할 전문적 기관이 없어 제대로 실현되지 못하였다.

이에 조선국왕 고종은 흥업지사에 관한 교지를 내렸고, 뒤이어 잠업을 전문적으로 담당할 잠상공사가 1884년 설립되었다. 잠상공사는 묄렌도르프의 추천으로 독일인 메르텐스를 기사로 고빙하여 근대적인 양잠법의 보급을 도모하였다. 1883년 1월 통리교섭통상사무아문 협판으로 위촉된 독일인 묄렌도르프는 조선의 경제적 발전과 자립을 위해서는 산업을 발전시켜야 한다고 생각하였다. 그리하여 그는 청나라의 견직공장을 시찰하고 돌아와 10만 주의 뽕나무를 사서 조선에 심게 하고 누에고치에서 실을 뽑는 爐를 국내 각처에

65) 金英姬, 위의 글.

66) 《漢城旬報》 7호, 고종 20년 12월 1일, 〈內衙門布示〉.

설치토록 하였다. 이 때 고용된 사람이 메르텐스였다. 메르텐스는 부평과 인천지방에 뽕나무를 재배하였고, 국왕 고종도 경복궁 정원 일부를 뽕나무 밭으로 할애하는 열성을 보여 100만 그루 가까운 뽕나무가 재배되었던 것으로 알려지고 있다.[67]

그러나 이렇듯 의욕적으로 전개된 잠업진흥정책은 소기의 성과를 거두지 못하였다. 그 첫째는 재정문제였다. 재정적 어려움을 겪고 있던 조선정부는 다른 고빙인들과 마찬가지로 잠상공사 경리 메르텐스의 봉급 역시 체불함으로써 외교적 현안이 되었고, 뽕나무의 소유권문제까지 야기되면서 조선정부는 경제적 손실을 입게 되었다. 둘째로는, 잠상정책을 관장하는 관료들의 문제였다. 조선정부는 양잠기술의 습득을 위해 유학생들을 파견하기도 하였으나 이들의 귀환은 시간을 요하는 것이었고, 그 동안 잠상공사의 관리 책임을 맡은 관리들은 양잠에 대한 지식이나 기술적 소견도 갖추지 못한 채, 재래의 양반의식과 유교적 관념에 젖어 잠상공사를 체계적으로 운영하는데 부적격이었던 것으로 생각된다. 그리하여 잠상공사는 소기의 성과를 거두지 못하고 1889년 폐지되었다. 그러나 이 시기 새로 도입된 조사기·직사기 등은 제사기술의 발전을 가져왔으며, 양잠정책은 많은 사람에게 잠업에 대한 새로운 인식을 갖게 하고, 새로운 양잠산업의 기초를 마련하여 대한제국기의 양잠진흥정책으로 계승되었다는 점에서 평가될 수 있을 것이다.[68]

### (2) 상업의 보호와 수세정책

가. 해관의 개설과 관세의 수세

개항 이전 조선의 대외교역은 사대교린의 국제질서와 결부되어 이루어져 왔다. 우선 청나라와의 무역을 간략하게 살펴보면, 양국 사신의 왕래에 의한 조공과 회사 형식의 정부간 교역, 사신을 수행하는 역관들에 의해 이루어지는 연경에서의 교역, 국경지역에서 이루어지는 개시와 후시 등을 들 수 있다. 둘째로 일본과의 무역은 통신사행을 통한 정부간 교역, 대마번을 통한

---

67) 金英姬, 앞의 글.
68) 金英姬, 위의 글, 11쪽.

조공과 회사형식의 교역, 동래의 왜관을 통한 무역 등을 들 수 있다. 이는 조선왕조가 농업중심의 경제로 봉건체제를 유지하는데 필요한 최소한의 물적 수요를 충족시켜 나가기 위해 채택한 지극히 제한적이고, 통제된 형태의 무역이었다.

그러나 이러한 형태의 무역은 1876년 2월 27일 조선이 일본과 지금까지와는 다른 새로운 수호통상조약을 체결하게 됨으로써 막을 내리게 되었다. 조선은 국제적 지식도, 사전의 준비도 제대로 갖추지 못한 채 일본의 포함외교에 농락당하여 일본과 이전과는 다른 최초의 근대적인 조약을 체결하였다. 강화도조약 또는 병자수호조약이라고도 불리는 이 새로운 조약은 조선에게는 지극히 불리한 불평등조약이었다. 그리고 그 해 8월 24일 체결된 〈조일수호조규부록〉(전문11관)과 〈통상장정〉(전문11칙), 〈수호조규 부록에 부속하는 왕복문서〉 등을 통해 조·일간에 불평등의 교역체제가 확실하게 성립되었다. 조선왕조 주도하의 봉건적 교린체제 유지수단으로서의 교역체제가 무너지고 일본의 주도하에 일본 자본주의의 성립과 발전을 위한 약탈적 무역체제가 형성되었다.

개항 이전부터 이미 서양의 면포가 중계 유입되고 미곡이 유출되고 있었지만 불평등 병자수호조약에 의한 개항은 이를 노골화하여 심각한 문제를 야기하였다. 개항 후의 무역구조는 일방적인 특권과 군사력을 배경으로 한 일본 상업자본에 의한 쌀과 콩 등의 대량 매집과 유출이 획책되었을 뿐만 아니라, 서양 기계제 면포가 대량 유입되어 국내의 면포수공업을 압살하는 한편 국내의 물가를 앙등시키고 경제적 혼란과 국민생활의 피폐를 초래하고 있었다.[69] 이에 조선정부는 그 대응책을 마련하지 않으면 아니 되었다.

근대 국민국가의 발전과정에서 수출입품에 대한 관세권은 산업발전을 위한 국내시장의 보호와 국가재정을 위해서 뿐만 아니라 국가 및 국민주권의 완전한 독립을 위해서도 필요불가결한 것이었다. 따라서 조선정부 당국자들은 병자수호조약으로 초래된 무관세무역을 시정함으로써 일본 상업자본의 무자비한 경제침탈을 방지하려고 하였다. 그리하여 '우리 나라 사람으로서

69) 김경태, 〈개항과 미곡문제의 기조〉(《한국근대경제사연구》, 창작과비평사, 1994), 47~89쪽.

무뢰배와 어지럽게 구는 자를 일체 금한다'라는 이유를 내세워 개항장인 부산의 두모진에 해관을 개설하여 수출입무역에 종사하는 국내 상인에게 먼저 수세할 것을 의정하고, 1878년 9월 6일(음력 8월 10일) 세목을 책정하여 경상도감사 및 동래부사에게 그 시행을 지시하였다.70)

이러한 의정부의 지시에 따라 동래부사 윤치화와 판찰관 현석운은 부산 두모진에 해관을 설치하고 부산항 수출입물품에 대하여 세목을 자세히 정하고 그 해 9월 28일(음력 9월 초3일)부터 국내 상인에게 해관 수세를 실시하는 한편 〈設禁條目〉(禁輸品目)을 수정하여 올려 보낼 것을 馳啓하고 있다. 그리고 이 때 부과된 세율은 수출품인 쇠가죽의 경우 1할 5푼, 수입품인 天竺木棉의 경우 2할 4푼으로, 수입품에 고율의 세를 부과함으로써 일본의 대조선 자유무역에 대한 보호관세적 대응을 취했던 것으로 파악되고 있다.71)

조선의 수세조처로 부산 개항장에서의 일본으로부터 선적해 온 목면류에 대한 조선 상고들의 구매가 격감하는 양상을 보였다. 이에 일본측은 設關收稅가 조약에 위배된다고 주장하고 세를 거두지 말 것을 요구하였다. 이에 대하여 동래부사 윤치화는 "우리 정부가 우리 상민에게 세를 과하는데 귀국이 관여할 바가 못된다"는 강경한 태도로 일본측의 요구를 거절하였다.72)

동래부사의 강경한 조치에 일본측은 1876년 8월 24일자로 양국간에 체결된 의정서에 위반되는 것이므로 즉시 수세를 중지하지 않으면 '조약상의 권리를 보호'하기 위하여 병력을 사용할 수밖에 없다는 협박서한과 함께 영국에서 건조한 군함 '히에이호'를 파송하여 협박하였다. 그리고 2개 소대의 해병대를 하륙시켜 두모진 방면으로 행군시키는 한편 함상에서 발포하는 등 공포분위기를 조성함과 동시에 부산에 있는 일본상인들을 동래부 관아에 난입시키는 불법을 자행하였다. 윤치화는 이와 같은 사태를 정부에 보고하였고, 이에 조선정부는 兵革之禍를 피하기 위해서는 부득불 수세를 정지하는 수밖에 없다는 결론을 내리고 수세를 정지하도록 훈령하였다. 동래부사 윤치화는 정부의 훈령에 따라 12월 26일 당분간 수세를 정지한다는 것을 부산주

---

70) 《日省錄》 209책, 고종 15년 8월 10일.
71) 김경태, 〈개항 직후의 관세권 회복문제〉(앞의 책), 272~274쪽.
72) 김경태, 위의 글, 278~279쪽.

재 일본관리관 야마노시로에게 통고하였다.[73]

이로써 부산에 해관을 설치하여 수출입물품에 수세함으로써 외국산 사치품의 수입을 억제하여 민생의 안정을 도모하고 가능한 범위에서 현실적인 관세권을 회복함으로써 재정의 확충을 도모하려고 했던 조선정부의 의도는 결국 일본 군국주의의 불법적인 군사력 시위와 병혁지화의 협박에 직면하여 약 3개월 만에 실패로 돌아가고 말았다. 그러나 이후 조선정부는 일본측의 추가 개항 압력과 미국의 수호통상 요구에 대응하는 과정에서 관세권을 회복하기 위한 노력을 꾸준히 전개하였다.[74]

1879년에 이르러 일본은 통상확대 요구와 더불어 1876년의 〈조일수호조규〉 제4관 및 제5관에 규정되어 있는 '부산 이외 두 항구의 개항'을 실현시키고자 원산 및 인천의 개항을 요구하여 왔다. 이에 조선정부는 부산해관 수세사건의 실패를 거울 삼아 탄력적으로 대응하였다. 즉 일본 대리공사 하나부사가 1879년 6월 서울에 당도하여 개항에 관한 협상을 요청하자 조선정부는 그 동안 지연시켜 온 두 항구의 개항문제를 연결 고리로 하여 동년 8월 17일 당시 조선의 긴절한 과제이던 관세 및 방곡문제 그리고 법권(사법주권)의 일부 회복문제 타결을 제안하였다.[75]

조선측의 이러한 제의에 대하여 일본 대리공사 하나부사는 '권한 외'임을 내세워 협의를 회피하였다. 이에 조선정부는 일본정부 당국과 현안문제의 타결을 직접 교섭하는 한편 일본 국내의 물정을 자세히 알아보고자 1880년 2월에 수신사를 파견하기로 결정하고, 예조참의 金弘集을 수신사로 임명하였다.[76] 수신사 김홍집은 1880년 8월 일본에 건너가 외무성 당국자와 조일 양국간의 현안문제를 논의하는 한편 防穀과 定稅, 즉 미곡수출의 금지와 해관수세문제를 타결코자 노력하였다. 특히 김홍집은 주일청국공사 何如璋, 주일청국참찬관 황준헌 등과도 만나 일본과 구미국가들간에 추진되고 있는 불평등조약개정 상황에 대한 정보와 관세자주권 및 통상상의 국제법적 지식을

73) 김경태, 위의 글, 282~287쪽.

74) 김경태, 〈불평등조약 개정교섭과 방곡문제〉(앞의 책), 90~160쪽.

75) 위와 같음.

76) 《高宗實錄》, 고종 17년 3월 23일.

터득하여 이를 바탕으로 대일외교를 전개하였다. 그러나 일본측은 김홍집이 조선정부로부터 전권위임을 받지 않았다는 구실을 내세워 공식적인 조약개정 교섭을 거부하였다. 이에 김홍집은 일본 외무성측과 비공식적인 접촉을 통해 현안문제에 대한 의견을 교환하고 일본 외무성의 回答書契와 別書契 등을 받고 9월 15일 부산에 도착 귀국하였다. 그리고 10월 2일 국왕을 알현하여, 주일청국 외교관들과의 접촉 내용, 일본의 국정과 세계정세, 대일교섭 경과와 내용, 일본이 구미 각국과 추진하고 있는 불평등조약개정에 관한 교섭상황 등을 보고하였다.[77]

김홍집의 복명서를 검토한 국왕은 효과적인 대일외교를 위하여 김홍집을 1880년 12월 13일(음11월 12일) 예조참판에 임명하고 강수관 겸 반접관에 차하하여 일본국서를 휴대하여 내한한 일본공사 하나부사와의 회담에 대처케 하였다.[78] 김홍집은 인천개항을 요구하는 하나부사와 1881년 1월 4일부터 2월 28일까지 전후 8차례에 걸친 회담에서, "먼저 세칙을 정하고 禁制의 節目을 명백히 하여 미리 난을 막는 대비를 한 연 후에 개항코자 한다"고 주장하고, "또 미곡 수출의 금지는 비단 인천뿐만 아니라 부산항도 아울러 시행하지 않으면 아니 된다"고 역설하였다. 김홍집은 또 일본측의 구미 각국과의 조약개정안 및 청일간의 수호통상조약과 1858년의 미일수호통상조약(一名 安政條約) 등을 참작하여 새로운 세칙 및 통상신약초고(전문 31조)를 마련하고 이를 토대로 하나부사에게 세칙개정 문제를 즉시 상의하자고 정식 제의하였다. 그러나 하나부사는 세칙개정문제에 대해서는 결정의 위임을 받지 못했다고 변명하면서 도쿄에서의 의정을 은근히 종용하였다[79]. 이에 조선정부는 세칙개정문제 등을 위임한 수신사를 다시 일본에 파견하기로 결정하고, 김홍집을 수신사로, 윤태준을 종사관으로 임명하였다.[80] 그러나 김홍집은 《조선책략》과 관련하여 〈영남만인소〉를 비롯한 유생들의 위정척사소의 성토 대상이 되자 수신사를 사직하였다.

---

77) 김경태, 앞의 글, 101~111쪽.
78) 《高宗實錄》, 고종 17년 11월 12일 · 14일.
79) 김경태, 위의 글, 112~122쪽.
80) 《承政院日記》, 고종 18년 2월 27일.

김홍집이 사직하자 국왕 고종은 護軍 趙秉鎬를 수신사로, 전년에 수신사행을 수행했던 李祖淵을 종사관으로 임명하여 '稅則等事'의 타결을 위해 일본에 파견하였다.[81] 1881년 10월 일본으로 건너간 수신사 조병호는 일본외무경 이노우에를 만나 미리 마련해 간 新修通商章程草案 및 辛巳新擬海關稅則(朝鮮國海關稅則)草案을 토대로 불평등조약개정 문제를 제기하였다. 이에 대하여 일본외무경 이노우에는 정식교섭과 의정을 거부하고 예비교섭을 제기하여 변리공사 하나부사와 대서기관 미야모토를 내세워 수신사 조병호와 會商케 하였다. 일본측의 조약개정에 대한 지연술책으로 시작된 예비회상은 수신사 조병호가 제시한 앞의 통상장정 초안 및 해관세칙 초안을 기초로 하여 11월 17일부터 12월 12일까지 전후 5회에 걸쳐 이루어졌으나 결국 합의에 이르지 못하고 결렬되었다.[82]

세칙개정안이 일본측에 의해 거부되는 가운데, 조선정부는 미국과의 수호통상조약을 추진하였다. 이는 조선정부가 청의 권고를 받아들여 일본을 견제하기 위해서는 미국의 힘을 이용하는 것이 유리하다고 판단한 결과였다. 1879년 8월 청의 북양대신 이홍장은 조선이 일본을 견제하고 러시아의 남침에 대비하기 위해서는 구미 각국과 통상하는 것이 좋을 것이라고 권고하였다.[83] 이러한 청의 권고는 일본과의 조약개정과 관세권 회복에 어려움을 겪고 있던 조선정부에 의해 드디어 수용되었다. 조선은 1881년 3월 이용숙을 이홍장에게 파견하여 조미수교에 대한 조선정부의 긍정적인 입장과 자강책을 설명하게 하였고, 동년 11월 영선사 김윤식에게 미국과의 수교문제에 대한 사명을 주어 이홍장과 교섭하게 함으로써 조미수호통상조약이 추진되었다.[84]

전문 14개조로 되어 있는 조미수호통상조약은 김윤식·이홍장, 이홍장·슈펠트 등의 사전회담에 의한 정지작업을 거쳐 1882년 5월 22일 제물포에서 미국 전권 슈펠트와 조선국 전권 申櫶·김홍집에 의해 조인되었다. 여러 차례 우여곡절을 거친 끝에 조인된 조미수호조약은 1876년 일본과 체결한 병

81) 《高宗實錄》, 고종 18년 윤7월 7일.
82) 김경태, 앞의 글, 122~125쪽.
83) 《高宗實錄》, 고종 16년 7월 9일.
84) 김경태, 앞의 글, 129~142쪽.

자수호조약과는 달리 관세자주권의 원칙을 규정하였다. 이를 바탕으로 세칙의 대강을 약정하여 수입품의 경우 從價稅로 百抽十부터 백추삼십에 이르는 세율을 책정하고 수출품은 모두 백추오의 세율을 규정하였다. 또한 조선국 항구에 입항하는 미국 상선은 '매톤 銀 五錢의 세율로 톤세를 3개월에 1차, 매 선박이 지불하도록 규정하고 있다. 그리고 조선국 정부가 식량난을 우려할 이유가 있을 때에는 미국상인에게 고시하여 잠정적으로 미곡의 수출을 금지할 수가 있으며, 인천항의 경우 평상시에도 일체의 미곡 및 양곡의 수출을 금지하도록 규정하였다.[85)]

조선이 미국과 인천항의 방곡령 및 관세부과권을 갖는 조미수호조약을 타결할 단계에 이르자 일본은 더 이상 조선의 불평등조약개정 요구를 지연시키는 것이 불리하다고 판단하고 귀국중이던 공사 하나부사를 급거 임지인 서울로 부임케 하였다. 하나부사는 일본정부의 명에 따라 급거 부임한 뒤 1882년 5월 19일 조선정부에 통상장정 및 해관세칙을 강정할 대표 선임을 요청하였다. 조선정부는 6월 4일 통리기무아문 통상사 경리사 金輔鉉과 김홍집을 전권에 임명하여 하나부사와 협상에 임하였다. 조일간의 회담은 6월 5일부터 시작되었고 일본측은 전문 41조로 된 〈조선국에 있어서 일본인민 무역규칙초안〉과 〈조선국 해관세목초안〉을 제시하였다. 일본측이 제시한 초안은 조선이 미국과 체결한 조약 내용에 비해 조선측에 극히 불리한 것이었으므로 조선측은 조미수호통상조약과 동일한 조건의 대안을 제시하였다. 회담은 처음부터 쌍방간의 의견 대립으로 난항을 거듭하였고, 구체적인 교섭에 들어가기 전에 임오군란이 일어나 쌍방간의 교섭은 무기한 연기되었다.[86)]

일본정부는 임오군란 이후 조선에서의 청일간의 대립 심화와 조선측의 반일분위기, 조미조약의 추이 등을 고려하여 1882년 11월 변리공사 하나부사를 해임하고 그 후임으로 다케조에(竹添進一郞)를 임명하였다. 신임 다케조에공사는 1883년 1월 부임하여 천진주재 영사로 있을 당시 알고 지내던 묄렌도르프(穆麟德)에게 조선과의 교섭에 일본측 입장을 지원해 줄 것을 간청하였다. 묄렌도르프는 전 천진주재 독일영사로 청의 북양 군벌 이홍장이 임오군

85) 김경태, 〈대미조약과 방곡·관세자주권의 설정〉(앞의 책), 135~142쪽.
86) 김경태, 〈조일통상장정 개정과 대일 방곡령〉(앞의 책), 142~154쪽.

란 이후 조선에 대한 간섭을 강화하기 위하여 파견한 인물로 조선정부는 그를 반일적이라 생각하고 1883년 1월 13일 參議交涉通商事務協辦에 기용하였다. 그리하여 통상장정 및 해관세칙에 관한 조일 간의 예비교섭은 묄렌도르프와 다케조에 사이에 진행되었다. 묄렌도르프의 활동은 조선측의 기대에 못 미쳤고, 조선측은 새로이 督辦交涉通商事務 閔泳穆을 전권대신으로, 협판교섭통상사무 김홍집, 묄렌도르프 및 참의교섭통상사무 이조연을 전권부관으로 하여 일본측과 본 회담을 개시하여, 전문 42개조로 된 통상장정 및 해관세칙을 1883년 7월 25일 통리기무아문에서 조인하였다. 이 개정된 새 통상장정은 역시 조선측 의무만이 규정된 편무적 조항이 잔존한 불완전한 것이었다. 그러나 방곡령 규정과 비록 저율이지만 수출입품에 대한 일정 세율을 규정하였다는 점에서 1876년의 무역규칙에 비해 진일보한 것이었다.[87]

조선정부는 위와 같이 1876년 이래 상실했던 관세권 회복을 위해 노력하는 한편으로 개항장에 해관의 설립을 추진하였다. 국왕 고종은 1883년 1월 23일(음력 12월 14일) 권지협판교섭통상사무 민영익과 묄렌도르프를 해관설립에 필요한 자금조달과 해관요원을 확보토록 청국 상해에 파견하였다. 상해에 파견된 묄렌도르프는 그 곳 招商局으로부터 차관을 얻고 청국해관에 근무하는 외국인 30명 정도를 초빙 고용하였다. 고종은 묄렌도르프를 總稅務司에 임명하였고, 1883년 6월 묄렌도르프의 주관하에 인천해관을 설립하였다. 이어 10월에는 원산·부산해관을 설립하고 관세징수를 개시하였다.[88]

### 나. 혜상공국의 설립과 상업수세

조선 후기 이래 성장한 私商들의 활동은 국내외 물품을 교역하면서 개항 이후 더욱 활발히 전개되었다. 그리고 개항 이후 외국상인들은 개항장만이 아니라 내륙에까지 그 활동 범위를 넓혀 갔다. 그들은 때로는 국내 상인들과 연결하거나 通詞를 내세워 현지인과 직접 접촉하면서 지방의 장시에까지 침투하였다. 이 같은 정세로 말미암아 원래 지방장시를 무대로 활동해 온 보부상들은 어려움에 봉착하였다. 지금까지 상업활동의 대가로 일정하게 정부의

---

87) 김경태, 앞의 글, 145~149쪽.

88) 崔泰鎬, 《開港前期의 韓國關稅制度》(韓國硏究院, 1976), 151~156쪽.

요구에 봉사해 온 보부상들에 대하여 조선정부는 보호의 필요성을 느끼게 되었다. 그리고 18세기이래 점차 상업수세를 진행시켜 왔던 조선정부는 개항 이후 날로 늘어나는 사상들을 통제 장악함으로써 재원을 확충하고자 하였다. 그리하여 조선정부는 1883년 가을 惠商公局을 설립하고 보부상을 관할하는 한편 이와 연계하여 사상들을 파악 통제하게 되었다.89)

봇짐장수나 등짐장수는 행상의 원초적인 형태로서 그 기원은 멀리 고려조 이전으로 전해지고 있다. 이들은 특히 18세기에 들어서 매 5일마다 개설되는 장시가 전국적으로 1,000여 곳을 헤아리게 되면서 상당한 수로 늘어나게 되었다. 이들은 각기 그들이 돌아다니며 행상하는 지역내에서 일종의 행상길드인 보부상단을 구성하였다. 그러나 그들이 어느 때부터 상인길드조직을 갖게 되었는지에 대해서는 밝혀지지 않고 있다. 단 이들은 정부와 사이에 봉사와 포상의 관계를 맺었고, 각 지역에서 행상집단을 이루어 길드적인 조직을 갖추고 당시 민간에 널리 통용되던 接長의 제를 주축으로 삼았으나, 자신들의 圈域과 商權을 자위할 만큼 강력하지는 못했던 것으로 파악되고 있다.90)

보부상들은 접장의 통솔 아래 상부상조하는 조직과 기율을 갖추고 지방 장시를 무대로 상업활동에 종사하였다. 그러나 이들은 자본이나 권리가 미약하여 자본력이 우세한 사상 도고와 관권을 남용하는 吏校들로부터 상업상 이익을 침탈당하기 일쑤였다. 개항 이후 외국상인의 침투가 증대되면서 이러한 현상은 더욱 심화될 기미를 보여주었다. 이에 한성부는 1879년(고종 16) 9월 보상들이 원래부터 갖추고 있던 조직을 전국적 규모로 확대하는 조치를 통해 이들을 보호하고자 하였다. 즉 보상에 대한 절목을 제정 발포하였다.

절목에 의하면, 서울에 8도 도접장을 두고 각도 각읍에 임소를 두어 각기 접장을 두며, 8도 도접장은 한성부에서 차출하되 圖書(印信)를 출급하여 8도의 행상·좌상을 통섭하도록 하였다. 각읍 임소의 접장은 해당 그 도의 접장에게 보고하고 차출하는데 각도 임소의 접장은 본도인으로 일을 감당할 수 있는 자로 지명하여 도접장에게 보고하여 驗帖을 발급받도록 하였다. 그리하

89) 韓沽劤, 〈負褓商－惠商公局의 設立과 그 餘波〉(《韓國開港期의 商業硏究》, 一潮閣, 1980), 142~172쪽.

90) 朴元善, 《負褓商》(韓國硏究院, 1965), 57~63쪽.

여 각도 각읍의 접장은 구역내의 행상인의 성명 등을 기록한 거주록을 도접장소에 보내어 도접장이 전국의 상원수를 파악할 수 있게 하고 행상인에게 名牌(驗標)를 발급하도록 하였다. 험표에는 업종·성명·거주지명·입록지(등록지)·임소명·도읍명·행처(행상처)를 기입하고 여기에 도접장의 도서를 찍도록 하였다. 이 같은 험표가 없는 자는 장시에서 장사를 하지 못하게 하고 점막에서 같이 머물지 못하도록 하였다. 官隷輩가 보상을 横捉하는 경우에 험표를 제시함으로써 석방되게 하였다. 절목은 이외에도 각도 각 임소의 업무, 각종 사안에 대한 처리규정, 보상들의 상호부조규정, 보상에 대한 객주의 임무 등 각종 규정을 마련하였다.[91]

정부는 1881년 윤7월에 다시 〈부상청절목〉을 발포하여 서울에 도임방, 각도 각읍에 임방을 설치하여 전국의 부상들을 조직하고, 親兵營인 武衛所에 예속토록 하였다. 그리고 부상들에게 병자호란 때 세운 공훈으로 부여되었다고 전해지는 漁·鹽·水鐵·土器·木物 등 5종 물건에 대한 전매권을 부여하였다.[92] 부상들은 이렇듯이 정부로부터 상업상의 권리를 보호받는 대가로 경제외적 봉사를 제공하기도 하였던 것으로 파악되고 있다. 즉 무위소에 예속되었던 부상들은 무위소와 그 소속의 별기군 신설에 불만을 품고 구식 군사들이 난(임오군란)을 일으키자 이에 대항하여 조직을 동원함으로써 한때 긴장된 분위기가 조성되기도 하였다. 그러나 정권을 장악한 대원군정부는 즉시 삼군부를 부활하고 1882년 6월 12일 무위소에 예속되었던 부상들을 관할하게 하였다.[93]

한편 한성부에 예속되었던 보상은 1882년 11월 그 관할권이 의정부로 이관되었다. 의정부는 褓商都所의 호소에 의하여 절목을 마련하여, 보상에 대한 험표를 商理所에 두고, 보상소의 험첩으로 각도에 반급하되 보상은 험첩대로 5전씩 수납하게 하였다. 대신 험첩은 매년 일차씩 갱신케 하고 都賈名色의 각항 수세를 혁파토록 각 도에 공문을 보내 보상으로부터 일체의 수세를 못하게 하였다. 그리고 보상도소는 전국의 보상들에게 험첩대로 5전씩 징

91) 韓沽劤, 앞의 글, 151~164쪽.
92) 韓沽劤, 위의 글.
93) 《備邊司謄錄》 263책, 고종 19년 6월 12일.

수하여 그 중에서 매년 5월 5,000냥씩 상납하도록 하였다. 즉 보상들은 매년 5전씩의 험첩대를 납부하는 대신 여러 종류의 징세침탈로부터 보호받도록 조치되었다. 그러나 임오군란을 거치는 과정에서 보부상에 대한 통제가 이완되어 경향 각지에서 여러 가지 폐단을 자아내자 정부는 1883년 8월 1일 군국아문으로 하여금 보부상을 관장토록 하였다.[94]

정부가 군국아문으로 하여금 보부상을 관할토록 하자 보부상들은 이를 기회로 보부상을 위한 기구를 특설하여 국가가 상업을 보호하는 특단의 조처를 취해주도록 호소하였다. 이러한 보부상들의 호소에 기초한 좌의정 김병국의 계청으로 국왕 고종은 1883년 8월 19일 보부상을 관할할 혜상공국 설립을 명하였다.[95] 그리고 그 해 11월 〈혜상공국절목〉이 발포되었다.[96] 조선 후기 이래 그 중요성이 지적되어 오던 상업은 개항 이후 더욱 그 중요성이 인식되면서 양반도 상업에 종사할 수 있도록 윤음이 내려지고 있는 상황이었으므로[97] 보부상들은 세계정세를 내세워 상업에 대한 정부의 보호를 요구하였고, 이를 계기로 정부 또한 중요 산업으로 자리매김 하기 시작한 상업을 관할할 기구를 설립하게 된 것이었다.

혜상공국이 설립되자 보부상들은 행상권을 독점하게 되었고, 새로이 행상업에 종사하려는 자는 혜상공국의 관할을 받는 보부상단에 가입해야만 가능하게 되었다. 실제로 신참 보부상도 상당수 증가하였다. 보부상들은 信標를 반급 받고, 신표대금으로 매장에 2냥씩 납부하는 대가로 校吏輩나 土豪無賴輩·邑奴令輩의 침탈로부터 보호받았을 뿐만 아니라 場市의 지배권을 보장받게 되었다. 이외에 보부상들은 黨賊과 도둑의 단속 및 牒報, 국가유사시 盡忠報國의 의무를 지는 한편 장시세 징수에도 관여하여, 이들에 의해 징수된 稅錢은 각도의 도접장들을 통하여 서울로 상납되었고, 그것은 수령에 의해 정부에 첩보되었다.[98]

보부상이 이렇듯 어용독점행상으로서 권한을 갖게 되자 보부상을 남칭하

94) 《日省錄》 268책, 고종 20년 6월 2일 및 270책, 고종 20년 8월 1일.
95) 韓沽劤, 앞의 글, 152쪽.
96) 朴元善, 〈惠商公局節目〉(앞의 책, 附錄, 1965).
97) 《承政院日記》, 고종 19년 12월 28일.
98) 韓沽劤, 앞의 글, 159쪽.

며 폐단을 일으키는 무리들이 많이 생겨나 많은 이로부터 원성을 사게되었다. 이에 갑신정변을 도모했던 개화당은 혜상공국을 혁파대상으로 지적하기도 하였다.[99] 따라서 고종은 1885년 8월 보부상으로 인해 일어나는 폐단을 척결할 수 있도록 새로운 절목을 마련토록 지시하였다. 국왕의 명에 따라 혜상공국은 內務府 商理局으로 개편되고, 새로 〈상리국절목〉이 마련되어 이전에 발급되었던 신표는 전부 회수되었다. 原褓負商에 대한 신원을 정확히 파악하여 상리국 명의의 신표를 새로 발급함으로써 보부상을 빙자하여 폐단을 일으키는 자들을 엄중 단속하는 한편 縇布商·鍮油商·馬牛商 등은 보부상과 같은 절목을 적용하지 않도록 조처하였다. 이는 보부상 조직을 통해 모든 상인을 장악하려 했던 시도에서 일부 후퇴한 것이기도 하였다. 그리고 보부상 조직을 통해 이루어지던 지방장시에 대한 수세는 監考를 따로 파견하여 징수토록 하였다.[100]

다. 객주-상회사의 설립과 정부의 상업수세정책

조선 후기 상업이 발달하면서 물화의 집산지인 읍이나 포구에는 상품매매의 중개, 위탁상품의 보관, 금융, 상품의 수집과 도매, 수세업무 등을 행하는 객주·여각이 많이 생겨나게 되었다.[101] 객주 중 처음 출현한 것은 船商客主였다. 선상객주는 船旅客主人 또는 船旅閣主人으로 불리기도 했는데 京江 및 沿江의 포구, 그리고 개항 이후에는 개항장에 분포하였다. 선상객주는 경강에서 처음 출현하기 시작했는데, 이들은 어물유통과 관련되어 출현하였다. 선상객주에 이어 화물객주와 여객객주도 발생하였다. 화물객주는 布木·紬羅 등 직물이나 일용품을 생산지 혹은 장시에서 수집한 상인이 이를 가지고 판매지의 객주에게 가면 객주가 이를 인수하여 가격을 살펴 판매하였다. 객주는 판매된 화물에 대해서는 수량이나 가격에 따라 약간의 구전 및 상객 체

---

99) 金玉均, 〈甲申日錄〉, 政綱14條.

100) 《日省錄》 295책, 고종 22년 8월 10일.
《統理機務衙門日記》, 고종 22년 3월 25일, 4월 29일, 10월 10일 및 23년 2월 3일 등 참조.

101) 객주와 여각은 별개의 유래를 갖고있으나 상업거래와 관련하여 양자가 명확히 구분되지 않는 것으로 파악되고 있다(韓沽劤, 앞의 책, 1980, 172~174쪽).

류중의 식비와 기타 잡비를 지불 받았다. 경우에 따라서는 단지 물화만을 보내 판매를 위탁하는 일도 있었다. 화물객주 중 특히 미곡의 거래를 전담할 경우 이들을 미곡객주라 하였다. 미곡객주는 도매업·운송업·창고업을 행하였다. 이들은 연강이나 포구 등지에 옥사를 짓고 미곡과 그 외의 곡물류 식염·어류 등을 실은 선박이 입항하면 물화를 예치하고 창고사용료를 받거나 위탁받아 판매한 후에 구전을 받았다. 화물객주를 그들이 취급한 물종에 따라 공산물을 취급할 경우는 객주·농산물·어염류 등을 주로 취급하는 경우는 여각이라 칭하는 경우도 있었던 것으로 파악되고 있다. 여객객주는 보행객주로도 불렸는데, 상대하는 여객에 따라 보상객주와 부상객주로 구분되었다. 보상객주는 보상을 상대로 물화를 공급했으며, 부상객주는 부상을 숙박시키고 숙박료를 받거나 부상이 갖고 온 물화의 판매를 위탁받고 백분의 일씩 구전을 받았다. 그리고 이들은 여행자의 여관도 경영하는 것이 보통이었다.102)

객주의 거래가 활발해지고 신용기관의 성격을 갖게 되면서 금융업을 주로 하는 換錢客主도 출현하였다. 환전객주는 각지의 객주와 연락하여 예금이나 대부 또는 어음할인 등 금융업을 행하고 의뢰자에게 이자를 지불하거나 혹은 수수료를 받았다. 객주가 자금을 대부하고 이식을 취하는 일종의 금융업을 행한 것이었다. 그러나 객주는 한 가지만을 전문으로 하지 않고 보통 때와 장소에 따라 여러 종류를 서로 겸하는 경우가 많았던 것으로 파악되고 있다.103)

상업거래에서 객주가 차지하는 비중이 높아지면서 이들에 대한 수세가 이루어지게 되었다. 수세는 객주의 구문 중에 수세분을 포함하거나 객주의 수입 중 일부를 징수하였다. 수세가 구문 중에 포함되어 그 일부로 징수되는 경우 이를 分稅 또는 抽分이라 하였다. 객주를 통해 수세할 경우 이를 主人例라 하였고, 객주가 분리되어 수세가 이루어질 경우 객주 이외의 특정인을 차정하여 주인으로 삼거나, 客主都中으로 하여금 관장케 하였고, 또는 객주 중 특정인을 주인례에 따라 궁방이나 관아에서 차정하여 징수하였다.104)

---

102) 柳承烈, 《韓末·日帝初期 商業變動과 客主》(서울대 박사학위논문, 1996), 11~17쪽.

103) 위와 같음.

상업에 대한 수세는 상업이 활발해짐에 따라 그 액수가 증대되기 마련이었다. 그러나 상업에 대한 수세가 각 宮과 각 司에 의해 이루어짐으로 인하여 모리배들이 이들 궁이나 사의 위촉을 빙자하여 향반이나 토호들과 함께 제멋대로 세의 명목을 붙여 수탈하는 경우가 허다하였다. 이와 같은 수세행위는 중앙정부의 재정에 별다른 도움을 주지 못하면서 상업의 발달을 저해하고 있었다. 따라서 1876년 문호가 개방된 이후 외국상인의 진출이 본격화되고 외래상품의 유입이 급격히 늘어나는 상황에서 상업에 대한 수세제도의 정비는 어떠한 형태로든 이루어질 필요가 있었다. 그리하여 통리아문은 상업에 대하여 "나라를 부유하게 하는 것은 상업을 장려하는 것이 으뜸이며, 상업을 장려하는 방도는 상업을 보호하는 것이 으뜸이라" 하고 도고와 무명잡세를 혁파토록 하였다.[105] 대신 통리아문은 상업세를 집중화하고 지역별·물종별로 전관하는 수세담당자를 차정하는 방식을 취하였다. 상업에 대한 수세를 국가재정의 중요한 보용 수단으로 삼았던 것이다.[106]

국가의 이러한 상업과 수세정책에 따라 객주들의 새로운 조직이 나타나게 되었다. 객주들의 조직은 객주도중·상회사·상업회의소 등의 형태로 나타나고 있다. 객주의 조직으로 가장 먼저 출현한 것은 객주도중이었다. 객주도중은 여러 객주들의 업무를 조정하면서 상권을 보호하고 국가에 대한 납세를 조정하는 등 공동의 이익을 도모하였다. 도중은 업무의 조정과 수세의 공동관리 등의 업무 이외에도, 조직원의 친목을 다지고 상호간의 예의를 함양하는 등 친목단체의 주역으로도 기능하였다. 도중은 이러한 기능을 수행하면서 동 업종에 새로 참여하려는 자를 제한함으로써 기존 조직원의 권리를 보장하는 역할을 수행하였다. 객주들은 재래의 계의 형태를 띤 稧社조직을 갖추기도 하였다. 객주도중이나 계사조직은 특정지역 또는 특정물종의 유통체계에서 객주의 독점권을 보장하는 조직으로 기능하였다.[107]

조선정부는 이들 조직을 통하여 세원을 확보하고 저율관세를 보완하고자

104) 柳承烈, 위의 글 19쪽.
105) 《高宗實錄》, 고종 20년 6월 23일.
106) 韓沽劤, 앞의 글.
柳承烈, 앞의 글.
107) 柳承烈, 위의 글.

하였다. 통리아문은 중앙차원에서 전국에 걸쳐 지역별·물종별로 수세를 전관하는 都客主를 차정하고 乾口文·分稅 등의 명목으로 상업세를 징수케 하였다. 都客主는 首客主·都主人·都船主·都船主人·元客主·都稅監·都馬房 등으로 불리기도 하며, 주로 객주로부터 수세를 징수하여 지정된 기관에 상납하였다. 도객주는 다수의 객주가 있는 지역 또는 물종에 주로 차정되었다. 도객주가 차정되어 수세를 담당하게 되면 이들에 의한 수세 이외의 다른 수세는 금지되었다. 물종별 도객주는 소금·젓갈·북어·목화·멸치 등 특정한 상품을 취급하는 객주로부터 분세를 징수하는 것을 업무로 하여 차정되었다. 또 지방별로 도객주는 특정한 지역의 船隻을 전관하며 대상으로 하는 지역과 거래하는 선상객주들로부터 분세를 징수하는 것을 임무로 하여 차정되었다. 그러나 때로는 특정한 대상지역을 한정하지 않고 상당히 넓은 지역의 선척을 관장하는 도객주도 있었다.[108]

통리아문은 1885년 京江의 有文劵主人에게 전관지역을 지정하고 이들로부터 '乾口文'을 징수하였다. 그리고 1889년에는 이미 시행하고 있는 경강 유문권주인의 '各邑分掌列邑之例'에 따라 개항장에도 지역별 전관지역주인(객주)을 지정하여 납세를 각 읍에 균분 배정하였다. 전관지역주인제도가 실시됨에 따라 해당 지역의 물화는 지역주인 즉 지정객주에게 구문과 분세를 납부함으로써 그 유통이 가능하게 되었다. 이는 저율관세와 任自貿易(자유무역)으로 막대한 이익을 누리고 있는 외국상인 특히 일본상인들의 무역과 이익을 감소시키는 것이었다. 이에 일본측은 수호조규 제9관과 무역규칙 제18관등을 근거로 해관세 이외에 다른 세를 어떠한 명목이든 수입품에 부과하는 것은 조약 위반이라고 주장하며 이의 철폐를 요구하였다.[109]

1880년대에는 객주들의 조직으로 商會社가 출현하였다. 1880년 전후 개화정책 추진에 대한 필요성이 급격히 세를 얻게 되면서 서양의 상업조직과 운영의 원리도 배우고 수용해야 할 신문물과 제도의 하나로 지적되어, 1882년 가을 서울에 사는 幼學 高潁聞은 다음과 같은 상소를 하였다.

108) 柳承烈, 앞의 글, 44~53쪽.
109) 柳承烈, 위의 글, 52쪽.

> 商會所를 설립하여 都下에 經商大賈를 초래하여 이익 되는 길과 편하고 불편함을 의논하게 하고 손익에 따라 징세하도록 해야 한다(《日省錄》 260책, 고종 19년 9월 22일).

또한 1883년 10월부터 발간된 《漢城旬報》는 여러 사람이 자본을 합하여 農商工賈의 사무를 辨理하는 조직으로 상회사가 있음을 말하고, 철도회사·선박회사·제조회사·개간회사 등을 소개하고 있다.[110] 조선정부는 이러한 상업조직을 통하여 상업의 발전을 도모하는 한편 상업수세를 원활히 하고자 하였다.

이에 따라 개항장 객주들의 새로운 조직으로 商會·商議所·商法會社 등이 출현하게 되었다. 즉 1883년 원산에는 상민들의 청원에 의하여 상의소가 설치되었고, 1885년 인천항에는 상회가 설립되었다. 1888년에는 원산·부산 등지에 均平會社가 설립되었고, 1889년 7월에는 부산항 객주도중을 중심으로 상법회사가 설립되었으며, 부산 동래의 하단과 엄궁, 양 포구의 객주들도 1893년 하단엄궁상회사를 조직하였다.[111] 이는 조선정부가 회사의 설립을 적극 후원하면서 종래의 收稅監官의 제도를 객주상회사의 허가를 통한 영업세 징수형태로 바꾸어 나가는 방향으로 수세정책을 취함에 따라 객주들이 이에 부응한 결과였다. 이들 조직은 아직 자본을 모아 영업을 하는 '結資營商'의 근대적 조직으로서가 아니라 대부분 상업에 대한 수세를 조정하고 객주들의 상호 이익을 도모하기 위하여 상업활동을 공동으로 영위하는 '結社營商'의 조직이었던 것으로 파악되고 있다.[112]

1880년대에 이르자 개항장 인천을 비롯하여 상업이 성행하는 곳에는 종래의 객주·여각과 달리 대소 상인들이 새로운 상점을 개설하여 각기 '商號'를 쓰는 상회들이 생겨나기 시작하였다. 상업을 末業으로 경시했던 상황에서 이제 양반도 상업에 종사하는 것을 공식으로 허락하는 상황으로 바뀌고 있었으므로 사회변화에 민감한 자들은 신분을 가리지 않고 자본을 모아 상회나 회사를 설립하였다. 이에 대하여 상업수세를 통해 재정확충을 기하고자 했던

110) 《漢城旬報》 3호, 1883년 11월 20일, 〈會社說〉.
111) 柳承烈, 앞의 글, 43쪽.
112) 韓㳓劤, 앞의 글, 219~232쪽.

통리아문은 새로 생겨나는 상회의 창설자가 자본을 모으고 장정을 마련하여 보내오면, 憑標를 주어 그 설립을 허가하고 소정의 납세의무를 부과하는 대신 이들이 상업활동을 원활히 할 수 있도록 지방에 있어서의 잡세나 분세를 징색하지 못하도록 보호조처를 취하였다. 그리하여 1883년 이후 많은 私營의 상회사들이 생겨나게 되었다.[113]

이들은 객주·여각과 같이 독점적으로 물화의 매매를 중개하고 알선하는 것이 아니라 기본적으로 직접 물화를 구입하고 판매함으로써 이익을 도모하였다.[114] 그런데 객주와 새로 출현한 상회 사이에는 분쟁이 자주 야기되었다. 그것은 객주와 상회가 서로의 영업범위를 넘어서는 경우가 허다한 데다가, 객주가 25객주분장열읍제에 근거하여 상회가 자기자본으로 구입해 온 물건의 경우에도 객주의 해당 읍의 물화에 대한 분장권을 내세워 침탈하는 경우가 생겨났기 때문이었다. 객주와 상회 사이에서 벌어지는 이러한 분쟁에 대하여 상회가 자기자본으로 구입해 온 화물인 경우 상회에 귀속되도록 하고, 객주분장읍의 土商화물인 경우 그 읍주인(객주)에게 귀속토록 조치하고, 어떠한 사람이든지 자본을 마련하여 점포를 개설하고 영업을 기도하는 자에 대해서는 官許文憑을 발급하여 자유로 영업할 수 있게 하였다. 그리고 상회와 객주는 각기 영업세 납부의 의무를 준수하도록 지령하였다.[115]

### (3) 전환국의 설립과 신식 화폐주조

조선정부는 1883년 7월 5일(음력) 화폐를 주조하기 위한 새로운 기구로 전환국 설립을 결정하였다.[116] 조선은 숙종 4년(1678) 이후 상평통보를 주조하여 사용하여 왔으나 상설 조폐기관이 아닌 그때그때 편의에 따라 임시로 설치한 鑄錢所에서 필요한 만큼 주조하였다. 따라서 전환국은 통화정책의 보다 합리적인 운용을 위하여 설치된 최초의 상설 조폐기관이었다.[117]

전환국을 설치하던 무렵 조선정부는 當五錢 주조를 통해 재정적 어려움에

113) 韓沽劤, 위의 글, 204~232쪽.
114) 《統理衙門日記》, 고종 26년 11월 16일.
115) 韓沽劤, 앞의 글, 210~211쪽.
116) 《承政院日記》, 고종 20년 7월 5일.
117) 元裕漢, 〈典圜局巧〉(《歷史學報》 37, 1968), 49쪽.

대응하고 있었다. 그런데 당오전의 주조는 여러 가지 문제를 야기하고 있었다.[118] 개항 이후 조선정부의 재정수요는 계속 증폭되고 있었고, 수세체제의 문란으로 조선정부의 재정난은 심각한 상황에 직면하고 있었다. 이러한 재정난을 해결하기 위하여 개화당 요인들은 외국으로부터의 차관을 주장하였고, 국왕도 이에 동의하여 박영효·김옥균 등은 일본을 상대로 차관교섭을 전개하였다.[119] 그러나 민씨 일파는 당오전의 주조를 통해 당면한 재정문제를 해결하려 하였다. 1883년 2월 18일 통리군국사무 홍순목은 근래 경비가 어려워 銀標를 주조하여 통용하여도 오히려 넉넉하지 못한 바 있으므로 당오전을 鼓鑄하여 은표와 더불어 함께 통용토록 하자고 계언하였고, 국왕은 시급한 일이므로 그렇게 하라고 지시하였다.[120] 이어 국왕은 경희궁과 창덕궁, 그리고 만리창 등지에 설치된 3개 주전소에서 그 동안 당오전 주용을 적극 주장했던 민태호의 관장하에 당오전을 주조토록 명하였다.[121] 그리고 이외에 강화도주전소와 의주의 신설 주전소에서도 당오전을 주조케 하였다.[122] 그러나 이상과 같이 설치된 임시 주전소에서 충분한 액수의 당오전을 계속 주조 공급하는데 어려움이 발생하였던 것으로 파악되고 있다.[123] 그리하여 민태호가 독판으로 있던 통리군국사무아문의 건의에 따라 국왕은 주전사업을 계속적으로 관할할 수 있는 상설기구의 설치를 명하였던 것이다.[124]

이는 그 동안 다원화된 화폐주조사업으로 야기되어 왔던 문제, 즉 중앙관서 군영 지방관청 등에 의해 남발되는 화폐의 주조와 악화의 주조 등으로 야기되어 온 통화질서의 혼란 등에 대하여 중앙정부가 화폐주조권을 일원적으로 장악함으로써 통화정책을 안전성 있고 합리적으로 운용하기 위한 조치의 일환이라고 할 수 있을 것이다. 따라서 전환국은 설치된 이후 중앙관서와 지방관청에 의해 계속 이루어지고 있던 당오전 등의 화폐주조사업에서, 상설

118) 元裕漢, 〈當五錢巧〉(《歷史學報》 35·36, 1967), 313~339쪽.
119) 李光麟, 〈借款交涉〉 앞의 책, 1981a, 168쪽.
120) 《日省錄》 264책, 고종 20년 2월 18일.
121) 《日省錄》 264책, 고종 20년 2월 21일.
122) 《高宗實錄》, 고종 20년 6월 3일.
123) 元裕漢, 앞의 글(1967).
124) 《承政院日記》, 고종 20년 7월 5일.

화폐주조사업의 관리센터로서 역할을 담당하였던 것으로 파악되고 있다.[125]

그러나 전환국의 설치는 근본적으로 새로운 화폐를 발행함으로써 국제통화질서에 순응하고자 하는 데서부터 출발된 것이었다고 생각된다. 개항과 더불어 외국과의 통상이 증대되는 가운데 재래의 상평통보와 같은 동전의 사용은 여러 가지 불편을 야기하고 있었다. 1882년 영의정 홍순목은 세계 여러 나라가 금은화폐를 사용하고 있는데 우리 나라만 각국과의 통상에 동전을 사용하여 곤란한 일이 많으니 金·銀錢이나 紋銀을 사용하자고 건의하였고 국왕도 이에 동의하고 있음에서 알 수 있다.[126] 이와 같은 국제통상의 불편을 덜기 위해서는 새로운 화폐의 발행이 필요하였다. 그리하여 임오군란 후인 1882년 8월 일본에 수신사로 파견되었던 박영효와 그 일행이었던 김옥균 민영익 등은 전환국 설치에 대하여 상당한 논의를 했던 것으로 주장되고 있다.[127]

민영익은 그 후 보빙사로 미국을 방문하였고, 미국에서 돌아온 그는 개화당과 결별하여 당오전 주조를 주장하였다. 그리고 이 때 조선에 고빙된 묄렌도르프는 민씨 일파의 당오전 주조에 가세하였다. 묄렌도르프는 금은화폐제 채택론자로서 일시 시급한 재정문제의 해결을 위해 당오전의 발행에 가세하였으나 이어 신식 화폐의 발행을 추진하였다.[128] 즉 박영효·김옥균 등과 한때 의기투합하여 신식 화폐의 발행을 위한 전환국 설치의 필요성을 함께 논의했던 민영익과 금은화폐 주용론자인 묄렌도르프의 지지하에 전환국이 설치되었던 것으로 파악되고 있다.[129]

이렇게 출발한 전환국은 새로운 건물을 신축하는 한편 독일인 기술자 3명을 고빙하고 독일로부터 기계를 구입하여 금·은·동화 등 14종의 신식 화폐를 주조하고자 하였다.[130]

---

125) 元裕漢, 앞의 글(1968), 54쪽 및 앞의 글(1967), 320쪽.
126) 《備邊司謄錄》 263책, 고종 19년 7월 25일.
127) 柳子厚, 〈金玉均先生의 貨幣政策에 對한 按想〉(《朝鮮貨幣考》, 이상사, 1940), 608~614쪽.
128) 鄭 喬, 《大韓季年史》 권상, 18쪽.
129) 元裕漢, 앞의 글(1968), 56~57쪽.
130) 元裕漢, 위의 글, 74쪽.

그러나 신식 화폐 추진사업의 핵심 인물인 묄렌도르프가 1885년 전환국 총판직에서 물러나고[131] 독일로부터 수입한 極印과 種印의 調印鑄刻까지 善美치 못하여 주조상의 문제를 야기하는 등 신식 화폐주조사업은 그 추진이 원활하지 못하였다. 더욱이 조선정부는 각종의 개화시책을 추진하면서 야기되는 재정수요의 팽창으로 신식 화폐주조사업에 드는 막대한 비용을 감당하기 어려울 정도의 재정적 어려움에 봉착하고 있었다.[132] 그리하여 경성 전환국에서는 1888년 현재 一圜 銀貨 1,300여 매, 十文·五文 赤銅貨 등 합산해서 4,000원 정도를 주조하였을 뿐 통용되지 못한 시험적 주조에 그치고 말았던 것으로 파악되고 있다.[133]

조선정부는 신식 화폐주조사업이 부진한 가운데 전환국으로 하여금 당오전 주조사업을 전관토록 하였다. 그러나 조선정부의 당오전 주조정책은 당시에 있어서 다른 정책과 마찬가지로 일관성을 결여하고 있었다. 전환국을 통한 일원적 관리가 제대로 관철되지 못한 채 그때그때 필요에 따라 당오전의 주조 구검권이 군영이나 지방관아에 주어지거나 민간에게 위탁 주조됨으로써 필요 이상으로 남조되거나 악화가 주조됨으로써 통화혼란이 야기되었다.[134]

악화 당오전의 주조유통으로 인한 사회경제적 폐단이 심각하게 나타나는 가운데 조선정부는 일본에 협조를 요청하였다. 일본에 파견된 전환국 幇辦 安駉壽는 일본 정계와 금융계 요인들의 소개로 大阪製銅會社社長 增田信之를 만나 화폐주조문제에 대한 협력을 요청하였다. 이에 增田信之는 일본정부의 지원과 자기자본을 동원하여 인천에 전환국을 이설하고, 일본국 화폐체제에 맞추어 1892년 말 5냥 은화와 동화 등 신식 화폐를 주조하였다. 그러나 인천전환국 운영권을 둘러싼 조선전환국 관리와의 분쟁 끝에 철수하였다.

신식 화폐주조 및 발행에 대한 주도권을 장악하려던 일본측의 기도는 일단 저지되었으나 이후 운영자금과 기술력의 부족으로 조폐사업은 부진에 빠

131) 元裕漢, 위의 글, 76쪽.
132) 《日省錄》 321책, 고종 25년 8월 26일.
133) 元裕漢, 앞의 글(1968), 75쪽.
134) 元裕漢, 앞의 글(1967), 319~324쪽.

졌고, 주조된 화폐 마저 청국 원세개의 간섭으로 발행이 지연됨으로써 이 시기 조선의 화폐정책은 난맥상을 면치 못하였다.[135]

### 3) 문화·교육·사회부문

#### (1) 박문국의 설치와《한성순보》·《한성주보》의 간행

조선정부는 고종 20년 7월 15일(1883년 8월17일) 신문과 각종 서적의 간행을 위하여 博文局 설치를 결정하였다.[136] 박문국은 同文學에 예속된 新聞社로 동문학 掌敎 金晩植에 의해 그 설립이 추진되었다. 그런데 새로운 형태의 신문 간행은 처음 박영효 등에 의해 시도되었다. 조선정부는 일찍이《朝報》를 발행하여 중앙과 지방의 관리들에게 관리의 임면이나 중요행사 등을 알리도록 하였다. 그러나 그것은 이용자와 그 내용이 지극히 제한되어 있는 것이었다. 따라서 개항 이후 외부와의 접촉이 확대되면서 일본과 청나라를 비롯한 외국의 신문을 접하게 된 인사들은 새로운 형태의 신문에 관심을 갖게 되었다. 일찍이 漢學 역관출신으로 중국에 자주 출입한 적이 있는 현령 金景遂는 상해에서 미국인 알렌목사에 의해 간행되고 있던《萬國公報》를 토대로《公報抄略》을 만들어 신문의 유용성을 인식시켰고, 강화도조약체결 후 일본에 파견되었던 金綺秀는 그의 보고서《日東記游》에서, 1881년 신사유람단의 일원으로 일본에 파견되었던 趙準永은《日本聞見事件》에서 신문의 발행 사실과 그 효용성에 대하여 논급하고 있음을 볼 수 있다.[137]

신문에 대한 효용성이 알려지고 있는 가운데 1882년 박영효가 일본에 수신사로 파견되었다. 박영효는 3개월 이상 일본에 체류하면서 공공기관을 시찰하고 각 방면의 지도자들과 접촉하는 가운데, 국민대중을 계몽시키기 위해서는 신문의 발간이 필요하다고 생각하였다. 그리하여 그는 귀국 길에 福澤諭吉의 추천을 받아 신문제작을 도와줄 수 있는 몇 명의 일본인들을 데리고 귀국하고 있음을 볼 수 있다.[138] 서울에 돌아온 뒤 박영효는 한성부판윤에

135) 元裕漢, 앞의 글(1968), 60~78쪽.
136)《承政院日記》, 고종 20년 7월 15일.
137) 李光麟 〈漢城旬報와 漢城週報에 대한 一考察〉(앞의 책, 1981b), 60~102쪽.

임명되었다.[139] 한성부판윤에 임명된 박영효는 국왕에게 아뢰어 신문 발간에 대한 명을 받았고,[140] 한성부에 새로 국을 설치하여 신속히 신문을 발간할 것과 신문 간행에 관한 제반규칙을 아뢰어 정할 것을 품신하였다.[141] 신문 발간을 맡게 된 박영효는 1881년의 신사유람단에 참가한 뒤 일본에 남아 후쿠자와(福澤)가 설립한 慶應義塾에서 새 학문을 공부한 바 있는 유길준에게 협조를 요청하였다. 통리교섭통상사무아문 주사 유길준은 외교사무를 돌보는 한편 박영효와 협의 끝에 〈漢城府新聞局章程〉과 〈新聞創刊辭〉, 新聞에 대한 〈解說文〉 등을 마련하였다. 〈한성부신문국장정〉에 의하면, 신문국의 이름은 박문국으로 하기로 하고, 명석한 아동들을 선발하여 교육하는 한편 신보와 책들은 새로 간행될 때마다 먼저 승정원에 바쳐 왕이 열람토록 하고, 일부는 시강원에 바쳐 왕세자가 열람하도록 되어 있었다. 그 나머지는 중앙과 각 지방의 관청에 배부하고, 또 국민들로 하여금 구독할 수 있도록 하고 있음을 볼 수 있다.[142]

그러나 이와 같이 신문 발간을 추진하던 박영효는 3개월 뒤 돌연 한성판윤에서 체직되었다.[143] 그리고 10여 일 뒤 광주유수로 임명되었다.[144] 이는 외척인 민씨세력이 급진적으로 개화정책을 추진하려는 박영효를 견제하려고 한 데서 취해진 조처였으므로 신문의 발간도 불투명하다고 생각되어 통리교섭통상사무아문 주사 유길준은 신병을 이유로 사직하였고, 박영효가 일본에서 데리고 왔던 일본인들도 사태를 관망하기 위하여 이노우에(井上角五郞)만을 남기고 귀국하였다. 이로써 박영효 등에 의한 박문국의 설치와 새로운 신문의 발간은 중단되었다.[145]

일단 중단되었던 신문의 발간은 수신사 박영효의 부사로 일본에 갔다 왔던 통리아문 참의 동문학 장교 김만식에 의해 다시 추진되었다. 점진적 개화

138) 李光麟, 위의 글, 61쪽.
139) 《高宗實錄》, 고종 19년 12월 29일.
140) 《承政院日記》, 고종 20년 1월 21일.
141) 《承政院日記》, 고종 20년 2월 5일.
142) 李光麟, 앞의 글(1981b), 62~66쪽.
143) 《日省錄》 265책, 고종 20년 3월 4일.
144) 《日省錄》 265책, 고종 20년 3월 17일.
145) 李光麟, 앞의 글(1981b), 67쪽.

론을 펴고 있던 김윤식의 사촌형인 김만식은 동문학 장교에 임명된 뒤 통리교섭통상사무아문장정 동문학조에 있는 '並開設新聞報館'의 규정에 근거하여 박문국의 설립과 신문의 간행을 추진하였다. 그는 자기의 일가 친척인 김인식을 담당 주사로 추천하여 왕의 윤허를 받은 뒤 1883년(음력 7월 15일) 박문국을 설립하고, 다시 박문국 司事로 張博·吳容默·金基俊 등을 추천하여 윤허를 받는 한편 신문 발간에 대한 사태를 관망하기 위해 남아 있던 일본인 이노우에를 고용하였다. 그리고 이노우에가 기숙하고 있던 苧洞의 가옥에 박문국의 사무실과 인쇄소를 설치하여 같은 해 8월 20일 본격적인 신문 발간 작업에 착수하였다. 이어 신문에 기재할 원고의 작성 편집, 인쇄기계와 신문 용지의 구입 등 준비를 완료하고 10월 1일(1883년 10월 31일) 드디어 역사적인 《한성순보》 창간호를 간행하였다.[146]

《한성순보》는 세로 25cm, 가로 9cm 크기에 18면으로 오늘날의 잡지와 유사하게 간행되었다. 내용은 순한문으로 창간사에 해당하는 〈旬報序〉, 정부소식의 內國記事, 외국소식의 各國近事, 교양을 위한 특별해설과 박문국 자체의 公告 등으로 되어 있음을 볼 수 있다. 즉 박문국을 개설하고 순보를 간행하는 목적은 국내소식과 아울러 외국의 사건을 번역 소개하고, 세계 각국의 정치·법률·재정·과학·기술·물가 등을 모두 실어 세계의 실정을 독자들에게 알림으로써 낡은 것에만 매달려 새 지식에 어둡고 시세에 어두운 사람들을 개화시키고자 하는데 있었던 것이다.[147] 그러나 10일마다 틀림없이 간행되던 《한성순보》는 1884년 12월 4일 갑신정변 이후 그 간행이 중단되었다.[148]

갑신정변으로 간행이 중단되었던 《한성순보》는 정변이 수습된 후 통리아문 독판 김윤식에 의하여 다시 그 간행이 추진되었다. 김윤식은 우선 갑신정변 후 일본으로 도망쳤다가 《시사신보》 통신원 자격으로 다시 서울로 돌아온 이노우에를 박문국 직원으로 계속 고용하는 한편 신문 속간에 필요한 조치들을 강구하였다. 김윤식의 이러한 노력과 《한성순보》를 통해 신문의 필요성을 알게 된 국왕을 비롯한 상하의 관심으로 박문국 부설의 합당 여부가

---

146) 李光麟, 위의 글, 70~74쪽.
147) 李光麟, 위의 글, 74~76쪽.
148) 李光麟, 위의 글, 76~78쪽.

논의된 끝에 국왕은 순보의 속간을 명하였다.[149] 그리고 신문의 인쇄 간행은 우리 나라 최초의 민간출판사로 생각되고 있는 廣印社를 이용하도록 윤허되었다.[150] 그러나 광인사를 통한 신문의 간행이 여러 가지 면에서 어려움이 많아 실행되지 못하게 되자, 통리아문독판 김윤식은 새로운 인쇄기계를 구입하여 박문국을 중건하는 방향으로 전환하고 이노우에에게 일본 인쇄기계를 구입토록 의뢰하였다.[151] 인쇄기계의 구입과 더불어 순보 발행 당시의 직원 외에 6명의 직원을 동문학 주사로 차하하여 충원하였고, 다시 3명의 직원을 박문국 주사로 추가 충원하였다.[152]

신문의 간행은 인쇄시설을 비롯한 모든 시설이 갖추어지고 담당직원도 《한성순보》 간행 때보다 대폭 늘어나게 되자 10일에 한 번씩 내는 과거의 순보보다 1주에 한 번씩 내는 주보로 결정되었다. 그리고 재건된 박문국은 中部 慶幸坊 校洞에 위치하였다. 이렇게 하여 1886년 1월 25일 《漢城周報》 창간호가 간행되었다.[153]

《한성주보》는 순보와 달리 기사를 순한문으로 작성하지 않고 국한문혼용 또는 한글전용 기사를 같이 게재하였다. 이는 당국자들이 국민대중을 의식하고 개화를 위한 계몽지로서 《한성주보》를 간행하고자 한 데서 연유한 것으로 파악되고 있다. 그리하여 《한성주보》는 순보 간행 때와는 달리 농공상업과 여러 가지 영업에 종사하는 자로서 광고를 내고자 하는 자는 박문국 직원과 상의하도록 광고하고 있으며, 내외의 士商들에게 신문을 구독하도록 공고하고 있음을 볼 수 있다.[154]

이와 같이 개화정책 추진을 위한 기구와 계몽지로서 역할 하던 박문국과 《한성주보》의 간행은 정부의 재정난과 수세제도의 혼란, 周報代의 미납 등에 의한 적자운영을 견디지 못하고 1888년 7월 7일 문을 닫음으로써[155] 다른 경

149) 李光麟, 위의 글, 78~80쪽.
150) 《承政院日記》, 고종 22년 3월 28일.
151) 李光麟, 앞의 글(1981b), 81쪽.
152) 《統理衙門日記》, 고종 22년 9월 11일·10월 16일.
153) 李光麟, 앞의 글(1981b), 83쪽.
154) 李光麟, 위의 글(1981b), 83~84쪽.
155) 《高宗實錄》, 고종 25년 6월 6일.

우에서와 마찬가지로 개화정책 추진에 대한 조선정부의 취약성을 보여주고 있다.

### (2) 서구식 근대교육의 수용

조선의 재래 교육은 서재·서당·서원·향교·학당·성균관 등에 의한 漢學과 經史 중심의 유학교육이 주류를 이루었다. 서재·서당·서원 등은 국가가 아닌 개인이 학생들을 모아 가르치는 사학이었다. 이들 사학과 달리 지방과 서울에는 初學을 마친 학생들을 받아들여 유학을 교육하는 관학이 설립되었다. 부·목·군·현의 향교와 서울의 4부학당이 그것이었다. 그리고 원칙적으로 생원·진사들이 입학하여 고급관료로 진출할 수 있는 길인 문과시험을 준비하는 최고의 교육기관인 성균관이 있었다. 이들 교육기관은 천자문에서부터 시작하여 4서3경에 이르는 한학 및 경과 사를 교육함으로써 유교적인 소양과 사상을 갖춘 인간 그리고 관료를 양성하는 곳이었다.

조선정부는 위와 같은 유학교육 외에 국가운영에 필요한 실무관료들은 해당기관으로 하여금 교육하게 하였다. 실무행정에 필요한 吏文교육은 승문원에서 실시하였고, 외교상 필요한 한어(중국어)·몽고어·여진어·왜어(일본어)는 중앙의 경우 사역원에서, 지방의 경우 요충지에 해당 지역에 필요한 역학원을 설립하여 필요한 鄕通事를 양성하고 중앙의 사역원에 파견하기도 하였다. 의학교육은 각 군현에서도 일부 이루어졌으나 주로 중앙의 전의감에서 담당하여 의관을 양성하였다. 율학교육과 율학시취는 형조의 고율사에서 담당하였다. 지방에도 각 군현마다 율학을 두어 검률 1인씩 배치하고 형률의 적용과 율학교육을 담당하였으나 지방의학과 마찬가지로 부진한 상태를 면치 못했던 것으로 파악되고 있다. 음양학(명과학) 천문학 풍수학(지리학)은 중앙의 관상감에서 전담하였고, 산학은 호조에서, 樂學은 장악원에서, 書學은 도화서에서 소수의 인원을 상대로 필요한 교육을 실시하였다.[156]

농업중심의 유교국가 운영에 필요했던 이러한 조선의 교육체제는 개항 이후 자본주의 세계질서에 편입되는 과정에서 새로운 상황에 직면하게 되었다.

---

156) 李成茂, 〈교육제도와 과거제도〉(《한국사》 23, 국사편찬위원회, 1994), 279~368쪽.

조선정부는 1880년대에 이르러 새로운 국제관계에서 세력균형을 위한 열국과의 우호관계 수립이 시급함을 깨닫게 되어, 미국과의 수호통상조약을 체결하게 되었다. 그리고 이어 영국을 비롯한 유럽 여러 나라와 점차적으로 통상조약을 체결해 나가게 되었다. 미국을 비롯한 서양 여러 나라와의 국교가 성립되어 감에 조선정부는 우선 서양어를 할 줄 아는 관료가 필요하게 되었다. 그리하여 조선정부는 우선 영어를 가르치기 위한 동문학을 설립하게 되었다.

동문학은 1883년 가을 묄렌도르프에 의해 설립되었다. 묄렌도르프는 청의 북양대신 이홍장의 추천으로 조선의 외교고문으로 부임한 인물이었다. 武備學習 문제를 상의하기 위해서 청에 파견되었던 역관출신 이용숙은 1881년 정월 청의 북양대신 이홍장을 만나 조선의 수호통상 및 관세징수에 관한 문제 등에 관한 자문을 구하였다. 이에 대하여 이홍장은 일본에 의한 조선의 海關 장악을 막기 위한 방책으로 서양인의 고용을 권고하였다. 그런데 아직 위정척사의 분위기에서 벗어나지 못하고 있던 조선으로서는 서양인 고용이 어려웠으므로 오히려 근대적인 외교 및 통상관계에 밝은 청국인의 도움을 받고자 하였다. 그리하여 조선정부는 미국을 비롯한 영국·독일 등 서양제국과의 수호조약체결을 추진함에 있어서 일찍이 프랑스에서 국제법 등의 공부를 하고 돌아온 청의 候補同知 馬建忠으로부터 많은 도움을 구하였다. 그러나 이러한 임시변통으로 계속 폭주하기 시작한 국제관계에 대응할 수는 없었다. 따라서 조선정부는 임오군란 후 청의 북양아문이 복잡하게 전개되는 국제관계를 고려하여 추천한 독일인 묄렌도르프를 외교통상 및 해관업무를 관장할 책임자로 고빙하였다. 이어 1882년 11월 18일 고빙계약이 체결되어 조선에 온 묄렌도르프는 통리교섭통상사무아문 협판에 임명되자, 해관의 창설, 근대시설을 위한 자금의 차관교섭, 주화사업 등을 추진하는 한편 외교통상과 해관업무에 종사할 인재를 기르기 위한 학교 즉 동문학의 설립을 추진하였다.[157]

그리하여 동문학은 통리교섭통상사무아문 참의 김만식을 掌敎(學監)로, 묄렌도르프가 중국에서 데리고 들어온 吳仲賢과 唐紹威를 교사로 삼아 40여

157) 高柄翊, 〈穆麟德의 雇聘과 그 背景〉(《東亞交涉史의 硏究》, 서울대출판부, 1970), 436~463쪽.

명의 학생을 선발하여 1883년 9월 서울의 齋洞에 설립되었다. 이렇게 설립된 동문학은 곧 영국인 핼리팩스가 맡아 교육을 담당하게 되었다. 교육은 오전·오후반으로 나누어 실시되었으며, 종이·먹·붓 등은 학생 자신이 부담하였으나 책과 서양제 종이와 문구 등은 아문에서 지급하였다. 동문학은 조선 재래의 한학(중국어학)이나 왜학과 같이 어학을 공부하는 역관(통역관)양성소였다. 그러나 동문학의 학생들은 단순한 어학생도의 수준을 벗어나 서양과의 통상확대에 따른 해관업무의 담당자 그리고 기타의 관련업무의 종사자로서 양성되었다. 즉 동문학 생도들은 상해나 홍콩 등지에 유학생으로 파견되기도 하였고, 졸업 후 외교통상·해관사무뿐만 아니라 우편·전신사무 등 국제관련 업무에 종사함으로써 당시 서구문화 수용의 선봉에 서게 되었다.158)

영어교육을 위한 동문학의 설립에 이어 본격적인 서양의 근대교육 수용은 육영공원의 설립을 통해 이루어지게 되었다. 조미수호조약의 체결에 따라 1883년 미국에 파견된 보빙사 민영익 일행은 미국의 여러 문물제도를 시찰한 뒤 조선이 얼마나 뒤떨어졌는가를 알게 되었고, 이들은 귀국 후 그 곳에서 견문한 바를 국왕에게 보고하고 새로운 정책의 실시를 건의하였다. 이들의 보고를 받은 국왕 고종은 우편제도의 창시, 신식 농장의 설치, 그리고 신식 교육기관 즉 육영공원의 설립 등 새로운 시책을 추진토록 명하였다.159)

보빙사 일행이 귀국한 지 3개월 뒤인 1884년 9월 초에 고종은 육영공원의 설치를 명하였고, 미국공사 푸트에게 서양의 학문을 가르칠 수 있는 젊은 교사의 파견을 요청하였다. 조선의 요청을 받은 미국정부는 1886년 7월 헐버트와 길모어부부, 그리고 벙커를 선발 파견하였다.160)

고종은 이들 교사가 도착하자 내무부소속 修文司로 하여금 학교개설 준비에 착수하게 하였고, 수문사 당상은 3인의 교사와 협의를 거쳐 〈육영공원설학절목〉을 마련하였다. 이와 더불어 국왕 고종은 내외아문의 당상관과 낭청의 子壻弟姪族親 가운데 공원에 입학할 학도를 선발 추천하라는 교서를 내

158) 《統理交涉通商事務衙門日記》, 고종 20년 9월 29일.
《漢城周報》 4호, 1886년 2월 22일, 國內記事 〈同文學校〉.
159) 李光麟, 〈育英公院의 設置와 그 變遷〉(앞의 책, 1981b), 104쪽.
160) 李光麟, 위의 글, 112~119쪽.

렸다. 신식 교육기관 설치에 적극적이었던 고종은 계획에 어긋남이 있으면 학생의 부형들이 큰 죄를 받게 될 것이라고 엄명하였고, 이에 따라 육영공원은 1886년 9월 23일 개교하게 되었다.[161] 육영공원의 교육은 좌원과 우원으로 나누어 좌원은 젊은 현직관리 중에서 선발된 학도들로 집에서 통학하게 하고, 우원은 재능이 있고, 총명한 15세에서 20세에 이르는 젊은 선비 20명을 간선하여 기숙사에서 생활케 하였다. 모든 운영비는 호조와 선혜청에서 반반씩 공동 부담하도록 되어 있었다. 교과는 다음과 같이 책읽기와 글쓰기로부터 출발하여 차츰 수학·자연과학·역사·정치학 등을 수학하도록 하였다. 그리고 시험은 월말과 연말, 그리고 大考라 하여 3년마다 치르는 시험 등 세 종류가 있어 대고에 급제하면 졸업시켜 관직을 받도록 조치되었다.[162]

1. 讀書 2. 習字 3. 學解字法 4. 算學 5. 寫所習算法 6. 土理 7. 學文法
1. 大算法 2. 各國言語 3. 諸般學法捷徑易覺者 4. 格致萬物(醫學·地理·天文·花卉·草木·農理·機器·禽獸) 5. 各國歷代政治(與各國條約及當國用兵之術)

이렇게 출발한 육영공원은 설립 초기 상당한 성과를 거두었던 것으로 파악되고 있다. 국왕 고종의 지대한 관심과 교사들의 열성, 학생들의 매우 높은 지적 능력으로 설치 후 1년이 지난 첫 여름방학까지는 학생들이 배운 句語가 3천 단어에 달할 정도에 이르렀다. 이에 국왕은 방학중에도 그 동안 배운 것을 잊어버리지 않도록 5일마다 공원에 나와 시험을 치르도록 하교하고 있음을 볼 수 있다.[163] 그러나 당시 조선의 모든 개혁시책이 그러했듯이 육영공원의 운영도 문제를 노출하기 시작하였다. 현직 관료나 양반자제들로 구성된 학생들은 학교의 엄격한 규칙을 싫어하였고, 좌원의 학생들은 일이 바쁘다는 이유로 결석하는 경우가 흔하였다. 이에 대하여 수문사 당상으로 구성된 학교운영위원회는 방관적 자세를 취함으로서 학교 질서를 문란케 하였다. 또한 학교를 운영하는 관리들이 학교유지비를 횡령하여 학교재정을 곤란하게 만듦으로써 교사들을 실망케 하였다. 그리하여 이들 미국인 교사들은

161) 李光麟, 위의 글, 104~107쪽.
162) 李光麟, 위의 글, 120~121쪽.
163) 《高宗實錄》, 고종 24년 5월 2일.

점차 육영공원 교육에 흥미를 잃고 사의를 표명하는 등 학교운영은 난맥상을 보여주었다. 1886년·1887년·1889년 등 세 번에 걸쳐 총 112명 정도의 학생을 모집 교육했던 육영공원은 1894년 2월 배재학당 교사로 초청된 벙커가 마지막으로 사임을 표명함으로써 문을 닫아야 하는 상황에 놓이게 되었다. 이에 국왕 고종은 알렌 미국공사에게 새로운 교사를 물색해 주도록 요청하였다. 그러나 당시 조선정부는 재정적 어려움으로 고빙된 외국인들에게 월급을 제때에 지급하지 못하는 일이 허다하였으므로 교사를 구하지 못한 채 육영공원은 표류하게 되었다.[164)]

이러한 가운데, 그 동안 우정국 혹은 해관에서 일하다가 1893년 3월부터 강화도에 설치되었던 해군무관학교에서 영어를 가르치던 영국인 허치슨이 조선정부의 고빙에 응함으로써 육영공원은 새로운 전기를 맞게 되었다. 허치슨은 우선 교명을 영어학교로 바꾸고 육영공원의 옛 학생 4명과 자기가 강화도에서 데려온 학생과 정부가 파견한 학생 등 총 64명의 학생을 데리고 수업을 시작하였다. 그리고 동문학에서 영어를 가르치던 핼리팩스를 교사로 맞아들여 1895년 말까지 육영공원 자리에서 수업을 진행하다가 관립 한성외국어학교로 발전하였다.[165)]

정부의 이러한 학교설립과 달리 원산에서는 1883년 개화파 관료인 덕원부사 겸 원산감리 정현석과 민간인들이 합작하여 원산학사를 설립하고 經書와 兵書를 비롯하여 산수·물리·기계·농업·양잠·광산채굴법·법률·만국공법·지리·일본어 등 각종 새로운 학문을 교육하였다.[166)] 그리고 1885년 여름 기독교선교를 위해 입국한 미국인 선교사 아펜젤러(H. G. Appenzeller)가 학생들을 모아 영어를 비롯한 서양의 학문을 가르치기 시작하자 고종은 1886년 6월 8일 '배재학당'이라는 교명과 현판을 하사하였다. 이 무렵 언더우드(H. G. Underwood)가 고아원 형식의 학교(뒤의 경신학교)를, 스크랜턴부인(M. E. Scranton)이 이화학당을 창설하여 서양식 학교교육을 시작하였다.[167)]

---

164) 李光麟, 앞의 글(1981b), 125~132쪽.
165) 李光麟, 〈舊韓末의 官立外國語學校〉(앞의 책, 1981b), 134~158쪽.
166) 愼鏞廈, 〈우리나라 最初의 近代學校의 設立에 대하여〉(《韓國史硏究》 10, 1974), 191~203쪽.
167) 孫仁銖, 〈미션학교의 설립〉(《韓國敎育硏究》 1, 한국정신문화연구원, 1980), 159

그러나 이러한 학교의 설립들이 근대교육으로서의 교육개혁을 의미하는 것은 아니었다. 진정한 근대적 국민교육은 국민 모두가 참된 인간으로서 길러지고 국민으로서 권리와 의무를 이행하도록 가르쳐야 할 것이었다. 따라서 개화파 인사들은 《한성순보》를 통해 서양의 근대교육제도를 소개하고 특히 소학교교육이 국민교육의 기초로서 의무교육제도에 의해 뒷받침된다는 것을 소개하고 있다.[168] 그리고 박영효는 갑신정변 후 일본에 망명하여 국왕 고종에게 '6세 이상의 모든 남녀 아동을 취학시켜 교육시킬 것'을 건의하고 있음을 볼 수 있다.[169] 그러나 이러한 교육개혁론은 받아들여지지 않은 채 갑오개혁을 맞이하게 되었다.

### (3) 근대적 우정·전신·전기시설

근대식 우정사업은 홍영식에 의해 연구되고 추진되었다. 그는 처음에 봉수역마와 같은 기왕의 비능률적인 통신제도를 고쳐 활용하려고 하였다. 그러나 일본인들이 개항장의 우편사업을 장악하여 이익을 취하고 있는 사실에 우려하여 새로운 우정사업에 관심을 갖게 되었다. 그는 통리교섭통상사무아문에 郵征司가 설치되자 협판에 임명되어 다음해 보빙사의 일원으로 미국을 시찰하면서 뉴욕의 서부전신국과 우체국을 방문하고 미국의 우편제도를 조사하였다. 그는 귀국한 뒤 고종에게 근대적 우정제도에 대한 보고를 하였고, 이에 고종은 郵征總局을 설립하도록 명하였다.[170] 이어 〈우정총국장정〉이 마련되었다.[171] 그리고 10월 1일(양력 11. 18) 근대적 우정사무를 개시하였다.[172] 그러나 동 17일 우정국 개국축하연을 계기로 일어난 갑신정변으로 우정사업은 일단 중지되었다.[173]

갑신정변으로 우정사업은 중단되었으나 조선진출 문제와 관련되어 청일의

~166쪽

168) 《漢城旬報》 15호, 1884년 3월 18일, 〈各國學業所同〉.

169) 朴泳孝, 建白書〈教民才德文藝以治本〉(《新東亞》, 1966년 1월호 부록, 19쪽).

170) 《高宗實錄》, 고종 21년 3월 27일.

171) 《高宗實錄》, 고종 21년 5월 15일.

172) 《高宗實錄》, 고종 21년 10월 1일.

173) 《高宗實錄》, 고종 21년 10월 17·21일.

각축 속에서 근대적 통신사업인 전신사업은 활발히 추진되었다. 강화도조약 체결 이후 일본은 부산에 전신국을 가설하고 1883년 1월 조선정부와 부산구 설해저전선조관을 체결하고 이듬해 부산과 나가사키 사이에 해저전선을 개통시켰다. 덴마크의 대북부전신회사가 가설한 이 전신시설은 일본이 조선진출에 이용하기 위한 것이었으므로 청국도 조선정부에 요구하여 고종 1885년 6월 조선전선조약을 체결하고 전선가설을 추진하였다. 청은 한성전보총국(일명 華電局)을 설치하고 서울과 인천, 서울과 평양·의주에 이르는 서로전선을 개통하였다.[174]

청의 이러한 조치에 일본은 서울~부산간의 전신가설을 요구하였다. 이에 조선정부는 일본과 부산구설해저전선조약속약을 체결하고 서울~부산간의 남로전선을 착공하였다. 조선정부는 조선전보총국을 설치하고 독일상사 세창양행과 교섭하여, 각종 기구를 구입하고 영국인 기사 핼리팩스를 감로위원으로 하여 1888년 초에 착공, 6월 1일부터 전신사무를 개시하였다. 조선정부는 한글로 된 전신부호 '국문자모호마타법'을 제정하고 독자적인 전보장정을 마련함으로써 남로전선은 독자적인 운영을 하게 되었다. 이후 외교고문으로 있던 미국인 데니 등에 의해 북로전선이 추진되어, 우여곡절 끝에 1891년 6월 서울~원산간에 전신이 가설되었다.[175]

이 무렵 경복궁에는 전등이 가설되었다. 보빙사로 미국을 방문했던 민영익은 당시 뉴욕에서 동양무역에 종사하던 프레이저상사를 통해 조선에 전기를 가설해 주도록 주문하였다. 이는 에디슨이 1879년 전등을 발견한 지 5년 뒤의 일이었다. 따라서 1887년 초에 전등기기와 기술자 맥케이가 도착함으로써 경복궁 건청궁에 전등이 가설되었다.[176]

### (4) 근대 의료시설

개화운동이 전개되면서 또한 외국의 의술이 도입되었다. 수신사 김기수의 수행원으로 일본에 갔던 박영선은 도쿄 순천당의원 大瀧富三으로부터 우두

174) 李光麟, 〈開化·斥邪運動〉(앞의 책, 1981a), 244쪽.
175) 李光麟, 위의 글, 245~246쪽.
176) 李光麟, 위의 글, 243~244쪽.

법을 배워 오는 한편, 《種痘龜鑑》이라는 책을 가지고 와서 지석영에게 전수하였다. 지석영은 이를 읽고, 일본인 松前讓이 경영하는 부산의 濟生醫院에서 1879년 10월부터 2개월 동안 종두법을 실습하였다. 이듬해 지석영은 제2차 수신사 김홍집을 수행하여 일본에서 痘苗製造法을 배워다가, 전주·공주·대구 등 지방에 우두국을 설치하고 직접 종두를 실시함으로써 예방의료에 공헌하였다. 또 1885년 4월에는 《牛痘新說》이란 책을 저술하여 영국의사 젠너(E, Jenner)의 종두법을 국내에 소개하였다. 이 무렵 이재하에 의해 《濟嬰新編》이라는 책도 경상감영 우두국에서 간행되었다.

신식 병원인 광혜원이 또한 개설되었다. 갑신정변 당시 민영익을 치료하여 신임을 얻은 미국공사관 부속 의사 겸 장로교 선교사였던 알렌에 의해 1885년 2월 29일 재동에 설립된 이 병원은 조선정부가 기왕의 惠民署와 活人署를 혁파하고 그 재원을 활용하게 함으로써 국립병원이 되었다. 이 병원은 뒤에 濟衆院으로 이름을 고치고 남부 銅峴으로 이전하였다.[177]

〈邊勝雄〉

177) 李光麟, 위의 글, 242~243쪽.

# Ⅲ. 위정척사운동

1. 위정척사사상의 대두
2. 위정척사운동의 전개
3. 위정척사운동의 영향과 의의

# Ⅲ. 위정척사운동

## 1. 위정척사사상의 대두

### 1) 위정척사사상의 대두

위정척사사상이란 바른것(正)을 지키고 그른것(邪)을 물리치고자 하는 하나의 체계화된 이론과 이념적 정향을 가리킨다. 이러한 위정척사사상은 조선후기, 특히 19세기 중엽 이후 우리 나라가 여러 가지 변수의 작용으로 내부적 변신과 외부적 변화를 겪고 있을 때, 그리고 여러 가지 요인들에 의해 국가적 위기에 직면해 있을 때, 어떤 의미에서는 가장 굳건한 민족주의적 저항을 선구적으로 보였던 사상이며 운동이었다고 할 수 있다. 이러한 위정척사사상은 조선 5백년을 관통하는 주자학적 성리학사상이 거둔 마지막 결실이었다고 할 수 있다. 그러므로 이 성리학적 배경에 대한 사상적 이해 없이는 위정척사를 논의하기가 어렵게 된다. 말하자면 위정척사사상과 운동은 조선후기 서구제국과 일본세력의 침투에 주체적으로 대응하는 과정에서 대두되었지만, 그 사상적 연원은 조선 5백년을 관통하는 주자학적 정치이념에 두고 있으므로, 먼저 이러한 사상적 근원부터 살펴보는 것이 순서인 것이다.

위정척사사상의 뿌리가 되는 주자학적 정치사상은 원래 외환에 직면하고 있던 송나라에서부터 비롯되었다. 민족적, 국가적, 그리고 문화적으로 위기에 직면하고 있던 당시 송나라에서는 황제를 중심으로 하는 강력한 정치체제의 구축이 요구되고 있었는데, 여기에서 군신간의 도덕적 관계의 강화가 외적과의 투쟁에서 승리할 수 있는 가장 긴요한 전제가 되는 것으로 인식되었다. 그리하여 주자학은 신분과 계급을 돌보지 않는 충절을 강조하였다. 그러나 주자의 성리학적 정치사상은 이러한 충절이 외부로부터 강요되는 의무가 아니라 가장 순결한 내심의 발동이며, 이것이 곧 천리라고 역설하기 때문에 성리학의 理氣 논리가 외적의 침입을 당하게 되면, 현실적으로는 민족적 저항을 고취시키는 이념적 배경으로 작용하게 되는 것이었다.[1]

이렇듯 민족적 위기상황을 배경으로 하여 탄생한 주자학적 정치사상은 그러한 위기의식을 역사의식으로 전용시키면서 孔·孟 이후 단절된 춘추대의적 유교정치이념의 정통성을 재확립하고 老·佛 등의 이설을 이단으로 배척하는 한편, 종래의 세계주의적 중화사상을 민족주의적 정향 위에서 재편성하면서 강력한 배외적 이데올로기를 함축하게 되었다.[2]

이와 같이 송나라 때 이민족에 대항하는 정치이념으로, 그리고 이설에 대해 정통을 지키는 문화이념으로 형성된 주자학적 정치사상은 조선왕조가 건국되면서 국가의 지도이념으로 받아들여졌는데, 이 때 조선왕조에서 채택된 주자학적 정치사상은 단순한 도덕적 가치체계나 학문체계를 넘어 새로 성립된 정치체제를 정당화하고 통치구조의 원리를 제공하는 국가이성(raison d'Etat)의 근간이 되었다. 그리하여 조선 건국 초에는 새로 받아들인 주자학적 정치이념을 확립하기 위하여 노·불사상은 물론 제자백가의 사상까지도 邪說로 간주하여 이를 신봉하는 자를 斯文亂賊으로 처단할 정도로 단호한 태도를 취하였다. 이후 주자학은 성종조에 이르러 왕조의 지도이념으로 완전히 정착되었으며 동시에 조선왕조 정치체제의 정통사상으로 기능하기에 이르렀다.

한편 조선시대에 이러한 주자학적 정치이념을 적극적으로 실현하고자 한 정치집단은 士林이라고 할 수 있다. 사림은 국왕의 통치권과 밀착하여 정치적·사회적 기능을 담당하던 지배계층이었기 때문에, 그들은 조선왕조 정치체제에서 주자학적 정치사상을 이념적 차원에서뿐만 아니라 실천적인 차원에서까지도 책임을 지고 있었다. 사림의 정치이념은 성리학적 德化敎民에 기초한 왕도정치, 그리고 이를 현실적으로 구현하는 방법으로 至治를 강조함과 동시에 윤리적 차원에서 지치의 원리를 邪와 僞를 제거, 척결하는 데서 찾았다.

---

1) 金龍德, 《朝鮮後期思想史硏究》(乙酉文化社, 1977), 527~529쪽.

2) 《中庸》, 朱子 序文.

이와 같은 사림의 정치이념은 사욕이나 形氣에 따르지 않고 吾心에 명백히 변별함으로써, 모든 應事接物의 상황에서 '仕止久速'의 時中之義를 강조하고,[3] 정·부정의 정확한 분별에 따라 온당하게 처신할 것을 요구하였다. '정의를 보고 행하지 못하는 것은 용기가 없다는 것'[4]이라는 실천성과 함께 이와 같은 사림의 정치이념은 국내외로부터의 邪·僞·不義·不正의 도전에 대한 저항정신으로 발현되어, 대내적인 정치적 모순에 대해서는 시비의 정도를 밝혀 내고 대외적인 도전에 대해서는 민족의 자존과 보위를 사수하는 殉義정신으로 나타나게 되었던 것이다. 주자학을 정치이데올로기로 채용한 조선왕조가 이민족의 침략 앞에서 민족의 위기에 대처하여 적극적 저항의 자세를 보였던 것은 바로 이러한 이념적 기반과 연결되어 있었기 때문이었다고 할 수 있다. 이를테면 임진왜란 때의 자연발생적 의병운동, 병자호란 후의 북벌사상, 조선 말기의 대외항쟁을 위한 의병운동 등은 모두 그러한 주자학적 정치이념과 연관되어 나타난 것이라고 할 수 있다. 그리고 이러한 정치이념적 정향은 실천의 면에서도 발견될 수 있지만 적어도 명분에 있어서는 철두철미하였음을 조선왕조의 정치사를 통해서 확인할 수 있다. 바로 이러한 사림의 정치이념이 조선시대를 관통한 주자학적 정치사상의 맥락인 것이다.

그러면 이러한 사림의 주자학적 정치이념이 어떻게 발전되어 조선 후기의 위정척사론에 연결되었는지 살펴보기로 한다. 조선시대 사림의 주자학적 정치사상을 상황적 조건과의 관련이라는 현실적 차원에서 구체적인 정치체제 운영의 이론으로 재편성한 경세사상가로서 우리는 栗谷 李珥를 들 수 있다. 율곡은 조선 중기의 정치사상가로서 退溪 李滉과 함께 한국사상사에 있어 그 위치를 가지런히 하고 있는데, 퇴계가 형이상학적 사변의 차원에서 성리학에 치중했다면 율곡은 實事實用의 측면에서 성리학에 바탕한 경세론을 체계화한 정치사상가라고 할 수 있다.

주자학의 이기철학은 후세에 氣質之性을 위주로 보는 주기적 경향과 本然之性을 위주로 보는 주리적 경향으로 나뉘어 이해되면서, 한국사상사에 있어서도 양자 사이에 끊임없는 논쟁이 제기되었다. 후자의 경향에 철저하게 충

---

3) 《孟子》, 公孫丑章句 上.
4) 《論語》, 爲政篇.

실했던 학자가 퇴계라고 한다면, 율곡은 비교적 전자의 경향을 중시했던 사상가였다고 할 수 있다. 그러나 율곡이 주기적 입장을 강조했다고 해서 그가 이의 문제를 배제하거나 이의 비중을 경시한 것이 아니라는 점을 결코 간과해서는 안된다. 퇴계가 理發氣發의 理氣互發說을 주장한 반면에 율곡은 氣發理乘의 이원론적 통합론을 제기한 것이다.

율곡은 "이는 形而上者요, 기는 形而下者이다. 이와 기는 서로 분리될 수 없다. 이 둘이 이미 분리될 수 없으니 그 發用은 하나이며 호발이 있다고 말할 수 없는 것이다"[5]라고 말한다. 그는 천지 조화와 吾心의 발동이 모두 기의 작용에 의한 것으로 보아 퇴계의 이기호발론을 받아들이지 않고 있다.

> 천지의 化는 곧 吾心의 發이다. 천지의 理化者와 氣化者가 있다면 오심도 역시 당연히 이발자와 기발자가 있어야 한다. 천지에는 이미 理化·氣化가 없는데 오심에는 어찌 理發·氣發의 차이가 있겠는가(李珥, 《栗谷全書》 권 10, 書 2 答成浩原 壬申).

그는 위와 같이 반문하면서 '理氣元不相離 似是一物'이라고 철저하게 생각하였다.

이는 器材的인 有形有爲의 기 가운데는 활량한 無形無爲의 이가 기의 주재자로서 乘之하기 때문에 양자가 별개의 것으로 존재할 수 없고 통합된 일체로 존재한다고 본 것이다. 즉 이것은 "理氣雖二物而其體則一也 蓋一而二二而一者也"라는 '一而二'·'二而一'의 논리가 되는 것이다.[6] 이와 같이 율곡의 성리학에 있어서는 퇴계의 이기호발설을 거부하면서 理乘氣發一途說을 주장하여 이의 우위성을 인정하면서도, 현상계에 있어서 기의 역할을 중시하였으니, 이것은 이성적 인식과 동시에 감정적 인식을, 관념과 동시에 경험을, 도덕과 동시에 물질의 합일을 지향하고자 하는 균형적 통합론을 제기한 것이라고 볼 수 있고, 율곡이 실사실용에 치중했던 이유도 바로 이러한 균형논리에 기인한 것이라고 생각된다.

---

5) 李 珥, 《栗谷全書》 권 10, 書 2 答成浩原.
6) 李乙浩, 〈一而二의 構造的 性格〉(《韓國思想論叢》 1, 栗谷思想研究院, 1978), 147~175쪽 참조.

이와 같은 율곡의 철학적 기조는 그로 하여금 성리학적 정치사상을 지키면서도 동시에 상황적 변수에 대응하여 그 융통성 있는 적용을 주장하게 한 것이다. 즉 그의 정치사상은 이념과 경험의 조화를 향한 철두철미한 정치적 리얼리즘이라고 할 수 있다. 그렇기 때문에 그는 세종조 이후 정치적 안정이 계속되면서 오랫동안 태평무사한 세월을 보낸 나머지 점차로 사회적인 문약과 퇴폐, 문란이 증대하여 위로는 조정의 기강이 해이해지고 아래로는 토지·병역의 제도가 문란해지기 시작한 선조조에 이르러 이러한 폐단의 시정을 강력하게 주장한 것이다.

율곡이 생존했던 16세기, 특히 그 후반은 대내적으로 정치사회적 폐단이 증가하고 대외적으로는 남방의 倭와 북방의 胡의 침략의 전조가 서서히 나타나기 시작하던 시대였다. 율곡은 경연에서 講하면서 자신이 살고 있는 당시의 시대상황을 中衰期로 규정하였다.

> 우리 나라의 건국이 200년이 되었으니 이는 바로 中衰期에 들어선 것인데 거기에다 權姦들의 濁亂의 禍마저 있어 오늘날에 와서는 마치 노인과 같이 원기가 거의 쇠진하여 다시 일어날 수 없게 되었습니다(李珥, 《栗谷全書》 권 30, 經筵日記 今上 14년 10월).

그는 '變法·更張'을 이러한 중쇠기를 극복하는 방안으로 제기하였다. 그는 종조의 법통을 지키는 길은 시의의 중요성에 비추어 정책을 결정하고 수행해 나가는 因時制宜에 있다고 판단하였다. 율곡의 정치사상이 성리학적 치도를 중시하면서도 실용에 바탕한 점진성이 결여되었던 趙光祖의 이상주의적 정치이념을 수용하지 않은 것은 이러한 인시제의와 致用을 또한 중시하였기 때문이다. 잘 알려진 그의 십만양병설 등은 이와 같은 정치적 리얼리즘에서 나온 것이라고 하겠다.

율곡의 사상은 沙溪 金長生을 거쳐서 尤菴 宋時烈에게 정통으로 이어진다. 우암은 이기론과 인성론에 있어서 철저하게 율곡의 설을 취하였다. 그러나 우암의 사상이 퇴계의 이기론을 따르지 않고 율곡의 그것을 따랐다고 해서 그것이 곧 정통적 성리학사상의 변용을 뜻하는 것은 아니었다. 우암은 《朱子語類》에서 제시된 주자의 이기론이 '四端理發 七情氣發'이라고 하여 사단과

칠정이 각각 이발·기발이라고 한 것은 후세의 잘못된 기록이라고 보고, 율곡의 이기론이야말로 주자사상의 가장 정확하고 정당한 해석이라고 판단하였다. 우암은 이 문제에 관한 주자 자신의 진의를 구명하고자 《朱子言論同異攷》라는 고증적 연구에 착수한 바 있다.7)

우암은 주자학사상의 본의를 추구하는데 주자학의 內省的·主情的 측면을 강조하였던 퇴계사상의 맥락을 받아들이지 않고, 오히려 주자학사상의 기반위에 서 있으면서도, 자기의 독자적인 해석을 관철하려 했던 율곡의 사상을 취한 것이다. 우암은 율곡의 사상을 정통으로 이어받은 사상가로서 "퇴계의 理發而氣隨之라는 논리는 큰 착오이다. 理는 情意·運用·造作이 없는 것이다. 이는 기 안에 있다. 고로 능히 운용·작위하며 또한 거기에 부여되어 있는 것이다"라고 하여, 퇴계의 이기호발설을 비판하면서 이는 전혀 조작작용이 없는 것으로 보았다. 또 그는 "性은 心의 理요, 情은 心의 動이며 意는 心의 計較이고, 心은 性·情·意의 主宰이다"라고 하고, "動하는 것은 心이요, 능히 動하게 하는 所以가 되는 것은 性이다"라고 하여 氣動理無動, 즉 心發性不發의 논리를 세웠다. 결국 우암은 '心是氣'를 주장한 것이다.8)

이 '심시기'의 견해는 실은 율곡이 먼저 제기하고 우암이 승계한 것인데, 이들이 심시기라고 한 것은 심의 작용이 기에 속하기 때문에 다만 심을 기라고 설명한 것이지, 심을 兼理氣의 뜻으로 專言한 것은 아니다. 그렇기 때문에 이들의 사상적 기조는 花潭 徐敬德이나 鹿門 任聖周 등의 唯氣一元論과는 다른 것으로 구별하여 보아야 할 것이다.

율곡의 정치사상이 주기적 경향의 철학적 기조 위에서 형성된 정치적 리얼리즘이라고 한다면, 율곡의 사상적 맥락을 정통으로 계승한 우암의 정치사상 역시 주기적인 성리학적 기조 위에서 전개된 것은 당연하다고 하겠지만, 율곡의 정치사상이 상황적 조건을 현실적 차원에서 고려한 정책적 대안의 제시에 보다 많은 관심을 집중하고 있는데 비하여, 우암의 정치사상은 이념

7) 朴忠錫, 《韓國政治思想史》(三英社, 1982), 38~39쪽의 주 34.
玄相允, 《朝鮮儒學史》(民衆書館, 1978), 226~229쪽.
裵宗鎬, 《韓國儒學史》(延世大 出版部, 1978), 136~138쪽.

8) 裵宗鎬, 위의 책, 136~137쪽.

적 차원에서 명분론적 색채가 강화된 경향을 보이고 있다. 이를 테면 율곡이 당시의 국내외 정세를 면밀히 분석하고 실사실용의 관점에서 십만양병설을 구체적 정책대안으로 제시하고 있는데 비하여, 우암은 춘추대의에 따른 尊中華攘夷狄의 논리를 친명배청의 정치적 이념으로 원용하여 호란의 원한에 차 있던 효종의 密諭에 응해서 북벌을 계획하였으니, 이러한 우암의 이념적 정향은 실사실용의 차원에서보다도 정치적 명분론의 차원에서 이해되어야 할 것이다.

지금까지 살펴본 조선왕조의 이러한 주자학적 정치사상의 큰 흐름의 연장선상에서 바로 19세기 후반의 위정척사론이 등장하게 되는 것이다. 즉 조선 후기 성리학의 학통과 이에 기초한 정치사상의 맥락에 관해서는 많은 논의가 있을 수 있으나, 특히 19세기 전반에 와서 조선왕조의 정통적 성리학사상이 華西 李恒老 등을 중심으로 하는 사림에 의해서 재정비됨으로써 그 학통이 이어지고, 19세기 중엽 서세동점의 충격이 시작되자 조선 성리학사상의 정통성을 승계한 이들 사림은 성리학적 정치사상의 기조 위에서 척사 논의를 강력하게 제기하게 된 것이다.

이렇듯 주자학적 정치이념에 뿌리를 두면서 조선 후기에 등장한 위정척사론은 처음에는 서양의 이질문화가 도전해 오는 위기상황에서 이단에 대해 正學을 지킨다는 교학적 차원에서 하나의 사상운동으로 발흥된 것이었다. 위에서 보았듯이 조선왕조의 국가적 지도이념이면서 동시에 사림의 정치이념으로 기능했던 주자학적 정치사상은 이후 퇴계와 율곡, 그리고 우암을 거치면서 전성기를 맞이하였으나 점차 형식화·전통화함으로써 성리학으로서의 본질을 잃어 갔다. 그리하여 이를 시정하기 위한 실사구시의 실학이 등장하였으나 그 근본정신은 유교적 범주에서 벗어난 것이 아니었기 때문에 큰 비판이나 배척의 대상은 되지 않았다.

문제는 서학이라 일컬어지던 천주교가 영·정조시기에 서세동점의 물결을 타고 이 땅에 들어오면서부터 발생하기 시작하였다. 천주교는 전통적인 예교질서를 파괴하는 교리 및 행동을 수반하고 있었다. 부모와 선조의 제사를 부인하고 전통적으로 최고선으로 존중되어 오던 효와 충의 가치를 절하시키며 삼강오륜의 질서체계를 파괴하는 요소를 지니고 있었다. 그리하여 천주교는 주자학적 사상으로 규율되어 오던 전통사회를 위협하는 위험사상으로 간주하게 되었으며, 그 교세가 점차 커지고 반유교적 정신과 행동이 실천적 차원으로 드러나게 되자 이를 邪學으로 규정하여[9] 배척하는 동시에 주자학적 정치윤리사상을 정학으로 지키고자 하는 위정척사론[10]이 형성되기에 이른 것이다.

따라서 주자학의 한 특성으로서의 위정척사사상은 조선 후기 천주교(서양문명)라는 이질적인 문화가 도전해 오는 위기의식의 상황에서 주자학적 유교사상을 수호하기 위한 하나의 사상운동으로서 대두하게 되었다고 할 수 있다. 그리고 이 때까지만 해도 위정척사사상은 이질적 문화의 충격에 부딪쳐 전통적 유교사상을 지키려는 정통의식의 반발작용 수준에 머무르고 있었다.

이렇듯 처음에는 교학적 차원에서 하나의 사상운동 수준에 머무르고 있던 위정척사론은, 조선왕조 말기에 이르러 점차 서구열강과 일본의 제국주의적 침략이 노골화되고 그것이 조선왕조 정치체제의 전반적인 변화와 파괴를 강요하는 구체적인 물리적 힘으로 다가오자, 강력한 민족적 자존의식을 바탕으로 한 구국의 지도이념으로 발전하게 되었다.

사실 조선왕조 말기에 등장한 이러한 위정척사사상은 춘추대의와 벽위론을 양대 지주로 하고 있었기 때문에 자연히 화이론적 세계관과 사대주의적 모화사상, 그리고 보수성과 배타성을 강하게 담고 출발할 수밖에 없었다. 그러나 바른것(正)을 지키고 그른것(邪)을 물리친다는 위정척사사상에서 正·邪의 내용과 성격은 고정된 것이 아니라 시대와 상황적 여건에 따라 변하는 것이었다. 말하자면 처음에는 주자학적 정치이념을 정으로 하여 지키고 천주교를 포함한 서양문명을 사로 규정하여 물리치는 것을 내용으로 하는 동시에 사대성과 보수성을 기본성격으로 하던 위정척사론이 그 후 서구열강과 일본의 침략이 노골화되자 민족의 자존과 자주를 지켜야 할 정으로 설정하고, 반면에 물리쳐야 할 사를 서구열강과 일제의 침략세력으로 규정하게 되

9) 천주교를 邪學으로 규정한 것은 정조 때 蔡濟恭의 箚子에서 비롯된다(鄭喬, 《大韓季年史》 권 1, 고종 3년 참조).

10) 衛正斥邪라는 말은 館儒 宋道鼎 등의 상소에 대한 정조의 批答 속에서 처음 발견된다(《承政院日記》, 정조 15년 11월 정축).

었던 것이다. 그리고 이에 따라 사대주의적 모화사상을 기본으로 하고 있던 위정척사사상의 성격도 민족자존과 구국애족의 민족주의사상으로 승화, 발전하여 나아가게 되었다.

## 2) 위정척사사상의 보급

### (1) 위정척사사상의 정립

조선 말기에 대두된 이러한 위정척사사상은 華西 李恒老와 蘆沙 奇正鎭, 그리고 화서의 제자인 重菴 金平默 등에 의해 크게 보급되었다. 특히 화서의 위정척사론은 중암에 의해 보다 발전적으로 집대성되는 동시에 勉菴 崔益鉉에 의해 실천적 차원의 의병운동으로 확산되었으며 毅菴 柳麟錫에 의해서는 의병운동의 연장선상에서 항일구국 독립운동으로 발전되어 나갔다. 조선 후기에 위정척사론의 중요한 기초를 놓았던 몇 사람을 살펴보면서 한말 위정척사사상과 운동의 특성과 보급과정을 검토해 보기로 한다.

조선 후기에 위정척사론이 본격적으로 대두된 것은 화서 이항로에 의해서였다. 화서의 위정척사론이 제기되던 19세기 후반은 조선왕조 정치체제가 서세동점의 국제적 격랑과 갈등 속에 휘말려 들어가기 시작하던 때였다. 이 당시 서구열강세력의 한반도에의 침입은 단순한 군사적 위협의 정도를 넘는 것이었으니, 그것은 한편으로는 자본주의적 제국주의 질서에 기초한 불평등한 국제관계의 틀을 조선에 강요하는 것인 동시에, 다른 한편으로는 조선의 경제와 사회, 문화체계의 전반적인 파괴를 수반하는 것이기도 했다.

이러한 서구제국의 침략의 징후는 그 이전부터 있어 왔으나 그것이 위정척사운동을 촉발시킬 만큼 구체적이고도 물리적인 현상으로 나타난 것은 1866년(고종 3) 프랑스군함이 강화도를 침범한 이른바 丙寅洋擾에 이르러서이었다. 병인양요는 서구열강의 자본주의적 팽창과 물리적 도전으로 조선이 처음으로 체험한 국제관계상의 중요한 사건이었으며 이는 조선의 자기안보와 경제적 자존의 문제와 직결되는 것이었다.

이러한 위기상황에 처하여 화서는 조선시대를 관통하는 성리학적 사상의 연장선상에서 위정척사론을 제기하였다. 주지하는 바와 같이 조선왕조 사상의 큰 흐름은 개국 초기에 유교를 통치이념으로 정착시키면서 형성되기 시작했다. 유교를 통치이념으로 정착시키는 데 공헌한 조선 초기의 학자들은 이상적인 국가운영 원리를 제시하면서 이를 실제로 한 번 실현시켜 보려고 시도하였는데, 그 대표적인 인물이 정암 조광조이었다. 이들의 사상과 정책은 지나치게 이상주의에 치우쳐 있었기 때문에 실패하였다. 그러나 그 사상적 맥은 퇴계·율곡을 거쳐 조선 후기까지 연면히 이어져 내려왔던 것인데, 바로 이러한 성리학사상의 대하적 흐름이 배경이 되어서 화서의 위정척사론이 형성되었던 것이다.

그러나 학통의 관점에서는 화서의 경우는 평지돌출과 같아서 어떤 스승에게서 직접적으로 학문을 전승 받지는 않았다. 단지 그는 율곡과 우암을 사숙한다고 스스로 말했을 뿐이다. 화서는 자신의 학통을 율곡과 우암에게 붙이고는 있지만 사실상 우암의 영향은 거의 없었다고 할 수 있다. 오히려 화서는 19세기 중엽에 활동하면서 조선의 성리학을 정비하는 데 진력한 인물이었다고 할 수 있으며, 조선 후기 국가적 위기상황을 맞이하자, 성리학을 학문적 바탕으로 하여 이를 외세에의 저항을 위한 실천운동의 논리로 전환시켰던 것이다.

사실 19세기 후반의 국가적 위기상황 속에서 화서를 중심으로 한 유학자들은 비록 서구 자본주의의 제국주의적 팽창을 분명하게 인식했다고는 볼 수 없을지는 모르지만, 마연하게나마 서구 자본주의의 도전을 국가적인 위기로 판단했던 것은 확실하다.[11] 그들은 이러한 판단에 입각해서 이 위기를 극복할 대응책을 강구했다. 즉 우리의 전통적 이념이나 체제를 고수하기 위해 장기적 대책으로 自强我事의 이념에 따른 내수론을 전제로 하면서 단기적으로는 밀려오는 외세를 저지하는 척외의 대책을 세워야 한다고 보았는데, 조선 후기의 위정척사론에서 거의 공통적으로 제시되던 이러한 內修外攘論의 선두 주자가 바로 화서이었던 것이다.

화서는 당시 주자학적 성리학에 입각하여 철저한 主理二元論과 理主氣客

11) 李恒老,《華西集》권 3, 疏箚 辭同義禁疏.

의 입장에서 19세기 중엽 조선의 대내외적 정치상황을 인식하였다. 즉 그는 기를 이에 복종시키는 주리적 理尊氣卑의 논리 위에서 조선왕조 본래의 정치체제와 질서를 이로 보고 외세라는 객체를 기로 보아 이에 대처하려는 자존적·자기수호적 의식을 바탕으로 조선 후기의 국난을 타개하려 했던 것이다. 이 때 화서가 그의 정치사상에서 강조하고자 한 것은 이기론적 사유가 질서가치로서의 측면에서 가지는 의의에 대한 인식으로서[12] 이것은 궁극적으로 1860년대에 있어서의 대외적 위기의 절박한 상황 속에서 그 위기를 극복해 나가기 위한 타개책의 수립방향을 그러한 성리학적 기조 위에서 모색하고자 했음을 뜻하는 것이기도 하다.

이러한 성리학적 기조 위에서 전개된 화서의 위기타개책은, 첫째는 민생의 문제 및 이와 관련된 내수적 통치론과 개혁론이요, 둘째는 대외관계에 관한 이론으로서의 척사론이었다. 대내적 측면에서 내수를 위해 화서가 강조하였던 것은 민본주의적 정치이념과 이를 실현하기 위한 통치윤리 및 내정의 쇄신이었다. 그는 민생을 제일차적인 국가적 과제로 보고 정치체제 운영에 있어서 백성의 생활안정만큼 중요한 일은 없다고 말했다.[13] 백성은 현실적으로 국가운영의 중요한 과제인 경제와 국방의 원천이며 본원적으로는 통치자의 근본이기 때문이라는 것이다. 이러한 그의 민본·위민사상은 곧바로 통치론과 내정개혁론으로 이어져 내수의 요체이며 척사의 전제로서의 군주의 수기정심과 극기정신을 역설하는[14] 한편, 토지제도의 정비와 부의 공평한 분배, 吏道의 쇄신, 그리고 단결된 민심을 바탕으로 한 국민의 사기진작과 일종의 민병조직에 의한 국방을 강조하였다.

한편 대외적 측면에서 화서가 내세운 대응책은 적극적인 척화론이었다. 즉 병인양요를 계기로 이에 대한 대책이 분분할 즈음 동부승지로 부름을 받은 화서는 그 직을 사직하면서 올린 상소에서 프랑스의 침입을 종사존망의 위급한 국가적 위기로 규정하는 동시에 이를 싸워서 물리쳐야 한다는 主戰斥和論을 다음과 같이 주장하였다.

---

12) 朴忠錫, 앞의 책, 202쪽.
13) 李恒老, 《華西雅言》 권 9, 嚮背.
14) 朴忠錫·柳根鎬, 《朝鮮朝의 政治思想》(平和出版社, 1980), 178~182쪽.

> 오늘날(양적의 침입을 당하여) 국론이 交와 戰으로 양분되어 있다. 그런데 양적을 공격해야 한다는 주장은 내 나라쪽 사람, 즉 國邊人의 주장이고, 양적과 화친해야 한다는 주장은 적국쪽의 사람, 즉 賊邊人의 주장이다. 전자를 따르면 나라의 衣裳之舊(조선문화의 전통)를 보전할 수 있지만, 후자에 따른다면 인류(한국인)가 금수의 지경으로 빠지고 말 것이다. 이 점이 양적과 싸우느냐 화친하느냐 하는 차이가 된다. 그러므로 조금이라도 근본을 잡는 신념, 즉 秉彝之心을 가진 사람이라면 모두 이런 상황을 알 수 있는 일이다(李恒老, 《華西集》 권 3, 疏箚 辭同副承旨兼陳所懷疏).

이렇듯, 그는 당시의 국론이 화친하자는 주장과 싸워서 물리치자는 양설로 나뉘어져 있는데, 후자에 따르면 조선의 고유질서를 보전할 수 있지만 전자에 따르면 인류가 금수의 상태에 빠지고 말 것이니 싸워서 지키는 것이 떳떳한 도리라고 주장하였던 것이다. 여기서 서구세력에 의한 고유질서의 파괴는 곧 조선왕조 정치체제가 유지하여야 할 정통성에 대한 도전이요 주체성에 대한 파괴 위협을 의미하였던 것이므로,[15] 이러한 서구세력은 마땅히 물리쳐야 할 양적에 불과하다는 인식논리가 바로 화서의 위정척사론의 출발점이 되었던 것이다.

화서가 이러한 戰守論을 내세우게 된 배경에는 전제왕조의 질서와 안정을 추구하려는 근왕적 충의사상과 유교의 춘추학적 존양사상이 깔려 있었지만, 그렇다고 해서 시대적 상황과 동향을 모르는 단순한 경계심과 배타성만이 작용했던 것은 아니었다. 그는 오히려 서구 물질문명과 열강의 침략이 갖고 있는 그 본질적 성격에 대한 나름대로의 안목에 기초하여 조선왕조 정치문화의 정통성과 민족의 경제적 자존을 보존하려는 입장에서 그러한 전수설을 주장했던 것이다. 즉 그는 서구열강이 우리 나라에 들어와서 邪學을 퍼뜨리는 이유는, 우리 내부에서 자신들의 동조자를 구하고 우리의 실정을 탐지하여 후에 군대를 이끌고 와 우리의 아름다운 풍속을 진창 속에 쓸어 넣고, 우리의 재물을 약탈하여 저희들의 탐욕을 채우려는 데 있다고 경고하였다. 또한 서양의 물건은 민생의 일상생활에 도움이 되지 않는 것들일 뿐만 아니라, 그들의 물건은 공업품들인데 비해 우리의 물건은 농산품인 관계로 교역이

15) 崔昌圭, 《近代 韓國 政治思想史》(一潮閣, 1981), 15쪽.

이루어지면 마침내는 경제적 측면에서 우리가 매우 불리하게 될 가능성이 많음을 지적하였던 것이다.[16] 결국 화서의 주장은 단순한 화이론적 존양사상에 바탕을 둔 것이 아니라 여기에서 한 걸음 더 나아가 민족 자체의 정치적·경제적·문화적 자존을 지키기 위한 민족의식의 발로에서 비롯된 것이었다고 할 수 있다.

이렇듯 19세기 후반 외세의 침입이 점증하던 시기에 주리이원론과 이주기객의 성리학적 기조 위에서 대내적으로는 내수론을, 그리고 대외적으로는 외양론을 전개하면서, 화서는 이를 구체적으로 실현하기 위해 서학금단책과 양물금단책, 그리고 군사적 방어책을 중심으로 하는 정책들을 제시하였다.

이를 좀더 구체적으로 보면, 먼저 서구는 사상과 학문, 그리고 종교, 특히 천주교를 통해 조선인의 정신을 마비시키는 문화적 침투로부터 시작할 것으로 보고 이에 대한 대책으로 서학의 금단을 주장하였던 것이다. 그 다음에 서양은 通貨通色을 통해 奇貨巧物을 만연시킴으로써 우리의 일용품을 고갈시키는 경제적 침투를 획책할 것으로 보아 양물금단책으로서 서양제품의 사용금지와 불용불매론을 제시하였다. 마지막으로 그는 서양이 조선을 송두리째 삼키려는 무력약탈을 자행할 것으로 보아 서양세력의 직접적인 도전에 맞서 물리칠 수 있는 양병과 국민단합의 구축을 제창하였다.

특히 그는 율곡의 10만양병설과 임진왜란의 선례를 인용하면서 양병을 역설하였는데, 구체적으로는 정규군이 아닌 일종의 민병조직에 해당되는 義旅制度를 주창하였다.[17] 이렇게 볼 때 화서의 어양척사론은 초기에는 성리학적 본말론에 입각하여 철저하게 내정개혁을 위한 논의에 치우쳤으나, 서양의 침공이 빈번해지고 이것이 위기로 파악되자 점차 군사적 차원의 방위론으로 구체화되어 갔음을 알 수 있는 것이다.

이렇듯 내수외양론의 구체적 정책들을 제시한 화서에게 있어 정과 사의 판별기준은 춘추대의적 명분을 계승하는 존화양이론에 바탕을 두는 것이었기 때문에 그에게 있어 전혀 이질적이고 또 열등하다고 판단된 서양의 정치

16) 李恒老, 《華西集》 권 3, 疏箚 辭同義禁疏.

17) 李恒老, 《華西集》 附錄 語錄, 권 4, 金平默錄 4 및 권 3, 疏箚 同副承旨兼陳所懷疏.

문화가 사로 규정되는 것은 당연한 논리적 귀결이었다. 하지만 그렇다고 해서 화서의 존화양이론이 전적으로 모화적 사대사상에 기초하는 것만은 아니었다. 그의 존화양이론에 따르면 만주족인 청나라 역시 北虜로서 夷에 속하는 것이며 따라서 넓은 의미의 外, 즉 邪의 범주에 포함되는 것이었다. 이에 비해 조선은 주자학을 정통으로 수용하여 발전시킴으로써 중국에 비해 손색이 없다고 생각하여 소중화로 자처했다.18)

여기서 우리는 화서가 조선의 문화적 우위를 전제로 문화적 측면에서뿐만 아니라 정치적 측면에서도 탈종속의 자주적 이념을 강력하게 시사하고 있음을 볼 수 있다. 이러한 그의 입장은 그가 그의 문인인 김평묵과 유중교를 시켜 찬술하도록 한《宋元華同史合編綱目》에서도 잘 나타나 있다. 즉 그는 이 책에서 원나라의 정통성을 부정하고 고려의 자주성을 부각시키고 있는데, 이는 다른 한편으로는 청에 대해 조선이 독립적이라는 것을 암시하는 것이기도 했다. 이러한 그의 이념적 정향은 조선왕조 정치체제의 적극적 저항을 강조하는 사상으로 연결되어 후일 저항적 민족주의운동의 한 연원을 이루게 되었다.

화서의 위정척사론은 그것이 비록 보수적이긴 하였지만 19세기 중엽 조선이 처한 대내외적 상황과 변수들을 고려하면서 은연중에 민족적 자존을 내포하고 서양열강의 침투에 대해 일종의 민족주의적 반응을 보였음을 인정할 수 있다. 더욱이 양물금단에 대한 그의 정책 건의는 결과적으로는 그가 서구자본주의의 팽창 추세에 따른 폐해를 어느 정도 인식하고 있었음을 보여주는 것이기도 하다. 이러한 의미에서 위정척사론은 외세의 위험성을 경고하는 동시에 아무런 사전 준비없이 외세와 손을 잡음으로써 나타날 피해를 내다보면서 내수외양을 강조했다는 점19)에서 현실적 통찰력을 가지고 있었다고 하겠다. 아무튼 이렇게 화서에서 발흥된 위정척사론은 이후의 위정척사사상이 발전해 가는 과정에서 하나의 방향을 제시해 주는 것이었으며, 장차 일제의 침략이 노골화되는 단계에 이르러서는 항일투쟁의 민족자주운동의 원동력으로 전환되었다고 할 수 있다.

18) 李恒老,《華西集》권 25, 雜著, 闢邪錄辯 用夏變夷說.
19) 李光麟,《韓國史講座》V 近代篇(一潮閣, 1988), 137쪽.

한편 조선 후기 화서와 함께 위정척사사상을 전개하였던 두 기둥 중의 한 사람으로서 蘆沙 奇正鎭을 들 수 있다. 화서와 노사는 조선 후기의 위기상황에서 위정척사를 통해 정치체제와 민족을 보위하려는 방향에서는 같았지만 이를 논리적으로 정당화하는 성리학적 기조에서는 차이가 있었다. 즉 화서가 理主氣客의 주리이원론적 입장에서 이기론을 전개한 데 비하여 노사의 이기론은 기를 이 중에 포함되는 것으로 봄으로써, 일원론적 개념으로 파악하고 있다. 즉 그는 이와 기를 분리시키지 않고 기를 이 속에 포함시켜 하나(理一)로 보고 있다. 다시 말하면 이기를 一物로 생각한 것이다.

이 같은 노사의 唯理論은 이주기객의 주리이원론적 성리학체계를 대표하던 당대의 화서와 대조를 이루고 있다. 화서가 주리적 입장에 서면서도 이기합일설에 반대함으로써 율곡적인 맥락을 잇고 있는데 비해, 노사의 유리일원론은 매우 독특한 입장이라고 볼 수 있다. 특히 그의 유리론은 "모든 日用形器에는 理가 담겨 있지 않는 것이 없다"는 唯理遍在論을 수반하게 되는데, 이 관점에 의하면 어떤 형기든 그것은 이를 담고 있는 것으로서, 그 상면은 道로 그리고 그 하면은 器로 파악된다는 것이다. 따라서 도와 기의 구분만을 명확히 한다면 이가 하나로서 불변함은 근심할 바가 아니라는 것이다.[20] 노사의 이러한 도기설은 그의 척사론 형성에 있어서 직접적인 논리적 기초가 되었음은 물론, 개국 직후에 대두한 '東道西器'의 논의에도 많은 영향을 주었다. 이러한 理主氣僕을 주장한 노사의 유리론은 서양의 충격이라는 상황적 변수와의 관계에서 위정척사의 대응논리로 발전된 것이다.

이렇듯 노사는 서양세력의 침략을 맞아 이에 대응하는 성리학적 논리의 기조에서는 화서와 차이를 보였다. 그러나 그러한 서양의 도전이 마침내는 조선의 질서에 의해 극복되어져야 할 대상으로 본 점에서는 일치한다. 화서가 주리이원론의 입장에서 19세기 중엽의 대내외적 정치상황을 인식하고 존화양이의 논리를 통하여 서구세력을 洋敎와 洋賊이라는 두 개의 측면으로 구분한 후, 그것을 각각 이단과 이적이라는 화이적 성격으로 파악한 데 비해, 노사는 기를 이 중에 포함되는 것으로 보아 유리론적 이주기복의 논리

20) 奇正鎭, 《蘆沙集》 권 12, 納涼私議.

위에서 서구세력이 마침내는 조선에 의해 극복되어질 것으로 보았다. 즉 화서와 마찬가지로 노사에 있어서도 조선은 이이고 서구세력은 기로 파악되었는데, 서구세력은 비록 물질의 면에서는 조선보다 우세하기는 하지만 그것은 기의 현상에 불과한 것이며, 이에 반해 조선은 비록 현실적으로는 취약한 듯이 보이지만 천명과 인륜에 따르기 때문에 이의 주체라고 보며, 기는 이의 명령에 복종하는 것이므로 결국 서구세력의 도전은 조선의 질서에 의해 극복되고야 만다고 보았던 것이다.

이러한 상황인식에 기초하여 노사는 서양의 경제적 침략에 대한 대비책과 국력배양을 위한 내수론을 제시하였는데, 특히 그는 장기적 안목에서 제시한 내수론을 통해 사회경제적 측면의 구조적 모순을 과감하게 분석하고 그것의 극복을 위한 대안을 구체적으로 제시하였다.[21] 그런데 그의 내수론은 대내적인 부패와 혼란 그리고 이에 따른 체제능력 상실의 상황에서, 대내적 정비를 통해 정치체제의 자기규제력을 회복하고 외양을 위한 능력을 확보해야 한다는 것으로, 장기적 대안으로서는 종래까지의 사변적 정치사상의 맥락에서 비교해 볼 때 매우 중요한 의미를 갖는 것이었다.

노사는 1866년 병인 〈척사소〉에서 서양의 내침을 보고, 이러한 도전의 상황을 海寇東來之兆라 하여 침략의 직전 단계로 판단하고 심각한 위기의식을 토로하였다. 그는 서양인이 내침, 상륙한 것은 이미 오래 전부터 계획된 것으로서 표면적으로는 서양신부의 살해에 대한 진상조사 및 그 해결을 목적으로 하는 것 같지만, 실제로 그 내면적 욕구는 다른 데 있음을 신랄하게 지적하면서, 서양인 내침의 내면적 의도를 첫째 정치적 예속, 둘째 경제적 착취, 셋째 문화적 예속, 넷째 사회적 파괴, 다섯째 도덕적 추락 등에 있다고 분석, 단정하였다.[22]

이러한 상황인식에 기초하여 노사는 서양세력의 도전에 대처하는 방책으로서 먼저 조정의 정책을 신속하고 확고하게 수립할 것을 역설하고 이 정책의 중점을 交通禁絶에 두며 교통금절의 세부적인 방안으로서 양물금단론과 내수외양론을 제시하였다. 그는 교통금절의 현실적 대책으로서의 양물금단론

21) 奇正鎭, 《蘆沙集》 권 3, 疏 壬戌擬策.
22) 奇正鎭, 《蘆沙集》 권 3, 疏 丙寅疏一.

에서 서양문명이 우세한 물리적 세력임을 인정하고 그것을 기의 현상으로 보면서, 그러한 서양세력의 도전도 문제가 되지만 그것보다도 더 근본적인 문제는 밀려오는 서구세력에 흡입, 동화될 가능성이 있는 우리의 태도에 있다는 자성론을 제기하였다.

> 최근에 와서 양물을 좋아하고 탐하는 폐단이 있는 바, 이는 매우 상서롭지 못한 일로서 아마도 해구(서양)가 동래할 징조이니 관에 명하여 장사꾼이 거래하는 양물을 수색하여 거리에서 불사르고 이후에 거래하는 자는 외구와 통한 죄로 다스리면 백성의 뜻이 안정될 수 있을 것…(奇正鎭, 《蘆沙集》 권 3, 疏 丙寅疏一).

이러한 자성적 논리는 그 자체로만 보면, 성리학적 본말관에서 맴도는 것으로서 소극적인 위정척사론이라는 비판을 면하기 어렵지만, 또 한편으로 대내적인 부패와 혼란 그리고 이에 따른 체제능력 상실의 상황에서 대내적 정비를 통하여 정치체제의 자율성을 회복하고 외세극복을 위한 능력을 확보해야 함을 강조한 것이라는 점에서 보면 매우 중요한 의미를 갖는 것이라고 할 수 있다.

한편 노사는 "내수의 절목을 열거하자면 매우 번다하겠지만 그 요체는 結人心에 있다"고 하여,[23] 내수 측면에서의 방책을 먼저 민중의 내면적 의지를 단합시키는 데서 찾고자 하였다. 그러나 민중의 단결만을 일방적으로 요구하는 것이 아니라 군주 또한 백성을 착취하는 정치를 금하고 사치하는 관습을 버리며, 백성을 불쌍히 여기는 마음으로 충만하게 된 연후에야 양적을 물리치고 국가를 보위할 수 있다고 역설함으로써, 내수에 있어서 군주의 본분에 충실함을 무엇보다 중시하였던 것이다.

1890년대의 대외적 위기에 직면하여 노사를 포함한 척사론자들이 내수외양의 근본으로서 군주의 養民德治를 강조한 것은, 당시 군주를 둘러싸고 정치를 농단한 집권층의 도덕적 타락이 심화되어 가고 있었으며, 이러한 지도층의 도덕적 퇴폐가 민중의 단결력을 약화시키고 대외적 위기를 초래하는 원인이 되고 있다고 보았기 때문이다.

---

23) 위와 같음.

그리하여 노사는 결인심의 동인을 군주 자신의 실천으로부터 파급되는 유교적 大同之心의 이념으로 귀결시키고자 했다. 즉 그는 군주를 중심으로 한 집권층에 의해서 국민과의 정치적 커뮤니케이션이 밀폐되었던 당시 정치체제의 운영원리를 비판하면서, 민심을 모으는 일이 급선무라고 보고, 서양의 무력도전에 대응해서 양이를 가능하게 하려면 민심의 동향이 가장 중요한 관건임을 인식하였으며, 최악의 경우 일선에서 외구를 맞아 싸우는 것은 상민출신의 병사들이기 때문에 그들의 사기가 국운을 좌우한다는 점을 절감함으로써 민중의 차원에서 구제도의 개혁을 단행해야 한다고까지 주장하였던 것이다.[24]

나아가 노사는 그의 이러한 내수론을 〈壬戌擬策〉[25]을 통하여 실천을 요청하는 구체적인 정책으로 제시하였다. 이 〈임술의책〉은 노사가 진주민란의 원인을 분석하고 그 대책을 상소형식으로 개진한 의책으로서, 이는 사변적 이기론에 입각한 종래의 유교적 선정론에 비하면 상당한 혁신적인 내용을 담고 있는 것이었다. 특히 이 의책은 당시 지배계층의 정치적 부패에 대한 준엄한 비판에서 출발하고 있었다. 즉 그의 내수외양론은 국가적 위기의 원인이 대외적 도전에도 있지만, 그 근본적인 원인은 오히려 정치체제 내의 내재적 모순으로 인한 체제의 약화에 있다고 판단한 것이다.

나아가 노사는 극도로 문란해진 삼정의 문제를 제도적 차원에서 근본적으로 재검토할 것을 촉구하면서, 심지어는 다산 정약용의 《목민심서》까지 인용하여 당시의 민요의 원인이 지배계층의 가렴주구에 의한 농민의 빈곤화에 있다고 지적하고, 특히 조세와 군역의 불공정한 부과가 결국 정치체제의 약화를 초래하는 정치적 불안의 근본적인 동인이 된다는 것을 신랄하게 파헤쳤다. 그리하여 그는 조세와 군역을 지배계층인 士族에게 면제시키고 있는 제도를 포함한 전면적인 사회경제적 개혁을 주장하였다.

그에 의하면 민심을 모아 결인심하는 것이 정치체제의 안정을 기하고 그 능력을 강화하는 길인데, 이러한 결인심은 무엇보다도 정치체제의 사회경제적 기반을 전면적으로 개혁하는 데 있기 때문이라는 것이다. 그가 개혁을 주

24) 朴忠錫・柳根鎬, 앞의 책, 185쪽.
25) 奇正鎭, 《蘆沙集》 권 3, 疏.

장한 사회경제적 폐단은, 첫째 서원과 이에 기생하는 유생의 민폐문제, 둘째 대토지의 사유화로 인한 공전제 이념의 붕괴, 셋째 배분의 불공정과 일부의 사치와 낭비풍조의 문제, 넷째 군역과 군포에 있어서의 불평등의 심화, 다섯째 과거제도의 모순에 따른 부패와 낭비문제 등을 포함하고 있었다.[26]

유리론자로서의 노사는 이와 같이 당시의 국가적 위기에 대처하는 장단기적 대안으로서 '양물금단론'과 '내수외양론'을 제시하였는데, 특히 장기적 안목에서의 내수론이 사회경제적 측면의 구조적 모순을 과감하게 분석하고 그 극복을 위한 대안을 구체적으로 제시한 점은 종래까지의 사변적 정치사상의 맥락에서 볼 때, 매우 중요한 의미를 갖는다고 할 수 있다. 물론 정치체제의 자강을 위한 그와 같은 사회경제적 개혁의 논리가 근왕적 정치질서의 구조적 변혁을 지향하는 논리로 전개되지 못한 한계점은 그대로 남아 있지만, 적어도 이러한 내수론에 집권층의 모순에 대한 비판과 민중에 대한 새로운 기대가 담겨 있는 것을 볼 수 있으며, 이러한 정치적 정향이 1890년대의 외세의 도전에 대항하여 척사론을 중심으로 전개된 의병운동에 민중의 동원을 가능하게 한 이념적 동인이 되었다고 할 수 있다. 이러한 뜻에서 조선 후기의 위정척사사상과 운동이 비록 근왕적 정치질서의 고수라는 보수성에서 벗어나지 못했다고 하더라도 제국주의 세력의 침략을 당하여 민중과 함께 최후까지 반제투쟁을 전개한 역사적 역할의 의미를 간과할 수는 없는 것이라 하겠다.

### (2) 위정척사사상의 심화와 확산

重菴 金平默은 그 학통으로 보아 화서 이항로의 사상을 정통으로 계승한 인물로서 조선 후기 위정척사론을 이론적으로 집대성하면서 심화, 확산시킨 사람이다. 그는 학문적 입장에서 철저하게 화서의 주리론적 입장을 전승하였으며, 정치사상의 측면에서도 화서의 어양척사론을 한층 정교하게 심화시킴으로써 그 이후의 위정척사운동의 이념적 지주가 되었다. 그의 이론은 화서와 마찬가지로 주리이원론의 철학적 기초를 토대로 하고 있었으며, 이로부터

26) 朴忠錫·柳根鎬, 앞의 책, 186~187쪽.
崔昌圭, 앞의 책, 94~95쪽.

비롯된 인간관과 세계관 위에서 그의 정치사상의 핵심인 어양척사론을 전개하였다.

중암은 화서와 마찬가지로 인심도심의 문제를 이기의 개념과 연결시켜 그의 성리학적 기초를 구성하였다. 즉 그는 도심에도 이와 기가 있고 인심에도 이와 기가 있다는 견해를 제시함으로써 유리론이 아닌 주리적 이원론에 입각하였다.27) 그리고 중암은 이 같은 논리의 연장선상에서 도심에 있어서는 理가 주가 되고 인심에 있어서는 氣가 주가 되기 때문에, 도심에 인심이 복종할 때 비로소 모든 질서는 바른 관계로 안정된다고 주장함으로써 理命氣從의 주리적 입장을 분명히 하였다. 그는 인심과 도심을 각각 음과 양에 비유하여 도심에 인심이 따를 때를 음양관계가 바르게 되는 상태로, 그리고 인심이 도심을 지배할 때를 음양관계가 바르게 되지 못하는 상태로 각각 보았다. 따라서 인심과 도심은 본래 서로 없을 수 없는 것이지만, 그것이 반대된 관계로 바뀔 때에는 인심은 도심의 적이 되기 때문에 그 양자는 결코 병립할 수 없다는 것이다.

중암의 이러한 논리는 그의 대서양관을 포함한 위정척사론을 직접적으로 설명해 주는 논리의 기반이 되었다. 그에 의하면 서양과 조선의 관계는 본래 상호 병립할 수 없는 것은 아니지만, 다만 당시의 서양은 이미 우리의 적이 되어 버렸기 때문에 결코 함께 병존할 수 없다는 것이었다. 여기에서 서양이 조선의 적이라는 이유를 그는 서양이 사사로운 욕심에만 빠져 다른 나라를 침략하려는 욕망만을 가졌기 때문이라고 지적하였다. 뿐만 아니라 그는 서구세력을 가장 해로운 금수류로 단정하고 만약 그들과 교통한다면 경제가 침식되고 사교가 만연하게 되며 미풍이 추락되고 질서가 파괴되는 해독과 위험이 있을 것임을 지적하고 이에 척사의 절대적 당위성을 강조하였다.28) 또 유학적 가치관의 기본이라고 할 수 있는 四端五品論과 五行說에 의하여 서양을 금수의 도로 규정하는 동시에 서세가 통교를 요구하는 이유를 경제·종교·정치의 측면에서 구명하고 어양의 절대적 필요성을 제기하였다.

나아가 그는 이와 같은 본말론적 논리의 틀을 조선왕조 정치체제의 내재

27) 金平默, 《重菴集》 권 34, 雜著 海上筆語.
28) 金平默, 《重菴集》 권 38, 雜著 禦洋論.

적 질서를 분석하는 데에도 적용하여, 당시의 조선은 末利만을 추구할 뿐 本實을 소홀히 하고 있음을 비판하면서, 당시 서양세력이 횡행하게 된 것도 바로 이 같은 잘못된 내부상황에서 연유하는 것이라고 설명하였다.

이렇듯 중암은 화서에서 이어받은 주리이원론적 인식의 논리 위에서 당시의 국내외 상황과 서양세력의 본질을 파악하면서 위기를 타개하기 위한 구체적인 방안들을 제시하였다. 그는 조선 후기의 내재적 피폐와 외세의 도전을 극복하기 위해서는 內更張·外防禦의 내수외양이 절대적으로 필요함을 역설하였는데, 이는 결국 自强我事만이 위기극복의 정도임을 천명한 것이라고 하겠다. 그는 서양을 비롯한 모든 이질적 세력들이 내침, 도전할 수 있는 틈을 준 것은 실은 대외적 원인보다도 누적된 내재적 모순들로 인하여 정치체제의 능력이 약화되었기 때문이라고 보고, 그렇기 때문에 기본적으로 정치체제 능력의 강화, 즉 자강아사를 통해서만이 척외·척사가 가능하다고 보았다. 이런 의미에서 중암의 위정척사론의 핵심은 자강아사론에 있다고 할 수 있다. 그리하여 중암은 이러한 자강아사의 구체적 정책들을 〈治道私議〉[29]에서 개진하고 있는데, 그 요지는 첫째 反經과 正君, 둘째 養士詰戎, 셋째 정치적 충원과 관료체제의 재정비, 넷째 사회경제적 개혁 등을 내용으로 하고 있었다.

반경과 정군의 측면에서 그는 군주를 포함한 국민 모두가 도덕성을 회복하고 유교적 常經을 회복해야 함을 강조하였다. 그는 당시 조선왕조 정치체제의 내재적 모순이 심화된 원인이 조정과 백성 모두가 유교적 원리에 입각한 마땅한 도리를 다하지 못한 데서 비롯되었다고 보고, 자강아사는 무엇보다도 먼저 이를 바로잡아 조정의 정치와 백성들의 일상생활에서 정치이념과 유교적 인륜도리를 새롭게 세우는 것으로부터 출발하지 않으면 안 된다고 역설하였다. 특히 그는 '임금이 어진 정사를 행하면 백성들이 윗사람들에게 가까이 하고 그들의 어른을 위해 죽게 될 것'[30]이라는 논리에 따라서 최고 통치자로서의 군주의 正心正身이 선행되어야 조정이 바로잡히고 조정이 바로 설 때에야 비로소 개혁을 통한 경장과 시정이 이루어질 수 있음을 주장

29) 金平默, 《重菴集》 권 35 雜著, 治道私議.
30) 《孟子》, 梁惠王章句 下.

하였다. 중암의 이러한 정군론은 궁극적으로는 통치 리더십의 쇄신과 강화를 통해 당시 조선왕조 정치체제의 내적 모순을 극복하고자 한 것이었다고 할 수 있다.

양사힐융론은 〈치도사의〉의 내용을 구성하는 헌책 중에서 특히 적극적인 斥邪自尊의 이념을 표현하는 것으로서, 이는 조선왕조 정치체제의 자존을 위해서는 실용적 인재를 배양해야 하고 이와 동시에 서세의 도전에 물리적으로 대응하기 위해서는 武備를 강화해야 한다는 양면적인 정책이었다. 즉 養士란 사악한 이질적 세력에 대항하기 위해서 정도를 행하는 실천 주체를 육성해야 한다는 방안이며, 詰戎이란 서세라는 도전세력을 극복하기 위해서는 물리적 대항을 통해서 근본적으로 그것을 제압해야 한다는 적극적 척사의 방안이었던 것이다. 여기서 중암이 힐융을 강조하여 국방의 강화를 적극적으로 제시하고 있는 점은 화서의 척사론이 소극적 국방론을 제시한 점에 비하면 상당한 진전을 보여준 것이라고 할 수 있다. 화서의 척사론이 대외적 위기에 직면하여 비록 戰守說을 주장하고 있지만, 그 방법에 있어서 전통적 국방론의 한계를 넘어서지 못했던 점에 비한다면, 중암의 詰戎論은 현실적 시각에서 진일보한 대안이었다고 아니할 수 없다.

정치적 충원과 관료체제의 재정비는 일종의 행정개혁에 해당하는 것이었다. 당시 조선은 척신들의 세도정치로 말미암아 관의 기강이 문란하고 부패와 무능이 상당한 지경에 달하여 있었다. 중암은 이 점을 주목하여 사람의 재능에 앞서 문벌과 척족을 우선하는 병폐를 통박하면서 군주가 용단을 내려 기존 관료들의 자질을 품평하고 부패를 척결하는 동시에 전국에서 유능한 인물을 뽑아 적재적소에 등용해야 함을 강조하였다. 또한 조선왕조 5백년 동안 하급 관리에게는 녹이 없었는 바, 중암은 녹을 주지 않는 이러한 제도 자체가 곧 부패를 조장한다고 보고 이의 개선을 촉구하였다. 즉 그들이 녹을 받지 못하니 가렴주구로 살 수밖에 없으며, 따라서 관원들은 물론 胥吏들에게도 충분한 녹을 주어야 부패를 방지할 수 있다고 제안한 것이다.

사회경제적 개혁의 측면에서는 토지제도의 개혁과 농업생산성의 증대, 그리고 건전한 사회기풍의 진작을 강조하였다. 조선은 인구의 8할 이상이 농민으로 구성된 절대 농업국가이면서도 농토의 대부분은 농민이 아닌 명문대가와 호족이 점유하고 있었기 때문에 농민들의 생활은 빈궁하기 이를 데 없었다. 중암은 바로 이러한 모순된 토지제도를 개혁해야 한다고 보아, 그 방안으로서 농가에 농토를 분배해 주고 井田法을 시행하여 토지의 매매를 금하며, 여러 대를 두고 나라의 중요한 직책을 맡고 있는 世家에는 分田制祿을 주도록 해야 한다고 주장하였다. 나아가 농업생산성을 증대하기 위해서는 소를 함부로 잡는 일과 산야를 마구잡이로 개간하는 일을 금하고 산림보호와 양곡의 증대를 가져오도록 노력해야 하며, 이러한 전반적인 사회경제적 개혁에 성공을 거두려면 사회적 낭비와 퇴폐를 막고 올바른 사회풍조를 형성해 가야 함을 강조하였다.

이렇듯 자강아사를 통한 조선왕조 정치체제의 내부개혁을 주장하면서, 중암은 이를 바탕으로 보다 적극적인 척양·척사의 논리를 심화시켰다. 그는 화서와 마찬가지로 외양을 위한 선결조건으로서 내수를 강조하고 있지만 그 정책 대안의 제시는 화서에 비해 좀더 체계적이고 구체적인 면을 보이고 있다. 즉 그는 "洋夷는 邪요 曲이고 朝鮮人民은 正이요 直이니, 洋夷는 禽獸인데 朝鮮人民은 人類"라는 위정척사의 전제 아래서 어양의 실천적 방안으로 政刑·築城·甲兵·軍糧·海防 등의 실제적인 물량면의 대비와 함께 지도자와 국민의 親上死長하는 不二心의 정신적 단결력을 강조하였던 것이다.[31]

나아가 그는 서양의 도전이 미치는 폐단을 종교 및 사상적 측면, 문화와 기술의 측면, 경제적 측면, 그리고 사회윤리의 측면에서 분석하였는데, 구체적으로는 서양의 종교와 사상은 유교적 법도에서 벗어나 있고, 그 기예는 천박함을 근본 속성으로 하고 있으며, 물자의 교역에서는 물질적 이익만을 추구하고, 그 윤리는 위계질서와 상하구별이 없어 마땅치 못하다고 보았다. 특히 그는 서양세력의 침투 중에서도 경제적 측면의 폐해를 보다 더 유념하였는데, 무엇보다도 교역을 앞세운 서양의 자본주의적 팽창에 대하여 소극적이지만 상당히 민감한 반응을 보였다. 그는 서양세력이 가져올 해로움 중에서 통화의 폐해에 특히 관심을 보이면서, 그 폐단을 부정축재와 무리한 이득추구의 측면에서 지적하는 등 서양세력의 자본주의적 팽창에 따른 불공정한

31) 金平默, 《重菴集》 권 38, 雜著 丙寅回咨私議.

경제관계의 추구가 가져올 부정적 결과를 막연하게나마 예견하고 있었다. 즉 경제적 측면의 통화가 通色을 수반하고 나아가 서양의 사상과 종교가 유입되어 사회문화적 주체성의 위기가 조성될 것으로 판단하였던 것이다.

이렇듯 중암은 서양 내침의 영향 가운데에서도 특히 경제적 측면의 폐단을 지적하면서 이와 아울러 이를 극복할 수 있는 방안으로서 엄격한 양물금단론을 제안하였다. 그는 통화의 해악을 막기 위한 어양의 실천방안으로서 遠物(異物)을 배척하고 국산물을 사용해야 한다는 경제적 자립책을 강조하였다.[32] 물론 그가 통화의 폐단을 지적하고 양물배척을 주장한 것이 서구 자본주의세력의 팽창에 대한 근대적 인식에서 출발한 것이라고 보는 데는 무리가 있을 수 있다. 오히려 그의 주장은 화이론적 틀에 입각한 이질문명의 수용거부라는 고전적 이단배척론의 관점에서 볼 때 더욱 적합성 있게 이해될 수 있을 것이다.

그러나 그가 대내적 경제질서의 안정과 경제적 자립의 터전 위에서 사회경제적 개혁과 군사적 대응책을 제시하고, 이러한 대내외적 대책의 실천을 통해 자강아사를 이룩하는 것이 어양척사에 관한 정책수립의 바른 길이며 정치의 대도임을 역설한 것은 조선왕조 정치체제의 정통성과 주체성의 보전이라는 논리적 전제에서 보면 19세기 후반의 격동기에 있어서 매우 커다란 의미를 지니는 것이라고 할 수 있다.

한편 중암에 이르러 종전의 대청관계 및 대일관계에 있어 인식의 변화가 일어나고 그것이 후일의 위정척사운동의 발전 방향에 큰 영향을 미쳤음을 찾아볼 수 있다. 화서에 이르기까지의 대청관계에 대한 인식은 청나라가 夷狄에 속한다는 전통적인 화이관에 입각한 것이었으나, 중암에 이르러 배청의식은 병자·정묘호란 이후 물리적으로 주종관계를 강요한 적대세력이라는 현실적 이유에서 나오고 있는 것으로 파악되었다. 이는 구체적으로 말하면 이적이라 하더라도 중국을 지배하고 있고, 나아가 그들이 한반도에 침공할 때 조선왕조 정치체제가 이에 대항할 능력이 없다면 以小事大할 수밖에 없다는 정치적 현실주의를 묵시적으로 시인하고 있음을 보여주는 것이다.[33]

---

32) 金平默, 《重菴集》 권 35, 治道私議.
33) 金平默, 《重菴集》 권 39, 雜著 驚江隨錄.

이러한 논리는 강자 앞에서는 굴욕적이지만 무릎을 꿇어 생존을 도모할 수밖에 없다는 소극적 수세론이라기보다는 오히려 자강아사하여 스스로를 지키지 않으면 안 된다는 적극적 자강론이라고 할 수 있다. 이러한 입장은 조선 후기 위정척사론에 있어 매우 중요한 의미를 가지는데, 말하자면 물리적 복속을 요구한 청에 대한 굴욕을 씻어야 한다는 민족적 자존의식을 표명한 것으로서, 동아시아에 있어서 전통적인 국제관계 이념으로 기능했던 화이관이 정치적 민족주의의 이념으로 전이되어 갔음을 보여주는 것이기도 하다.

또한 중암에 이르러 대일관계의 인식 역시 변하였으니 화서에게서는 발견할 수 없는 왜양일체론이 나타났다는 점이다. 이는 1870년대에 이르러 일본이 조직적으로 무력을 앞세워 침략해 오자 이에 대한 대항을 위해 척사의 대상이 확대되었음을 보여주는 것이다. 중암의 이 왜양일체론은 면암 최익현 등의 척사론자들이 척사운동을 구체적인 행동으로 표출시킬 때 이론적 지주의 역할을 하게 되었다.34)

전체적으로 볼 때 중암의 위정척사론은 조선왕조 정통적 성리학의 범주에서 벗어나지 못하고 있었다고 할 수 있다. 따라서 19세기 후반의 급박한 대내외적 상황에서 이러한 전통적 유교정치사상에 입각하여 난국을 타개하려 했던 중암의 논리에는 여러 가지 모순과 무리함이 있었던 것도 사실이다. 그리고 이러한 중암의 위정척사론이 당시의 척사파를 중심으로 한 유림의 정치사상을 대변하는 것으로 볼 때 이는 19세기 후반 개항을 전후하여 전개된 위정척사운동의 이념적 한계성을 말해주는 것이라고도 볼 수 있다.

그러나 위정척사운동의 사상적 기초가 그와 같은 보수적 정향에서 벗어나지 못하였다 하더라도, 조선왕조 정치체제의 주체성이 중대한 도전을 받게 되는 상황에서 살신성인의 각오로 분연히 일어서서 그러한 도전에 적극적으로 저항을 계속한 사실은, 그 후 일본의 한국침략과 더불어 형성되기 시작한 근대 한국민족주의 운동의 뿌리를 이루어 주는 것이며, 이러한 의미에서 중암의 위정척사사상은 한국의 저항적 민족주의이념의 한 연원이 되었다.

---

34) 柳重教, 《省齋集》 권 58, 年譜.
柳麟錫, 《毅菴集》, 年譜.
金平默, 《重菴集》, 年譜.

이상 살펴본 바와 같이 병인양요를 계기로 촉발된 위정척사론은 중암에 이르러 보다 심화, 확산되어 갔는데, 그 후 운양호사건을 빌미로 무력을 앞세운 일본이 개항 압력을 가해 오고, 조선정부가 이를 받아들이는 쪽으로 논의를 정하자 이에 격렬히 반대하는 이른바 병자척사론으로 발전하게 되었다. 이 과정에서 중암은 오늘과 같은 국가존망의 일에 당하여 그대로 좌시할 수 없다[35]는 각오 아래 일어나 문인 윤정구·유인석·유중악 등으로 하여금 척화소를 올리게 하였다. 그러나 관의 저지로 뜻을 못 이루자 화서의 문하에서 동문수학한 면암 최익현에게 서신을 보내어 斥和議疏를 내도록 권고하였으니 이것이 그 유명한 〈持斧伏闕斥和議疏〉이다. 중암과 면암은 화서 이항로가 살아 있을 때 그를 스승으로 한 동문이었으며, 또 화서의 학통을 이어받아 중암은 이론적인 면에서, 그리고 면암은 행동적인 면에서 위정척사사상을 확산, 발전시켰다. 지부상소는 이 두 사람의 협력관계에서 나오게 된 것인데, 실제로 당시 커다란 반향을 일으켰으며, 조선 말기의 정치적 개혁 속에서 상당히 중요한 영향을 미쳤다.

이후 개항에 반대하였던 사림의 위정척사운동은 강화도조약이 체결된 뒤에도 기회 있을 때마다 계속되다가 김홍집이 청나라의 황준헌으로부터 받아온 《조선책략》이 발단이 되어 일어난 신사척사운동으로 발전되어 갔다. 1881년에 일어난 이 신사척사운동은 嶺南萬人疏라는 대규모의 집단적 위정척사운동의 형태로 나타나게 되었고, 이와 관련하여 중암은 만인소를 올린 유생들을 칭양하는 격려문을 지어 성재 유중교와 연명으로 그들을 고무하면서 계속 척사운동을 펴면 각 도의 士民들이 이에 호응할 것이라고 하였는데, 이 격려문은 후일 위정척사운동에 상당히 큰 영향을 준 것으로 밝혀졌다.[36]

그 후 중암이 영남만인소에 대해 격려하면서 예측한 대로 위정척사운동은 각 도의 유생들의 호응을 받으면서 확대되어 나가기 시작하여 마침내는 그 이전의 어떤 상소보다도 격렬한 내용을 담은 홍재학의 상소로 발전되었다. 이 상소의 내용은 당시 조정에서 개화정책을 적극 추진하던 중신은 물론 국왕에 대해서도 죽음을 각오한 추상 같은 탄핵을 가하는 내용이 담겨 있었으

35) 柳重敎, 위와 같음.
36) 金平默, 《重菴集》, 年譜 및 柳麟錫, 《毅菴集》, 年譜.

니, 마침내 홍재학은 체포되어 심한 고문을 당한 후 능지처참의 형을 받았으며 중암은 면 섬으로 유배되었다. 그 후 임오군란과 갑신정변, 그리고 동학혁명이 일어나 모두 좌절을 겪는 동안 위정척사운동은 잠잠했으나, 1895년 10월 명성황후가 일본인에 의해 살해되는 을미사변과 단발령을 계기로 의병운동이 일어나게 되자, 위정척사운동은 의병운동으로 동태화되면서 항일구국운동으로 발전되어 가게 되었다.

〈李澤徽〉

## 2. 위정척사운동의 전개

19세기 중반에 이르자 자본주의적 산업혁명을 거친 서구열강과 일본의 세력들은 제국주의국가로 무장하여 시장과 원료를 찾아서 조선으로 진출해 왔다. 이에 따라 조선은 이른바 서세동점이라는 역사적 파도를 맞이하게 되었다. 구체적으로 1866년(고종 3) 프랑스군의 강화도 침입으로 일어난 병인양요, 1871년의 강화도에 대한 미국의 침입으로 일어난 신미양요, 1876년 일본과의 불평등한 병자수호조약체결, 1882년 구미제국과의 통상의 확대, 1895년의 을미사변, 1905년의 을사조약체결이라는 역사적 사건이 바로 그것이었다.

이러한 역사적 사건을 치르면서 조선사회에는 위기의식이 충만하게 되었다. 왜냐하면 서구열강과 일본의 침략적 위협 앞에서 조선은 이들의 반식민지나 식민지로 전락하여 민족과 국가의 상실을 경험할 급박한 위기에 처했기 때문이었다.

급박한 위기를 슬기롭게 극복하자면 조선은 대내적·대외적으로 근대적인 자주독립국으로 재탄생해야 하는 시대적 과제를 풀어 나가지 않으면 안 되었다. 대외적으로는 우세한 물리적 힘을 갖고서 불평등한 세계질서로의 편입을 강요하며 밀려오는 열강의 팽창세력에 대하여 능동적으로 대응하여야 했다. 동시에 대내적으로는 이미 해체의 징후를 보여주고 있던 조선사회제도를 정비해 나가야 하였다. 그렇게 될 때 조선사회의 자주와 자강을 이룩할 수 있었다.

따라서 당시 조선에서는 위기상황을 극복하고 자주독립국으로 조선을 건설하기 위하여 다양한 세력들에 의한 여러 가지 운동들이 나타났다. 위정척사운동은 바로 이 시기에 이와 같은 시대적 과제를 해결하기 위하여 일어난 대표적인 사회운동이다.

위정척사운동은 1876년 병자년 일본과의 불평등한 수호조약체결, 1881년 신사년 구미제국과의 개국통상 확대를 계기로 치열하게 일어났다. 이 과정에서 대궐 앞에 엎드려서 호소하는 복합상소, 도끼를 끼고 대궐 앞에 엎드려 호소하는 持斧伏闕, 그리고 집단적 상소 등과 같은 과격한 행동이 나타났다.

즉 1876년 정월에는 경기도와 강원도 유생들이 홍재귀를 疏頭로 하여 1만명이 집단적으로 상소문을 올려서 일본과의 수호조약체결을 반대하였다. 이들은 일본과의 수호조약체결을 인간과 금수의 갈림길을 결정짓는 위기상황으로 파악하고 있었다. 이들은 두 가지 이유를 들어 수호조약체결를 반대하였다. 하나는 일본이 들어오면 일본은 우리 나라를 유린할 것이라는 국가적인 위기론과 다른 하나는 일본과 교역하게 될 때 일본의 무한한 탐욕이 우리의 생로를 마구 허물어뜨릴 것이라는 경제적 파멸론이었다. 1881년에는 영남유생들이 합심하여 만인소라는 상소문을 올려서 국가의 개국통상정책에 반대하였다. 만인소는 1881년 2월 이퇴계의 후손인 영남유생 이만손을 소두로 하여《朝鮮策略》을 반대하기 위해 올린 유림의 집단반대 상소문이었다. 이들은 만인소에서 러시아·미국·일본은 모두 이적들이기 때문에 그 어느 것에도 차이를 둘 수 없다는 것과 그들이 들어와 통상과 토지를 요구할 경우 우리 나라는 발붙일 곳이 없어진다고 주장하였다.

이와 같이 위정척사운동은 1870~1880년대를 중심으로 본격적으로 일어났지만, 이 운동의 시작과 끝은 이 시기에 한정되지 않는다. 위정척사운동의 시작은 일찍이 천주교를 배척한 1791년(정조 15) 신해년까지 거슬러 올라갈 수 있다. 신해박해로 알려진 이 사건은 전라도 진산에서 천주교 신자 尹持忠이 어머니상을 당해 그의 종제 權尙然과 더불어 祠板을 불태우고 장례를 행하지 않았다는 사실이 알려지면서 일어났었다. 이 사건을 계기로 유림의 입장을 대변하여 유생 宋道鼎이 천주교를 반대하는 척사상소를 올렸다. 이에 대해 정조는 "이번 일은 조정이 辭敎까지 내려 선조의 戊寅處分보다도 몇 배의 힘을 쓰고 있다. 소청한 대로 조정은 처분을 明賜할 것이니 그대들은 물러가 위정척사의 임무에 더욱 힘쓰도록 하라"[1]는 비답을 내렸던 것이다.

그 후 1900년대 위정척사운동은 을사사건을 계기로 조선이 일본의 반식민지로 전락해 가자 당시 전국적으로 일어난 의병운동으로 변용 합류되어 갔다. 1905년 11월 17일 밤에 체결된 '을사조약'은 12월 16일 황성신문의 논설 '是日也放聲大哭'을 통해 그 전말이 폭로되었다. 이로써 을사조약 반대운동이 전국적으로 일어났었다. 당시 유림의 입장을 대변한 崔益鉉은 1905년 12월 3일 〈請討五賊疏〉를 올려서 을사조약에 함부로 도장을 찍은 오적, 즉 외무대신 朴齊純, 내무대신 李址鎔, 군부대신 李根澤, 학부대신 李完用, 농상공부대신 權重顯을 처단할 것을 주장하였다. 그러나 을사조약 반대상소가 을사조약을 무효로 돌리는데 실질적인 효력을 발휘하지 못하게 되자 최익현은 1906년 2월 태인의 武城書院을 중심으로 강회를 연 후 전국 사우에 보내는 격문을 지어 총궐기를 촉구하며 의병봉기에 나섰다. 그는 1906년 윤4월 11일 〈倡義討賊疏〉를 올려서 "우리의 국권을 침탈하고 우리의 생민을 해롭게 한 늑약을 만국공론에 부쳐서 버릴 것은 버리고 고칠 것은 고쳐 국가의 자주권을 잃지 않도록 하며 생민은 易種之禍를 면하는 것이 신이 바라는 것입니다"라고 부르짖고 있었다.

이와 같이 위정척사운동은 한국의 근대사와 호흡을 함께 하며 치열하게 지속적으로 전개되어 왔다. 그렇게 될 수 있었던 것은 조선사회에 끊임없이 밀어닥친 위기상황과 그로 인하여 전 사회에 증폭된 위기의식이 그 배경에 깔려 있었기 때문이었다. 그러나 그에 못지 않게 중요한 것은 무엇보다도 하나의 사회운동으로서 위정척사운동이 뚜렷한 이념, 조직적인 주체세력 그리고 민족적 지지기반을 갖고 있었기 때문이었다.

주지하다시피 위정척사운동의 이념은 위정척사사상이다. 위정척사사상은 이 용어가 의미하듯이 '바른 것을 지키고 그릇된 것을 물리치고자' 하는 사

---

1) 李晩采 編, 《闢衛編》 상(闢衛社, 1931), 43~44쪽에서 재인용.

상이다. 여기서 바른 것이란 원래 正學, 구체적으로 공자·맹자·정자·주자에 이르는 유교적 학통사상을 의미한다. 조선사회에서 이것은 이러한 학통을 집대성한 朱子學一尊主義이다. 따라서 좁게는 비주자적, 넓게는 비유교적인 사상조류는 이단사설이 되고 배척해야 될 것으로 규정되었다. 이러한 위정척사사상은 서구의 충격이 있었던 근대 이후에 비로소 생겨난 것이 아니라 고려 말 주자학을 수용한 이래 조선사회의 고유한 체제적 이념으로 형성된 것이라고 할 수 있다.

이 때 바른 것과 사악한 것은 단순히 사상의 차원에 한정되지마는 않았다. 조선사회에서 유교, 좁게 주자학은 전근대사회체제의 이념으로 기능하였기 때문이다. 그래서 바른 것과 사악한 것은 사회제도와 문화에로 확산 적용되었다. 유교적인 사상을 구현한 사회제도와 문화는 바른 것이 되어 지켜져야 할 것으로 규정되고 비유교적인 사회제도나 문화는 사악한 것으로 규정되어 타협되거나 허용될 수 없었다. 더구나 유교적인 사회제도나 문화를 위협하는 성격을 지닌 것은 더욱더 철저하게 배척해야 할 대상이 되었다.

사악한 것으로 규정된 비유교적인 사상이나 사회제도는 역사발전과정에서 다양한 내용과 모습으로 구체적으로 나타났다. 동양 대 서양의 이데올로기적·무력적·경제적 대결을 불가피하게 만들었던 근대의 여명기에서 배척의 대상은 바로 천주교와 서양의 실체였던 자본주의적 침략, 무력적 침략이 되었다. 예컨대 1791년의 천주교 박해가 일어난 때는 천주교, 1866년에는 서양, 1876년에는 일본, 1881년에는 황준헌의 《조선책략》, 위정척사운동의 변용·발전이 이루어진 1895년과 1905년에는 일본 등이 바로 구체적인 '邪'로 규정되어 배척의 대상이 되었다. 나아가 이들이 내포하는 새로운 사회문화나 사회질서 또한 배척해야 할 대상이 되었던 것이다. 즉 1870~1880년대에는 개항과 이로 인해 맺은 불평등한 국제관계 및 개항체제에서 나오는 근대적인 문물제도, 1890~1900년대에는 일본의 민족적 자주권의 침해 등이 바로 배척해야 할 것으로 포함되었다.

한편 위정척사운동의 주체가 조직적 결속력을 가진 유림이었다는 것도 이 운동이 치열하게 지속적으로 일어날 수 있었던 하나의 원인이 되었다. 유림이 일반적으로 조직적 결속력을 가질 수 있었던 것은 이들이 유학에 의해

사상적으로 통일되어 있었기 때문이었다. 사상적으로 통일되어 있을 뿐만 아니라 유림은 무엇보다도 동질적인 사회경제적 조건에 처하여 동질적인 이해관계를 공유하였다. 그래서 유림은 강하게 통일된 집단적 정체성을 가질 수 있었다. 그런 만큼 유림의 조직은 그 어느 사회집단이나 신분에 못지 않게 견고하였다.

우선 유림은 신분제 조선사회에서 양반신분이었다. 또 유림의 대부분은 경제적으로 향촌사회에 거주하는 재지 중소지주이었다. 그런 만큼 이들은 직접 생산노동을 하지 않아도 되는 여가와 토지, 노비를 소유하고 있었다. 이러한 사회경제적 조건을 기반으로 유림은 유학독서를 업으로 하며 유교적인 사고방식을 투철하게 갖고서 일상생활에서 儒行을 실천하였다.

따라서 유림은 봉건적인 조선사회에서 많은 기득권을 갖는 지배집단의 한 분파이었다. 비록 조선 후기에 이르면 관직이 관인집단에 의해 독점되어 감으로써 유림이 권력의 핵심에서 점차 소외되어 갔으나 이들은 조선사회에서 어디까지나 지배집단으로서 권력을 소유하고 있었다. 권력을 소유하였기 때문에 유림은 자신이 거주하는 향촌사회를 지배하였다. 그리고 유림은 집권세력에 대하여도 일정한 권력을 행사할 수 있었다. 이들이 중앙정치에 권력을 행사하기 위하여 주로 사용하였던 통로는 상소제도이었다. 상소제도는 원칙적으로 왕에게 의사를 전달할 수 있는 통로로 모든 사람에게 개방되었으나 사실상 전직관료, 재야유림의 전유물이 되었다. 이러한 제도를 통하여 유림은 지역사회의 비공식적 지도자로서 지역사회와 국가의 지역행정체계 및 지배집단과의 관계를 통합시켜 나가는 기능을 하였다. 중앙정치에 대하여서도 여론을 통해 참여하는 재야정치집단으로 기능하였다.

더구나 서세동점이라는 역사적 변화의 물결은 그들의 이해관계, 기득권과 배치되는 것이었다. 당시 배척해야 할 대상인 '邪'로 규정된 역사변화의 물결, 즉 서양이 몰고 오는 자본주의적 경제질서, 비유교적이고 근대적이며 과학적인 지식과 사상, 그리고 華夷的 세계관과는 다른 개항체제라는 세계관의 도입은 바로 유림의 기득권이 확보되어 있는 봉건적·유교적 사회체제와는 모순되는 것이었다.

자신의 기득권이 역사변화의 물결 속에서 무너질 위기에 처했을 때 유림은 동질적인 박탈감을 공유하였다. 이 점 또한 더욱더 그들의 조직적 결속력을 강화시켰다. 유림 가운데서도 위정척사운동의 핵심주체는 華西 李恒老 문하의 제자들이어서 보다 더 조직적 결속력을 가질 수 있었는데, 예컨대 金平默(1805~1882), 洪在鶴(1848~1881), 柳重敎(1821~1893), 崔益鉉(1833~1906), 柳麟錫(1842~1915), 宋秉璿(1836~1905) 등이다. 이들은 역사적 사건의 고비고비에서 위정척사론을 심화, 발전시키고 몸소 실천하였다.

이항로는 1808년(순종 8) 覆試에 합격하였으나 과거부정을 개탄하여 벼슬길에 오르지 않고 학문에만 전념하여 재야유림을 대표하던 유학자였다. 병인양요가 일어나던 1866년 난국을 수습하기 위하여 집권세력이 求言의 절차로서 재야유림의 대표인 이항로에게 9월부터 한 달이 채 못 되는 사이에 4회에 걸쳐 관직을 제수하였다. 이에 대한 응답으로 이항로는 8회의 사직소를 올려 병인양요에 대한 위정척사론을 폈었다.

김평묵·유중교는 1880년 김홍집이 일본에서 가져온 청나라 사람 황준헌의 《조선책략》이 정치개혁과 각국과의 외교를 건의한 내용의 것임을 알고서 위정척사론을 폈었다. 특히 김평묵은 1881년 7월 강원도 유생 홍재학의 척양척왜를 주장한 상소문을 대필하여 위정척사론을 펴고 위정척사운동을 하였다. 그러나 그 문구와 뜻이 매우 극렬하여 왕의 분노를 사서 소두 홍재학은 참형을 당하고 대필자인 김평묵은 유배당하였다.

최익현은 1876년 도끼를 들고 대궐 앞에 엎드려 일본과의 조약을 결사적으로 반대한 상소를 올렸다. 이로 인하여 그도 흑산도로 귀양가야 하는 비운을 맞이하였다. 그러나 그의 위정척사론과 위정척사운동의 방법은 변화하는 역사적 상황 속에서 더욱 발전하였다. 초기 상소에 의한 평화적 위정척사운동으로부터 점점 의병봉기를 통한 무력적 정치투쟁을 동원한 위정척사운동으로 변화하였다. 즉 1879년 흑산도 귀양으로부터 돌아온 후 1895년 을미사변이 일어나고 곧 이어 친일정권에 의해 단발령이 공포되자 최익현은 1895년 6월 26일 〈請討逆復衣制疏〉를 올려서 위정척사운동의 선봉에 나섰다. 그 후 1905년(광무 9) 을사조약이 체결되자 최익현은 다시 반대상소를 올리는 한편 의병을 일으켜 무력으로 해결하고자 하였다. 그러나 의병운동은 실패로 돌아갔다. 최익현은 일본 대마도경비대에 끌려가서 1906년 결국 옥사하였다.

송병선은 위정척사운동을 순국으로써 실천하였다. 그는 을사조약이 강제로 체결됐다는 소식을 듣고 통분한 나머지 수일간 단식하였다. 그러다가 그는 조약의 파기를 주장하는 상소를 올렸다. 그러나 뜻을 이루지 못하자 "나라 망하고 道 망하고 인류 또한 멸망하게 되니 내가 처할 곳은 오직 하나 死字뿐"[2]이라고 탄식하고 의관을 바로잡고 북향사배한 후 음독자결하였다.

이와 같이 위정척사운동은 집단 정체성이 강하고 조직력이 튼튼했던 유림에 의해 일어났지만 유림의 조직적 결속력만으로는 위정척사운동이 지속적으로 전개될 수는 없었다. 위정척사운동이 지속적으로 전개될 수 있었던 것은 무엇보다도 위정척사운동에 공감하거나 이 운동을 지지하는 저변의 세력이 있었기 때문이었다.

당시의 역사적 상황에서 위정척사운동에 공감했던 대표적 저변세력은 일반 민중이었다. 특히 위정척사운동이 외세의 침략행위를 '사'로 규정하여 배척하고자 했던 척사론은 민중으로부터 광범위한 지지를 받았다. 왜냐하면 외세의 침략이 경제적 침략을 내포하며 진행되었고, 이 과정에서 일반 민중도 당시 열강이나 일본의 팽창적인 자본주의 경제적 침략으로 인하여 일상생활 과정에서 민족적 모순을 첨예하게 경험하고 있었기 때문이었다. 이러한 경제적 침략으로 고통받고 있었던 일반 민중은 그들에게 고통을 가져다 주는 변화의 물결을 '사'로 규정하면서 민족의 자주와 자존, 생존을 지켜 나가고자 한 위정척사운동에 공감하고 이 운동에 지지를 보내지 않을 수 없었다.

예컨대 조일수호조규에 의해 부산·원산·인천의 세 항구가 개방되자 외국무역이 확대되었다. 외국무역의 확대는 상품화폐경제의 발달을 더욱 촉진시킨 반면 무역적자의 증가, 토착수공업의 성장 저지, 곡가등귀 등 조선의 사회경제에 심각한 영향을 미쳤다. 우선 무역의 주요 상대국인 청나라와 일본이 영국제 면제품을 들여와 비싸게 팔고 조선은 곡물과 금을 헐값으로 수출함으로써 무역수지 적자가 늘어났다. 영국제 면제품의 수입량은 1893년경 조선인 면포 총소비량의 4분의 1을 차지할 만큼 증가하였다. 이로 인해 조선의 면포수공업자는 물론 가내 부업으로 면포를 생산하던 농민들의 성장이

---

2) 宋秉璿, 《淵齋先生文集》 권 4, 遺疏 을사 12월 29일.

저지당하였다. 곡물수출은 농산물의 상품화를 확대시키고 쌀값을 등귀시켰다. 곡가등귀는 농민·도시빈민의 생활을 한층 어렵게 만들었다. 곡물수출로 인해 극심한 고통을 당하게 된 민중의 불만은 곡물무역에 종사하는 일본상인, 조선상인, 그리고 근대화정책을 추진하는 정부에 대한 공격으로 표출되었다. 특히 곡물수출량이 크게 증가하는 1880년대 후반부터 민중의 생활고는 더욱 가중되었다.

지금까지 살펴보았듯이 위정척사운동은 당시 비유교적인 새로운 문명과 제도가 조선사회를 향하여 밀려들고 있었던 상황에서 비유교적이거나 반유교적인 사회변동에 저항하고, 여러 가지 측면에서 위기에 봉착하게 되어 해체되어 갔던 조선 전근대사회의 유교적인 사회문화와 사회질서를 옹호하고자 한 운동이었다. 그렇기 때문에 위정척사운동은 보수적인 성격을 지닌 운동이라고 할 수 있다.

그럼에도 불구하고 당시 위정척사운동은 대외적으로 경제적 침략을 내장한 채 밀려오는 외세를 배척하여 민족의 자주와 자존을 지켜 나가고자 하였기 때문에 일반 민중들로부터 지지를 받을 수 있었다. 개항체제의 모순이 심화되어 외세의 내정간섭이 이루어짐으로써 조선에 심각한 주체성의 위기를 가져다 주었던 1876년 이후의 상황에서 이러한 지지는 더욱 확산 심화되어 갔다. 따라서 위정척사운동은 비록 유림이 주도적으로 벌여 나갔지만 전 민족적 저항을 기반으로 외세의 침투가 본격화되는 1860년대부터 1900년대 초에 이르기까지 약 반세기 동안 면면히 그 힘을 유지해 갈 수 있었다.

### 1) 병자년의 위정척사운동

조선에 불평등한 국제관계를 강요하는 서구열강의 노골적인 개항의 요구는 1860년대부터 시작되었다. 1866년 통상조약 등을 요구하며 프랑스함대가 밀려왔던 丙寅洋擾는 그 대표적인 사건이었다.

병인양요는 단순한 군사적 침략이 아니라 값싼 원료와 넓은 상품시장, 자본의 투자대상을 찾아 나선 서구열강의 경제적 침략이었다. 따라서 병인양요는 자본주의 세계질서에 조선사회를 불평등하게 끌어들이기 위한 서구열강의 도전이었다.

이러한 도전을 맞아서 당시 집권세력은 대외정책을 수립하기 위하여 재야 유림의 대표자인 이항로로부터 방책을 구하였다. 이항로가 병인양요 문제의 해결을 위하여 올린 상소에는 척화주전론과 양물배척론이 피력되어 있었다.

> 이제 국론이 交·戰 두 가지로 나뉘어지고 있는데 洋賊을 공격해야 한다는 것은 우리측의 주장이요, 양적과 和交하여야 한다는 주장은 적 쪽의 주장입니다. 전자처럼 하면 우리 나라가 옛 풍습인 衣裳之舊를 보존할 수 있지만 후자처럼 하면 인류가 禽獸之域에 빠지고 맙니다(李恒老, 《華西集》 권 3, 辭同副承旨兼陳所懷疏, 병인 9월 13일).

위와 같이 이항로는 척화주전론을 주장하였다.

> 대저 洋物이 전래되어 그 종류가 매우 많으나 대체로 奇技淫巧의 물건이니 민생의 日用에 무익할 뿐만 아니라 禍가 되는 것이 심합니다…한 걸음 더 나아가 저들의 물건 만드는 일은 손에서 생산되어 日計로도 남음이 있지만, 우리의 물건 만드는 일은 땅에서 생산되어 歲計로도 오히려 부족합니다. 부족한 것을 여유가 있는 것과 교역한다면 우리가 어찌 곤궁해지지 않겠으며 일계를 가지고 우리의 세계를 접할 수 있다면 저들이 어찌 넉넉해지지 않겠습니까(李恒老, 《華西集》 권 3, 辭同義禁疏, 병인 10월 3일).

또한 이항로는 서양과의 수호통상을 반대하는 '양물배척론'을 주장하였다. 당시 집권세력은 이러한 방책을 받아들여 강경한 쇄국정책을 취하였다.

> 우리 나라 布帛은 아름다워서 원래 다른 것을 구할 필요가 없다…근일에 양화가 거의 전국에 편만하여 이미 식자들의 근심거리가 된 지 오래이다. 그러므로 양인들의 교역요구를 심상히 생각하여 이에 대한 대책을 세우지 않는다면 뒷날의 무한한 우려가 될 것이다(《備邊司謄錄》 251책, 고종 3년 7월 30일).

그리고 조정에서는 10월 '三江을 搜驗하여 양화가 적발되면 灣府(의주)에서 先斬하고 뒤에 아뢸 것'[3]을 명령하고 동래로부터 유출되는 양물도 탐찰하였다. 그래도 여전히 交買하는 자는 선참 후계하도록 명령을 내리었다.

---

3) 韓㳓劤, 〈開港當時의 危機意識과 開化思想〉(《韓國史硏究 2》, 1968년), 110쪽.

1870년대에 들어서자 이러한 상황은 급변하였다. 우선 미국·프랑스에 이어 일본도 조선을 침략해 오기 시작하였다. 일본은 미국이 자기 나라를 무력으로 개항시킨 방식을 모방하여 조선에 대하여 1875년 운양호사건을 도발하고 1876년 초에는 이 사건을 구실로 부산항에 군대를 불법 상륙시켜 조선인을 살륙, 약탈하고 개항을 요구하였다.

당시 집권세력은 민씨와 그 일파였다. 이들은 1873년 11월 대원군이 권좌에서 물러나게 되면서 새로이 권력엘리트로 등장하였다. 새 권력엘리트로 등장한 민씨와 그 일파는 대원군시기에 확대, 정비했던 군사력을 유지하고 강화시키지 않아서 일본의 무력 위협에 대응할 만한 군사력을 못 갖추었다.

뿐만 아니라 당시 정부관료 중에는 개국통상을 해야 한다는 입장을 가진 사람들이 있었다. 특히 북학파 박지원의 손자인 박규수는 1866년 제너럴 셔먼호사건과 1871년 신미양요를 경험하고 중국에 사신으로 다녀오면서 조선의 부국강병을 위해서는 서양의 발달된 문물을 수용해야 한다는 생각을 갖고 있었다. 이러한 개국통상론은 김옥균·박영효 등 당시 세도가문출신의 젊은 관료들과 일부 중인층에게로 확산되어 가고 있었다.

또 조선의 대신들 가운데는 그 동안 견문을 확대하여 정세의 변천에 따른 정책의 변화를 불가피하게 여기는 사람들이 많았다. 1871년 조인된 청일수호조규에서 일본이 청국과 대등한 입장에서 교섭에 임하였다는 사실이 조선에 전해졌다. 또한 1872년 回還冬至正使 閔致庠은 일본사신이 청국에 가도 신하로 복종하는 나라가 아니므로 신으로 칭하지 않고 대등의 예로써 조약을 체결한 일을 보고하였다. 1873년 回還進賀正使 李根弼은 일본사신이 양선을 타고 가서 양복을 입고 황제를 알현하고 국서를 봉정했다는 사실을 보고하였다. 이와 같은 보고는 조선의 조정으로 하여금 청이나 일본에 대해 새로운 생각을 갖도록 하였다.

그리하여 민씨 일파 중심의 집권세력은 일본의 무력 위협에 대응할 만한 군사력이 없었고 박규수 등의 개국통상론과 청나라 사신의 권유를 받아들여 문호개방을 해나가기로 하였다. 드디어 1876년 2월 조선은 일본과 '朝日修好條規'를 맺고 7월에 그 내용을 구체화한 '조일수호조규부록'과 잠정적 통상협정인 '조일무역규칙'을 조인하였다.

주지하다시피 병자수호조약은 일본이 특명전권 구로다(黑田淸隆) 일행을 파견하여 강화도담판을 강요함으로써 이루어진 조약이다. 이 조약체결은 일찍이 일본이 1868년 國制一變, 이른바 명치유신을 통고하는 형식으로 이루어진 書契문제의 발단에서부터 비롯되었다. 일본은 종전까지 문화적 차등질서 속에서 당연한 것으로 수용해 오던 조일양국 관계에 대한 집요한 개선을 거의 7~8년 동안 요구해 왔었던 것이다.

병자수호조약체결은 조일양국 관계를 종전의 조선의 일본에 대한 문화적·경제적 우월을 전제로 한 차등적인 교린질서로부터 통상을 전제로 하는 이른바 개항질서로 바꾸는 것이었다. 그 개항질서의 성격은 '형식상 각각 자주권을 갖는 양국의 평등한 외교관계'로 되어 있다. 그러나 그것은 양국간의 자유통상을 생산력이 월등한 팽창적인 경제단계와 아직 그렇지 못한 미약한 경제단계를 동등한 경제적 책임으로 묶어 두어 실질적으로는 불평등한 관계가 아니라고 할 수 없었다. 특히 무관세무역·치외법권·일본화폐사용 등을 허용한 것은 조선의 사회경제에 심각한 영향을 미칠 수 있는 매우 불리한 조약의 성격을 지녔다.

집권세력의 개항정책으로의 급선회는 당시 사회적으로 큰 사건이었다. 특히 화이적 세계관 속에서 일본에 대한 문화적 우월감을 갖고 있었던 유림에게는 더욱 그러하였다. 왜냐하면 1876년의 개항은 일본에 대한 문화적 우월감에 기초한 교린질서를 근대 서구적 질서로 바꾸는 것을 의미하였기 때문이었다. 더구나 일본은 이미 1854년 개항을 하고, 1868년 명치유신을 단행하여 서구화되어 있었기 때문에 일본과의 개항은 바로 서양문물의 도입을 의미하는 것이었다.

그래서 각 지방의 유생들은 척사상소를 올려 개항정책을 강력히 비판하였다. 특히 병자년의 위정척사운동은 병인년보다 그 강도가 더욱 높아졌다. 이는 상소운동의 방식이 지부복궐의 결사반대나 복합상소와 같은 방식의 반대상소를 올린 것에도 나타나고 있었다.

먼저 병자년 정월 홍재귀를 소두로 하여 경기도와 강원도의 유생들이 집단적으로 상소문을 올려서 당시 일본과의 수호조약체결을 반대하고 나섰다. 이들은 일본과의 수호조약체결을 인간과 금수의 갈림길을 결정짓는 위기상황으로 파악하고 있었다. 그리고 이들은 이 상소문에서 수호조약을 반대하는 이유로 두 가지를 제시하였다. 하나는 일본이 들어오면 일본은 우리 나라를 유린하고 말 것이라는 국가적인 자주의 문제이었다. 다른 하나는 일본과 교역하게 될 때 일본의 무한한 탐욕은 우리의 생로를 마구 허물어뜨릴 것이라는 경제적 파멸론이었다.

> 丙·丁사건(병자호란와 정유호란)은 華夷에 관한 문제이지만 오늘의 사건은 人獸에 관한 문제입니다. 華로서 夷가 되는 것은 오히려 말할 수 있지만, 인류로서 禽獸가 되는 것은 결코 있을 수 없습니다. 그 때에는 名義所關이 크게 문제되었으니 저들의 뜻은 오직 중국을 僭主하고 우리를 臣妾으로 하는데 있을 뿐 財帛과 부녀에 대한 끝없는 탐욕은 없었습니다. 그래서 각각 강역을 지키고 관방을 엄하게 하면, 우리는 오히려 선왕의 예악을 보전할 수 있었습니다. 여기에 대하여 오늘의 사정은 저들이 비록 군신이란 이름을 요구하시는 않시만 한번 상통하게 되면 장차 일용으로 상접하여…우리의 풍속을 파괴하고 우리의 生路를 끊게 하는 것이 끝없이 미칠 것입니다(金平默, 《重菴集》 권 5, 京畿江原兩道儒生論倭洋情迹仍請絶和疏, 疏首 : 洪在龜 병자년 정월).

개항에 대한 위기인식은 특히 개항반대세력인 유림의 대표로서 상소를 올려서 위정척사운동의 기수가 되었던 최익현에게서 더욱 체계화되어 나타났다.

최익현은 1873년 승정원 동부승지에 제수되고서 이 직을 사퇴하는 상소를 올리면서 대원군의 집정에 반대하고, 같은 해 11월 3일 다시 호조참판을 사직하는 상소에서 국왕의 친정을 요구하는 '五條大義'를 개진하여 집권세력의 교체를 도와 주었다. 그러나 이로 인해 최익현은 제주도에 위리안치되는 신세가 되었다. 그 후 1875년 3월에 풀려났다.

바로 이듬해 그의 나이 44세가 되던 1876년은 병자수호조약이 체결되었던 해이었다. 1월 강화도조약이 체결되기 직전, 그는 당시의 상황을 '華夷人獸의 갈림길'이라는 위기상황으로 파악하였다. 그래서 그는 도끼를 들고 광화문 앞에 엎드려 일본과 강화하면 조선은 어지러워져 망할 것이라는 병자개항과 수호조약체결을 반대하는 그 유명한 〈持斧伏闕斥和議疏〉(병자 정월 22일)를 국왕에게 상소하였다.

당시 개항추진세력은 쇄국정책을 바꾸어 일본과 수호조약을 맺기 위하여 외세배척의 분위기를 무마하려고 왜양분리론을 명분으로 내세웠다. 즉 그들이 내세운 왜양분리론은 일본과 옛날의 호의를 잇는 것이지 서양과의 호의를 닦는 것이 아니라는 것이었다.

이러한 왜양분리론에 대하여 최익현은 왜양일체론으로 맞대응하였다. 그는 옛날의 왜인들은 이웃 나라였으나 지금은 寇賊이며 그 근거는 이들이 서양옷을 입고 서양대포를 사용하며 서양배를 탔다는 것이라고 주장하였다. 그리고 일본과의 호의를 닦는 것은 바로 서양과 화친을 맺는 것을 결과할 것이라고 파악하였다.

> 전하의 뜻은 저들이 왜인이고 洋胡가 아니며 그 말하는 것이 옛날 호의를 닦자는 것이고 다른 것이 아니라면 왜와 더불어 호의를 닦는 것이 또한 어찌 道義에 해롭겠는가 하지만…설사 저들이 참으로 왜인이고 양호가 아니라 하더라도 왜인들의 실정과 자취가 예와 지금이 현저하게 달라 살피지 않을 수 없습니다. 옛날의 왜인들은 이웃 나라였으나 지금의 왜인들은 寇賊이니…왜인들이 구적인 것을 어떻게 아는가 하면…서양옷을 입고 서양대포를 사용하며 서양배를 탔으니 이는 서양과 왜가 일체인 증거입니다…그러니 왜와 더불어 옛 호의를 닦는다고 하는 것이 얼른 듣기에는 아무런 해가 없을 것 같으나 왜와 더불어 옛 호의를 닦게 되는 날이 바로 서양과 더불어 화친을 맺게 되는 날인 것입니다(崔益鉉, 《勉菴集》 권 3, 持斧伏闕斥和議疏 병자년 정월 22일).

뿐만 아니라 최익현은 일본과의 화약은 저들이 강함과 주도권을 갖고 우리가 약함을 보여 체결된 것이므로 한번 화약을 맺으면 이는 우리측이 대비가 없어 겁이 나서 청하는 눈앞의 고식지계일뿐이라고 강조하였다.

> 신은 듣건대 강화가 저들의 애걸에서 나온 것이라면 이는 강함이 우리에게 있는 것으로서 우리가 족히 저들을 제어할 것이니 그 강화를 믿을 수 있으나, 그 강화가 우리의 약함을 보인 데서 나온 것이라면 이는 주도권이 저들에게 있는 것으로서 저들이 도리어 우리를 제어할 것이니 그러한 강화는 믿을 수 없습니다. 신은 감히 알 수 없거니와 이번의 강화가 저들의 애걸에서 나온 것입니까, 우리의 약함을 보인 데서 나온 것입니까. 우리가 편하게 지내느라 방비가 없고 두렵고 겁이 나서 강화를 청하여 눈앞의 우선 좋기만 한 계책을 세우는 것을 사람들이 모두 알아 비록 속이려 하지만 될 수 없습니다. 저들이 우리의 방비가 없고 약함을 보이는 실제를 알고서 우리와 더불어 강화를 맺는다면 이

뒤의 저들의 무한한 욕심을 무엇으로 충당할 것입니까.

나아가 최익현은 일본이 강요하는 강화조약의 부당성을 다섯 가지 이유를 들어 반대하였다. 이것이 곧 그의 '五不可論'이었다. 최익현이 일본과 통상무역할 수 없는 이유로 들고 있는 다섯 가지 이유를 차례로 보면 다음과 같다.

첫째, 우리의 물화는 한정이 있는 반면 일본의 요구는 끝이 없어서 이로 인해 결국 개항이 우리 나라에 난리와 멸망을 가져올 것이다.

> 우리의 물화는 한정이 있는데 저들의 요구는 끝이 없어서 한 번이라도 맞추어 주지 못하면 사나운 노기가 뒤따르며 침해하고 약탈하며 유린하여 前功을 다 버리게 될 것이니 이는 강화가 난리와 멸망을 이루는 바의 첫째입니다.

둘째, 일본측의 물화는 모두가 淫奢奇玩한 것으로서 손으로 만드는 무한한 것이요, 우리의 물화는 모두가 백성들의 생명이 달린 것으로서 토지에서 나오는 유한한 것이므로, 저들의 풍속을 문란케 하는 사치스러운 공산품과 우리의 국민생명에 필수적인 농산품을 교역하면 수년 후에는 국토를 지탱할 수 없도록 나라가 황폐화될 것이다.

> 일단 강화를 맺고 나면 저들이 욕심하는 바가 물화를 교역하는 데에 있습니다. 저들의 물화는 대개가 지나치게 사치하고 기이스러운 노리개로서 손에서 생산되어 한이 없는 것이요, 우리의 물화는 대개가 백성들의 생명이 달린 것으로서 토지에서 나는 것으로 한이 있는 것이니, 유한한 津液과 膏腴로 백성들의 생명이 달린 것으로서 한없이 사치하며 기괴한 노리개 따위의 마음을 좀먹고 풍속을 해치는 물화와 교역해서 해마다 반드시 巨萬으로써 헤아리게 되면, 수년 후에는 우리 나라 국토는 황량한 땅과 쓰러져 가는 집들이 다시 지탱하여 보존하게 되지 못할 것이며 나라는 반드시 따라서 멸망하게 될 것이니, 이는 강화가 난리와 멸망을 가져오게 되는 바의 둘째입니다.

셋째, 저들은 왜라고 하지만 실은 양적과 다름이 없어서 일단 강화가 성립되면 천주교가 교역중에 들어와서 전국에 포교되어 衣裳(관습)은 타락하고 국민은 금수가 될 것이다.

저들이 비록 왜인이라고는 하지만 실은 양적입니다. 이 일이 한 번 이루어지면 사학의 서책과 천주의 초상이 교역하는 속에 혼합되어 들어와서 조금 있으면 전도사와 신자가 전해 받아 전국에 두루 가득찰 것입니다. 포도청에서 살피고 검문하여 잡아다 버리고 베려 한다면 그들의 사나운 노기가 또한 더하게 되어 강화한 지난 맹세가 허사로 돌아갈 것이고 내버려 두고 묻지 않으면 조금 지나서는 장차 집집마다 사학을 하고 사람마다 사학을 하게 되어 아들이 그 아비를 아비로 여기지 않고 신하가 그 임금을 임금으로 여기지 않게 되어 의상이 시궁창에 빠지고 사람은 변하여 금수가 될 것이니, 이는 강화가 난리와 멸망을 가져오게 하는 바의 셋째입니다.

넷째, 강화 후에 저들이 국내에 상륙하여 거주하게 되면 저들은 얼굴만 사람이지 마음은 금수이므로 우리의 재산과 부녀를 마음대로 약탈할 것이며, 우리의 고관들은 화약을 깨뜨릴까 두려워하여 이를 막지 못할 것이므로 백성이 하루도 살아가지 못할 것이다.

강화가 이루어진 뒤에는 그들이 육지로 내려와 서로 왕래하고 혹은 우리 강토 안에다 집을 짓고 살려고 할 것인데, 우리가 이미 강화했으므로 거절할 말이 없고, 거절할 수 없어서 내버려 두면 재물, 비단, 부녀의 攘奪과 怯取를 마음대로 할 것이니, 누가 이를 능히 막겠습니까. 또한 그들은 얼굴만 사람이지 마음은 금수여서 조금만 뜻에 맞지 않으면 사람을 죽이고 누르기를 기탄없이 할 것인데 열부나 효자가 애통하여 하늘에 호소해서 원수를 갚아 주기를 바라도 위에 있는 사람들이 그 강화를 깨뜨리게 될까 두려워하여 감히 송사를 처리하지 못할 것입니다. 이와 같은 유는 온종일 말하여도 다 들 수가 없으며 사람의 도리가 蕩然히 없어져 백성들이 하루도 살아가지 못할 것입니다. 이는 강화가 난리와 멸망을 가져오는 바의 넷째입니다.

다섯째, 강화를 주장하는 자들은 병자호란 때의 강화가 그 후의 평화를 가져온 예를 들지만 청은 夷狄이고 일본은 실은 재화와 여색만 아는 금수이므로 이적과는 화약을 맺을 수 있어도 금수와는 화호할 수 없는 것이다.

이 말을 주장하는 사람들이 걸핏하면 병자호란 때의 남한산성의 일을 끌어서 말하기를, 병자년의 강화 뒤에 피차가 서로 좋게 지내어 삼천리 강토가 오늘에 이르도록 반석 같은 안정을 보전하였으니 오늘날 그들과의 和好가 어찌 유독 그렇지 않겠는가 합니다. 신은 생각하기를 이는 아동들의 소견과 다름이 없다고 여깁니다…청나라 사람들은 뜻이 중국의 황제가 되어 四海를 무마하는 데 있었기 때문에 그래도 능히 다소나마 중국의 覇主들을 모방하여 인의에 근사한 것을 가장하였으니, 이는 이적일 뿐입니다. 이적들도 사람이라 곧 도리가 어떠함은 물을 것이 없지만 능히 소로써 대를 섬기기만 하면 피차가 서로 사이가 좋아져서 지금까지 왔고, 비록 그들의 뜻에 맞지 않는 것이 있더라도 관대하게 용서하는 아량이 있어 침해하거나 학대하는 염려가 없었습니다. 저 왜적들로 말하면 한갖 재화와 여색만 알고 조금도 사람의 도리라고는 없으니 이는 곧 금수일 뿐입니다. 사람과 금수가 화호하여 함께 떼지어 있으면서 근심과 염려가 없기를 보장한다는 것은 신은 그 무슨 말인지 알 수 없으니, 이는 강화가 난리와 멸망을 가져오게 되는 바의 다섯째입니다.

위에서 보듯이 최익현은 개항을 해서 통상을 하는 경우에 도래할 수 있는 일본의 침략과 우리 나라의 손실에 대하여 매우 예리하게 통찰하고 그 폐해를 낱낱이 제시하여 지적하였다. 특히 그가 국민의 생명과 직결된 토지에서 생산되는 우리의 농산물과 사치품이 주류인 손으로 제조되는 저들의 공산물을 교역하는 경우에 수년이 가지 않아서 우리 나라가 큰 손실을 입고 나라의 경제가 황폐하게 될 것임을 지적하는 부분은 매우 날카로운 통찰이요 탁견이라고 할 수 있다.

그러나 최익현과 유림의 주장은 국가의 정책으로 받아들여지지 않았다. 최익현의 상소는 환급되었다. 그리고 이 상소로 인하여 그는 흑산도 귀양길에 올라 1879년 고향에 다시 돌아올 때까지 유배에 처해졌다.

그리고 집권세력은 1876년 2월 일본과 불평등조약인 '조·일수호조규'를 체결하여 개항을 시작하였다. 개항추진세력은 유림이 주장한 '왜양일체론'에 대하여 '왜양분리론'으로 맞서면서 일본과의 강화를 3백년 이래의 구교를 속개하는 것으로 정당화하였다. 즉 "일본과 옛날의 호의를 잇는 것이지 서양과 화호를 닦는 것이 아니다"[4]라고 한 고종의 말은 이것을 상징적으로 나타내 주고 있었다.

우리 나라가 문호를 개방하게 된 1870년대는 10년 전의 상황과 아주 달랐다. 1860년대는 병인양요를 계기로 일어났던 이항로로 대표되는 재야유림의

4) 《日省錄》 176책, 고종 13년 1월 28일.

척화론이 국가의 정책으로 채택되었다. 집권세력은 유림의 주장을 받아들여 통상거부, 양물금단과 같은 척사정책을 실현하였다. 그러나 병자년에 이르러 유림의 주장은 국가의 정책으로 받아들여지지 않았다. 이로 인하여 유림과 집권세력간의 갈등관계가 시작되었다. 이러한 갈등은 1870년대 통상요구나 불평등조약체결과 같은 대외적 문제를 둘러싸고 전개되었으나 그 이후는 대내적인 사회개혁 방향과 방안에 대해서도 일어나게 되었다. 그만큼 두 정치집단간의 갈등의 폭과 강도가 더 심각해져 갔다.

### 2) 신사년의 위정척사운동과 척사·개화논쟁

1876년 문호개방이 단행된 이래 1880년대는 한국근대사에서 볼 때 개화당을 중심한 집권세력이 여러 가지 개화정책을 펴나간 시기이었다.

1880년 12월에는 통상과 외국문물 수용을 담당하기 위하여 統理機務衙門을 설치하였다. 종래의 5군영을 2군영으로 통합하고 따로 신식 군대(別技軍)를 신설하는 등 군제도 개편하기 시작했으며 농업학교와 관영회사를 새로 설립하는 등 각 방면에서 개화정책을 추진하였다. 다음해인 1881년에는 청나라에 領選使를 파견하여 군사기술을 도입하려 했고 일본에 紳士遊覽團을 파견하여 명치유신 이후 일본의 근대화정책과 그 성과를 조사하였다.

뿐만 아니라 당시에는 개화당이 정계에서 확고한 위치를 굳혀 가고 있던 때였으므로 개화당 요인들은 기왕의 중국을 주축으로 하는 화이질서에 안주하는 조선왕조가 아니라 세계 속의 자주독립국인 조선을 건립하려고 했기 때문에 청을 견제하기 위해서도 구미제국과 문호를 개방하려고 하였다. 그런 만큼 개화정책을 추구하는 집권세력과 보수적인 유교질서의 신봉자이자 파수꾼의 역할을 하였던 유림 사이의 갈등의 골은 점점 더 깊어지게 되었다. 이 시기의 갈등은 1870년대보다 더 격화되어 갔다. 왜냐하면 1870년대의 갈등이 주로 통상요구나 불평등조약체결과 같은 대외적 문제를 둘러싸고 전개되었다면, 1880년대는 이미 병자년 이래로 제도화된 개항질서 속에서 나타나는 대내적인 국내의 사회질서의 개혁방향에 대한 것으로 모아졌기 때문이었다.

그러던 중 외교사정과 국제동향을 살피기 위하여 1880년 6월 제2차 수신사로 일본에 건너갔던 김홍집이 귀국하였다. 귀국길에 김홍집은 당시 일본에 주재하고 있던 청나라 외교관인 황준헌의 私擬冊子인 《조선책략》을 갖고 들어왔다. 그는 이 책을 고종에게 바쳤다. 고종은 여러 대신들에게 이 책의 내용을 검토하게 하였다.

《조선책략》은 李鴻章의 견해를 바탕으로 하여 황준헌이 당시의 국제정세에 비추어 조선이 취해야 할 외교정책을 논술한 것이었다. 그 내용의 핵심은 다음과 같이 요약될 수 있다.[5]

> 첫째, 동양 3국인 청·일·조선에 대해 위협적 존재인 러시아에 대항하기 위하여 조선은 중국과 친하고 일본과 결합하고 미국과 연합하는 '親中國·結日本·聯美國'의 외교정책을 써서 부국자강을 꾀해야 한다.
>
> 둘째, 구미제국과 개국통상하여 안으로 산업을 일으킴으로써 조선이 유리하게 될 것이다.
>
> 셋째, '周孔의 道'를 지키는 조선이 천주교의 전교를 허용하더라도 아무런 해도 받지 않을 것이다.
>
> 넷째, 서양의 학문기술을 습득해야 하며 이를 위해서는 유학생을 중국·일본에 파견하는 한편 서양인 교수를 초빙해야 한다.

계속해서 황준헌은 《조선책략》에서 조선이 이와 같은 외교정책을 취해야 할 배경에 대해 구체적으로 설명하고 있었다. 그 내용을 정리해 보면 대체로 아래와 같다.[6]

> '친중국'에 대해서는 조선이 이를 믿고 있으나 '결일본'에 대해서는 반신반의일지 모르나 일본이 조선에 대해 사단을 일으킬 때에는 중국이 조선을 도울 것이며 더구나 일본은 현재 외양은 훌륭하나 실상은 재주가 없으며 정부와 민간이 싸움으로 사이가 벌어져 있고 국가의 금은창고가 비어 있어 조선침략 같은 것은 도모할 여지가 없는 상태이다. '연미국'에 대해서 미국은 그 영역이 광대하고 工商을 주로 하여 천하에서 가장 강한 나라가 되어 애초부터 영토적 야심이 없이 신의를 지키는 나라이므로 이와 연맹하는 것이 유리하다.

---

5) 韓祐劤, 앞의 글, 122쪽에서 재인용.

6) 위와 같음.

> 조정의 신하가 시무를 강구하여 다른 견해를 내세우지 않고 士夫가 적습을 타파하여 천박한 식견을 개도하고 국민이 분발하며 일어나서 마음을 같이하여 힘을 합침으로써 나라가 강해질 수 있지만 그렇지 않으면 나라가 망할 것이므로 조선의 흥망과 아시아의 대체적인 판세가 바로 여기에 달려 있다.

그리하여 우선 조정은 '積習을 타파하고 淺識을 개도하기' 위하여《조선책략》을 복사하여 전국의 유생들에게 배포하였다. 그러나 낡은 관습을 타파하고 천박한 식견을 개도하며, 나아가 국가의 새로운 정책을 인식시키기 위하여 전국에 배포된《조선책략》은 유림 사이에 큰 파문을 불러일으켰다. 뿐만 아니라 이를 계기로 개화를 반대해 온 유림의 위정척사운동이 치열하게 일어나게 되었다.

유림은《조선책략》의 복사본이 반포된 직후인 1880년 10월부터《조선책략》과 같은 불온문서를 받아 온 수신사 김홍집을 탄핵하고《조선책략》을 정면으로 공격하는 내용의 상소문을 올렸다. 다음해인 1881년에 접어들면서 이러한 규탄운동은 정부의 개화정책을 통틀어 탄핵하는 운동으로 요원의 불길처럼 여기저기서 타올라 전국적으로 확대되어 갔다.

그 가운데 대표적인 것은 영남유생들이 합심하여 올린 萬人疏이었다. 만인소는 1881년 2월 이퇴계의 후손인 영남유생 李晩孫을 소두로 하여《조선책략》을 반대하기 위해 올린 유림의 집단반대 상소문이었다.

만인소에서 유림은《조선책략》의 저자인 황준헌의 주장에 대해 일일이 논박하였다. 즉 중국과는 이미 2백년이 넘도록 신의를 나누고 있는데 皇이니 朕이라는 칭호를 쓰고 있는 일본의 국서를 우리가 받아들이면 중국에 대하여 해명할 길이 없다고 하였다. 일본은 우리의 육지와 해상의 요충지대를 이미 점거하고 있어서 우리의 무방비함을 엿보고 충돌을 일으키면 제지하기 쉽지 않다고 하였다. 미국은 본래 잘 알지 못하는 나라인데 공연히 남의 말만 듣고 관계를 맺으면 그들이 우리의 신료를 괴롭혀서 재물을 요구하거나 우리의 허점과 약점을 이용하여 우리에게 어려운 청을 하면 대응하기 어렵다고 하였다. 마지막으로 러시아는 우리에게 혐의를 갖고 있지 않는데 괜히 남의 말을 듣고 먼 곳에 기대고 가까운 곳에 도전하게 된다면 이를 구실로 러시아가 침입할 때 막아내기가 쉽지 않다는 것이었다. 그리하여 러시아를 막기 위하여 중국과 친하고 일본과 힘을 합하며 미국과 손잡으라는《조선책략》의 내용이 현실적으로 실현 불가능한 것임을 밝히고 있다. 그리고 그것이 이루어질 수 없는 이유로 러시아·미국·일본은 모두 이적들이기 때문에 그 어느 것에도 차이를 둘 수 없다는 것과 그들이 들어와 통상과 토지를 요구할 경우 조선은 강토를 수호하기 힘들다는 것이었다.

> …대저 중국은 조선이 그 藩邦으로서 2백년이 넘도록 신의를 교부해 왔는데 하루아침에 皇이니 朕이니 하는 칭호로서 보내온 일본의 국서를 받아들인다면 만일 중국이 이로써 힐난하는 경우에 장차 어떻게 해명할 것입니까. 일본은 우리의 羈縻로서 육지와 바다의 요충지대를 이미 점거하고 있으니 우리의 대비가 없음을 보고 충돌을 자행하면 장차 이를 어떻게 제지할 것입니까. 미국은 잘 알지 못하는데 공연히 타인의 권유로 불러들여서 그들이 우리 신료를 피폐케 하여 재물을 요구하거나 우리의 허점을 살피고 약점을 업신여겨 어려운 청을 강요하거나 계속될 수 없는 경비를 떠맡긴다면 장차 이에 어떻게 응할 것입니까. 러시아는 본래 우리와 혐의가 없는데 공연히 타인을 믿음으로써 먼 나라와 친교에 기대어 가까운 이웃에 도전하게 되어 이를 구실로 러시아가 내침하면 장차 이를 어떻게 구할 것입니까. 러시아·미국·일본은 모두 같은 오랑캐로서, 그 어느 곳에 후함과 박함을 두기가 어렵습니다. 일본이나 미국의 예에 따라 러시아가 땅을 요구하며 교역을 요구하여 오면 이를 거부하기 어렵습니다. 하물며 그 밖의 여러 나라가 이와 같이 땅을 요구하며 강화를 요구하면 어찌 막겠습니까. 이를 허용하지 않는다면 仇怨을 사서 적이 될 것이 러시아 한 나라뿐이겠습니까. 만약 허용한다면 한쪽 귀퉁이 靑邱(조선)는 장차 국토를 유지하기 힘들 것입니다. 황준헌의 책략대로 防俄策을 쓴다 하여도 러시아가 병탄 침략하는 경우 만리 밖의 원조를 앉아서 기다리면서 京軍만으로 어떻게 방어해 내겠습니까(李晩孫, 〈嶺南萬人疏〉, 신사년 2월).

뿐만 아니라 만인소에는《조선책략》에서 주장된 부국책과 야소교에 대하여도 다음과 같은 주장으로 대응하고 있다. 즉 "서학에 종사하여 재화를 이루고 농업과 공업을 일으킨다 하지만 財用農工은 옛부터 좋은 법규가 있으므로 어찌 서학에 종사함으로써 이겠습니까"[7]라고 반박하였다. 또한 "야소교 전래가 해롭지 않다고 하는 것은 邪敎를 조선에 유포시키려는 간계이니 周

7) 李晩孫, 〈嶺南萬人疏 신사년 2월〉(韓㳓劤, 앞의 글), 124쪽에서 재인용.

孔程朱의 교를 더욱 밝힘으로써 온 백성이 단결하여 사악하고 추한 무리를 물리쳐야 한다"[8]고 주장하였다.

나아가 이만손은 김홍집 및 정부 대신들에게까지 공격의 화살을 퍼부었다. 그리고 황준헌의 책을 물이나 불에 던져 버려야 한다고 제언하였다. 즉 "책을 수화에 투척하여 좋고 나쁨을 명시하여 사악하고 추한 무리의 간사함을 허용하지 못하게 하여 우리의 예의의 풍속이 천하만세에 장차 할 말이 있을 것"[9]이라고 강력히 주장하였다.

이러한 집단적인 반대상소에 대하여 고종은 "闢邪衛正이란 근본방침에는 疏陳을 기다릴 필요조차 없다. 그리고 다른 나라 사람의 私擬文子에 이르러서는 애초부터 탐구할 만한 것이 못 된다. 유생들이 잘못 보고 들추어 내고 있으니 이 같은 聯疏를 다시 올려서 조정을 헐뜯고 비방하지 말고 퇴거할 것"[10]을 명하였다.

《조선책략》을 도화선으로 하여 일어난 서구열강과의 개국통상 문제는 조선에 엄청난 파문을 일으키면서 전국적인 사회적 논란거리가 되었다. 그래서 만인소 외에도《조선책략》과 관련한 조선의 정책적 진로를 모색하는 내용의 상소가 많이 올라왔다. 그 중 무과에 급제한 洪時中의 상소에는 당시 인천개항을 중심으로 일본에 의해 강요되었던 수교의 성격을 비판하며《조선책략》에 대하여 논박하는 내용을 담고 있었다. 특히 일본이 러시아가 두려워 우리와 화친한다면 일본의 약함은 이미 드러난 것인데, 약한 일본의 힘에 의존하여 일본과 화친하여 러시아의 위협을 막는 것은 크게 잘못된 방책이라고 비판하였다.

> 옛날의 일본과 교섭할 때 일본은 동래 한 곳에만 머무르고 그 關市의 규칙도 엄격하여 일본이 우리의 제약을 받았습니다. 그런데 지금의 일본은 마음대로 우리 나라 요충지대를 점거하고 해변에 기항하여 바다의 경비가 무너지고 있습니다. 또 그들이 잘못해도 우리가 통제하지 못하니 이는 우리가 일본의 제약을 받고 있는 것이 됩니다. 개항설시하고 稅規를 마련하여 아편, 사학의 책

8) 위와 같음.
9) 위와 같음.
10)《日省錄》242책, 고종 18년 2월 26일.

등은 서로 譏捕하여 엄벌에 처하면 우환이 없다고 하지만 그럴 수가 없습니다. 인심은 巧術과 邪說과 영리에 빠져 들어 우미한 자는 아편을 좋아하고 傑傲한 자는 야소교서를 보고 미혹되어 결국 모두 아편을 복용하게 되고 사교에 물들게 되어 기포하고 법규를 적용한다 하여도 한갖 空文虛套가 될 것입니다. 일본과 화친하는 것이 러시아의 위협을 막기 위한 것이라 하지만 이것은 말이 되지 않습니다. 일본이 진실로 러시아가 두려워서 우리와 화친한다면 일본의 약함은 이미 알 만합니다. 따라서 약한 일본의 힘에 의존하여 러시아의 내침을 완화시키려는 것은 잘못된 생각입니다(《日省錄》 243책, 고종 18년 3월 23일).

그리고 나서 홍시중은 이미 일본과 수교했고 사신왕래가 잦아서 국정이 다 누설된 이 때 일본을 엄하게 배척한다면 일본이 이것을 구실 삼아 사단을 일으킬 수 있으므로 일본과의 수교방침을 다음과 같이 제한할 것을 제안하였다. 그 내용을 정리하면 아래와 같다.

첫째, 사신교환을 엄격하게 제한하여 10년에 1회로 하고 왜관에 10일 이내로 체류하며 수행원을 10인으로 하고 이들이 왜관을 벗어나서 나다니지 못하게 해야 합니다.

둘째, 인천 등 개항장에 대한 철저한 감시를 해야 합니다.

셋째, 통상을 제한하여 교역일을 월 2회로 하고 내항선 수를 2~3척으로 하고 교역품은 일본의 산품으로 하며 양화를 엄하게 금지하고, 물물교환만을 하여 화폐사용을 엄금하고, 미곡·포목 등의 무역을 금지할 것이며 조선상인에 대하여 5할의 과세를 부과하여 무역을 억제해야 합니다.

넷째, 새로 유입되는 《중서견문》·《만국공법》·《조선책략》 등의 서양과 일본의 서적을 수거하여 불태워 버려야 합니다.

(《日省錄》 243책, 고종 18년 3월 23일)

신사년의 위정척사운동은 여기에서 그치지 않고 전국적으로 확대되어 갔다. 만인소의 소두인 이만손은 3월에 다시 재소를 올렸다. 5월에는 경상도 유생 金淳鎭, 경기도 유생 柳冀永, 충청도 유생 韓洪烈이 상소를 올렸다. 윤7월에는 강원도 유생 洪在鶴, 충청도의 趙啓夏, 전라도의 高定柱 등의 수교반대상소가 쏟아지게 되었다.

그 가운데 1881년 7월에 홍재학이 올린 만언소에는 당시 집권세력이 일본과 서양이 똑같은 폐해를 가지고 있음에도 불구하고 일본과 통상을 해온 것을 강도 높게 비난하였다. 즉 일본과 통상해 온 결과 사설이 횡행하고 洋織과 양물이 온 나라에 넘쳐나고 있다는 것이었다. 그리고 위정척사는 정학과 대의를 위한 祖宗의 유업이기 때문에 지금의 정치에서도 반드시 지켜야 할 정치적 정통성의 기반이라는 점을 강조하고 있었다. 그렇기 때문에 위정척사의 기반을 망각하고 主和賣國을 감행하려는 조정의 관료를 처단해야 한다고 하였다. 이러한 홍재학의 주장을 보면 아래와 같다.

> 오늘날 온 나라에서 입고 있는 것은 양직이고 사용하고 있는 것은 양물이며 流涎하는 것은 洋技이고…또한 지금 보고 들은 것을 말하면 온 나라에 邪書가 허다하고 충만하여 名士碩儒가 빠져 들고 있습니다. 그러한즉 승훈·가환은 우리 나라의 洋夷이며, 耶蘇는 유럽의 양이이며, 花房義質은 일본의 양이입니다. 우리 나라의 승훈·가환은 선왕께서 이들을 사형에 처해 제거했는데 일본의 花房義質은 전하께서 이를 용납하고 접촉합니다. 용납하고 접촉할 뿐만 아니라 한마디 말이라도 침범하고 배척하는 이들을 귀양보내거나 좇아 보내기에 겨를이 없고 힘을 다해 아첨하는 자는 벼슬을 높이고 은상을 내리기에 또한 겨를이 없으니 이는 세 분(정조·순조·헌종)의 聖王과는 남쪽과 북쪽으로 방향이 전혀 다른 것이 아니겠습니까. 위정척사는 정조 이래로 내려온 조정의 기본정책으로서 아직도 그 의리가 빛나고 있는데 고종친정 이래로 일본과 서양의 똑같은 해를 모르고 일본과의 통상을 주장해 온 결과 사설과 이의가 횡행하여 조선의 사태가 위급하기 비길 데가 없습니다. 孔孟程朱의 큰 도는 날로 사라지게 되어 가정에는 윤리가 깨지고 사람에게는 예의가 허물어져 그 결과 종묘사직이 무너질 위기에 있습니다. 국왕은 더욱 위정척사의 대의를 밝혀 주화매국하려는 신료들을 처단해야 합니다(洪在鶴, 〈萬言疏〉, 신사 7월).

이와 같이 유림은 개국통상과 이러한 정책을 추구하고자 한 개화세력에 필사적으로 저항하였다. 그러나 당시 역사의 바퀴는 이들의 주장과 함께 하지 않는 방향으로 굴러 갔다. 집권세력은 국왕을 포함한 개화파관료 김홍집에 대하여 비판하고 나아가 권력의 정당성에까지 도전하는 유림에 대하여 강경하게 맞대응하였다. 유림에 대한 처단이 감행되었던 것이다.

만인소의 소두인 이만손과 홍시중은 유배의 형을 받았다. 만언소의 홍재학은 1881년 서소문밖 형장에서 능지처참을 당하였다. 홍재학의 상소는 같은 화서문인인 김평묵이 대필하였는데, 이로 인해 김평묵도 문구가 극히 격렬하다고 하여 조정으로부터 섬에 귀양보내졌다.

한편 과격하고 강경한 위정척사파의 왜양일체론과 집권세력의 개항명분론의 대립이 격화되어 갔던 1880년대에 유림 가운데서도 새로운 사상이나 입장을 갖는 사람들이 나타나기 시작하였다. 이들은 당시 진행되던 근대적 역사의 흐름에서 강경한 위정척사만으로는 자주와 자강을 동시적으로 달성하는데 한계가 있다는 점을 깨달았던 사람들이었다. 그래서 일부 유림은 서양으로부터의 이질적인 사교와 외세를 일단 부정하되 그것을 극복하기 위하여 서양의 기예와 능력을 받아들여야 한다는 입장을 표명하였다.

1881년 6월 8일 전 장령 郭基洛이 올린 상소는 이와 같은 입장과 논리를 대변하고 있었다. 곽기락은 요새 각도 유생들이 위정척사라는 명목으로 거듭 상소를 올려서 온 나라가 서학에 빠지고 양복을 착용하게 될 것으로 보는 것은 잘못이라고 지적하였다. 그리고 수교대상으로서의 일본과 배척대상으로서의 서양을 각각 별개로 파악하였다. 곧 대일수교와 對洋斥洋을 분리시킴으로써 당시 현실적으로 진행되고 있었던 수교정책을 뒷받침하고 있었다. 뿐만 아니라 척양의 한계를 사교라는 이질적인 서양의 종교 내지 문화로 규정하고 자강의 한 방법으로 서양의 기술 내지 문명 등에 대하여는 받아들일 수 있다는 유연한 입장을 취하였다.

> …우리가 일본을 받아들이는 것은 서양을 견제하려는 계책에서 나온 것입니다. 일본이 서양과 交好하고 양복을 입고 양학을 배우는 것은 우리가 관여할 바가 못 됩니다. 우리가 교호하는 것은 다만 일본뿐이요 어찌 양이와 더불어 통하는 것이 되겠습니까…황준헌 책자는 우리와 관계되는 긴급한 적정 등에 대한 조치책이므로 그것을 사용할 것인가 말 것인가는 오직 조정에서 정할 일입니다. 일본과의 수교는 옛부터의 교린관계와 천하통상의 현 정세에 비추어 그것을 거부할 수 없습니다. 다만 적절한 조치로서 자강을 꾀할 수밖에 없으며, 그것은 피폐된 내정을 개수하고 밖으로 외적을 막으면 됩니다…또한 서양이라고 하더라도 기계기술이나 농서가 진실로 이익이 될 만한 것이면 반드시 택하여 행할 것이요, 그 사람으로 해서 그들의 良法까지 물리칠 필요는 없습니다(郭基洛, 〈疏陳時弊條〉).

서양의 기술을 도입하자는 주장은 1882년 5월 조미수호조약체결을 계기로 문호의 개방이 점점 확대되자 계속 쏟아져 나왔다. 그리고 이들 주장도 다양하게 보다 적극적으로 나타났다. 즉 直講 朴淇鍾의 西器이용책을 비롯하여, 鴻山유학 趙聲敎의 이용후생론, 출신 鄭暎朝의 문호개방론과 산업진흥책, 전주사 柳完秀의 기선건조론, 廣州유학 趙汶의 기술교육론 등이 그것이었다. 이러한 주장이 나오게 된 것은 조선이 종래의 동양적인 '사대교린'의 국제관계에서 벗어나 새로운 국제관계에 들어서게 되면서 국가안위와 결부된 위기의식이 더욱 팽배해져 갔기 때문이었다.

1882년경 이러한 주장을 담고 계속해서 쏟아져 나온 유림의 상소들을 보면, 우선 박기종은 천주교를 사교로 규정하고 그것을 멀리할 것을 주장하면서 "器는 이로운 것으로 진실로 이용후생이 될 것인즉 농상·의약·甲兵(무기)·舟車 따위는 어찌 이것을 가려서 하지 않을 것이 있겠는가"[11]라고 말하였다. 조성교도 또한 "서양의 기계는 耕織이나 兵備에 편리하므로 이것을 배우면 국민의 이익이 될 만하다"[12]고 그 필요성을 밝히고 있다.

정영조는 우리 나라도 국제사회에서 고립될 수 없으므로 국제적 신의에 의존하여 독립을 유지하려면 각국과 수교해야 한다는 적극적인 문호개방을 주장하였다. 그리고 무역진흥·외화획득으로 서양산물을 직접 생산하자는 산업진흥책을 제안하였다.

> …지금 동서남북 수교관계가 폭주한 가운데 각국 화폐가 유통되고 있으니 서로 편리하고 우리 나라의 常平錢이 나가면 타국의 화폐가 들어와 財幣가 극히 풍부해질 것입니다. 그리하여 화차·화선·기계·전선 등을 조성할 수 있을 것입니다(《承政院日記》, 고종 19년 9월 14일).

광주유학 조문도 "오늘날 이 땅에 와 있는 외국군대의 군비와 그 병기는 본받을 만한 것이 있기 때문에 마땅히 그것을 배워야 합니다. 더욱이 그들 공예의 묘함과 상업의 번성과 의약의 기술 등은 그 정수와 묘리를 취한다면 국민들이 모두 충분히 그 재예를 습득하고 그 기술에 종사할 수 있습니다"[13]라고 기술교육의 필요성을 주장하였다.

---

11) 《承政院日記》, 고종 19년 9월 5일.
12) 위와 같음.

출신 尹善學도 "서법이 나오자 그 기계의 정교함, 부국의 계략은 비록 주나라를 일으킨 呂尙, 촉나라를 다스린 제갈공명이 있다 하더라도 다시 그들과 더불어 논할 수 없을 정도입니다. 저들 배·차·군·농기계 등과 같이 국민을 편하게 하고 나라를 이롭게 한 것들은 모두 외형적인 것으로 국가에 유리합니다. 고치고자 하는 것은 바로 이 器이지 결코 그 道가 아닙니다. 그러니 준재들을 뽑아 기계 만드는 관서를 두고 외양에 출입시켜 그 제조법을 배워서 급속히 그 효용을 보게 하면 그 才智함과 정교함이 다른 나라보다 능가치 못할 것이 없습니다"[14]라고 주장하고 있었다.

이와 같은 주장은 더욱 발전하여 서양의 기술뿐만 아니라 제도까지도 받아들여야 한다는 주장으로 전개되었다. 1882년 9월 22일 유학 高穎聞이 올린 시무상소에서는 이러한 주장이 포함되었다. 그는 서양기술을 적극적으로 도입하고 근대적인 여러 가지 서양제도의 도입을 주장하였다. 즉 의사당·상회소·국립은행·해군순사제를 특별히 설치하고 채광 및 화폐정책을 실시하며 관제·세제·녹봉제의 혁신 등을 제안하였다. 이러한 그의 주장을 요약하면 다음과 같다.

첫째, 서양기술의 도입입니다. 서양 각국에 사신을 파견하여 우선 그 풍물을 살펴서 우의를 신장시키고 거기서부터 기술교사를 청하여 우리 나라 상하 인민들에게 새 기술을 습득시켜야 합니다.

둘째, 公議堂의 특별한 설치입니다. 정부 밖에 따로 공의당을 특설하여 시무에 밝은 인사들을 널리 구하고 참여시기고 그들로 하여금 징사를 돕게 해야 합니다.

셋째, 채광·통화정책의 실시입니다. 법에 따라 채광을 장려하고 三幣를 점차 제한없이 계속 유통시켜서 화폐유통을 성하게 함으로써 遊食者를 없애야 합니다.

넷째, 巡查制의 실시입니다. 5家編法으로 50호를 1區로 하고 구마다 구장 1인을 선정하여 구장 아래 구마다 4명의 순사를 두어 도적·水火 등의 폐해를 방지해야 합니다.

다섯째, 상회소·국립은행의 설치입니다. 서울 안에 큰 규모 상인들을 불러 모아 그들의 利路便否를 상의케 하고 그 손해에 따라 진세토록 해야 합니다.

여섯째, 해군의 특별한 설치입니다. 인천은 삼남의 漕軍의 요충이며 京師海

13) 《承政院日記》, 고종 19년 9월 20일.

14) 《日省錄》 263책, 고종 19년 12월 22일 무신.

門의 咽喉이므로 해군을 특설하여야 합니다.
일곱째, 세법개정입니다. 冗職을 대폭 없애고, 雜貢은 신식세법으로 하며, 녹봉을 후하게 정하되 길을 넓게 열어서 搢紳士庶로 하여금 각기 그 업에 안정시켜야 합니다.
(《日省錄》 260책, 고종 19년 9월 22일 을사).

이와 같이 유림의 일부는 서양의 기술과 법, 제도를 받아들이자는 주장을 다양하게 제안하였다. 이러한 입장을 이른바 '東道西器論' 또는 '採西論'이라고도 한다. 용어가 암시하듯이 이 입장은 기존의 유교적 지배이념과 정치체제를 그대로 유지하면서 서양의 발달한 산업, 군사기술 및 상공업제도를 도입하자는 절충론의 성격을 지니고 있었다. 따라서 이들의 주장은 위정척사론의 기반을 완전히 벗어난 것은 아니었다. 민족의 자존을 도모해야 하는 역사적 임무에서 수용될 수 있는 범위 안에서 민족의 자강을 위한 서양기술의 도입, 채용을 용인하였던 입장이었다. 그런 점에서 이 입장을 '척사적 채서론'[15]이라고도 한다.

이러한 입장은 당시 집권세력이 여러 가지 개항정책을 정치적으로 추진해 나갈 수 있었던 이념적 지지기반이 되었다. 즉 정부는 동도서기론에 입각하여 기존의 유교적 지배이념과 정치체제를 그대로 유지하면서 서양의 발달한 산업, 군사시설 및 상공업제도를 도입해 나갔다. 뿐만 아니라 이 입장은 그대로 발전하여 1894년 갑오경장을 전후로 개화와 함께 자주를 강조하였던 온건개화파의 자주개화사상으로 연결되기도 하였다.

지금까지 살펴보았듯이 1880년대의 위정척사운동은 위정척사이념을 공유하면서도 이를 실현하기 위한 자강의 방법론에서 분화되어 갔다. 즉 한편으로는 왜양일체론에서 일본 및 서양과의 전면적인 개국통상을 반대해 온 강경한 위정척사파가 온존한 반면 다른 한편으로는 왜양분리론, 여기에서 한 발 더 나아가 서양과 서양의 기술을 각각 별개의 것으로 보고 일본과의 수교와 서양기술의 도입을 주장하는 척사적 채서론이 새로 형성되었다.

그러나 자강을 둘러싼 방법론으로서의 이러한 분화가 더 이상 진전하여

15) 洪淳昶, 《韓末의 民族思想》(探求堂, 1982), 172~173쪽.

위정척사운동의 조직이나 이념상의 분화나 해체로 이어지지는 못하였다. 왜냐하면 1890년대부터 조선에 밀어닥친 민족모순이 너무 급박하게 전개되어 갔기 때문이다. 따라서 국내 사회의 개혁방향에 대한 차이보다는 제국주의적 외세의 침략을 막아 내는 것이 중요한 역사적 단일의 과제로 되어 갔다. 따라서 강경한 입장의 위정척사파와 척사적 채서론의 위정척사운동도 결국은 외세를 배척하기 위한 민족운동의 큰 흐름으로 변용, 합류되어 갔다.

〈文昭丁〉

## 3. 위정척사운동의 영향과 의의

### (1) 위정척사운동의 영향

병자·신사척사운동으로 그 절정에 달했던 위정척사사상과 운동은 을미사변과 단발령을 계기로 일어난 의병운동과 그 이후의 국내외 항일독립운동의 전개에 지대한 영향을 미쳤다. 조선 말기에 일어난 의병운동은 1894년의 동학혁명이 실패하자 흩어져 분산되어 있던 농민군의 잔존세력을 규합하면서, 위정척사론자들에 의해 주도된 것이었다. 흔히 일부에서는 위정척사에 대해서 고루한 유학자들이 하는 말에 불과하다고 생각하는 경우가 없지 않다. 그러나 일본인들이 조선을 침략하여 군대를 투입하고 무력으로 강점을 시도했을 때, 전국 방방곡곡에서 항일의병이 일어났는 바, 이러한 항일의병은 한국의 근대적인 민족주의역사에서 중요한 조직적 이념 및 실천운동이 형성되었음을 뜻하는 것이다. 그런데 여기에서 주목해야 할 점은 19세기 후반에서 20세기 초에 일어난 이러한 항일의병의 선봉이었고, 이론적 지주가 된 사람들은 바로 대부분 위정척사론자들이 중심이 되었다는 점이다.

사실 의병운동은 그 전개과정에서 군대 및 평민출신 의병장들이 등장하여 점차 그들의 역할과 비중이 증대되어 갔지만, 원천적으로 보면 의병운동 그 자체는 주자학적 척사론을 사상적 동기로 하여 시작되었으며 또한 위정척사론자들이 그 선도적 역할을 함으로써 수행된 것이다.[1] 일찍이 조선 후기 위정척사사상과 운동의 초석을 놓았던 화서 이항로가 동부승지직을 사양하면서 올린 상소에서 외세의 침입을 막고 국가를 보존하기 위해서는 일종의 의병조직이라고 할 수 있는 義旅制度를 두어 국난극복에 임할 것을 제창한 바 있는데, 조선 말기에 일본의 무력침략이 시작되자 위정척사론자들을 중심으로 의병운동이 적극적으로 전개된 것은 이러한 맥락에 비추어 본다면 결코 우연한 일이 아니라고도 하겠다.

이 같이 조선 말기에 의병운동이 위정척사론자들의 주도하에 발흥하여 전개되어 나갔다는 점은 초기와 중기의 의병운동을 이끌었던 의병장들의 인적 구성과 그 사상적 계보를 살펴보면 보다 분명해진다. 예컨대 초기 의병운동에 있어 중요 의병장의 구성을 보면 강원도 춘천에서는 이소응, 충청도 제천에서는 유인석이 일어났으며, 경상도에서는 선산에서 허위, 진주에서 노응규 등이 기병했고, 전라도에서는 기우만 등이 일어났다. 그리고 중기 의병은 1905년 11월의 을사보호조약을 계기로 원용팔·민종식·최익현 등이 봉기하였다. 이들 가운데 유인석·노응규·최익현은 그 사상적 계보를 화서에 두고 있으며, 전라도에서 일어난 기우만은 화서와 함께 조선 후기 위정척사사상의 양대 지주를 이루었던 노사 기정진의 손자로서 그 역시 사상적 뿌리는 위정척사사상에 있었던 것이다. 결국 이렇게 보면 1907년 8월 이후 후기 의병운동에 접어들면서 의병장의 구성에 있어 중요한 변화가 있었지만, 적어도 1895~1896년의 초기 의병운동과 1906년 단계의 중기 의병운동에 있어서 위정척사론자들의 역할은 결정적이었으며 또한 선도적인 것이었다[2]고 아니할 수 없는 것이다.

이 위정척사계열의 국권회복운동은 후기 의병항쟁기에 들어오면서부터 점차 그 활동과 영향력이 약화되었으나, 그렇다고 해서 그것이 완전히 사라지거나 단절된 것은 아니었다. 즉 위정척사사상과 그 운동은 1906년 6월 최익현 의병부대의 좌절 이후 점차 그 영향력이 감소하여 갔으나, 이는 표면적으로만 그러할 뿐 내실에 있어서는 해외에서의 국권회복운동의 발판을 마련하면서 계속 끈질긴 항일독립운동으로 발전, 심화되어 갔다. 말하자면 국내에

---

1) 姜在彦,《韓國近代史硏究》(한울, 1983), 347쪽.
2) 姜在彦, 위의 책, 346쪽.

서의 위정척사운동은 국권회복의 계기적 국면의 변화에 따라 적응하면서 발전되어 마침내는 해외 항일독립운동으로 귀결되었던 것이다.

이는 국내 의병운동이 독립군 전투부대로의 연속성을 가지면서 발전해 간 과정에서 찾아볼 수 있다. 즉 1909년 여름 이후 일본군의 남한대토벌과 일본의 조선병합으로 국내에서의 의병항쟁이 어려워지자 많은 의병들이 집단적으로 국경을 넘어 중국에 근거를 두고 항일무장투쟁을 전개하였는데, 이렇듯 해외에서 근거지를 확보하고 국내 의병운동을 독립군 전투부대로 연결, 전환시킴에 있어 신기원을 이룩한 것이 다름아닌 위정척사사상의 거봉 유인석에 의해 주도된 의병부대이었기 때문이다.[3)]

유인석은 백두산 일대의 지리적 조건이 유리하고 무장투쟁을 위한 인적·물적 기반의 조성이 용이하며, 나아가 유사시에 중국과 러시아의 지원을 받기에 좋은 국제적 환경을 가지고 있으므로 그 곳을 거점으로 하는 근거지 이론과 장기적 구국투쟁의 전략을 내세운 후, 이를 구체화하는 작업의 일환으로 1910년 6월 13道義軍을 조직하였다. 이 13도의군은 국내외를 망라하여 계몽운동가와 의병운동가가 합류된 전민족적 연합의병 조직이라고 할 수 있는 것으로서 도총재에는 유인석이, 그리고 참여인물로는 이범윤·우병렬·이진룡·이갑·홍범도·안창호·이상설 등이 망라되어 있었다.

이 13도의군이 실제로 항일구국운동에 어떤 가시적인 공헌을 하였는가는 별도로 논의될 일이지만, 아무튼 1920~30년대에 백두산에 연결되는 북간도와 서간도의 산악이 항일무장투쟁의 중심지가 되었던 점을 보면, 조선 후기 화서 이항로와 노사 기정진에서 비롯되어 중암 김평묵과 성재 유중교 및 면암 최익현을 거쳐 의암 유인석에 이르른 위정척사사상은 일제의 침략에 대항하여 국권을 회복하고 민족을 보전하기 위한 끊임없는 투쟁에 있어 그 원동력으로 계속 영향을 미쳐 갔다고 하겠다.

### (2) 위정척사운동의 의미

이렇듯 조선 후기 서구와 일본세력의 침입에 대항하여 일어나 의병운동으

---

3) 독립운동사편찬위원회, 《독립운동사》 1 : 의병항쟁사(1970), 657쪽.

로 동태화된 후 마침내는 항일구국운동으로 발전되어 간 위정척사사상과 운동이 오늘날 어떤 의의를 갖는지 살펴보기로 한다.

첫째, 위정척사론은 조선 말기 서구열강과 일본세력의 제국주의적 침략에 맞서 조선왕조 정치체제와 민족주체성의 보위를 위해 가장 강하게 저항한 대표적인 사상과 운동이었다는 점이다.

개국을 전후한 19세기 중엽 이후 조선왕조 정치체제는 대내적 측면과 대외적 측면 모두에서부터 수많은 도전을 받아 급속한 변화를 겪지 않으면 안 되는 상황을 맞이하고 있었다. 대내적 측면에서 보면 조선왕조 정치체제는 오랫동안 누적되어 온 폐정과 정치체제의 내재적 모순이 심화되어 한계에 이르르는 양상을 보이고 있었다. 말하자면 개항 직전의 정치사회적 구조는 조선왕조 정치체제가 이상으로 삼았던 天命德治의 명분과는 거리가 먼 세도정치로 변질되었고, 체제유지에 기여했던 요소들, 즉 왕실, 외척, 그리고 관료를 포함하는 사대부들 사이의 견제와 균형, 그리고 이것을 구조적 기반으로 했던 체제의 안정은 급속히 와해되어 갔던 것이다. 여기에 더하여 삼정의 문란이 구조화되고 전국 각지에서 민란이 일어나 체제의 균열이 이미 제어하기 어려운 상태에 이르게 되자, 조선왕조 정치체제는 점차 그 질서와 균형을 상실해 가는 동시에 계속 약화일로의 길을 걷고 있었다.

이와 같이 이미 내부적으로 분해과정을 걷고 있던 조선왕조 정치체제를 향하여 또 하나의 심각한 도전이 대외적 측면에서 가해지고 있었으니, 다름 아닌 서세동점으로 일컬어지는 서구국가들의 제국주의적 침략이었던 것이다. 당시 서구의 국가들은 이미 산업혁명을 완수하고 근대적 민족국가를 형성하고 있었는 바, 이들은 처음에는 자생적인 변모과정을 겪으면서 내재적 민주독립을 성취한 국가들이었으나, 나중에는 자본주의적 경제체제를 바탕으로 하는 팽창주의적 민족주의국가로 변신하여 전 세계적으로 제국주의적 침략을 전개하였던 것이다. 이들은 당시 통상이나 이권 등과 관련된 여러 가지 요구들을 제기하고 이러한 요구들을 관철하기 위해 정치·외교·군사적 행동을 적극 전개하였다.

이러한 서구열강의 제국주의적 팽창은 19세기 중엽 동아시아의 전통적인 국제관계에 급격한 변화를 몰고 왔는데, 여기에 더하여 조선왕조 정치체제를 더욱 괴롭힌 것은 조선보다 훨씬 앞선 시기에 타율적으로 외세와 교섭했던 청나라와 일본이 서양세력을 모방하거나 그것에 가세하여 우리에게 도전을 해왔다는 점이다. 일본과의 관계에서 1869~1876년에 걸친 書契문제, 1876년의 '병자수호조규'문제, 1880년의 황준헌의 《조선책략》문제, 같은 해의 통리기무아문 설치문제 등은 바로 이러한 측면에서 조선왕조 정치체제에 역사적 충격을 던져 온 대외적 변수들이었다고 할 수 있다. 조선 후기 특히 19세기 중엽 이후의 조선왕조 정치체제는 바로 이와 같은 여러 가지 외부적 도전에 부딪쳐 상당히 급속한 대내외적 위기상황에 처해 있었던 것이다.

이러한 대내외적 모순과 도전에 대한 조선왕조 정치체제 내부의 대응 양상은 크게 몇 가지 사상 내지 운동형태로 나타나게 되었다. 위정척사사상·동학사상·동도서기사상(채서사상), 그리고 서양의 문물을 적극적으로 받아들이자는 개화사상 등이 그것이었다.[4] 이 중에서 개화사상은 자기의 정체를 정립하기 이전에 근대화를 먼저 서둘렀던 오류를 범했는가 하면,[5] 동학은 끝내 종교적인 민중동원의 틀에서 벗어나지 못한 측면이 있었으며,[6] 동도서기의 사상은 성리학적인 기초 위에서 아직 서양에 대한 인식조차 제대로 갖추지 못한 채 어설프게 서양문물의 수용을 논한 무리함이 있었다고 할 수 있다.

이에 비해 위정척사론은 조선왕조 500년의 통치이념으로서의 정통적인 성리학의 맥락에서 조선왕조 정치체제의 보위를 주장한 대표적인 사상이며 운동이었다고 할 수 있다.[7] 또 실제로 이 사상과 운동은 외세가 이 땅에 들어올 때 제일 먼저 강하게 저항했고 그 이후에도 지속적으로 반외세운동에 영향을 준 것이기도 하다. 이러한 점에서 조선 후기 위정척사론의 본질은 힘에 의해 밖으로부터 불평등을 강요당하는 이른바 주체성의 위기(identity crisis)

---

4) 韓興壽, 《近代 韓國民族主義硏究》(延世大 出版部, 1977), 70~73쪽.

5) 裵成東, 〈朝鮮 末期의 政治體制〉(《韓國政治學會報》 10, 1976), 55~71쪽.
文丞益, 〈韓國 近代政治思想의 論理的 性格〉(《韓國政治學會報》 10, 1976), 159~167쪽.

6) G. Henderson, *Korea : The Politics of the Vortex*, Harvard University Press, Cambridge, 1968, pp. 63~71.

7) 李澤徽, 〈朝鮮後期 斥邪論議의 展開와 그 意義〉(韓國政治外交史學會, 《朝鮮朝政治思想硏究》, 평민사, 1987), 164쪽.

라는 민족적 모순에 대한 저항이었다는 점에서 그 민족사적 의의를 찾을 수 있다[8]는 평가는 일면 적절한 것이라고 할 수 있겠다. 그러나 위정척사사상과 운동은 그 기저에 수구적이고 모화적인 측면을 가지고 있었고 또 그것이 위정척사론이 비판받는 근거가 되고 있다. 그러할지라도 이 사상과 운동이 국가적 위기상황에서 보여준 철저한 자주와 배외의 정향은 한국 근대민족주의의 원류를 이루는 것이었다고 아니할 수 없다.

둘째, 무엇보다도 위정척사운동은 민족자주와 주체성을 지향하는 전통적인 강력한 민족주의적 애국애족의 운동이었다는 점이다.

이러한 위정척사운동의 민족의식적 뿌리는 우연히 생겨난 것이 아니라 사상적 근원의 측면에서 볼 때 이미 조선왕조의 성리학사상 속에 자리하고 있었던 것이다. 즉 조선 말기에 나타난 위정척사론에는 성리학적 측면에서 볼 때 강력한 주리적 경향이 흐르고 있었는데 이는 궁극적으로는 민족자존의 의식을 간직한 것이었다. 예컨대 화서와 중암은 주리이원론과 理主氣客의 입장에서, 그리고 노사는 유리론적 理主氣僕의 입장에서 각각 이기론을 전개하였는데, 그 공통된 관점은 理尊氣卑의 논리 위에서 조선왕조의 체제와 문화를 이로 보고 외세를 기로 규정하여 이에 대처하려는 자존적·자기수호적 의식이 깔려 있었던 것이다.

이러한 위정척사운동의 민족자존과 자주의 이념적 정향은 서양의 자본주의적 팽창에 따른 민족의 경제적·문화적 피폐를 염려한 위정척사론자들의 경고와 대비책을 통해 구체적인 정책 대안으로 제시되었던 한편, 세계 열강들의 각축 끝에 일본이 최종 침략세력으로서의 위치를 확보하고 그 행동을 노골화하자, 위정척사론은 척사의 대상을 왜양일체의 관점으로 확대시키는 동시에 이에 맞서는 구국운동을 상소운동이나 의병운동을 통해 구체적으로 전개해 나갔던 것이다.

결국 이렇게 하여 형성, 발전된 위정척사운동의 민족자존과 자주의식은 조선왕조 정치체제의 적극적 저항을 강조하는 사상으로 연결되어 후일 항일 민족주의운동의 한 연원을 이루어 내게 되었던 것이다. 위정척사사상과 운동

8) 崔昌圭, 〈斥邪論과 그 性格〉(국사편찬위원회, 《한국사》 16, 근대:개화·척사운동, 1975), 334쪽.

은 원래 화이의식을 기조로 하는 모화적 보수성을 가지고 있었으나, 한말의 변천하는 역사적 상황에서 자신을 심화, 발전시켰으며, 그 과정에서 민족자존과 자주의식을 근간으로 하는 민족운동으로 승화되었으니, 우리 민족의 민족주체성의 계보는 이 위정척사사상과 운동에서 찾아볼 수 있는 것이라 하겠다.[9)]

이와 같은 관점에서 보면 조선 말기에 있어서 민족적 자주성과 자의식을 기초로 하는 민족주의이념의 형성에 관한 논의는 단호한 배외적 민족주의 이념으로서의 위정척사사상에서, 그리고 위정척사사상에 이념적 바탕을 둔 의병운동에서 시작하여야 할 것이다.

셋째, 위정척사운동은 외세와의 단절된 상태를 전제로 하여 폐쇄적 척화만을 고집한 수구적 운동이 아니라 우선 국력을 배양하여 외세의 도전에 주체적으로 대응하면서 국가와 민족의 생존과 발전을 도모하고자 한 자강아사의 운동이었다는 점이다.

근대적 시각에서 보면, 위정척사사상이나 운동이 서양을 금수로 인식하여 척화를 주장하고 양물을 奇技淫巧로 단정하여 배격한 사실은 아무리 그러한 주장의 이론적 근거가 충분하다 하더라도, 폐쇄적인 수구성을 벗어나지 못한 사상과 운동이었다는 비판을 면하기 어려울 것이다. 또한 초기의 척사론자들이 급격히 변화하는 국제관계를 제대로 인지하지 못하였고, 따라서 그러한 변화에 대응할 수 있는 혁신적인 사고와 노력을 등한시하는 등 비효율적인 전근대적 정치행태에 집착한 것도 사실이다.

그러나 그렇다고 해서 위정척사운동이 반동복고적이었고 폐쇄적 수구성에만 떨어진 것이었다고 평가하는 것은 그 운동의 본질을 제대로 이해하지 못한 소치라고 아니할 수 없다. 뿐만 아니라 초기의 위정척사론은 폐쇄적 배타성을 강하게 보이기는 했지만 그렇다고 해서 계속 보수적 수구성에만 머물러 있었던 것은 아니었다. 즉 개국 이후 특히 일본의 침략이 노골화되는 단계에 이르러서는 민족적 일체성에 의한 국민의 통합을 강조하는 한편, 국제관계에 있어서도 정치체제의 자율과 자존을 확보하기 위해 국제사회에 참여

9) 洪淳昶, 《韓末의 民族思想》(探求堂, 1982), 54쪽.

하는 방향으로 이념적 정향을 확대시켜 나갔으니, 궁극적으로는 국내외적 정치상황의 변화에 적응하면서 국가의 보위와 민족의 자존을 지향했던 진정한 민족자주의 사상과 운동이었다고 할 수 있는 것이다.

결국, 궁극적으로 보면 위정척사운동은 노도처럼 밀려오는 외세의 도전에 부딪쳐 대책없이 둑을 터놓음으로써 홍수에 휩쓸려 들어가는 일을 당하기보다는, 먼저 제방에 수문을 만들어 놓고 필요한 수량을 적절히 조절하면서 주체적인 변화를 도모하자는 운동이었던 것이다. 여기서 제방에 수문을 만드는 일이란 구체적으로 내수를 통한 자강을 도모하자는 것이었으며, 적절히 수량을 조절하면서 주체적인 변화를 도모하는 일이란 무조건적인 수구적 폐쇄성만을 고집하는 것이 아니라 국제관계의 현실을 인정하고 변동에 적절히 적응, 독립된 주권국가로서의 발전을 도모하고자 하였음을 뜻하는 것이다.

결국 위정척사운동은 수구적이고 보수적인 고루한 운동이 아니라 조선왕조 말기의 변천하는 역사적 상황에서 자기 자신을 심화, 발전시키면서 자강아사의 논리를 통해 주체성의 위기를 자율적으로 극복하고자 했던 민족자존과 자주의 운동이었던 것이다.

〈李澤徽〉

# Ⅳ. 임오군란과 청국세력의 침투

1. 임오군란
2. 조선중국상민수륙무역장정과
   조·청관계의 변질

# Ⅳ. 임오군란과 청국세력의 침투

## 1. 임오군란

### 1) 임오군란의 배경

#### (1) 서울의 사회경제 구조와 하층민

조선 후기에서 한말에 이르는 시기의 서울은 정치·군사·행정기능이 중심인 도시에서 상공업 중심의 도시로 바뀌고 있었다. 도시 규모가 커지고 인구가 증가하는 한편, 상품화폐경제의 발달과 관련해서 상업·수공업을 비롯한 각종 생산부문이 발전하자, 지리적으로 수륙교통의 요충지인 서울은 남북의 물산이 잇따라 모여들고 다시 각 지방으로 보내지는 상업도시로 성장하고 있었다.

19세기의 서울은 호구 45,000에 인구 20만 이상을 계속 유지하고 있었고, 인구의 유입이 끊임없이 계속되면서 많은 부동층이 광범위하게 존재하고 있었는데, 한말이 되면 서울의 실제 인구는 20만을 훨씬 넘어 30만에 가까웠을 것으로 생각된다. 인구가 증가하면서 성내의 京中五部가 포화상태에 이르자 인구가 주변지역인 성저 각 면에 흩어져 거주지를 형성했다. 특히 한강 연안의 용산·마포·서강·동작·서빙고·두모포·뚝섬 등이 점차 경제적으로 활발한 활동무대가 되면서, 이농민들이 상인·수공업자·임노동자와 같은 도시 하층민으로 정착하는 신흥촌락이 형성 발전하고 있었다. 특히 용산·마포·서강을 포함한 서부 교외지역의 주민은 호구 9,750, 인구 34,125명으로 다른 지역보다도 유난히 밀집되어 있었는데, 이는 한강 연안지역이 활발한 경제적 활동과 관련하여 다른 어느 지역보다도 고용기회 또는 호구지책을 손쉽게 찾을 수 있는 곳이었기 때문이라고 생각한다.[1]

19세기 서울의 경제구조는 농촌사회의 변동—농업생산력의 발전과 농민층 분해과정의 진행에 따른 계층구조의 재편성—과 밀접한 관련 속에서 변동하고 있었다. 따라서 자급자족적인 자연경제구조가 상당한 정도로 해체되고 있었고, 상품화폐경제의 발달이 상업, 수공업, 기타 제조업 부문을 중심으로 확대되면서 자본주의적 경제구조로 이행해 가는 양상을 보여주고 있었다. 그러나 개항을 전후한 시기까지는 여전히 이행기의 과도적인 형태로 바뀌어 가는 모습을 보여줄 뿐, 급격한 변동은 일어나지 않고 있었다.

개항 이후 이러한 조선사회 내부의 변동과정, 특히 서울의 사회경제구조의 변동은 일본세력의 침투에 따라 더욱 복잡한 양상을 띠면서 전개되어 갔다. 당시 우리 나라의 개항은 세계 자본주의시장의 동아시아지역에서의 마지막 개항이라는 점에서 필연적이었고 오히려 뒤늦게 실현된 셈이었다. 이미 자본주의 열강에 종속되어 있던 절대주의체제의 일본에 의해서 불평등조약에 의한 개항이 타율적으로 이루어졌는데, 비록 구미 자본주의 열강과의 직접적인 수교통상은 아니었지만, 우리 나라가 일본을 매개로 자본주의 세계에 문호를 개방하는 계기가 되었던 것이다.

개항 후 일본과의 무역구조는 일방적인 일본측의 특권과 無關稅貿易이었고, 일본 상업자본이 거류지를 중심으로 해로무역을 독점하여 영국의 자본제 섬유제품을 비롯한 각종 洋貨를 중계 유입시키는 한편 우리 나라의 곡물과 金·地金을 유출시키는 형태였다. 관세의 장벽 없이 유입된 서구상품은 일반 농민과 도시 하층민의 생활을 직접 위협하는 것은 아니었지만, 각종 서구상품과 맞서 싸우는 織布業者를 포함한 많은 수공업자들을 몰락시키고 있었다.[2)]

또한 우리 나라의 주식인 쌀이 대량 유출되었는데, 이는 곡가의 앙등을 가

---

1) 조성윤, 〈조선후기 서울의 인구 증가와 공간 구조의 변화〉(《한국 사회구조의 전통과 변화》: 한국사회사연구회논문집 43, 문학과지성사, 1994).

2) 姜德相, 〈李氏朝鮮 開港直後における朝日貿易の展開〉(《歷史學硏究》 265, 1962).
김경태, 〈개항과 불평등조약 관계의 구조〉(《한국근대경제사연구》, 창작과비평사, 1994).
梶村秀樹, 〈李朝末期 綿業의 流通 및 生産構造〉(《韓國近代經濟史硏究》, 사계절, 1983).

져와 개항 이후 1882년 사이에 곡가가 약 3배 이상 급등하는 현상을 빚었다. 당시 조선사회에서 곡가가 물가의 기준이었기 때문에 이러한 물가상승은 도시경제의 구조를 뒤흔들어 놓을 뿐만 아니라 모든 물자를 시장을 통해 구입하여 생활하는 도시민, 특히 하층민들에게는 생계를 직접 위협하는 심각한 것이었다. 결과적으로 일본과의 무역은 이익에 민감한 일부 특권상인들이 미곡의 수집·중계와 양화의 유통과정에서 성장하게 만든 반면, 도시 하층민들에게 집중적인 피해를 입히고 있었다.[3)]

서울주민의 계급구성도 바뀌고 있었다. 농촌으로부터 흘러 들어오는 전입인구가 도시 하층민으로 정착하면서 계속 축적되어 감에 따라 상인·수공업자계급이 크게 늘어났고, 이들이 분화함으로써 거대한 자본을 축적하는 富商과 성장하는 수공업자들이 존재하는 한편, 소상인, 영세수공업자, 수공업노동자와 잡역노동자, 상품하역 및 선적작업과 토목공사 등 각종 공사에 고용되는 임노동자, 일자리 없이 떠도는 부랑자 등 이전에는 볼 수 없었던 새로운 사회계급이 출현하고 있었다.

이러한 서울주민의 계급구조 변동은 주로 경제구조의 변동에 의해, 그리고 급격히 진행되고 있던 신분제도의 해체현상과 밀접한 관련 속에서 이루어지고 있었다. 중세사회를 유지하는 근간인 사회신분제도의 해체현상은 신분구조의 逆階層化로 나타나고 있었다. 양인 및 천인이 경제력을 바탕으로 양반 또는 중인으로 상승하는 반면, 일부 양반인 대지주, 특권관료들에게 부가 집중되면서 많은 양반들이 경제적으로 낮은 지위로 떨어져 하층민으로 편입되고 있었다.[4)]

19세기 서울의 하층민[5)]은 농민층 분해과정에서 몰락한 농민들이 도시로

---

3) 金敬泰, 〈對日不平等條約改正問題發生의 一前提—開港前期의 米穀問題에서 본 外壓의 實態〉(《梨大史苑》 10, 1972).
吉野誠, 〈朝鮮開國後の穀物輸出について〉(《朝鮮史研究會論文集》 12, 1975).

4) 四方博, 〈李朝人口に關する身分階級別的考察〉(《朝鮮社會經濟史研究》 中, 東京 ; 國書刊行會, 1976.
金容燮, 〈朝鮮後期 身分制의 動搖와 農地所有〉(《증보판 朝鮮後期農業史研究 [I]》, 지식산업사, 1995).
김인걸, 〈조선후기 신분사 연구 현황〉(近代史研究會 編, 《韓國中世社會 解體期의 諸問題》 하, 한울, 1987).

들어와 정착하는 자들과 도시 안의 상업·수공업 등 각종 부문에서의 경쟁과 분화과정에서 몰락하는 자들로 구성되었는데, 두 부문 가운데서도 특히 이농민들의 도시유입에 의해서 계속적인 충원과 증가가 이루어졌다. 토지로부터 밀려난 유민이 서울로 끊임없이 밀려 들어오고 있었지만, 서울에서는 유휴노동력을 흡수하여 역동적인 생산부문으로 고용할 수 있는 자본주의 부문이 크게 확대된 상태가 아니었다. 수공업을 비롯한 각종 생산부문과 유통부문의 광범위한 고용구조가 확립되기 위해서는 전국적인 시장권을 대상으로 대량 상품생산을 수행하는 공장제 수공업단계로의 이행, 자본주의적 사회관계의 폭넓은 침투가 전제되어야 하는데, 이 시기 서울은 아직 이 단계에는 이르지 못했던 것이다.

따라서 중세의 신분제도와 계급관계는 해체되고 있었지만, 자본주의 특징을 지닌 새로운 계급은 아주 부분적으로만 형성되고 있었고, 중세사회 해체기의 과도기적 성격을 보여주고 있었다. 또한 범람하는 과잉 노동력 때문에 과잉 실업현상이 계속됨으로써 낮은 임금수준이 유지되었고, 한 직업에 지속적으로 취업하는 경우보다는 계속 일자리를 옮길 수밖에 없는 日雇的인 형태의 임시 불완전고용이 주된 고용형태로 자리잡고 있었다. 이러한 도시 하층민의 불완전고용형태와 높은 수평이동율은 그들의 수입을 매우 낮은 수준으로 묶어 놓았고 낮은 수준의 생활조건을 감수하며 살아가도록 만들었다.[6)]

서울 하층민의 주요 구성부분은 크게 보아 소상인·영세수공업자·임금노동자·관청 말단직책 담당자·하급 군병·부랑자 등의 여러 집단으로 나눌 수 있다. 이제 각각의 특징을 다음과 같이 간단히 정리해 볼 수 있다.

① 영세소상인 : 도시에 새로 정착하는 하층민들이 과잉 실업상태에서 손쉽게 접근할 수 있는 생계유지 방식의 하나는 소상인으로 활동하는 길이었다. '無

---

5) 여기서 우리가 관심을 갖는 것은 도시 하층민이다. 하층민이라는 개념은 물론 엄밀한 사회학적 개념은 못된다. 그러나 그들이 도시사회의 계급구조 내에서 정치적·경제적으로 힘을 갖지 못한 자들로서 저소득, 또는 불완전 취업상태에 있는 소상인, 영세수공업자들과 실업자, 부랑자 등의 여러 집단을 포괄하는 범주로는 사용할 수 있을 것이다.

6) 尹用出, 〈17~8世紀 土木工事의 募軍-役夫動員形態의 變質問題를 中心으로〉(서울대 석사학위논문, 1982).

依窮民'·'窮村僻巷의 남녀행상' 등으로 표현되는 이들은 매우 영세한 자본으로 상업활동을 하는 가난한 자들이었다. 이들의 상업행위는 바구니에 물건을 담아 가지고 돌아다니는 행상, 한두 필의 말등에 물건을 싣고 팔러 다니는 馬販子, 도성 안팎 길거리의 곳곳에 변두리 마을마다 길목마다 假家를 짓고 상업행위를 하는 좌상 등의 다양한 형태를 취하고 있었다. 소상인들 중에서 중간도매 또는 시전을 설립할 수 있을 정도로 성장하는 경우도 일부 있었지만, 시전과 사상 모두가 심하게 도고를 전개시키고 있었기 때문에 대부분 발전을 저지당한 채 몰락하거나 영세한 상업활동을 계속할 수밖에 없었다.[7)]

② 영세수공업자 : 수공업자들은 대부분 동업조합을 구성하여 관부의 賃傭私工에 응하는 한편, 서울 시내 각처에 흩어져 있는 작업장인 匠房에서 상품을 제조하여 貢人 또는 상인들에게 넘기거나 소비자들에게 직접 판매하며 소상품 생산활동을 하고 있던 자영수공업자였다. 이들의 대부분은 영세한 규모였으며, 그 중 몰락한 영세수공업자들이 상인자본의 지배하에 예속되면서 상인들에게 원료와 판로를 봉쇄당한 채 선대제에 의한 생산을 하는 자들이 점차 늘어나고 있었다.[8)]

③ 임노동자 : 이들은 고용 주체에 따라 민간부문 고용노동자와 관부 고용노동자들로 나눌 수 있다. 한강 연안에서 상품하역, 선적작업에 종사하는 노동자, 그리고 농업노동자들은 민간부문 고용노동자이며, 관부의 각종 행사와 토목공사에 고용되거나 한강 연안에서 세곡·공물운반에 종사하는 노동자들은 관부 고용노동자들이었다.

국가에 의한 고립·고용노동자는 과거의 징발부역군과는 달랐지만, 고용주체가 중세국가이고 노동이 가치증식을 위한 것이 아니라는 점에서 전형적인 중세적 성격의 고용관계를 벗어났으면서도 아직 자본주의 노동자라고 보기 어려운 과도기적인 형태의 임노동자였다.[9)] 이에 비해 민간부문 고용노동자는 가치증식을 전제로 한 생산부문, 또는 유통부문의 고용이라는 점에서 근대 자본주의적 성격에 접근하는 형태로 볼 수 있다. 특히 부분적으로 출현하기 시작한 수공업공장에 흡수되어 수공업노동자가 될 경우에는 자본—임금노동의 자본주의적인 고용관계에 속하는 근대적 노동자가 나타나고 있었다.[10)]

④ 관청 말단직책 담당자 : 皂隷·羅將·禁隷는 물론 使喚·日守 같은 관청

---

7) 《備邊司謄錄》 170책, 정조 11년 정월 15일.
《各廛記事》 地卷, 영조 47년(건륭 30) 10월·정조 5년(건륭 46) 4월.
柳壽垣, 《迂書》, 四民總論.
林仁榮, 《李朝魚物廛硏究》(숙명여대 출판부, 1977).

8) 宋贊植, 《李朝後期 手工業에 관한 硏究》(서울大 出版部, 1973).

9) 尹用出, 앞의 글.

10) 金泳鎬, 〈朝鮮後期 手工業의 發展과 새로운 經營形態〉(《大東文化硏究》 9, 1972).

의 각종 말단직책이 역제의 변동과정에서 부역으로부터 대부분 고립화되고 있었으며, 그 밖에도 관청뿐만 아니라 각 궁궐내의 곳곳에서 일하는 자들이 모두 부역이 아닌 고립으로 충원되고 있었다.[11] "궐내 각처 고립군이 모두 동서 곳곳에서 온 오합지배"라는 기록이 이를 말해준다.[12] 이러한 하급 말단직책의 전문직업화 추세에 따라 많은 도시 하층민들이 이 부문에서 생업을 찾고 있었다.

말단직책은 대부분 고용조건이 나쁘고 苦役이었으므로 경제수준이 아주 낮은 자들이 주로 고립에 응하고 있었다. 그러나 그 중에서 대민접촉이 잦은 일부 직책—보기를 들면 좌우포도청의 校卒,[13] 五部의 吏屬[14]—의 경우는 비교적 사정이 달랐다. 이들은 국가 수취구조의 하부 기능을 담당하면서 중간착취를 통하여 민중들로부터 온갖 종류의 잡세를 받아 내서 자신들의 낮은 급료를 보충하고 있었다. 특히 많은 부분의 횡령 또는 착취가 가능한 직책의 경우는 일정한 권리금이 붙어 매매되기도 하였다. 균역청 庫直이 그러한 경우이다.[15] 이들은 사회경제적 조건에서 볼 때 그들의 수탈대상인 도시 하층민들과 대립관계에 서 있는 복합적인 성격을 보여주고 있다.

⑤ 하급 군병 : 각종 관청·궁궐의 말단직책에 고용되는 자들과 기본적으로는 같은 성격의 고용부문으로서 대부분 도시 하층민들 가운데서 모집에 응모하여 군병이 된다. 하급 군병은 특히 이 글의 분석목표인「임오군란」의 주체세력으로서 중요한 집단이므로 따로 자세히 검토하도록 하겠다.

⑥ 부랑자 : 농촌으로부터 흘러 들어와 뚜렷한 거처와 일자리 없이 떠돌아다니는 流丐, 또는 간헐적으로 취업은 하지만 대체로 일정한 직업이 없는 '道下相賤之 浮浪無賴輩' 등으로 표현되는 자들이다. 이들 중에 일부는 말단관리 또는 양반사대부들에 私募되거나, 작당되며 그들과 결탁하여 대민수탈의 무력행사자로 동원되고 있었다.[16]

이상과 같이 도시 하층민들은 각 직업이 지닌 성격과 노동조건에 따라 다양하고 복합적 구성을 보여주면서 이행기의 과도기적 특징을 지니고 있었다.

---

11) 姜萬吉, 〈朝鮮後期 雇立制發達－差備軍과 造墓軍의 雇立化를 중심으로〉(《韓國史硏究》 13, 1976).
———, 〈朝鮮後期 雇立制發達－皀隷·羅將을 중심으로－〉(《世林韓國學論叢》 1, 1978).
12) 《正祖實錄》 권 12, 정조 5년 10월 정유.
13) 《備邊司謄錄》 247책, 철종 11년 5월 10일.
14) 《備邊司謄錄》 222책, 순조 34년 11월 28일.
《日省錄》, 고종 1년 정월 18일.
15) 《左捕廳謄錄》 권 6, 을사 4월 罪人金串致案.
16) 《備邊司謄錄》 203책, 순조 13년 12월 10일 및 247책, 철종 11년 7월 10일.

그러면서도 기본적인 사회경제적 조건과 생활방식은 대체로 동질적이었다. 이들은 도성내의 빈촌이나, 교외의 변두리 마을, 또는 강촌에서 신흥촌락을 형성하며 집단거주하고 있었으며, 그렇지 못한 자들은 남의 집에 貰居·借居하거나 진흙집 또는 움집에 기거하기도 하였다. 또한 이들은 농민들과 달리 쌀을 비롯한 각종 농산물, 수공업 생활필수품을 시장으로부터 구입해서 생활하는 소비자였으며, 그것도 그날그날 생계를 이어가기 위해 노력하는 細窮民들이었다. 때문에 물가의 극심한 변동, 특권상인들의 독점행위는 이들의 생계를 직접적으로 위협하는 것이었다. 뿐만 아니라 이들은 서울주민들 중에서 각종 세와 요역의 주담당자로서 국가가 필요하는 재정과 노동력을 제공하고 있었는데, 조세수취를 담당하는 말단관리들로부터 온갖 종류의 잡세를 착취당하는 위에 토착양반들에게도 침학을 받고 있었다.[17]

### (2) 하급 군병의 성격과 군제개편

조선 후기 중앙군의 핵심은 訓鍊都監·禁衛營·御營廳의 3군문이었으며, 그 밖에 總戎廳·龍虎營을 비롯한 크고 작은 군영들이 제도적인 변화를 계속하면서 유지되고 있었다. 훈련도감은 傭兵制에 기초한 군영이다. 어영청과 금위영은 給保制 위에 성립된 군영이었지만, 19세기에 이르러서는 대부분의 향군 番上이 중지되고, 대신 도성에 상주하는 京軍을 운영하는 체제로 바뀌고 있었다. 여기에서 다루는 하급 군병은 서울에 상주하는 급료병들을 가리키는 개념으로, 훈련도감 군병들과 용호영의 군병, 어영청과 금위영의 경군, 그리고 標下軍이 해당된다.[18]

훈련도감 병력은 성립 초기에 약 2,000여 명 정도였는데, 점차 늘어나 효종 때에는 약 5,000명 정도였고 그 뒤 대체로 이 수준을 유지하였다. 훈련도감의 구성원은 대장을 비롯한 장교들, 각종 사무를 맡아 보는 員役, 실질적인 전투력인 正軍으로서 포수와 살수, 마지막으로 보조군인 표하군의 넷으로

---

17) 《備邊司謄錄》 193책, 순조 2년 정월 20일, 204책, 순조 14년 5월 10일 및 247책, 철종 11년 2월 10일.

18) 車文燮, 《朝鮮時代 軍制研究》(檀國大 出版部, 1973).
崔孝軾, 〈御營廳 研究〉(《韓國史研究》 40, 1983).
陸士 韓國軍史研究室, 《韓國軍制史－近世朝鮮後期篇》(陸軍本部, 1968).

나눌 수 있다. 장교는 양반, 원역은 중인에서 주로 충원되고, 하급 군병인 정군과 표하군은 주로 양인에서 충원되고 있었다.[19)]

장교는 무과를 거쳐서 충원되고 있었지만, 하급 군병은 처음부터 서울 안에서의 방민모집과 陞戶法을 아울러 실시하고 있었다. 승호를 통해서 충원되던 병력은 800명 정도였고, 나머지는 모두 모집방식을 통해서 충원되었다. 정부는 승호에 더 의존하려고 하였지만 각종 재해 때문에 승호군 차출을 자주 중지할 수밖에 없게 되면서 승호를 통한 충원은 줄어들고 있었다. 따라서 19세기 이후 대부분의 군병은 서울의 하층민들을 모집하는 방식에 의해 충원되고 있었던 것이다.

군병은 서울에 거주하는 건실한 자를 택하여 모집하도록 했지만, 실제로는 늙거나 건장하지 못한 자들도 훈련도감 군병이 되고 있었다. 훈련도감 군병은 받는 급료가 매우 적었으며, 이 시기 이미 각 부문의 고립이 일반화되고, 상공업의 발달로 필요한 인구를 점차 흡수해 가고 있었으므로, 생활에도 부족한 낮은 급료를 받으면서도 군병이 되기를 원하는 사람은 당연히 하층민 중에서도 경제수준이 낮은 빈민층이 많았다.[20)]

일단 훈련도감 군병이 되면 대체로 약 10~15일 정도 각종 習陣훈련에 참가하거나, 번을 갈라 사대문과 궁궐 각처의 입직, 行巡, 국왕의 호위업무 등을 수행하였다. 전투에서 싸우는 것이 군대의 주요 임무이기는 했지만 평소에는 비전투적인 임무가 주담당 업무였다. 실제로 그들의 업무가 정상적으로 수행되지 않는 경우도 많았고 훈련도 매우 형식적이었으며 제대로 이루어지지 않았다.

군병들의 급료는 일반 토목공사에 고용되는 노동자들보다도 오히려 낮은 수준이었고 기본적으로 생활에도 부족한 것이었다. 더구나 처와 자식은 물론 부모까지 함께 살 경우 군병으로 복무하는 이외의 시간에는 다른 생업을 찾아서 일을 해야만 했다. 군병들은 상업과 수공업에서 주로 생계 유지의 길을 찾았고 충분한 급료를 지급할 능력이 없는 정부는 이를 허가하고 있었다. 일

19) 조성윤, 〈19세기 서울의 상비군 제도와 하급 군병〉(《연세사회학》 10·11, 연세대 사회학과, 1990).

20) 조성윤, 위의 글.

부 백목전·어물전과 같은 시전에 참여하는 경우가 있었고, 훈련도감 포수가 床廛을 세워 규모 큰 난전으로 성장한 경우도 있었지만, 대부분의 군병들은 적은 자본으로 영세한 규모의 활동을 하는 행상 또는 좌상으로 존재하였다. 그러나 정부가 군병들에게 허가한 상업활동의 범위는 스스로 제조한 물건이나 손에 들고 다닐 정도의 소량의 물건판매에 제한되어 있었다. 규모를 확대하거나 성장하는 것은 억압하고 있었던 것이다. 시전상인과 군병들의 상품의 제조와 판매를 둘러싼 분쟁기사가 이를 말해준다.[21] 수공업·상업뿐만 아니라 다른 일을 하는 자들도 많았는데, 도시 근교의 야채재배농업에 참여하거나 일반 고용노동자들과 함께 한강 연안지역의 상품, 또는 세곡의 선적·하역작업이나 각종 토목공사의 임시 고용노동자로도 활동하였다.

하급 군병들은 생계를 유지하기 위해 상업을 비롯한 각종 직업에 종사하고 있었지만 대체로 낮은 수준의 생활을 하고 있었다. 때문에 정부에서는 흉년이 들 때마다 서울주민들에게 진휼을 베풀면서 해마다 초겨울이 되면 선전관들로 하여금 유개들과 함께 군병들의 생활실태를 조사하여 두꺼운 옷과 식량을 지급하였다.[22] 군병들의 이러한 생활조건은 19세기 후반 들어 국가재정이 계속적으로 악화되어 군병들의 급료지급이 정상적으로 이루어지지 않자 더욱 어려워지고 있었다. 급료가 몇 달씩 밀렸다가 지급되었으며, 급료의 반만 내주는가 하면, 쌀값이 치솟는 상황 속에서 돈으로 대신 주기도 하였다.[23] 이러한 상황은 민씨 척족정권이 들어서면서 민씨 척족정권의 재정지출과다, 중간착취의 심화로 더욱 악화되고 있었는데, 이에 더하여 1874년 왕실숙위군으로 무위소를 창설하여 일반 군병들보다 좋은 대우를 해주자, 하급 군병들의 정부에 대한 불만이 커지고 군에의 소속감이 상대적으로 약화되어 갔다.[24]

개항 이후 일본세력의 침투에 따른 조선사회 내부의 변동은 하급 군병들에게 심각한 위기감을 조성하고 있었다. 민씨 척족정권과 개화파가 개화정책

---

21) 《承政院日記》 304책, 숙종 10년 6월 23일.
22) 《日省錄》 권 11, 고종 1년 11월 9일 및 고종 2년 12월 4일.
23) 필자미상, 《日記》, 임오 6월 초9일.
24) 鄭 喬, 《大韓季年史》 권 1, 고종 11년.

의 일환으로 군제개혁을 추진했는데, 구식 군대를 도태시키고 일본식 군사제도를 도입하는 방향으로 나아갔다. 1881년에 훈련도감을 비롯한 각 군영을 武衛營과 壯禦營의 2군영으로 축소 개편하고, 신식 군대인 별기군을 창설하면서 사관후보생의 양성도 추진하였다.[25]

별기군은 5군영으로부터 80명을 선발하고 뒤에 계속 인원을 보충하여「임오군란」당시 400명 정도가 되었는데, 일본군 소위 호리모토(掘本禮造)를 초빙하여 현대식 소총과 洋槍으로 무장시키고 신식 훈련을 실시하였다. 구식 군영 군병들이 실직당하고 급료도 정상적으로 지급받지 못하고 있는 것과는 달리, 별기군은 급료지급은 물론 의복 등 여러 면에서 좋은 대우를 받았다. 이 때문에 하급 군병들은 근대화과정에서 소외되고 밀려 나가는 자들이 되고 말았으며, 앞으로 실직, 도태될 것이라는 위기감을 강하게 느끼고 있었다. 여기에 다른 도시 하층민들과 함께 소비자층으로서, 그리고 상업·수공업종사자로서 피해를 당하고 있었던 측면이 동시에 복합적으로 작용하고 있었으므로 결국 하급 군병들은 양 측면으로부터 가장 심각한 피해를 입고 있는 집단이 되었던 것이다.

### (3) 하층민의 저항운동

서울에서는 19세기로 들어서면서 각종 형태의 도적사건이 잇따라 일어나고 있었다. 일반 민가·시전·부호가는 물론 각급 관아와 궁궐에 도적이 침입하는 사건이 끊임없이 일어났다. 도적들은 혼자서 또는 두셋이서 도적질하는 경우도 있었지만 많은 경우는 수십명이 成群作黨하여 대낮에는 주로 길거리를 지나는 자들을, 밤중에는 칼과 몽둥이를 들고 부호가를 습격하였다. 도적은 주로 농민층 분해과정에서 몰락한 이농민들이 서울로 흘러 들어온 流丐, 또는 서울주민으로 정착하여 일정한 직업이 없이 떠돌아다니는 無恒之輩·無賴之類·雜技之類라 불리는 자들로서 그 수를 알 수 없을 정도로 많았다.[26]

25) 박은숙, 〈開港期(1876~1894) 軍事政策 變動과 下級軍人의 存在樣態〉(《韓國史學報》2, 고려사학회, 1997), 207~210쪽.

26) "근년들어 遊手가 극히 많아지고 流丐들이 成群하여 街巷에 가득하고, 촌락에

19세기로 들어서면서 사대문밖 교외지역은 물론 도성 안에서도 도적의 집단적 출몰은 매우 빈번한 일이 되고 있었다. 뿐만 아니라 도성 안에 사는 하층민들이 밤이면 도적으로 변신하고 있었기 때문에 정부가 오부의 각 洞任掌 또는 里任掌들에게 계속 감결을 내려보내 신고할 것을 지시하고 있는데도, 이들은 도적체포에 거의 협조하지 않고 있었다.[27)]

도적사건 중에서 특히 중요시해야 할 것은 궁궐침입사건이다. 이전 시기에는 거의 볼 수 없었던 궁궐침입사건이 끊임없이 일어나고 있었는데, 국왕의 거처인 창덕궁은 물론 종묘, 사직단, 그리고 경희궁을 포함한 거의 모든 궁궐에 침입하고 있었다. 침입의 목적은 물론 대부분이 절도였으며, 內人房의 궁녀들을 희롱하려던 경우도 있었다. 궁궐에 침입하는 자들은 농촌으로부터 흘러 들어와 서울 각지를 전전하던 유민들을 비롯하여 궐내 잡역노동자, 하급 군병, 관청 말단직책 등의 하층민들이 주류를 이루고 있었다.[28)] "궁궐담을 넘어 침입하는 것은 관부의 담을 넘는 것보다 백배 엄중하고 어려운 것"[29)]이라는 인식이 보여주고 있듯이 궁궐침입은 국가의 상징인 왕실의 존엄성에 대한 저항으로서 尊王의식의 약화와 함께 도시 하층민의 의식성장의 일면을 엿볼 수 있는 사건이었다.

또한 국왕이 거둥할 때 가마에 투석한 사건이나, 괴서사건, 御寶위조사건, 璿譜를 비롯한 각종 족보위조사건들도 끊임없이 일어나고 있었다.[30)] 이 사건

---

출몰하여 평민을 괴롭히고 있습니다. 이같이 가뭄이 심한 해에는 서로 모여 도적이 되고, 閭巷의 無賴之類들이 좇아 和應하니, 비록 1,000명을 잡는다 하더라도 어찌 막을 수 있겠습니까"(《備邊司謄錄》 202책, 정조 18년 10월 16일)라는 기록은 이러한 사정을 단적으로 표현하면서 도적행위가 이미 막을 수 없을 정도로 확대되어 가던 당시의 상황을 보여주고 있다.

27) 《左捕廳謄錄》 1책, 을미 9월 초6일 甘結五部結幕.

28) 궁궐침입사건에 관한 몇 가지 기록을 보면, ① 昌慶宮越牆侵入事件(《左捕廳謄錄》 권 10, 신유 정월 초9일), ② 宗廟越牆侵入事件, 《左捕廳謄錄》 권 11, 신유 7월 초4일, ③ 宣禧宮祭器偸竊事件(《左捕廳謄錄》 권 11, 신유 6월 29일), ④ 昌德宮偸竊事件(《左捕廳謄錄》 권 6, 을사 3월 초4일), ⑤ 昌德宮越牆侵入事件(《左捕廳謄錄》 권 10, 병진 5월), ⑥ 敦化門月臺侵入事件(《左捕廳謄錄》 권 10, 병진 5월), ⑦ 孝昌墓竊盜事件(《左捕廳謄錄》 권 1, 정묘 2월 25일), ⑧ 社稷壇神主偸竊事件(《左捕廳謄錄》 권 10, 무오 6월) 등이 있다.

29) 《左捕廳謄錄》 권 11, 신유 7월 초4일.

30) 《秋官志》 3편, 考律部 寶印.

들은 도적사건들과 함께 중세사회 해체기의 사회적 모순이 심화되어 감을 드러내 보여주는 사건이면서 동시에 사회체제를 점차 무너뜨리는 힘으로 작용하고 있는 것이다.

이러한 각종 형태의 범죄행위와 저항행위에 대해서 지배층은 가혹한 형벌을 가하며 대처하고 있었다.[31] 그러나 기존질서와 기득권의 옹호를 위한 지배층의 노력에도 불구하고 이에 도전하여 사회의 변동을 촉구하는 범죄 및 사회변동에 의하여 파생된 범죄들이 빈번히 발생하고 있었다.

이와 함께 좀더 큰 규모의 저항운동도 계속 전개되고 있었다. 여기서는 자료가 밝혀진 몇 가지 사례를 검토하여 도시 하층민들의 저항의식과 운동과정 및 특성을 정리해 보자.

① 쌀폭동 : 1833년 3월 9일 서울 시내에서는 경강상인 및 미곡상들의 독점과 쌀값 조작으로 쌀값이 크게 치솟고 쌀 구하기조차 어려워지는 사태가 발생하였다. 그러자 이에 저항하는 하층민들의 대규모 민란이 일어났다.[32] 난민들은 성 안팎의 저자와 거리를 휩쓸면서 서울 시내의 上米廛·下米廛·雜穀廛을 비롯한 모든 미곡전을 습격, 파괴하고 불을 질렀으며, 이어서 한강 연안지역으로 나아가 경강상인들이 곡식을 감추고 쌓아 둔 집들을 15채 이상 파괴하였다. 뚜렷한 조직은 없었지만 金光憲·高億哲 등 하층민 지도자들이 식량을 구하기 위해 거리로 쏟아져 나왔던 하층민들을 결집, 동원하는데 성공함으로써 경강상인들과 시내의 미곡상인에 대해 집중적이고 폭발적인 공격을 기할 수 있었다.

이 민란은 비조직적이고 지속기간이 짧았지만 매우 폭력적인 방식으로 도시 하층민들의 요구를 드러낸 운동이었다. 정부지배층은 발생 초기에는 포도청 校卒을 파견해 해산시키려 하였지만, 점점 난민의 규모가 커지면서 통제할 수 있는 능력을 넘어서 버렸기 때문에 결국 각 영문의 군병들까지 모두 동원함으로써 겨우 진압할 수 있었다. 난민들을 체포하는 대로 주동자 여부

31) 徐壹敎,《朝鮮王朝 刑事制度의 硏究》(博英社, 1974).

32) 이 민란은 상업자본의 성장문제를 검토하는 과정에서 도시 소비자층인 하층민들의 '反都賈運動'으로 비교적 자세하게 분석된 바 있다(姜萬吉,《朝鮮後期 商業資本의 發達》, 高麗大 出版部, 1973).

를 가릴 것 없이 그 날로 효수케 하였음은 지배층의 통제방식도 극단적이었음을 나타내는 것이었다.

② 뚝섬주민 저항사건 : 1851년 2월에는 뚝섬주민들이 포도청 포교들의 횡포에 맞서 집단적인 저항을 전개한 바 있었다. 뚝섬은 한성부 행정 관할구역 중 가장 외곽지역이었고 한강 상류지방의 전곡·목재·시탄 등의 집산지로서, 柴木商을 비롯한 각종 상인들이 몰려들어 거래가 활발히 이루어지고 있었으며, 유민들이 비교적 쉽게 일자리를 얻을 수 있는 곳이기도 하였다. 뚝섬처럼 도시 하층민들이 집단거주하는 교외의 벽촌은 양반·부호들이 많이 사는 지역에 비해 오부 관원을 비롯한 하급 관리들의 대민수탈이 손쉽게 이루어질 수 있는 곳이었고, 또 실제로 심한 수탈과 괴롭힘을 당하고 있었다.

사건은 좌우포도청의 군관과 포교들이 뚝섬주민 高德哲을 뚜렷한 이유없이 붙잡아 가면서 시작되었지만,[33] 이는 단지 뚝섬주민들의 잠재되어 있던 불만을 활성화시킨 촉발요인일 뿐이었다. 뚝섬지역의 주민들은 지배층으로부터 억압 또는 수탈당하고 있다는 공통된 감정을 이미 오래전부터 지니고 있었고, 지배권력의 대행자로서 포도청을 비롯한 하급 관원들과 심각한 갈등상태에 있었는데, 이러한 조건들은 이 체포사건을 계기로 활성화된 것이며 포도청 군관과 교졸들이 집중적인 공격대상이 된 것이었다.

운동의 동원과정에서 중요한 변수로 작용한 기제는 주민들의 불만을 결집시킨 향촌조직 책임자인 존위와 중임들이었다. 뚝섬지역의 행정책임자인 존위는 양반이 맡고 있었으며 주민들에게 상당한 영향력을 지닌 존재였다. 그 밑에 중임 또는 임장이 평민들 중에서 선출되어 실무를 담당하고 있었고, 일종의 자문기구로 볼 수 있는 老人契도 의사결정에 참여하고 있었다. 마을책임자인 존위와 중임들이 계획을 짜고 노인계의 자문을 받는 한편, 기존 연락망과 조직에 의해 뚝섬 전 지역의 주민을 소집, 동원시킨 것이며, 운동의 과정에서 중임인 韓宗浩가 핵심적인 지도자로서 주민 중에 훈련도감 군병과 임노동자들을 묶어 선도집단을 형성하여 전 주민을 이끌었던 것이다.[34]

---

33) 《訓局謄錄》 권 65, 신해 3월 4일.
《右捕廳謄錄》 6책, 신해 2월 일.

③ 목수집단 저항사건 : 1860년 5월 1일에는 목수집단이 좌변포도청·우변포도청·좌변군관청·포도대장 저택을 차례로 습격하여 청사와 저택을 파괴하고 교졸·종사관·군관 수십 명을 구타한 사건이 일어났다. 사건은 궁궐 건축공사에 참여하고 있던 목수들 중에 白季昌이란 자가 공사를 위해 지급되는 철물 가운데 일부를 몰래 빼돌려 팔다가 적발되어 좌변포도청 기찰포교들에게 잡혀감으로써 비롯되었다. 서궐(경희궁)·二字處所·三字處所 등 여러 작업장에 흩어져 일하던 목수들은 동료가 포도청에 잡혀갔다는 소식을 듣자, 각 처소에서 작업을 중지하고 모여 掌木手의 지휘로 포도청을 습격하였고, 동료가 잡혀간 좌변포도청뿐만 아니라 우변포도청· 좌변군관청·포도대장 저택까지 모두 습격 파괴한 것이다.[35]

이 사건의 직접 원인은 철물의 潛賣에 있었다. 당시 목수들의 목재와 철물의 잠매는 자주 있었고, 목수들 사이에서는 예삿일로 여겨질 정도로 낮은 임금을 보충하는 수단이었다. 목수들은 철물의 잠매는 결코 도적질이 아니라고 말하며 오히려 정당한 행위로 보고 있었으므로, 철물잠매로 동료가 포도청에 잡혀간 사실은 목수집단 자체에 대한 큰 위협으로 받아들여지고 있었다.[36] 또 이 사건은 철물잠매를 계기로 일어나긴 했지만, 목수들이 평소 포도청 관리들로부터 심한 억압과 수탈을 당하고 있었고, 이에 대한 불만이 계속 누적되다가 철물잠매를 계기로 폭발한 것으로 볼 수 있는 사건이었다. 그들의 저항이 동료를 잡아 간 좌변포도청뿐만 아니라 포도청 전체를 대상으로 하고 있었던 사실이 이를 말해준다.

그들의 불만이 조직적인 행동으로 발전한 것은 목수동업조합인 木房의 조직력 때문이었다. 이 시기 서울의 목수들은 목방을 중심으로 동업조합을 구성하여 시장을 상대로 목제품을 생산하는 한편 각종 토목공사에 모군으로 고용되고 있었다. 그 중에서도 목수는 특수한 기술을 지닌 기술자였다. 목수들의 동업조합은 邊首 또는 掌木手를 중심으로 조직된 여러 개의 집단으로 나뉘어져 있었고, 토목공사에 참여할 때도 이들의 지시에 따라 집단별로 참

---

34) 《右捕廳謄錄》 6책, 신해 2월.
35) 《右捕廳謄錄》 14책, 경신 5월 17일.
36) 위와 같음.

여하고 있었다. 이러한 조건 때문에 목수들의 불만은 목수집단 구성원으로서의 동료의식과 목방조직을 통해 엮어질 수 있었고 조직적 저항이 가능했던 것이다.

④ 그 밖에 군병집단 저항사건은 여러 차례 발생하고 있었다. 1863년에 금위영소속 군병들이 급료로 지급되는 쌀의 질이 나쁘다는 이유로 시위를 벌이다가 주동자들이 체포되면서 진압된 사건이 있었으며,[37] 1877년에는 훈련도감 군병들이 급료를 여러 달 지급받지 못하자 榜文을 작성하여 길거리에 붙이고 민중들을 모아 시위를 전개하다가 역시 주동자들이 체포됨으로써 진압된 사건이 있었다.[38]

1882년 2월 즉「임오군란」불과 4개월 전에는 비교적 규모가 크고 일부 민중들이 함께 참가하는 대규모 군병집단의 폭동이 있었다. 좌변포도청 포교들이 동대문 부근 동리에서 주민들을 함부로 잡아가다가 동민들에게 오히려 몰매를 맞고 도망하였는데, 도망간 포교들이 다시 다른 교졸들을 데리고 와서 동대문 일대의 동리주민들은 물론, 지나가던 훈련도감 군병들과 동대문 守門군병들까지 닥치는 대로 체포하여 포도대장 저택으로 끌고 갔다. 끌려간 동리주민들과 군병들은 모두 31명으로 4명은 맞아 죽고 나머지는 포도청 옥사에 갇혔다. 이 사건을 알게 된 훈련도감 군병들은 지휘자 卓琦桓을 선두로 수백 명이 일부 동민들과 함께 포도청을 습격하였다. 그들은 갇혀 있던 군병들과 주민들을 구출하고 시체를 꺼내는 한편 포도청 청사를 파괴하고 포교들을 구타하였다.[39]

앞의 두 사건은 국가재정의 위축으로 군병들에게 급료가 정상적으로 지급되지 못한 점이 원인이었고, 뒤의 사건은 포도청 관리들의 행패와 권력남용에 대한 저항으로 일어난 것이지만, 보다 넓게는 사회체제의 모순이 재정적·행정적 측면에서 나타났고, 이에 피해를 입고 있으면서 지배층과 갈등관계에 있던 군병들이 군대조직 하부의 연결망을 동원조직으로 이용하면서

37) 李瑄根,《韓國史－最近世篇》(乙酉文化社, 1961), 470쪽.
38)《承政院日記》, 고종 14년 8월 10·11일.
《高宗實錄》, 고종 14년 8월 10일.
39)《左捕廳謄錄》18책, 임오 3월 15일·17일.

공통된 적의 표출대상인 지배정권에 저항하는 운동을 전개했던 것이다.

간략히 검토한 네 유형의 사건은 제각기 그 전개구조와 동원조직, 지도자, 그리고 공격대상에서 차이를 보이면서도, 도시 하층민들이 지배층으로부터 당하는 각종 피해와 억압에 맞서 자신들의 요구를 집단적으로 표현하고 관철시키려 했던 저항운동이었다.

이상 살펴보았듯이 서울 하층민의 저항운동은 19세기 전 시기에 걸쳐 끊임없이 계속되어 오고 있던 농민들의 민란, 또는 농민전쟁과 함께 당시 진행되고 있었던 사회경제적 변동과정에 조응하여 새롭게 발전하던 도시 공간에서 발생한 사회적 모순을 뚜렷이 보여주고 있을 뿐만 아니라 중세사회 구조의 해체를 촉진하는 역할을 수행하고 있었다. 그리고 이러한 운동경험의 축적이 「임오군란」이라는 대규모 저항운동을 가능케 한 바탕이 되었다.

## 2) 임오군란의 전개과정

### (1) 운동의 발생과 확산

#### 가. 운동의 발생

일반적으로 都捧所사건과 6월 9일 및 10일 이틀에 걸친 봉기만을 「壬午軍亂」의 연구대상으로 삼아 자연발생적으로 일어난 운동으로 파악해 왔으며, 대원군정권의 성립 이후는 사후 처리과정으로만 설명해 왔다. 그러나 「임오군란」은 상당히 조직적이고 계획적인 준비과정을 거쳐 이루어졌으며, 도시 하층민들을 그들의 주요 사회조직인 향촌조직과 군대조직을 통하여 보다 조직적인 세력으로 규합하여 발전시켰던 대규모 사회운동이었다. 그리고 일본군과 청군이 들어와 이들과의 대항 속에서 결국 대원군정권이 무너지고 하급 군병을 포함한 도시 하층민세력이 진압당할 때까지 지속적으로 전개된 운동이었다.

도봉소사건이란 1882년 6월 5일 선혜청 창고 도봉소에서 무위영소속 옛훈련도감 군병들에게 급료를 지급하는 과정에서 일어난 조그만 충돌을 가리킨다. 경과를 간단히 정리해 보면, 당시 새로 창설되어 신식 훈련을 받는 별기군이 후한 대우와 높은 급료를 받는 것과는 대조적으로 낮은 수준에 머물러 있던 무위영소속 옛훈련도감 군병들의 급료가 13개월씩이나 밀려 있었는데, 마침 전라도 세곡이 서울에 도착하자 정부는 밀린 급료 가운데 1개월분을 지급하기로 결정했다. 5일 아침 군병들은 도봉소로 모여들어 급료로 쌀을 지급받았다.

그러나 그들이 지급받은 쌀에는 겨와 모래가 섞여 있었고, 양도 규정에 못 미치는 적은 것이었다. 군병들은 급료받기를 거절하였고 그대로 지급하려는 말단관리들—무위영 영관, 창고지기(庫直)—과 군병들 사이에 말다툼이 벌어져 마침내 군병들이 관리들을 구타하고 투석하는 사건이 일어난 것이다. 이 사건이 선혜청 당상 閔謙鎬에게 보고되고, 그는 즉시 훈련도감 군병들 가운데 金春永·柳卜萬·鄭義吉·姜命俊 등 4명을 주동자로 잡아들여 포도청에 가두었다.[40]

그 뒤 서울 하층민들 사이에서 잡혀간 군병 4명이 이미 혹독한 고문을 당했을 뿐만 아니라 곧 사형당할 것이라는 소문이 군병들은 물론 왕십리를 비롯한 각지의 하층민들에게 퍼져 나갔다.[41] 소문은 도시 하층민들의 관심을 도봉소사건에 집중시키고 그들 사이의 의사소통을 활발하게 만들어 잡혀간 군병들을 사형에 처하려는 정부의 통제방식이 부당하다는 인식을 갖게 함으로써 이미 악화되어 있으면서도 막연하고 잠재적이던 불만과 적대의식을 구체화시켜 간 것으로 생각된다.

점차 구체적인 형태로 바뀌어 가고 있던 잠재적 불만과 저항의식을 활성화시켜 선동하고 조직한 것은 왕십리에 거주하는 하급 군병들과 향촌책임자인 洞任·中任들이었다. 왕십리지역은 사대문밖 교외의 하층민들이 주로 정착하는 지역이었다. 이 곳에는 특히 훈련도감의 하급 군병들이 많이 살고 있었는데, 그들은 가족과 함께 다른 하층민들과 섞여 살면서 상업·수공업·농업 등의 다른 직업에도 종사하여 생계를 유지하고 있었다. 또한 왕십리는 서

40) 《承政院日記》, 고종 19년 6월 초5일.
金衡圭, 《靑又日錄》, 임오년 6월 초9일.
《推案及鞫案》 321책, 壬午大逆不道罪人長孫等鞫案(앞으로 〈長孫等鞫案〉으로 줄여 표기함), 임오 8월 22일.
41) 黃　玹, 《梅泉野錄》, 임오 6월 초9일.

울 근교의 상업적 농업 즉 야채재배업이 크게 발달하고 있었으므로 상업적 농업에 종사하는 소상품 생산자적 농민과 농업 고용노동자들이 거주하는 곳이기도 했다. 왕십리지역에는 여러 가지 직업에 종사하는 하층민들이 함께 거주하고 있었지만, 하급 군병들은 많은 수가 거주하였고 따라서 촌락공동체 내부에서 강력한 힘을 갖고 있었던 듯하다. 하급 군병이 마을의 중임(또는 行首)을 맡고 있던 것[42]은 이를 말해주는 것이다.

잡혀간 군병 4명 가운데 3명이 왕십리 거주자였고, 왕십리에는 그들의 형제, 또는 아버지가 함께 살고 있었으며 그들 또한 모두 군병이었다.[43] 이 같은 지역조건이 운동의 발생과정에서 중요한 역할을 하였다. 동원은 김춘영의 아버지 金長孫과 유복만의 동생 柳春萬이 모여 통문을 작성함으로써 시작되었다.[44] 하급 군병들 사이에서 나이가 많은 김장손이 통문을 작성하였고 東郊와 西郊의 군병들이 많이 거주하는 마을로 돌려졌다.[45]

통문의 내용이 어떤 것이었는지 구체적인 내용을 알려주는 자료는 보이지 않고 있다. 다만 대체로 도봉소사건으로 잡혀간 4명의 동료를 풀어 줄 것을 요구하기로 하고, 훈련도감 군병들에게 이를 위해서 9일 아침 동별영으로 집합하라는 내용이 들어 있다는 것만 알 수 있을 뿐이다.[46] 따라서 이 시기까지는 아직 본격적인 무장항쟁이 계획된 것은 아니었다고 보아야 할 것이다.

사료를 통해서 검토해 보면 통문은 김장손이 거주하는 동부 왕십리 新村에서 시작되어 왕십리 陽地村으로 보내졌고, 양지촌 중임을 맡고 있는 훈련도감 군병 文昌甲이 이웃집에 사는 군병 鄭雙吉을 시켜 통문을 서교로 전달하는 것으로 나타나 있고,[47] 泥浦里의 辛興萬・朴鳳文, 鷺尾亭洞의 朴興根

42) 〈長孫等鞫案〉 罪人文昌甲案.

43) 〈長孫等鞫案〉, 임오 8월 22일 罪人金長孫・罪人鄭義吉・罪人柳卜萬.

44) 通文은 도적집단, 보부상뿐만 아니라 일반 향촌주민들도 봉기를 일으킬 때 구체적인 내용과 행동계획을 알리는 문서로서, 조선 후기 민란의 준비단계에서 일반적으로 이용되어 왔다. '임오군란' 때의 通文은 주모자가 누구인지 알 수 없도록 여러 명이 沙鉢처럼 동그랗게 서명하는 '沙鉢通文'이었다(《承政院日記》, 고종 19년 8월 21일).

45) 〈長孫等鞫案〉 鄭雙吉案.

46) 위와 같음.

47) 〈長孫等鞫案〉 文昌甲案.

같은 군병들이 통문에 호응하여 동별영으로 모였다고 밝히고 있다.[48] 따라서 통문이 전파된 지역은 동부 왕십리지역의 신촌·양지촌을 비롯한 각 마을과 이포리·연미정동·沙斤節里 등 동교 각 지역과 서교의 여러 곳이라고 생각되는데 서교는 구체적으로 어느 지역인지는 밝혀져 있지 않다. 군병들이 집단거주하는 靑坡·梨泰院 등지로 볼 수 있다.

통문이 각 마을로 전달되면 마을의 행수, 또는 중임들이 이를 받아 보고 다른 마을로 넘긴 뒤, 마을사람들을 모아 놓고 통문의 내용을 전달하면서 동원체제를 정비한 것으로 보인다. 군병 成仁默의 공초에 보면, 그가 사는 왕십리 한 마을의 경우 8일 밤에 마을 洞領·所任들이 통문에 따라 동리사람들을 모아 놓고 도봉소사건으로 잡혀간 동료 4명을 구하기 위해 다음날 等訴하러 갈 것임을 말한 뒤 좇지 않는 자가 있어서는 안 된다고 강조했다.[49]

중임·동령·소임·행수 등으로 일컬어지는 자들은 마을단위의 행정책임자들이다. 이들은 한성부의 하위조직 담당자이기도 했지만, 동시에 촌락공동체의 지도자였으며 평민들 가운데서 선발 또는 차출되어 주민들의 의사를 대변하는 측면이 강했다. 이들이 동민들에게 구체적으로 어느 정도의 영향력을 갖고 있었는지 알 수 없지만, 위의 사료를 통해 볼 때 동임들에 의해 주민동원이 이루어졌을 것으로 보인다. 마을의 중임·행수 등이 주민들을 결집시키는 한편, 먼저 계획을 세우고 통문을 작성했던 군병들이 裵長春·성인묵 같은 하급 지휘관들과 서로 연락을 맺으며 군병집단의 지휘를 위한 준비를 하고 있었다.[50]

이에 대한 주민들의 호응은 매우 컸었다. "왕십리 동리에서 늙고 어린 것 할 것 없이 일제히 입성하였다"·"군총 여부에 상관없이 그 때 왕십리 一洞은 힘을 합쳐 함께 들어왔다"[51]고 한 데서 호응 정도를 알 수 있다. 물론 9일 아침 동별영에 모인 것은 대부분 훈련도감 군병들인데 거의 대부분 참가

48) 《推案及鞫案》 329책, 임진 不道罪人弘根等鞫案, 1892년 12월 罪人朴弘根案·罪人金興燁案·罪人辛興萬案·罪人朴鳳文案.

49) 《左右捕廳謄錄》 권 2, 병술 10월 25일 罪人成仁默供案.

50) 〈弘根等鞫案〉 罪人朴萬吉案·罪人鄭景石案.
《推案及鞫案》 327책, 丙戌謀反大逆不道罪人仁默等鞫案 병술 1월.

51) 〈長孫等鞫案〉 罪人洪千石案.

하고 있는 것으로 보인다. 騎摠·隊摠 이하 대부분의 하급 군병들이 모두 회합에 참가하고 있었다.[52]

나. 운동의 확산과정

동원 초기과정에서 향촌조직 책임자들과 군병의 하급 간부가 연합적으로 동원을 추진했지만, 실제로 9일 아침부터 운동의 실질적인 지휘는 군병의 하급 간부들이 담당하였다. 무위영소속 옛훈련도감 군병들은 동별영에 집결하여 김장손·김춘영·성인묵·배장춘과 같은 간부들의 지휘에 따라 움직이기 시작했다.[53]

이들은 먼저 집단 等訴를 했다. 일단 제도화되지 않은 통로이기는 하지만 비폭력적인 방식으로 문제를 해결하려는 것이었다. 가장 우선적으로 택한 대상은 자신들의 군 지휘책임자인 武衛大將 李景夏였다. 그들은 민겸호의 부당행위와 동료들의 구명을 호소했다. 하지만 실권이 없던 이경하는 민겸호에게 직접 호소하도록 유도하였다. 이에 군병들은 안국동에 있던 선혜청 당상 민겸호의 집으로 몰려갔다. 그러나 민겸호는 집에 없었고, 호소할 길을 잃은 그들은 때마침 만난 도봉소 고직이 민겸호 집안으로 피신하자 집에 난입하기에 이르렀다.

두 차례의 등소가 모두 실패로 돌아간 군병집단은 민겸호의 저택을 부수고 불질러 버린 뒤 등소라는 비폭력적 수단을 포기하고 무력행사에 돌입하게 되었다. 군병집단이 대원군을 찾아 운현궁에 갔지만, 이것은 등소 때문이었다기보다는 오히려 행동의 정당성을 대원군으로부터 확인하려는 목적 때문이었다고 생각된다. 권력을 잃고 게다가 지난해 쿠데타계획의 실패로 의기소침해 있던 대원군은 주동자인 김장손·유춘만 등과 면담하는 한편, 그의 심복인 許煜에게 군복을 입고 그들의 지휘그룹에 가담하도록 명령하였다. 대원군의 묵인을 얻은 군병들은 비로소 본격적인 무장봉기를 전개하게 되었다.[54]

52) 〈弘根等鞫案〉 罪人金興煒案.
53) 〈長孫等鞫案〉 罪人金長孫案·罪人鄭義吉案.
〈弘根等鞫案〉 罪人鄭萬吉案.
〈仁默等鞫案〉 罪人成仁默案.

군병들은 무력행동을 시작하기 전에 다시 동별영에 집결하여 창고를 열어 각종 무기를 꺼내 무장하고 어영청 新營의 무기고에서도 무기를 탈취해 무장을 강화하였다. 또한 그들은 무위영과 장어영의 다른 군병들에게 연락하는 한편 다음 단계의 행동계획을 세웠다.55)

정부에서는 처음에는 단순한 난동 정도로만 생각하다가 운동이 확산되어 가자 이경하를 보내 조사하고 회유하여 해산시키려고 했다. 이경하가 동별영을 찾아가 전교를 내보이며 설득하려 했으나 무위대장의 명령은 더 이상 효력이 없었다. 오히려 군병들은 그를 수행한—평소에 군병들에게 원한을 샀던—무위 집사 여러 명을 살해한 뒤, 이경하를 쫓아내고 말았다.56) 사태가 위급해지자 정부는 우선 책임자를 문책하는 의미에서 무위대장 이경하, 선혜청 당상 민겸호, 도봉소 당상 沈舜澤을 파직시키고, 무위대장 후임에 대원군의 장자 李載冕을 임명하여 민심을 수습하려 하는 한편57) 무력에 의해 진압할 방법을 찾고 있었다. 좌·우포도청에서 교졸을 동원하고 將臣들이 나와서 막으려 하였고58) 別破陣을 동원시켜 진압하자는 논의까지 있었다.59) 그러나 서울수비를 담당하는 주력부대인 훈련도감 군병들이 저항운동을 일으킨 상황에서 이들을 무력으로 진압할 만한 병력은 없었다. 지배층은 속수무책이었고 사태를 지켜 볼 수밖에 없었다.

오후에 마침내 군병들은 3대로 나뉘어 조직적인 행동을 개시했다. 이 때부터 영세상인, 수공업자를 비롯한 도시 하층민들이 총융청·금위영과 같은

54) 군병들이 대원군을 찾아간 것은 물론 그에게 문제의 해결을 요청한 것이지만 대원군은 군병집단이 공격할 방향을 제시해 주었다. 대원군이 군병에게 이야기했던 내용은 알려진 바 없지만, 그의 암시 또는 지시가 군병집단이 한층 조직적이고 분명한 방향으로 움직이도록 촉진한 것만은 사실이라고 생각된다(金正起, 〈大院君 납치와 反淸意識의 형성(1882~1894)〉, 《韓國史論》 19, 서울大 國史學科, 1988, 482쪽).

55) 필자미상, 《日記》, 임오 6월 초9일.
《承政院日記》, 고종 19년 6월 초10일.

56) 필자미상, 《日記》, 임오 6월 초9일.

57) 《承政院日記》, 고종 19년 6월 초9일.
《日省錄》, 고종 19년 6월 초9일.

58) 《承政院日記》, 고종 19년 6월 초9일.

59) 魚允中, 《從政年表》, 고종 19년 6월 초8일.

다른 군영의 군병들과 함께 대열에 참가하기 시작했다. 제1대는 鍾街를 휩쓸면서 포도청을 습격하여 갇혀 있던 김춘영·유복만·정의길·강명준 등을 구출해 내고 다른 죄수들을 풀어 준 뒤, 다시 의금부로 가서 옥문을 깨뜨리고 모든 죄수들을 풀어 놓고, 감금중인 척사유생 白樂寬을 구출하여 가마에 태우고 동별영으로 돌아왔다. 군병들이 그를 군중들 앞에 내세우고 지휘해 줄 것을 요구했으나 그는 끝내 응하지 않았다. 그들은 다시 강화유수 閔台鎬를 비롯한 민씨 척족정권의 중요 인물들과 개화파관료들의 집을 차례로 습격하고 파괴하는 한편, 민비가 제사지내던 서울 근교의 중요 사찰을 부수고 불지르는 행동을 밤늦게까지 계속했다.60)

제2대는 별기군이 신식 훈련을 받는 교련장소인 下都監으로 갔다. 하도감에는 별기군 400명이 대부분 귀가하여 없었고, 20여 명의 별기군과 별기군 책임자, 그리고 일본인 몇몇만이 남아 있었다. 하층민들은 영관 鄭龍燮을 죽이고 洋槍을 모두 부숴버리는 한편, 교련장에서 銅峴·屛門 쪽으로 도망가던 일본인 교련관 육군소위 호리모토(掘本禮造)를 쫓아갔다. 호리모토는 쫓아간 상인 孫順吉·孔致元과 교련소에서 잡일을 하던 尹順龍 등에게 맞아 죽었다.61)

시위대는 3시쯤 남대문 근처 노상에서 하도감으로부터 도망나와 일본공사관으로 가고 있던 육군어학생 岡內恪·池田平之進, 사비어학생 黑澤盛信 등 3명을 발견하자 구타해서 죽인 뒤, 이들을 구하러 달려온 일본공사관 외무순사 川上堅輔·池田爲善·本田親友 등 3명도 죽이고 말았다.62)

---

60) 《承政院日記》, 고종 19년 6월 초9일.
金衡圭, 《靑又日錄》, 임오 6월 초11일.
《推案及鞫案》 323책, 癸未罪人樂寬鞫案.
鄭　喬, 《大韓季年史》 권 1, 임오 하 6월.

61) 《左右捕廳謄錄》, 임오 7월 23일 罪人孫順吉供案·罪人孔致元供案, 7월 29일 罪兒尹順龍供案.
金正明 編, 《日韓外交資料集成》 권 7, 尹雄烈との面談, 136~137쪽.
宮武外骨, 《壬午鷄林事變》, 亡命者尹雄烈の談話(東京, 1932).
黃　玹, 《梅泉野錄》 권 1, 임오 6월 초9일.
魚允中, 《從政年表》, 고종 19년 6월 18일.

62) 金正明, 《日韓外交資料集成》 권 2, 朝鮮京城激徒暴動顚末記, 97~102쪽.
宮武外骨, 앞의 책, 24쪽.

제3대는 전임 선혜청 당상이며 지금은 경기도관찰사인 부정축재의 대표자 金輔鉉을 목표로 돈의문 밖에 있는 경기감영을 습격하였다.[63] 습격하러 가는 도중에 서대문 근처에 사는 민중들이 크게 합세하였다. 그러나 목표 인물인 김보현이 없었으므로 대신 감영을 파괴하고 무기고에서 각종 무기를 있는 대로 꺼내 일반 도시민들도 무장하였다.[64] 이들은 곧장 가까이 있는 일본공사관 淸水館으로 몰려갔다.

일본공사관에서는 이미 별기군 영관 尹雄烈로부터 봉기가 일어난 사실과 자위책을 강구하라는 통보를 받아 놓고 있었으며,[65] 남대문 근처에서 일본인 3명이 피습당했다는 연락을 받고 순사를 파견하였다.[66] 또 差備譯官 李承漢이 찾아와 공관원 모두 몸을 피할 것을 건의했다. 그러나 하나부사(花房義質) 공사는 만약 일이 생기면 반드시 조선정부가 구원병을 보내줄 것이라고 생각하고 경계만 엄중히 하고 있었다.[67]

하층민 시위대의 포위공격은 오후 5시쯤부터 시작되었다. 하층민들은 총과 활을 쏘면서 정문으로 밀고 가려고 했지만 일본인들의 총격으로 후퇴하였다. 시간이 흐르면서 군중들 가운데 운동에 합세하는 자들이 갈수록 늘어났고 취각을 불고 함성을 지르며 기세를 올렸다. 그들은 정문돌입이 어렵자 공사관 옆에 붙어 있는 민가에 불을 놓았다. 불은 判接官출장소로, 또 이어서 공사관 오른쪽의 차비관숙소로 옮겨 붙었다. 불이 인근집 4채를 태우고 공사관으로 옮겨 붙을 상황에 이르자, 하나부사공사는 정부의 지원이 있으리라는 기대를 포기하고 기밀문서를 소각하며 공사관에 불을 놓은 다음, 총을 쏘면서 정문을 돌파하여 탈출했다. 그들이 우수한 성능의 신식 총을 마구 쏘아대고 있어서 하층민은 이들을 추격할 수가 없었다.[68]

---

63) 《承政院日記》, 고종 19년 6월 초9일.
《日省錄》, 고종 19년 6월 초9일.

64) 보기를 들면, 冷洞에 사는 수공업자 安興俊은 같은 동네사람 黃京順과 함께 경기감영을 파괴하고 총을 들고 나와 일본공사관 공격에 참여하고 있었다(《左右捕廳謄錄》, 임오 7월 24일 罪人安興俊供案).

65) 宮武外骨, 앞의 책, 118쪽.

66) 金正明, 앞의 책, 권 2.
앞서 밝힌 대로, 3명의 일인은 물론 파견된 순사들까지 모두 피살되었다.

67) 金正明, 위의 책, 97쪽.

공사관을 탈출한 일본인들은 구원을 청하려고 경기감영으로 갔으나, 이미 공격을 받아 파괴되어 있었다. 그들은 다시 대궐로 들어가 보호를 요청하려고 남대문에 이르렀으나 문이 굳게 닫혀 열리지 않았다. 결국 그들은 양화진을 거쳐 인천으로 달아나고 말았다.[69]

일본공사관이 모두 불타고 공격이 끝나자 다른 하층민들은 일단 귀가했지만 하급 군병들은 다시 동별영으로 집결하였다. 그들은 동별영에서 밤을 지새며 다음날의 행동계획을 짰고, 유춘만은 왕십리로 돌아가 각 마을주민들이 다음날 아침 모두 입성하도록 전달하였다.[70]

10일 아침 동별영에서 밤을 지낸 하급 간부들과 군병집단은 왕십리를 비롯한 사대문밖 교외지역에서 쏟아져 들어온 자들 및 성내에 거주하는 자들과 합세하여 대규모 세력을 형성해서 전날보다 훨씬 강력해진 힘으로 조직적 활동을 개시했다.[71]

이 날 저항운동의 주요 공격목표는 민씨 척족정권의 최고 권력자이며 상징적 존재인 민비였다. 하층민세력은 먼저 興仁君 李最應의 집을 습격하여 그를 살해하고, 노상에서 閔昌植을 살해한 뒤 창덕궁 돈의문으로 몰려갔다.[72] 대궐 안으로 쏟아져 들어간 반란군민들은 민겸호·李憲 등의 대신과 李敏禮를 비롯한 많은 내시들을 죽였다.[73] 김보현은 대궐로 급히 들어오다가 禁川橋 위에서 군병 金興燁의 도리깨에 맞아 죽었다.[74]

국왕 고종은 사태가 이미 돌이킬 수 없는 단계임을 알고 대원군의 입시를 명령한 뒤 곧 別殿으로 피난했고,[75] 민비는 무예별감 洪在羲의 도움을 빌어 대궐 밖으로 피해서 尹泰駿의 집으로 숨었으며 반란이 수그러진 때를 틈타

---

68) 金正明, 위의 책, 97~102쪽·106~114쪽.
宮武外骨, 앞의 책, 24쪽.
黃 玹,《梅泉野錄》, 임오 6월 초9일.
69) 金正明, 위와 같음.
70) 金正明, 위의 책, 141~142쪽.
71) 〈弘根等鞫案〉 罪人金興燁案.
72) 필자미상,《日記》, 임오 6월 초10일.
黃 玹,《梅泉野錄》, 임오 6월 초10일.
73) 필자미상,《日記》, 임오 6월 초10일.
74) 〈弘根等鞫案〉, 罪人金興燁案.
75) 黃 玹,《梅泉野錄》, 임오 6월 초10일.

충청도 충주목 閔應植 鄕弟로 옮겼다. 하층민들은 민비를 찾으려고 계속해서 사방을 수색하였고 대궐 안은 계속 소용돌이에 휘말려 있었다.[76]

한편 이 날 아침 정의길 등이 수백 명의 군병을 이끌고 일본공사관원들을 뒤쫓아 인천으로 갔다. 일본인들은 인천부에서 휴식을 취하면서 도망갈 배를 마련하고 있었는데, 인천에 도착한 경군이 인천부의 군병들과 합세하여 이들을 공격하였다. 격렬한 싸움 끝에 일본인들은 6명이 죽고 5명이 부상을 당한 채 도망하다가 마침 정박중이던 영국선박에 구조되어 일본으로 떠났다. 이 싸움에는 인천에 거주하는 농민들도 참여하였으며 일본인들은 공사관에서보다 훨씬 큰 인명 피해를 입었다.[77]

### (2) 정치적 차원에서의 운동의 실현

앞에서 검토하였듯이 저항운동이 서울 시내 전역은 물론 왕궁까지 휩쓸었고 더 이상 무력과 기존 정치세력집단에 의한 통제가 불가능한 상황까지 발전하였다. 이에 고종은 대원군의 집권을 승인할 수밖에 없었다. "지금부터 크고 작은 모든 일은 대원군이 품결한다"는 왕명이 내려짐으로써 대원군은 사실상 정권을 장악하게 되었다.[78] 대원군은 집권하자마자 운동에 참가하고 있던 군병을 비롯한 도시 하층민들을 무마하기 위하여 그들의 요구를 반영하는 1단계 정책을 내놓았다. 고종의 自責敎旨를 반포하여 운동에 정당성을 부여하는 한편,[79] 통리기무아문을 폐지하여 三軍府로 바꾸며, 신식 군대인 별기군을 폐지하고 2영을 다시 5영으로 복구시킴으로써 민씨 척족정권이 추진한 개화정책을 백지화시킨 것이다.[80]

---

76) 黃 玹, 위와 같음.
鄭 喬,《大韓季年史》권 1, 하6월 초10일.
金衡圭,《靑又日錄》, 임오 6월 초10일.

77) 필자미상,《日記》, 임오 6월 11일.
金正明, 앞의 책, 141~142쪽.
宮武外骨, 앞의 책, 24쪽.
《左右捕廳謄錄》권 1, 임오 9월 27일 罪人朴昌卜供案 · 30일 仁川座首鄭學霖供案.

78)《左右捕廳謄錄》권 1, 위와 같음.
金衡圭,《靑又日錄》, 임오 6월 초10일.
《政治日記》권 14, 임오 14년 6월 초10일.

79) 金衡圭, 위와 같음.

대원군이 이러한 내용을 알리고 동시에 급료의 정상적인 지급을 약속하자 운동은 점차 가라앉았다. 그러나 민씨 척족정권의 핵심인물인 민비를 살해할 목적으로 궁궐에 침입했던 군병을 비롯한 하층민들이 민비를 찾아내 처단할 것을 계속 주장하며 왕궁에서 물러갈 것을 거부하였다. 결국 대원군은 민비의 國喪을 선포하였고, 비로소 이틀에 걸친 대규모의 운동을 가라앉힐 수 있었다.[81]

민중들의 힘에 의해서 민씨 척족정권이 무너지고 대원군 2차정권이 성립되었다는 사실은 한말의 사회변동과정에서 매우 중요한 의미를 지닌 것이다. 민중들의 힘을 기반으로 대원군정권이 들어섬으로써 이들의 사회변혁의 요구가 정당성을 획득하고, 정치적인 차원에서 실현될 기회를 얻은 것이다. 대원군 2차정권은 6월 10일부터 청군에 의해 납치당한 7월 13일까지 33일간 지속되었는데, 대원군정권이 지속될 수 있었던 것은 군병들의 실질적인 힘의 장악과 도시 하층민들의 전폭적인 지지기반 때문이었다.

운동이 일단 가라앉으면서 일반 하층민들은 모두 흩어졌지만 군병들은 흩어지지 않고 있었다. 군병들은 자신들이 지녔던 무기는 물론 무기고에 남아 있던 무기들까지도 모두 탈취해 내어 무장하면서 사대문과 성안 곳곳을 경비하고 서울의 치안을 장악하였다.[82] 군병들이 쉽게 흩어지지 않고 계속 활동할 수 있었던 것은 그들이 군조직체계에 의해 결합되어 있었기 때문이었다. 물론 그들은 모두 하급 군병들이었으므로 일관된 상하관계와 지휘체계에 의해 하나로 결합된 것은 아니었고, 영향력 있는 하급 간부들의 지휘에 따라 분산적으로 결합된 연합적인 형태였다. 군병들은 소규모 부대로 나뉘어 활동하면서 도성경비를 담당하는 한편 민씨 척족세력과 개화파, 중인 부호 등에 대한 보복을 계속하였다.

군병들은 서울의 곳곳을 경비하면서 민씨 관련인물과 개화파의 색출작업

---

80) 위와 같음.

81) 위와 같음.

82) 《承政院日記》, 고종 19년 6월 11일.
金衡圭, 《靑又日錄》, 고종 19년 6월 24일.
또한 尹雄烈이 10일 저녁 도망갈 때 이미 사대문은 군병들이 경비하면서 도망자를 잡으려고 기찰하고 있었다고 한다(金正明, 앞의 책, 권 7).

을 벌여 “일본인에게 친한 자와 개화에 뜻을 두었다고 알려진 자들을 체포하고, 옥에 가두거나 죽이는 일이 빈번히 일어나고 있었으며”[83] 그리고 “군병들이 정동으로 가서 이미 살해된 민씨 척족대신 閔致庠의 집을 부수고, 倭別技에 소속된 자, 또는 나라에 유명한 무당과 박수의 집 등을 부수지 않음이 없었으며” 중인 부호가를 70여 채나 부수는 등의 행동을 계속하고 있었다.[84] 또한 민비의 국상으로 설치된 望哭處所에 분향하려고 나선 양반관료들을 군병들이 길 위에서 가로막고 붙잡아 봉욕을 주며 가마를 부수고 있었기 때문에 곡하러 가는 양반관료들도 찾아보기 어려웠다.[85] 양반지배층과 부호들은 계속되는 보복과 폭력행사로 두려움에 떨고 있었으며 몰래 시골로 도망가는 자들이 줄을 이었다.

이 때 보부상집단이 서울로 쳐들어온다는 소문이 퍼져서 대원군은 하층민들에게 무기를 모두 풀어 주어 군병들과 함께 도성을 방비하도록 했고, 도시하층민들은 무기를 들고 도성을 수비하였으나 그것은 소문임이 밝혀졌다.[86]

이미 민영익·윤웅렬을 비롯한 민씨 척족세력과 개화파 부호들의 상당수가 서울 사대문을 빠져나가 도망하였으므로 대원군은 전국적으로 수색령을 내렸다. 중요 인물의 容貌把記를 전국에 띠우는 동시에 포도청 포교들을 파견하였다. 그리고 비밀리에 어사를 전국 8도에 내려보내 피난간 자들을 조사시켰다.[87] 한편 군병들은 서울 시내 각처에서 도망간 자들의 가산을 모두 찾

83) 金正明, 위의 책(권 2), 梅津中尉聽取朴永圭情報, 141쪽.

84) 金衡圭, 《靑又日錄》, 고종 19년 6월 11일.
鄭 喬, 《大韓季年史》, 고종 19년 7월.

85) 필자미상, 《日記》, 임오 6월 11일.

86) 보부상침입설에 관한 기록은 각종 사료에 나타나 있다.
朴周大, 《羅巖隨錄》, 고종 19년 6월 12일.
金衡圭, 《靑又日錄》, 임오 6월 12일.
필자미상, 《日記》, 임오 6월 12일·13일.
보부상과 승도들이 도성으로 쳐들어온다는 소문은 비록 헛소문으로 그쳤지만, 중요한 것은 대원군과 도시주민들이 이 소문을 사실로 받아들였으며, 이 때문에 도시주민들이 도망가느라고 일대 혼란에 빠졌고, 다른 한편 침입에 대비해 방어준비를 지시했다는 점이다. 여기서 대원군, 도시 하층민(군병 포함), 그리고 보부상과 민씨 척족정권 각각의 이해관계의 일면을 엿볼 수 있을 것이다. 이 점에 관한 좀더 상세한 검토가 필요하다.

87) 金衡圭, 《靑又日錄》, 고종 19년 6월 24일.

아내고 있었고, 성밖으로 나아가 도망간 자들의 색출작업을 펴면서 곳곳에서 보부상의 왕래를 금지시키고 근교의 유명한 사찰들을 파괴하고 다녔다.[88] 하층민의 대규모 운동과 정권이 바뀐 소식은 이미 전국적으로 알려져 그 여파를 미치고 있었다. 전국 각처에서 土匪들이 봉기하고 있었던 것은 그 한 표현이었다.[89]

이러한 분위기 속에서 대원군은 정권수립에 따른 많은 문제에 부딪치면서 민중들의 사회개혁의 요구를 반영하는 개혁안을 내놓고 있었다. 군병을 포함한 도시 하층민들의 지지를 받으며 성립되었지만, 대원군정권은 결코 이들의 요구를 충분히 받아들여 개혁을 수행할 수 있는 정권은 못되었다. 대원군정권은 어디까지나 지배층의 입장에서 왕권을 강화함으로써 봉건적인 사회체제를 회복 강화하려는 정권이었다.[90] 그럼에도 불구하고 민중들이 대원군정권의 수립을 바랐던 이유는 무엇일까. 그것은 다음과 같이 생각해 볼 수 있다.

첫째, 대원군정권은 민씨 척족세력과는 달리 양반귀족관료·대지주·특권상인세력을 견제하면서 도시 하층민을 포함한 민중들의 요구를 상당한 수준까지는 수용할 수 있는 입장에 있었다는 점이다. 1차 집권시기에 대원군정권이 실시했던 여러 개혁의 내용은 현 지배층의 이익을 일정하게 줄이고 도시 하층민과 농민들의 경제적 부담을 감소시킴으로써 사회체제를 안정시키고 왕권강화를 꾀한 것이었다.

둘째, 대원군에 대한 민중들의 기대가 실체보다 훨씬 컸다는 점이다. 1차 대원군 집권시기 동안 민중들에게 부각되었던 대원군의 이미지는 대원군이

---

金正明, 앞의 책(권 7), 135~140쪽.

88) 필자미상, 《日記》, 임오 6월 22일.

89) 필자미상, 《日記》, 임오 6월 29일.

90) 대원군정권에 대한 평가는 관점에 따라 상당히 큰 차이를 보이고 있다. 이 글에서는 잠정적으로 일정한 한계가 있지만 개혁적인 입장으로 파악해야 한다는 아래와 같은 글들의 견해를 받아들이기로 한다.

金容燮, 〈韓末日帝下의 地主制－事例1 : 江華金氏家의 秋收記를 통해서 본 地主經營〉(《東亞文化》 11, 1972).

———, 〈朝鮮後期 軍役制 釐正의 推移와 戶布法〉(《省谷論叢》 13, 1982).

梶村秀樹, 〈朝鮮近代史若干の問題〉(《歷史學硏究》 288, 1964).

藤間生大, 《近代東アジア世界の形成》(東京 ; 春秋社, 1977).

민중들의 요구를 해결해 줄 수 있는 정도를 훨씬 넘어선 형태로 남아 있었으며, 민씨 척족세력이 일본세력을 끌어들이며 실시한 개화정책과 경제의 혼란은 쇄국정책을 고수했던 대원군의 이미지를 한층 이상적인 형태로 높여 주고 있었다.

셋째 이유는 도시 하층민들의 정치의식의 한계에 있었다. 그들은 민씨 척족정권을 무너뜨렸으면서도 새로운 권력관계의 창출로 나아가지 못하고 기존 세력관계의 틀 안에 있던 대원군세력에 자신들의 요구의 실현을 기대하였다. 그들의 정치의식은 아직 자신들의 요구를 명확히 제시하고 정치적 차원에서 실현시킬 수 있는 세력집단을 형성시키지 못하고 있었으며, 이들의 요구를 대변하여 이데올로기적 차원에서 정리하고 세련화시키는 지식인들의 영향력도 거의 찾아볼 수 없었다.

이러한 세 가지 이유로 민중들은 대원군정권이 적어도 일본을 포함한 자본주의세력을 막아 줄 수 있을 것이며, 동시에 일본세력을 끌어들이고 민중을 외면한 민씨 척족정권과 개화파·대지주·특권상인세력을 누르고 민중적인 방향으로 내정을 개혁해 줄 수 있으리라 기대했던 것이다.

대원군정권은 정권수립에 따른 많은 문제에 부딪치면서 계속 어려움을 겪고 있었다. 대원군은 민비의 국상을 예정대로 진행시키기 위해 國葬都監·殯殿都監·山陵都監 등을 설치하여 장례절차를 강행하고 있었는데, 대부분의 대신들이 민비의 시체가 없는 가운데 장례 치르는 것을 반대하거나 신중론을 폄으로써 장례절차가 지연되고 있었다.[91)]

또한 대원군은 신정권을 수립하면서 민씨 척족세력을 제거하고 자신의 세력을 확보하는 인사를 단행하였다. 그러나 고종 친정 10년간 대원군세력이 철저하게 제거당한 결과 신정권에 적극 참여할 수 있는 인적 자원이 크게 부족하였다. 대원군이 우선 등용한 인물은 남인계열에 속하는 노정치가들이 대부분이었으며, 그들 가운데는 임명을 받고도 관직에 나아가지 않은 자들도 있었다. 때문에 대원군은 친대원군계열의 정객들을 확보하기 위하여 투옥되었거나 정배당한 죄수들을 석방시키는 비상수단을 썼다. 그러나 이들 석방된

---

91) 權錫奉, 〈壬午軍變〉(《한국사》 16, 국사편찬위원회, 1975), 405~406쪽.

인물들은 대부분 대원군정권에 참여하지 못하였다. 집권기간이 한달 남짓한 짧은 기간이었기 때문이다.[92] 사실상 대원군이 정치적 기반을 다지고 개혁을 추진하기에는 이미 그의 세력이 지나치게 약화되어 있었으며, 재정비하기에는 상당한 기간이 필요했던 것이다.

대원군정권이 제시한 몇 가지 개혁안은 대체로 민씨 척족정권이 개화정책으로 추진했던 것들을 이전의 상태로 복귀시키고 각종 제도적 모순, 즉 부차적인 모순을 해결함으로써 민중들의 요구를 충족시키기 위해 내놓은 것이었다. 몇 가지 보기를 들면 ① 군병급료의 정상적인 지급, ② 과다 징수한 세금을 국가에 미납한 10읍 수령체포, ③ 鑄錢의 금지, ④ 각종 都賈금지, ⑤ 辛甘菜와 海紅菜진상을 비롯한 잡세금지 등이었다.[93] 이러한 정책은 대원군 1차 집권 당시의 정책노선과 기본적으로 같은 것으로서 아직 새로운 방향에서의 개혁안은 제시되지 않고 있었다.

### (3) 외세의 개입과 운동의 좌절

임오군란을 계기로 일본과 청국은 각각 군대를 파견하였으며 무력을 바탕으로 조선사회에서 자신들의 영향력을 극대화시키기 위해 각축을 벌었다.[94]

하나부사공사가 살아 남은 공사관원들과 함께 영국 배로 나가사키(長崎)에 도착한 날은 6월 15일이었다. 그는 도착하자마자 외무성에 군란의 발생을 전신으로 보고하였다. 아울러 부산과 원산도 위험에 처해 있으니, 곧바로 군함을 파견하여 거류민을 보호하고 서울의 상황을 함께 탐지할 것이며, 앞으로 조선정부와의 교섭을 위해서는 강력한 병력시위가 필요하다는 의견을 덧붙

92) 《日省錄》, 고종 19년 6월 10·11·14·15일.
權錫奉, 위의 글, 406~407쪽.

93) 《日省錄》, 고종 19년 6월 10·11일.
金衡圭, 《靑又日錄》, 임오 6월 26일.
보다 상세한 내용은 金正起, 앞의 글, 482쪽.

94) 일본과 청국이 군대를 파견한 동기와 과정에 대해서는 이미 아래와 같은 상세한 연구가 나와 있다.
田保橋潔, 《近代日鮮關係の硏究》 상(朝鮮總督府 中樞院, 1940).
申國柱, 《近代朝鮮外交史》(探求堂, 1965).
權錫奉, 《淸末 對朝鮮政策史硏究》(一潮閣, 1986).

였다.95)

전보를 받은 외무경 이노우에(井上馨)는 16일 긴급내각회의를 소집하였다. 각의에서는 밤늦게까지 대책이 논의되었지만, 즉시 개전을 주장하는 강경론과 교섭에 의한 처리를 우선하자는 온건론이 맞서 쉽게 결론을 내릴 수 없었다. 17일 아침부터 계속된 회의에서도 결론이 내려지지 않자 천황은 외무대신의 온건론을 받아들이겠다고 결정하였다. 그 내용은 조선에 사죄와 배상을 요구하여 전권위원으로 하나부사공사를 파견하되 군대가 호위하고, 외무경이 시모노세키(下關)에서 직접 지휘하면서 세부사항을 판단 결정하고 부산과 원산거류민을 보호하기 위해 군함을 즉각 파견한다는 것이었다. 이러한 일본각의의 결정은 육해군의 무력시위를 배경으로 삼아 조선정부로부터 사죄와 배상을 받아 내려는 것이었다. 이에 따라 각의는 외교담판은 공사에게, 군사상의 일은 군지휘관에게 맡겨 함께 파견하고, 총지휘를 외무경이 맡도록 결정하였다.96)

이노우에의 지시에 따라 외무성 서기관 곤도(近藤眞鋤)가 먼저 군함 2척에 해병대 150명과 함께 선발대로 6월 22일 제물포로 파견되었다. 그 뒤 24일 직접 시모노세키로 온 이노우에가 하나부사와 면담한 다음, 앞으로의 협상 및 행동지침과 함께 출발명령을 내렸다.97) 하나부사공사의 지휘로 군함 4척,

---

95) 金正明 編,《日韓外交資料集成》2, 電信 : 京城暴動事變情報ノ件, 朝鮮國駐劄花房辨理公使ヨリ井上外務卿宛, 93~94쪽.
田保橋潔, 위의 책, 788쪽.

96) 田保橋潔, 위의 책, 788~789쪽.
李光麟,《韓國史講座》V 近代篇(一潮閣, 1981).

97) 이 때 내려진 명령은 다음과 같다. ① 朝鮮政府는 태만에 대한 책임을 지고 우리 나라에 문서로 사죄의사를 표시함과 아울러 다음 사항을 이행할 것, ② 우리의 요구를 받은 이후 15일 이내에 凶徒의 徒黨을 나포하여 우리 정부가 만족할 만한 엄중한 처분을 할 것, ③ 遭難者를 위하여 응분의 贍卹하도록 할 것, ④ 조약위반 및 출병준비에 따른 비용을 배상할 것, 배상액은 우리측 준비의 實費에 준할 것, ⑤ 장래의 보장으로 朝鮮政府는 향후 5년간 서울주재 日本公使館을 수호하기 위하여 충분한 병력을 준비할 것, ⑥ 우리 商民을 위하여 安邊을 개항장으로 할 것 등 6개 항목이었으며, 이 밖에 협상에 따라서 최대한으로 다음 3개의 요구를 추가하고 있었다. ⑦ 만일 조선정부가 중대한 과실을 범한 사실이 있으면, 巨濟島나 松島(鬱陵島)를 日本에 양여하여 사죄의 뜻을 표할 것, ⑧ 만일 朝鮮政府의 요인 중에 폭도를 비호하는 자가 있으면

수송선 3척, 그리고 1개 대대병력 약 1,500명이 6월 29일 제물포로 들어왔다. 이 배에는 일본을 방문하고 귀국하던 김옥균과 서광범이 동승하였다.

한편 청국은 조선에서 봉기가 발생했다는 소식을 6월 18일 주일공사관의 통지를 받고 알게 되었다. 일본 외무성의 연락을 받은 주일공사 黎庶昌은 사실과 함께 일본정부가 군함을 조선에 파견하기로 결정했으니 중국도 군함을 파견해 사태를 지켜 볼 필요가 있다고 전보로 건의하였다.[98] 李鴻章이 모친상으로 잠시 자리를 비웠기 때문에 대리로 직책을 수행하던 署理北洋大臣兼直隷總督 張樹成은 곧바로 총리아문에 보고하는 한편, 天津海關道 周馥에게 명령을 내려 당시 천진에 머물고 있던 영선사 김윤식과 문의관 어윤중을 만나 사태를 알리고 조선사정에 대한 정보를 얻도록 했다.

주복은 김윤식과 어윤중을 만나 필담을 나누었다. 이들은 처음에는 봉기가 일어났다는 소식을 전해 듣고는 매우 놀라고 당황하였다. 그러나 사태를 파악하고는 하급 군병이 중심이 된 봉기의 배후에는 대원군이 있을 것이라고 설명했으며, 중국이 군대를 파견하여 국왕을 보호하고 난을 진압해 달라고 요청하였다.[99]

중국정부는 일본이 군대를 파견했다는 소식을 접하고, 琉球를 점령했듯이 조선을 무력으로 점령할 가능성이 있다는 생각에 크게 긴장했다. 그러나 아직 대규모 군대의 파병을 쉽게 결정할 단계가 아니라고 판단하고, 실상을 정확하게 파악하여 일본측의 행동을 감시하기 위해 먼저 선발대를 파견하기로 했다. 이에 따라 북양함대 제독 丁汝昌이 馬建忠과 함께 군함 3척을 이끌고 6월 22일 천진을 떠나 27일 제물포로 들어왔다. 이 때 어윤중은 이 부대와 함께 돌아왔다.

정여창은 먼저 어윤중을 보내 정보를 수집하도록 하는 한편, 이미 선발대로 와 있던 일본 외무성 서기관 곤도의 방문을 받고 의견을 청취하였다. 어

---

朝鮮政府는 곧 그 자를 면직하여 상당한 처분을 하도록 할 것, ⑨ 조선의 정세가 위중할 경우, 배상처분을 강행하는 것은 臨機에 적절히 처리할 것.

98) 權錫奉, 앞의 책(1986), 190~191쪽.
田保橋潔, 앞의 책, 830~831쪽.
彭澤周, 《明治初期日韓淸關係の硏究》(東京 ; 塙書房, 1969), 186~187쪽.

99) 權錫奉, 위의 책, 6장 大院君의 被囚.

윤중은 대원군이 주모자이며 하루빨리 난을 진압해야 한다는 내용과, 이를 위해 본격적으로 군대를 파견하여 수도를 점령하고 주모자를 체포해야 한다는 의견서를 제출했다. 마건충 역시 정세를 관찰한 결과 사태가 생각보다 심각하므로 청국이 우세한 병력을 동원하여 주모자를 체포하고 반란세력을 진압해야 한다는 의견을 내놓았다. 사태를 파악한 정여창은 곧바로 천진으로 돌아왔다.[100]

선발대를 파견한 직후 청국정부는 파병원칙을 결정해 이미 24일 황제의 재가를 받았다. 그리고 25일 주일공사로부터 '왕비와 대신 13명이 살해당했고, 대원군이 정권을 잡고 있다'는 내용의 전문을 받자, 육군을 파견하기로 하고 廣東水師提督 吳長慶을 책임자로 임명해 淮軍 6營을 거느리고 출동하도록 명령을 내렸다. 이 때 중국정부는 난의 진압을 위해 우선적으로 대원군을 체포하기로 방침을 정하였다.

7월 4일 출발한 오장경이 지휘하는 3,000명의 군대는 7일 제물포에 정박중이던 일본군을 피해 남양만 마산포에 도착하였다. 김윤식은 청국군의 향도관이라는 직책을 갖고 이 부대와 함께 들어왔다. 그는 어윤중과 공동으로 국왕에게 그 동안의 경과를 장계로 보고하였다.[101] 오장경은 대기중이던 마건충으로부터 그 동안 수집한 정보를 제공받았다.

하나부사공사는 인천에 머물면서 그 곳에서 사망한 일본인의 시체를 수습하면서 이미 도착해 있던 청군의 마건충과 의견을 교환하였다. 7월 2일 그는 1개 중대의 호위병력을 이끌고 서울로 들어와 泥峴에 진을 친 뒤, 후속부대의 도착을 기다려 7일 수행원과 함께 창덕궁으로 들어가 고종 앞에 일본측의 요구를 적은 책자를 제시하였다. 일본측의 요구는 주모자 처벌, 피해보상, 개항 및 통상의 확대, 병력주둔을 비롯한 8개 조항이었다.[102] 그는 회답 기

---

100) 申基碩, 〈淸韓從屬關係－壬午軍亂을 前後한－〉(《亞細亞硏究》 2－1, 1959), 20~21쪽.

101) 魚允中, 《從政年表》 권 3, 고종 19년 7월 초8일, 137쪽.
李光麟, 앞의 책, 150~152쪽.

102) 金衡圭, 《靑又日錄》, 임오 7월 초8일조에 보면 8개항의 요구조건은 다음과 같다.
一. 今十五日內 捕獲凶徒巨魁及其黨與 從重懲辦事.
二. 渠漢遭害者 優禮瘞葬 以厚其終事.
三. 撥支五萬圓 給與遺族並受傷者 以加禮卹事.

일을 3일로 정하고 회답에 따라 국교를 계속할 것인지 아니면 단절할 것인지를 결정하겠다는 고압적인 태도를 취했다. 이러한 태도는 무력을 배경으로 하는 동시에 조선정부에 생각할 여유를 주지 않고 압박함으로써 회담을 유리하게 이끌려는 데서 나온 것이었다.

이와 같은 일본측 요구내용이 알려지자 민심이 크게 동요하고 반일감정이 고조되었으며, 정부에서는 중요 대신들이 격분하였고 일본과 무력으로 맞설 것을 주장하는 강경론이 대두되었다. 대원군은 이러한 여론을 배경으로 일본측의 요구가 적힌 책자를 되돌려 보내고 무력으로 대항할 강경방침을 세워 군대동원에 착수하면서 마산포에 상륙중인 청국군에게 일본군을 견제해 줄 것을 요청하였다.

일본군은 자신들의 요구가 받아들여지지 않자 일단 제물포로 돌아가 무력에 의해 해결하기 위한 준비를 시작하였다.[103] 원래 그들의 지시사항에는 요구가 받아들여지지 않아 철수할 때는 일단 무력으로 제물포를 점령한 다음 외무경의 지시를 받도록 되어 있었다. 그러나 이미 청군이 함께 파견되어 있는 상황에서 무력점령이 자칫 심각한 충돌로까지 번질 우려가 있었기 때문에 하나부사공사는 어쩔 수 없이 함선으로 돌아가 있게 되었다.

청군은 10일과 12일 오장경·정여창 등이 병력을 이끌고 서울로 들어왔다. 일본군에 이어 청군이 서울로 들어오면서 서울 도성 안에는 청군이 들어와 도성을 모두 함몰시킨다는 소문이 퍼졌고, 많은 도성민들이 크게 혼란에 빠져 사대부가는 물론 일반 하층민까지도 가족을 이끌고 성을 빠져 나가 피란하고 있었고, 군병들은 청군들의 동태를 주시하고 있었다.[104]

서울에 들어온 청군은 대원군정권과 일본측과의 중재를 위해 노력하는 듯한 태도를 취하면서 7월 13일 진압의 1단계 조치를 취했다. 대원군을 청국으

---

四. 凡因凶徒暴擧 日本國所受損害及準備出兵等 一切需費 照數賠償事.
五. 擴元山釜山仁川各港間里程 爲方百里朝鮮里法 新以楊花鎭爲開市場 咸興大邱等處爲往來通商事.
六. 任聽日本國公使領事官及隨員眷從等 遊歷門地各處事.
七. 自今五年間 置日本陸軍兵一大隊八百名 以護衛日本公使館事.
八. 但設置修繕兵營 朝鮮政府任之事.

103) 田保橋潔, 앞의 책, 808~811쪽.
104) 金衡圭, 《靑又日錄》, 임오 7월 초2일.

로 납치해 간 것이다.[105] 군병들을 포함한 도시 하층민들의 기반 위에 세워진 대원군정권은 아직 뚜렷한 체계를 잡지 못했고 불안정한 상태에 있었다. 따라서 대원군의 납치는 대원군정권의 사실상의 붕괴를 의미하는 것이었다.

대원군 납치를 성공시킨 청국은 2단계 조치로 밤 사이에 궁궐 안팎은 물론 사대문을 수비하던 조선의 군병들을 몰아내고 서울 시내의 치안을 장악하였다.[106] 주한청국대표 원세개는 일단의 청군을 이끌고 궁궐을 장악하였고, 오장경은 3,000여 명의 청군을 서울 각처에 배치하였다. 그리고 다음날 아침 대원군 납치사건을 합리화시키면서 민중의 소요를 엄금한다는 포고문을 발표하였다.[107]

임오군란을 일으켜 일단 성공시켰고 자신들의 요구가 정치적 차원에서 실현되는 과정을 기대하며 지켜 보던 군병을 포함한 도시 하층민들의 입장에서 볼 때, 청군에 의한 대원군의 납치는 자신들의 요구가 청군에 의해 좌절되는 것을 의미하였다. 서울의 하층민, 그 가운데서도 특히 군병들은 곧 무기를 들고 곳곳에서 청군과 충돌하여 소규모 전투를 전개하였다. 도시 하층민의 강력한 저항으로 청군이 한때 위기에 몰리기도 했다. 이에 청군은 포고문을 다시 발표하면서 탄압을 강화하였다. 군병을 중심으로 전개된 하층민 저항은 며칠간 계속되었지만 결국 우세한 화력을 보유한 청군에 의해서 거의 진압되고 말았다.[108]

청군은 대원군정권과 정권성립의 기반이 된 도시 하층민세력의 저항을 약화시키는데 성공한 다음, 이들은 좀더 철저한 진압을 시작하였다. 청군은 조선군의 책임자이며 대원군 추종장자인 이재면을 남별궁에 억류하고, 이경하·신정희를 비롯한 대원군 추종세력을 체포, 투옥함으로써 대원군정권을 붕괴시켰다.[109]

---

105) 黃　玹,《梅泉野錄》, 임오 7월 13일.
金允植,《陰晴史》하, 고종 19년 7월 10일.
대원군 납치에 관한 상세한 내용은 權錫奉, 앞의 책에서 검토하고 있다.

106) 鄭　喬,《大韓季年史》, 고종 19년 7월 17일.

107) 宋近洙,《龍湖閒錄》, 23책 7월 14일 淸將曉諭文·淸兵所付榜文(國史編纂委員會 編, 1980, 458~459쪽).

108) 申國柱, 앞의 책, 148~152쪽.

109) 金允植,《陰晴史》하, 189~190쪽.

청군은 7월 15일과 16일「임오군란」의 진원지이며 군병들의 집단거주지인 왕십리와 이태원을 공격하였다. 청군은 국왕 고종이 亂黨을 진압해 달라고 청군에게 요청하는 글과 왕십리 일대 주민에게 알리는 고시문을 김윤식을 거쳐 받아 내어 무력진압을 합리화시켰다. 왕십리지역은 張光前·吳兆有·何乘鼇 등이 이끄는 부대가, 이태원지역은 오장경이 이끄는 부대가 각각 포위 공격하였다. 하급 군병들을 중심으로 한 이 지역 주민들은 투석과 방포로 용감히 대항해 싸웠으나 결국 많은 희생자를 내고 패하고 말았다. 이 전투로 많은 사람이 죽고 도망가기도 했지만 체포된 자가 왕십리지역 150여 명, 이태원지역 20여 명으로 모두 170여 명에 이르렀다.110) 체포된 군병들은 모두 형조와 좌우포도청에서 심문을 받았고 그 가운데 11명은 7월 23일 斬首刑을 받았다. 주동자 김장손·유춘만 등 8명은 청군이 습격하기 전에 도망했었지만 나중에 체포되어 8월 24일 역시 참수형을 받았다.111)

이 같은 과정을 통해 대원군정권과 민중저항세력은 모두 청군에 의해 진압당하고 말았다. 도시 하층민의 요구가 정치적인 차원에서 실현될 수 있는 기회는 좌절되고 만 것이다.

청군이 치안을 장악한 가운데 정권은 다시 민씨 척족세력에게로 돌아갔고, 사태가 완전히 진압된 이후인 7월 25일 국왕은 민비가 살아 있음을 공식 발표하는 동시에 국상을 치르기 위해 설치했던 도감을 폐지하였다. 이어 영의정 이하 대관들이 長湖院으로 내려갔고, 오장경은 청군 100명을 내려보내 호위하도록 함으로써 민비는 8월 1일 청군의 호위 속에 서울로 돌아왔다.

---

110) 필자미상,《日記》,임오 7월 16일.
金允植,《陰晴史》하, 고종 19년 7월 10일.
金衡圭,《靑又日錄》, 임오 7월 16일.
鄭 喬,《大韓季年史》, 고종 19년 8월.
黃 玹,《梅泉野錄》, 고종 18년 7월.

111) 〈長孫等鞫案〉.
李光麟, 앞의 책, 153쪽.

## 3) 임오군란의 영향

### (1) 일본의 국내 사정과 대조선정책의 변화

일본은 「임오군란」의 직접적인 공격목표였다. 일본정부는 1876년 무력을 바탕으로 조선을 강제로 개항시켰고 통상을 통해 엄청난 부를 벌어들이고 있었다. 후발 자본주의국가로 서구열강과의 대외무역에서 적자를 기록하던 일본에게 조선시장은 매우 큰 비중을 갖고 있었다. 게다가 일본 안에서는 征韓論이 대중들에게 상당한 설득력을 갖고 전파되고 있었으며, 특히 언론은 그러한 방향으로 여론을 몰아가고 있었다.

그런 속에서 일본공사관이 피습을 당하고 상당수의 공관원과 군인이 피살당했다는 소식은 일본 국내에 커다란 소용돌이를 몰고 왔다. 일본 국내 각 신문사는 곧 호외를 발간하고 전 국민을 긴장 속에 몰아넣는 선동적 기사를 연일 싣기 시작했다. 각 보도기관들은 저마다 외무성을 비롯하여 주요 관청, 군부, 그리고 시모노세키와 나가사키까지 특파원을 보내 대부분 약간의 사실에 많은 추측이 담긴 기사를 경쟁적으로 보도하면서 마치 곧 전쟁이 일어날 듯이 여론을 자극하였다. 그러자 흥분해 종군을 지원하는 자가 속출하였고 군사비에 충당하라고 헌금을 하는 자들은 물론 무력으로 대원군을 응징해야 한다고 주장하는 자들도 생겨났다. 특히 「玄洋社」을 중심으로 한 정한론자들은 의용병을 조직하는 한편 개전 주장을 활발히 펴나갔다. 이런 상황 속에서 투기업자들이 나서 물품을 매점하는 소동을 일으켜 요코하마(橫濱)의 은화시장과 洋鐵시장, 그리고 일반 소비물자의 시세가 급등하는 현상을 보이면서 불과 며칠 사이에 사회 전반이 준전시상태 같은 분위기로 빠져 들어갔다.112)

일본정부는 이러한 상황 속에서 국내의 정치적 불만을 대외문제에 쏠리게 함으로써 적절히 언론을 이용하였다. 당시 일본은 자유민권운동이 전성기를 맞고 있었다. 하지만 이미 1881년 정변으로 민권론자들을 추방하고 천황제 군국주의를 지향하는 伊藤博文 등이 정부의 주도권을 장악하였다. 자유민권운동

---

112) 白鍾基, 《近代韓日交涉史硏究》(正音社, 1977), 199~201쪽.

탄압에 고심하던 일본정부는 이 사건을 이용해 국민의 관심을 밖으로 향하게 한 것이다.[113] 정부는 어용지를 동원해서 「임오군란」을 대대적으로 보도하였으며 아울러 매우 선동적인 그림을 담은 팜플렛과 채색화 등을 유포시켜 여론의 방향을 마치 곧바로 전쟁이 일어날 듯한 분위기로 몰고 갔다.[114]

하나부사공사를 파견하면서 일본정부는 매우 조심스러운 태도를 취했다. 우선 이노우에의 훈령 가운데 "육해군을 파견하는 것은 개전을 전제로 하는 것이 아니라 어디까지나 사절과 거류민 보호를 목적으로 하는 것이고, 만약 폭도와 부딪칠 경우에도 선제공격을 해서는 안 되며, 만약 개전이 불가피하다면 즉시 본국정부에 알려 명령을 받도록 하라"는 내용이 들어 있었고, 조선정부가 일본의 요구를 받아들이지 않더라도 일단 제물포로 돌아와 개항장을 점거해 거류민을 보호하면서 명령을 기다리라고 지시하였다. 그리고 자신들의 파병을 정당화하기 위해 동경주재 각국 공사에게 일본정부는 평화주의에 입각하여 조선정부를 문책하기로 했다는 통지를 보내어 침략이 아님을 양해시키려 했고, 주청공사를 통해 청국정부에게 일본군파견 목적을 설명해 오해가 없도록 하라는 훈령을 내렸다. 물론 만약의 개전사태에 대비해 동경에 있던 병력 일부를 후쿠오카(福岡)에 파견해 그 곳의 병력과 합쳐 혼성여단을 편성한 후 명령에 따라 출동할 수 있도록 준비시켰다. 말하자면 국내에서는 준전시체제를 유지하고 조선정부를 무력으로 위협하면서 협상을 유리하게 이끌되 즉각 전쟁을 일으킬 생각은 없었던 것이다.

한편 이노우에는 훈령을 내리면서 "일본상민을 위하여 安邊을 開港場으로 할 것"과 "만일 朝鮮政府가 중대한 과실을 범한 사실이 있으면, 巨濟島나 松島(鬱陵島)를 日本에 양여하여 사죄의 뜻을 표할 것"이라는 사항을 포함시켰다. 그 뒤 하나부사공사가 조선정부에 요구한 내용 중에 "원산・부산・인천 각 항구의 통상 허용범위를 사방 100리로 확대하고, 새로 양화진에 시장을 개설하여 서울을 개방하며, 함흥과 대구를 왕래하며 통상할 수 있도록 허용

113) 旗田巍, 〈明治期の日本と朝鮮〉(日本國際政治學會 編, 《日韓關係の展開》, 有斐閣, 1963), 4쪽.

114) 宮武外骨 編, 《壬午鷄林事變(新聞雜誌所載錄)》(1932).
權錫奉, 앞의 글(1975), 417쪽.

하라"는 요구를 담고 있다. 경제적인 측면에서 통상을 확대하고 가능하다면 주요 섬을 점령하겠다는 이러한 생각은 평소 일본 외무성이 조선정부에 요구하고자 했던 것들이었다고 생각된다.

하나부사공사가 조선에 다시 들어와 요구사항을 제시했을 때만 해도 대원군이 정권을 장악하고 있었기 때문에 곧바로 협상이 이루어지기는 어려웠다. 하지만 청군이 대원군을 납치하고 군란을 완전히 진압하면서 정권이 다시 바뀌자 청군의 중재에 따라 협상은 순조롭게 진행되었다. 국왕은 李裕元을 전권대신, 김홍집을 전권부관으로 임명하여 인천 제물포에서 회담에 임하도록 했다. 일본공사는 일본측의 요구사항을 부분적인 수정 후에 거의 그대로 관철시켰고, 조선측 대표들은 협박조에 가까운 무력외교에 굴복하여 약간의 수정안만 관철시켰을 뿐 대부분 일본측의 요구를 받아들여 결국 7월 17일 〈朝日善後條約〉(일명 濟物浦條約)을 맺었다.[115]

그 내용은 조선정부가 주동자들을 체포해 처벌하고, 피살된 일본인의 장례를 치른 뒤 이들의 유족과 부상자들에게 배상금을 지불하고, 일본측 손해배상비와 파병에 들어간 비용을 모두 부담할 것이며, 일본공사관을 경비할 군대주둔을 허용과 아울러 특사를 파견해 공식적으로 사죄한다는 것이었다. 특히 20일 이내에 주동자의 체포와 처벌이 제대로 이루어지지 않을 경우에는 일본이 개입할 수 있다고 못 박고, 일본공사관 경비를 구실로 삼아 일본군대를 서울 도성 안에 주둔시키겠다고 한 것은 조선의 군대와 경찰을 전적으로 무시·배제하는 것을 의미하며, 조선의 주권을 침해한 중요한 사항이었다. 그리고 손해배상비 50만 원은 당시 조선의 국가재정으로는 감당하기 어려운 지나친 요구였다.

그리고 이에 못지 않게 중요한 것은 같은 날 〈朝日修好條約〉(일명 江華島條約)의 續約 2개 조항에 동의한 것이었다.[116] 이 속약은 강화도조약체결 이후 통상범위를 대폭 확대해 나가기 위해 여러 차례 일본정부가 조선정부에게 요청한 바 있었으며 그 때마다 거절당해 실현하지 못하던 것이었다. 이처럼 중대한 경제적 이익을 확보할 수 있는 조항을 일본은 혼란을 이용해 반

115) 金正明 編, 위의 책(2권), 225~227쪽.
116) 金正明 編, 위의 책(2권), 232쪽.

강제로 얻어낸 것이다. 청국군대가 군란을 진압했고 그들의 힘에 업혀 정권을 되찾은 상황에서, 중재를 하던 청국측 마건충이 화해를 종용했기 때문에 조선측 대표들은 앞뒤 상황을 충분히 따지고 버틸 힘을 갖고 있지 못했다. 결국 충분한 협상을 포기하고 조선측 대표들은 일본의 요구를 거의 그대로 받아들이고 만 것이다.

조약체결에 성공한 하나부사공사는 다시 이노우에의 추가훈령에 따라 대원군이 전국 곳곳에 건립한 반외세정책의 상징인 斥和碑를 철거하라고 요구했다. 이것은 일본이 조선의 쇄국정책과 유생세력의 위정척사운동의 기세를 완전히 꺾어 버리겠다는 의도를 말해주는 것이었다. 조선정부는 이 요구에 따라 전국의 척화비를 철거하였다. 한편 7월 21일 제물포에서 호리모토(掘本禮造)를 비롯한 13명의 일본인피살자 장례식이 치러졌는데, 조선정부는 예조좌랑이 예물을 갖고 참석하게 했다. 또한 일본측이 청국군의 진압 때 체포, 처형당한 자들이 진범이 아니라고 불만을 제기하고 나왔기 때문에, 조선정부는 어쩔 수 없이 다시 포도청에 명령하여 7월 말까지 9명의 용의자를 추가로 체포하였다. 일본측은 이러한 조치를 받아들여 죄인들의 사형집행을 일본군 1개 소대가 참석하여 지켜보는 것으로 일단락지었다.

조약체결과 사후 처리를 대부분 일본측이 요구하는 대로 시행한 다음 하나부사공사는 일본으로 돌아갔다. 그가 타고 간 선박에 조선측 謝過使로 파견된 전권대신 박영효와 그 일행이 동승하였다. 박영효는 일왕 명치에게 조선국왕의 사죄내용을 담은 국서를 제출하고 외무경 이노우에에게 예조판서의 사과문서를 전달하였다.

이상 간략히 검토한「임오군란」의 사후 처리는 일본각의에서 결정한 방향과 의도에 따라 이루어진 것이었다. 그러나 조선정부와의 협상이 성공을 거두어 막대한 배상금과 함께 통상과 관련된 요구들을 관철시키면서 동시에 군대주둔권까지 얻게 되었지만, 그 배경에는 청국의 적극적인 개입이라는 변수가 놓여 있었다. 일본정부가 즉각 개전을 하지 않았던 이유는 청국을 포함한 국제관계가 악화되면, 조선뿐만 아니라 청국과의 전쟁까지도 일어날 가능성이 있었으며 그러기에는 일본의 군사적 역량이 아직 부족하다고 판단했기 때문이었다. 게다가 청국은 군대를 조선에 그대로 주둔시키고 있었고, 조선정부에게 막대한 영향력을 발휘하면서, 청국상인들이 본격적으로 진출하고 있었다. 따라서 앞으로 조선에 대한 영향력을 확대시켜 나가기 위해서는 청국과 맞서 싸우더라도 승리할 수 있는 군사력의 확보가 절실해졌다.

때문에 일본정부는 이를 계기로 적극적인 군비확장정책을 전개하게 되었다. 이미 1878년에 설치되어 청국과 맞서 싸울 방안을 연구하던 일본 육군 참모본부는 「임오군란」의 발생 직후인 7월 2일(양력 8월 15일) 청국을 가상적으로 하는 군비확장안을 제출하였고 정부는 이를 채택하였다. 일본 해군도 이에 발맞추어 9월 초 이와쿠라(岩倉)우대신이 각의에서 청국을 가상적으로 한 해군확장이 급선무라고 주장하였고, 해군성이 건의한 새로운 군함건조계획이 제출되어 11월 15일 각의에서 의결되었다. 명치도 12월 24일 지방관회의를 궁중에서 소집하여 군비확장에 필요한 비용을 위해 조세부담을 늘릴 것을 지시하였고, 그에 앞서 22일에는 각의가 군비확장에 전력을 기울이라고 지시하면서 군인의 정신무장을 강조하는 〈軍人勅諭論〉을 만들어 배포하였다. 그 뒤 일본정부는 청국과의 전쟁을 예상하면서 계속해서 군비확장에 나섰는데, 육군은 1884년부터 1894년까지 약 10년 동안 보병 12개 여단, 기병과 포병 각 6개 연대, 工兵·輜重兵 각 6개 대대를 정비하게 되었고, 해군은 1882년 26척이었던 군함을 1893년까지 32척으로 늘리면서 정비하였다.[117]

이와 같은 임오군란 이후 일본의 급속한 군비확장이 단순한 군비의 문제만이 아니라, 근대적인 군대형성의 시발점으로 파악할 때 그 시작은 1882년이 된다.[118] 그리고 1880년대 내내 지속된 군비확장은 정치적으로는 임오군란 당시 청국 해군의 출동에 대한 위기감이 원인이었지만, 경제적으로는 생사무역을 중심으로 한 당시 세계경제를 유리하게 활용해 그 기반을 닦았기 때문에 가능하였다.[119]

---

117) 白鍾基, 앞의 책, 204쪽.
118) 藤間生大, 〈「壬午軍亂」と日本近代軍の確立〉(《海外事情研究》 24, 熊本商科大學, 1985).
119) 藤間生大, 〈日本近代軍成立の經濟構造－「壬午軍亂」を媒介として〉(《朝鮮史研究會論文集》 22, 1985).

### (2) 청의 대조선정책의 변화와 영향력 확대

청국은 오랫동안 중화체제의 종주국으로서 전통적인 사대관계 속에서 조선과 관계를 맺어 왔다. 하지만 급격한 국제정세의 변화 속에서도 쉽게 바꾸지 못하던 청의 대조선정책은「임오군란」을 계기로 커다란 변화를 겪게 되었다.

「임오군란」이전까지 청국의 대조선정책은 서구열강과의 조약체결과 내정강화를 조선정부에 권유하는 외교수단에 주로 의지하고 있었다. 이홍장이 채택한 외교수단은 일차적으로 조선정부와의 의견교환을 통해 간접적으로 영향을 주는 것이었다. 이홍장은 조선의 영중추부사 이유원과의 개인적인 서신교환을 통해 청국의 의견을 제시한 바 있었다.

1876년 조선의 개항에 이어 1879년 러시아와의 伊犁교환 교섭과 일본의 유구병합 등 일련의 사태가 발생하였다. 이 사건들은 모두 러시아와 일본의 팽창 야욕을 보여주는 사건들이었다. 청국으로서는 이 사건들을 계기로 중화체제의 종주국으로서의 대외적 위신실추와 함께 이들 국가들로부터 심각한 정치·군사적 위협을 느꼈으며, 동시에 조선이 차지하는 정치군사적 비중을 새삼 인식하게 되었다. 이홍장은 1878년까지는 서구열강과 조약을 맺으라고 권유했었다. 그러나 1879년을 계기로 러시아를 견제하기 위해 일본과 관계를 맺으라고 권유하던 것을 일본과 러시아를 모두 반대하고 대신 서양열강들과 관계를 맺도록 권유하는 것으로 바꾸었다. 그리고는 조선내정에 대한 개입의지를 표명하기 시작하였다. 이홍장은 조선정부에게 군비강화, 일본과의 수호조약 준수, 그리고 구미열강과의 수교를 통한 개국을 강력하게 권유하였다.[120] 이러한 권유에 따라 조선이 미국·영국·독일 등과 계속해서 수교조약을 맺어 나갔으며 통상협정을 논의하기 시작했다.

이런 가운데 터진「임오군란」은 청국에게는 한편 당황스러우면서도 한편 대단히 중요한 기회였다. 청국은 군란이 일어났고 일본이 군대를 파견했다는

---

120) 權錫奉,〈大院君의 被囚〉(앞의 책, 1986), 82~104쪽.
박명규,〈19세기 후반 동북아시아의 外壓 구조 : 한국과 일본의 비교〉(《東北亞秩序의 形成과 變動》(韓國政治外交史學會, 1994), 33~34쪽.

소식을 전해 듣자마자 아주 신속하게 대응했다. 정여창·마건충의 선발대가 출발한 것은 처음 소식이 전달된 18일부터 불과 5일 뒤인 22일이었으며, 24일에는 파병에 대해 황제의 재가를 받았고, 7월 4일 오장경이 3천명의 군대를 이끌고 출발했다. 일본군보다 훨씬 우세한 병력을 이끌고 조선에 들어온 청국군은 신속하게 대원군을 납치하고, 궁성 일대를 장악하고 하급 군병들과 전투를 벌여 진압하는 대규모 군사작전을 전개해 성공을 거두었다. 청군은 군란이 진압된 다음 청국측에 우호적인 인사들을 중심으로 조선정부를 재구성하도록 영향을 끼쳤으며 민비가 서울로 환궁할 때 적극적으로 나서서 호위했다.

청국은「임오군란」의 진압과정을 거치면서 생각하지도 못했던 커다란 성과를 거두었다. 그 내용은 종주권강화와 통상확대였는데 구체적인 성과는 우선 〈朝·中商民水陸貿易章程〉의 체결로 나타났다.[121] 물론 조선과 중국의 육로를 통한 무역은 전부터 계속되어 왔다. 하지만 이 무역은 양국 관리들의 엄격한 통제와 감시 밑에서 이루어졌을 뿐만 아니라 교역물품과 시기, 그리고 대상자까지도 한정되어 있었다. 그렇기 때문에 상인들의 욕구를 충족시키지 못한 결과 다양한 방법을 통한 밀무역이 성행하여 많은 문제를 불러일으키고 있었다. 한편 조선의 개항 이후 청국의 입장에서는 일본에게 정치적·경제적 선취권을 빼앗긴 데 대한 반성과 함께 적극적으로 종주권을 행사하자는 요구가 청국정부내에서 강하게 제기되고 있었다.

조선정부 역시 새로운 통상관계를 맺어야 할 필요성을 느꼈다. 특히 일본과의 무역에서 일본상품에 관세도 부과하지 못했고, 일본상인이 무역을 독점하고 있었으므로 정부는 이들의 독점활동을 견제하고 싶었으며, 러시아의 침투가 예상되는 가운데 육로통상 방식도 전면 재검토해야 했다. 그래서 1881년 1월 조선정부는 청국에 관리를 파견해 통상에 관한 협상을 제의함으로써 논의가 진행되고 있었다. 청국정부로서는 이 협상을 통해 열세에 놓여 있던 조선 안에서의 주도권을 쥐고 이권을 획득할 수 있는 좋은 기회로 보아 속방론을 강하게 주장하고 있었던 가운데 갑자기「임오군란」이 발생했던 것이다.

---

121) 〈朝·中商民水陸貿易章程〉의 상세한 내용은 金鍾圓, 〈朝·中商民水陸貿易章程에 대하여〉(《歷史學報》 32, 歷史學會, 1966)를 참고할 수 있다.

군란진압 후 다시 열린 협상에서 청국의 입장은 매우 위압적으로 바뀐 상태였다. 군대를 출동시켜 준 것을 중국정부에 감사를 표시하기 위해 9월 천진에 파견된 진주사 조영하와 부사 김홍집, 그리고 문의관 어윤중이 협상대표가 되었는데, 이들은 조선측에 유리한 주장을 갖고 협상을 하기 어려운 입장에 있었다. 그러므로 이미 초안이 잡혀 있던 전문 8개조의 〈조·중상민수륙무역장정〉을 세부사항도 채 충분히 검토해 보지 못한 상태에서 중국측 대표 마건충과 주복의 강압과 권유에 따라 조인하고 말았다. 이 조약을 통해서 청국은 그들이 가장 중요시하던 국제법상의 종주권을 명문화했다. '오직 이번에 체결하는 장정은 중국이 속방을 우대하는 후의에서 나온 것인 만큼 다른 각국과 일체 균점하는 예와 다르다'는 문구를 삽입한 것이다. 이를 바탕으로 조선내에서의 청국 商務委員의 치외법권을 인정하고, 양화진뿐만 아니라 서울 도성 안에서의 淸商의 상업활동을 허용받음으로써 각종 특혜 위에서 경제활동상의 우위를 확보할 수 있었다.[122)]

곧 이어 청국은 1883년 3월 다시 전문 24개조로 된 〈奉天與朝鮮邊民交易章程〉을 추가로 제시하고 조선측에 조인을 강요하였다. 그 주된 내용은 앞선 무역장정에서 미처 다루지 못한 육상교역 부분을 보완하는 것인데, 그 내용 가운데에는 조선이 청국을 '天朝' 또는 '上國'이라고 불러야 하며, 그 동안 사용하던 '東國'이라는 용어가 中國의 '中'에 대해 '東'을 사용함으로써 상호 평등하다는 인식을 줄 우려가 있으므로 사용을 금지한다는 종속관계를 보다 명확히 하는 내용이 추가되어 있었다.[123)] 대원군 납치가 행동으로 조선의 자주성을 부인하고 실질적인 종주권행사로의 변화를 알리는 것이었다면, 일련의 장정체결은 종주권의 법적 명문화였다.[124)]

이 시기 중국정부는 종주국으로서의 위신을 세우려고 조선정치에 적극 간섭하기 시작하였다. 오장경의 幕士였던 張謇과 翰林院 侍講 張佩綸의 상주문이 당시 분위기를 잘 말해주고 있다. 장건은 〈朝鮮善後六策〉이라는 글을 썼

122) 金鍾圓, 위의 글.
O. N. Denny, 《淸韓論》(柳永博 譯註, 東方圖書, 1989), 32쪽.

123) 白鍾基, 앞의 책, 166쪽.

124) 金正起, 앞의 글, 494쪽.

는데, 종주권강화를 위해 漢四郡 설치의 예에 따라 조선의 국왕을 폐하고 조선을 중국의 한 省으로 만들자는 것이었다. 장패륜도 〈朝鮮善後事宜六策〉이라는 글을 통해 조선을 중국의 속국으로 하고 駐箚韓國通商大臣이라는 직책의 대신을 파견하여 조선의 외교와 군사 등의 실권을 장악하고, 또 제물포조약으로 조선이 일본에 지불해야 하는 배상금 50만 원을 대신 부담하여 일본의 조선간섭을 막자는 주장을 폈다. 이러한 상주문이 바쳐지자 중국황제는 이홍장에게 검토시켰다. 이홍장은 너무 노골적이고 실정에 맞지 않는다고 처음에는 반대하였으나 나중에는 그 주장에 동조하여 약간의 수정을 가한 다음 한국을 간섭하기 시작했다.[125]

한편 이홍장은 조선정부의 외교업무에 간섭하려는 의도에서 외교고문을 두도록 요구하여 청국정부가 추천하는 외국인을 임명하게 했다. 맨처음 외교고문으로 임명된 자는 독일인 묄렌도르프(Paul G. von Möllendorff, 穆麟德)와 馬建常이었고, 다음이 데니였다. 하지만 이 두 외국인은 청국의 의도대로 활동하지 않았을 뿐만 아니라 오히려 중국을 비난하기까지 했다.[126] 그리하여 이홍장은 그 후임으로 袁世凱를 파견하였다. 그는 서울에 상주하면서 청국의 속방으로서 조선외교의 실권을 장악하게 되었다.

### (3) 국내 상황의 변화

「임오군란」 이후 대원군세력은 철저하게 제거되었다. 정부요직은 민씨 척족세력이 대부분 장악하였으며, 일부 개화파세력이 참여하는 형태였다. 정부는 임오군란 이전의 정책방향을 기본적으로 유지하며 개혁사업을 전개하였다. 그러나 청국의 입김이 강화되었기 때문에 많은 부분을 청국의 권고와 요구에 따라갈 수밖에 없었다.

한편 조선정부는 관제개혁을 추진하였다. 군란 뒤 대원군이 복설했던 삼군부를 폐지하고 한동안 통리기무아문을 계승한 機務處가 설치되어 임시로 국정을 처리했는데, 집행조직을 갖춘 것도 아니었기 때문에 종래의 통리기무아

---

125) 田保橋潔, 앞의 책, 861~867쪽.
李光麟, 〈馬建忠과 韓·中關係〉(《開化期硏究》, 一潮閣, 1994), 99쪽.
126) 柳永博, 〈淸韓論 解題〉(O. N. Denny 著, 《淸韓論》), 65쪽.

문의 역할을 대신할 새로운 기구의 필요성이 절실해졌다. 그 결과 고문으로 들어온 마건상과 묄렌도르프의 자문을 받아 11월 17일 統理衙門 및 統理內務衙門을 설치하였고, 12월 4일에는 통리아문을 統理交涉通商事務衙門(줄여서 外衙門이라 하였다)으로 명칭을 바꾸어 외교통상관계 사무를 담당하게 했으며 그 밑에 4개의 司라는 하위기관을 두었다. 그리고 통리내무아문을 統理軍國事務衙門(줄여서 內衙門이라 하였다)으로 명칭을 바꾸어 군대에 관한 일을 포함한 모든 내정관련 사무를 담당하게 하면서 7개의 '사'를 두었다.

군국아문과 교섭아문은 기본적으로 통리기무아문을 계승한 것이지만 내용을 살펴보면 발전적인 계승이라고 볼 수 있다. 교섭아문을 설치해 외교통상 업무를 전담하는 부서를 독립시키고, 교섭아문보다 격이 높은 군국아문이 내정 및 군사업무를 담당하는 동시에 교섭아문을 통제함으로써 짜임새가 갖추어진 것이다. 이후 교섭아문은 1894년 갑오개혁까지 계속 역할을 수행했지만 군국아문은 갑신정변을 계기로 폐지되었다.[127)]

군제도 개편되었는데 전적으로 청국군 주도로 진행되었다. 다시 복설되었던 훈련도감을 폐지하면서 먼저 9월 19일에 군병 500명씩의 2개 부대로 편성한 親軍을 새로 창설하였다. 두 부대는 각각 친군 좌영과 우영으로 분리되었으며 청국식 군사훈련을 받았다. 한편 박영효는 1883년 3월 광주유수로 임명되자 수백명의 장정을 모집하여 신식 군대를 일본식 훈련으로 양성하였고, 윤웅렬 역시 남병사로 임명되어 北靑에서 모집해 온 군병에게 일본식 군사훈련을 시켰다. 박영효가 양성한 병력은 그가 광주유수에서 물러난 후 어영대장 한규직이 감독을 맡으면서 친군 전영이 되었고 남병영 군대를 합류시켰다. 이어 친군 후영까지 창설하여 4영체제를 갖추었다. 그리고 1884년 8월 29일에는 궁궐경비를 담당하던 용호영·금위영·어영청·총융청을 해체해 그 병력을 친군 4영에 분산 배치하였다.[128)]

이처럼 군사제도는 친군 4영체제로 정비되었지만 훈련방식과 간부의 정치

127) 김필동, 〈한국 근대 관료의 초기 형성 과정과 그 역사적 성격 : 1881~1894〉(《한국의 사회제도와 사회변동》: 한국사회사학회논문집 50, 문학과지성사, 1996, 182쪽).

128) 박은숙, 앞의 글, 214~215쪽.

적 성향이 청국지향적이던 좌우영과 일본지향적이었던 전후영 군병들 사이에는 심각할 정도의 갈등과 반목이 있었다. 이 대립된 입장은 갑신정변 때 그대로 나타나 친군 좌우영군은 청군에 가담해 개화당정권을 진압하였고, 친군 전후영군은 정변에 동참하여 개화파의 명령을 받는 비극을 불러왔다.129)

개항장이 늘어나고 서울 장안까지 일본상인과 청국상인들이 몰려들면서 조선상인들과의 심각한 경쟁을 벌이게 되었다. 서울시장이 개방된 것은 우선 새로 체결된 조일수호조약속약 때문이었다. 첫째 인천 등 개항장 부두를 기점으로 100리(약 40km)까지 일본인이 진출할 수 있는 거리가 늘어나고 양화진이 열리면서 서울침투가 가능해진 것이다. 청나라 역시 〈조중상민수륙무역장정〉을 체결하면서 서울에 청국상인이 상점・창고・여관을 개설할 수 있는 이권을 삽입했으며, 이를 본 영국 역시 영국인의 서울 상점개설권을 조영수호통상조약에 삽입해 버렸다(1883년 11월 26일). 이러한 모형으로 1902년까지 독일・이탈리아・러시아・프랑스・오스트리아・헝가리・벨기에・덴마크가 그들도 조약에 이 같은 이권을 넣었고, 미국과 일본은 최혜국조관에 따라 영국의 서울 상점개설권을 균점받게 된 것이었다. 그런 가운데 특히 청국상인의 진출이 두드러져 군란 1년 뒤인 1883년에는 인천・부산・원산 등 개항장의 상인 수가 99명으로, 다시 1년 뒤인 1884년에는 3.5배가 늘어난 353명에 이르렀다. 그 뒤에도 해마다 청국상인의 수가 늘어나는 동시에 점포개설도 크게 늘어갔다.130)

### 4) 임오군란의 구조와 성격

임오군란은 한국역사상 가장 큰 규모로 전개된 도시 하층민의 항쟁이었으며 이 때문에 일시적이나마 정권이 바뀌는 커다란 변화를 몰고 왔다. 동시에 임오군란은 당시 조선이 처한 국제정세에 엄청난 영향을 미쳐 정치사적으로도 중요한 사건이 되었다. 여기서는 먼저 참가층의 구성과 동원조직, 운동을

129) 박은숙, 위의 글, 215~217쪽.

130) 譚永盛, 〈朝鮮末期의 淸國商人에 關한 硏究－1882년부터 1885년까지－〉(단국대 석사학위논문, 1976).

통해 드러난 민중의 요구, 정부 및 지배층의 대응을 중점적으로 검토하고, 그 정치사적 의의를 간단히 정리해 보려고 한다.

### (1) 참가층의 구성과 동원조직

「임오군란」에는 도시 하층민들이 폭넓게 참가했으며, 그 중심은 하급 군병이었다. 운동참가자의 구성을 보다 체계적으로 밝히기 위해서는 이들의 신분 또는 직업을 분석하는 작업이 중요하다. 그러나 이 점을 보여줄 자료가 부족하다. 다만 사건에 관련되어 조사받은 사람들의 심문기록과 재판기록의 일부가 남아 있을 뿐이다. 《推案及鞫案》 5책과 《左右捕盜廳謄錄》 1책이 그것이다. 조사받은 자들은 각각 33명과 27명인데, 양쪽 자료에 겹치는 16명을 빼면 44명의 기록이 남아 있는 셈이다. 여기서는 이 기록을 이용하여 도표를 만들어 보았다.

먼저 〈표 1〉을 보면 군병은 모두 29명으로 전체의 68%를 차지하고 있다. 군병의 80%인 24명이 훈련도감 소속이며 용호영 소속이 1명인데, 이들은 모두 급료병 즉 고용병으로 서울에 상주하는 상비군이다. 총융청 별부료군관 이외의 어영군과 총융청 아병은 번상병이며, '마병수역'도 정확하게는 알 수 없지만 번상군으로 생각된다. 훈련도감 군병 가운데 하급 간부이며 운동의 지도자였던 자들은 '대총'·'별기대'·'취고수' 등의 직책을 갖고 있었다.

여기서 주목할 점은 군병들 가운데 군병으로 복무하면서 동시에 다른 생업을 가지고 있었던 자들이 심문과정에서 밝혀진 것이다. 李永植은 경기도 양주에 살다가 왕십리로 옮겨 살면서 훈련도감 취고수가 되었고, 동시에 포목상을 하고 있었는데 영동지방에 장사차 갔다가 돌아오자마자 동별영에 모인다는 소식을 듣고 곧 참여하고 있다.[131] 文昌甲은 훈련도감 牢子 宮旗手로 있으면서 농사를 짓는 한편 마을에서 중임(또는 행수)을 담당하였다. 그는 무·배추 등의 채소농사를 했는데, 그가 거주하는 왕십리 일대에서 채소중심의 상업적 농업이 발달하고 있었음을 고려한다면, 그는 바로 상품작물을 재배하는 상업적 농업에 종사하는 농민인 것이다.[132] 또한 洪千石은 훈련도

131) 〈春永永植鞫案〉 罪人李永植案.
132) 〈長孫等鞫案〉 罪人文昌甲案.

〈표 1〉 참가 군병의 성분

<table>
<tr><th>군 영</th><th>직 책</th><th colspan="2">인 원</th></tr>
<tr><td rowspan="9">訓鍊都監</td><td>善騎隊</td><td>5</td><td rowspan="9">23</td></tr>
<tr><td>別騎隊</td><td>1</td></tr>
<tr><td>哨 軍</td><td>3</td></tr>
<tr><td>旗 手</td><td>2</td></tr>
<tr><td>吹鼓手</td><td>7</td></tr>
<tr><td>塘報手</td><td>1</td></tr>
<tr><td>別破陣隊摠</td><td>1</td></tr>
<tr><td>左司牌頭</td><td>1</td></tr>
<tr><td>알 수 없음</td><td>2</td></tr>
<tr><td>龍虎營</td><td>槍 手</td><td>1</td><td>1</td></tr>
<tr><td>御營廳</td><td>哨 軍</td><td>1</td><td>1</td></tr>
<tr><td rowspan="2">摠戎廳</td><td>別付料軍官</td><td>1</td><td rowspan="2">2</td></tr>
<tr><td>牙 兵</td><td>1</td></tr>
<tr><td colspan="2">馬兵受役</td><td>2</td><td>2</td></tr>
<tr><td colspan="2">합 계</td><td colspan="2">29</td></tr>
</table>

감 군병으로 복무하다가 4년 전에 그만둔 자인데 그만두기 전부터 왕십리에 거주하면서 '雇賃農業'을 하며 살아가는 임노동자였다.[133] 그 밖의 경우는 심문과정에서 밝혀져 있지 않지만 다른 군병들도 상업·수공업·농업 등의 각종 직업을 가지고 활동하면서 살고 있었음을 쉽게 짐작할 수 있다.

이 하급 군병들이 대부분 사대문밖 교외지역에 거주한다는 사실 또한 주목할 점이다. 〈표 2〉에서 보듯이 군병들은 왕십리·이포리·안암동 등의 동부 교외지역과 청파·냉동 등 서부 교외지역에서 가족을 거느리고 다른 도시 하층민들과 함께 살고 있었다. 특히 왕십리지역에는 군병들이 집단거주하고 있었는데, 이러한 참가자의 지역적 밀집이라는 환경적 요인이 왕십리지역에서 향촌조직과 군대조직의 결합에 의한 동원의 가능성을 높여 주고 있다고 생각된다.

133) 《左右捕廳謄錄》 권 1, 罪人洪千石供案.

〈표 2〉 군병의 거주지역

| 거 주 지 | | 인 원 |
|---|---|---|
| 東 郊 | 往十里 | 19 |
| | 安巖洞 | 1 |
| | 鍾巖洞 | 1 |
| | 踏十里 | 1 |
| | 鷺尾亭洞 | 1 |
| | 尼浦洞 | 2 |
| | 馬場洞 | 1 |
| 西 郊 | 靑 坡 | 1 |
| | 冷 洞 | 2 |
| 합 계 | | 29 |

〈표 3〉 일반 하층민 직업

| 직 업 | 인 원 |
|---|---|
| 商 人 | 3 |
| 農業 兼 商人 | 1 |
| 農業雇傭勞動 | 1 |
| 農 民 | 1 |
| 手工業者 | 2 |
| 使 喚 | 1 |
| 無 職 | 1 |
| 기 타 | 4 |
| 합 계 | 14 |

군병이 아닌 일반 하층민들의 성분은 〈표 3〉에서 볼 수 있다. 상인은 모두 4명인데 3명은 술장수(賣酒爲業)·떡장수(賣餠爲業)·국수장수(賣麵爲業)를 하는 소상인으로, 길거리에 좌판을 벌여 놓고 파는 坐商이거나 돌아다니며 파는 行商이다.[134] '농민 겸 상인' 1명은 왕십리 거주자임을 고려한다면 채소를 비롯한 상품작물을 재배하면서 동시에 자신의 농작물을 직접 팔러 다니는 소상인으로 생각할 수 있다.[135] 수공업자는 2명으로 모두 冶業에 종사하는 대장장이이다. 농업종사자는 3명인데 왕십리의 농업임노동자와 인천지방의 농민 1명이 포함되어 있다. 그 밖에 별기군교련소에서 사환일을 맡아 보던 敎練所兒와 일정한 직업이 없이 떠돌아다니는 부랑자가 각각 1명씩 있다. 기타로 처리된 자 중 鄭景石은 훈련도감 선기대 군병으로 있다가 1874년 무과에 급제하면서 그만둔 자인데, 종루 假家에서 생활하고 있는 점을 미루어 상업종사자로 여겨지며,[136] 許煜은 대원군의 심복으로 과거를 보기 위해 상경하여 식객으로 있던 유생으로 생각된다.[137]

134) 《左右捕廳謄錄》 권 1, 임오 7월 23일 罪人孫順吉供案·罪人孔致元供案 및 24일 罪人趙應順供案.

135) 〈弘根等鞫案〉 罪人金興燁案.

136) 〈弘根等鞫案〉, 罪人鄭景石案.

137) 《左右捕廳謄錄》 권 1, 계미 5월 20일 罪人許煜供案.

위에서 살펴본 대로 운동에 참가한 세력은 왕십리를 비롯한 사대문밖 교외지역에 거주하던 하급 군병·영세수공업자·소상인·고용노동자·사환·부랑자 등 여러 유형의 도시 하층민들이었다. 그리고 그 중심은 다른 하층민과 마찬가지로 교외지역에 거주하며 수공업·상업 등 다른 직업에도 종사하던 하급 군병이었다.

동원과정에서는 기존 사회조직과 연결망이 하층민의 결집과 동원에 중요한 역할을 하였다. 특히 이전의 운동들이 어느 한 가지 조직에 의해 하층민을 동원했던 것과는 달리 임오군란에는 향촌조직과 군병조직의 두 가지 유형의 조직이 동시에 작용했는데, 이 두 조직의 결합은 하층민을 보다 많이 재빨리 동원하면서 운동이 보다 지속적으로 전개될 수 있도록 하는 요인이 되었다.

기존 조직의 연결망뿐만 아니라 기존 조직의 지도자가 동원과정에서 차지하는 역할 역시 매우 중요했다. 사대문밖 동교와 서교지역의 하층민 촌락조직의 지도자인 중임(또는 임장·행수)들과 훈련도감의 하급 간부들이 각각 기존 조직내에서 이미 지니고 있던 영향력을 이용하여 동원계획과 준비를 진행시켰다. 이들은 통문을 돌려 연락을 취하는 한편, 잠재적인 불만을 지니고 있던 하층민들을 구체적인 문제로 집중시키고 일관성 있는 방향을 제시해 주면서 그들이 내세운 목표를 달성하는 쪽으로 운동을 이끌어 갔던 것이다.

향촌조직과 군병조직이 결합하여 동시적으로 작용하고 양쪽의 조직지도자들이 함께 활동한 것은 사실이지만 운동의 전개과정 전체에 걸쳐 그러했던 것은 아니었다. 운동의 초기단계에서는 두 조직과 지도자들이 함께 작용했지만, 확산단계로 들어서면서 운동의 중심은 군병조직으로 옮겨졌고, 군병조직의 하급 간부들이 주로 지휘를 담당하였다. 결국 운동이 좌절되는 단계까지 이러한 양상이 계속되어 하급 군병조직을 중심체로 하여 다른 도시 하층민을 이끌어 나가는 형태를 취했던 것이다. 군병들의 경우도 이들이 모두 하급 군병이었으므로 일관된 상하관계와 지휘체계에 의해 하나로 결합된 것은 아니었고, 영향력 있는 하급 간부들의 지휘에 따라 소규모 부대로 나뉘면서 분

〈煜等鞫案〉 罪人許煜案.

산적으로 결합된 연합적 형태였다. 이것은「임오군란」에 동원된 하층민들이 하나의 군병조직에 의해 통일적으로 조직화되지 못하고 있었으며, 상황변화에 따른 전략적인 문제를 검토 조정할 수 있는 조직적 지도력을 갖추지 못했음을 나타내 보여주는 것이라 말할 수 있다.

### (2) 공격 목표와 요구의 한계

「임오군란」의 전개과정에서 하층민들이 달성하려 했던 요구와 공격 목표는 단계적으로 바뀌면서 발전하는 양상을 보여주었다. 초기단계의 요구는 等訴의 형태를 취했다. 비제도화된 통로이기는 했지만 비폭력적인 방식으로 문제를 제기한 것일 뿐, 기존 사회제도의 한계를 넘어선 것은 아니었다. 등소를 통한 요구는 도봉소사건으로 잡혀간 군병들의 석방과 급료의 정상적 지급에 집중되어 있었다. 그러나 이것이 실패하자 하층민들은 곧 비폭력적 방식을 포기하고 무력행사에 돌입하게 된다. 일단 운동수단이 폭력적인 방식으로 전환하면서 하층민세력이 가장 먼저 공격했던 대상은 급료의 지급문제와 직접 관련된 선혜청 책임자 민겸호와 김보현이었다. 이들은 부패한 관료의 상징이며 가장 우선적으로 제거해야 할 대상으로 하층민들이 믿고 있던 인물이었다.

하층민들의 운동은 대원군의 명확한 목표 제시를 통해 자극 받아 점차 체제변혁의 차원으로 발전해 갔는데 이에 따라 공격대상의 범위도 확대되었다. 공격대상은 ① 이최응·민창식을 비롯한 민씨 척족세력의 관료 대신, ② 별기군 책임자 윤웅렬을 비롯한 개화파관료 및 이와 관련된 자, ③ 중인 부호, ④ 서울 근교의 사찰과 巫覡, 그리고 ⑤ 일본세력이었다.[138] 실제로 민씨 척족세력과 개화파, 중인 부호들은 서로 밀접히 연결되어 지배층으로 군림하면서 일본세력을 끌어들이고 있었다. 따라서 하층민들의 목표는 자신들의 생활을 위기로 몰아넣으면서 개화정책을 추진하던 민씨 척족정권과 개화파 그리고

138) 필자미상,《日記》, 임오 6월 11일.
鄭 喬,《大韓季年史》, 고종 19년 7월.
朴周大,《羅巖隨錄》3책, 宣惠廳紛擾, 임오 6월 11일, 國史編纂委員會 編, 282쪽.
이 중 사찰과 무당은 민비가 국가재정을 남용하여 求福불공을 드리고, 무당들을 궁궐로 불러들이던 일들과 관련하여 도시 하층민들의 표적이 되어 왔다.

이와 연결되어 이익을 챙기며 일본을 끌어들이던 중인 부호세력을 제거하고 일본세력을 이 땅에서 몰아내는 것이었다. 또한 이미 정당성을 잃고 있는 기존 지배층과 외세를 제거한 바탕 위에 하층민들이 요구하는 방향으로 개혁을 전개하리라 기대되는 정치권력을 수립하는 데 있었다.

그러나 「임오군란」을 통해 표현된 도시 하층민들의 요구가 이처럼 봉건적 사회체제를 공격, 붕괴시키려는 측면을 강하게 지녔으면서도, 왕조 자체를 그리고 양반지배층을 전체적으로 이념의 차원에서까지 부정하고 극복하려는 것은 아니었으며 동시에 새로운 이념을 제시하는 것도 아니었다. 물론 민씨 척족관료와 개화파관료들을 공격, 살해하고 궁궐에 들어가 이른바 국모인 민비를 제거하려 했던 사실은 왕조 존숭의식이 크게 약화되고 있음을 보여준다. 일반적인 봉건관념으로는 국왕이 있는 궁궐에 침입한다거나 왕비를 살해한다는 것은 왕조에 대한 정면 도전으로 간주되는 중요한 것이었다.

그렇지만 그들은 국왕을 해치려는 생각은 없었고 지배층에 대한 공격도 대원군세력을 비롯한 다른 양반관료계층은 공격하지 않은 선택적인 것이었다. 하층민들의 중세적 사회의식이 크게 약화되기는 했지만 아직 극복단계는 아니었으며 동시에 새로운 이념을 받아들이고 있지도 못했다. 이는 도시 하층민들이 안고 있는 한계였다. 또한 도시 하층민세력을 지원하는 다른 사회세력이나 도시 하층민의 이익을 반영시켜 개혁이념을 제시하며 실현시킬 정치세력 역시 형성되지 못하고 있었다. 이 때문에 도시 하층민의 저항운동이 사회를 근본적으로 개혁하는 변혁운동으로 발전하지 못하고 보수적인 한계를 안고 있던 대원군정권에 의존하는 데 머물렀던 것이며, 새로운 근대적인 이념과 개혁안을 제시하는 운동이기보다는 중세사회체제를 파괴하는 방향으로 힘을 발휘했으며, 일시적이나마 정권을 무너뜨리는 강력한 힘을 보여주었지만 근대사회 체제형성의 계기로서보다는 중세사회체제의 붕괴, 해체를 촉진시키는 운동이 되었던 것이다.

### (3) 정부 및 지배층의 대응

훈련도감은 서울 도성의 수비의 핵심 군영이었다. 그러나 훈련도감의 중요 구성원인 하급 군병에 대한 대우는 낮은 수준에 머물러 있었고 점차 나빠지고 있었다. 더구나 군제개편으로 인한 하급 군병들의 지위 하락, 급료의 13개월 미지급, 신식 군대에 밀려 곧 도태되리라는 위기감으로 하급 군병들의 불만과 사기 저하는 매우 심각한 상태였다. 그리고 개항 이후 악화되어 가던 경제사정은 도시 하층민의 생계를 위협했고, 일본공사관 설치와 별기군 창설은 일본세력에 대한 적대감을 불러일으키고 있었다. 이런 상황에서 전개된 유생들의 상소운동은 서울 하층민들의 폭넓은 공감을 얻었다.

그러나 정부관료들은 이러한 사태를 제대로 파악하지 못하고 있었다. 정부는 유생들의 상소운동을 무력으로 탄압했으며 별기군을 우대하는 정책을 폈다. 이런 조건 속에서 도봉소사건에 관련된 군병 4명을 체포, 구금한 강압적 조치는 하급 군병들의 잠재적인 불만과 저항의식을 폭발시켰고, 군병들이 집단등소를 전개하는 단계에 이르러서도 이들의 요구를 일정한 부분이나마 수용하려는 자세조차 보여주지 않았다. 게다가 사태가 확대된 다음 급료지급책임자를 파직시키고 군 지휘책임자를 교체함으로써 이들을 희생양을 삼으려 했던 조치는 오히려 적대감을 확대시킨 결과를 가져왔다.

민씨 척족정권은 계속 무력에 의한 진압방법을 찾고 있었지만, 서울의 수비를 담당한 주력부대인 훈련도감의 하급 군병들이 저항의 중심세력이 된 상황 속에서 이들을 통제할 방법을 찾기란 매우 어려운 일이었다. 운동이 계속 확산되어 갔음에도 불구하고 정부지도층의 통제력은 마비상태로 빠져 들어갔으며, 결국 하층민의 저항을 통제하지 못한 민씨 척족정권은 무너지고 정치권력이 대원군세력으로 넘어갔다.

새로 들어선 대원군정권에 의한 개혁안 제시와 민비의 국상 결정과 같은 일련의 조치들은 효과적인 것이었으며 대부분의 하층민들에게 보상심리로 작용한 듯하다. 물론 대원군정권의 개혁안이 도시 하층민의 요구를 전적으로 만족시켜 준 것은 아니었다. 그러나 이전의 민씨 척족정권의 정책에 비하면 하층민의 눈에는 과단성 있는 개혁이었고 자신들의 요구가 상당한 정도로 반영된 것이었다. 이 조치로 확대되던 저항운동은 일단 가라앉았다. 그러나 하층민 중에서 군병조직은 쟁취한 결과를 지키고 강화하기 위해 계속 유지되었다. 하층민 군병조직을 기반으로 서 있던 대원군정권으로서는 이들에 대한 더 이상의 통제가 불가능했으며 방관하는 태도를 취하거나 협조하였다.

도시 하층민의 운동은 외세에 의해 진압되었다. 일본군과 청군이 제각기 자국의 이익과 관련해서 우리 나라로 들어오자 민씨 척족세력과 개화파는 이들을 적극적으로 받아들였고, 청군의 힘에 의지하여 대원군세력을 밀어내고 하층민의 저항을 무력으로 진압하였다. 결국 「임오군란」은 실패하고 말았다. 운동구조의 내적인 한계—즉 이념과 조직상의 한계—와 함께 외세의 개입에 의해서 좌절된 운동이었다.

외세에 의지하여 정권을 회복한 민씨 척족세력과 개화파는 도시 하층민들의 요구를 묵살하고 무력으로 억누르며 정권을 회복할 수는 있었다. 그렇지만 이러한 방식의 정권회복은 외세의 침투를 더욱 크게 허용하지 않을 수 없었다. 그 뒤 점차 청국과 일본 양대세력이 깊이 침투해 들어오는 길이 터놓여지게 되었던 것이다.

〈趙誠倫〉

## 2. 조선중국상민수륙무역장정과 조·청관계의 변질

### 1) 조선정부의 대청통상정책

1876년(고종 13) 문호개방 직후에도 조선정부는 청과 일본과의 관계를 전통적인 '事大'와 '交隣'이라는 관념으로 규정짓고 있었다. '사대'와 '교린' 관계는 조선이 서구 근대문물 수용과 함께 만국공법적인 체계를 수용하고자 할 때에는 극복되어야 하는 인식체계였다. 그러나 조선정부는 개항 직후 한참 동안 일본과의 통상을 이전의 교린관계의 회복이란 측면에서 해석하고 있었고 청과의 관계도 여전히 사대관념으로 규정짓고 있었다. 이러한 조선의 대외인식은 조선이 일정하게 서구 근대문물을 수용하면서 국제관계에서의 만국공법적인 세계체제에로 편입되었음을 인식하게 되었을 때 달라지게 되었다. 1880년《朝鮮策略》의 전래는 이 같은 조선사회의 전근대적 세계질서에 대한 인식을 바꾸게 한 주요한 계기가 되었다.

《조선책략》은 개항 이후 몇 해가 지나도록 조선정부 내부에서조차 수교통상에 의견일치를 보지 못한 상태에서 일부 대신들의 생각을 바꾸어 놓는 매개가 되었다. 일본에 수신사로 파견되었다가 《조선책략》을 가지고 돌아온 金弘集이 주일청국공사 何如璋에게 보낸 편지에서 "많은 사람들이 깨우쳤다고 말할 수는 없지만 이전과 비교하여 달라졌다"[1]고 당시의 상황을 말한 것으로 보아도 알 수 있다. 《조선책략》의 전래는 조선정부의 대내외정책의 방향과 추진 속도에 많은 영향을 미쳤다. 특히 그것은 전통적으로 내려오던 동아시아 질서체제 즉 조공체제에서 국가와 국가간의 국제관계를 만국공법적인 체제로 간주하게 되는 인식의 전환에 그 동인이 되었다는 점에서 큰 의미가 있다.

조선정부는 《조선책략》의 내용을 중심으로 하여 대청관계에서 일정하게 변화의 조짐이 보이는 對淸通商要請을 비롯하여 앞으로 시행하고자 하는 문제들에 대해 청에 자문을 구하는 '請示節略'을 작성했다. '청시절략'은 당시 조선정부가 추구하고자 하는 개화정책에 대한 구상안이었다. 따라서 청시절략이 마련된 1880년은 조선이 비로소 대외관계에서 통상을 기본으로 하면서 대내적으로 개화자강정책의 기틀을 마련하는 시점이 되는 해였다.[2]

조선정부에서 '청시절략'을 작성한 것은 《조선책략》의 내용에 힘입은 바가 컸다고 하지만, 그 근저에는 통상반대 여론에도 불구하고 그 동안 조선정부가 당면 정세에 대응하여 추진하고자 하는 부국강병책의 모색이 있었음으로써 기능했다. 비록 조선정부관료 모두가 대외통상을 지지하지는 않았지만,[3] 고종을 필두로 한 개화추진세력들은 대외관계에 대한 인식을 만국공법적인 관계로 전환하면서 대외통상에 의한 부국강병책을 이로부터 가시화시키고 있었다.

---

1) 《淸季中日韓關係史料》 2, #353－(1), 光緖 7년 2월 3일(臺北 : 中央硏究院近代史硏究所, 1972), 463b쪽.
#는 자료에 나타난 문건번호, a는 쪽의 윗단, b는 쪽의 아랫단.

2) 具仙姬, 《韓國近代 對淸政策史 硏究》(혜안, 1999), 28쪽.

3) 《조선책략》에 대해 두세 사람의 廷臣이 협찬했으나 반대하는 사람도 있었다고 한다. 이에 대해 《淸季中日韓關係史料》 2, #353－(1), 光緖 7년 2월 3일, 462b쪽 참조. 이로 보아 오히려 반대하는 조선정부 관료가 더 많았음을 알 수 있다.

수신사 임무를 마치고 돌아온 김홍집이 복명할 때 고종과 나눈 대화를 보면, 고종은 일본과의 현안문제인 관세협정문제를 비롯해서 외국어교육과 군사훈련, 무기, 통상 등 부국강병책에 대해 많은 관심을 가지고 있었다. 또 러시아를 비롯한 주변정세에 대해서도 나름대로 파악하려고 노력했다. 청이 연대하여 러시아에 대처하자는 제의를 하고 있었지만 고종은 청의 요구를 그대로 받아들이지 않았다.[4] 고종에게는 청에 의지하기보다는 자체의 힘을 키워 부국강병하고자 하는 의지가 있었고, 그런 만큼 무비에 대한 관심이 컸다. 김홍집의 경우 당시 현안 문제 중의 하나였던 통상에 더 역점을 두고 대외문제를 풀어 보려고 했다.[5] 결국 고종을 비롯한 개화추진세력이 추구한 정책은 내적으로는 무비자강책이며, 외적으로는 대외통상정책이었던 것이다.

조선정부가 《조선책략》의 전래를 계기로 하여 청에 자문한 '청시절략'의 내용은 만국공법체제 내에서 무비자강책과 대외통상정책이라는 기존의 현안문제와 앞으로 추구하고자 하는 '時務'에 관계된 것이었다. 특히 통상문제는 일본과의 문호개방 이후 조선정부가 국내외적으로 당면했던 사항이었기 때문에 청과의 통상제의, 각국수호입약통상장정 세칙액조관과 세관설관범례에 대한 청구, 대일관세협의문제 등의 내용이 있었다.

조선정부는 강화도조약 당시에는 관세에 대한 인식이 없어 일본과 무관세무역을 하고 있었다. 대일무관세무역으로 불이익을 당하고 있을 때 李鴻章은 1879년 7월 領府事 李裕元에게 보내는 편지에서 대외통상을 권유하면서 "만약 관세를 정하면 나라의 경비에 적으나마 도움이 될 수도 있으며 상업에 익숙하면 무기구입도 어렵지 않게 될 것"[6]이라고 관세에 대해 언급했다. 만

---

4) 《承政院日記》, 고종 17년 8월 28일.
《修信使記錄》 全, 修信使日記 권2, 入侍筵說.
한편 고종은 조선과 일본이 강화도조약을 맺기 이전에 이미 대청인식에서 뚜렷한 변화를 보이는데, 즉 기존의 主-臣관계이던 대청관계를 동등관계로 바꾸어 보려는 의식적 변모가 보이고 있었다고 한다. 이에 대해 안외순, 〈大院君執政期 高宗의 對外認識-遣淸 回還使 召見을 중심으로-〉(《東洋古典硏究》 3, 1994) 참조.

5) 《高宗實錄》, 고종 17년 8월 28일.

6) 《高宗實錄》, 고종 16년 7월 9일.
宋近洙, 《龍湖閒錄》 23, 기묘 7월 9일.
《淸季中日韓關係史料》 2, #309, 光緖 5년 7월 13일, 368b쪽.

성적인 재정적자에 시달리고 있던 조선정부에게 국고에 보탬이 된다는 관세에 관한 이홍장의 의견은 조선정부가 이후 관세문제에 대해 보다 적극적인 사고를 할 수 있는 동인이 되기에 충분했다.

그 뒤 軍械學造事를 자청하러 청에 파견된 齎咨官 卞元圭를 통하여 다시 이홍장은 관세문제에 대해 의견을 들려주었다. 당시 조선정부가 일본과의 무관세무역으로 피해를 입고 있는 것을 안 이홍장은 자신이 의도하는 대외통상에로 조선을 유도하고자 하여 출입구세의 의정 등 자세하게 관세문제를 변원규에게 설명했다.[7] 이런 과정을 통해 통상국간의 관세 성격에 대해 보다 구체적으로 인지한 조선정부는 1880년 5월 제2차 수신사의 파견에서 일본과의 무관세무역을 시정하고자 했다. 그러나 전권사신이 아니라는 이유로 관세협의를 하지 못하고 수신사 김홍집은 돌아왔다. 김홍집은 일본에 있는 동안 일본주재 청국공사 하여장과의 필담을 통해서 관세에 관한 많은 정보와 지식을 얻게 되었고, 일본의 관세 운용도 견문할 수 있었다.[8]

1880년 8월 28일 수신사 김홍집은 일본에서 견문한 것들을 복명하면서 관세문제에 대해서는 일본의 국고수입 가운데 地租와 關稅가 가장 큰 비중을 차지한다는 재정관세에 역점을 두어 보고를 했다.[9] 또한 당시 조선정부는 일본과 인천개항 문제를 놓고 설왕설래하고 있었으므로 김홍집은 일본의 使臣駐京 문제에 대해서도 관찰했다. 김홍집은 이에 대해 "일본은 공사를 각국에 파견하여 상주시키고 있는데 朝官은 公事가 아니라도 往遊하여 그 동정을 살피므로 천하형세를 이웃의 일처럼 이야기한다"[10]고 고종에게 진언했다. 김홍집의 일본의 사신파견에 대한 상황보고는 일본과의 사신주경 문제를 염두에 두고 한 것이었다. 이것은 후술하듯이 조선정부가 청에 派使駐京을 제의하게 되는 데로 나아가는 계기가 되었다.

조선정부는 1881년 1월 청에 보낸 '청시절략'에서 청과 통상할 것을 제의했다.[11] 조선정부는 일본과의 무관세무역으로 대일무역이 확대일로에 이르자

---

7) 《清季中日韓關係史料》 2, #341－(2), 光緒 6년 9월 28일, 432쪽.
8) 《修信使記錄》 全, 修信使日記 권2, 大淸欽使筆談, 178쪽.
9) 《修信使記錄》 全, 修信使日記 권2, 復命書, 154쪽.
10) 《修信使記錄》 全, 修信使日記 권2, 復命書, 151쪽.
11) 《清季中日韓關係史料》 2, #353－(6), 光緒 7년 2월 3일, 475쪽.

이에 따른 대비책으로 일본 이외의 국가와도 교역을 하고자 했다. 그 결과 청과의 만국공법적인 무역개시라는 정책적인 조정으로서 청에 통상제의를 하게 되었던 것이다. 청측 또한 조선에서의 일본세력의 독주를 막고 러시아를 견제하려는 의도로 조선측에 통상을 권유하고 있었다. 그러나 청은 조선에 대한 교역확대의 내부적 필요성에도 불구하고 조선정부가 대청통상을 요구하고 있다는 점을 내세워 청나라 상인이 조선에 가서 무역하기를 바란다면 조선국왕이 청한 후에 처리하겠다는 의견을 제시했다.[12] 청은 조선과의 관계에서 조선이 먼저 자청하는 식으로 해서 현안문제를 풀려고 했는데 이것은 전통적인 사대관계를 확인시키려는 목적에서 나온 것이었다.

청에 통상을 자청하라는 요구를 듣고 난 후 조선정부는 통상문제에 대해 다각도로 정보를 수집하고 의견을 수렴했다. 특히 일본의 물정을 詳探하기 위해 1881년 1월 파견된 '조사시찰단' 중의 한 사람이었던 어윤중은 같은 시찰단원인 홍영식과 함께 일본주재 청국공사인 하여장과 만나 외국과의 수교에 관하여 많은 논의를 했다.[13] 어윤중은 일본을 거쳐 바로 청으로 갔다. 그는 영선사 김윤식과 工學徒를 만나보고 청의 개화정책을 견문했으며, 津海關道 周馥·直隷總督 李鴻章 등과 회담하면서 이미 1881년 1월 '청시절략'을 통해 자청한 청과의 통상문제에 대해 보다 자세히 의논했다.[14] 그는 돌아오는 길에 주일청공사로 임명된 黎庶昌과 상해에서 만났을 때 여서창이 부강을 하려면 參用西法하지 않을 수 없다고 하자 어윤중도 만국과 통상한 이후에 부강을 논할 수 있다고 하면서 그렇지 않으면 헛된 말일 뿐이라고 했다. 나아가 당시인이 무비로써 외국을 제압할 수 있음은 알아도 商務로써 외국을 제압할 수 있음은 알지 못한다고 파악했다.[15] 따라서 이 시기에 이르면 통상을 통한 부국강병책이 어윤중의 생각을 지배하고 있었음을 알 수 있다.

---

12) 《清季中日韓關係史料》 2, #353-(6), 光緖 7년 2월 3일, 475쪽.
金允植, 《陰晴史》, 고종 19년 1월 18일.

13) 《清季中日韓關係史料》 2, #365, 光緖 7년 7월 3일, 509쪽 및 #370, 光緖 7년 9월 6일, 518a쪽.

14) 魚允中, 《從政年表》, 고종 18년 10월 2·6·10일.
金允植, 《陰晴史》, 고종 18년 11월 28·30일, 12월 26일.
《清季中日韓關係史料》 2, #377, 光緖 7년 11월 9일, 525b쪽.

15) 《清季中日韓關係史料》 2, #387-(1), 光緖 7년 12월 8일, 544b~545a쪽.

어윤중의 귀국복명은 1881년 12월 14일에 있었다. 그가 보고한 내용을 종합하면, ① 지금의 국제정세를 돌아볼 때 부강하지 않고서는 나라를 보존할 수 없기 때문에 일본의 상하가 한 뜻으로 경영하는 것은 부강이며, ② 청은 처음 軍務에만 힘을 썼으나 근래에는 招商局을 설치하고 輪船을 이용하는 등 상업을 권장하며 외국과 통상하므로 우리 또한 商務로써 이에 응할 수 있다. ③ 일본은 서양과 통상을 시작한 이후 우리를 隣國으로 보고 있으며, 우리가 부강한 길로 나아가면 일본이 감히 '他意'를 갖지 못할 것이라는 것 등이었다.[16] 이렇게 축적된 통상문제에 대한 식견을 바탕으로, 어윤중은 1882년 2월 問議官에 임명되어 청과 통상문제를 담판하게 되었다.

어윤중이 문의관으로서 청으로 가기 전 고종은 어윤중에게 청과의 새로운 통상관계를 맺고자 하는 강한 의지를 표명하면서 조선과 청이 통상해야 하는 이유로 사신문제와 북도의 공동무역 문제를 들었다.[17] 이것은 對日·對歐美 통상에 대한 견제책으로서의 청과의 통상요구라는 목적과 함께 조선측의 경비부담이었던 조공사절·칙사의 왕래 및 변경개시에 대해서도 통상문제를 협의할 때 개선해 보고자 한 것이었다.[18] 특히 사신문제는 경비부담에 의한 개선 제의에서 나아가 청과의 관계를 이전의 조공체제에서 근대 국제공법체제하의 독립국 대 독립국의 관계로 전환시키고자 하는 의지를 드러낸 것이었다. 더구나 고종은 일본과 기회균등을 주기 위해 청에도 항구를 개방해야 한다고 어윤중에게 말해 조선과 청을 대등하게 보고자 하는 인식을 드러냈다.[19]

그러나 고종의 이러한 청에 대한 인식은 조선정부관료들에게서 보편적인 지지를 받지 못했다. 의정부 전임대신들(領府事 洪淳穆, 判府事 韓啓源, 領敦寧 李最應, 判府事 金炳國과 前領議政 徐堂輔)은 연명으로 箚子를 올려 고종의 어윤중에게 내린 지시가 청에 대한 관계를 새롭게 하는 것이라며 반대했다.[20] 당시 고종과 의정부대신과의 정책수립 과정에서 보인 대립은, 만국공법적 세계체제를 인식하면서 청과의 관계를 대등한 관계로 전환시키고자 한 고종과

16) 魚允中, 《從政年表》, 고종 18년 12월 14일.
17) 《承政院日記》·《從政年表》, 고종 19년 2월 17일.
18) 秋月望, 〈朝中間の三貿易章程の締結經緯〉(《朝鮮學報》 115, 1991), 105쪽.
19) 具仙姬, 앞의 책, 61쪽.
20) 《承政院日記》·《從政年表》, 고종 19년 3월 8·9일.

전통적 관계를 고집하는 정치세력과의 갈등이었다.

## 2) 조선중국상민수륙무역장정 체결과 조·청관계의 변질

### (1) 조·청통상협의

문의관 어윤중이 가지고 간 고종의 자문과 이 자문 내용을 따로 몇 개 조목으로 나누어 초록한 것은 이후 청과의 통상협의에서 중요한 안건이 되었다. 그 내용을 보면 다음과 같다.

> 조선국왕이 통상 駐使 등의 일로 질의한다…舊章에 구애받지 않고 우매함을 무릅쓰고 번거롭게 진언한다. 현재 외국인이 홀로 商利를 천단하고 선박이 바다를 달리는데 오직 上國과 우리 나라는 서로 해금을 지키니 視同內服之義와 다르다. 빨리 상국 및 우리 나라 인민으로 하여금 이미 개항된 口岸에서 서로 貿遷을 하도록 함이 마땅하다. 또한 派使를 허락하고 入駐京師하여 두터운 정의를 통함으로써 聲勢에 도움이 되면 外侮를 막을 수 있고 민지를 굳게 할 수 있다…
>
> 1. 이미 通商駐使가 행해지고 있은즉 장정을 타결하고자 하나 오직 상국의 裁定을 앙망할 뿐이다.
> 1. 조선의 함경도에 烏口剌·甯古塔 民人이 와서 교역하는 일은 일찍이 말한 바 있는데 지금 아라사가 국경을 연해 있으면서 육로통상을 방해하려 하여 걱정이 되니 이 開市를 폐지하여 점증하는 아라사의 대두를 막자. 또한 商民을 供饋하는 법규를 혁파하여 통상장정을 새로 정할 때에 따로 1款으로 의정할 것을 奏明한다.
> 1. 이미 駐使가 행해지고 있은즉 賀謝·陳奏 등의 사절은 따로 파견할 필요가 없다. 칙명을 내려 또한 따르도록 함이 옳다.
> 1. 使臣은 自備資粮하는데 종전에는 上國이 頒賜하거나 연로에서 留館할 때에 廩給했지만 또한 영원히 혁파함이 가하다.
>
> (《從政年表》, 고종 19년 4월 1일 ;《淸季中日韓關係史料》 2, #417-(5), 光緖 8년 4월 22일, 597쪽 ;《淸光緖朝中日交涉史料》(北京古宮博物院 編, 1963), 권 3, #(103), 光緖 18년 4월 29일, 16~17쪽).

위 咨文에서 조선정부가 요구한 ① 開海禁과 통상장정체결, ② 北道開市革罷 및 그에 따른 供饋의 폐지, ③ 派使駐京, ④ 年貢·賀謝·陳奏 등 事大使

行의 폐지 등은 결국 청과의 통상과 사대사행의 폐지로 집약할 수 있다. 어윤중은 1882년 4월 3일 가진 주복과의 회담에서 위와 같은 문제를 자청한 이유를 설명했다.

> 宇內가 무사하다면 조선이 비록 불편함이 있다고 하나 어찌 감히 가벼이 경장을 의논하겠는가. 조선의 일로 대강을 개진하자면 조선은 지금 러시아와 일본에 끼여 있는 가까운 땅이며, 외국이 또한 번갈아 通好하러 오니 내수자강을 기약해야 만국과 대립할 수 있고, 上國에 근심을 끼치지 않게 된다. 조선 8도는 중국의 일개 작은 성에 불과하다. 1년 세입이 겨우 은 30만 냥이며 함경도 세입의 반이 烏剌·會寧 互市에 충당되고, 평안·황해도의 세입은 使行의 왕래에 충당되어 度支에서 받을 수 없으니 어찌 上國의 번병의 책임을 다할 수 있겠는가. 그러나 更張의 일로 자청하는 것은 아니니, 오직 上國의 裁定만 기다릴 뿐이다. 금일의 계책으로 단지 舊典만을 지킴은 자강하여 上國의 拱衛함만 못하다(《淸季中日韓關係史料》 2, #417-(1), 光緖8년 4월 22일, 591b~592a쪽).

즉 조선의 내수자강은 청에게 근심을 끼치지 않는 방법이 되고, 또 조선의 경제적 궁핍은 청의 번병으로서 역할하는 데 바람직하지 못하기 때문에 청에 통상요청과 사대사행폐기를 제기한다고 했다. 이는 청과의 관계를 이용해 조선의 당면문제를 타개하고자 하는 조선정부의 의지의 표현이었지만 아직 이 단계에서는 이를 독자적 힘으로 추진해 갈 수 있을 정도로 국력이 강하지 못했으므로 청의 '裁定'만을 기대하는 수준에서 머물러야 했다.

조선정부의 위와 같은 요구는 북도개시 때의 供饋폐지를 제외하고는 모두 거부되고 말았다. 청에서는 조선정부의 통상제의에 대해 자국을 경시하는 대담한 요구로 보고 있었고, 事大之典과 관계가 있는 파사주경의 제의는 조선과 청과의 조공관계를 위반하는 징조로 보는 견해가 팽배했다.[21] 이미 1882년 4월 3일 어윤중이 청의 진해관도 주복과 필담할 때에 주복은 파사주경의 문제에 대해 통상문제와 무관하지 않으므로 서서히 상의하자고 했다. 그러면서 구례를 갑자기 고친다면 청에서 시비가 일어날 것이므로 사대지전에 관계되는 일인 만큼 조선이 '輕議更張'할 것이 못된다는 태도를 보이고 있었다.[22] 그러나 어윤중은 4월 18일 주복과의 연이은 필담에서 이 문제는 조선

---

21) 《淸光緖朝中日交涉史料》 권3, #(104)·(105), 光緖 8년 4월 29일, 17~18쪽.

정부의 경장의지에서 나온 것이지 전통적 사대관계의 변질을 의미하는 것이 아니라고 주장했다.[23)]

그러나 아무리 조선 내부의 경장정치를 위한 것일지라도 일단 청과의 전통적 관계를 청산하지 않는 한 조선정부의 통상정책이 만국공법적인 관계에서 추진될 수는 없었다. 조선정부가 청을 조선과 대등한 국가로 간주하고 제시한 대청통상요청은 오히려 전통적인 '속방'관계에 가탁하여 조선을 식민지화하고자 하는 청의 의도로 거절되었다. 그 결과 조·청통상문제는 임오군변 이후 8월 23일 조선이 청의 속방임을 명문화한 전문 8조의 〈朝鮮中國商民水陸貿易章程〉의 체결로 귀결되었다.

### (2) 〈조선중국상민수륙무역장정〉 체결과 조·청관계의 변질

임오군변 이후 고종은 정치적 안정을 도모하고 민심을 수습하기 위해 향후 조선의 정치개혁방안 즉 '善後事宜六條'를 만들어 1882년 7월 16일 청국 파견 사신으로 임명된 陳奏正使 趙寧夏, 副使 金弘集, 從事官 李祖淵 등을 통해 이홍장에게 보내고 이에 대한 조언을 구했다.[24)] 安民志·用人才·整軍制·利財用·變律例·擴商務의 여섯 가지 조목으로 되어 있는 '선후사의육조'는 조선정부가 추진하고자 하는 개화정책의 방향을 예시한 것이었다. 조선정부는 개화정책의 방향을 정립했지만 이를 추진할 수 있는 재정과 시설, 인재 등이 부족함을 절감했다. 이에 따라 임오군변이 진압된 직후 바로 陳奏使行 편에 이 개혁방안에 대한 자문을 구하면서 청의 원조를 요청하게 되었다.

1882년 8월 6일 진주사 조영하는 이홍장과 '선후사의육조'에 대해 문답하는 중에 군변 이전에 조선과 수륙통상조약을 체결하기로 되어 있으니 이에 대해 상론할 것을 제의했다. 그러자 이홍장은 馬建忠과 상의해서 시행하라고 대답했다.[25)] 마건충은 조미조약 조인 때와 그 후 조영·조독조약 조인 때에 입회했고, 임오군변 때에도 조선에 파견되는 등 청의 洋務派관료 가운데 제1

---

22) 《淸季中日韓關係史料》 2, #417-(1), 光緖 8년 4월 22일, 591a쪽.
23) 《淸季中日韓關係史料》 2, #417-(6), 光緖 8년 4월 22일, 601b쪽.
24) 《淸季中日韓關係史料》 3, #554, 光緖 8년 8월 8일, 910~917a쪽.
25) 《淸季中日韓關係史料》 3, #554-(2), 光緖 8년 8월 8일, 914b쪽.

급의 조선통으로서 이홍장뿐이 아니라 조선측에서도 신뢰가 두터운 사람이었다.[26)]

조선정부는 청과의 통상협의를 위해 1882년 8월 12일 문의관 어윤중을 다시 천진에 파견했다. 8월 17일 천진에 도착한 어윤중은 다음날 진주사로 간 조영하 일행과 합류하여 마건충·주복·이홍장 등을 차례로 만나고, 8월 22일부터 본격적으로 통상장정에 관해 논의하기 시작했다.[27)] 조선과의 장정체결을 주도했던 이홍장의 기본방침은 속방과의 교역은 다른 대등한 나라와 같을 수 없다는 만국공법을 참작하여—장정체결을 통해 조선과 청 양국이 서로 이익을 추구한다고 하지만 속국과 교섭하는 체통에 어긋나지 않는 선에서—藩服을 지키면서 이권을 확장하는 것이었다.[28)] 한편 어윤중은 청측에서 제시한 장정 초안을 청측 대표인 마건충과 주복과 논의하는 가운데 장정이 공법을 참작하여 규정되었지만 조선과 청 사이의 사대관계에 입각한 규정내용이 구미제국에 원용될 염려가 있다는 이유로 장정을 수정할 것을 요구했다. 어윤중이 수정 요구한 항목은 개항장에서의 재판관할권 문제와 양국 연안에서의 어채문제, 漢城開棧 및 內地採辦문제, 紅蔘稅率문제 등이었다.[29)]

어윤중에 의해 수정 요구된 4개 항목을 검토하면 다음과 같다.

첫째, 서로 파견하기로 한 상무위원의 재판관할권문제이다. 청의 상무위원은 조선에서 영사재판권을 행사할 수 있을 뿐만 아니라 피고가 조선인이고 청인이 원고가 되는 경우에도 조선관리와 같이 심리에 참가하도록 규정되었다. 한편 청국내에서는 조선상무위원의 영사재판권은 인정되지 않았다. 財産罪犯은 조선 상민이 원고이건 피고이건 가리지 않고 청국 지방관의 관할하에서 심리되고, 조선상무위원은 심리결과에 대해 보고를 받을 뿐이었다. 이에 대해 어윤중은 상무위원과 지방관에게 대등한 심판권을 주어 공평하게 처리하도록 개정하자고 요구했다.

둘째, 장정 제3조에 규정되어 있는 양국 상선의 해로통상과 난파선박의 구

26) 秋月望, 〈朝中間の三貿易章程の締結經緯〉(《朝鮮學報》 115, 1991), 106쪽.
27) 魚允中, 《從政年表》, 고종 19년 8월 17~22일.
28) 《淸季中日韓關係史料》 3, #594, 光緖 8년 8월 30일, 979a쪽 및 #596, 光緖 8년 9월 1일, 987a쪽.
29) 金鍾圓, 〈朝·中商民水陸貿易章程에 대하여〉(《歷史學報》 32, 1966), 152쪽.

원의무, 쌍방의 연해해역에서 어선조업의 공인 조항이다. 여기서 어윤중은 양국 어선의 조업조항을 조문 속에서 삭제할 것을 요구했다. 그 이유의 하나는 일본이 이 조항을 전례로 일본어선의 조선연안에서의 조업인가를 요구할 것이 염려된다는 것이었고, 또 다른 하나는 청국어선이 조선연안에 진출함으로써 밀무역이 증대할 것을 두려워했기 때문이었다.

셋째, 한성개잔 및 양국 상인의 상대국에서의 상업활동 즉 내지채판에 관한 것이다. 어윤중은 조선의 경제가 취약함을 이유로 한성개잔 및 내지채판을 삭제할 것을 요구했다.

넷째, 제6조에 들어 있는 홍삼세율문제로 홍삼은 조선이 청에 수출하는 최대품목이었다. 청의 초안에서는 그 세율이 30%로 규정되었다. 어윤중은 조선에서 이미 홍삼의 반출량을 규제하고 수출세를 징집하는 등의 조치가 있는데 여기에 고율의 수입세가 부가되면 유통이 막힐 뿐 아니라 밀매가 성행할 우려가 있다는 이유로 세율인하를 요구했다.

어윤중이 다른 나라의 원용을 두려워해 제시한 4개 수정 항목 중 홍삼세율문제만은 청측이 약간 양보하고 나머지 세 항목은 청측에 의해 거절되었다. 청측은 공법 내에 藩屬朝貢之國에 관계되는 무역왕래의 한계를 정한 것은 조선과 청 사이에 통용될 수 없는 것이라고 했다. 다른 나라와 정한 조약은 양국이 비준한 후에 시행할 수 있는 조약이지만 조선과 청 사이의 장정은 청 조정이 특별히 윤준해서 쌍방이 서로 맺은 約章이고 상하가 정한 조규로서 명칭이 '條約'과 '章程'으로 다르듯이 실제의 내용도 같지 않아, 조선이 청과 맺은 장정과 그 밖의 다른 나라와 체결한 조약에는 차이가 있기 마련이라고 반박했다.[30] 이것은 청이 조·청 사이에 체결된 장정을 근대 국제법적인 세계질서에 기초한 조약과는 근본적으로 다른 성질의 것으로 규정하고 있음을 나타낸 것이었다. 이어서 청측은 장정이 서로 평등한 예를 하는 다른 나라와의 조약과 달라 다른 나라가 원용할 것을 염려하여 수정을 요구하는 것은, 조선이 청과의 체제에 대항하고자 하는 것으로서 단지 일본을 두려워하고 청은 두려워하지 않는 것으로 볼 수밖에 없다고 협박했다. 그리고

30) 《淸季中日韓關係史料》 3, #594-(3), 光緖 8년 8월 30일, 984쪽.

다른 나라가 장정을 원용할 것이 염려가 된다면 장정에 속방조관을 넣을 것을 제안했다.[31]

청측이 속방조관 삽입을 조선측에 종용한 것은 속방조항을 명문화하여 다른 나라에게 주지시키고자 한 이홍장의 계책이었다. 임오군변이 발발하자 일본주재 청국공사 여서창이 군변이 평정된 후 조선의 국사를 청이 통할하도록 하자는 의견을 내는 등 청의 대조선정책에서 강경론을 주장하는 세력이 있었다.[32] 하지만 이홍장은 외교적인 분쟁을 초래할 소지가 있고, 청의 국내 사정을 고려한 끝에 시의가 적절하지 못하다는 이유로 회의적이었다.[33] 이홍장은 장정체결 당시 이런 대조선 강경론을 지양하면서 속방조항을 넣어 간접적으로 조선이 청의 만국공법적인 속국이라는 것을 언명하고 이를 각국으로부터 인정받고자 한 것이었다.[34] 속방조항에 대해서 어윤중이 반대하지 않은 것은 조미조약체결 당시 청이 조선에 강요한 속방조항을 김윤식이 그대로 수긍한 것과 일맥상통하는 것이었다.[35]

장정체결 때 어윤중의 속방조항에 대한 인식은 김윤식의 인식과 같았다. 그들은 대외전략에서 기왕의 조선과 청과의 사대관계를 충분히 활용하는 선에서 청이 조선을 방위해 줄 수 있는 국가로 상정하고 있었기 때문이다. 그

---

31) 《淸季中日韓關係史料》 3, #594-(3), 光緖 8년 8월 30일, 986a쪽. 청측이 제시한 장정 초안에는 속방조항이 없었다.

32) 《淸季中日韓關係史料》 2, #486, 光緖 8년 6월 26일, 773쪽.

33) 《淸季中日韓關係史料》 3, #624, 光緖 8년 10월 13일, 1032b~1033a쪽.

34) 具仙姬, 앞의 책, 86쪽.

35) 金允植, 《陰晴史》, 고종 18년 12월 27일. 김윤식은 조미조약체결 당시 청에 있으면서 이홍장이 조미조약에 속방조관을 넣어야 한다는 제의에 찬동하고 나서 고종에게 올리는 封書에서 다음과 같이 말했다. "우리 나라가 중국의 속방이라는 것은 천하가 다 아는 바이다. 항상 중국이 착실하게 담당할 뜻이 없으면 孤弱之勢가 될 것 같고, 大邦의 보호함이 없으면 실로 特立하지 못할 것 같아 걱정했다. 지금 李中堂(이홍장-필자)은 중국의 병권을 쥔 대신이다. 다행히 我國을 담당하는 중임을 의연히 스스로 맡아 이미 각국에 성명하고 약조에 大書했다. 다른 날에 우리 나라에 일이 있는데 힘을 다해 구하지 않는다면 다른 나라들이 반드시 비웃을 것이나 다른 나라가 중국이 우리 나라를 담임한 것을 보면 각국이 우리를 경시하는 마음도 또한 따라서 줄어들게 될 것이다. 또 그 아래에 자주한다는[구절-필자]까지 넣게 되면 각국과 서로 교통하는 데 무해하고 평등권을 행사할 수 있다. 그리하여 실권할 염려도 없고 사대하는 데에도 어긋나지 않으니 양득이 된다고 할 만하다."

러나 이들은 청이 조공관계에 가탁하여 조·청관계를 근대적 종속관계로 개편시키려 하고 있다는 것을 깨닫지 못했다. 단지 전래적인 조공관계로만 파악하고 있었다. 전래적인 조공관계에서는 공물을 바치고 의례적인 행사 몇 가지만 하면 청이 조선을 병합하려 하지는 않았기 때문이다. 이 점이 당시 대다수의 조선인민이 가졌던 대청인식의 한계였다.

장정은 조선정부가 기왕의 조공관계에서 벗어나 만국공법적인 평등관계를 지향하면서 맺고자 한 것과는 달리, 청은 만국공법에 준하는 속국을 조선에 기대했다. 결과적으로 장정은 조선에 대해서는 불평등조약이 되었고, 청은 이 장정을 통해 조선에 근대적 식민지배를 자행할 수 있는 규정을 명문화함으로써 이를 기점으로 전근대 동아시아 국제질서로서의 조공관계에서 근대적 종속관계로 조선과 청과의 관계는 변질되었다.

조선과 청측의 협상 결과 체결된 〈朝鮮中國商民水陸貿易章程〉의 내용을 요약하면 다음과 같다.

前文 : 조선이 속방임과 淸商의 특혜규정.
"이 상민수륙무역장정은 중국이 속방을 우대하는 뜻에서 상정한 것이고 각국과 더불어 일체 균점하는 예에 있지 않다."

제1조 : 商務委員의 파견 및 兩國派員의 처우, 북양대신과 조선국왕이 대등한 위치임을 규정.

제2조 : 조선내에서의 청 상무위원의 치외법권 인정.

제3조 : 遭難救護 및 평안·황해도와 山東·奉天 연안지방에서의 어채 허용. 관세규정.

제4조 : 북경과 漢城·楊花津에서의 開棧貿易을 허용하되 양국상민의 內地采辦 금지. 단 내지채판 및 遊歷이 필요할 경우 지방관의 執照를 받을 것. 관세규정.

제5조 : 세칙규정. 柵門·義州, 琿春·會寧에서의 개시.

제6조 : 홍삼무역과 세칙규정

제7조 : 招商局輪船 운항 및 청 병선의 조선연해 왕래·정박.

제8조 : 장정의 수정은 북양대신과 조선국왕의 咨文으로 결정.

그리고 이 〈조선중국상민수륙무역장정〉에는 육로통상, 즉 변경개시의 개편에 대해서는 현지답사한 후에 상정하는 것으로 되었다. 이에 따라 그 후

1883년에 〈奉天與朝鮮邊民交易章程〉과 〈吉林朝鮮商民隨時貿易章程〉이 체결됨으로써 육로통상의 상세한 문제들이 규정되었다.[36]

〈朝鮮中國商民水陸貿易章程〉은 전문에 청과 조선이 종주국과 속방관계라고 규정함으로써 조선정부의 비준조차 요구되지 않는 일방적인 것이었다. 그 내용도 특권으로 일관하고 있는데 제2조의 치외법권은 말할 것도 없고, 조선시장을 청국에 고스란히 내어 주는 조항까지 들어 있었다. 제4조의 서울을 개시장으로 한다는 내용과 호조가 있으면 각 지방을 돌아다니며 행상이 가능하다는 내지통상권에 대한 규정, 제7조의 연안무역권의 승인 등이 바로 그것이다. 물론 전문에는 종주국과 속국간의 관계에서 맺어진 것이므로 이 장정을 다른 나라와 균점할 수 없다고 했지만 그 뒤에 체결되는 조약, 특히 일본과 영국간의 조약개정에 중대한 영향을 미쳐 불평등조약체계 확립에 결정적 역할을 했다. 이 조문이 계기가 되어 조선시장은 서울에서 벽촌에 이르기까지 외국상인에게 시장이 개방되고 말았던 것이다.[37]

따라서 〈朝鮮中國商民水陸貿易章程〉의 체결은 정치적으로는 청과 조선과의 관계가 전통적 조공체제에서 변질된, 곧 청이 조선에서 의도한 근대적 식민지배의 속셈을 명문화한 결과를 가져왔고, 경제적으로는 불평등조약체계의 확립에 결정적 역할을 함으로써 국내시장의 보호와 나아가 국내산업의 육성 자체를 어렵게 만들어 자주적 근대화를 저애하는 계기가 되었다.

〈具仙姬〉

36) 秋月望, 앞의 글, 104쪽.

37) 李炳天,《開港期 外國商人의 侵入과 韓國商人의 對應》(서울대 박사학위논문, 1985), 제1장 참조.

# V. 갑신정변

1. 갑신정변의 배경
2. 갑신정변의 주도세력과 외세
3. 갑신정변의 전개
4. 갑신정변의 영향과 의의

# V. 갑신정변

## 1. 갑신정변의 배경

### 1) 구미열강과의 외교

開化黨 인사들은 당시의 다른 지식인들보다 외국사정에 밝았으며 국제사정에 민감하였다. 그리고 복잡한 국제정세하에서 조선의 독립을 보전하기 위해서는 외국과 적절한 외교관계가 수립되어 있어야 된다고 생각하고 있었다. 그들은 19세기 후반기 국제관계에서 널리 통행되고 있던 均勢 즉 세력균형에 대한 지식을 갖고 있었다. 균세에 대해서는 중국에서 번역된 국제법 서적인 《萬國公法》을 통해 일찍부터 이에 대해 지식을 얻고 있었다.[1] 즉 개화지식인들은 공법 중에서도 "이른바 均勢之法이란 강국들간에 세력균형을 이루어 서로 침범하지 않게 되면 弱國은 이에 의뢰하여 安寧을 얻는다"는 데에 주목하고 이 균세법이야말로 약소국 조선이 당시 위협을 가해오고 있는 주위의 열강들 사이에서 독립을 유지할 수 있는 가장 적절한 방법이라고 믿고 있었다.[2]

개화당 요인 중 외교담당 기관인 統理交涉通商事務衙門에는 閔泳翊·金玉均·洪英植은 협판으로 尹致昊는 주사로 근무하였다. 邊燧도 주사로 근무한 적이 있었다. 즉 그들은 외교문제에 대해 국왕에게 상주할 수도 있고 외국시찰 등을 통해 각국 외교사절과 폭넓게 접촉할 수도 있는 자리를 점하고 있

1) 李光麟, 〈開化黨의 形成〉(《省谷論叢》 3, 1972 ; 《開化黨研究》, 一潮閣, 1973), 46쪽.

2) 만국공법의 수용에 대해서는 李光麟, 〈韓國에 있어서의 『萬國公法』의 受容과 그 影響〉(《東亞研究》 1, 西江大, 1982 ; 《韓國開化史의 諸問題》, 一潮閣, 1986) 참조.

었으므로 그들이 추구하는 바에 따라 외교활동을 펼치는 데 유리하였다.

개화지식인들은 壬午軍亂 뒤 조선의 정치에 대한 청국의 간섭이 노골화되면서 조선의 독립에 위협을 가해오자 외국 특히 구미세력을 끌어들여야 된다고 믿고 있었다. 개화당 요인들은 그 어느 나라보다도 미국과의 국교수교를 갈망하고 있었다. 《朝鮮策略》이 들어온 이후 국내 지식인들 사이에서 미국은 영토에 야심이 없는 공평무사한 나라이므로 맘놓고 신뢰할 수 있는 나라라는 대단히 호의적으로 인식되어 있었다. 이런 미국과의 수호통상조약은 임오군란이 일어나기 전인 1882년(고종 19) 5월 22일 李鴻章의 주선으로 체결되었다. 이 조약은 미국을 비롯하여 유럽열강을 한국으로 끌어들임으로써 러일 양국의 한국침투를 막는다는 이홍장의 以夷制夷정책의 산물이었다.

朝美修好通商條約은 1883년 1월 미국의 상원에서 통과되었다. 이 소식을 일본에서 유학중에 있던 윤치호가 후쿠자와 유키치(福澤諭吉)로부터 듣고 당시 동경에 체류중인 김옥균에게 달려가 전하였더니 김옥균은 뛸듯이 기뻐하였으며 때마침 그 곳에 온 徐光範과 함께 바로 주일미국공사를 방문하여 사의를 표할[3] 정도로 개화당 인사들은 미국과의 국교수립을 크게 환영하였다.

이홍장은 자신의 주선으로 조미수호통상조약이 성립된 지 2주 뒤인 1882년 6월 6일 역시 이이제이정책의 하나로 조영·조독수호통상조약의 체결을 성사시켰다.[4] 그러나 이 조약에 규정되어 있는 관세율이 너무 높다는 아시아주재 영국상인들의 불평으로 영국정부는 이 조약을 비준하지 않고 있을 뿐만 아니라 독일정부에도 종용하여 비준을 거부케 하면서 조약을 개성할 수 있는 기회만 노리고 있는 형편이었다.

한편 임오군란 뒤 일본에 파견된 박영효·김옥균 등 개화파 일행은 일본에 체류하고 있는 동안에 이 문제를 해결해 보고자 하였다. 이들은 1883년 10월 13일 동경에 도착한 이후 일본 외무성의 주선으로 주일영국공사 파아크스(Harry S. Parkes)와 가진 면담에서 그에게 청국의 간섭정책에 대한 불만을 토로하면서 청국의 파병은 분명히 국제법에 위배되는 처사라고 비난하고

---

3) 尹致昊, 〈壬午日記〉(《開闢》 속간 1호, 1934), 1883년 1월 13일.

4) 한영수교에 대해서는 崔文衡, 〈韓英修交와 그 歷史的 意義〉(《韓英修交100年史》, 韓國史硏究協議會, 1984) 참조.

청국의 무력개입정책으로 급증한 청국의 영향력 아래 있는 정치적 현실을 개탄하였다. 아울러 만약 영국이 조약수정의 제의를 중국을 통하지 않고 조선정부에 직접 해온다면 영국측이 요구하는 조건을 수락할 수도 있다는 암시를 주었다. 즉 당시 개화파들은 구미세력을 끌어들여 청의 속박에서 벗어나야겠다는 일념에만 사로잡혀 조약의 내용이 한국에 유리한지 어떤지를 따지기에 앞서 구미제국과의 조약체결이라는 그 자체에 더 의미를 두고 있었던 것이다. 따라서 파아크스공사는 이 때가 바로 자국에 유리하게 조약의 개정을 추진할 수 있는 더없이 좋은 기회라는 것을 포착하고 적극적으로 추진해 나갔다.

파아크스는 1883년 3월 고베(神戶)주재 영국영사 애스턴(William G. Aston)을 조선에 파견하여 조약개정에 대해 본격적인 협상에 들어갔다. 그 결과 종래의 관세율에서 거의 절반으로 인하된 내용으로 11월 26일 조영·조독수호통상조약을 다시 조인할 수 있게 되었다. 그리하여 1884년 4월부터 서울에 총영사관을 설치하고 애스턴을 총영사로 상주시켰으며 독일은 6월부터 영사가 주재하였다.

개화당 인사들은 미국·영국·독일뿐만 아니라 조선과 수교를 원하는 모든 나라와 관계를 맺어야 한다고 주장하였다. 다시 말하자면 공포 또는 증오의 대상으로 인식되고 있던 러시아·프랑스까지도 수교를 맺어야 된다는 것이었다. 고종 또한 이러한 개화당의 생각에 공감하고 있었다. 그래서 1883년 10월 16일에 고종은 주한미국공사 푸트(Lucius H. Foote)에게 다음과 같은 요청을 하였다.

> 英·獨 양국은 이제 새로운 조약을 체결코자 全權委員을 조선에 파견하려고 하고 있다. 이에 관하여 귀하의 가장 좋은 조언을 구하고 싶다. 나는 이 양국과의 조약이 우리 정부를 강력하게 해줄 것을 믿고 있는데 만약에 그것이 확실하다면 러시아와 프랑스에게도 우리와 조약을 교섭하도록 미국정부가 권고해 주기 바란다(George M. McCune and John A. Harrison ed., *Korean-American Relations. Vol. 1*, University of California Press, 1951, pp. 53~54, No. 32.).

러시아는 이미 조미조약체결 소식을 듣고 곧 이홍장에게 알선을 부탁하였으나 거절당한 바 있었다. 청국은 러시아의 남하를 두려워하고 있었기 때문에 조선과의 수교를 알선해 달라는 러시아의 요청을 받아들일 생각이 없었다. 또 러시아는 조선과 국경을 접하고 있는데다가 黃遵憲의《조선책략》이 전해진 이래 조선에서는 영토에 야심이 있는 나라로 인식되어 있어서 공포의 대상이었다.

그러나 임오군란 이후 러시아측에서는 달라진 조선 국내의 분위기를 간과하지 않고 적극적으로 수교교섭에 나섰다. 1884년 6월 24일 러시아의 대표 웨베르(K. I. Waeber)가 조약체결차 내한하자 김옥균은 인천에까지 가서 그를 맞이하였다. 러시아는 개화당 인사뿐만 아니라 통리교섭통상사무아문의 협판 묄렌도르프(P. G. Mölendorff)와도 교섭을 벌였다. 그리하여 1884년 7월 7일 조로수호통상조약이 조인되었다.

이 조약은 청의 세력강화를 위해 청에 의해서 파견된 묄렌도르프의 알선에 의해 이루어졌다. 묄렌도르프는 청일양국의 세력을 견제하기 위해서는 제3세력으로 러시아세력을 끌어들일 필요가 있다고 느껴 러시아세력을 유치하려고 한 것이었다. 개화당 인사들은 이 러시아와의 조약체결을 환영하였다. 그들은 러시아와의 외교관계 수립도 청국의 압박에서 벗어나 조선의 독립을 보전하는 데에 보템이 될 것이라는 생각에서였다. 그러나 러시아와 정식으로 국교가 수립된 것은 갑신정변이 일어난 지 거의 1년이 지난 1885년 10월이었다. 이 때 웨베르가 총영사 자격으로 내한하여 비준서의 교환이 이루어졌던 것이다.5)

프랑스는 1836년 프랑스 선교사들이 조선에 잠입한 이래 1866년의 丙寅洋擾에 이르기까지 반세기에 걸쳐 천주교문제와 관련하여 조선에서는 증오의 대상으로 되어 있던 나라였다. 따라서 쉽게 수교를 이룰 수 없었다. 그러나 임오군란 뒤에는 사정이 바뀌어 개화당 요인들을 중심으로 프랑스와도 외교관계를 맺어야 한다는 주장이 나타나게 되었다. 1883년 말 이래 안남문제로 청불간의 관계가 험악하여 중국은 역경에 처해 있었는데 개화당 요인들은 이러한 시기를 이용하여 프랑스와 외교관계를 맺어야 한다고 적극적으로 주

5) 李光麟,《韓國史講座》V, 近代篇(一潮閣, 1981), 118~119쪽.

장하였다.[6] 예컨대 윤치호가 劉大致의 교시에 따라서 고종한테 "안남문제로 프랑스와 안남 사이에 전쟁이 곧 일어날 것이며, 또한 프랑스는 청국이 망령되이 조선을 억누르려고 하는 것도 미워하고 있기 때문에 우리 나라와 조약을 맺어 청국의 기를 누르고자 크게 바라고 있다. 그런데 조선이 만약에 청국의 위협과 강압을 두려워하여 조약체결을 주저한다면 조선의 국체를 손상시키게 된다"고 상주하는 등[7] 개화당 인사들은 조불조약체결의 필연성을 강조하고 있었다. 그러나 안남문제로 인한 청불간의 험악한 관계, 천주교 포교문제 등으로 프랑스와의 조약은 1886년에 가서야 조인되었다.

이리하여 갑신정변이 일어나기 직전 서울에는 외국공관으로 일본·청국·미국의 공사관 그리고 영국·독일의 총영사관이 있었다. 개화당 요인들은 청국에 대해서 적대시하고 있었던 터이므로 청국공사관과의 접촉은 끊고 있었다. 일본공사 다케조에(竹添進一郎)는 1883년 1월 부임한 이래 시종 개화당에 대해 냉랭한 태도를 보이다가 1884년 10월 말 휴가에서 귀임한 이후에 갑자기 호의적인 태도를 취하였으므로 그 동안은 개화당이 일본공사관에 접근할 만한 상황이 아니었다. 따라서 이들은 주로 미국 및 영국공사관과의 유대를 강화해 나가고 있었다.

개화당 요인들은 미국공사관을 빈번히 출입하면서 푸트공사와 포크(George C. Foulk)무관과 친밀한 관계를 맺고 있었다. 미국은 영국과 독일보다 1년이나 앞선 1883년 5월에 공사관을 설치하고 1883년 5월 초대 주한특명전권공사 푸트가 부임하여 조선을 국제사회의 일원으로 간주한다는 본국정부의 외교정책을 밝혔다. 그리하여 고종을 비롯한 개화파들은 신뢰할 수 있는 미국과의 국교수립이야말로 적어도 정치적으로 청국의 모든 속박에서 벗어날 수 있는 탈출구로 생각하여 진심으로 그의 부임을 환영하였다.

개화당 요인들은 미국의 힘을 빌려 청국의 세력을 제거하려는 생각을 가지고 빈번히 미국공사관을 출입하면서 푸트공사와 포크무관과 접촉하였다. 푸트공사는 부임한 이래 비교적 개화당 요인들에 대해 호감을 가지고 있었다. 포크무관은 보빙사가 미국과 유럽을 순방할 때에 안내역을 담당하여 일

6) 李光麟, 앞의 책(1973), 47~49쪽.
7) 尹致昊, 《尹致昊日記》 1, 1884년 (양력)1월 18일(國史編纂委員會, 1973).

행과 여행을 함께 하고 한국에 와서 공사관의 무관이 된 사람으로서 한국어에도 능하였다. 그러므로 개화당 요인 가운데 보빙사의 수행원이었던 서광범·변수 등과는 8개월간 같이 여행을 하는 동안에 상당히 친밀한 관계가 형성될 수 있었다.[8] 그는 숙소를 공사관내에 두지 않고 수표교 부근에 거주하고 있었기 때문에 개화당 인사들이 비교적 쉽게 접근할 수 있었다. 또 당시 미국공사관에는 통역으로 개화당에 속해 있던 윤치호가 있었다. 따라서 개화당 요인들은 수시로 푸트공사나 포크무관을 찾아가서 협의하거나 도움을 청하였다.

아시아에 진출이 영국 등 유럽제국보다 늦었던 미국은 아시아 여러 나라의 독립유지가 자기 나라에 유리하다고 생각하고 있었기 때문에 조약비준 당시인 임오군란 직후만 해도 조선의 독립을 지지하면서 조선에 대하여 뚜렷하게 관심을 가지고 있었다. 미국정부는 조약의 비준과정에서 주일본영국공사 파아크스의 끈질긴 방해공작을 물리쳤으며, 미국공사의 격을 동경이나 북경주재와 동격인 특명전권공사로 높여 파격적인 호의를 보였다. 그러나 얼마 지나지 않아 미국은 조선에 대해 점차 흥미를 잃어 가고 있었다. 예컨대 1883년 10월 고종이 군사교관 파견을 요청하고 몇 차례 독촉을 했음에도 불구하고 요청한 지 만 1년이 경과한 뒤에야 겨우 미국무장관이 이 문제에 대하여 미국방장관에게 조회를 의뢰하였다는 내용의 공식적 회답을 미국정부로부터 받아볼 수 있을 정도였다. 또 1884년 7월 재가된 외교 및 영사법에 의해 미국무장관은 주한공사의 지위를 전권특명공사에서 총영사급인 辨理公使로 강등시켰던 것이다.[9]

당시 미국정부가 이처럼 조선에 대한 관심이 퇴색되어 있었으므로 조선주재원들이 개화당을 지지하고 호의를 가지고 있었어도 본국정부의 태도에 따라 그들의 활동에도 상당한 제약이 뒤따랐던 것이다. 그러므로 푸트공사나 포크무관은 개화당에 확실한 지지세력이 되어 도움을 줄 수 있는 형편이 아

---

8) Ensign George C. Foulk, Report of information relative to the revolutionary attempt in Seoul, Corea, December 4~7, 1884, *Papers of American Foreign Relations*, Inclosure in No. 128(朴日根 편, 《近代韓國關係英·美外交資料集》 1866~1886, 新文堂, 1984, 995쪽).

9) 崔文衡, 〈한미수교와 友誼 변화〉(《제국주의시대의 列强과 韓國》, 民音社, 1990), 44~48·58~63쪽.

니었다. 그들은 우선 집권파와 개화당 양파간의 화해를 종용해 보았다. 그러나 이 두 파 사이의 대립이 극도에 달하여 도저히 화합시킬 수 없다는 것을 확인하고 곧 유혈사태가 빚어질 것을 예감하였을 뿐이었다.[10)]

이러한 상황에서 푸트공사 등은 개화당의 계획을 최대한 늦추어 보고자 노력하였다. 그래서 그는 김옥균에게 잠시 한성을 떠나 上海·長崎 등지를 유람하고 돌아올 것을 간곡히 권고하였다. 뿐만 아니라 다음과 같이 함께 여행을 떠나자는 제안을 해오기까지 하였다.

> 내가 평양 등지로 유람하고자 한 지가 오래였으나 미처 여가가 없었다. 지금은 비록 추운 계절이기는 하나 내가 공을 위해 춥고 더운 것을 불구하고 잠시 가서 둘러볼까 합니다. 長崎에 있는 우리 군함을 이미 일본우편선 편에 급히 인천에 來泊하도록 하였으니 오는 것을 기다렸다가 나와 함께 잠시 평양으로 가는 것이 어떻겠는가(金玉均, 〈甲申日錄〉, 《金玉均全集》, 亞細亞文化社, 1979), 11월 24일).

이처럼 개화당은 미국공사나 무관 등 주재원들로부터 개인적인 지지와 호의를 얻어낼 수는 있었다. 그러나 정변을 일으키는 데 있어서 이들로부터 실질적인 도움을 얻어내는 데는 실패하였다. 개화당 요인들은 정변 직전까지 미국공사 등을 방문하여 극비에 속하는 정변의 계획까지 털어놓으면서 도움을 청하였던 것이다. 그러나 미국공사나 무관은 예컨대 "동지를 모으면서 조용히 시기를 관망하고 과격한 행동을 삼가야 될 것이며 만약에 그러한 행동을 한다면 도리어 개화운동에 해가 될 것"[11)]이라 충고하여 개화파의 정변계획을 뒤로 미루어 보고자 하였을 뿐이었다.

개화당 요인들은 애스턴 영국총영사와도 친밀한 관계를 유지하였다. 그는 한국어로 자기의 의사를 표현할 수 있는 능력을 갖추고 있기까지 하였기 때문에 쉽게 접촉할 수 있었다. 그러나 영국은 주한공사의 격을 총영사급으로 하여 주청공사에 예속시킴으로써 청의 對韓宗主權을 외교적으로 뒷받침해 주고 있는 형편이었다. 그러므로 애스턴 역시 개화당을 위하여 실질적인 도

---

10) George C. Foulk, 앞의 글.
11) 《尹致昊日記》 1, 1884년 11월 29일.

움을 줄 수 있는 입장에 있지 못하였다. 그러므로 김옥균이 "조선 내정이 날로 위급해지니 내가 청국과 프랑스가 싸우는 틈을 타서 한 번 내정개혁을 도모하고자 하는데 어떨는지 모르겠다"고 애스턴의 의견을 묻자 조금 더 시기를 기다리는 것이 좋겠다[12]고 하여 애스턴 역시 미국공사관측과 마찬가지로 개화당에게 계획을 뒤로 미루어 신중을 기하는 것이 좋겠다는 의견을 내놓고 있을 뿐이었다.

이와 같이 개화파들은 구미열강을 끌어들여 국내에서 구미열강이 세력균형을 이룬 가운데에서 조선은 청국의 간섭으로부터 벗어나 독립을 유지할 수 있다고 믿어, 구미열강과의 국교수립에 적극적으로 나섰으나 개화당의 기대를 충족시켜 주지 못하였다. 그리하여 개화당 요인들은 집권파를 제거하고 자신들의 이상에 따라 내정개혁을 하기 위해 정변을 계획하고 미국·영국 등 구미열강의 세력을 이용하여 보고자 끝까지 노력하였으나 실패하고 말았다. 결국 개화당은 자신들을 불신하여 냉랭하게 대하면서 방해를 일삼던 태도를 청불전쟁 이후 갑자기 바꾸고 적극적으로 접근한 다케조에공사 등 일본의 세력을 이용하여 갑신정변을 일으키게 되었던 것이다.

### 2) 차관교섭

임오군란 직후 '國無一月之儲'[13]라는 金弘集의 탄식에서 보듯이 1880년대 조선의 재정은 만성적인 재정난에 허덕이고 있었다. 그러나 개항 이후 국가의 재정지출은 날로 늘어났으나 수입을 증대시킬 만한 재원이 별로 없어 정부에서는 그 미봉책으로 화폐를 찍어 내는 것을 일삼고 있었다.[14] 개화당 요인들은 이러한 국가의 재정난을 타개하기 위해 외국에서 차관을 얻어 보려고 하였다.[15] 물론 여기에는 그들의 활동에 필요한 자금의 확보와도 관련이

---

12) 金玉均, 〈甲申日錄〉, 11월 24일(《金玉均全集》, 亞細亞文化社版, 1979).
13) 《淸季中日韓關係史料》 3, 光緖 10년 9월 8일(臺北 ; 中央硏究院 近代史硏究所, 1972), 910쪽.
14) 당오전 주조에 관해 元裕漢, 〈當五錢攷〉(《歷史學報》 35·36, 1967) 참조.
15) 김옥균의 대일차관교섭에 대해서는 다음 글들이 참조된다.
李光麟, 앞의 책(1973), 57~65쪽.

있었다. 개화당 요인들이 차관의 도입을 주장하자 고종도 이에 동조하였다.

개화당 인사들은 일본에서 쉽게 차관을 얻어 올 수 있을 것으로 믿었다. 임오군란 직전 1882년(고종 19) 3월 김옥균이 첫 번째 일본시찰 때부터 차관 교섭이 있었으나[16] 일본차관이 처음 도입되는 것은 임오군란 직후 김옥균이 두 번째 파견되었을 때의 일이었다. 임오군란 뒤 1882년 10월 박영효를 정사로 하는 수신사 일행이 일본에 파견되었을 때 김옥균도 수행하여 이 때 일본정부의 주선으로 일본의 국책외환은행인 橫濱正金銀行으로부터 17만 원의 차관을 들여올 수 있었다.

그런데 문제는 차관의 조건이었다. 17만 원에 대한 이자는 년 8分이고, 그 상환조건은 2년 거치 후 10년 동안에 매년 원금 1만 7천 원씩 상환키로 되어 있었다. 그리고 원금과 이자의 상환이 약정대로 실행되지 못하고 지연되는 경우에는 부산해관의 수입금과 함경도 端川金鑛에서 공동으로 채굴하여 거두어들인 금으로 상환케 한다는 것이다. 이 경우 정금은행에서 직원을 파견하여 조선관리와 공동의 관리하에 이루어진다는 조건도 붙여 놓았다.[17] 이것은 조선해관의 자주권과 금광채굴권을 침탈할 수 있는 여지를 마련해 놓은 매우 불리한 조건이었다. 이자만 보더라도 갑신정변 뒤 청국정부와 체결한 전신공채차관이 무이자였고 淸商 同順泰로부터의 차관이 단기간임에도 불구하고 월 6리였다는 사실과 비교해 보더라도 알 수 있다.

김옥균 등은 그 조건이 불리함을 알고 있었으나 사절 일행의 여비도 궁색한 형편인데다가 앞으로 여러 가지 활동을 벌이려면 자금이 필요하였으므로 여유를 갖고 교섭을 벌리지 못하였을 것이다. 한편 일본측에서는 이러한 김옥균 등의 사정을 이용하여 불리한 조건을 내세웠을 것이다. 더욱이 차관 17만 원 중 제물포조약에서 약정한 배상금의 제1회 분할금조로 5만 원을 공제하였으므로 넘겨받은 실제 금액은 12만 원이었다. 그리하여 17만원차관은 수신사절의 경비, 《漢城旬報》의 간행비, 당시 50여 명에 달했던 일본유학생의 교육비 등에 충당되었다.[18] 따라서 이 차관은 개화정책 수행을 위한 기초적

---

趙璣濬, 《韓國資本主義成立史論》(고려대 출판부, 1973), 142쪽

16) 《朝鮮新報》, 1882년 3월 25일.

17) 日本外務省, 《日本外交文書》 15, No. 157, 明治 15년 12월 18일, 287쪽.

인 사업에 사용되었다고도 할 수 있다.

수신사 박영효 등은 3개월간 동경에 체류한 뒤 귀국하였다. 그러나 김옥균과 서광범은 계속 남아 일본정부 요인들과 접촉하면서 또 다른 차관의 도입을 모색하고 있었다. 그 결과 조선정부의 국채위임장만 있으면 차관을 더 얻을 수 있을 것이라는 말을 믿고 다음해 3월에 일단 귀국하였다.

당시의 국내재정은 여전히 궁핍을 면치 못하고 있었으므로 집권층인 민씨측에서는 協辦交涉通商事務 묄렌도르프의 조언에 따라 當五錢 발행을 서두르고 있었다. 일본에서 돌아온 김옥균은 당오전과 같은 惡貨의 주조는 국가의 재정난을 타개할 수 없을 뿐 아니라 물가고로 국민생활에 큰 해독을 주게 된다고 반대하면서 차관도입이 유리하다고 주장하였다. 그렇다고 해서 개화당 요인들이 내세우는 차관도입 또한 문제가 없는 것은 아니었다. 만약에 또 17만원차관의 경우처럼 불리한 조건으로 차관이 도입된다면 도리어 외세를 끌어들이는 결과가 될 것이기 때문이다. 국왕은 양측의 의견을 모두 받아들여 한편으로는 민씨측의 요구대로 3월 16일 당오전의 주조령을 내리고, 다른 한편으로는 김옥균에게 300만 원 국채모집의 위임장을 부여하여 일본에 다시 파견하였다.

김옥균이 국왕의 위임장을 가지고 다시 일본으로 건너간 것은 1883년 6월이었다. 그로서는 세 번째의 일본방문이었다. 그의 사명인 300만 원의 국채모집은 꼭 성공해야만 하였다. 그만한 돈을 끌어들인다면 개화당 요인들은 국왕으로부터 확고한 신임을 얻어 정부내에서 당당한 위치를 차지할 수 있게 될 것이고, 동시에 그들이 계획해 온 개화정책을 추진하는 데 필요한 자금도 마련되기 때문이었다.

김옥균은 일본에 가기 전인 1883년 4월 18일 東南諸島開拓使兼管捕鯨事로 임명되었다.[19] 당시 울릉도·제주도 지역에는 일인들이 난입하여 벌목과 漁採를 일삼고 있어서 일본측에 여러 차례 항의한 바 있었다. 그리고 일본에서

18) 《漢城旬報》, 개국 492년 11월 21일, 〈駐日生徒〉.
李光麟, 〈開化初期 韓國人의 日本留學〉(《韓國開化史의 諸問題》, 一潮閣, 1986), 54쪽 참조.

19) 김옥균이 동남제도개척사겸관포경사로 활동한 데에 대해서는 李光麟, 〈金玉均의 「東南諸島開拓使 兼 管捕鯨事」 任命에 대하여〉(위의 책) 참조.

는 17세기 말 이래 網取法과 擲銛法 등의 기술로 고래잡이가 성하였는데 개항 이후에는 고래가 많이 출몰하는 조선해안으로의 진출을 노리고 있었다. 이러한 실정을 파악한 김옥균은 외국인의 투자로 그것을 개발해 볼 생각도 했지만, 그것을 담보로 하면 거액의 외채도 모집할 수 있을 것으로 믿었던 것 같다. 그래서 그는 일본측이 차관을 제공할 때 필시 담보를 요구할 것으로 내다보았고 이 때를 대비해서 담보로 울릉도의 삼림채벌권이나 포경권을 생각하고 있었던 것 같다. 그리하여 국왕에게 이 실정을 상주하였고 한편 국왕은 김옥균에게 차관을 교섭할 수 있는 실권을 보강해 주기 위해서 동남제도개척사 겸 관포경사라는 벼슬을 내렸던 것이다.

김옥균은 白春培와 卓挺埴을 수원으로 李允杲를 從人으로 그리고 일인 가이군지(甲斐軍治)를 고용하여 일본에 건너갔다. 그러나 곧 일본에서 300만 원의 차관을 도입한다는 것이 용이치 않다는 것을 알게 되었다. 우선 김옥균의 주장처럼 그 동안에 일본정부의 태도가 전적으로 바뀌었기 때문이었다. 임오군란 이후 부임한 일본공사 다케조에는 부임 초 김옥균의 정치적 역량을 의심하고 조선정계에서 개화당의 지위가 무력하다고 보아 이들을 지지해서는 안 된다고 개화파에 대해 부정적으로 이노우에(井上馨) 외무경에게 보고함으로써 차관교섭을 방해하여 결국 차관도입은 벽에 부딪치고 말았다.

그러나 이보다 더 중요한 원인으로서는 당시의 일본정부나 민간재계에서 300만 원이란 거액을 투자할 여력이 없었던 것이다. 그 액수는 당시 일본의 1년간 조세수입의 22분의 1에 해당되었고, 또 일본정부는 자기 나라의 공업화를 위하여 인플레이션정책을 감행하고 있었으며, 한편 민간의 기업체들은 정부의 절대적인 후원 아래에서 운영되고 있는 상태였다. 따라서 정부나 민간에게는 그만한 거액을 투자할 수 있을 만한 여력이 없는 실정이었다.

김옥균은 일본으로부터의 300만 원 차관도입을 기대할 수 없겠다고 판단되자 모오스(James R. Morse)를 통해 미국으로부터의 차관도입을 모색하였다. 모오스가 사장으로 있는 미국무역상사(American Trading Company)는 한때 동양에서 미국인이 경영하는 회사 중 가장 규모가 컸었다. 또한 모오스는 한국으로의 진출에 관심을 가지고 있었으며 김옥균과도 여러 차례 접촉을 가진 바 있었다.

모오스는 김옥균의 제의를 받아들여 차관교섭을 위해 직접 뉴욕으로 갔다. 김옥균은 푸트공사와 주일미국공사 빙햄(John A. Bingham)의 측면 지원도 얻어내어 희망을 가지고 기다리고 있었다. 그러나 이것도 불가능하였다. 그리하여 김옥균은 직접 미국으로 가서 교섭을 벌여 볼 생각까지도 하였으나 푸트공사의 충고를 받아들여 미국행을 단념하였다. 그 뒤 일본 第一銀行의 시부자와 에이치(澁澤榮一)와 교섭하여 10만 원이나 20만 원 정도의 금액이라도 대부를 받아 보려고 하였으나 이것마저도 역시 실패하였다.

김옥균이 세 번째 도일하여 10개월간 일본에 체류하면서 차관을 얻어 보려던 노력은 전부 수포로 돌아가 빈손으로 돌아올 수밖에 없이 되었다. 이때 그는 귀국하기에 앞서 자신의 심정을 후쿠자와 유키치에서 다음과 같이 토로하였다는 것이다.

> 나는 자금이 없이는 아무 것도 할 수 없고 지금 빈손으로 귀국하면 집권 사대당은 나를 비판하며 궁지에 몰아넣을 것임을 알고 있다. 어쨌든 우리 개화당은 심한 타격을 받을 것이며 우리의 개혁안도 없어질 것이며 조선은 청국의 영구적 속국이 될 수밖에 별 도리가 없다. 우리 당과 사대당은 공존할 수 없기 때문에 최후의 선택을 택할 지도 모르겠다(石河幹明, 《福澤諭吉傳》 3, 岩波書店, 1943, 302쪽).

김옥균은 1883년 6월에 서울을 떠나 만 10개월간 동경에 머무르고, 다음해 1884년 5월 2일 제물포에 도착하여 다음날 입경하였다. 예기했던 차관도입이 실패함으로써 정치자금을 확보하지 못하여 개화당의 개화정책 추진과 그들의 정치적 활동에는 많은 어려움이 예상되었다. 뿐만 아니라 집권파와의 대립 속에서 개화파의 입지를 더욱 어렵게 만들고 위기의식은 커져만 갔다.

### 3) 집권파와의 대립과 위기의식

강화도조약체결 이후 조선에서는 일본의 세력침투가 켜져 독점적 지위가 구축되어 가는 반면 청국은 전통적인 종주국으로서의 권위가 실추되어 갔다. 임오군란은 청국으로서는 실추된 종주국의 지위를 회복하는 절호의 기회였다. 군란이 일어나자 청국은 즉시 군대를 파견하여 세력을 침투시켰다. 청국의 계획된 무력개입정책과 그들이 대원군을 유인하여 강제 납치한 사건으로 임오군란이 일단 수습되었다. 이에 따라 고종은 그 해 9월 趙寧夏·金弘集·魚允中 등 陳奏使 일행을 청국에, 濟物浦條約에 따라 다음달에 박영효·김옥균·서광범·민영익 등 개화당으로 구성된 修信使 일행을 일본에 각각 파견하였다. 이들 양파는 혼미한 정국을 안정시킨다는 생각을 가졌지만 이를 수습하려는 태도와 방법만은 처음부터 달랐기 때문에 양파간의 대립과 충돌은 불가피한 것이었다.[20]

조영하 등 진주사 일행은 대원군의 납치와 관련하여 청나라 조정에 그의 석방을 청원하는 본래의 임무를 관철하기보다 오히려 馬建忠이 제의한 차관도입문제와 선후6조를 협의하는 등, 양국간의 기존 관계를 바탕으로 더욱 친청책을 강화하는 정책적 배려를 하였기 때문에 자연히 청국의 대조선간섭정책을 증가시키는 결과를 자초한데 반하여, 박영효·김옥균·서광범 등 개화파는 도일할 때 처음으로 국기를 사용하여 조선이 자주독립국임을 과시하고 청군의 조선주둔이 국체와 독립국가의 면모를 손상시키는 것이라고 단정하면서 증가된 청의 세력을 감소시키기 위하여 일본의 협력이나 구미세력을 이용하여 자주권을 회복하여 중단된 개화정책을 강력히 추진하고자 했기 때문이다. 다시 말하면 사대파 조영하 등은 9월 중순부터 그들 나름대로 천진에서 이홍장과의 몇 차례 회담에 의한 교섭 끝에 외국인 묄렌도르프을 고문으로 채용하는 문제와 조선의 금광·세관 및 홍삼수입을 담보로 연리 8리에 12년 기한내 상환을 조건으로 하는 50만 량 문은차관이란 재정적 지원을 획득할 수 있었다.

뿐만 아니라 이 때 진주사 일행인 조영하·김홍집·어윤중과 周馥·마건충 등 청국대표 사이에 조선이 청국의 속방이며, 조선내에서 청국이 종주국으로서의 특권을 명문화한 〈朝淸商民水陸貿易章程〉을 체결함으로써 조선내에서 열국을 제치고 청국이 우위를 차지할 수 있는 계기를 마련해 주었다. 이로 인하여 정치·군사·경제 등 조선 내정에 대한 청국의 적극적인 간섭

---

20) 개화당의 위기의식에 대해서는 李光麟, 앞의 책(1973), 140~146쪽 참조.

이 있게 되었다. 즉 군사는 吳長慶 휘하의 袁世凱 등이, 외교·재정상의 사항은 馬建常·묄렌도르프를 통하여 조선의 전권을 사실상 장악하게 되었다.

이러한 집권파 관료들의 외교적 교섭행위는 분명히 청국이 조선의 정치적·경제적 자주권을 침해하고 나아가서는 그들의 속방정책을 제도화할 수 있는 결과를 초래하였기 때문에 개화당의 도전은 말할 것도 없고 조선을 주권국가로 인정한 일본·미국 양국의 반발을 사지 않을 수 없었다.

1880년 전반기에는 閔台鎬를 위시한 민씨들, 그리고 이들에 밀착되어 있던 尹泰駿·韓圭稷·李祖淵 등이 정계를 좌우하고 있었다. 이들은 청국과의 전통적인 관계를 유지하려는 데 급급하였고, 그리하여 임오군란 뒤 청군을 끌어들이기까지 하였던 것이다. 이것은 청국과의 관계를 끊고 나라의 자주독립을 이룩해보려는 개화당의 이상과는 상충되는 것이었다. 그리하여 개화당 요인들은 불만을 토로하고 집권파의 생각과 행동을 비판하였다. 차츰 상호간에 불신과 대립이 날카로워지게 되었다. 이러한 불신과 대립은 1881년경부터 나타났지만 1883·84년에는 도저히 화합할 수 없는 지경에까지 이르게 되었다. 1883년 4월 한성판윤 박영효가 광주유수로 좌천된 것, 그리고 6개월 만에 광주유수직에서도 물러나야만 되었던 일, 또 화폐주조문제를 둘러싼 의견충돌 등의 예는 당시의 실정을 말해준다

개화당 인사들은 집권파 요인들에 대해 노골적으로 비난하고 있는 다음과 같은 내용들을 《윤치호일기》에서 찾아보는 데는 별로 어려움이 없다.

> 이날 밤 入侍하여 들으니 李左佞·尹右狐·左贊姦 및 金輔國이 淸人 張□□와 회동하여 30만원을 借金한다고 한다(《尹致昊日記》 1, 1883년 11월 2일).

李祖淵을 아첨꾼, 尹泰駿을 여우, 좌찬성 민태호는 간신이라 부르면서 이들이 고종의 주위에 있기 때문에 국가는 위기에 빠지고 있다고 비판하면서 통탄을 하였다. 민영목에 대해서도 다음과 같이 국사에는 전혀 관심이 없고 단지 사리사욕을 채우는 데에만 관심이 있는 음흉하고 간사한 늙은 간신이라고 비난하는 내용을 볼 수 있다.

> 민씨의 마음에는 음흉하고 간사하고 편벽된 것으로 가득 차서 일찍이 나라

의 이해에는 관심이 없음을 가히 알겠다(《尹致昊日記》 1, 1884년 1월 1일).

> 老奸하는 바는 남이 예측하기 어렵다. 도시 利計가 배에 가득차서 국사에는 마음이 없기 때문이다(《尹致昊日記》 1, 1884년 5월 12일).

집권파와 개화파간의 불신과 대립은 특히 민영익이 報聘使의 정사로 미국과 유럽을 遊歷하고 귀국한 뒤로 더욱 격화되었다. 민비의 조카로 1877년 과거에 급제한 뒤 주요 관직을 두루 역임하고 왕과 왕비가 그의 말이라면 듣지 않음이 없었다. 이에 따라 그의 집에는 항상 벼슬하려는 손님들로 들끓었다[21]고 할 만큼 당대의 세도가였던 그를 김옥균 등은 개화당에 끌어들이는데 성공하였다. 그 후 그는 개화에 열심이었으므로 개화당으로서는 이러한 인물을 포섭하였다는 것은 큰 수확이었다.

그러나 민영익은 미국을 다녀온 뒤 개화당에서 이탈하고 집권파에 가담하여 개화당과 상반되는 정치적 견해를 갖고 대립하게 되었다. 그가 돌아온 것은 1884년 5월 말이었다. 이러한 사정에 대하여 미국공사관 무관 포크는 갑신정변보고서에 다음과 같이 기록하여 놓았다.

> 1884년 9월경에 민영익은 완전히 개화당과 손을 끊었다. 그의 동료는 청국인과 강력한 친청당의 멤버들뿐이었다. 그는 낮 동안에는 서구인들을 접견하지 않았으며 그리고 때때로 그들을 면전에서 경멸하는 오만함을 보이기도 하였다(George C. Foulk, 앞의 글, 996쪽).

즉 민영익이 개화당과 손을 끊고 완전히 집권파로 넘어간 것은 9월경이었다는 것이다. 이렇게 된 데에는 그가 일본의 문명진보의 수준을 아직 낮다고 보아 그 힘을 믿을 수 없었기 때문이기도 하였지만[22] 민씨 집안의 한 사람으로서 그 집안의 이해와 상반되는 행동을 할 수 없었던 점도 있었을 것이다.[23] 이후로 민영익은 개화당에 있을 때와는 달리 조선의 독립과 개화에

---

21) 黃 玹, 《梅泉野錄》 상(國史編纂委員會, 1955), 43쪽.
22) 《東京日日新聞》, 明治 18년(1885) 1월 21일(《新聞集成明治編年史》 6, 財政經濟學會, 1926, 29쪽).
23) 李光麟, 〈甲申政變에 대한 一考察〉(앞의 책, 1973), 142쪽.

대해 회의를 품고 개화당에 대해 적대되는 행동을 취하게 되었다.

1884년 8월 親軍營制의 실시와 더불어 한규직이 전영사, 이조연이 좌영사, 윤태준이 후영사가 되는 동시에 민영익은 우영사로 임명되었다. 곧 이어 그는 協辦軍國事務도 겸임하게 되었다. 민영익은 군대훈련을 위해 청국군 장교를 부르는 조치를 취하는 등 청국의 힘을 빌리려는 태도를 노골적으로 나타냈다.24)

이미 고종은 1883년 10월 16일 푸트 미국공사를 통해서 군사교관을 미국에 요청해 놓고 있었다. 그러나 그 때까지 이 건에 대하여 미국으로부터 아무런 회답이 없었다. 이들이 오게 되면 우선 徐載弼 등 사관생도들을 그들 밑에서 좀더 훈련을 받도록 하고자 하였으며 이를 위해 요코하마에 있는 미국상사를 통해 4,000정의 미국제 소총도 구입해 준비해 놓았던 것이다. 영토에 관심이 없는 공평무사한 나라 미국에서 군사교관을 초빙하여 일본에서 귀국한 사관생도들을 교육시키고 이들로 하여금 군대를 교련시켜 군사력을 증강시키는 것을 개화당에서는 조선이 청의 간섭과 영향으로부터 벗어날 수 있는 한 방법이라고 여기고 있었을 것이다.

그러므로 민영익이 미국군사교관 대신에 청국교관을 고빙한다는 것은 개화당에게 큰 타격을 가하는 것이었다. 이에 대하여 포크무관은 다음과 같은 보고를 본국으로 보냈다.

> 얼마 있지 않아 민영익은 조선군대 훈련을 위해 청국으로부터 5명의 교관을 부르게 되었다 이 조치는 개화당 요인들을 크게 자극하였고 한편 14명의 사관생도들을 불행하게 만들었던 것이니, 그 까닭은 청국군 교관을 고빙하게 됨으로써 자리를 유지할 기회를 상실하였기 때문이었다. 한(규직)장군의 군영에 채용된 3명을 제외하고 사관생도들은 군에서 떨려나 개화당 인사들에 의하여 반자선책으로 홍영식이 책임자로 있는 우정국에 옮겨져 일을 하게 되었다(George C. Foulk, 앞의 글).

즉 민영익이 청국교관을 초빙함으로써 김옥균의 알선으로 일본의 戶山學校에서 수학하고 1884년 4월 귀국한 서재필 등 14명의 사관생도들 대부분이

24) 《尹致昊日記》 1, 1884년 8월 26일.

내쫓기게 되었다는 것이다. 뿐만 아니라 1884년 8월 尹雄烈이 상주한 사관학교 설립계획마저 무산되고 말았다. 이처럼 집권파와 이들과 결탁한 서울주둔 청국군의 지휘관 袁世凱 등 청의 손아귀에 군사권을 완전히 넘겨주었으므로 개화당으로서는 심각한 위기의식을 가지지 않을 수 없었다.

민영익에 이어서 또 1884년 10월에는 윤치호가 "우리 개화당 幹事重位의 한 사람이다"[25]라고 할 정도로 개화당의 주요인사였던 내시 柳在賢이 개화당에서 이탈하여 집권파에 가담하였다. 이것 또한 개화당으로서는 큰 타격이었다.[26] 그는 내시였기 때문에 국왕을 가까이 모시면서 개화당에 유리하게 영향을 미칠 수 있었고, 또 국왕을 둘러싸고 비밀리에 진행되는 일들을 알아낼 수도 있어 개화당을 위하여 상당히 중요한 역할을 할 수 있는 자리에 있던 사람이었다. 이처럼 국왕의 측근에서 커다란 역할을 할 수 있던 인물이 반대파에 가담하였다는 것은 개화당으로서는 크나큰 손실이었다. 또 유재현은 개화당의 계획을 속속들이 알고 있었을 터이므로 개화당의 불안은 가중되었다. 그러므로 개화당은 행동대로 하여금 정변을 일으키자마자 유재현을 景祐宮에서 무참히 살해해 버릴 만큼 유재현의 배반은 개화당에게 충격적이었던 것 같다.

이처럼 국내의 정치상황은 갈수록 개화당에게 불리해져 갔다. 개화당들이 모여서 한탄하기를 "지금의 국사를 돌아보니 벼랑 끝에 걸려있다. 奸臣이 권력을 농간하고 財用을 탕진하면서 개화를 한다고 하지만 개화의 실효가 없다…실로 개화당은 몇 사람 안 된다. 모두가 頑固黨이니 개화의 실효가 언제나 있을지 알지 못하겠다"[27]고 할 정도로 집권파들이 정권을 완전히 장악하여 정권을 주도하는 반면에 개화당의 세력은 약해지고 이들에 의한 개화정책의 추진은 갈수록 힘들어져 갔던 것이다. 개화당은 이미 언제 집권파에 의해서 제거당할지 모른다[28]는 위기감과 아울러 조선의 장래도 더없이 암담하다고 여기고 있었다.

---

25) 《尹致昊日記》 1, 1884년 9월 17일.
26) 李光麟, 앞의 책(1973), 144~145쪽.
27) 《推案及鞫案》 324책, 大逆不道罪人喜貞等鞫案(亞細亞文化社版 30책, 1978, 585쪽).
28) 《尹致昊日記》 1, 1884년 6월 18일.

개화당이 자신들의 처지뿐만 아니라 나라의 장래도 이처럼 암담하게 느껴졌던 상황을 뚫고 나갈 수 있는 돌파구를 찾는 방법에 대하여 홍영식은 미국공사 푸트에게 다음과 같이 비유적으로 말하였다는 것이다.

> 등잔불이 있어서 불이 심히 밝은데 밖에 있는 물건이 가리고 있어서 안에 있는 빛이 밖으로 비출 수 없어 밖의 물건은 밝은 빛을 받지 못해서 사람이 그 가린 것을 제거하고 그 빛을 방출하려고 시도하나, 그 가리고 있는 물건이 너무 뜨거워 순순히 제거할 수 없어서 부득이 그 가린 것을 깨뜨려 제거한 즉 사방으로 그 밝음이 전해지는 것을 곁에서 본다면 이것이 유쾌한 일이겠는가. 도리어 망령된 일이 되겠는가(《尹致昊日記》 1, 1884년 11월 19일).

이 말에서 알 수 있듯이 개화당은 비상수단을 동원해서라도 고종 주위의 집권파를 제거하지 않는 한 이 위기를 돌파해 나갈 수 없다는 결론을 내리고 결국 갑신정변을 일으켰던 것이다.

〈尹炳喜〉

## 2. 갑신정변의 주도세력

갑신정변은 1884년(고종 21) 12월 4일에 일어났다. 이 때 신정권이 수립되었고 정강도 공포되었으나 청국 군대의 출병으로 '3日天下'로 끝나고 말았다. 따라서 이 정변을 주도했던 사람들은 피살되었거나 체포되어 처형당하였으며 그 일부는 일본으로 망명하여 목숨을 부지한 사람도 있었다. 그러면 어떠한 사람들이 규합해서 이 정변을 일으키게 되었는가.[1]

---

1) 이 글의 작성에는 아래의 글이 참고되었다.
李光麟, 〈開化黨의 形成〉(《省谷論叢》 3, 1972 ; 《開化黨硏究》, 一潮閣, 1973).
———, 〈甲申政變에 대한 一考察〉(《開化黨硏究》, 一潮閣, 1973).
———, 〈甲申政變과 褓負商〉(《東方學志》 49, 1985 ; 《韓國開化史의 諸問題》, 一潮閣, 1986).
鄭玉子, 〈開化派와 甲申政變〉(《國史館論叢》 14, 國史編纂委員會, 1990).

### 1) 정변의 핵심세력

갑신정변에 참여한 사람 중에서 정변을 계획하고 주도해 나간 핵심인물들은 어떠한 사람들이었는가. 정변에 연루되어 체포당한 李允相의 국안에는 다음과 같은 내용이 들어 있다.

> 9월부터 玉均·英植·泳孝·光範·載弼이 가끔 모임을 가졌으며 때로는 劉鴻基의 집에서 모였다…광범이 미국에서 돌아온 후 竹洞令監과 사이가 나빠 항상 의심을 품고 있었으며 옥균·영효·영식과 더불어 매번 의논하여 함께 개화를 하고자 하였으며 먼저 죽동부자를 제거한 연후에 일이 이루어질 수 있다고 하고 또 늘 옥균가에 가서 劉大痴(致)·朴怡順·邊樹와 항상 일을 의논하였다(〈李允相鞫案〉[2]).

9월경부터 김옥균을 비롯하여 박영효·홍영식·서광범·서재필 등이 유대치·박제경·변수 등과 함께 개화를 하자는 의논을 하였으며 이를 위해서는 우선 민태호·민영익 부자 등을 제거하여야 한다는 논의가 있었다는 것이다. 다시 말하자면 개화당 요인들은 1884년 4월 말 민영익이 보빙사로 미국을 시찰하고 유럽을 거쳐 귀국한 뒤 개화당 요인들과 사이가 벌어지기 시작하여 완전히 개화당에서 이탈하여 집권파로 넘어간 9월경부터 본격적으로 정변계획을 세웠던 것이다. 〈甲申日錄〉에도 이들이 자주 회동한 기록이 보이고 있으므로 이들이 정변을 주도해 갔던 핵심인물이었던 것이다. 이 핵심인물 가운데 양반출신들을 먼저 살펴보겠다.

金玉均(1851~1894)은 金炳台의 아들로 태어나서 襄陽府使 金炳基의 양자가 되었으며 1872년(고종 9)에 21세로 문과에 장원급제하였다. 司憲府의 持平, 弘文館의 校理 등을 거쳐 統理機務衙門의 參議交涉通商事務, 東南諸島開拓使兼管捕鯨事를 거쳐서 吏曹參議에 올랐었다. 김옥균은 갑신정변이 일어나기 전

---

2) 《推案及鞫案》 324책, 大逆不道罪人喜貞等鞫案(亞細亞文化社版 30책, 1978), 이 국안에는 이희정 이외에 1884년 12월에 체포된 金鳳均·申重模·李昌奎·李允相·徐載昌·李點乭·車弘植·崔英植·南興喆·高興宗 등 11인의 국안이 개인별로 들어 있다. 따라서 개인별 국안을 〈李允相鞫案〉 등의 형식으로 표기하겠다.

까지 1882년 3월과 10월, 1883년 6월 등 모두 3차에 걸쳐서 일본을 방문하였는데 주요 목적은 차관교섭이었다.[3]

김옥균은 박영효로부터 "金玉均의 長處는 交遊요. 교유가 참 능하고, 글 잘하고, 말 잘하고, 詩文書畵 다 잘하오"[4]라는 말을 들을 정도로 사람을 끌어들이는 능력이 탁월하고 다재다능한 사람이었다. 또 다음의 글에서 알 수 있듯이 그는 유대치가 국가개혁 등 큰일을 해낼 수 있는 출중한 인물임을 간파하고 특별히 지도하였던 젊은이들 중에서도 뛰어난 인물이었다. 그러므로 동지를 규합하고 거사계획을 세우고 실행에 옮기는 즉 갑신정변의 전과정을 전면에 나서서 이끌어간 사람은 김옥균이었다고 할 수 있겠다.

> 劉大致는…北村방면에 교제를 넓혀 노소를 불문하고 인물을 물색하고 동지를 모으고 있었다. 때마침 청년 金玉均과 만나 세상사를 이야기하는 중에 이 청년의 비범함을 알고 사상·인격·학재가 뛰어나게 출중하여 장래 반드시 대사를 계획함에 족한 인물임을 통찰하고…세계 각국의 지리·역사 번역본과 기타 신간서적을 모두 김옥균에게 주어 읽도록 하였다. 또한 열심히 천하의 대세를 설명하고 조선개조의 긴박성을 역설하였다(古筠記念會 編,《金玉均傳》, 東京, 1944, 49쪽).

洪英植(1855~1884)은 영의정 洪淳穆의 아들이었다. 1873년 19세로 식년문과에 급제하였고 명문가의 출신이었으므로 출세가 빨랐다. 1881년에는 紳士遊覽團의 朝士로 일본을 시찰하였고, 1883년 7월부터 12월까지 報聘使의 부사로 40여 일 동안 미국을 공식 방문하고 돌아왔다. 이 뒤부터 개화당 요인들과 함께 적극적으로 활동하였다. 그는 이 해에 兵曹參判으로 郵征局 總辦이 되어 정변의 기회를 제공하였다. 청국 군대가 궁궐로 들어왔을 때에도 끝까지 고종을 호종하다가 죽음을 당하였다.

朴泳孝(1861~1939)는 朴元陽의 아들로 1871년 11세로 永惠翁主와 결혼하여 철종의 부마가 됨으로써 錦陵尉에 올랐다. 判義禁府事를 거쳐 1882년 修信使로 서광범과 함께 일본에 다녀와서 漢城府 判尹이 되었다. 1883년 4월 廣州

---

3) 앞의 장 참조.

4) 李光洙, 〈朴泳孝氏를 만난 이야기〉(《東光》, 1931 ;《李光洙全集》17, 三中堂, 1962).

府 留守가 되어 개화당의 군사적 기반을 마련하기 위해 南漢敎鍊兵隊를 조직하여 병사를 양성하고자 하였다. 그러나 집권파 민씨의 방해 등으로 인하여 10월에 남한교련병대는 親軍前營으로 이속되고 말아서 소기의 목적을 달성하지는 못하였으나 그러나 뒤에 언급하겠지만 이들이 갑신정변을 일으킨 행동대원의 다수를 점하였다.

徐光範(1859~1897)[5]은 조상 대대로 높은 벼슬을 지낸 명문출신이었다. 참판 徐相翊의 둘째아들로 태어나 1880년 문과에 급제하여 홍문관 待敎·副修撰을 거쳐 1882년 9월 수신사 박영효의 종사관으로 일본에 가서 김옥균과 함께 6개월간 체류하고 귀국하였다. 1883년 7월 보빙사를 파견하였을 때 서광범은 이 사절의 종사관이 되어 미국시찰과 유럽을 거쳐 11개월 남짓 세계를 일주하고 귀국하였다. 돌아와서 그는 승정원 동부승지와 참의군국사무를 맡았다.

徐載弼(1864~1951)[6]은 개화파 핵심 중에서 가장 연소하였다. 부친 徐光彦은 별다른 벼슬을 한 것 같지는 않지만 생원진사시에 합격한 사람이었다. 서재필은 7촌 아저씨 徐光夏의 양자로 가서 도승지·전라도관찰사·탁지부대신 등을 지낸 외숙 金聲根의 집에서 한학을 수학하고 1882년 20세의 최연소자로 별시문과에 급제하였다. 1883년 5월 일본으로 건너가 6개월 정도 慶應義塾에서 일본어를 배우고 동행했던 17명 중 14명과 함께 동경 陸軍戶山學校에 들어갔다. 이 곳에서 신식 군사기술을 배우고 1884년 4월 말 서울에 돌아와 1884년 6월 操鍊局의 士官長으로 등용되었다. 갑신정변 당시 행동대의 지휘관으로 활약하였다.[7]

정변이 실패한 뒤 5賊으로 규정되어 체포령이 내려진 위에 열거한 5명[8]에 대하여 다음과 같은 내용이 들어 있는 상소가 있었다.

저 영식·영효·옥균·광범·재필 등은 모두 簪纓之裔로 아직 털도 나지

---

5) 金源模, 〈徐光範 硏究〉(《東洋學》 15, 檀國大, 1985) 참조.
6) 서재필에 대해서는 李光麟, 〈徐載弼의 開化思想〉(《東方學志》 18, 1978 ; 《韓國開化思想硏究》, 1979, 一潮閣) 참조.
7) 李光麟, 위의 글, 96~103쪽.
8) 《承政院日記》, 고종 21년 10월 22일.

않았는데 家勢에 힘입어 일찍이 仙籍에 올랐다(《承政院日記》, 고종 21년 12월 16일).

홍영식·박영효·김옥균·서광범·서재필은 앞서 살펴보았듯이 모두 명문가의 자제였다. 또한 부마였던 박영효를 제외하고는 모두들 일찍이 문과에 급제하여 관계에 나아가 활동하고 있었다. 이들의 나이를 살펴보면 정변이 일어난 1884년 갑신년에 김옥균은 34살, 홍영식은 30살, 박영효는 24살, 서광범은 26살, 서재필은 20살의 젊은 나이였다. 따라서 이들은 명문가의 출신이라는 이유만은 아니었지만 모두 비교적 젊은 나이에 관직에 올랐던 인물들이었다. 이들 중에서 끝까지 고종을 호종하다가 죽음을 당한 홍영식을 제외하고는 모두 일본으로 망명하여 일단 목숨은 부지하였다.

이들 이외에 양반출신의 개화사상가로서 갑신정변에 연루되어 희생된 사람으로는 다음의 두 사람을 더 찾아볼 수 있다. 정변 직후 체포되어 知情不告罪로 처형당한 徐載昌(19살)이 있다. 그는 서재필의 동생으로 1883년 6월 남홍철과 함께 김옥균을 수행하고 일본에 갔다가 요코하마에 머물면서 양잠과 영어를 배우고 돌아와서 개화당에 관계를 하고 있었던 것으로 보인다. 또 정변 직후 貫鐵橋 부근에서 민중들에 의해 살해된 吳鑑이 있었다.[9] 그는 南原幼學으로서 서양 각국에서 실행하고 있던 경찰과 재판에 관한 제도를 채택할 것을 상소한 바 있었다.[10] 그러므로 그는 양반출신의 개화사상가로서 정변에 참가하였던 것으로 볼 수 있겠다.

갑신정변을 일으키는데 핵심에 서 있던 인물 가운데에는 김옥균 등 양반출신들 이외에 앞서의 〈이윤상국안〉에서 볼 수 있듯이 그들과 함께 정변의 계획을 논의하였던 유대치·박제경·변수 등이 있었다. 이들은 모두 중인출신들이었던 것으로 보인다.

劉大致(1831~1884?)[11]는 중인의 대표적인 직업의 하나인 漢醫였다. 그의 집은 중인층의 거주지역인 서울의 광교부근 관철동에 있었다. 그러나 그는

9) 古筠記念會 編, 《金玉均傳》, 420쪽.
10) 《承政院日記》, 고종 21년 7월 24일.
11) 유대치에 대해서는 李光麟, 〈숨은 開化思想家 劉大致〉(앞의 책, 1973) 참조.

다음의 글에서도 알 수 있듯이 박식한 학자이자 폭넓은 행동가였고 개화당의 지도자로서, 막후에서 김옥균 등 개화당에 대한 막강한 영향력을 발휘하면서 정변의 계획에도 깊숙이 간여하고 있었다.

> 一白衣로 시정에 은거하여《海國圖志》·《瀛環志略》등으로써 세계의 사정을 卜察하면서 뜻을 내정의 국면 전환에 두고 가만히 귀족 중의 英俊을 규합하여 방략을 가르치고 志氣를 고무하여 준 이가 있으니 당시 知人의 사이에 白衣政丞의 이름을 얻은 劉大致가 그라. 박영효·김옥균·홍영식·서광범과 귀족이 아닌 이로 白春培·鄭秉夏 등은 다 大致 문하의 俊髦로…박영효·김옥균 등이 연래로 일본교섭의 선두에 선 것은 실상 대치의 指劃 중에서 나온 것이요. 세상이 開化黨으로 지목하는 이는 대개 대치의 문인을 이름하였다(崔南善,《故事通》, 三中堂, 1943, 218쪽).

朴齊絅[12]은 유대치의 제자였다. 그는 일찍이 중국을 여행한 적이 있었으며 일본인들과 친분도 두터웠던 것 같다. 임오군란 뒤 정사 박영효가 이끄는 수신사의 수행원으로 김옥균·민영익·서광범·유혁로 등과 함께 일본에 갔다가 돌아왔다. 그는《近世朝鮮政鑑》의 필자이기도 하다. 정변 당시 별궁을 방화하는 임무를 수행하였던 것으로 보이며 정변중에 淸溪川 水標橋上에서 피살되었다.[13]

邊燧(1861~1891)[14]는 조선 중기로부터 역관이나 의관에 종사하였던 중인집안 출신이었다. 즉 조부와 부친은 모두 역과시험에 합격하여 역관으로 활약하였다. 변수는 광교 부근의 중인층이 秋琴 姜瑋를 맹주로 하여 맺은 吟社인 六橋詩社의 동인이었다. 육교 즉 광교 부근에는 조선시대 말기까지 역관·의원 등 기술직의 중인들이 많이 살고 있었다. 변수의 부친 邊晉桓도 그 중의 한 사람이었다. 그는 시를 잘하여 그의 집 서재인 海棠樓는 육교시사의 중심처로서 강위를 비롯하여 당대의 이름높은 시인들이 자주 찾아와 같이 시를 짓던 곳이었다.[15] 강위는 또 변수의 집에 머무르면서 5년 동안 변수를 가르

12) 박제형에 대해서는 李光麟,〈「近世朝鮮政鑑」에 대한 몇 가지 問題〉(《改訂版 韓國開化史硏究》, 一潮閣, 1969), 253~258쪽 참조.
13)《金玉均傳》, 420쪽.
14) 변수에 대해서는 李光麟,〈韓國 最初의 美國大學 卒業生 邊燧〉(《新東亞》, 1982년 10월호 ; 앞의 책, 1986) 참조.

쳐 주기도 하였다.

그 후 변수는 김옥균·서광범과 친교를 맺고 1882년 3월 김옥균이 첫 번째로 일본을 시찰할 때 그를 수행하여 김옥균의 권유에 의해 일본 교토(京都)에 있는 학교에서 양잠술과 화학을 배웠다. 그 해 7월 즉 학업을 시작한 지 4개월 뒤 임오군란이 발발했다는 소식을 듣자 학업을 중단하고 귀국하였다. 1883년 5월에는 보빙사의 수원으로 가게 되어 미국시찰과 유럽을 거쳐 10여 개월 만에 귀국하였다. 귀국한 지 얼마 안 되어서 1884년 7월에 統理交涉通商事務衙門(外衙門)의 주사로 임명되었다가 바로 軍國事務衙門(內衙門)의 주사로 자리를 옮겼다. 변수가 이 자리에 임용되어 국왕을 매우 가까이 접근할 수 있게 되었다. 따라서 거사 당시에는 국왕 및 궐내의 사정을 정탐하는 임무를 수행하였다. 정변이 실패한 후 일본을 거쳐 미국으로 망명하였다.

그런데 〈갑신일록〉에 개화당이 정변을 모의하는 과정에서 때때로 회동하고 있는 인물로 유혁로가 보인다. 그는 그 때 오위장이었으므로 중인계층 출신이었다. 그도 정변의 계획 때부터 참여하였으며 거사할 때 연락·정탐·통신의 임무가 부여되었다. 정변이 실패하자 일본으로 망명하였다. 그의 부친인 柳相五는 개화당 초기부터 박영효·서광범과 동지 중의 동지[16]로 알려져 있었던 사람으로 정변에 연루되어서 체포되어 옥사하였다.[17] 또 오위장이었던 梁鴻在가 있었다. 그는 민영익의 심복과 같은 인물이었는데 김옥균 등과 뜻을 같이하여 민영익의 동정을 김옥균에게 알려주던 인물이었다.[18]

갑신정변이 일어날 당시 일본에 체류하고 있었으므로 직접 정변에 참여하지는 못하였으나 묄렌도르프가 '김옥균의 黨'[19]이라 칭한 白春培가 있었다. 그는 김옥균이 東南諸島開拓使兼管捕鯨事로 임명되자 그의 종사관으로 몇 차례 울릉도를 왕래한 일이 있었으며 김옥균이 일본으로 300만 원 차관교섭

15) 鄭玉子, 〈詩社를 통해서 본 朝鮮末期 中人層〉(《韓沽劤博士停年紀念論叢》, 知識産業社, 1981), 510쪽

16) 閔泰瑗, 《甲申政變과 金玉均》(國際文化協會, 1947), 37쪽.

17) 柳赫魯, 〈甲申年 亡命에 對해서 생각나는 것〉(三城景明, 《韓末을 말한다》, 朝鮮硏究社, 1930), 14~17쪽.
李光麟, 앞의 책(1973), 16쪽.

18) 〈甲申日錄〉, 11월 18일.

19) 日本外務省, 《日本外交文書》 18, No. 112, 1885년 7월 7일, 機密 96호.

을 하러 갔을 때 수행한 인물이다. 그는 갑신정변 직후 일본으로 망명하는 김옥균 일행을 고베(神戶)에서 만나 앞으로의 계획에 대하여 함께 의논하기도 하였다. 그 후 1885년 8월에 김옥균의 밀령을 받고 정보수집차 국내에 잠입하였다가 체포되어 희생된 인물이다.[20] 백춘배는 육교시사의 동인으로 해당루 9君子에 끼어있던 인물이며 강위의 4友 가운데 한 사람이었다.[21] 뿐만 아니라 귀족이 아닌 사람 중에서 유대치 문하의 俊髦로 꼽히던 중인계층에서도 출중한 인물이었다.

이상에서 살펴본 바와 같이 개화당의 지도자로서 막후에서 정변의 계획에서부터 깊숙이 관여하였던 유대치를 비롯하여 박제경·변수·유혁로·양홍재·백춘배 등 중인출신들도 적어도 정변의 계획단계에서부터 참여하여 정변을 주도해 나간 개화당의 중요한 인물에 넣을 수 있겠다.

### 2) 정변의 행동대원

정변을 일으키는 데에는 전면에 나서서 거사를 이끌어 가는 행동대원들이 있다. 그러면 갑신정변에는 행동대원들이 어떻게 구성되어 있었는가. 거사 당일인 1884년 12월 4일 밤 국왕을 景祐宮으로 옮겨 놓고 그 正殿을 중심으로 행동대들이 다음과 같이 포진하고 있었다는 것이다.

> 전영 소대장 尹景(啓)完은 당직 병졸을 거느리고 殿庭 안팎에 늘어서 있고 徐載弼은 사관생도 鄭蘭敎·朴應學·鄭行徵·林殷明·申重模·尹泳觀·李圭宅(完)·河應善·李秉虎·申應熙·李建英·鄭鍾振·白(樂)雲 등 13인을 거느리고 殿上에 시립하고, 李寅鐘·李昌奎·李奎禎(喜貞)은 李殷鑑(種)·黃龍澤·金鳳均·尹景純·崔殷童(恩同)·高永錫·車弘植을 거느리고 殿門 밖에 시립하였으니… (〈甲申日錄〉, 12월 4일).

정전을 중심으로 포진하고 있던 행동대 가운데 국왕에 가장 가까이 전상에 시립하여 있었던 사람들은 서재필을 비롯하여 14명의 사관생도들이었다.

---

20)《舊韓國外交文書》1, 日案 1, No. 621附 金玉均隨員白春培供辭(高麗大 亞細亞問題硏究所, 1965), 298쪽.

21) 李光麟, 〈姜瑋의 學問과 交友關係〉(앞의 책, 1979).

이 14명의 사관생도 가운데 박응학·정행징·윤영관·하응선·이병호·이건영·백낙운 등 7명은 청군의 공격을 받을 때 죽음을 무릅쓰고 끝까지 국왕을 호종하다가 피살되었다. 서재필·이규완·정난교·신응희·임은명 등은 일본에 망명함으로써 목숨만은 건졌다. 이들 가운데 체포되어 처형된 사람은 신중모 단 한 사람이었다.[22)]

이 사관생도들은 1883년 5월에 박영효가 신문을 발간해 보고자 초청하였던 우시바 다쿠조(牛場卓藏)와 미쓰오 미요타로(松尾三代太郎)가 뜻을 이루지 못하고 귀국할 때 따라서 유학을 갔던 17명 중에 14명이다. 이들은 처음 6개월 정도는 후쿠자와가 경영하는 慶應義塾에서 일본어를 배우고 그 해 10월 3일 陸軍戶山學校에 입학하였다. 이 학교는 정규 사관학교가 아니라 하사관을 양성하는 기관이었다. 이들은 1884년 5월에 졸업하고 7월 말에 귀국하였다.[23)]

그러면 이들은 어떻게 해서 일본의 사관학교에 유학을 가게 되었을까. 당시 문과에 급제하여 校書館의 副正字의 벼슬을 하고 있었던 서재필은 그 당시를 다음과 같이 회고하고 있다.

> 나에게 제일 강한 인상을 끼친 이는 김옥균이었다…하루는 그가 나에게 國防을 충실히 하자면 정예한 군대 밖에 없는데 현하 우리의 급무로 그 右에 出할 때 무엇이냐 하며 日本으로 건너가 무예를 배우라고 권하였다(徐載弼, 《回顧甲申政變》(閔泰瑗, 앞의 책, 부록, 84쪽).

즉 서재필은 국방을 충실히 하는 데에는 정예한 군대밖에는 없으므로 일본으로 건너가 무예를 배우라는 김옥균의 권고에 의해서 일본으로 유학을

---

22) 정종진에 대해서는 단지 〈甲申日錄〉에 정변이 일어난 날 경우궁 정전에 시립하였다는 14명의 사관생도 중 그 이름이 들어 있을 뿐 다른 기록에서는 찾아볼 수 없다. 즉 망명한 자, 피살된 자, 체포된 자, 체포령이 내린 자, 1908년 이후 정변으로 희생된 자들에 대한 追贈이 있을 때 등 어느 기록에서도 그 이름을 찾아볼 수 없다. 그가 정변에 참여하였다면 이 기록들 가운데에서 그 이름을 적어도 한 번은 찾을 수 있었을 것이다. 따라서 정종진이 과연 갑신정변에 참여하였는지 의심이 간다. 《大韓帝國官員履歷書》(國史編纂委員會 영인본, 1972, 252쪽)에 보면 1865년생으로 갑오경장 이전의 경력은 생략된 채 그 이후 學部·軍部·武官學校의 主事를 역임한 정종진이 있는데 동일인인지 모르겠다.

23) 李光麟, 〈開化初期 韓國人의 日本留學〉(앞의 책, 1986), 53쪽.

가게 되었다는 것이다. 신중모는 유길준의 권고에 의해서 일본유학을 가게 되었다고 한다.[24] 이규완의 경우는 자격이 미달하였지만 박영효의 집에 머물고 있으면서 선발시험관이었던 박영효에게 강청하여 그의 주선에 의해서 가까스로 이 유학생 일행에 끼어갈 수 있었다는 것이다.[25] 이러한 몇 사람의 예로 미루어 보아 이 일본유학생들 중 다수는 유학생으로 선발되기 이전부터 개화당 요인들과 연결되어 있었으며 이들에 의해서 일본유학이 이루어졌던 것으로 보인다.

유학생으로 선발된 자는 이규완을 제외하고는 한문의 실력과 소양이 있는 명문가의 자제였다는 것이다.[26] 또 박응학·윤영관·이건영은 과거급제자이며 그 밖에 생도들은 閑良이라는 것이다.[27] 박응학은 전 목사 朴鼎和의 아들이었으며, 윤영관은 慶尙左兵使의 아들이었다. 그러므로 사관생도 가운데 서재필을 비롯하여 박응학·윤영관·이건영은 분명히 양반출신이었다. 그런데 이규완은 미천한 집안 출신으로 박영효의 겸인이었다.[28] 신중모는 이미 호산학교에서 수학하고 갑신정변에서 행동대의 지휘관 역할을 한 申福模의 동생으로 常漢이었다. 임은명은 강원도 홍천사람으로 체력이 매우 강해서 10여명을 능히 당할 수 있는 사람으로 서재필의 문하에 있었다는 것이다.[29] 이 세 사람은 뒤에 언급하겠지만 거사 때 평민 이하 천민출신들과 함께 정부대

---

24) 〈申重模鞫案〉.

25) 박영효의 집에서 사환으로 있던 이규완은 일본유학생을 선발하는데 그 선발시험관이 박영효라는 사실을 알고 박영효에게 강청하여 겨우 유학생 일행에 합류하게 되었다는 것이다. 그런데 일행 중에는 이규완의 신분이 천인이라 하여 같이 가는 데에 불만이 있는 자가 있었으나 이규완이 시종처럼 위험하고 힘든 일을 도맡아 처리하여 줌으로써 융합할 수 있게 되었다는 것이다(《李圭完翁百年史》, 批判新聞社, 1958, 42~44쪽).

26) 위의 책, 42쪽.

27) 《高宗實錄》, 고종 21년 8월 28일. 여기서의 한량은 단지 과거급제자와 구분하여 과거에 급제하지 못한 사람이라는 의미로 볼 수 있을 것 같다.

28) 이규완은 臨瀛大君의 15대손이었다고 하지만 집안이 몰락하여 폐가상태에 이르러 숙부집에서 풀베기, 가축 돌보기 등 아주 비참하게 지내다가 상경하여 박영효의 집에 사환으로 있게 되었다고 하기도 하고(《李圭完翁百年史》, 28~29쪽), 또 蠶島의 나무꾼의 아들로 태어나서 택견(脚蹴)의 명선수였으며 박영효의 청직이로 있었다고 한다(金振九, 〈甲申變亂의 急先鋒〉, 《別乾坤》 4-4, 1929).

29) 〈甲申大變亂의 回想〉(《韓國近世史論著集》 2, 太學社, 1982, 484쪽).

신을 제거하는 자객으로서의 임무가 부여된 자들이었다. 그러므로 이들은 평민 이하의 신분출신이었던 것으로 보인다. 따라서 이들을 제외한 나머지 생도들은 대부분 양반출신이었을 가능성이 높다고 할 수 있겠다.

사관생도들은 일본에서 유학하고 있는 동안에 김옥균과 빈번한 접촉을 하고 있었다. 사관생도 중에서 유일하게 체포된 신중모를 국문하는 가운데 그는 다음과 같은 이야기를 하였다는 것이다.

> 이 몸은 원래 常漢으로서 兪吉濬의 권고로 일찍이 일본에 가서 어학을 배우다 귀국하였다. 그 때 일본에 간 20여 명 중 나를 비롯한 14명은 1년 반 士官 공부를 배웠다. 그 후 김옥균이 왔다. 매 7일에 한 번씩 만났으므로 자주 가서 상종하였다. 따르며 얻은 것을 말하면 서양 각국은 모두 독립국이다. 말할 것도 없이 그 나라가 독립한 연후에 가히 친교를 할 수 있는데 조선은 홀로 중국의 속국이니 심히 부끄럽다. 조선은 언제나 독립하여 서양 여러 나라와 같은 위치에 있을 수 있겠는가(〈申重模鞫案〉).

즉 김옥균이 300만 원 차관교섭을 위해 세 번째로 도일하였을 때 서재필 등 사관생도들은 1주일에 한 번씩 그를 찾아가 만났던 것이다. 그 때마다 김옥균은 조선은 청국의 간섭에서 벗어나서 서양의 여러 나라와 동등한 위치에 서 있어야 한다는 것을 주지시켰다는 것이다. 이로 인하여 사관생도들은 김옥균을 추종하게 되어 개화당의 핵심세력을 이루었을 것으로 볼 수 있겠다.

이들이 귀국한 직후 국내의 상황은 그들에게 좋지 않은 쪽으로 펼쳐져 가고 있었다. 서재필은 1884년 7월 귀국 당시를 다음과 같이 회고하고 있다.

> 우리가 戶山學校를 마치니 朝鮮士官들에게 신전술을 가르치려는 목적으로 귀환명령을 받았다. 우리는 1884년 4월에 서울로 돌아와 보니 정계는 떠나기 전보다 가일층 험악한데 조정 내외가 우리를 호의와 적의를 가지고 대하였던 것이다. 그러나 고종께서는 우리 일행을 인견하시어 일신한 군복에 창검을 꼬진 총을 메고 御前에 나타났다. 禁掖(闕內內庭)으로 들어가서 柔軟體操와 다른 운동을 해보라고 하명하신 것으로 보아 확실히 고종께서는 우리들의 복장과 모든 것에 怡悅을 느끼신 것이었다. 그 때 새 兵學校가 韓圭稷大將 지휘로 조직된다는 것을 들었다. 우리는 그 실현을 학수고대하였으나 徒勞이었었다. 六七朔의 뒤에야 그 신학교 설립의 기회를 잃게 된 것을 알게 되었는바 그리하여 사

관훈련의 꿈도 따라서 사라져 버리었다(徐載弼, 〈回顧甲申政變〉, 85쪽).

이 회고 내용에서 알 수 있듯이 고종은 신식 군사기술을 배우고 돌아온 이들을 대견하게 생각하고 새로이 사관학교를 설립하여 이들을 교관으로 수용하고자 하였다. 이 사관학교 설립을 고종한테 상주한 사람은 尹致昊였다. 하지만 윤치호를 이렇게 움직이도록 그의 뒤에서 작용한 사람은 김옥균인 것으로 보인다.[30] 그러나 사관학교 설립계획은 청군의 압력과 집권파 민씨측의 반대로 실현되지 못하였던 것이다.

그뿐만 아니라 사관생도들은 군에서 밀려나야만 하였다.

> 얼마 있지 않아 민영익은 조선군대 훈련을 위해 청국으로부터 5명의 교관을 부르게 되었다. 이 조치는 개화당 요인들을 크게 자극하였다. 그러나 가장 불행하게 된 것은 14명의 사관생도들이었다. 그들은 청국군 교관을 고빙하게 됨으로써 적어도 한국인으로서 그들의 계급에 걸맞는 군관으로서의 직위를 유지할 기회를 완전히 상실하였기 때문이었다. 한(규직)장군의 군영에 채용된 3명을 제외하고 사관생도들은 군에서 떨려나 개화당 인사들에 의하여 반자선책으로 홍영식 밑에 있는 우정국의 하위직이 주어졌다(Ensign George C. Foulk, Report of information relative to the revolutionary attempt in Seoul, Corea, December 4~7, 1884, *Papers of American Foreign Relations*, Inclosure in No. 128 ; 朴日根 編, 《近代韓國關係英·美外交資料集》 1866~1886, 新文堂, 1984, 996쪽).

민영익이 청국교관을 부르게 됨으로써 사관생도들이 대부분 군에서 쫓겨나게 되었다는 것이다. 따라서 김옥균을 추종하고 있던 이들은 집권파에 대해 불만은 점점 더 커져 갔을 것이며 마침내 정변에서 행동대원의 주축을 이루게 되었을 것이다. 이들을 정리해 보면 〈표 1〉과 같다.

앞서 정변 당일 밤 경우궁에서 행동대들이 포진하고 있는 상황을 살펴보면 정전 문밖에는 李寅鐘·李昌奎·李奎禎(喜貞)이, 李殷鑑(種)·黃龍澤·金鳳均·尹景純·崔殷童(恩同)·高永錫·車弘植을 거느리고 포진하여 있었다고 하였다. 그런데 〈갑신일록〉에 보면 정변이 일어나기 며칠 전인 1884년 12월 1일

---

30) 尹致昊, 《尹致昊日記》 1, 1884년 8월 9일(國史編纂委員會, 1973).
李光麟, 앞의 책(1979), 102쪽.

〈표 1〉 갑신정변에 참여한 사관생도

| 이 름 | 나이 | 신분/지위 | 정변시 임무 | 정변후 상황 | 비 고 |
|---|---|---|---|---|---|
| 徐載弼 | 20살 | 兩班/領官 | 행동대 지휘 | 일본망명 | 과거급제 |
| 鄭蘭敎 | 21살 | 閑良 | | 〃 | |
| 朴應學 | | 兩班 | | 피살 | 과거급제<br>前牧使 朴鼎和의 아들 |
| 鄭行徵 | | 閑良 | | 〃 | |
| 林殷明 | | 〃 | 營使암살 | 일본망명 | |
| 申重模 | 23살 | 〃 , 常漢 | 〃 | 謀反大逆不道 | 申福模의 형 |
| 尹泳觀 | | 兩班 | | 피살 | 과거급제<br>慶尙左兵使의 아들 |
| 李圭完 | | 閑良, 常漢 | 별궁 방화, 營使암살 | 일본망명 | 朴泳孝의 傔人 |
| 河應善 | | 〃 | | 피살 | |
| 李秉虎 | | 〃 | | 〃 | |
| 申應熙 | 26살 | 〃 /副領官 | | 일본망명 | |
| 李建英 | | 兩班 | | 피살 | 과거급제 |
| 鄭鍾振 | | 閑良 | | | 정변에 참여? |
| 白樂雲 | | 〃 | | 피살 | |

박영효의 집에서 거사 때의 임무 분담이 이루어졌으며, 그 다음날에 이인종으로 하여금 일본인 4명과 각각 얼굴을 익히기 위해서 압구정의 박영효 별장에 가서 사냥을 하는 모임을 가졌다는 것이다. 당시 압구정으로 갈 때까지의 상황을 보면 다음과 같다.

> 내(윤경순)가 인종의 집에 가보니 인종과 은종·황용택·최은동·김봉균·이규완·신중모 모두 있었다. 나한테 함께 놀러가자고 하였으므로 같이 갔다. 水口門에서 기다리는 사람이 있었는데 步轎 2대에 일본인이 타고 있었다. 또 한 사내가 장총을 가지고 따라오는데 옥균가의 床奴 永石이라 하였다. 왜인 또한 각각 소총을 가지고 있었다. 일행은 함께 압구정으로 갔다(〈尹景純鞫案〉31)).

31) 〈尹景純鞫案〉에는 윤경순 이외에 이응호·전홍용·윤계완·김창기·민창수·최성욱·이상록·신홍모 등 1886년 체포된 9명의 국안이 들어 있다.

즉 이인종의 집에 모였던 이은종·황용택·최은동·김봉균·이규완·신중모·윤경순·이희정·박삼룡[32] 등과 수구문 근처에서 합류한 고영석과 일본인들이 함께 鴨鷗亭에 있는 박영효의 별장으로 가고 있었다. 이들은 사냥을 하러 간다는 핑계를 대고 실제로는 일본인 자객 4명과 서로 얼굴을 익히면서 거사의 예행연습을 하기 위한 모임이었다. 여기에 참여한 사람들은 바로 4영사 등 정부요인을 살해할 때 호령 즉 지휘를 맡은 이인종·이희정과 직접 살해하는 임무가 부여된 사람들이었다. 그러므로 이들은 압구정에서 정부요인들을 살해하는 예행연습을 하였을 것이다.

이들은 거사 당일 박영효의 집에 모여서 우정국으로 함께 가 그 주위에서 대기하고 있었던 것이다. 우정국에서 민영익이 나오자 일본인이 해를 입히고 연이어 이인종·윤경순 등이 칼을 휘두르고 있었는데, 그 자리에 왕십리에 거주하는 河포교 등 30여 명이 방망이를 들고 나타나 이들은 도주하였다는 것이다. 그리하여 이들은 다시 박영효의 집에 모였다가 변수를 따라 경우궁으로 가서 대신들을 제거하게 되었던 것이었다.[33]

이들이 계획을 세울 때는 별궁에 방화를 하여 우정국 연회에 모였던 4영사 등이 별궁의 화재를 끄러 나타났을 때 이들을 제거하기로 하고 영사 한 사람당 두 사람씩 자객을 배정하였었다. 그리고 이 자리에서 놓친 영사들을 일본인 자객이 뒤에서 제거하기로 계획을 세웠던 것이다.[34] 그러나 계획한 그대로 실행하는 못하였다. 거사 첫날인 12월 4일에 4영사 등 정부요인을 암살한 상황을 보면 대체로 다음과 같았다.

---

32) 〈申重模鞫案〉에 보면 12월 2일(음력 10월 15일)에 신중모가 이규완과 함께 이인종의 집에 가보니 이인종·이은종·이희정·최은동·윤경순·박삼룡이 모여 있었다고 한 것으로 보아 이희정·박삼룡도 압구정모임에 참석하였을 것으로 보인다. 이 두 사람에게도 영사의 암살 임무가 주어졌다.

33) 〈尹景純鞫案〉.

34) 〈甲申日錄〉을 보면 12월 1일에 거사시 각각의 임무를 분담하였다는 것을 알 수 있다. 이 때 4명의 영사를 모두 살해하기로 하고, 영사 한 사람당 두 사람씩 맡기로 하였던 것이다. 즉 민영익은 윤경순·이은종, 윤태준은 박삼룡·황용택, 이조연은 최은동·신중모, 한규직은 이규완·임은명이 맡기로 하고 별도로 일본인 4명으로 배수를 치기로 하였으며 이인종·이희정의 신호에 맞추어 시행하기로 하였던 것이다.

> 나(김봉균)와 이규완이 함께 李(조연)營使를 해쳤다. 황용택·윤경순이 함께 한(규직)영사를 해치고 최은동·고영석이 함께 윤(태준)영사를 해쳤다. 민(영목)판서는 이규완·황용택·윤경순·고영석이 문앞에서 기다리고 있었으므로 필시 여기에서 해쳤을 것이다. 조(영하)보국·민(태호)보국 또한 4漢과 최은동이 세문 사이에서 下手하였다(〈金鳳均鞫案〉).

계획에서 짜여진 그대로 자객들이 배정된 영사를 각각 살해한 것은 아니었지만 그러나 압구정에 모였던 그 사람들이 4영사와 민영목·민태호·유재현 등 정부요인들을 살해하였던 것이다.[35)]

지휘의 임무를 부여받은 이인종은 종5품직인 判官을 지냈으며 4년 전에 박영효의 집에 賣菘業을 하는 윤경순을 소개한 것으로 보아 그는 상당 기간 박영효의 집과 관계를 가지고 있으면서 일찍부터 거사 모의에 참여하게 되었다는 것을 알 수 있다.[36)] 역시 지휘의 임무가 부여되었던 이희정은 59세의 연장자였는데 군인이었으며 僉使를 지냈다. 거사 당시에는 부영관을 제수받았다. 그는 이인종과 의형제를 맺을 정도로 절친한 사이였으며 함께 충의계[37)] 계원이기도 하였던 그에 의해서 거사에 참여하게 되었다고 하였다. 정변 직후 체포되어 국문을 받는 도중에 사망한 吳昌模(34살)도 충의계에 가입한 사람이었다. 그는 兵使를 지낸 吳晋泳의 庶子였다.

그러면 이인종과 이희정의 지휘하에 정부대신들을 살해하는 임무가 부여

---

35) 4명의 영사를 암살하는 임무를 분담하였을 때 영사마다 짝지워진 계획 그대로 암살이 실행되지는 않았던 것 같으며 또 국안마다 그 내용에 약간씩 차이를 보이고 있다. 그러나 압구정에 모였던 사람들이 암살의 임무를 수행한 것은 분명하다(〈甲申日錄〉·〈尹景純鞫案〉·〈申重模鞫案〉 참조).

36) 매숭업을 하는 윤경순이 박영효 집에 4년간 배추를 팔 수 있었던 것은 이인종에 의해서였다고 하였으며 또 그 대금을 이인종이 주었다고 한 것으로 보아 이인종이 박영효의 겸종으로 있었던 것은 아닐까 싶다. 軍伍之賤·常漢下流라는 이희정·이창규와 결의형제를 맺었던 것으로 보아 이인종의 신분도 평민 이상으로 보기는 어려울 것 같다.

37) 충의계는 忠義隊 즉 보부상을 일컫는 것이 아닐까 하는 의견을 제시해 놓은 것이 있다(李光麟, 앞의 책, 1986, 106~107쪽). 북한 사학에서는 충의계를 개화파의 모태이며 부르조아혁명운동을 준비하기 위한 정치적 비밀결사요 개화파의 핵심조직이었다고 주장하고 있으나 그 근거가 빈약하다(申福龍, 〈北韓史學에 나타난 甲申政變의 吟味〉, 韓國政治外交史學會 編, 《甲申政變硏究》, 평민사, 1985, 87~88쪽 참조).

되었던 사람들을 어떠한 사람들이었는가. 尹景純(慶淳)(29세)은 동대문 밖에서 배추장사를 하면서 사는 常漢이었다. 그는 이인종과 동대문밖 같은 동리에서 거주하였던 적이 있었으며 이인종의 집에 자주 왕래하였을 뿐만 아니라 3년 정도 이인종의 집에 기식하기도 하였던 사람이었다. 이인종의 소개로 박영효의 집에 4년간이나 배추 등을 팔았으며 1884년 10월에는 이인종이 자기 집으로 배추값을 받으러 오라고 하여 갔다가 거사에 참여하게 되었다는 것이다. 즉 윤경순은 이인종으로 인하여 거사에 참여하게 되었던 것이다. 崔恩同(殷童)은 윤경순·윤계완 형제와 같은 마을에 살았다는 것으로 보아 이들과의 인연으로 인하여 거사에 참여하게 되었을 것이다.

金奉(鳳)均(26살)은 박영효의 傔從이었다. 賤人출신으로 1880년부터 박영효의 집에서 지냈다. 1882년 박영효가 수신사로 일본에 갔을 때 그를 따라 일본에 갔다 온 적도 있었다. 그는 정변 당시에 仁政殿을 방화하는 임무도 수행하였다.[38] 그리고 高永錫(石)은 김옥균 집의 床奴였다.

그런데 압구정에서 사냥을 하러 나가면서 윤경순은 이인종과 다음과 같은 말을 주고받았다는 것이다.

> 閑生들이 만약 관직에 오르게 된다면 우리들만 원통하지 않은가 하고 내(윤경순)가 물었더니 (이인종이) 대답하기를 장차 큰일이 있으면 마땅히 世道人을 모두 제거하고 박영효가 好官이 되면 너희들 또한 마땅히 好任을 얻게 될 것이므로 걱정할 것이 없다(〈尹景純鞫案〉).

정변에 똑같이 참여하였으면서도 '한생'들은 관직에 오르게 되고 압구정에 모였던 윤경순 등은 관직에 오르지 못할 것이므로 원통하다는 이야기가 나왔다는 것에서 압구정에 모였던 사람들이 관직에 오를 만한 신분이 되지 못하는 천한 신분출신이었다는 것을 짐작할 수 있다. '한생'은 아마 사관생도를 의미하는 것 같다. 그러므로 상한 또는 천인출신으로 부상·군인·겸종·상노로서 신분이 밝혀진 사람들뿐만 아니라 그 밖의 사람들도 평민 이하의 신분출신이었을 것으로 보인다.

---

38) 〈甲申日錄〉, 12월 1일·4일.

이규완·신중모는 앞서 살펴보았듯이 사관생도였다. 그런데 이들은 다른 사관생도들과는 달리 자객으로서 평민 이하 천민까지 포함된 사람들과 함께 정부대신들을 살해하는 데 가담하였다. 이규완은 박영효의 겸인으로 명문자제들로 구성된 일본유학생으로의 자격이 미달되어 박영효의 주선으로 가까스로 유학생에 합류하게 된 한미한 집안 출신이었다. 신중모는 상한출신이었다. 당초의 계획에는 자객으로 사관생도 임은명도 끼어 있었다. 그렇다면 이규완·신중모·임은명 등의 사관생도들은 대부분 명문자제로 구성되었던 일본 육군호산학교 유학생 중에서 신분이 처지는 사람들이 아니었을까 짐작해볼 수 있겠다.

경우궁 전문 밖에서 시립하고 있었던 사람들 중에는 이상에서 살펴본 사람들, 즉 정부대신들을 제거하는 임무를 수행한 사람들 이외에 이창규·차홍식이 있었다. 李昌奎(43살)는 정변 당시 영관의 지위를 제수받았던 사람이었으며, 상한으로 1883년 4월에 사관생도 신복모·이은돌과 함께 무과에 급제하기도 하였다. 정변 당시에는 負商의 統領으로 각처의 부상들을 모아 이끌고 경우궁에서 시위하였다. 이 때 부상 백학진도 행동을 같이하였던 것으로 보인다. 그런데 이창규는 이인종·이희정과 함께 結義兄弟를 맺었다는 것으로 미루어 보아 이 세 사람 모두 상한출신이 아니었을까 짐작해 볼 수 있을 것 같다. 이창규도 이희정과 마찬가지로 이인종으로 인하여 정변에 참여하였을 것으로 보여진다.

車弘植(18살)은 본래 華溪寺의 승려였다. 김옥균이 1882년 화계사에서 10일 정도 묵었을 때 그의 권유로 김옥균 집에 머물고 있다가 김옥균이 동남개척사로 일본에 갈 때 炊飯作饌의 임무를 띠고 수행하여 일본에 갔다온 적이 있었다. 거사 직전에는 서재필의 집에서 집안일을 보고 있다가 정변에 연루되었다고 한다. 그러므로 차홍식도 평민 이하의 신분출신으로 볼 수 있겠다. 그 밖에 정변 직후 체포령이 내려져 있던 東萊水使의 동생 李熙德도 김옥균의 부름을 받고 경우궁에서 함께 시립하고 있었던 것으로 보인다.

정변에 연루되어 체포된 사람 중에서 정부대신 등을 암살하는데 가담하였던 사람들과 부영관을 제수받은 이창규에게는 謀反大逆不道罪의 극형에 처해졌으며 차홍식에게는 知情不告罪를 적용하였다. 이 밖에 이인종·이은종·

황용택 · 최은동 · 고영석 · 박삼룡에게는 체포령이 내려져 있었는데 그 중 이인종은 정변중에 피살당하였다고 한다.[39] 이들을 정리해 보면 다음 〈표 2〉와 같다.

〈표 2〉 갑신정변에 참여한 주요인사 암살자 및 부상 등

<table>
<tr><th>이 름</th><th>나이</th><th>신분/직업</th><th>정변시 임무</th><th>처 벌</th><th colspan="2">비 고</th></tr>
<tr><td>李寅鐘</td><td></td><td>判官</td><td>營使암살 지휘</td><td>체포령(피살)</td><td rowspan="3">의형제</td><td>忠義契</td></tr>
<tr><td>李昌奎</td><td>43살</td><td>常漢下流<br>負商統領</td><td>副領官</td><td>謀反大逆不道</td><td>무과급제</td></tr>
<tr><td>李喜貞</td><td>59살</td><td>軍伍之賤<br>僉使</td><td>營使암살 지휘<br>領官</td><td>〃</td><td>忠義契</td></tr>
<tr><td>李殷種</td><td></td><td></td><td></td><td>체포령</td><td colspan="2"></td></tr>
<tr><td>黃龍澤</td><td></td><td></td><td>營使암살</td><td>〃</td><td colspan="2"></td></tr>
<tr><td>金鳳均</td><td>26살</td><td>蟣蝨之賤<br>박영효 겸종</td><td>〃<br>仁政殿 방화</td><td>謀反大逆不道</td><td colspan="2">박영효 수행 도일</td></tr>
<tr><td>尹景純</td><td>28살</td><td>常漢<br>賣菸業</td><td>別宮방화<br>營使암살</td><td>〃</td><td colspan="2">이인종 집에 3년간 기식</td></tr>
<tr><td>崔恩同</td><td></td><td></td><td>別宮방화<br>營使암살</td><td>체포령</td><td colspan="2"></td></tr>
<tr><td>高永錫</td><td></td><td>김옥균 상노</td><td>營使암살 방화</td><td>〃</td><td colspan="2"></td></tr>
<tr><td>車弘植</td><td>18살</td><td>승려<br>서재필 겸종</td><td></td><td>知情不告</td><td colspan="2">김옥균을 수행 도일</td></tr>
<tr><td>朴三龍</td><td></td><td></td><td>營使암살</td><td>체포령</td><td colspan="2"></td></tr>
<tr><td>吳昌模</td><td>34살</td><td>庶子<br>蟣蝨之流</td><td></td><td>鞠問중 사망</td><td colspan="2">前兵使 吳晉泳의 서자<br>忠義契</td></tr>
<tr><td>白學鎭</td><td></td><td>負商</td><td></td><td>체포령</td><td colspan="2"></td></tr>
<tr><td>李熙德</td><td></td><td></td><td></td><td>〃</td><td colspan="2">東萊水使의 아우</td></tr>
</table>

또 다른 무리가 거사에 참여하였다. 다음과 같은 국문 내용에서 알 수 있듯이 거사 당일 閔昌洙의 집에 모였다가 가담한 무리가 있었다.

39) 〈罪人申箕善鞫案〉.

問. 閔昌洙의 집에 모였을 때 몇 사람이었으며 이름은 누구였나.
供. 13인이었다. 申福模 · 浪昌寬 · 張明煥 · 全興龍 · 金昌基 · 尹啓完 · 申聖模 · 車壽鉉 · 李上祿 · 張聖寬 · 任鎭圭 · 崔聖郁 그리고 나(李應浩)였다(〈李應浩鞫案〉).

민창수의 집에 모였던 사람들은 집주인 민창수를 포함하여 모두 14명이었다. 그리고 이들은 모두 전영군인들이었다. 이들 가운데 張明煥 · 申錫(聖)模 · 車壽鉉 · 張聖寬 · 任鎭圭(奎)에게는 체포령이 내려져 있었지만 민창수 · 전흥룡 · 김창기 · 윤계완 · 최성욱 · 이응호 등은 1885년 1월 체포되어 국문을 받고 처형당하였으며 이상록은 智島로 정배되었다. 낭창관은 1886년 10월 말에 체포되어 처형당하였다. 따라서 국안을 통해서 이들의 신분 등을 살펴볼 수 있다.

閔昌洙(27살)는 부상(餠商 · 賣酒)이었다가 1883년 남한산성군에 입대하여 정변 당시에는 전영의 隊首였다. 金興龍(28살)은 산성군인으로 있다가 전영에 편입된 자이다. 金昌基(25살)는 산성병이었다가 신복모와 함께 부평으로부터 와서 정변에 참여하였다. 尹啓完(24살)은 미천한 신분으로 菁根商을 하다가 남한산성군에 들어갔으며 그 뒤 상경하여 전영의 대장이 된 사람이다. 그는 형인 윤경순에 의해 개화당과 관계를 맺게 되어 거사에 참여하게 되었으며 당직일자를 거사날에 맞추어 조정하고 당일 병졸 50명을 거느리고 경우궁을 숙위하는 임무를 수행하였다. 崔聖郁(32살)은 萊營에서 훈련을 받고 돌아와 신복모의 권유에 의해 거사에 참가하였다. 李應浩(33세)는 미천한 신분출신으로 남한산성에서 훈련을 받다가 상경하여 前營敎長이 되었으며, 거사 당일 參領官을 제수받았다. 李上祿(31살)은 전영의 병졸로 신복모의 명령에 따라서 거사에 참여하게 되었다. 浪昌煥(寬)(29살)은 천인출신으로 정변중에 영관으로 제수되었다. 그의 아버지는 營門執事였다.[40]

이 전영군인들의 지휘관인 申福模는 일본 육군호산학교 출신 사관생도였다. 거사 당시에는 전영의 교장으로 總管畿沿海防事務(海防使) 閔泳穆 밑에서 교관으로 있다가 정변에 참가하여 부영관의 직책을 제수받아 지휘관으로 활동하였다. 신복모의 형인 신홍모(29살)는 御營校의 집사로 있다가 동생 신복

40) 〈謀反大逆不道罪人仁默等鞫案〉.

모의 권유로 정변에 가담하였다가 체포되어 처형당하였다. 이처럼 신홍모·신복모, 사관생도 신중모 3형제가 모두 정변에 참가하였던 것이다. 또한 정변에 가담한 인물로 신복모와 함께 일본으로 유학하여 陸軍敎導團에서 나팔을 전공하고 박영효 밑에서 교련을 담당했던 李銀乭이 있었다.

정변에 참가했던 전영군인들을 표로 정리해 보면 다음의 〈표 3〉과 같다.

〈표 3〉 갑신정변에 참여한 전영군인

| 이 름 | 나이 | 지 위<br>전영/(정변 중) | 신분 및 전직 | 처 벌 | 비 고 |
|---|---|---|---|---|---|
| 申福模 | | 敎長/(副領官) | 常漢<br>山城軍 敎官 | 체포령 | 戶山學校 사관<br>무과급제<br>興模·重模와 형제 |
| 李銀乭 | | | 〃 | (피살) | 陸軍敎導團서 나팔전공<br>무과급제 |
| 閔昌洙 | 26살 | 隊首 | 負商(饌商·賣酒)<br>山城軍 | 知情不告 | |
| 浪昌寬 | 27살 | 병사/(領官) | 幾嗇之賤 | 謀反不道 | |
| 張明煥 | | | | 체포령 | |
| 全興龍 | 27살 | 병사 | 山城軍 | 謀反不道 | |
| 金昌基 | 24살 | | 〃 | 知情不告 | |
| 尹啓完 | 23살 | 대장 | 菁根商·山城軍 | 謀反不道 | 尹景純의 아우 |
| 申錫模 | | | | 체포령 | |
| 車壽鉉 | | | | 〃 | |
| 李上祿 | 30살 | 병사 | 至微至賤之流 | 定配 | |
| 張聖寬 | | | | 체포령 | |
| 任鎭圭 | | | | 〃 | |
| 崔聖郁 | 31살 | | | 〃 | 萊營에서 훈련 |
| 李應浩 | 32살 | 敎長/(參領官) | 微賤之流·山城軍 | 謀反不道 | |

이들 중 신분이 밝혀진 사람들은 거의 모두 미천하고 군인이 되기 이전의 직업을 보면 야채나 찬거리를 팔았거나 술을 팔았던 장사꾼이였다는 것을

알 수 있다. 그런데 전영군인을 다음의 글에서 보듯이 부상에서 선발하였다는 것이다. 따라서 이들은 모두 부상출신이라고 볼 수 있겠다.

> 이 전영 560인은 모두 부상에서 선발된 병사로서 4영 중 가장 유력한 자이다. 또한 후영의 500인도 그 절반은 역시 부상에서 선발된 자이다(《東京經濟雜誌》, 1885 2월 7일, 負商褓商の勢力).

그런데 정변 후 체포되어 국문을 받은 사람들의 대부분이 남한산성병으로 있다가 상경하여 전영군인이 되었다고 진술하고 있다. 남한산성병과 전영군인의 관계에 대해 박영효는 갑신정변을 회상하는 글에서 다음과 같이 술회하고 있다.

> 나는 幸히 廣州留守가 守禦使兼職으로 병권을 가지게 된 것을 다행으로 後日之計를 위하여 양병을 할 터이니 金玉均은 得債중 수만금을 군자로 밀송하여 주기를 斷斷相約하고 나는 광주로 金은 일본으로 各散하였었다. 기다리는 군자금은 아니오고 곤군한 중에 겨우 천여의 병을 교련하니 당시 日本士官學校 출신인 申福模와 나팔수 李銀乭은 나의 股肱으로 일본식 교련에 진력하든 難忘之人이었다. 그렁저렁 1년이 지남에 광주유수의 精兵 양성이 이상히도 민일파에게 위험시하게 되야 閔妃의 일언으로 나는 곧 면관되고 내가 양성한 일본식 군병은 곧 京城으로 徵上되야 전후 御營에 속하야 前營使 韓圭稷, 後營使 尹泰駿의 영솔하에 돌아가고 말았다(朴泳孝, 〈甲申政變〉, 《新民》 14, 1926. 6).

1883년(고종 20) 3월 광주유수로 부임한 박영효는 守禦使를 겸직하여 군권을 지니게 된 것을 기회로 개화당의 계획을 위해 병력의 양성에 착수한 것이었다. 즉 이 군대가 南漢敎鍊兵隊 즉 남한산성병이었던 것이다. 이 군인양성에 필요한 자금은 김옥균이 일본에서 교섭하여 차관을 얻어 오게 되면 그 일부로 충당하겠다는 계획이었다. 그러나 김옥균의 차관교섭이 실패를 하였을 뿐만 아니라 집권파 민씨의 질시로 박영효도 1883년 10월에 수어사직에서 면직되었다. 그리고 박영효가 양성한 남한교련병대는 일단 御營廳으로 소속이 변경되었으며,[41] 곧 이어서 이들을 훈련시킬 교련소를 신설함과 동시

---

41) 《高宗實錄》, 고종 20년 10월 1일.

에 이를 親軍前營이란 부대명칭을 붙이고 御營大將 한규직에게 감독을 겸하게 하였던 것이다.

따라서 친군전영의 군인은 박영효가 광주에서 교육시킨 병력이었다. 이들을 훈련시킨 교관은 박영효의 측근 심복인 신복모와 이은돌이었다. 신복모·이은돌은 1881년 11월에 張大鏞과 함께 하사관교육을 받기 위해 일본에 유학하였다. 이 유학은 通商章程 체결차 도일하였던 수신사 趙秉鎬가 일본정부에 요청함으로써 이루어졌다. 이들 가운데 장대용은 입학한 지 2개월 만에 병으로 학업을 중단하고 귀국하였지만 신복모는 1882년 5월 육군호산학교 보병과를 졸업하고 다시 교도단에 들어가 대·중·소대학을 연습하고 일본에 간 지 1년 2개월 만에 박영효 일행과 같이 귀국하였다. 이은돌은 육군교도단에 입학하여 나팔을 전공하였다. 유학한 지 1년 만인 1882년 10월에 졸업하고 귀국하였다.[42] 이 두 사람은 귀국한 지 얼마 지나지 않은 1883년 4월에 이창규와 함께 무과에 拜賜되었다.[43]

박영효가 양성한 남한교련병대의 군인을 흡수하여 만들어진 전영은 다음의 글에서 엿볼 수 있듯이 좌·우영과는 그 성격이 달랐다.

> 지금 좌·우영과 전영은 서로가 보기를 仇敵처럼 하고 있는데 평일에도 이와 같거늘 하물며 유사시 어찌 힘을 내어 나라를 위한다 할 것인가(《尹致昊日記》 1, 1884년 1월 4일).

친군좌·우영은 청국의 강제에 의하여 불가피하게 설치 운영되었으며 청군이 교육을 담당하고 있던 청국식 부대였다. 반면에 전영은 일본에서 교육받은 사관생도들이 교관으로 훈련을 시킨 일본식 부대였다. 이러한 다른 성격의 두 부대는 서로 적대시할 정도로 반목·대립하고 있었던 것이다.[44] 따라서 전영군인들은 친청적 성향을 띠고 있던 집권파보다는 박영효 등 개화당 편에 서서 이들에게 협조적인 태도를 취하였던 것은 당연하였다.

---

42) 李光麟, 앞의 책(1986), 50~51쪽 참조.
43) 《承政院日記》, 고종 18년 4월 7일.
44) 崔炳鈺, 〈壬午軍亂後 親軍制의 成立과 그 矛盾〉(《軍史》 26, 國防軍史硏究所, 1993), 101~103쪽.

그런데 민창수의 집에서 모였던 전영군인들에 대해서 다음과 같은 이야기가 있다.

> 나(민창수)는 병정이다. 敎長之會에는 감히 참석할 수 없다(〈閔昌洙鞫案〉);

> 17일 저녁 신복모가 나(李上祿)에게 윤계완을 불러 함께 閔昌洙의 집에 오라는 명령을 하였으므로 나는 명령에 따라 갔더니 敎長·什長 등 모두 자리하고 있었다(〈李上祿鞫案〉).

이 모임은 일반 병사는 함께 자리할 수 없는 교장들의 모임이었다고 하고 또 교장·십장 등이 모두 모였던 모임이라는 것이다. 따라서 민창수 집에서의 모임은 전영군인 가운데에서도 지휘관급이 모였다는 것을 알 수 있다. 이들 가운데 신복모·이응호는 교장, 윤계완은 대장, 민창수는 대수로 밝혀졌지만 그 이외에도 다수가 전영내에서 지휘관의 지위를 가지고 있었던 자들이었을 것으로 보인다.

그 날 민창수의 집에서 가졌던 전영군인들의 모임에서 대표격인 신복모가 다음과 같이 말하였다는 것이다.

> 오늘 저녁 二橋경 불이 나면 마땅히 난리가 있을 것이다…청국과 일본이 교전할 것이며 영효·옥균 등이 이 일을 한다…우리들은 開化之世事가 만약 이루어진다면 마땅히 好官을 얻을 것이다(〈李應浩鞫案〉).

이 글에서 보이듯이 이들은 정변이 성공하면 '好官'을 얻을 수 있다는 기대에 유혹되기도 하였을 것이다. 그런데 당시 전영군인은 총 500명 정도였다. 이 중에서 14명이 민창수의 집에 모였으며 또한 이들은 전영군인 가운데에서도 지휘관급에 속해 있었다는 것이다. 또 이들은 박영효의 밑에 있던 군인들이었다. 그러므로 이들은 단순히 보다 나은 직책을 얻을 수 있다는 것 때문에 정변에 참가하게 되었던 사람들로 보기보다는 이미 개화당이 추구하던 정변의 목표에 대하여 적극 동조하고 있던 개화당 인사들이었다고 볼 수도 있을 것 같다.

갑신정변에는 개화당 요인들의 겸종 및 노자들이 다수 연루되어 처형당하였다. 앞서의 박영효의 겸종인 김봉균, 김옥균의 상노인 고영석 이외에 정변에 연루되어 처형을 당한 자로는 이점돌·이윤상·남홍철·고홍철·최영석·운이 등이 있었다.

李點乭(27살)은 김옥균의 겸종이었다. 그는 천민출신으로 김옥균의 鄕人이었으며 김옥균의 집에서 3년간 지내다가 김옥균을 따라 일본에 갔다가 1884년 4월 귀환하였다. 거사 당시 사관생도 2명과 함께 민가를 방화하는 임무를 수행하였다. 高興宗(41살)은 용렬하고 미련한 하류출신으로 역시 김옥균의 겸종이었다. 李允相(33살)은 4·5년간 서광범의 겸종으로 있었다. 그는 별감을 지냈으며 시정에서 苧廛을 운영하고 있었는데 별군직을 주겠다는 약속을 받고 정변에 참가하였다는 것이다. 南興喆(30살)은 궁방의 일을 하던 천인출신으로서 김옥균의 겸종이었다. 그는 1883년 6월 김옥균이 차관교섭을 위해 세 번째로 도일할 때 수행하여 일본에 갔다가 牛痘法을 배우고 돌아온 후 諫洞에서 貨賣洋物을 하면서 생계를 유지하고 있다가 거사에 참여하였다는 사람이었다. 이 밖에 박영효의 사랑 奴子 崔英植(42살)은 체포되어 처형당하였으며 서재필의 家僮 雲伊에게는 체포령이 내려져 있었다. 이들을 정리해 보면 〈표 4〉와 같다.

〈표 4〉 갑신정변에 참여한 겸종 및 노자

| 이 름 | 나이 | 직 업 | 신 분 | 처 벌 | 비 고 |
|---|---|---|---|---|---|
| 金鳳均 | 26살 | 박영효의 겸종 | | | *〈표 2〉 참조 |
| 李點乭 | 27살 | 김옥균의 겸종 | 皂隷賤鄙之流 | 謀反不道 | 김옥균을 수행 도일 |
| 高興宗 | 41살 | 〃 | 庸頑下流 | 知情不告 | |
| 李允相 | 33살 | 서광범의 겸종<br>別監, 苧廛 | | 謀反不道 | |
| 南興喆 | 30살 | 김옥균의 겸종<br>洋物賣 | 稼宮之賤 | 知情不告 | 김옥균을 수행 도일<br>우두법을 배워오다 |
| 高永錫 | | 김옥균의 床奴 | | | *〈표 2〉 참조 |
| 崔英植 | 42살 | 박영효의 舍廊奴子 | 宮家蒼頭 | 知情不告 | |
| 雲 伊 | | 서재필의 家僮 | | 체포령 | |

이들이 체포되어 국문을 통해서 밝혀진 신분으로 보나 직업으로 보나 평

민 중에서도 하류출신 내지는 천민출신이었다. 또 이들의 국안을 살펴보면 이들은 모두 외조부의 이름을 모르는 것으로 기록되어 있으며 친조부의 이름조차 모르는 사람이 있는 것으로 보아 대부분이 천한 신분출신이라는 것을 확인할 수 있다.[45] 따라서 이들은 개화당 인사의 충복으로서 자연스럽게 정변에 연루되었다가 희생된 자들이라고 볼 수 있을 것 같다.

또 〈갑신일록〉에 보면 개화당 인사들은 궐내의 종사자들에게도 손을 뻗쳐서 이들 중에도 정변에 가담한 자들이 있었다는 것을 알 수 있다.[46] 이들 중에는 궐내의 사정을 정탐하여 알려주던 朴大榮 閣監과 이름이 알려지지 않은 환관 2명이 있었다. 또 顧大嫂(42살)라는 궁녀는 10여 년 전부터 개화당에 들어와 궁중의 비밀을 통보해 주었으며 정변 당시에는 通明殿을 방화하는 임무를 맡아 수행하였다. 李錫伊는 김봉균과 함께 仁政殿을 방화하는 임무를 맡아 수행한 자로서 궁녀로 보인다.[47] 李禹石은 궁녀로서 궁궐내에 숨어 있다가 체포되어 1886년 1월 26일 처형되었다.[48] 정변이 일어난 당일 金虎門을 지키고 있다가 문을 열어 준 김옥균의 심복 수문장도 있었다. 이들을 표로 정리해 보면 〈표 5〉와 같다.

〈표 5〉 갑신정변에 참여한 궁궐내의 종사자

| 이 름 | 나 이 | 직 업 | 임 무 | 처 벌 |
|---|---|---|---|---|
| 朴 大 榮 | | 閣監 | 궐내 염탐 | |
| △ △ △ | | 宦官 | 〃 | |
| △ △ △ | | 〃 | 〃 | |
| 顧 大 嫂 | 42살 | 宮女 | 通明殿 放火 | |
| 李 錫 伊 | | 〃 | 仁政殿 〃 | |
| 李 禹 石 | | 〃 | | 처 형 |
| △ △ △ | | 守門將 | 金虎門 開門 | |

45) 鞫案에 보면 이점돌·최영식은 조부·외조부의 이름, 고흥종·이윤상·남홍철은 외조부의 이름만을 모르는 것으로 기록되어 있다.

46) 〈甲申日錄〉, 11월 19일 및 12월 1일·3일·4일.

47) 인정전을 방화할 때 미리 그 아래 화약을 묻어 놓았다고 하므로 그 임무를 수행한 이석이는 궁녀이었을 가능성이 크다(〈甲申日錄〉, 12월 4일).

48) 《備邊司謄錄》 266책, 고종 22년 12월 22일.

이처럼 갑신정변의 행동대는 일본 육군호산학교 출신 사관생도들과 전영 군인의 지휘관급들, 개화당의 인사들의 심복 장사들이 그 주축을 이루고 있었다. 또한 전영소속의 군인들이 지휘관의 명령에 복종하여 가담하였다. 한편 개화당의 인사들의 겸인·가동들이 가담하였다. 또한 궁내의 종사자들 중에서도 가담한 자들이 있었다. 이들은 소수의 양반출신인 사관생도들을 제외하고는 중인 이하 천민에 이르는 신분출신의 사관생도·군인·부상·겸인·가동·승려 등이었다. 이들 가운데에는 개화파의 이상에 적극 동조하여 정변의 계획단계에서부터 가담한 자가 있었으며, 또 이들과 연결되어 보다 나은 지위를 얻게 될 것이라는 기대를 가지고 참여한 자들도 있었다. 반면에 단지 하인의 신분으로서 상전을 충성스럽게 섬기다가 자연히 정변에 연루되어 희생된 자들도 있었던 것으로 보인다.

〈尹炳喜〉

## 3. 갑신정변의 전개

### 1) 정변 주도세력의 목표

초기 개화파 중에서 1884년(고종 21) '갑신정변'을 일으킨 급진파 개화당의 목표는 당시 세계대세에 뒤떨어져서 열강의 위협을 받고 있는 조선왕국을 자주 부강한 근대국가로 건설하는 것이었다.[1] 갑신정변 주도세력의 핵심인

---

1) 다음과 같은 글들이 관련하여 참고가 된다.
閔泰瑗, 《甲申政變과 金玉均》(國際文化協會, 1947).
姜在彦, 〈開化思想·開化派·甲申政變〉(《朝鮮近代史硏究》, 1970).
Harold F. Cook. *The Korea's 1884 Incident*, 1972.
李光麟, 〈金玉均의 '甲申日錄'에 대하여〉(《震檀學報》 33, 1972).
———, 〈숨은 開化思想家 劉大致〉(《開化黨硏究》, 一潮閣, 1973).
———, 〈甲申政變에 대한 一考察〉(위의 책, 1973).
金榮作, 〈初期開化派의 民族主義思想과 甲申政變의 現代的 意義〉(《思想과 政策》 1-4, 1984).
愼鏞廈, 〈甲申政變에 社會經濟的 背景과 開化思想〉(《思想과 政策》 1-4, 1984).

물의 하나였던 徐載弼은 갑신정변의 지도자 金玉均의 목표는 '조선도 힘있는 현대적 국가'로 만드는 것이었다고 다음과 같이 회고하였다.

> 金玉均은 현대적 교육을 받지 못하였으나 시대의 추이를 통찰하고 朝鮮도 힘있는 現代的 國家로 만들려고 절실히 바랐었다. 그리하여 신지식을 주입하고 신기술을 채용함으로써 정부나 일반사회의 舊鬪因習을 一變시켜야 할 필요를 확고히 깨달았다(徐載弼, 〈回顧甲申政變〉, 閔泰瑗 著《甲申政變과 金玉均》, 1947, 82쪽).

갑신정변의 주도세력의 하나로 김옥균이 일본에 유학시킨 사관생도들이 중요한 역할을 했는데, 김옥균은 사관생도들에게 "일본이 동방의 영국노릇을 하려 하니 우리는 우리 나라를 아시아의 불란서로 만들어야 한다"고 가르쳤다. 서재필은 다음과 같이 회고하였다.

---


———, 〈甲申政變의 改革思想〉(《韓國學報》 36, 1984).
———, 〈金玉均의 開化思想〉(《東方學志》 46·47·48, 1985).
———, 〈19세기 한국의 近代國家 형성문제와 立憲共和國 수립운동〉(《韓國社會史硏究會論文集》 1, 1986).
———, 〈甲申政變의 主體勢力과 開化黨의 北靑·廣州養兵〉(《韓國學報》 95, 1999).
韓國政治外交史學會, 《甲申政變硏究》, 1985.
安秉珆, 〈1884年 甲申政變の社會經濟的基礎〉(《朝鮮近代經濟史硏究》, 1975).
裵成東, 〈朝鮮末期의 政治體制〉(《韓國政治學會報》 10, 1976).
金達中, 〈1880年代 韓國國內政治와 外交政策〉(《韓國政治學會報》 10, 1976).
吳世昌, 〈開化思想과 開化黨의 形成〉(《韓國史學》 1, 1980).
山邊健太郞, 〈甲申事變について〉(《歷史學硏究》 244·247, 1960).
朴宗根, 〈朝鮮における近代的改革の推移－1884(甲申)年と1894年の改革をめぐって－〉(《歷史學硏究》 300, 1965).
糟谷憲一, 〈甲申政變·開化派硏究の課題〉(《朝鮮史硏究會論文集》 22, 1985).
朴明圭, 〈開化派와 討幕派의 社會經濟的背景과 近代指向性에 관한 비교연구〉(《韓國社會史硏究會論文集》 42, 1994).
康珍子, 〈甲申政變の問題點－甲申日錄の檢討を通じて－〉(《朝鮮史硏究會論文集》 22, 1985).
Shin Yong-Ha, The Coup d'État of 1884 and Pukchong Army of the Progressive Party, *Korea Journal* 33－2, 1993.
姜昌一, 〈初期開化派의 近代化구상－甲申政變에 대한 비판적 검토－〉(《韓國文化》 15, 1994).
金雲泰, 〈韓末開化思想과 그 運動의 展開〉(《朝鮮政治思想硏究》, 1985).
崔震植, 〈甲申政變을 전후한 開化派의 外交인식〉(《釜山史學》 32, 1997).

매 일요일이면 우리는 반드시 金玉均을 築地 寓居로 심방하였다. 그러는 때마다 그는 우리를 친동생과 같이 대접하고 숨김없고 남김없는 폐·간 속의 말을 우리에게 들려주었다. 祖國刷新에 대한 우리의 중차대한 임무를 말하는 동시에 나라에 돌아가 우리가 빛나는 대공훈을 세울 것을 믿어 마지아니하였다. 그리고 그는 늘 우리에게 말하기를, 日本이 東方의 英國노릇을 하려 하니 우리는 우리 나라를 亞細亞의 佛蘭西로 만들어야 한다고 하였다. 이것이 그의 꿈이었고 또 유일한 야심이었다. 우리는 김씨의 말을 신뢰하고 우리의 전도에 무엇이 닥쳐오던지 우리의 책임을 이행하고야 말겠다는 굳은 결심을 하였던 것이다(윗점－인용자)(徐載弼, 〈回顧甲申政變〉, 앞의 책, 84~85쪽).

조국인 조선왕국을 '힘있는 현대적 국가'로 쇄신하고, 조선을 '아시아의 불란서와 같은 나라'로 만들어서 '외국의 침략'[2]을 막아내려는 김옥균 등 개화당의 목표는 '임오군란' 후 조선에 진주한 청군의 간섭과 방해로 달성이 어렵게 되었다. 임오군란 직후 청국은 3,000명의 군대를 조선에 파병하여 서울에 주둔시키고 집권자이며 국왕의 부친인 흥선대원군을 군함에 초청해 놓고는 그대로 납치하여 청국에 실어다가 保定府에 유폐해 버리는 만행을 자행하였다. 청국은 민비정권을 재수립해 놓은 다음에도 철군하지 아니하고 청군을 서울에 장기 주둔시킨 채 이 무력을 배경으로 허구의 종주권을 주장하면서 조선을 屬邦化하기 위한 적극 간섭정책을 자행하여 조선의 자주독립을 크게 침해하였다. 조선에 주둔한 청국 장수 吳長慶과 袁世凱는 병권을 장악하고 총판조선각국통상사무(재정고문)로 파견된 陳樹棠은 재정권을 장악했으며, 李鴻章이 파견한 묄렌도르프(Paul Georg von Möllendorff)는 해관을 장악했을 뿐아니라 외교까지 장악하려 하였다.

청국은 뿐만 아니라 김옥균을 중심으로 한 개화당의 개화운동이 궁극적으로 청국으로부터의 조선의 자주독립을 추구하는 운동이라고 보고 온갖 방법으로 개화당을 탄압하고 개화운동을 저해하였다. 그러므로 임오군란 이후의 개화정책은 청군의 탄압과 방해를 받아 가면서 추진된 것이었으며, 개화당으로서는 매우 불만족스러운 것이었다.

당시 임오군란에 의하여 정권이 한 번 붕괴되었다가 청국의 구원으로 재

2) 金玉均, 〈池運永事件糾彈上疏文〉(《金玉均全集》, 亞細亞文化社版, 146쪽). 이하 《金玉均全集》은 全集으로 생략 표기하기로 함.

집권하게 된 閔妃守舊派들은 청국의 속방화정책에 순종하여, 나라의 독립이 크게 침해되고 자주근대화가 저지되는 것은 전혀 돌아보지 않고 일가일문의 사리사욕을 채우기에 급급하였다.

당시 청국이 조선의 독립을 얼마나 침해했는가의 몇 가지 사례를 들면, 청국은 임오군란 직후 민비정권에 압력을 가하여, 그 동안 조선왕조가 각국과 체결한 불평등조약들 중에서도 가장 불평등하고 청국의 특권을 일방적으로 허여한 〈朝中商民水陸貿易章程〉을 1882년 8월 23일 체결하고, 그 前文에 조선을 청국의 '屬邦'이라고 문자로 써넣었다. 진수당은 방자하게도 '조선은 중국의 屬國'이라는 문귀를 넣은 방문을 공공연히 남대문에 써붙이기까지 하였다.[3] 그는 강제로 한국인의 집을 사들이고자 하여 이에 항의한 正言 李範晋을 청군의 군영에 잡아다가 어지러이 매를 때리는 만행까지 자행하였다.[4]

또한 청국조정은 조선조정에 대해 "무릇 外憂에 관한 일은 일체를 청국에 문의하라"[5]고 지시했다. 청국 장수 오장경은 조선국왕에게 맞대놓고 "내가 3천 군대를 거느리고 여기에 와 있으므로 매사에 皇朝(청국)를 배반해서는 안된다"[6]고 협박하였다. 그는 조선국왕에게 "내년 봄에는 청국의 군대가 증파될 것이라"[7]고 위협하였다.

서울에 주둔한 청군의 행패도 극심하였다. 하나의 예만 들면, 청군이 광통교 부근의 한 약국에서 무료로 약품을 빼앗으려 하다가 약값을 요구하는 주인 최씨의 아들을 사살하고 최씨에게도 총을 쏘아 중상을 입혔다.[8] 개화당 신문인 《漢城旬報》가 이를 보도하자, 청군은 이를 보도했다는 이유로 《한성순보》를 발행하는 통리기무아문의 博文局을 습격하기까지 하였다.[9] 그러나 민비 수구파정권은 청군의 이러한 만행에 대해 항의조차 제대로 한 번 하지

---

3) 《尹致昊日記》, 1883년 (음력) 10월 3일 · 5일.
4) 《尹致昊日記》, 1884년 5월 28일.
5) 《尹致昊日記》, 1883년 10월 3일.
6) 위와 같음.
7) 《尹致昊日記》, 1883년 12월 4일.
8) 《尹致昊日記》, 1884년 1월 3일.
9) 《漢城旬報》 10호, 1884년 1월 3일, 〈革兵犯罪〉.

못하는 형편이었다.

개화당은 임오군란 후의 청국의 이러한 속방화정책 및 만행과 개화정책에 대한 탄압에 대해 단호하게 저항하고 조선을 서양열강과 어깨를 나란히 하는 자주부강한 근대국가로 만들고자 하였다. 서재필은 다음과 같이 설명하였다.

> 그 때 김옥균의 생각은 무엇보다도 淸나라 세력을 꺾어버리는 동시에 그에 추종하는 귀족들의 세력을 빼앗은 후에 우리 나라의 完全自主獨立政治를 수립하자는 것이 그의 이상이었고 실현의 최고 목적이었다.
>
> 더욱이 淸나라에서 大院君을 납치했다는 것은 우리로서 참을 수 없는 수치라 하여 분개함을 참을 수 없어 그 세력구축과 귀족타파의 깃발을 둘러메고 나서려 한 것이다(金道泰 編, 《徐載弼博士自敍傳》, 首善社, 1949, 86~87쪽).

또한 사관생도로서 갑신정변에 참가했다가 후에 심문을 받은 申重模는 김옥균의 목표에 대해 당시 다음과 같이 말하였다.

> 따라서 김옥균으로부터 들은 바에 의하면, '서양 각국은 모두 독립국가이다. 어떠한 국가든지 독립한 연후에야 비로소 타국과 화친할 수 있는 것이다. 조선은 오직 청국의 속국이 되어 있는 바 참으로 부끄러운 일이다. 朝鮮도 언젠가는 독립국가가 되어서 西洋諸國과 同列에 서야 할 것이다'라고 말하였다(《推案及鞫案》 324책, 大逆不道罪人喜貞等鞫案 중 申重模의 供述, 亞細亞文化社 영인판 30책, 588쪽).

서재필도 당시 김옥균의 사상과 목표에 대해 다음과 같이 동일한 내용을 증언하여 기록하였다.

> 김옥균은 조국이 청국의 종주권하에 있는 굴욕감을 참지 못하여 어찌하면 이 수치를 벗어나 조선도 세계 각국 중에 평등과 자유의 일원이 될까 주주야야로 노심초사했던 것이다(〈回顧甲申政變〉, 앞의 책, 82쪽).

갑신정변 주도세력의 영수인 김옥균은 정변 직전에 일본인 정치가에 보낸 편지에서도, 조선이 振作의 희망이 없는 것은 청국이 조선을 속국으로 멍에를 씌우는데 원인이 있으므로 조선이 "첫째로 해야 할 일은 멍에를 철폐하고 특히 獨全自主之國을 수립하는 일이다"[10]라고 명료하게 밝히었다. 갑신정변 주도세력의 목표는 임오군란 이후의 청국의 조선 '속방화정책'의 멍에를 철폐하고, 자주부강한 근대국가를 건설하여 세계 각국과 어깨를 나란히 동열에 서도록 나라를 발전시키려 한 것이었다.

이러한 목표를 가진 개화당에 대하여 청국측과 민비 수구파는 결탁하여 탄압하고 개화당 요인들을 기회 있을 때마다 정계에서 제거시켜 나갔다. 김옥균은 갑신정변 직전에 박영효의 집에서 다음과 같이 말하였다.

> 우리들은 수년래 평화적 수단에 의하여 각고진력해 왔으나, 그 공효가 없었을 뿐 아니라 금일 이미 死地에 들어가게 되었다. 앉아서 죽음을 기다릴 것이 아니라, 먼저 人을 制하여 策을 취하지 않으면 안될 정세에 이르렀다. 따라서 우리들의 결심에는 하나의 길이 있을 뿐이다(伊藤博文 編,《秘書類纂 朝鮮交涉資料》상, 朴泳孝邸ニ於テ洪英植·金玉均·徐光範ト島村久談話筆記要略, 271쪽).

개화당은 결국 임오군란 후 청국의 '조선속방화'정책을 정변의 방법으로 집권하여 물리치고, 위로부터의 급속한 자주 근대화정책을 실시해서 조선을 자주부강한 근대국가로 건설하여 세계 열강과 어깨를 나란히 하는 완전 자주독립국가로 발전시킬 것을 목표로 정변을 추진하게 된 것이었다.[11]

## 2) 갑신정변의 준비

### (1) 개화당의 정변 무력문제

개화당들이 청국의 조선속방화 적극 간섭정책을 일거에 물리치고 청국에 야합한 민비 수구파정권을 타도한 후 자주부강한 근대국가를 건설하기 위하여 정변을 준비하기 시작한 것은 1883년 봄부터였다. 그러나 이 때에는 그들이 아직 정변의 구체적 계획을 설계한 것은 아니었다.

개화당의 영수 김옥균은 일찍이 청국세력을 몰아내고 수구 고식배를 소제하여 '大更張改革'을 단행하는 데에는 두 가지 방법이 있다고 설파했었다. 그 하나는 김옥균의 표현에 의하면 '平和行事'의 방법이었다. 이것은 국왕의 칙

10) 金玉均,〈朝鮮改革意見書〉(《金玉均全集》, 亞細亞文化社版, 110~111쪽).

11) 愼鏞廈, 앞의 글(앞의 책, 1985 ;《韓國近代社會思想史硏究》, 一志社, 1987) 참조.

령을 빌려서 평화적 방법으로 점진적으로 개혁사업에 종사하는 방법이었다. 다른 하나는 김옥균의 표현을 빌리면 '武力行事'의 방법이었다. 이것은 국왕의 밀의에 의탁하면서 무력으로 정변이나 혁명을 일으켜 먼저 정권을 장악한 다음에 급진적으로 개혁사업을 신속히 단행하는 방법이었다.[12] 개화당은 김옥균이 말한 두 번째의 방법을 택하여 정변을 준비하기 시작한 것이었다.

개화당이 구상한 정변은 군사무력을 수단으로 택한 것이었으므로, 개화당은 4개의 흐름으로 정변 무력을 준비하였다.

첫째, 개화당 요인 朴泳孝가 한성판윤으로부터 1883년 3월 경기도 廣州留守로 좌천되어 가자, 경기도 광주가 수도방위를 위한 4都의 하나로서 광주유수가 군대양성의 권한을 가진 직책임을 활용하여 바로 500명의 장정을 모집해서 서양식 군대를 의미하는 신식 군대양성을 시작하였다.[13] 이 광주군대의 훈련대장에는 개화당 군인장교 申福模를 임명하였다. 그리하여 수개월간의 강훈련 결과 박영효의 휘하에 500명의 강력한 신식 군대가 새로이 양성되었는데, 이것은 개화당의 군대였으며, 겸하여 유사시에는 정변의 무력으로 준비된 것이었다.

그러나 수구파들은 개화당 요인 박영효의 휘하에 500명의 강력한 신식 군대가 있는 것을 위협시해서 국왕에게 진언하여, 마침내 국왕은 1883년 10월 1일(양력 10월 31일) 광주군대를 御營廳으로 이속시키라고 명령하였다.[14] 어영청은 당시의 왕궁수비대 관리기관의 명칭이었다. 그 결과 박영효가 뽑아서 훈련시킨 광주군대는 서울로 불러 올려서 어영청에 속하게 되었다.[15]

수구파는 국왕을 움직여 계속해서 1883년 11월 6일 박영효를 광주유수에서 해임시켰을 뿐만 아니라 11월 22일에는 광주군대로 만들어진 신설 敎鍊所를 '親軍營前營'이라 호칭하도록 하고, 어영대장 韓圭稷이 친군영 前營使(처음 호칭 監督)를 겸임케 하였다.[16] 한규직은 민비 수구파 요인의 한 사람으

---

12) 金玉均, 〈朝鮮改革意見書〉(111~112쪽 참조).
13) 《漢城旬報》 3호, 1883년 10월 21일. 〈廣留狀啓〉.
《承政院日記》, 고종 20년 10월 1일.
14) 《高宗實錄》, 고종 20년 (음력) 10월 초1일.
15) 《漢城旬報》 3호, 1883년 10월 1일 〈廣留狀啓〉.
16) 《高宗實錄》, 고종 20년 10월 23일.

로서 이것은 광주군대의 지휘권을 민비 수구파가 개화당으로부터 빼앗아 가버린 것이었다. 그러나 김옥균·박영효 등이 친군영 전영의 장교들을 개화당의 비밀결사인 忠義契에 가입시켜 지휘하고 있었고, 병사들도 일찍이 광주에서 박영효·신복모가 뽑아 훈련시킨 군대였기 때문에 친군영 전영의 무력은 비밀리에 개화당의 지휘를 받는 무력이었다.

국왕은 1883년 11월 29일(양력 12월 28일) 春塘臺에서 친군영 전영군대(광주군대)를 친히 관람하였다.[17] 당시 《한성순보》는 이 같은 사정을 다음과 같이 기록 보도하였다.

> 29일 국왕께서 춘당대(창경궁 안에 있었음-인용자)에 거둥하여 親軍의 練式을 관람했으므로 삼가 기록한다. 이 날 친군영 전영감독 한규직이, 광주에서 조련한 일본식 기예의 신식 군대인 전영병정 500명을 거느리고 왔는데, 국왕께서 친히 임석하여 사열하셨다. 500명 군사가 각각 등에 황색 가죽배낭을 메고, 손에는 後膛式 총을 들고 대장의 지휘에 하나인 것같이 따랐다. 그 운동하여 진퇴하는 제식훈련과 공격하여 찌르는 병술훈련이 學成되고 숙련되어 조금도 차질이 없어 일본군사의 기예에 비교해도 조금도 손색이 없었다. 이로써 보건대 강병은 다른 방법이 없고 오직 교련에 있는 것이다. 또 훈련을 시작한 지 몇 달이 되지 않아 이미 기예가 이처럼 告成되었으니 隊長의 열심한 교련이 더욱 가상하다 하겠다(《漢城旬報》 7호, 1883년 음력 12월 1일, 諭旨恭錄).

이 친군영 전영군대(광주군대)는 개화당에 의해 양성되어 갑신정변의 무력 준비의 하나가 된 것이었다.

둘째, 개화당은 尹雄烈을 1883년 4월에 함경남병사로 임명케 해서 함경남병영이 있는 北靑에서 개화당의 무관인 윤웅렬의 주관 아래 약 500명의 장정을 모집하여 신식 군대를 양성하였다.[18] 윤웅렬이 1883년 3월 17일 함경남병사에 임명된 데에는 김옥균이 관련되어 있었다.[19] 또한 《윤치호일기》에는 윤웅렬의 함경남병영에서의 양병은 김옥균이 나라를 위해 크게 遠慮해서 추

---

17) 《高宗實錄》, 고종 20년 11월 29일.

18) 愼鏞廈, 〈甲申政變의 主體勢力과 開化黨의 北靑·廣州養兵〉(《韓國學報》 95, 1999).

《漢城旬報》 12호, 1884년 1월 21일, 〈咸鏡南道兵馬節度使 尹雄烈狀啓〉.

19) 《南兵營啓錄》, 고종 20년 3월 초2일.

진하는 사업이라고 기록했고,[20] 또한 윤웅렬의 북청양병을 '개화와 진보를 위한 큰 기관'[21]이라고 기록하였다. 윤웅렬의 함경남병사 임명과 500명의 북청양병은 개화당의 계획에 의한 양병이었음이 명백한 것이다.

윤웅렬은 4월 17일 국왕을 알현하고 북청에 도착한 후 5월 24일부터 두 차례에 걸쳐 500명의 장정을 뽑아 신식(서양식) 군사훈련을 실행하였다.[22] 윤웅렬의 500명 북청의 신식 군대양성은 성공적이었다. 윤웅렬은 이를 스스로 평가하여 "技藝를 연습함이 날로 나아가고 隊伍를 이룬 모양이 모두 볼 만한 것이 있다"[23]고 보고한 정도였다.

함경도 북청에서 개화당의 군대 500명이 창설되어 강력한 신식 군대로 성장하기 시작하자, 민비 수구파는 이것을 매우 위험시하여 본격적 견제를 시작하였다. 수구파 영수 閔台鎬는 배후에서 교사하여 함경관찰사 林翰洙로 하여금 함경남병사 윤웅렬이 인화를 잃었고 가렴주구가 심하다는 이유를 들어 국왕에게 윤웅렬의 파면을 상신케 하였다.[24] 이를 받아서 민비 수구파가 지배하는 의정부에서도 윤웅렬의 파면과 정죄를 건의하였다.[25] 개화당에서는 왕실의 부마인 박영효를 북청에 내려보내 북청양병의 실태를 직접 시찰케 한 후 북방 변경의 방어를 위해서도 신식 군대가 잘 양성되고 있음을 국왕에게 보고하여 수구파의 공격을 물리쳤다.

민비 수구파에서는 다시 수구파 거물 尹泰駿이 배후에서 교사하여 함경도 지방유생들을 다수 동원해서 윤웅렬이 이 지방 鄕憲碑를 훼손했다는 이유를 들어 윤웅렬의 파면을 청원하는 상소운동을 전개하게 하였다.[26] 한편 개화당에서는 박영효를 함경남병영에 파견하여 현지에서도 대책을 수립케 하고,[27]

---

20) 《尹致昊日記》, 1883년 10월 5일.
21) 《尹致昊日記》, 1884년 5월 21일.
22) 《南兵營啓錄》, 고종 20년 11월 25일 및 12월 29일.
23) 《南兵營啓錄》, 고종 20년 12월 29일.
24) 《尹致昊日記》, 1884년 5월 8~11일.
《高宗實錄》, 고종 21년 5월 14일.
25) 《高宗實錄》, 고종 21년 5월 21일.
26) 《高宗實錄》, 고종 21년 5월 28일.
《尹致昊日記》, 1884년 5월 23·24일.
27) 《尹致昊日記》, 1884년 윤5월 15일.

서울에서는 윤웅렬의 아들 尹致昊가 국왕의 측근에서 출입하면서 국왕에게 상소를 올려 아버지 윤웅렬을 옹호하였다.[28] 결국 국왕은 수구파들의 윤웅렬 파면요청을 윤허하지 않았다.[29]

그러나 수구파들도 이 문제에서만은 물러서지 않고 계속 중앙의 관리들을 다수 동원하여 윤웅렬 파면상소를 올리게 하였고,[30] 함경도 지방유생들에게도 배후 조종하면서 윤웅렬 파면과 정죄요청의 상소운동을 전개하도록 하였다.[31] 민비 수구파가 이와 같이 집요하게 윤웅렬 파면운동을 전개한 것은 개화당의 북청양병을 정치적으로 매우 위험시했기 때문이었다.

그러나 서울에서 윤웅렬의 아들 윤치호가 국왕의 두터운 신임을 얻고, 김옥균을 비롯한 개화당 요인들과 거의 매일 협의해 가면서 국왕에게 수구파들의 윤치호 파면요청의 부당성과 윤웅렬의 양병의 정당성을 국왕 측근에서 매우 잘 설명했기 때문에, 국왕은 수구파의 집요한 윤웅렬 파면요구를 일축하여 거절하고 계속 양병과 북방경비에 종사하도록 하였다.

이에 개화당은 정변 준비의 한 요소도 되는 북청에서의 500명 신식 군대의 양성에 성공하게 되었다. 남은 문제는 어떻게 이 500명 북청군대를 서울로 불러 올려 왕실호위의 임무를 맡기느냐의 과제만 남게 되었다.[32]

셋째, 김옥균 등이 일본의 陸軍戶山學校에 파견해서 유학시킨 사관생도들이었다. 일본에서는 아직 대학급 사관학교는 설립하지 못하고 육군호산학교를 설립하여 서양교관들도 초빙해서 일본 신식 육군의 장교들을 양성하고 있었다. 김옥균은 徐載弼·鄭蘭教·朴應學·鄭行徵·林殷明·申重模·尹泳觀·李圭完·河應善·李秉虎·申應熙·李建英·鄭鍾振·白樂雲 등 14명을 선발하여 1883년 이른 봄에 일본 육군호산학교에 유학시켰다.[33] 이들 사관생도의 대표는 서재필이었으며, 김옥균은 일본에 건너갔을 때마다 이 사관생도들을 매주 1회 불러서 자기의 정치적 포부를 설명하고 결속을 다졌다.[34]

---

28) 《高宗實錄》, 고종 21년 윤5월 초5일.
29) 《尹致昊日記》, 1884년 윤5월 초2일.
30) 《高宗實錄》, 고종 21년 윤5월 초10일.
31) 《高宗實錄》, 고종 21년 윤5월 초10일 및 6월 초6일.
32) Shin, Yong-Ha, 앞의 글(1993).
33) 金玉均, 〈甲申日錄〉, 1884년 양력 12월 4일(全集, 86쪽).

또한 사관생도 신중모도 갑신정변 후 체포되어 심문에 공술할 때, 서양 각국은 모두 독립국가이며 독립국가이어야 다른 나라와 화친할 수 있다. 조선도 독립국가가 되어 서양 여러 나라와 같은 대열에 서야 한다고 김옥균이 말하였다는 것이다.[35] 김옥균 등 개화당이 유학시킨 사관생도 14명은 약 1년 6개월의 신식 사관교육을 받았을 때, 정변 단행이 결의된 후인 1884년 6월에 모두 귀국하여 갑신정변의 중요한 무력이 되었다.

넷째, 개화당이 조직한 비밀결사 '충의계'의 장사와 군인 장교들이다. 김옥균은 정변을 준비하기 위한 비밀무력조직으로 '충의계'라는 비밀결사를 만들어서 신복모로 하여금 지휘하게 하였다. '충의계'의 결사대원은 장사 30명과 친군영 전영군인 13명 등 43명이었다고 한다.[36] '충의계'에는 13명의 친군영 전영장교들이 가입해 있었기 때문에, 신복모의 지휘하에 친군영 전영은 심지어 민비 수구파 전영사가 임명되었을 때에도 실제로는 개화당이 지휘하는 개화당의 군대였다.

'충의계'는 죽음을 각오한 계원들의 철저한 비밀결사였기 때문에 당시 민비 수구파들은 '충의계'의 존재를 전혀 알지 못했고, 친군영 전영의 장교들이 '충의계'에 가입하여 개화당의 지휘를 받고 있는 사실도 전혀 알지 못하였다. 이러한 '충의계'의 장사와 군인들은 정변의 중요한 무력이 되었다. 김옥균을 지도자로 한 개화당은 1883년 봄부터 정변의 무력 준비로서 광주군대 500명(친군영 전영군대), 북청군대 500명, 사관생도 14명, '충의계' 43명 등 약 1,050명의 개화당의 무력을 양성해 둔 것이었다.

### (2) 정변 단행의 결정

김옥균 등 개화당은 정변의 방법을 예견하여 무력을 준비하고 개화당세력의 확장을 위해 진력하면서도 1883년 말까지는 정변 단행을 확정하지는 않고 평화적 방법에 의한 개혁을 집요하게 추진했었다. 김옥균 등 개화당이 '정변'을 단행하기로 확실하게 결정을 내린 것은 1884년 음력 7~8월(양력 8~9월)

34) 徐載弼, 〈回顧甲申政變〉(閔泰瑗 著, 《甲申政變과 金玉均》, 84~85쪽 참조).
35) 《推案及鞫案》 324책, 大逆不道罪人喜貞等鞫案 중의 申重模供述.
36) 金玉均, 〈甲申日錄〉, 1884년 12월 1일(全集, 72쪽).

이었다. 국제정세가 '정변' 단행에 유리하게 전개되었기 때문이었다.

청국과 프랑스 사이에 안남문제를 둘러싸고 '청·불전쟁'의 조짐이 보이자, 청국은 이에 대한 대비로 서울에 주둔시킨 3,000명의 청군병력 중에서 1884년 5월 23일 절반인 1,500명을 빼내어 안남전선에 이동시키고, 서울에는 이제 청군이 1,500명만 남게 되었다.[37] 이것은 청군을 조선에서 몰아내어 청국의 속방화 적극 간섭정책에서 벗어나려고 노리는 김옥균 등 개화당에게 유리한 기회가 다가오고 있는 것으로 간주되었다. 이어서 1884년 8월에 마침내 청·불전쟁이 발발하여 프랑스함대가 청국의 福建함대를 격파하였다. 김옥균 등 개화당은 이 때가 정변을 일으킬 시기의 도래로 판단한 것으로 보인다. 청국이 안남전선에서 프랑스와 전쟁을 하면서 또 조선에서 대규모 군사행동을 하여 두 개의 전선을 동시에 만들 여력은 없다고 보았기 때문이었다. 김옥균은 이 무렵인 1884년 8월 2일 미국공사 푸트(Lucius H. Foote)를 방문하여 '정변'을 단행하고자 한 결정과 배경적으로 연결된 듯한 말을 하고 돌아갔다.

> 저녁 때 古愚(김옥균의 호)가 미국공사를 방문하여 淸·佛戰爭에 대해 이야기했는데 '우리 나라의 獨立할 기회가 어찌 이 때에 있다 하지 않겠는가'라는 등의 말을 하고 갔다(《尹致昊日記》, 1884년 8월 3일).

김옥균 등은 이 무렵에 민비 수구파로부터 극도의 위협을 받고 더 물러서기 어려운 위기에 처하여 있었다. 윤치호는 이에 대해 "古愚 金玉均도 만났는데 들으니 여러 민씨들이 古愚를 집이 삼키려 하여 마지않는다고 한다. 한탄스럽고 한탄스럽다"[38]고 기록하였다.

여기서 주목할 것은 김옥균 등 개화당의 정변 단행의 결정이 '개화당의 독자적 결정'이며, 일본측과는 아무런 관련이 없다는 사실이다. 개화당이 정변 단행을 결정한 것은 5월부터 시작하여 늦어도 7·8월에 확정된 것이었고, 일본공사 다케조에(竹添進一郎)가 일본에 휴가갔다가 서울에 귀임한 것은 1884년 음력 9월 12일이었다. 갑신정변의 거사 결정은 일본측과는 전혀 관계없이 조선 개화당이 주체적으로 단독 결정한 것이었다. 뿐만 아니라 김옥균 등 조

---

37) 《尹致昊日記》, 1884년 4월 23일 참조.

38) 《尹致昊日記》, 1884년 5월 25일 참조.

선 개화당이 정변을 단행하려는 결정을 내릴 시기에는 일본공사관측은 민비 수구파에게 호의적이었고 개화당에 대해서는 적대적 태도를 보이고 있었다. 그런 형편을 김옥균은 다음과 같이 기록하였다.

> 지금 우리 나라의 사세로 볼지면 잠시를 弛緩할 수 없는 터이다. (日本)公使가 오기 전에 우리 당에서는 이미 결정한 바가 있었다. 그러므로 일본의 원조 여부는 본래 생각지 못했을 뿐 아니라 公使가 다시 온다는 말을 듣고 우리들은 도리어 걱정을 했다(〈甲申日錄〉, 1884년 11월 25일).

> 밤에 朴泳孝·洪英植·徐光範 3君이 내회하였다. 작은 술자리를 베풀고 상의하여 말하되, 우리들의 一擧할 계획이 결정된 후에 竹添의 適來로 우려하였더니 돌아와서는 거동이 크게 변하여 도리어 우리의 세력에 찬성하는 기색을 보이니 전일의 疑憂에 비하여 그 변화가 어떠한가(〈甲申日錄〉, 1884년 11월 1일).

김옥균 등 개화당이 갑신정변에서 가장 중요한 '정변 단행의 결정'을 완전히 개화당 단독으로 주체적으로 결정했으며, 일본측과는 전혀 관계없이, 도리어 일본측의 방해를 우려하면서, 완전히 독자적으로 결정했다는 사실은 갑신정변의 주체성을 단적으로 나타내 주는 것이며, 갑신정변에 대한 오해를 일부 해소시켜 주는 사실이라고 볼 수 있다.

### (3) 북청군대의 상경과 일부 유경

개화당은 정변 단행의 결정을 내린 전후에 준비한 정변 무력을 서울에 집중시키는 활동을 시작하였다. 개화당은 1884년 6월 8일(양력 7월 29일) 일본에 유학시킨 서재필 등 14명의 사관생도들을 귀국시켰다.

개화당은 이와 동시에 윤웅렬이 함경남병영에서 양성한 북청군대를 서울로 불러올려 정변 무력으로 사용하기 위한 활동을 전개하였다. 김옥균이 1884년 6월 19일(양력 8월 9일) 윤치호를 불러 모종의 밀의를 한 후, 윤치호는 바로 궁궐로 들어가 국왕에게 "가친(윤웅렬)이 技藝가 精硏한 병대 100명을 뽑아 상경 입감시킨 뒤 환송시키거나 諸營에 分置코자 하는데 청허하심이 어떠하옵니까"[39]라고 요청하여 "뽑아 올리게 하라"는 윤허를 받았다. 또 이 자리에서 사관학교를 설립하여 귀국한 사관생도를 수용하는 일도 건의하였

다. 국왕이 북청군대의 선발과 상경을 윤허했으므로 윤치호는 이를 함경남병영의 부친 윤웅렬에게 알렸다.40)

윤치호가 7월 23일(양력 9월 12일) 입궐했을 때에는 국왕으로부터 '장차 너의 아버지를 시켜 北兵(북청군대)을 거느리고 상경케 할 계획이라'41)는 말을 들었다. 윤치호는 이튿날 북청의 윤웅렬에게 긴급히 소식을 알리고, 김옥균을 방문해 보고하면서 이 날 밤에는 김옥균의 집에서 잤다.42) 국왕이 북청군대의 상경을 결정한 약속을 지키자 김옥균과 윤치호는 상당히 흥분했던 것으로 보인다.

국왕은 나흘 뒤인 7월 27일 윤웅렬을 摠戎中軍에 임명하여,43) 친군영 전영 正領官의 직책을 주고, 함경남병영에서 새로 조련한 북청군대를 상번시키도록 인솔하여 상경할 것을 명령하였다.44) 마침내 북청군대 상경의 국왕 명령이 떨어진 것이다. 국왕에게 예궐했다가 이 명령을 받은 윤치호는 흥분하여 그 길로 김옥균의 집으로 달려가서 보고하고 또 하룻밤을 김옥균의 집에서 묵으며 밀의하였다.45)

윤웅렬은 마침내 470명의 북청군대를 인솔하고 1884년 9월 5일(양력 10월 23일) 서울에 도착하여 우선 친군영 전영에다 주둔시켰다.46) 드디어 개화당은 북청군대를 양성하여 서울로 데려오는 지난한 일까지 성공한 것이었다. 국왕은 9월 10일에는 북청군대의 군사훈련을 친히 관람하고 그 씩씩함에 칭찬과 경탄을 마지않았고 윤웅렬의 노고를 치하하였다.47) 여기까지는 김옥균 등 개화당이 크게 성공한 것이었다.

그러나 위기감을 느낀 수구파들은 북청군대를 모두 돌려보내고 빼앗기

---

39) 《尹致昊日記》, 1884년 6월 19일(양력 8월 9일).
40) 《尹致昊日記》, 1884년 6월 19·21일.
41) 《尹致昊日記》, 1884년 7월 23일.
42) 《尹致昊日記》, 1884년 7월 24일.
43) 《承政院日記》, 고종 21년(1884년) 음력 7월 27일.
44) 《承政院日記》, 고종 21년 7월 27일.
《漢城旬報》 34호, 1884년 8월 초1일, 〈諭旨恭錄〉.
45) 《尹致昊日記》, 1884년 7월 27일.
46) 《尹致昊日記》, 1884년 9월 5일.
47) 《尹致昊日記》, 1884년 9월 10일.

위한 반격활동을 비밀리에 맹렬히 전개하였다. 실제로 수구파들은 민비를 배경으로 하여 이 무렵 공식적으로는 이미 중앙의 군사권을 모두 장악하고 있었다.

민비 수구파의 활동에 의해 국왕은 1884년 8월 26일 친군영의 전영·후영 2영을 전·후·좌·우의 4영으로 확충 개편하고 종래 지휘관의 명칭인 '監督'을 '營使'로 바꿈과 동시에 '군무당상'까지 겸하게 하고, 전영사에 韓圭稷, 후영사에 尹泰駿, 좌영사에 李祖淵, 우영사에 閔泳翊을 임명하여 군권을 모두 민비 수구파가 지휘하도록 하였다.[48] 정계의 실권은 민비를 정점으로 하여 閔台鎬·閔泳穆·閔泳翊·閔泳韶·閔應植 등 5閔과 이에 야합한 이조연·한규직·윤태준 등에 집중되어 있었다. 이에 비해 개화당으로서 1884년 봄 이후 기용된 경우는 우정국 총판에 洪英植(3월), 승정원 동부승지에 徐光範(6월), 귀국한 사관생도장 徐載弼이 조련국 士官長(6월)에 임명된 정도였다. 민비 수구파들은 이와 같이 군권에 이르기까지 실권을 장악한 상태에서 북청군대를 돌려보내기 위해 국왕의 신임이 매우 두터우며 개화당에 가담해 있던 환관 柳在賢을 포섭하였다. 유재현은 당시까지 개화당의 요인의 하나로서 김옥균·윤치호와 긴밀한 연락을 하고 있던 인사였다.[49] 그러나 유재현이 수구파의 공작으로 그 사이에 결국 변절하여 한규직에게 조종당해서 국왕에게 "지방의 軍心은 측량하기 어렵고 또 들으니 윤웅렬은 총 메고 탄알 장전하고 있다고 하는데 윤치호가 내응한다면 일이 매우 염려되니 북병의 조련을 보지 않음만 같지 못하다"[50]고 마치 북청군대·윤웅렬·윤치호의 국왕 암살 가능성까지 망상하면서 모략 참소하였다. 《윤치호일기》에서는 이것이 한규직(친군영 전영사)·이조연(친군영 좌영사)·윤태준(친군영 후영사)·민영익(친군영 우영사) 등 4영사가 비밀리에 작간하여 개화당과 윤웅렬의 진로를 저지하려고 배후 조종한 것이라고 하였다.

국왕은 처음에는 환관 유재현과 수구파의 참소를 무시하였다. 뿐만 아니라 국왕은 북청군대 중에서 성적이 우수한 70명을 선발하여 모두 武科를 내리

48) 《高宗實錄》, 고종 21년 8월 26일.
49) 《尹致昊日記》, 1884년 7월 28일.
50) 《尹致昊日記》, 1884년 9월 11일.

고 상을 주었다.[51]

그러나 수구파의 참소와 특히 신임하는 환관 유재현이 매일 시종하면서 모략하고 설득하므로 국왕은 마침내 동요하게 되었다. 국왕은 9월 15일 명령하기를 "前南兵營 병정들이 모두가 오래 주둔하는 것은 심히 민망한 일이므로 그들을 輪回하여 상번시켜라"[52]는 전교를 내리었다. 이것은 상경한 470명의 북청군대 중에서 일부만 서울에 남게 하고 일부는 북청으로 돌려보내 교대로 상번케 하라는 명령이었다. 국왕의 이 명령은 개화당에게 매우 큰 타격을 준 명령이었다.

개화당은 천신만고 끝에 북청에서 군대를 양성하여 470명을 서울로 불러올렸는데 국왕이 갑자기 일부만 서울에 남게 하고 북청으로 돌려보내라니, 정변의 무력 준비에 결정적 차질을 가져오게 된 것이었다. 개화당 중에서도 윤웅렬은 매우 당황하였다. 국왕의 교대 상번명령이 내려진 이튿날인 9월 16일 윤웅렬은 아들 윤치호를 불러 밀의한 결과, 국왕의 정변 지지가 확고하지 못한 상태에서 김옥균 개화당의 급진정변은 시기상조이며 실패할 가능성이 높다는데 합의하였다.[53] 이에 윤웅렬은 9월 17일 서울에 데려온 470명의 북청군대 중에서 70명만 서울에 남겨 놓고 무려 400명을 북청으로 돌려보냈다.[54] 250명만 북청으로 돌려보내도 될 것을 윤웅렬이 400명이나 돌려보낸 것은 정변의 실패를 내다보고 보신을 위해 정변 준비에서 발을 빼기 시작한 것을 시사하는 것이었다.[55]

김옥균 개화당은 동지라고 믿었던 환관 유재현에게 배신당하여 470명의 북청군대의 절반 이상을 잃게 되고, 이어서 윤웅렬의 기회주의적 처신으로

---

51) 《尹致昊日記》, 1884년 9월 14일.

52) 《高宗實錄》, 고종 21년 9월 15일.

53) 《尹致昊日記》, 1884년 9월 16일.

54) 《尹致昊日記》, 1884년 9월 17일.

55) 《尹致昊日記》, 1884년 10월 10일.
뿐만 아니라 尹雄烈은 정변 1주일 전에 親軍營前營 正領官 직책을 스스로 자퇴하였으므로 前營使 韓圭稷이 이를 수리하였다.
《尹致昊日記》, 1884년 10월 21일에는 정변 도중에 開化黨이 尹雄烈부자를 배신자로 간주하여 처단하려 하다가 尹致昊가 미국공사관 主事로 근무하고 있음을 참작하여 보류했었다고 高宗이 尹致昊에게 말해주고 있다.

70명만을 서울에서 갖게 되었다.[56] 국왕으로부터 무과 합격자와 동일한 자격을 인정받고 상을 받은 북청군대의 성적 우수한 정예가 70명이었는데, 이들을 서울에 남게 한 것으로 보인다.

개화당이 500명의 북청군대를 양성하여 그 중 470명을 서울까지 데려오는데 성공해 놓고서도, 유재현의 배신과 윤웅렬의 이탈로 마지막 순간에 400명을 돌려보내고 70명의 북청군대만을 정변에 활용하게 된 사실은 국왕을 둘러싼 신임 경쟁에서 수구파가 승리하고 개화당이 패배했음을 나타낸 것이었다. 그러나 개화당은 70명의 북청군대 최정예 군인을 정변에 투입했으므로 북청군대 양성이 완전히 무위로 돌아간 것은 아니었다.

서울에 남게 된 북청군대 70명이 어디에 배속되었는지 기록상으로는 명료하지 않다. 친군영 후영을 신설하라는 국왕의 명령이 정변 얼마 전인 7월 22일 처음 나왔고, 갑신정변 도중에 후영 병정이 정변을 수호하기 위한 外衛를 담당했으며,[57] 북청군대의 보호와 상경에 깊숙히 관여하여 북청 남병영에 두 번이나 내려갔던 박영효가 정변 도중에 친군영 전영사 겸 후영사가 되어 이를 지휘한 것을 보면,[58] 이 70명의 북청군대는 친군영 후영에 배속된 것으로 보인다. 박영효는 그 후 회고담에서 개화당이 준비한 무력이 친군영 전·후영 1,000명이라고 하였다.[59] 당시 1영의 병력은 500명이었다.

개화당은 친군영 전영 500명 전원을 스스로 양성하여 완전히 장악하였고, 친군영 후영 500명은 그 중 70명의 북청군대를 양성하여 이를 중핵으로 하고 신설 편입한 430명의 다른 조선군을 장악해서 합하여 지휘한 것이었다.

### (4) 일본공사관 호위용 일본군의 차병

개화당이 정변 단행을 결정하여 정변 준비에 박차를 가한 약 1개월여 후인 1884년 9월 12일 그 동안 일본에 장기휴가를 갔던 일본공사 다케조에(竹添進一郎)가 서울에 귀임하였다. 다케조에는 이전에는 김옥균 등 개화당에 매

56) 柳在賢은 정변 직후 北靑軍隊를 돌려보내도록 참소한 배신자로 지목되어 徐載弼에 의해 정변 현장에서 斬殺되었다.
57) 《尹致昊日記》, 1884년 10월 17일.
58) 〈甲申日錄〉, 1884년 양력 12월 4일(음력 10월 17일).
59) 朴泳孝, 《東亞日報》, 1930년 1월 5일, 〈韓末政客의 回顧談〉.

우 적대적이었으며, 민비 수구파에 호의적이었다.

그러나 다케조에는 서울에 귀임하자마자 종래의 태도를 정반대로 바꾸어 친청사대 수구파와 청국을 공공연히 비난하고 김옥균 등 개화당에게 호의를 보였다. 김옥균이 다케조에에게 "그대의 이유없는 의심으로 우리의 大計가 모두 실패했다"고 낱낱이 설파하며 비판해도, 다케조에는 일국의 정략은 수시 응변하는 것이라고 호의적으로 응답하며 앞으로는 귀측의 '개혁운동'을 지원하겠다고 접근해 왔다.[60]

김옥균은 처음에는 다케조에의 접근과 약속을 전혀 신뢰하지 않았다. 수신사 박영효와 함께 김옥균이 1882년 일본에 갔을 때 일본정부는 여러 가지 호의를 보이며 조선국왕의 國債委任狀을 가져오면 300만 엔의 차관을 빌려주겠다고 약속한 적이 있었다. 김옥균이 귀국하여 국왕의 국채위임장을 받아 갖고 1882년 7월 다시 일본에 갔더니 몇 달 사이에 일본정부의 정책과 태도는 바뀌어 이를 거절하고 이노우에(井上馨)는 김옥균을 냉대하였다. 일본정부는 자기 나라의 군비확장에만 총력을 기울일 뿐 조선 개화당과의 약속은 전혀 돌아보지 않았다. 김옥균은 조선국왕의 국채위임장을 갖고 일본주재 미국공사관과 영국공사관을 통하여 세관수입을 담보로 미·영금융기관으로부터라도 개혁자금으로 사용할 차관을 빌리려고 접촉했더니, 1883년 12월부터 본국에 장기휴가로 와 있던 다케조에가 김옥균의 국채위임장을 위조품이라고 중상하고 방해하여 모두 실패했었다.[61] 김옥균이 1884년 3월 빈손으로 완전 실패하여 귀국하자 민비 수구파는 더욱 기세등등하여 개화당을 핍박하였다. 다케조에가 갑자기 적극적으로 태도를 바꾸어 접근해 오더라도 김옥균은 이를 신뢰할 수 없어서 박영효에게 다케조에를 만나 보도록 하였다.

다케조에는 박영효에게 "청국이 장차 망할 것이니 귀국의 개혁지사들은 이 기회를 놓쳐서는 안 된다"[62]고 더욱 적극적으로 접근하였다. 일본공사의 이러한 태도 변화의 배경에는 일본정부의 정책변화가 있었다. 일본에서 이전에 정한론자였던 고토(後藤象次郎) 등의 自由黨은 청국과 프랑스가 갈등하는

60) 〈甲申日錄〉, 1884년 10월 31일(全集, 33쪽).
61) 〈甲申日錄〉, 前文.
62) 〈甲申日錄〉, 1884년 11월 1일(全集, 36쪽).

시기에 일본은 조선에서 개화당을 지원하여 청국세력을 한반도에서 몰아내자고 주장하고 있었는데, 1884년 8월에 안남문제로 청·불전쟁이 일어나자 일본 외무대신 이노우에가 이 정책을 채택하여 정책전환을 했기 때문이었다. 이노우에는 다케조에의 서울 귀임을 독촉하면서, 이번에는 서울에서 청국에 대항하는 개화당을 지원하라고 지시하였다.

다케조에는 9월 15일(양력 11월 2일) 입궐하여 국왕 알현 때에는 '제물포조약'에서 정한 임오군란 때의 '손해배상금' 잔액 40만 원을 환납하는 호의를 보이면서, 조선의 내정개혁 자금으로 전용해 달라는 일본정부의 의사를 상주하였다. 또 국왕에게 국제정세를 설명하면서 이번 청·불전쟁에서는 청국이 반드시 패배할 것이니 이 기회에 조선은 국정개혁을 실행하는 것이 좋을 것이라고 상주하였다. 다케조에는 이튿날 일본공사관에서 연회를 열고는 참석한 청국영사 陳樹棠을 외교관들과 귀빈들 면전에서 '무골해삼'이라고 모욕하는 경망스러운 언동을 하여 참석자들을 아연실색케 하였다.[63] 또한 그는 수구파 거물 윤태준의 면전에서 그와 친청 수구파 거물들을 매도하기도 하였다.

개화당은 9월 17일 밤 박영효의 집에서 김옥균·박영효·홍영식·서광범 등이 모여서 일본측의 정책·태도변화를 면밀히 검토해 보고, 일본의 개화당 지원으로의 정책전환이 사실이면 이를 수용하여 활용하기로 합의해서, 우선 시마무라(島村久)공사대리를 박영효의 집으로 불러 일본의 정책을 상세히 들었다. 이어서 9월 20일(양력 11월 7일)에는 바둑대회를 구실로 김옥균과 다케조에가 직접 만나 조선 개화당이 거사를 하는 경우에 일본의 지원을 받아들이기로 합의하였다.[64] 다케조에가 서울에 귀임한 지 8일 만에 조선 개화당과 주한일본공사관이 결탁한 것이었다.

김옥균 등 개화당이 일본측으로부터 지원받으려 한 것은 주한일본공사관 호위병으로 와 있는 일본군 150명과 약간의 자금이었다. 개화당의 전략전술로서는 정변에 일본군을 끌어들여 국왕 호위의 임무를 주면, 남방에서 청·불전쟁을 하고 있는 청국으로서는 서울에 주둔하고 있는 1,500명의 청군으로 조선국왕 호위 중의 일본군을 공격해서 청·일전쟁이나 청·일충돌을 일으

63) 〈甲申日錄〉, 1884년 11월 2일(全集, 38쪽).
64) 〈甲申日錄〉, 1884년 11월 7일(全集, 42쪽).

킬 수 없게 되어, '以夷制夷'로서 외세 청군은 외세 일본군으로 방어하고 국내 수구파는 국내 개화당이 맡는다는 것이었다. 여기에 개화당은 청군과 수구파에 대항키 위해 다시 1,050명의 조선군을 비밀리에 장악했으니 정변은 이 기회를 활용하면 승산이 있다고 판단했던 것으로 보인다.

김옥균과 다케조에는 10월 8일 대체로 다음과 같은 내용에 합의하였다.

> ① 김옥균이 일본군(공사관 호위병 150명)을 국왕 호위에 투입하고자 하는데 결정 후 變作하는 일이 없어야 하겠다고 한 데 대하여, 다케조에는 호위 요청의 국왕 친서가 있으면 투입하겠다고 합의했다. 친서 전달자는 박영효로 하기로 내약하였다. 다케조에는 청군 1,000명이 공격해 들어와도 일본군 1개 중대가 북악에 의거하면 2주간, 남산에 의거하면 2개월간 수비할 수 있다고 호언장담하였다.
>
> ② 김옥균이 약간의 자금차용을 제의한 데 대하여, 다케조에는 '300만원'의 대출 공급이 가능하다고 하였다. 김옥균이 수백만원은 불요하고 수십만원의 차용이면 당장은 족하다고 하니, 다케조에는 그 정도는 재한일본상인으로부터라도 당장 현금으로 공급할 수 있다고 하였다.
>
> (〈甲申日錄〉, 1884년 11월 25일, 全集, 58~63쪽)

또한 김옥균은 일본군의 역할은 청군에 대항하여 국왕을 호위하는 일뿐이요, 개화당이 조선 내정이나 수구파 처리문제를 담당한다고 하여 일본공사의 합의를 얻었다.[65] 정변 후의 일본측의 만일의 간섭에 대한 예비를 위한 것이었다.

개화당과 주한일본공사관이 결탁한 후 개화당은 이를 비밀리에 하려고 노력했지만, 일본공사 다케조에는 경솔경망한 자로서 기회있을 때마다 청국측과 수구파를 매도하여 긴장을 조성하고 다녔다. 심지어 9월 24일(양력 11월 11일) 밤에는 조선정부에 아무런 사전 보고도 하지 않은 채 일본군이 남산 밑에서 포성을 울리게 야간 비상훈련을 실시하여 조선조정·서울시민·청군측을 모두 놀라게 하였다.[66] 국왕의 조사명령을 받은 김옥균이 다케조에를 힐문했더니, 다케조에는 "청국인과 조선인이 놀랐다니 의외이다"고 하면서 야간 비상훈련은 사전 보고가 어렵다고 방자한 태도를 취하였다. 그러나 청

65) 〈甲申日錄〉, 1884년 11월 25일(全集, 62쪽).

66) 〈甲申日錄〉, 1884년 11월 12일(全集, 44쪽).

군측은 그 이후 긴장하여 원세개의 지휘하에 야간에도 군장을 하고 취침시키는 등 경계를 더욱 강화하고 비상 전투태세를 갖추게 하였다. 서울 시내에서는 일본군과 청군의 대립과 긴장이 더욱 격화되었다. 개화파로서는 거사를 서두르지 않으면 안 되도록 형세가 급박하게 돌아가고 있었다.

### (5) 국왕의 밀칙 획득

김옥균 등 개화당으로서는 정변을 일으킴에 당하여 국왕의 승인과 가능하면 '密勅'·'密書'를 받는 것이 절실히 필요하였다. 군주제하에서 그래야만 '정변의 정당성'이 확고히 백성들에게 설명되기 때문이었다. 김옥균은 이를 잘 알고, 〈朝鮮改革意見書〉에서 '평화행사'의 방법과 '무력행사'의 방법을 거론하면서, 무력행사의 방법을 채용하는 경우에는 '국왕의 密意에 의탁'하면서 무력행사를 해야 함을 일찍이 설파한 적이 있었다.[67]

김옥균은 1884년 10월 12일(양력 11월 29일) 국왕과 독대한 기회를 포착하여 국제정세의 급박성에 대해 청·불전쟁 발발, 러시아의 극동침략, 청·일전쟁 발발, 조선의 급박한 위기 등을 긴박하게 설명하고, 나라를 보전하기 위해 청의 간섭으로부터의 조선의 독립과 과감한 개혁단행의 불가피성을 설득력 있게 주상한 후에 마침내 국왕의 '밀칙'을 문서로 획득하는데 성공하였다. 〈甲申日錄〉에는 다음과 같이 기록되어 있다.

> 나는 청·불의 교전으로부터 아뢰되 청국은 아직 러시아의 침략(정책)을 알지 못하고 있다는 것과 또 벌써 십수년 이래로 여러 나라의 동양에 대한 정책이 급변해서 동양 여러 나라들은 오직 舊規를 지켜서만은 편안히 숨어 自守의 책을 도모할 수 없다는 것을 아뢰고…통절하게 一論하였다. 그 때 뜻밖에 곤전(민비)께서 내실에서 나오시며, '내 경의 말을 처음부터 다 들었다. 사세의 절박함이 이미 이러할지면 그 대책은 어떠해야 하겠느냐' 국왕께서도 또한 간절히 하문하셨다. 나는 아뢰되, '다케조에가 처음에는 신과 의론이 맞지 아니하와 그 저해를 많이 받았사옴은 이미 통촉하시는 바이나, 다케조에가 다시 온 후로부터는 도리어 신에게 친절히 접근해 와 터놓고 의사를 보이게 되었습니다. 신은 이것이 일본의 政略이 전날과는 갑자기 변한 까닭인가 하옵니다. 따라서 청·

67) 金玉均, 〈朝鮮改革意見書〉(全集, 111~112쪽).

일의 擧兵이 머지않은 일인 줄 믿습니다. 만약 그렇다면 조선은 청·일전쟁의 마당이 될 것입니다. 무슨 모책으로 이것을 면하겠나이까' 국왕과 곤전께서도 깊이 동의하시고 우려하시는 분부로, '만약 청국과 일본이 교전한다면 그 승패는 어떻게 될까' 나는 아뢰되, '그 최후의 승패는 지금 예측할 수 없사오나 만약 불란서와 합체하게 되면 그 승리는 단연 일본에 있다 하겠나이다' 국왕은 가로되, '그러면 우리 나라의 독립책도 역시 여기에 있지 아니하냐' 나는 아뢰되, '聖敎와 같사옵니다. 그러나 폐하의 측근 신하들이 모두 청국을 우러러보아 그 주구의 역할을 하고 있으니 일본이 비록 독립에 돕고자 한들 어찌할 도리가 있겠나이까. 신의 말에는 생사가 달렸사오나 나라의 위망이 조석에 달린 이 때 신의 일신의 안위는 돌아볼 틈이 없나이다' 폭포같은 아룀이 여기에 이름에 곤전께서, '경의 말은 아마 나를 의심하는 듯 하나 그러나 일이 나라의 존망에 관계되는지라 나는 일 부인으로써 어찌 大計를 그르치게 할까보냐. 경은 숨기지 마라' (나는 實과 虛를 알 수 없다) 국왕께서 가로되, '경의 마음을 나는 잘 알고 있다. 무릇 나라의 大計와 위급한 때를 당하여 경의 籌謀에 일임할 터이니 다시 의심치 말지어다' (이것은 實心이고 實語이다) 나는 아뢰되, '신으로서는 감히 당할 수 없사오나 오늘 이 밤의 聖敎는 정녕 귀에 있사오니 어찌 감히 어기겠습니까. 바라옵건대 폐하께서 친서의 密勅을 내려주시오면 신의 신상에 항상 모시겠습니다' (국왕께서) 즉시 勅書를 쓰시어 수결하시고 옥새를 찍어서 내려 주시었다(〈甲申日錄〉, 1884년 11월 29일, 全集, 64~67쪽).

김옥균이 국왕의 '친서의 밀칙'을 받았다는 이 기록은 김옥균 자신이 쓴 〈갑신일록〉의 기사이기 때문에 의심하는 경우가 있다. 그러나 정변 실패 후 국왕이 청군과 수구파대신들에게 받은 대접이나 개화당의 일관된 주장으로 보아서 '국왕의 친서의 밀칙'을 이 때 김옥균이 획득한 것은 사실로 보인다. 단지 국왕의 '친서의 밀칙'의 내용이 직접 '정변'을 지칭한 것이 아니라, 김옥균이 과장하여 아뢴 청·일전쟁 발발 때의 '임기응변의 대권'을 위임한 추상적 내용의 것이 아닌가 추정된다.

김옥균은 국왕으로부터 '친서의 밀칙'을 받아 몸에 지녔으므로, 정변에 일단 성공하기만 하면 온 나라에 정변의 정당성을 국왕의 '밀칙'을 빌려 설득할 준비를 갖추게 되었다.

### (6) 행동계획의 최종 정리

김옥균 등 개화당은 1884년 10월 11일에서 10월 14일에 걸쳐 정변의 거사에 대한 행동계획을 최종적으로 수립하여 점검했는데, 이를 〈갑신일록〉에서 추려 처리하면 다음과 같다.

① 洪英植이 총판으로 있는 우정국 건물 낙성식 날을 擧事日로 한다. 홍영식은 수구파 4營使(韓圭稷·尹泰駿·李祖淵·閔泳翊)의 유고 유무를 탐지하여 우정국 낙성식 축하연회 일자를 정하되 3일 이내로 한다(후에 10월 17일 오후 시로 정했음).

② 우정국 낙성식 축하연 도중 別宮에 불을 질러서 거사의 신호로 한다. 別宮에 불이 나면 4營使는 직책상 불을 끄러 화재현장으로 가지 않을 수 없으니, 이 때 4영사 등 수구파 요인을 처단한다. 수구파 1인에게 하수인 2인씩을 배정하되, 하수인은 각각 단검 1자루와 단총 1자루씩을 휴대한다.

③ 別宮에 불지르는 일은 李寅鍾이 총책임을 맡고, 李圭完·林殷明·尹景純·崔殷童 등이 함께 석유를 뿌려 수행한다.

④ 수구파 4영사의 처단에 대해서는 閔泳翊을 尹景純·李殷種이, 尹泰駿을 朴三龍·黃龍澤이, 李祖淵을 崔殷童·申重模가 담당한다. 만일 이들이 실수하는 경우에 대비하여 별도로 일본인 3명에게 조선옷을 입혀 예비로서 수구파 1명에게 1명씩 배정한다.

⑤ 별궁 발화 후 수구파의 도래를 기다려 개화파 장사들을 지휘 호령하는 임무는 연장자인 李寅鍾과 李喜禎이 맡는다. 이들의 통신연락과 왕래정찰은 柳赫魯와 高永錫이 담당한다.

⑥ 대신들과 別入侍가 출입하는 金虎門 밖에는 申福模가 지휘하는 개화당동지 장사(忠義契) 43명을 매복시켰다가 閔台鎬·閔泳穆·趙寧夏 등이 화재에 대한 문안차 입궐하면 즉시 처치한다.

⑦ 대궐 안의 내응으로는 친군영 전영소대장 尹景完이 칭병하여 당번을 천연시키다가 거사 당일 밤에 숙직을 자청한 후, 대궐 밖의 거사에 호응하여 친군영 전영 병사 50명을 거느리고 있다가 비상선을 넘어 대궐 안으로 들어오는 자가 있으면 처치한다.

⑧ 顧大嫂(42세의 중년부인으로 신체의 건대함이 남자 이상이요, 완력이 남자 5·6명을 당할 수 있는 궁녀로서 10년 전부터 개화당에 궁궐내 정보를 알려주던 궁녀)라는 별명을 가진 궁녀로 하여금 준비해 준 폭발약을 대궐 밖의 火光을 신호로 하여 通明殿에서 폭발시켜 폭음과 섬광을 내게 한다.[68]

⑨ 金奉均과 李錫伊이로 하여금 준비해 준 화약을 갖고 仁政殿 행랑에서 숨어 대기하고 있다가 개화당 요인들이 입궐할 때 폭발시켜 폭음으로 성세를 돕

---

68) 李光麟, 앞의 책(1973) 30쪽에 의하면, 顧大嫂는 정변 후에 희생되었다는 궁녀 李禹石이라고 추정되고 있다(《金玉均傳》 상, 古筠記念會, 421쪽 참조).

게 한다.

⑩ 別宮에 불이 난 뒤 일본공사관으로부터 일본군 30명을 빌려 景祐宮과 金虎門 사이를 왕래하며 의외의 사고를 방지케 한다.

⑪ 일이 일어나서 혼잡하게 되면 자기편끼리 또는 일본인과 서로 충돌할 염려가 있으므로, 암호로 '天'자와 일본어 '요로시'를 모든 장사들에게 알린다.

⑫ 정변 성공 즉시 국왕은 景祐宮으로 옮겨 모시고 삼중으로 호위하되, 內衛는 개화당 장사(충의계)와 사관생도가, 中衛는 일본군이, 外衛는 조선군(친군영 전영과 후영군인)이 담당한다.

(〈甲申日錄〉, 1884년 12월 1일, 全集, 67~74쪽 기타 참조)

김옥균 등은 이상과 같은 순서로 정변을 실행에 옮기는 최종 점검을 한 후 일찍이 거사일을 10월 17일(양력 12월 4일)로 정하고서도 다케조에와 일본측에게는 이를 알려주지 않고 있다가 우편선 千歲丸이 인천을 출항한 뒤인 16일에야 일본측에 알려주었다. 김옥균은 다케조에가 경솔하며 변덕스러운 성품을 가졌고, 일본정부의 정책은 수시 변하므로, 일본측이 갑자기 정책을 바꾸어 정변을 누설 실패케 할 것을 염려했기 때문이었다. 김옥균은 劉大致를 방문하여 거사를 독촉 받았을 때에도 일본은 '확실히 신뢰할 수는 없다'고 응답했었다. 김옥균은 천세환이 일본에 갔다가 다케조에의 보고에 대한 일본정부의 훈령도 싣고 인천항에 입항할 예정일이 10월 20일이므로, 그 이전인 17일에 정변을 일으켜서 20일에는 이미 정변을 완결지으려고 하였다.[69]

### 3) 개화정권의 수립

#### (1) 1884년 10월 17일 밤의 거사

마침내 1884년 10월 17일 우정국 낙성식 축하연의 거사일이 왔다. 축하연 시작 시간인 오후 7시가 가까워 오자 초청받은 축하객들이 모여들기 시작하였다.

외국인 축하객으로는 미국공사 푸트(Lucius H. Foote), 미국공사관 서기관 스커더(Charles L. Scudder), 영국총영사 애스턴(William George Aston), 청국총

69) 〈甲申日錄〉, 1884년 12월 1일(全集, 68~69쪽).

판조선상무(청국영사) 陳樹棠, 봉판상무(서기관) 譚賡堯, 일본공사관 서기관 島村久, 통역관 川上立一郎, 해관 세무사 묄렌도르프(Paul Georg von Möllendorff) 등이 참석하였다. 일본공사 竹添進一郎과 독일총영사 젬부쉬(Zembsch)는 병으로 참석하지 못한다고 알려왔다.

내국인 참석자로는 초청자인 홍영식을 비롯하여, 錦陵尉 박영효, 독판 김홍집, 친군영 전영사 한규직, 우영사 민영익, 좌영사 이조연, 김옥균, 승지 서광범·민병석, 주사 윤치호, 司事 申樂均 등이 참석하였다. 후영사 윤태준은 이 날 밤 궁중 숙직이었기 때문에 빠져서 참석자가 모두 18명이었다.[70)]

김옥균은 이 날 오후 4시에 우정국으로 가서 홍영식과 함께 연회준비를 점검하였다. 김옥균이 집에 돌아오니 국왕을 항상 가까이 모시고 있는 邊樹가 와서 국왕께서는 날이 밝은 뒤부터 공사를 재결하기 위해 계속 침실로 가지 않았고 承候官은 2시에 入對했는데 일찍 물러가게 해서 공무를 끝내었다고 국왕의 동태를 보고하였다. 김옥균은 변수에게 계속 국왕과 궁궐의 정황을 관찰하다가 오늘밤 김옥균 자신이 대궐로 들어가는 즉시 상세히 보고하도록 지시하였다. 김옥균이 바로 이웃하고 있는 서재필의 집으로 가서 모여 대기하고 있는 개화당 장사들에게 행동지침을 거듭 결정하여 지시하고 나니 날이 저물어 어두워졌다. 김옥균이 급히 우정국으로 달려가니 조금 늦게 도착되어서 이미 술자리가 벌어지고 있었다. 김옥균은 일본공사관 서기관 시마무라(島村久)의 옆 좌석에 앉아 이따금 이야기를 나누다가, 거사 직전임을 알리기 위해 암호로 '그대는 天을 아는가' 하고 물으니, 시마무라는 일본말로 '요로시' 하고 대답하였다.

이 때 김옥균에게 집에서 누가 찾아왔다고 알려왔다. 김옥균이 연회장 문밖으로 나가보니 개화당의 朴齊絅이 급히 달려와 숨이 차서 헐떡거리며 아무리 애를 써도 별궁 방화는 불가능하다고 보고하였다. 김옥균은 다른 곳이라도 연소되기 쉬운 초가를 골라 불을 질러서 신호를 하라고 지시하였다.

김옥균이 연회장에 돌아와 초조하게 기다리는데, 신호 불빛은 없고 또 김옥균을 찾는다고 하여 나가 보니 이번에는 유혁로가 달려와서 별궁 방화의

---

70) 〈甲申日錄〉, 1884년 12월 4일(全集, 77~78쪽).

실패로 순라꾼들이 사방에 퍼져 다른 곳 방화도 위협하므로 여러 장사들이 연회장을 습격하고자 한다고 보고하였다. 김옥균은 그 경우에 혼잡 속에서 외국공사를 다치게 할까 염려되니 순라꾼이 없는 곳을 아무데나 골라 불로 신호하라고 다시 지시하였다.

김옥균이 긴장하여 두 번이나 출입하는 것을 민영익 등은 자못 의심하는 빛이었고, 시마무라도 매우 불안한 기색이었다. 이 때 우정국 북쪽 창문 밖에서 '불이야, 불이야' 하는 소리가 들리고 떠들썩하므로 창문을 열어보니 우정국 바로 옆 거리에 불빛이 하늘에 뻗쳤다. 연회장 안의 사람들은 당황하여 모두 자리에서 일어났고, 한규직이 먼저 "우리들은 장수의 소임으로 급히 달려가서 불을 끄지 않을 수 없다"고 하면서 막 나가려는데, 민영익이 칼을 맞아 온몸에 피투성이가 된 채 연회장 안으로 기어들어 왔다. 민영익은 김옥균이 자주 밖을 드나드는 것을 보고 눈치 빠르게 의심을 품었다가 '불이야' 소리에 재빠르게 먼저 대문을 빠져 나갔는데 대기하고 있던 개화당 장사들의 칼을 맞고 돌아온 것이었다. 개화당 장사들은 서툴러 민영익을 완전히 처치하지 못하고 중상을 입힌 데 그쳤다.[71] 연회장은 완전히 수라장이 되어버렸다.

김옥균·박영효·서광범 등은 북쪽 창문으로 뛰어넘어 곧 암호로 '天'·'天'을 부르며 달리는 도중에 이인종과 서재필을 만나게 되자, 그들로 하여금 개화당 장사들을 인솔하여 경우궁 문밖에 가서 기다리도록 지시하고, 먼저 곧바로 일본공사관으로 달려갔다. 별궁 방화가 실패한 것을 보고 일본측이 변심하지 않았나 보기 위해서였다. 일본공사관에서는 시마무라가 먼저 돌아와 있다가 나오면서 "그대들은 왜 대궐로 가지 않고 이 곳으로 왔는가" 하고 물었다. 김옥균은 일본측이 변심하지 않은 것을 확인하고 대궐로 가는 도중 운니동 어귀에 김봉균·이석이 등 개화당 장사들이 기다리고 있었고 또 신복모가 장사 40여 명을 여러 곳에 매복시켜 놓은 것을 보았다. 김옥균·박영효·서광범은 금호문으로 김봉균·이석이를 데리고 들어가 그들에게 인정전 아래 화약을 묻은 데로 보내서 30분 후에 폭발시키도록 하였다.

---

71) Fred H. Harrington, *God, Mammon and the Japanese*, pp. 23~25 참조.

김옥균 등이 앞을 막는 武監을 호령하여 물리치고 편전 앞 합문 밖으로 나아가니 윤경완이 전영 병정 50명을 거느리고 기다리고 있었다. 편전 안으로 들어가니 국왕은 이미 침실에 들었으므로 가로막는 환관 柳在賢을 시켜 국왕께서 급히 일어나시도록 청하게 되었다. 국왕이 침실로 김옥균·박영효·서광범을 부르면서 무슨 사변이 일어났는가를 물었다. 김옥균 등이 우정국의 사변을 아뢰고 잠시 다른 궁궐로 옮길 것을 청하였다. 민비가 김옥균에게 "사변이 청국측에서 나왔는가, 일본측에서 나왔는가"를 묻고, 김옥균이 미쳐 대답하기도 전에 홀연히 천지를 진동하는 폭음이 울리었다. 혼비백산한 국왕과 민비를 모시고 경우궁을 향해 달리는 도중에 김옥균 등은 국왕에게 "지금 이 때를 당하여 일본군사를 요청해서 폐하를 호위하도록 하면 만전을 기할 수 있겠습니다" 하고 진언하였다. 다급한 국왕은 그렇게 하라고 윤허하였다. 김옥균이 잇따라 "親筆勅書가 없으면 (일본군사가) 하명하신 대로 오지 않을 듯합니다" 하고 아뢰었다. 국왕이 어떻게 하면 좋겠는가 묻자, 김옥균은 연필을 올리고 박영효는 백지를 내놓았다. 국왕은 창황중에 曜金門 안 노상에서 친필로 "일본공사는 와서 짐을 호위하라"고 써 주었다. 김옥균은 이 친필칙서를 박영효를 시켜 다케조에에게 전하게 하였다.[72)]

국왕과 왕비를 모시고 김옥균 일행이 경우궁 正殿 뜰에 이르렀을 때 곧 박영효와 다케조에가 일본군을 인솔하여 왔다. 김옥균·박영효·서광범 등은 국왕과 왕비를 정전에 편히 좌정케 한 후에 좌우에 시위하고, 서재필의 지휘하에 사관생도 13명과 개화당 장사들로 內衛를 시켰으며, 친군영 전영 소대장 윤경완에게 50명의 병사를 거느리고 정전 뜰을 지키게 하고, 일본군 150명으로 하여금 대문 안팎을 경호하도록 했으며, 外衛로 친군영 전영·후영 병사를 불러 경우궁을 지키도록 하였다. 국왕을 중심점으로 3중·4중의 철통같은 호위체제가 편성되었다. 정변은 일단 성공의 안정권에 들어선 것이었다.[73)]

김옥균은 이에 믿을 만한 무감 10여 명을 시켜서 경우궁 대문 밖에 나가

72) 《甲申日錄》, 1884년 12월 4일(全集, 82~85쪽).
73) 《日本外交文書》 17권, 문서번호 125, 附記 明治 17年 甲申 朝鮮京城事變始末書, 352~362쪽 참조.

서 재상과 대신들 중에 변을 듣고 오는 자가 있으면 곧 이름을 먼저 들여보내서 허가를 받은 다음 홍영식에게 보내도록 하였다.

이조연이 우정국 축하연에서 도피했다가 국왕이 경우궁에 옮기셨다는 말을 듣고 찾아왔으므로 들어오게 했더니, 이미 와 있는 한규직·윤태준 및 환관 유재현과 자주 쑥덕거렸다. 박영효가 이를 보고 3영의 영사들이 국왕 호위의 임무는 하지 않고 궁궐 안에서 왜 머뭇거리는가 하고 힐문하니, 먼저 윤태준이 나가겠다고 하였다.

윤태준이 손중문을 나서자마자 대기하고 있던 이규완·윤경순이 처단해 버렸다. 한규직과 이조연은 경우궁 후문을 나섰다가 기다리고 있던 황용택·윤경순·이규완·고영석에 의해 처단되었다. 이에 친군영의 전·후·좌의 3영사가 모두 죽임을 당하고 우영사 민영익은 중상을 당하여 모두 처단된 것이었다.

민영목·조영하·민태호가 각각 차례로 경우궁 정전 밖에 찾아와 명찰을 들이므로 들어오게 하여 이규완·고영석 등이 처단하였다. 수구파 영수들도 역시 처단된 것이었다.

김옥균은 사람을 시켜 輔國 李載元(국왕의 4촌형)을 입시케 하여 정변과 대개혁의 불가피성을 설명했더니 기꺼이 따르겠다고 하였다.

김옥균은 변수를 각국 공사관에 보내어 정변을 알리고 우정국 축하연 참석자들을 위문케 하였다. 이에 미국공사는 해군사관 버너드와 윤치호를 경우궁으로 보냈으므로 정변의 대강을 설명해 보냈더니, 미국공사로부터 "사세가 여기에 이르렀으니 오직 내정을 잘 개혁하시오"라는 회보가 왔다.

김옥균 등이 우선 급히 시행해야 할 政令을 국왕께 품하려 하는데, 민비는 대궐로 돌아가자고 주장하고, 환관과 궁녀 수백명이 한 방에 뒤섞여서 정변에 놀라거나 두려워하는 기색이 없이 떠들어대었다. 김옥균은 서재필을 시켜 장사들로 하여금 환관 유재현을 경우궁 정전 위에 묶어 오게 한 다음, 궁 안의 모든 사람들 앞에서 유재현의 죄목(북청군대 환송 책동과 모함 등…)을 낱낱이 드러내고 칼로 목을 베어 참살하였다. 이를 바로 눈에서 보게 된 궁 안의 모든 사람들은 아연실색하여 이 때부터 개화당의 영을 한결같이 따랐다. 환관 유재현은 개화당에 속했었는데 후에 변절해서 개화당의 북청군대의 정변

투입을 방해하고, 수구파에 가담했다가 변을 당한 것이었다.[74]

### (2) 신정부의 수립

개화당은 이어서 이튿날인 10월 18일 이른 아침까지에 걸쳐 국왕에게 품하여 신정부의 수립에 착수하였다. 여러 단계의 인사발령이 있었으나,[75] 최종적인 신정부의 구성은 다음과 같았다.

| | |
|---|---|
| 領議政：李載元(국왕의 종형) | 左議政：洪英植 |
| 前後營使兼左捕將：朴泳孝 | |
| 左右營使兼代理外務督辦·右捕將：徐光範 | |
| 左贊成兼右參贊：李載冕(대원군의 嗣子) | |
| 吏曹判書兼弘文館提學：申箕善 | 禮曹判書：金允植 |
| 兵曹判書：李載完(李載元의 아우) | 刑曹判書：尹雄烈 |
| 工曹判書：洪淳馨(왕대비의 조카) | 漢城判尹：金弘集 |
| 判義禁：趙敬夏(대왕대비의 조카) | 藝文館提學：李建昌 |
| 戶曹參判：金玉均 | 兵曹參判兼正領官：徐載弼 |
| 都承旨：朴泳敎 | 同副承旨：趙同冕(대왕대비의 종손) |
| 同義禁：閔肯植 | 兵曹參議：金文絃(順和宮의 아우) |
| 平安監司：李載純(대원군의 至親) | 水原留守：李熙善 |
| 說 書：趙漢國(대원군의 외손) | |
| 洗 馬：李埈鎔(대원군의 손자 즉 李載冕의 아들) | |

(〈甲申日錄〉, 1884년 12월 4일, 全集, 89~91쪽)

신정부의 조직구성을 보면, 개화당과 국왕 종친(특히 대원군계열)의 연립내각임을 알 수 있다. 신정부의 공식 수반인 영의정에는 대원군의 친조카이며 국왕의 사촌인 이재원을 추대하여 왕실과 종친을 높이고, 개화당의 대표로는 홍영식을 신정부의 공식 차석인 좌의정에 임명하였다. 대원군계열의 종친과 왕실에서는 그 밖에 李載冕·李載完·李載純·李埈鎔 등을 입각시키고, 척족으로서는 민비 일파에게서 홀대 받던 인물들을 포용하여 왕실에 호의를 보였다.

---

74) 《尹致昊日記》, 1884년 9월 11일(양력 10월 29일) 참조.

75) 李光麟, 앞의 책(1973), 160~164쪽.

개화당의 직책 분담으로는 대표로서 좌의정 홍영식 이외에, 김옥균이 판서 없는 호조참판에 임명되어 재정을 장악하였다. 박영효는 무력의 핵심인 군사권과 경찰권을 맡았다. 서광범은 외교를 담당하고 군사권과 경찰권을 보조적으로 담당하게 하였다. 서재필에게는 군사권을 맡겨 박영효를 지원하도록 하였다. 朴泳教에게는 국왕의 도승지를 담당케 하여 국왕 시종의 책임을 맡겼다.[76]

이 밖에 개화당에 동조할 수 있다고 본 당시의 온건개화파로는 金允植·金弘集·申箕善·李建昌 등을 기용하였다.

개화당 요인들이 정치·재정·군사·외교·국왕 비서실의 실권을 장악하고, 신정부의 수반과 다른 부서에는 대원군계열 종친들을 임명했으며, 내무·학예 직책에는 온건개화파를 포용한 연합정부였음을 알 수 있다. 그러나 신정부의 실질적인 지도자는 김옥균이었음은 물론이다. 김옥균이 권력을 탐하여 정변을 일으켰다는 모함을 차단하기 위해 이전에 김옥균이 맡았던 적이 있는 '戶曹參判'을 맡은 것이었다.[77] 그러나 실권을 장악하기 위해, 모든 국가 재정을 호조로 통일한 그 호조의 '판서'는 임명하지 않고 공석으로 두어 사실상 '참판'이 판서의 일을 하도록 배치한 사실을 주목할 필요가 있다.

개화당은 신정부수립 직후 11월 18일 오전 8시에 미국공사·영국총영사·독일총영사에게 친군영 전영의 병정 각 30명씩을 보내어 그들을 보호해 오게 하여 국왕을 알현시켰다. 국왕은 각국 외교사절들에게 신정부의 수립과 대개혁정치의 실시를 알렸다. 국왕의 질문에 외국 공·영사들은 "세계 모든 나라에는 다 크고 작은 변동이 있고 그렇게 해서 온전한 판국이 이루어지는 것이라"[78]는 요지의 상주를 하고 정변에 승복했으며, 다만 외국인을 보호해 줄 것을 간청하고 물러갔다.[79] 개화당의 이러한 절차 시행은 신정부의 수립을 국제적으로 알리고 인식시키기 위한 것이었다.

---

76) 〈甲申日錄〉에 의하면 무관 尹雄烈에게는 刑曹判書를 맡겼다. 개화파 군대를 양성한 尹雄烈에게 軍權을 맡기지 않은 것은 갑신정변 직전에 北靑軍隊의 과다한 還送과 친군영 전영 正領官 사임으로 개화당의 신임을 상실했기 때문이었던 것으로 추정된다.

77) 《高宗實錄》, 고종 20년 10월 初7일 特擢金玉均爲戶曹參判 참조.

78) 《尹致昊日記》, 1884년 10월 18일.

79) 金玉均, 〈甲申日錄〉, 1884년 12월 5일(全集, 91~92쪽).

한편 개화당의 정변에 당황한 袁世凱 지휘하의 청군측은 11월 18일 아침 개화당 지지자로 위장한 경기관찰사 沈相薰을 경우궁으로 들여보내어 민비의 밥사발 밑에 서찰을 감추어서 청군과 민비 사이의 연락에 성공하였다.[80] 민비는 이에 신정부가 자기세력을 적으로 하고 있음을 확실히 알게 되었으며, 경우궁은 좁은 관계로 청군이 공세적인 군사작전을 수행하는 데는 지형상 분리하므로 넓은 창덕궁으로의 국왕을 환궁하도록 할 필요성을 느끼게 되었다. 이에 민비는 청군을 돕기 위한 내심으로 경우궁은 너무 좁아 불편하다고 창덕궁으로의 환궁을 요청하였다. 그런데 창덕궁은 너무 넓어서 개화당의 소수 병력으로서는 방어에 극히 불리한 곳이었다.

김옥균 등은 이에 11월 18일 오전 10시경에 경우궁 옆의 이재원이 살고 있는 桂洞宮으로 국왕과 왕비의 거처를 옮기었다. 이 곳은 경우궁보다는 넓으나 약간 고지여서 개화당의 소수 병력으로도 방어가 유리한 곳이었다. 민비는 계동궁이 꽤 넓은 곳인데도 불구하고 좁다고 다시 창덕궁으로 환궁하자고 요청했다. 국왕은 내용도 모른 채 민비를 지지하였다. 김옥균은 이를 거절하고, 다케조에에게도 창덕궁은 방어가 어려우니 국왕이나 왕비의 분부가 있더라도 계동궁을 떠나서는 안 된다고 주의를 주었으며, 국왕과 왕비에게는 이틀 만 더 기다리면 모든 일이 정리되어 환궁하게 될 것이라고 아뢰었다.

김옥균이 잠시 계책을 의논할 것이 있어서 홍영식 및 이재원과 함께 외청에 나간 사이에 국왕은 갑자기 다케조에를 불러 창덕궁으로의 환궁을 간절히 말하니, 다케조에는 준비하여 1시간 후에 환궁케 하겠다고 아뢰었다. 김옥균이 그 말을 듣고 달려와 다케조에를 꾸짖으니, 다케조에는 수비는 일본군이 한결같이 잘할 것이니 걱정말라고 큰 소리를 쳤다. 국왕도 다케조에의 허락을 얻었다고 매우 기뻐하며 김옥균을 나무라니 어찌 할 수 없었다. 김옥균 등 개화당은 할 수 없이 국왕과 왕비 등을 모시고 11월 18일 오후 5시에 창덕궁으로 환궁하였다.

개화당은 경우궁에서와 마찬가지로 국왕을 중심으로 하여 내위는 약 50명

80) 朴泳孝, 〈吾等一生の失策〉(《古筠》 창간호, 15쪽 참조).

의 개화파 장사들과 사관생도들이 맡도록 하고, 중위는 150명의 일본군에게 맡겼으며, 외위는 약 1,000명의 친군영 전영과 후영의 조선군이 담당하도록 배치하였다.[81] 이 날 밤에는 창덕궁 대궐문을 잠그려 하는데 청군의 吳兆有 진영에서 병정을 보내어 宣仁門을 잠그지 못하도록 방해한 사건이 있었을 뿐 큰 사건 없이 넘기었다.

### (3) 개화파 신정부의 혁신정강 공포

정변을 일으켜 정권을 장악하고 신정부를 수립한 개화당(급진개화파)은 신정부가 실시할 혁신정책의 기본강령으로서 '혁신정강'을 제정 공포하였다.

혁신정강은 국왕이 이재원의 집(계동궁)에서 창덕궁으로 옮긴 10월 18일(양력 12월 5일) 저녁에 승정원을 進善門 안방에 설치하고, 영의정 이재원, 좌의정 홍영식, 병조판서 이재완, 좌우영사 박영효, 호조참판 김옥균, 서리독판교섭통상사무 서광범, 도승지 박영교 등이 협의하여 결의하였다. 여기서 결의된 것을 우승지 신기선으로 하여금 정서케 한 후 홍영식이 이를 국왕께 상주하였다.[82] 신기선의 공술에 의하면 혁신정강의 결의는 김옥균이 주도했다고 한다.[83]

혁신정강은 10월 18일 늦은 오후부터 19일 새벽까지 개화당 신정부의 위의 주요대신들과 종척대신들이 식사도 굶어 가면서 열심히 토론하고 협의하여 결정해서 국왕에게 상주하여 재가를 받은 후, 10월 19일 오전 9시경에 국왕의 傳敎형식을 빌려 세상에 공포되고, 서울 시내의 중요한 몇 곳에 게시되었다. 혁신정강의 조목들은 처음에는 상당히 많아서, 당시 서울에 체류했던 일본인 중에는 80여 개 조목이 있었다고 기록한 경우도 있다.[84] 그러나 그 정확성을 알 수 없다. 현재 정확하게 전해지고 있는 것은 김옥균이 그의 〈갑신일록〉에 수록한 14개 조항뿐이다. 그러나 김옥균도 "생략하여 기록하면 다음과 같다(略錄如此)"라고 하여 줄여서 기록함을 밝히고 있으므로, 실제의 혁신

81) 〈甲申日錄〉, 1884년 12월 5일(全集, 94쪽).
82) 愼鏞廈, 앞의 글(1984) 참조.
83) 《推案及鞫案》 328책(奎章閣圖書), 罪人申箕善鞫案(亞細亞文化社版 30책, 787쪽 참조).
84) 近藤吉雄 編, 《井上角五郎傳》(1943), 58~59쪽.

정강의 조항들이 이보다 많았음은 명백한 것이다.

김옥균이 기록해 둔 요약된 혁신정강 14개 조항은 다음과 같다.

① 대원군을 며칠 안에 돌려보낼 것. 조공하는 허례의 행사를 폐지할 것.

② 문벌을 폐지하여 인민평등의 권리를 제정하고, 사람의 능력으로써 관직을 택하게 하지 관직으로써 사람을 택하지 않을 것.

③ 전국의 地租法을 개혁하여, 간사한 관리들을 근절하고, 백성의 곤란을 구하며, 겸하여 국가재정을 유족하게 할 것.

④ 內侍府를 폐지하고 그 중에 참으로 우수하고 재능있는 자는 등용할 것.

⑤ 그 동안 국가에 해독을 끼친 탐관오리 중에서 심한 자는 처벌할 것.

⑥ 각 도의 還上제도는 영구히 폐지할 것.

⑦ 奎章閣을 폐지할 것.

⑧ 巡査제도를 시급히 설치하여 도적을 방지할 것.

⑨ 惠商公局을 폐지할 것.

⑩ 그 동안 유배·금고된 사람들을 다시 조사하여 석방할 것.

⑪ 4營을 합하여 1營으로 만들고, 營 중에서 장정을 선발하여 近衛隊를 시급히 설치할 것(육군대장은 세자궁을 추대할 것).

⑫ 모든 국가재정을 戶曹로 하여금 관할케 하며, 그 밖의 모든 재무관청은 폐지할 것.

⑬ 大臣과 參贊(새로 임명된 6인의 이름은 생략함)은 閤門 안의 議政府에서 매일 회의를 하여 정사를 결정한 후에 왕에게 품한 다음 政令을 공포해서 정사를 집행할 것.

⑭ 정부는 6曹 외에 무릇 불필요한 관청에 속하는 것은 모두 폐지하고, 대신과 참찬으로 하여금 토의하여 처리케 할 것.

(〈甲申日錄〉, 1884년 양력 12월 5일, 全集, 95~96쪽)

위의 14개조 혁신정강은 너무 간략히 줄여 놓았으므로 여기서 약간의 설명을 가할 필요가 있을 것이다.

가. 완전 자주독립의 공포

혁신정강 제1조는 개화당의 신정부가 조선왕국의 완전 자주독립을 대내외에 공포한 것이었다. 당시 조선왕조의 독립의 사정은 1882년 '임오군란'을 전환점으로 청국에 의해 크게 침해되고 있었다. 청국은 임오군란을 수습한다고 하면서 3,000명의 청군을 조선에 주둔시키고, 집권자인 국왕의 아버지 대원군을 군함에 초청해 놓고서는 그대로 청국에 납치해다가 保定府에 유폐시켜 버렸다. 이것은 그 자체가 조선왕국의 자주독립을 무시하고 유린한 만행이었다. 그리고 청국은 조선에 주둔시킨 청군의 무력의 배경으로 종주권을 주장하면서 조선 내정에 적극 간섭하여 조선을 실질적으로 屬邦化하려고 획책하였다.

조선왕조는 개창 후 임오군란 이전까지 명나라와 청나라에 대해 때때로 조공허례의 의식을 행해 왔으나, 이것은 주로 국가무역을 중심 내용으로 한 의례적 형식에 불과하였고, 실질적으로 조선의 내정과 외교는 조선왕조 정부의 자주적 결정에 의거하였다. 이것은 일본과 월남을 비롯한 중국 주위의 다른 나라들도 마찬가지였다. 조선왕국은 본질적으로 자주독립국가였다. 그러나 일부 소수의 썩은 양반유생들 일부는 이것을 근거로 하여 사대적 사고방식을 갖는 경우도 있었기 때문에 조공허례의 의식은 확고한 민족주체성의 발전을 사상적으로 저해하는 작용을 하고 있었다. 이러한 상태에서 임오군란 이후에는 청국이 조선을 본격적으로 속방화하려고 기도한 것이었다.

당시 집권한 민비 수구파들은 임오군란으로 정권이 한 번 붕괴되었다가 청국의 구원으로 재집권했기 때문에, 청국의 속방화 적극 간섭정책으로 나라의 자주독립이 크게 침해되고 자주근대화가 크게 저지되는 것은 돌아보지 않고 민씨 일문의 사리사욕을 채우기에 급급하였다. 1882년 7월을 전환점으로 해서 조선왕국의 자주독립은 큰 위기에 봉착하였다. 김옥균 등 개화당(급진개화파)은 이 위기를 타개하려고 한 것이었다.

김옥균은 갑신정변을 일으키기 이전에 앞서 지적한 바와 같이 완전독립의 주장을 다음과 같이 기록하였다.

> 자래로 淸國이 조선을 스스로 屬國으로 생각해 온 것은 참으로 부끄러운 일이며, 나라(조선)가 振作의 희망이 없는 것은 역시 여기에 원인이 없지 않다. 여기서 첫째로 해야 할 일은 羈絆(굴레)을 철퇴하고 특히 獨全自主之國을 수립하는 일이다. 독립을 바라면 정치와 외교를 自修自强해야 한다(金玉均, 〈朝鮮改革意見書〉, 全集, 110~111쪽).

개화당 영수 김옥균이 여기서 말한 '獨全自主之國'은 현대어로 번역하면

바로 '完全自主獨立國家'를 가리킨 것이었다. 서재필은 이 사실에 대해, "김옥균은 조국이 청국의 종주권 아래 있는 굴욕감을 참지 못하여 어찌하면 이 수치를 벗어나 조선도 세계 각국 중에 평등과 자유의 일원이 될까 밤낮으로 노심초사했던 것이다"[85]라고 회고했다. 서재필은 또 "그 때 김옥균의 생각은 무엇보다도 청나라세력을 꺾어 버리고 동시에 그를 추종하는 귀족들의 세력을 빼앗은 후에 우리 나라의 완전 자주독립정치를 수립하자는 것이 그의 이상이었고 실현의 최고 목표였다"[86]고 회고하였다.

갑신정변의 혁신정강 제1조는 이러한 배경에서 ① 1882년 7월 이후 청국의 조선에 대한 속방화 적극 간섭정책을 거부함과 동시에, ② 1882년 이전의 조공허례의 의식도 폐지할 것을 혁신정강으로 공포하여, 조선왕국의 완전 자주독립국가로서 세계 열강과 어깨를 나란히 한 국가임을 선언한 것이었다.

갑신정변의 혁신정강은 비단 임오군란 이후의 청국의 속방화정책뿐만 아니라 그 이전의 허구의 종주권 주장과 조공허례 의식까지도 전면 부정하고, 조선왕국의 완전 자주독립을 만천하에 재확인 공표했다는 점에서 획기적 중요성을 가진 것이었다.

나. 양반신분제도·문벌제도의 폐지와 인재등용의 공포

갑신정변의 혁신정강 제2조인 '문벌을 폐지하여 인민평등의 권리를 제정하고, 사람의 능력으로써 관직을 택하게 하지 관직으로써 사람을 택하지 않을 것'은, ① 양반신분제도의 폐지에 의한 국민평등권리의 제정, ② 문벌제도의 폐지, ③ 인재의 등용을 정식으로 공포한 것이었다.

갑신정변의 주동자 김옥균은 양반신분제도의 폐해에 대해 국왕에게 다음과 같이 상주하였다.

> 신이 다년 견문에 의거하여 폐하께 주상한 바 있사온대, 폐하는 이를 기억하시나이까. 그 뜻은 금일 우리 나라 이른바 양반을 芟除함에 있나이다. 우리 나라 중고 이전 국운이 융성할 때에는 일체의 기계 물산이 동양 2국(중국과 일본-인용자)보다 으뜸이었는데 이제 모두 폐절에 속하여 그 흔적도 없음은 다른

85) 徐載弼, 〈回顧甲申政變〉(閔泰瑗, 《甲申政變과 金玉均》, 1947, 82쪽).
86) 金道泰 編, 《徐載弼博士自敍傳》(首善社, 1949), 86~87쪽.

연고가 아니옵고 양반의 발호 전횡으로 인하여 그렇게 되었나이다.

인민이 一物을 제조하면 양반관리의 輩가 이를 횡탈하고, 백성이 辛苦하여 銖錙(작은 재물)를 축적하면 양반관리들이 와서 이를 약취하는 고로, 인민이 말하되 자력으로 自作하여 衣食코자 하는 때는 양반관리가 그 利를 흡수할 뿐만 아니라 심함에 이르러서는 귀중한 생명을 잃을 염려가 있으니, 차라리 농업·상업·공업의 여러 산업을 폐기하여 위험을 면함만 같지 못하다 하여 이에 遊食의 民이 전국에 충만하여 국력이 날로 소모에 돌아감에 이르렀나이다(金玉均, 〈池運永事件糾彈上疏文(高宗에의 上疏文)〉, 全集, 146~147쪽).

김옥균의 이 상소문은 1886년에 올린 것이지만, '신이 다년간 견문에 의거하여 폐하께 주상한 바 있사온대'라고 쓴 바와 같이, 갑신정변 이전에도 이러한 주장을 한 것이었다.

여기서 주목할 것은 김옥균이 양반신분제도의 폐해를 지적하면서 양반신분제도·문벌제도의 폐지를 주장한 논거가 근대적이고 자본주의적 성격을 가진 것이었다는 사실이다. 그는 고대에 중국과 일본보다도 으뜸이었던 우리나라의 산업이 자기시대에 모두 폐절되게끔 된 원인을 양반신분제도의 폐해에 있다고 지적하면서, ① 백성들이 물건을 하나 제조해 내면 양반들이 이를 횡탈해 가고, ② 백성들이 간신히 극소의 자본을 축적해도 양반들이 이를 약탈해 빼앗아 가버리므로, ③ 백성들에 의한 공업생산도 불가능하게 되고, ④ 백성들에 의한 자본축적도 불가능하게 되며, ⑤ 백성들이 자립적 생산을 하여 여유있게 생활코자 하면 양반관리들이 그 이익을 빼앗아 갈 뿐만 아니라, ⑥ 백성들이 빼앗기지 않으려고 할 때에는 귀중한 생명까지 잃을 염려가 있기 때문에, ⑦ 백성들은 농업·공업·상업 등 산업을 포기하게 되어 마침내 국력이 쇠퇴하게 되었다고 분석하고 있는 것이다. 김옥균의 이러한 주장은 양반신분제도가 산업발전과 자본축적에 가장 큰 질곡이므로 이를 단칼에 삼제해야 한다는 주장으로 근대자본주의적 성격의 주장이라고 볼 수 있는 것이다.

서재필은 김옥균의 사상의 가장 큰 특징이 우리 나라의 완전 자주독립정치의 실현과 함께 '귀족타파'[87]에 있었다고 회고하였다. 또한 갑신정변의 혁

---

87) 金道泰 編, 위의 책, 86쪽.

신정강을 목격했던 일본인은 개화당이 갑신정변 때 '양반의 권리를 억지하고 常民의 권리를 높인다'[88]는 개혁안을 제시했었다고 기록하였다. 김옥균은 또한 이와 관련하여 다음과 같이 경고하였다.

> 방금 세계가 상업을 주로 하여 서로 생업의 많음을 경쟁하는 때를 당하여 양반을 제거하여 그 폐단의 원천을 모두 없애는 일을 힘쓰지 않으면 국가의 폐망을 기대할 뿐이다(金玉均, 〈池運永事件糾彈上疏文〉, 全集, 147쪽).

이러한 사상과 관점에서 1884년 갑신정변의 혁신정강은 누천년 묵어 온 귀족신분제도와 양반신분제도를 아예 폐지하고 국민평등의 권리와 제도를 제정하겠다고 정책강령을 공포한 것이었다.

한편 문벌제도의 폐지는 양반신분제도의 폐지와 표리관계를 이루는 것이었다. 당시 조선왕조 사회와 정치의 형편은 양반문벌들이 형성되어 그들의 족친이 아니면 아무리 유능한 인재라도 잘 등용치 않고 있었다. 반면에 閥閱의 일원이면 무능부패한 자들도 나라의 운명을 결정하는 중요한 관직을 주고 있었다. 특히 갑신정변 직전에는 수구파 민씨 척족과 몇 개의 문벌들이 정부의 요직을 거의 모두 차지하여 나라의 발전은 막히고 부정부패가 만연되어 있었다.

김옥균은 이미 갑신정변 이전에 일찍이 나라를 구하기 위해서는 무엇보다도 먼저 "반드시 인재를 등용해야 한다"[89]고 강조했었다. 김옥균은 그 후에도 문벌폐지와 인재등용의 중요성에 대해, "폐하가 이를 맹성하사 속히 무식무능하고 수구완루의 大臣輔國을 해임하여 문벌을 폐지하고 인재를 선발"[90]해 등용할 것을 국왕에게 상소하였다.

갑신정변의 혁신정강 제2조를 볼 때, 만일 개화당의 정변이 실패하지 않고 성공했더라면, 우리 나라 양반신분제도와 문벌의 폐지는 1894년의 갑오개혁・동학농민운동 때보다 10년 앞서 이미 1884년의 갑신정변 때 달성되었을 것임을 알 수 있다. 갑신정변의 혁신정강은 한국역사에서 최초로 정부가

88) 井上角五郎, 〈漢城迺殘夢〉(《風俗畵集》, 17−84 호외), 12쪽.
89) 金玉均, 〈治道略論〉(全集, 3쪽).
90) 金玉均, 〈池運永事件糾彈上疏文〉(全集, 3쪽).

양반신분제도와 문벌을 폐지하고 국민평등권리와 제도를 제정할 것을 공포한 획기적인 것이었다.

다. 내각제도의 수립과 정부조직의 개편

갑신정변의 혁신정강 제13조 '대신과 참찬은 합문 안의 의정부에서 매일 회의를 하여 정사를 결정한 후 왕에게 품한 다음 정령을 공포해서 정사를 집행할 것'과, 제14조 '정부는 六曹 외에 무릇 불필요한 관청에 속하는 것은 모두 폐지하고 대신과 참찬으로 하여금 토의하여 처리케 할 것'과, 제4조 '內侍府를 폐지하고 그 중에서 재능있는 자가 있으면 등용할 것' 등의 조항은, ① 내각제도의 수립, ② 정부조직의 개편 등의 정책 대강을 공포한 것이었다.

이 중에서 먼저 주목할 것은 전제군주제에 일정한 제한을 가하고 각료들의 내각회의에서 정책을 의결하여 국왕의 재가를 받은 후에 정령을 공포하여 정사를 집행하는 내각제도를 수립하려 했다는 사실이다. 즉 ① 종래의 전제군주제에서와 같이 어전회의에서 정사를 논의하여 국왕이 정책을 결정해서 대신들은 어명을 받아 정사를 집행하는 것이 아니라, 국왕의 참석 없이 의정부에서 대신과 참찬들이 매일 일과로서 각료회의(대신·참찬회의)를 개최하고, ② 이 회의에서 정책을 토의하여 정책과 정사를 결정한 후 다음에 국왕에게 품하여 재가를 얻으며, ③ 육조 이외의 종래 국왕에게 정사를 품하던 기관과 불필요한 기관은 모두 폐지함으로써 육조의 '대신·참찬회의'(내각회의)에서만 모든 정책·정사를 토의·결정하도록 했고, ④ '대신·참찬회의'에서 결정된 안건은 국왕의 재가 후에 '정령'으로써 집행케 한다는 것 등이다.

이렇게 되면 모든 입법과 행정의 토의결정은 국왕에 의해서가 아니라 6조의 대신·참찬회의(내각회의)에서 이루어지고, 국왕의 권한은 극도로 제한되어 대신·참찬회의에서 결정하여 품계한 사항에 대해 가부의 재결만 하게 되는 것이다. 이 경우 실제로 모든 정책의 토의와 결정이 대신·참찬회의에서 이루어지기 때문에 국왕은 대신·참찬회의의 결정사항에 동의하는 재결을 할 수밖에 없게 되는 것이다.

이것은 단순화하면, 종래의 전제군주권에 근본적 제한을 가하고 입헌군주제의 초기형태인, 입법권과 행정권을 가진 '내각제도'를 시행하려고 한 것이었다.

갑신정변의 혁신정강에서 이러한 내각제도의 수립은,《한성순보》의 논설과 같은 다른 자료들과 함께 볼 때, 갑신정변을 일으킨 개화당들이 종래의 전제군주제를 입헌군주제로 개혁하는 과정의 정책과 제도개혁을 추진했음을 나타내는 것이라고 할 수 있다.91)

또한 갑신정변의 혁신정강 중 위의 여러 조항들은 정부조직의 근대적 개편도 선언했음을 보여주고 있다. 그 개편의 방향은, ① 정부의 부서는 6부로 하고, ② 6부 이외의 모든 행정상 불필요한 부서들(특히 왕족·척족과 벌열들을 위해 설치한 관직)은 모두 폐지하며, ③ 내시부와 같은 전근대적 부서와 환관제도는 폐지하고 그에 속한 자들 중에서 특히 우수한 자만 다른 부서에 임용하며, ④ 왕실사무와 국가행정사무를 엄격히 구분하는 것이었다.

갑신정변의 혁신정강이 선언한 내각제도의 수립과 정부조직의 근대적 개편은 한국역사에서 처음으로 전제군주제를 입헌군주제의 방향으로 개혁하여 내각제도의 수립을 결정한 획기적인 것이었다.

라. 재정의 통일과 경제개혁의 단행

갑신정변의 혁신정강 제12조 '모든 국가재정은 호조로 하여금 관할케 하며 그 밖의 일체의 재무관청은 폐지할 것'과, 제3조 '전국의 地租法을 개혁하여 간사한 관리들을 근절하고 백성의 곤란을 구하며 겸하여 국가재정을 유족케 할 것'과, 제6조 '각 도의 還上制度는 영구히 폐지할 것'과, 제9조 '惠商公局을 폐지할 것' 등은, ① 재정의 호조로의 통일, ② 지세제도 개혁을 비롯한 조세제도의 개혁, ③ 환자(환곡)제도의 폐지, ④ 보부상 등 전근대적 특권상업제도의 폐지 등을 통하여 근대적 자유산업을 장려하고 재정제도와 경제제도를 근대적 방향으로 개혁하려 하였다.

당시 국가재정은 재무부처로 통일되어 체계적으로 관장되지 못하고 모든 정부부서들이 각각 조세징수권을 가져 직접 국민들로부터 조세를 징수해서 각각 자의로 지출하고 있었다. 따라서 통일된 국가재정의 예산·결산제도도 없었다. 이 때문에 각 관청에 의한 과도한 조세징수와 중간착복, 재정의 낭비와 문란이 극도에 달해 있었다. 갑신정변을 일으킨 개화당은 정변 개시 이

91)《漢城旬報》10호, 1884년 1월 3일, 〈歐米立憲政體〉.

전부터 이러한 국가재정의 문란실태를 통탄하고 '戶曹'에 의한 국가재정의 통일과 예산제도의 확립 실시를 이미 강력하게 주장하고 있다가,[92] 정변을 일으키자 바로 국가재정의 통일을 정강으로 공포한 것이었다.

갑신정변 당시의 개화당의 국가재정 개혁의 기본방향은, ① 모든 국가재정의 호조(재무부)로의 통일, ② 호조 이외의 모든 재무관청의 폐지, ③ 예산(및 결산)제도의 실시, ④ 세입과 세출의 단일화 및 균형체계 수립, ⑤ 조세제도의 개혁, ⑥ 내외 公債모집에 의한 재정자금 부족분의 긴급 조달 등이 그 핵심을 이루었다. 이를 위해서는 무엇보다도 국가재정의 호조로의 통일이 선행적으로 즉각 실시되어야 한다고 그들은 강조하였다.

혁신정강 내용 중의 지세법의 개혁은 당시 三政(田政·軍政·還政)의 문란 중에서 전정(지세제도)과 군정(군포세제도)의 문란을 교정하고 근대적 조세제도를 수립하기 위한 개혁정책으로 선포된 것이었다. 개화당은 지세제도와 조세제도를 근대적으로 개혁하여 세율을 내려서 법제화하고 탐관오리들의 중간착취와 부정을 철저히 제거함으로써, 한편으로 백성들의 부담을 경감시켜 백성을 고난에서 구함과 동시에 간사한 관리들의 중간수취를 근원부터 제거함으로써 겸하여 국가재정을 유족하게 만들려고 한 것이었다.

한편 혁신정강 가운데 하나인 還上制度의 폐지는 종래의 삼정의 문란 중에서 환정의 문란에 종지부를 찍기 위해 아예 이 제도를 영구히 폐지하기로 한 것이었다. 원래 환자제도는 흉년과 백성들의 식량위기에 대비하기 위한 목적으로 창설된 복지제도의 일종이었으나, 조선 후기부터는 백성들을 착취하는 관영 고리대부제도로 완전히 변질하여 백성들의 원망이 매우 컸으며, 관리들의 부정착취의 온상이 되어 있었다. 이 때문에 백성들은 환자제도의 폐지를 요구하고 있었다. 1862년 '진주민란'의 가장 중요한 원인의 하나도 바로 환자제도의 문란이었다. 그러나 당시 민비 수구파들은 환자제도에 의거하여 재정수입의 일부를 충당하고 사복도 채우고 있었기 때문에 폐해 많은 이 환자제도를 폐지하지 못하고 있었다. 김옥균을 중심으로 한 개화당은 백성들의 오랜 소망과 요구를 흔쾌히 받아들여 착취제도로 변질한 환자제도를 영

92) 《尹致昊日記》, 1883년 10월 3일.

구히 폐지할 것을 혁신정강에서 과감하게 선포한 것이었다. 이것은 당시로서는 참으로 획기적인 개혁이었다.

혁신정강 중의 혜상공국의 폐지는 '보부상'을 비롯한 전근대적 특권상업제도의 폐지를 선포한 것이었다. 민비 수구파들은 종래의 특권행상들인 보부상들을 1883년 8월에 '혜상공국'이라는 이름으로 재조직하여, 혜상공국 당상에 민비 수구파의 영수 閔台鎬 등을 임명해서 보부상들의 전근대적 상업독점권을 오히려 강화시켜 줌과 동시에 전국의 보부상들을 민비 수구파의 정치폭력세력으로 이용하려 하였다. 이것은 당시 자유상업의 급속한 발흥추세와 정면으로 대립되는 시대역행적 정책이었다.

개화당들은 당시 자유상업과 '회사'형태의 자본주의적 자유기업의 설립을 장려하여 공업·철도·기선·토지 등 근대적 산업을 일으킬 것을 주장하고 있었다.[93] 김옥균도 근대적 공업의 건설을 강조하고, 광업의 개발을 주장했으며, 기선 및 철도에 의한 근대적 운수와 電線에 의한 근대적 통신제도의 설치를 주장하였다.[94] 당시 개화당의 적극적 성원과 보호에 힘입어 1883년부터 갑신정변 직전인 1884년 11월 말까지 약 2년간에 조선왕국에서 설립된 상공업회사가 26개에 달하였다.[95]

갑신정변의 혁신정강은 혜상공국을 폐지하여 한편으로 보부상제도 등 전근대적 특권상업제도를 폐지하면서 보부상들이 민비 수구파세력의 폭력조직이 되는 것을 차단함과 동시에, 다른 한편으로 자본주의적 회사형태의 자유상업과 기업들을 육성하는 조건을 만들려고 한 것이었다. 이것은 갑신정변 이후 신정부의 경제개혁 방향이 전근대적 경제조직을 정책적으로 해체시키고 근대 자본주의적 산업경제를 건설하려는 방향임을 나타낸 것이었다고 볼 수 있다.

#### 마. 군사제도의 개혁

갑신정변의 혁신정강 제11조 '4營을 합하여 1영으로 만들고, 영 중에서 장

---

93) 《漢城旬報》 3호, 1883년 10월 21일, 〈會社說〉.

94) 金玉均, 〈治道略論〉(全集, 13쪽 및 4쪽).

95) 愼鏞廈, 〈初期開化政策〉(《한국사》, 국사편찬위원회 16, 1975), 383~392쪽.

정을 선발하여 근위대를 시급히 설치할 것(육군대장에는 왕세자를 추대할 것)' 은 군사제도의 근대적 개혁을 추구한 것이었다.

당시 군사제도는 친군영을 전·후·좌·우의 4영으로 나누어 민비 수구파의 거물들이 지휘하고 있었으며, 국방보다는 왕실 호위의 임무에 집중하고 있었다. 이 중에서 친군영 전영과 후영은 서양식 군사훈련을 시키고 있었고, 친군영 좌영과 우영은 袁世凱가 설치하여 청국식 군사훈련을 시키고 있었다. 그 결과 한 나라의 군대가 부대에 따라 훈련방법과 편제가 서로 달랐다. 또한 친군영 전영과 친군영 좌·우영은 사사건건 대립과 갈등을 일으켜 혼란과 근심을 자아내고 있었다.[96]

개화당들은 이 때문에 갑신정변 이전부터 기회있을 때마다 4영의 1영으로의 통합과 하나의 통일된 방식에 의한 전체 부대들의 군사훈련 및 편제를 주장했었다.[97] 당시 김옥균 등 개화당은 열강이 침략해 들어오는 추세 속에서 조선 스스로의 힘으로 나라를 방위하기 위한 자주적 근대군대의 양성을 매우 강조하였다.

개화당은 먼저 영민한 청년들을 선발하여 외국의 신식 무관학교에 유학시켜 현대적 사관교육을 받도록 해서 귀국시킨 다음, 그들을 교관으로 한 '士官學校'를 설립하여 신식 장교들을 체계적으로 양성하고, 그에 기초하여 대규모의 근대적 '육군'을 정예군대로서 양성하려고 계획하였다. 이미 일본에 들어와 있는 서양식 현대적 사관교육을 받아 오도록 일본에 파견되었던 서재필은 이 때를 회고하여, "하루는 김옥균이 나에게 국방을 충실히 하려면 정예한 군대밖에 없는데, 현하 우리의 급무로 그 위에 나올 것이 무엇이냐고 하며 일본으로 건너가 무예를 배우라고 권하였다. 나는 말이 떨어지자마자 승낙하고 며칠 지나지 않아 15인의 다른 학생들과 일본으로 향하였다"[98]고 기록하였다.

김옥균 등 개화당들은 그들이 외국에 유학시킨 14명의 사관생도들이 졸업하고 귀국하자 이들을 중심으로 사관학교 설립을 추진하였다.[99] 또한 개화당

---

96) 《尹致昊日記》, 1883년 12월 4일.
97) 《尹致昊日記》, 1883년 12월 21일.
98) 徐載弼, 〈回顧甲申政變〉(앞의 책), 84쪽.

은 방대한 규모의 신식(서양식) 육군을 양성함과 동시에, 서양으로부터 '군함'을 도입하여 신식 '해군'도 창설하려고 하였다. 개화당의 신문인《한성순보》가 거의 매호마다 세계 각국의 육군과 해군의 병력과 군사동태를 상세히 소개하고 해설한 사실에서도 그들이 근대적 국방과 근대적 신식 군대의 양성에 예민한 관심을 갖고 있었음을 알 수 있다.

갑신정변의 혁신정강에서 ① 4영의 1영으로의 통합, ② 국방을 담당하는 육군과 왕실 호위를 담당하는 근위대의 분리, ③ 근위대의 시급한 설치를 공포한 것은 군사제도를 근대적으로 개혁한 최초의 것을 정강화한 것이었고, 사실은 군사 전반의 근대적 대개혁을 추구한 것이었다. 근위대의 육군대장에 왕세자(당시 유아)를 추대한 것은 군주국가에서 의례에 불과한 것이었고, 그들이 실제로 추구한 것은 신식 장교가 지휘하는 강력한 정예의 신식 육군과 해군이었다.

바. 규장각의 폐지와 근대문화의 수립

갑신정변의 혁신정강 제7조 '奎章閣을 폐지할 것'은, ① 전근대적 양반귀족문화의 제도인 규장각을 폐지하고, ② 일반 국민이 중심인 신교육제도를 기본으로 한 근대문화를 수립하는 방향으로 개혁을 단행하려 한 개화당의 정책의지를 나타낸 것이었다.

혁신정강의 규장각폐지의 조항은 피상적으로는 이해하기 어려울지도 모르나, 이것은 규장각이 갖고 있던 민족문화 정수의 측면을 폐지하려 했던 것이 아니라, 규장각이 갖고 있던 다른 하나의 측면인 전근대적 양반귀족문화의 제도적 측면을 폐지하고 일반 국민·민중의 신교육에 의거한 근대문화 수립을 추구한 것이었다.

갑신정변의 주체세력의 하나였던 서재필은 이와 관련해서 다음과 같이 회고하였다.

> 김옥균은 나라의 빈약함이 전연히 일반 민중의 기술적 교육이 없는 것과 상류계급 인사의 무지와 몰각에 있다는 것을 확실하게 깨달았다. '우리 나라를 구

---

99)《尹致昊日記》, 1884년 6월 19일.

하자면 민중을 교육시키는 외에는 다른 길이 없다'고 그는 입버릇같이 나에게 가끔 말하던 것을 나는 이제 와서 기억한다. 이미 노후한 자는 교육시킬 도리가 없어 청년에게 실올 같은 희망을 비끄러맸던 것이다(徐載弼, 〈回顧甲申政變〉, 앞의 책, 83쪽).

김옥균 등은 그 당시 양반귀족들의 낡은 구지식은 당시의 민족적 위기에서 나라를 구하는 데는 무지·몰각과 같은 것으로 보았으며, 나라를 구하려면 오직 청년들과 일반 민중들에게 신교육을 시행하는 길밖에 없다고 보았던 것이다. 이에 김옥균은 백성을 교육하되 신문명의 방도로써 해야 하고, 이를 위해서는 '널리 學校를 설립하여' 신교육을 실시해야 하며,[100] 정무에 관한 일을 언문(국문)으로 번역 간행하여 백성들에게 널리 알게 해야 한다고 강조하였다.[101]

개화당이 혁신정강에서 양반귀족만의 구지식기관인 규장각을 폐지하려 한 것은 이러한 관점에서 민중교육을 위한 학교를 널리 설립하여 신교육을 실시하고 근대문화를 수립하는 방향의 개혁정책을 실시하기 위한 것이었다.

사. 경찰제도와 형사정책의 근대적 개혁

갑신정변의 혁신정강 제8조 '순사제도를 시급히 설치하여 도적을 방지할 것'과 제10조 '그 동안 유배·금고된 사람들을 다시 조사하여 석방할 것'은 경찰제도와 형사정책을 긴급히 개혁하려 한 것이었다. 그 개혁의 방향은, ① 순사제도의 긴급 설치를 중심으로 한 경찰제도의 근대화, ② 가혹한 전근대적 행형제도의 의해 억울하게 유배되고 금고된 사람들의 재조사와 석방·사면, ③ 근대적 형무제도의 실시 등을 추구한 것이었다.

김옥균은 이미 갑신정변 이전에 근대적 경찰제도의 수립을 강력하게 주장하였다.[102] 또한 개화당들은 박영효가 한성판윤으로 있던 1883년에 서울 시내에서는 근대적 경찰제도를 부분적으로 시행해 보기도 했었다.

김옥균은 갑신정변 이전에 당시의 전근대적 형정의 가혹성에 대해 신랄하

100) 金玉均, 〈池運永事件糾彈上疏文〉(全集, 146~147쪽).
101) 金玉均, 〈治道略論〉(全集, 16~17쪽).
102) 金玉均, 〈治道略論〉(全集, 15~16쪽).

게 비판하면서 다음과 같이 강조하였다.

> 현재 시행되는 刑政을 논하건대, 법이 오래되어 문란해져서 생명을 겁박하고 재산을 강탈하는 등 그 폐해가 전국에 미치고 있는데도 아무렇지도 않게 여겨 허물치 않는다. 하나의 못과 송곳을 훔치거나 한 강호에게 욕을 해도 먼 곳에 귀양을 보내니, 인명을 초개같이 경시하므로 和氣를 손상함이 극에 달하였다(金玉均, 〈治道略論〉, 全集, 14~15쪽).

김옥균은 그 개정의 방향으로, ① 새로운 법률을 제정하여 刑政을 개혁할 것, ② 중벌주의·중형주의를 폐지할 것, ③ 유배제도는 가혹하니 폐지하고 새로이 가벼운 징역제도를 실시할 것, ④ 경범자는 징역 대신에 노역이나 벌금으로 속죄케 할 것 등의 행형제도의 근대적 개혁을 주장하였다.[103]

갑신정변의 혁신정강의 이 조항들은 시급히 순사제도를 설치하여 근대적 경찰제도를 수립해서 민생치안을 튼튼히 강화해 국민을 보호함과 동시에, 그 동안 가혹한 전근대적 형사정책과 행형제도에 의해 억울하게 처벌된 사람들을 석방·사면하여 인심을 수렴하려 한 것이었다. 이것은 가혹한 전근대적 경찰제도와 형정을 새로운 근대적 경찰제도와 형정으로 개혁함과 동시에 신정권의 지지기반을 강화하려 한 것이었다고 볼 수 있다.

아. 국가에 해독을 끼친 자에 대한 처벌

갑신정변의 혁신정강 제5조 '그 동안 국가에 해독을 끼친 탐관오리 중에서 심한 자는 처벌할 것'은, ① 종래 민비 수구파정권하에서 부정부패와 백성착취의 도가 지나친 탐관오리들은 숙청하여 처벌하되, ② 그 기준은 국가에 얼마나 해독을 끼쳤는가에 의거하겠다고 공포한 것이었다.

이 조항은 개화당이 정권을 장악하자 국가이익을 기준으로 하여 민비 수구파와 관리들 중에서 부정부패의 정도가 심한 탐관오리들을 색출하여 처벌숙청할 것을 선언한 것으로서, 신정권으로서는 당연히 수행해야 할 일이었다고 볼 수 있다.

갑신정변 신정부의 혁신정강은 이상과 같이 국가제도와 국정 전반을 전근

103) 金玉均, 〈治道略論〉(全集, 14~15쪽).

대적 체제로부터 새로이 근대적 체제의 방향으로 개혁하여 근대국가체제를 건설하려 한 것이었다.

또한 이 혁신정강은 개화당이 정변을 일으켜 정권을 장악한 직후 집행할 정책들의 대정강으로 제정한 것이었으므로 사상의 차원을 넘어서서 당장 실행·실시될 정책의 골간이었다고 볼 수 있는 것이다. 따라서 갑신정변의 혁신정강은 개화사상이 아니라 개화정책이었으며 집행되기 시작한 개화정책의 골간이었다고 말할 수 있는 매우 중요한 것이었다.

### 4) 청국 및 일본의 개입과 정변의 실패

김옥균 등 개화당은 10월 9일 오전 9시 신정부의 혁신정강을 공포한 직후에 청군의 공격을 예견하여 신무기로 방어력을 긴급히 강화하려고 하였다. 지난밤에 일대의 청군이 宣仁門 닫는 것을 방해했던 것이 공격 준비와 관련이 있지 않나 추정되었기 때문이었다. 신정부는 우선 전날 밤 청군의 무리가 선인문 닫는 것을 방해한 데 대해 원세개에게 강력히 항의하고 앞으로 다시 이러한 일이 있으면 가만히 있지 않겠다는 요지의 항의문을 보내었다. 신정부는 또한 각 병영의 무기고에서 신무기를 꺼내어 정변에 참가한 조선군의 무장을 긴급히 강화하기로 하였다. 수개월 전에 이전의 정부가 미국으로부터 최신식 소총 3,000정을 구입해다가 사용하지 않고 각 영의 무기고에 보관해 둔 것이 있었다. 개화당은 이 최신식 소총을 꺼내어 무장을 강화하려 한 것이었다.

그러나 무기고의 최신식 소총들을 꺼내어 보니 거의 모두 녹쓸어 있었다. 이를 모두 분해소제하고 수리하는 데는 상당한 시간이 필요하게 되었다. 이때 일본공사 다케조에(竹添)는 본국의 사전 승인없이 개화당의 정변에 참가 협조한 것이 걱정되었는지, 또는 다가오는 사태에 겁을 먹었던 것인지 일본군의 사정으로 보아 궁궐 안에 오래 머무를 수 없으므로 일본군을 철병시키겠다고 통고하였다. 이것은 앞으로 전투를 예견하고 개화당과의 약속을 배신한 비겁한 행위였다.

> 우리들의 자립태세가 조금이라도 서 있다면 구태여 공사의 말을 기다릴 필요도 없으나, 지금 각 영의 무기를 조사해 보니 모두 녹이 슬어 있어 이를 수리하고 있는 중이다. 이 때 공사가 철병한다면 우리는 실패하고 말 것이다. 그러니 앞으로 3일 동안만 기다려 철수하면 그 사이에 우리들도 준비를 하겠다(〈甲申日錄〉, 1884년 12월 6일, 全集, 97~98쪽).

김옥균 등이 내심 깊은 분노를 느끼면서도 간곡히 만류하여 설득하자 다케조에도 이에 승복하였다.

개화당의 신정부는 이 날부터 국정 전반에 대한 대개혁을 실행하기로 결정했고, 이에 따라 이 날 오후 3시에 국왕은 '大政維新의 詔書'를 내려 혁신정강을 기본으로 해서 신정부가 대개혁을 단행한다고 반포하였다.

그러나 청국군측은 같은 시각인 10월 19일(양력 12월 6일) 오후 3시경에 작전을 시작하여 약 1,500명의 병력을 두 부대로 나누어 돈화문과 선인문으로 각각 공격하여 궁궐을 침범해 들어왔다.

마침 이 때에 조선—일본 사이의 우편선 千歲丸이 입항하여 일본 외무대신의 일본공사에 대한 훈령이 전달되었다. 훈령을 받아 읽은 다케조에의 손은 떨리고 얼굴은 창백하게 되었다.[104] 일본 외무대신의 훈령 내용은 조선주재 일본공사관의 일본군을 조선 개화당의 정변에 절대로 가담시키지 말라는 것이었기 때문이었다. 일본정부는 그 사이 청·불전쟁이 소강상태에 들어가는 것을 보고 청국과의 관계가 악화될 것을 우려하여 정책을 급히 바꾸어서 다시 조선 개화당에 대한 적대적 방향의 정책으로 되돌아갔던 것이었다.

청군 1,500명의 양면으로의 공격에 대항하여 외위를 담당한 조선군은 아직 응전태세가 완비되어 있지 않았다. 모두 최신식 소총의 분해소제와 수리를 하고 있던 도중이었기 때문이었다. 그러나 친군영 전영·후영의 조선군은 구식 무기로도 용감히 응전하였다. 특히 친군영 전영 500명의 조선군은 치열하게 응전하여 전투하다가 수십 명의 전사자를 내었다. 결국 조선군은 중과부적과 무기의 열세로 패퇴하여 흩어지게 되었다.

다음은 중위를 담당한 일본군의 응전차례였으나 제대로 전투도 하지 않고

---

104) 朴泳孝, 앞의 글, 16쪽 참조.

철병을 시작하였다.

개화당 요인들이 불리한 조건 속에서 조선군과 일본군을 독려하다가 정신을 차려 보니, 이미 왕비(민비)와 세자 및 세자빈은 창덕궁의 북산으로 향하였고, 왕대비·대왕대비도 뒤이어 궁문으로 탈출하고 있었다. 김옥균 등이 이 보고를 받고 급히 후문으로 뒤따라가 보니 국왕도 무감과 4·5명의 병정들에게 호위되어 민비가 가 있는 북산으로 향하고 있었다.

김옥균·서광범 등은 국왕을 발견하자 큰 소리로 어가를 정지시키고 국왕의 북산행차를 만류하여 다시 궁궐 안으로 모셔왔다. 개화당 장사들로 구성된 내위로 하여금 국왕을 호위케 한 후, 개화당 요인들은 긴급대책을 숙의한 결과 국왕을 보호하여 처음에는 인천을 거쳐 강화도로 가서 신정부를 유지하기로 하였다. 그러나 국왕은 이 말을 듣고 "나는 결코 인천으로 가지 않겠다. 죽더라도 대왕대비가 계신 곳으로 가서 자리를 같이하겠다"고 강력히 반대하였다.[105]

청국군이 이 때 국왕과 개화당 요인들이 있는 처소를 공격해 왔으므로 일행은 뒤쪽 언덕으로 피신하였다. 그러나 이 곳도 안전하지 못하여 안전한 곳을 찾다가 창덕궁 동북 궁문까지 가게 되었다. 이 때 북산에 가 있던 민비가 사람을 보내어 국왕에게 북산으로 오기를 청하였다. 국왕이 나서서 북산 쪽을 바라보니 민비는 멀리서 이를 예견하고 기다리고 있다가 빨리 오라는 뜻의 손짓을 하는 것이 보였다.

김옥균 등 개화당 요인들이 국왕에게 인천으로 피신할 것을 주장했으나, 국왕은 단호히 이를 뿌리치고 그를 업은 무감의 등을 두드리며 북산에 있는 민비 쪽으로 갈 것을 명하였다. 박영효가 나서서 무감을 위협하여 이를 저지하려 했으나, 김옥균은 국왕의 뜻이 확고한 것을 짐작하고 이를 만류하였다. 개화당은 할 수 없이 국왕과 함께 개화파 장사들과 일본군의 호위를 받으며 북산으로 향하였다.

그러나 궁궐 건물 멀리서 기다리던 청군들이 일본군 복색을 보고 함성을 지르며 무차별 난사를 가하였으므로 국왕 옆에 있던 무감 한 사람이 손에

105) 〈甲申日錄〉, 1884년 12월 6일(全集, 102쪽).

총을 맞았다. 김옥균은 이에 무감을 시켜 큰 소리로 "대군주께서 여기 계시는데 어찌 감히 총을 쏘느냐"고 크게 꾸짖게 하니 총성이 그치었다.

일본공사 다케조에는 이러한 상황을 관찰하더니, 일본군이 조선국왕을 호위하는 것이 더 위험하니 일본군을 철수시킨 후 선후책을 강구하겠다고 개화당에게 통고하였다. 김옥균 등이 크게 놀라서 다케조에의 신의 없음을 힐책하고 만류했으나 다케조에는 완강하게 일본군 철수를 고집하며 강행하려 하였다.[106]

개화당 요인들은 청군의 포위 속에서 일본군이 철수하여 국왕을 보호하지 못하게 됨은 곧 정변의 붕괴를 의미함을 잘 인식하고 있었다. 군주제하에서는 어느 정파가 국왕을 보호하고 있는가의 여부에 따라 집권이 좌우되는 경우가 대부분임을 잘 알고 있었기 때문이었다.

개화당 요인들은 이에 대책을 숙의하고 정변의 실패를 자인하였다. 이에 개화당 요인 중에서 홍영식은 신정부의 개화당 대표(좌의정)일 뿐 아니라 정변 직후에도 병정을 보내어 민비 수구파의 거물 민영익을 보호해 주었었고 청군사령 원세개와도 친분이 두터웠으므로 화는 면할 수 있다고 보고 도승지 박영교와 함께 사관생도 일부를 데리고 국왕을 호종하기로 하였다. 그 밖에 개화당 요인인 김옥균·박영효·서광범·서재필 등은 다른 개화당 인사들 및 사관생도 일부를 데리고 다케조에와 함께 일본에 망명키로 하였다.[107] 이에 갑신정변에 의한 개화당의 신정부는 10월 19일 밤 붕괴되어 김옥균 등의 개화당의 집권은 '三日天下'로 끝나게 되고 말았다.

홍영식·박영교·신복모와 사관생도 박응학·정행징·윤영관·하응선·이병호·이건영·백낙운 등 7명은 국왕을 모시고 북묘에 도착하자 기다리고 있던 청군측이 국왕을 청군의 군영에 옮긴 후, 재판도 없이 홍영식·박영교·신복모 등과 7명의 사관생도들을 처참하게 살해하여 버렸다.[108]

한편 국왕과 이별한 김옥균·박영효·서광범·서재필·변수·유혁로·신응희·이규완·정난교 등 9명은 다케조에를 따라 일본공사관에 10월 19일 9시

---

106) 〈甲申日錄〉, 1884년 12월 6일(全集, 103쪽).
107) 위의 글(全集, 104~105쪽).
108) 《甲申事變案》 중의 〈變亂事實〉 및 위의 글(全集, 104쪽).

경에 도착하였다. 일본거류민들의 일부도 일본공사관 안으로 피난해 들어와서 일본공사관 안의 분위기는 소란과 공포에 휩싸여 있었다. 김옥균 일행이 머물러 있던 이튿날인 10월 20일에는 재집권한 민비 수구파정부의 신임 외무독판 김홍집이 일본군의 정변 가담에 항의하는 공문을 보내오고, 청군과 그 선동을 받은 수십 명의 군중들이 고함을 지르며 일본공사관을 습격하려고 일본군 보초병과 심한 충돌을 일으키고 있었다.

이에 김옥균 등 개화당 9명은 일본으로 망명하려고 인천으로 출발하는 다케조에를 비롯한 일본공사관의 모든 직원과 일본군을 따라 나섰다. 우편선 천세환이 인천에 정박해 있었기 때문이었다. 일본공사관 직원들은 기밀문서를 태우다가 공사관 건물에 불이 번지는 것을 돌아볼 사이도 없이 청군과 일부 본국인들에게 추격당하면서 다케조에를 따라 인천으로 향했으며, 김옥균 일행도 그들과 함께 인천으로 떠났다.

조선 개화당이 청국의 속방화정책을 타도하고 자주부강한 근대국가를 건설하기 위해 1884년 10월 17일(양력 12월 4일) 일으킨 '갑신정변'은 이렇게 하여 3일 만에 처참하게 실패로 돌아간 것이었다.

### 5) 갑신정변 실패의 요인

갑신정변 실패의 요인으로서는 여러 가지를 들 수 있으나, 특히 다음의 요인들이 중요한 것이라고 할 수 있다.

첫째는 청군의 불법적 범궐과 군사적 공격이다. 청군은 국왕의 요청도 없고 조선정부의 반대와 항의에도 불구하고 서울에 주둔시킨 1,500명의 병력을 총동원하여 조선왕국의 궁궐을 침범해서 군사적 공격을 자행함으로써 개화당의 신정부를 무력으로 붕괴시켰다. 이것은 조선의 주권을 완전히 무시한 처사였으며, 전적으로 불법적 궁궐침입이었고, 군사적 만행이었다.

둘째는 개화당의 일본군 차용과 일본군의 철병이다. 개화당은 일본공사관의 호위병력 150명을 빌려다 개화당의 부족한 무력을 보충하려 하여 "일본공사는 와서 짐을 호위하라"[109]는 국왕의 친필 명령서까지 받아다가 합법적으로 일본군을 정변에 끌어들였다. 김옥균 등 개화당은 당시의 국제적 모순을 이용하여 일본군을 차용해서 청군의 공격에 대해서는 일본군으로 이를 견제하여 막고, 국내 수구파는 국내 개화당이 맡는다는 전술을 택했으나 이것은 적중한 것이 되지 못하였다. 일본군 무력은 결정적 순간에 개화당의 기대를 배신하여 국왕을 호위하지 않고 철병해 버림으로써 정변 전체를 와해시키는데 크게 작용하였다.

일본측이 정변 직전에 조선 개화당에 추파를 던져 온 것은 개화당을 도와주기 위한 것이 아니라 개화당을 침략의 통로로 이용하려 한 것 뿐이었고, 정작 개화당이 집권하여 조선이 자주부강한 근대국가로 발전하는 것은 그들이 바라지 않은 것이었다. 왜냐하면 일본측은 征韓論 이래 침략의 기회를 기다리던 대상인 조선이 강대한 근대국가가 되면 침략이 불가능하게 될 뿐 아니라, 동아시아에 또 하나의 근대국가가 건설되어 그들의 경쟁국이 될 것이기 때문이었다.

개화당이 정변을 자기 힘으로서만 하지 않고 침략의도를 가진 외국 특히 일본의 무력을 빌린 것은 개화당의 큰 실책이었다. 이것은 정변 그 자체를 실패케 한 가장 큰 요인의 하나가 되었고, 조선 백성들에게도 개화당은 친일파가 아닌가 하는 의구심과 비난을 자초한 요인이 되었다.

셋째는 백성들로부터 지지의 결여이다. 당시 조선 백성들은 왜 정변까지 일으켜 가면서 시급히 '개화'를 해야 하는지 잘 알지 못했으므로 개화당의 정변에 냉담하였다. 당시 청군의 무장력은 근대적 소총 수준의 것이었으므로, 만일 백성들의 열렬한 지지만 있었다면 서울 시내의 청·장년들만 개화당을 지지하여 함께 봉기해도 청군의 군사개입은 저지될 수 있는 것이었으나, 백성들은 개화당의 정변에 시종일관 냉담하였다. 백성들은 오히려 갑신정변을 양반귀족들 사이의 권력쟁탈전으로 이해하는 사람들이 많았으며, 일부 개화당을 친일파로 오인한 백성들은 개화당을 공격하는데 가담하기도 하였다.

갑신정변같이 체제를 변혁하려는 급격한 운동은 그에 앞서 지지해 줄 민중을 계몽하는 운동을 선행시켜야 하는데, 계몽운동을 선행시키지 않은 정변이 민중의 지지를 얻어 성공하기는 어려운 것이었다고 볼 수 있다.

---

109) 〈甲申日錄〉, 1884년 12월 4일(全集, 84쪽).

넷째는 시민층의 미성숙이다. 개화당 신정부의 혁신정강과 개화정책은 근대 시민적인 것이었으며, 시민계층의 이해관계에 가장 잘 합치하고, 시민계층에 우선적으로 지원적인 내용의 것이었다. 따라서 시민계층만 성장해 있었으면 정변은 확고한 지지층을 갖고 성공할 수 있는 것이었다고 볼 수 있다. 그러나 당시 한국사회의 근대 시민층은 대두하기 시작하고 있기는 했으나 아직 미성숙하여 개화당의 지지세력을 형성하기는 전혀 불가능하였다.[110] 개화당의 신정부가 확고한 지지층을 갖고 있지 못한 것이 정변 실패의 한 요인이 되었던 것이다.

다섯째, 개화당의 준비 부족과 정변 기술의 부족을 들 수 있다. 정변은 군사무력을 수단으로 사용하는 것인데, 개화당은 청군 1,500명을 압도할 수 있는 조선군 무력 준비가 부족하였다. 친군영 전·후·좌·우의 4영 중에서 전영만 확고하게 장악하였고, 후영은 북청병정 외에는 충분하게 장악하지 못하였다. 또한 개화당은 친군영 좌영과 우영은 전혀 장악하지 못한 결과, 정변 도중 대세가 청군에게 유리하게 기울자 좌영과 우영 조선군 병사들은 원세개의 지휘를 받는 형편이었다. 조선군을 비밀리에 사전 장악하는 준비가 크게 미흡했던 것이다. 이러한 조건에서 정변이 성공하기는 어려웠다.

또한 개화당은 민비의 동태를 잘 감시하지 못하였고, 경기관찰사 심상훈에게는 속아 넘어가서 그를 개화파 동정자로 오해하여 궁궐 무상출입을 허용하였다. 그 결과 심상훈은 청군측과 민비 사이에 연락을 담당해서 국왕의 처소를 방어가 쉬운 경우궁으로부터 방어가 어려운 창덕궁으로 옮기게 작용했으며, 개화당의 통신과 연락을 방해하는데 크게 작용하게 되었다. 이것은 개화당의 정변 준비와 기술의 부족을 나타내는 것이라고 볼 수 있다.

이러한 요인들이 복합되어 조선의 선진 개화독립당 청년들이 조선왕국에 대하여 청국이 적극적으로 간섭하는 속방화정책을 끊어버리고 자주부강한 근대국가를 건설하려는 목표로 일으킨 갑신정변은 일단 집권에는 성공했으나 신정부를 수립한 지 3일 만에 결국 실패로 돌아가게 되었다.

〈愼鏞廈〉

110) 愼鏞廈, 앞의 글(1997) 참조.

# 4. 갑신정변의 영향과 의의

## 1) 갑신정변의 영향

### (1) 수구파정권의 재수립

갑신정변의 실패의 결과 친청 수구파가 재집권하게 되었다. 국왕은 19일 저녁 청군에 인계된 후 그 날 밤은 청장 吳兆有의 군영에서 보내고, 이튿날인 10월 20일에는 袁世凱의 군영으로 옮겼다. 국왕은 이 곳에서 3일간 체류하면서 친청 수구파의 신정부를 편성하였다. 국왕이 원세개의 군영에서 환궁한 10월 23일까지 편성한 정부의 구성은 다음과 같다.

| | |
|---|---|
| 領議政：沈舜澤 | 左議政：金弘集(兼外務督辦) |
| 右議政：金炳始 | 吏曹判書：李載元 |
| 禮曹判書：金晩植 | 戶曹判書：金永壽 |
| 兵曹判書兼江華留守：金允植 | 刑曹判書：洪澈周 |
| 工曹判書：金有淵 | 前營使兼惠商公局堂上：李敎獻 |
| 後營使兼右捕盜大將：李鳳九 | 左營使：李奎奭 |
| 右營使：閔泳翊 | 左捕盜大將：申奭熙 |
| 宣惠廳提調：魚允中 | 漢城判尹：閔種默 |
| 開城留守：趙準永 | 戶曹參判：南廷哲 |
| 海防摠管：李奎遠 | 外務督辦：趙秉鎬 |

外務協辦：金允植・묄렌도르프(穆麟德)
外務參議：徐相雨
(《高宗實錄》, 고종 21년 10월 20일~10월 23일)

위의 정부개편을 보면 정부수반과 군사권 및 재정권은 처음부터 친청 수구파가 장악하고 수도와 그 방위 역시 친청 수구파가 장악하도록 하는 한편, 종친으로서 개화당이 포섭하려 했던 李載元(국왕의 사촌형)과 친청적 성향의 온건 개화파들을 그 밖의 직책에 임용하였다. 독일인 묄렌도르프(穆麟德)를 외무협판에 임명하여 중용한 것은 이례적 특색이었다.

친청 수구파정부에 일시 임용되었던 온건개화파들은 얼마 후에 대부분 해임되었을 뿐 아니라 개화사상을 가졌다는 이유로 각종 구실이 붙여져서 유배당하였다. 청군측의 강력한 영향하에 친청적 수구파정부가 수립되어 국정을 담당하게 된 것이었다.

### (2) 개화당의 몰락과 숙청

갑신정변이 실패하고 친청적 수구파 대신들이 임명되기 시작하면서부터 바로 개화당 요인들에 대한 추적과 살해·숙청이 가혹하게 시작되었다.

앞에서 이미 기술한 바와 같이, 갑신정변의 주도세력인 개화당 요인 중에서 국왕을 청군진영에 모셔 보내는데 호종한 홍영식·박영교·신복모 등 개화당 요인과 사관생도 출신 중심의 박응학·정행징·윤영관·하응선·이병호·이건영·백낙운 등 개화당 장사 7명은 국왕 인계 직후 재판도 없이 청군에 의해 10월 28일(양력 12월 6일) 밤 참살당하였다.[1]

또한 재집권한 친청 수구파정권은 10월 21일 김옥균·박영효·서광범·서재필을 '4凶'으로 규정하고, 외무독판 조병호와 협판 묄렌도르프 및 仁川監理 洪淳學에 명하여 일본망명차 인천에 가 있는 4흉을 체포해 오도록 하였다. 묄렌도르프는 김옥균에게 사적 증오심을 갖고 있었으므로 1대의 기마병대를 인솔하고 신속하게 김옥균 등을 인천까지 추격했으나 김옥균·박영효·서광범·서재필 등과 변수·유혁로·이규완·정난교·신응희 등 9명은 이미 천세환에 승선한 이후였다.

묄렌도르프는 다케조에에게 김옥균·박영효 등은 조선왕국의 역적으로 규정되어 체포하러 왔으니 즉각 하선시켜 인도하지 않으면 중대한 국제문제가 될 것이라고 강경하게 개화당 9명의 인도를 요구하였다. 다케조에에는 비열하게도 김옥균 일행의 하선을 요구했다. 이것은 바로 김옥균 등 9명의 참살을 의미하는 것이었다. 다케조에의 비겁성과 배신으로 김옥균의 생명이 위태롭게 될 때, 천세환 선장이 나서서 묄렌도르프에게 선박 안의 모든 것은 선장의 책임과 지휘를 따르는 것인데, 자기 배에는 김옥균 등과 같은 조선인은

---

1) 李光麟, 《開化黨硏究》, 175쪽 참조.

승선하지 않았다고 일축하였으므로 김옥균 등 개화당 요인들은 간신히 목숨을 건져 일본으로 망명하였다.[2)]

재집권한 친청 수구파정부의 잔존한 개화당들에 대한 추적은 가열하여, 1884년 말까지 李喜貞·金奉均·申重模·李倉奎·李允相·吳昌模·徐載昌·車弘植·南興喆·高興宗·李點乭·崔英植 등 12명이 곧 체포되어 가혹한 국문을 받고 처형되었다.[3)] 수구파정부는 1886년에도 개화파 잔당이라고 하여 尹景純·李應浩·全興龍·尹啓完·全昌基·閔昌洙·崔聖郁·李相祿·申興模·李禹石 등을 체포하여 잔혹한 고문을 가하면서 조사한 후 처형하였다.[4)] 갑신정변 실패 후 재집권한 친청 수구파정권이 개화당이라고 하여 처형한 희생자 수는 약 100여 명으로 추산되었다.[5)]

갑신정변 후 통리교섭통상사무아문에서 편집한《甲申事略》의 부록에서는 갑신정변으로 인한 사망자 수에 대해 수구당 요인이 민태호·조영하 등 7인, 개화당 요인이 홍영식·박영교 등 9인, 조선군 전사자 38명, 조선인 피해백성 88인, 조선인 피해여인 7명 등 조선인 사망자를 모두 149명으로 들었다. 한편 중국인 사망자는 10명, 일본인 피해자는 사망자 35명, 행방불명 3명 등 38명이라고 하였다.[6)]

수구파정부는 행방불명된 李寅鍾·李圭完·黃龍澤·崔殷童·高永石·朴齊絅·朴三龍·劉鴻基·白學鎭·李熙德·雲伊·李殷鍾·張明煥·浪昌寬·張聖寬·車壽鉉·申錫模·任鎭奎 등에 대해서는 체포령을 내려 계속 추적케 하였다.[7)] 갑신정변 실패의 영향으로 개화당 가담자들은 국내에서 처참하게 몰락하여 친청 수구파정권과 청군에 의해 무참하게 학살당하였다. 국민들과 진

2)《承政院日記》, 고종 21년 10월 24일.
《高宗實錄》, 고종 21년 10월 24일.
3)《推案及鞫案》, 大逆不道罪人喜貞等鞫案(亞細亞文化社 영인판 30책).
李光麟, 앞의 책 176쪽.
4)《推案及鞫案》 326책, 謀反大逆不道罪人景純等鞫案.
李光麟, 위의 책, 177~178쪽 참조.
5) 李光麟, 위의 책, 181쪽 참조.
6) 統理交涉通商事務衙門 編,《甲申事略》, 附錄 死亡者 人名錄.
李光麟, 위의 책, 174~175쪽 참조.
7)《備邊司謄錄》, 고종 22년 12월 22일 참조.

신들 사이에도 이제는 신변안전을 생각하여 감히 '開化'를 말하는 사람이 없게 되었고 나라의 개화정책은 자연히 침체하게 되었다.[8)]

### (3) 조선·일본의 교섭과 〈한성조약〉의 체결

갑신정변은 조선·일본·청국의 삼국관계에도, 따라서 동북아시아의 국제관계에도 큰 영향을 미쳤다. 갑신정변의 소식이 일본에 전해지자 일본 조야에서는 일본인 38명(일설 40명)이 살해된 사실을 들어 청국에 대한 성토 여론이 일어났다. 그런데 일본정부는 청국을 성토하는 것이 아니라 이 기회를 이용하여 조선의 민비 수구파정부에 군사적 위협을 가해서 조선정부를 굴복시켜 침략을 강화하고 배상금까지 받아 내려 획책하여, 1884년 10월 27일 일본 내각회의에서 이러한 내용의 행동방침을 논의 채택하였다.

그에 따라 일본정부는 외무대신 이노우에(井上馨)를 특파전권대사로 임명했으며, 이노우에는 군함 7척에 육군 2개 대대와 회담에 필요한 수행원을 거느리고 1884년 11월 14일 인천에 도착하였다. 조선측에서는 김홍집을 전권대사로 임명하고 조병호와 묄렌도르프가 보좌하여 대응케 하였다. 이노우에는 제1차 회담에서는 일본인 피해를 모두 조선측에 전가시키는 일방적 주장을 하더니, 11월 23일의 제2차 회담에서는 다음과 같은 내용의 일본측이 작성해 온 무리한 요구의 조약 초안을 제출하였다.

① 조선정부가 정식으로 일본에 사과할 것.
② 정변 때 죽은 일본인에게 배상금을 지불할 것.
③ 이소바야시(磯林) 일본군 대위를 살해한 자를 색출하여 처형할 것.
④ 일본공사관을 건축해 줄 것.
⑤ 일본공사관에 호위병을 배치할 것.
(《承政院日記》, 고종 21년 11월 23일)

이노우에는 조선정부가 만약 이에 응하지 않으면 힘으로 처리하겠다고 노골적으로 위협하였다. 조선측은 일본인들이 다수 청군과 충돌하여 사망한 것이며, 일본공사관이 불탄 것은 일본공사관 직원들이 기밀문서를 소각하다

---

8) 朴殷植, 《韓國痛史》(《朴殷植全書》, 98~100쪽 참조).

가 일어난 것임을 들어 반박하였다. 그러나 군함 7척과 2개 대대 일본군의 무력 위협에 눌려 1884년 11월 24일(양력 이듬해 1월 9일) 초안을 거의 그대로 수용한 다음과 같은 내용의 〈漢城條約〉이 조선정부와 일본정부 사이에 체결되었다.

> 제1조 조선국은 國書를 보내어 일본에 사의를 표명할 것.
> 제2조 이번 일본국 피해인민의 유족과 부상자에게 보상금을 지불하고 또 상인의 재물이 훼손 약탈된 것을 변상하기 위해 朝鮮國은 11萬圓을 지불할 것.
> 제3조 이소바야시대위를 살해한 흉도를 조사 체포하여 중형에 처할 것.
> 제4조 일본공사관은 新基地로 옮겨 지을 것을 요하는 바, 마땅히 朝鮮國이 그 기지를 제공하여 공사관 및 영사관으로 사용함에 족하도록 할 것이요, 그 건축에는 朝鮮國이 다시 2萬圓을 지불하여 공사비에 충당하도록 할 것.
> 제5조 일본호위병의 營舍는 공사관의 부근 토지에서 택정하되 제물포조약 제5조에 비추어 시행할 것.
> [별 단]
> ① 조약 제2·제4조의 금액은 日本銀貨로 계산할 것이며, 3개월 이내에 인천에서 완불할 것.
> ② 제3조의 흉도를 처단함은 이 조약이 성립된 이후 20일을 기한으로 할 것.
> (《高宗實錄》, 고종 21년 11월 24일)

일본측이 갑신정변에 개입한 것은 조선 수구파정부가 일본측에게 책임을 물어야 할 사항인데 적반하장으로 도리어 갑신정변에의 일본측 개입 책임을 조선 수구파정부에 전가하고, 또한 주로 청군에게 살해당한 일본인의 가족부양비 11만 원과 일본인들 스스로가 불지른 일본공사관의 부지와 건축비 2만 원 등 13만 원을 약탈하는 조약에 조선 수구파정권이 굴복하여 서명했으니, 무력위협에 눌려 완전히 부당한 굴욕외교를 한 것이었다. 한편 이노우에는 일본공사관을 호위한다는 구실로 일본군 1개 대대를 서울에 남겨 놓고 1884년 1월 26일 일본으로 돌아갔다.

조선 수구파정부는 이 조약을 지킨다고 이소바야시대위 살해범으로 12월 13일 金大興·元漢甲을 처형하고, 12월 20일에는 徐相雨를 특파전권대신, 묄렌도르프를 특파전권 부대신으로 國書를 갖고 일본에 파견하여 사과를 했으니, 피해자가 가해자에게 배상금을 지불하고 사과를 한 통탄할 굴욕외교를 한 것이었다. 〈한성조약〉을 계기로 일본은 조선정부를 매우 깔보게 되었으며 침략정책을 더욱 강화하게 되었다.

### (4) 청국·일본의 교섭과 〈천진조약〉의 체결

한편 청국정부는 갑신정변의 보고를 받자, 안남문제가 해결되지 않은 상태에서는 일본과의 충돌을 피하기 위해 사건을 더 이상 확대시키지 않는다는 방침을 정하고, 북양대신 이홍장에게 사건처리의 책임을 맡기었다.

이홍장은 吳大澂을 조선에 급파하여 진상을 조사케 하는 한편, 丁汝昌에게 군함 2척을 이끌고 조선에 출동하도록 명령하고, 동시에 청국주재 일본공사에게는 사건을 확대하지 않겠다는 청국측 입장을 일본정부에 전달하도록 요청하였다. 정여창은 11월 6일에 군함 2척에 500명의 군대를 이끌고 남양만 馬山浦에 도착하여 11월 8일 서울에 들어왔고, 오대징은 11월 13일에 마산포에 도착하여 11월 17일에 서울에 들어왔다. 청국측은 일본과의 충돌을 피하려 하여 조선 수구파정부가 굴욕적 한성조약을 체결하는 것을 방관할 수밖에 없었다.

일본정부는 청국세력을 한반도에서 내보내기 위해 청국과 전쟁을 하는 것을 시기상조라고 판단하고, 한성조약으로 조선에서 기대 이상의 이익을 얻어냈으므로 당분간 청국과 타협하기로 방침을 정하였다. 이에 일본측은 청국주재 영국전권공사 파아크스(Harry S. Parks, 巴夏禮)의 중재로 청국에게 청·일 양국군의 한반도로부터의 철수를 제의하니, 청국측도 동의하였다.[9] 이에 청국측 수석전권대신 이홍장과 일본측의 특파전권대사 이토 히로부미 사이에 1885년 3월 4일(양력 4월 18일) 중국 천진에서 이른바 〈天津條約〉이 다음과 같은 내용으로 체결되었다.

① 청국은 조선에 주둔시키고 있는 군대를 철수하고, 일본은 공사관 호위를 위하여 조선에 주둔시킨 군대를 철수키로 한다. 조약에 서명 날인한 날로부터 4개월 이내에 양국은 군대를 완전히 철수하여 서로의 염려를 없애도록 한다.

---

9) 《日本外交文書》 18권, 문서번호 130, 日淸ノ衝突ヲ避クル爲メ淸國ヘ撤兵ヲ乞ヒ國王保護ノ爲メ英兵ヲ依頼ノ件, 208~210쪽 참조.

중국군은 馬山浦로부터 철수하고 일본군은 仁川港으로부터 철수한다.

② 양국은 함께 조선국왕에게 권하여 병사를 교련해서 치안을 스스로 하도록 하고, 조선국왕이 다른 외국 무관 1인이나 수인을 초빙하여 교련의 일을 위임토록 하되, 청국·일본 양국은 자국인을 파견하여 조선에 주재해서 교련하는 일이 없도록 하다.

③ 장래 조선에 만약 변란이나 중대한 사건이 있어 청국·일본의 두 나라 또는 한 나라가 파병을 요할 때에는 응당 그에 앞서 상호 (外交)文書를 보내어 알게 할 것이요, 그 사건이 진정되면 즉시 철병하여 다시 주둔하지 않는다.

(《日本外交文書》18권, 문서번호 162, 伊藤大使·李鴻章天津談判ノ件(6), 290쪽 참조)

이 천진조약의 내용은 조선에 변란이나 중대사건이 있을 때 주인인 조선의 의사와는 관계없이 청국과 일본이 '균등하게 간섭과 파병의 권리'를 갖는다는 침략적 국제조약이었다. 이것은 조선에 대한 침략에 이어서 청국과 일본이 야합하여 침략자로서의 대등한 권리를 가지는 것을 규정한 침략적 조약이었다.

이 조약대로, 1885년 6월 10일 일군은 인천항, 청군은 마산포에서 각각 동시에 물러갔다. 이후 청·일양국은 조선에 대한 정치적 간섭과 경제적 침략의 강화를 위해 치열하게 대립하고 경쟁하며 조선에 심대한 피해를 주었다.

### 2) 갑신정변의 역사적 의의

갑신정변은 위에서 본 바와 같이 일단 정권을 장악하여 개화당의 신정부를 수립하고 혁신정강을 선포하는 데까지는 성공했으나, 신정권을 3일밖에 유지하지 못하고 실패하였다. 갑신정변은 실패했음에도 불구하고 일정한 역사적 의의를 가진 운동이었다.

첫째, 갑신정변은 세계사적으로 한국민족이 대개혁을 단행하기에 가장 적절한 시기에 정권을 장악해서 '위로부터의 자주근대화의 대개혁'을 단행하여 가장 적극적으로 전근대적 국가체제를 청산하고 자주부강한 근대국가를 건설하려고 한 과감한 자주근대화운동이었다.[10]

---

10) 金玉均, 〈朝鮮改革意見書〉(全集, 109~111쪽).

세계근대사와 동아시아근대사를 보면 '정한론' 이후 한국침략을 노리던 일본제국주의가 실제로 이웃 나라를 식민지화할 능력을 갖게 된 것은 빨리 잡아보면 청·일전쟁(1894~1895) 무렵이고 늦게 잡아보면 러·일전쟁(1904~1905) 무렵이었다고 할 수 있다. 빠른 경우를 취해 보면, 갑신정변(1884)의 10년 후에는 일본이 제국주의 실력을 확립하여 한국에 대한 식민지화 침략능력을 갖게 되는 것이다. 개화당의 영민한 청년들이 청국의 시대착오적인 속방화 간섭정책과 근대화 저지정책을 일거에 타도하고 자기 조국의 자주독립과 자주근대화를 위해 10년의 급속한 근대국가 건설기간을 가지려고 시도한 것은 역사적으로 당연한 것이었다고 볼 수 있다.

개화당은 당시 외세의 침략 압력의 급박성과 개항 직후 한국정치사회의 상대적 낙후성의 큰 격차 때문에, 국민대중의 성숙을 기다려 '아래로부터의 자주근대화'를 수행할 시간적 여유를 갖지 못하고, 먼저 정변의 방법으로 정권을 장악하여 독립과 근대화를 저지하고 있는 청국세력을 몰아내고 국민을 교육하면서 '위로부터의 자주근대화'를 단기간에 수행하려고 한 것이었다.[11]

세계사에서 늦게 근대화를 시작한 나라들 중의 성공한 나라들이 모두 단기간에 위로부터의 근대화의 유형을 실행한 나라들이었음을 고려한다면, 갑신정변의 급속한 위로부터의 자주근대화운동은 세계사에서의 성공한 근대화 유형의 하나를 추구한 운동이었다고 볼 수 있다.

둘째, 갑신정변은 한국근대사상 개화운동에 일정 방향을 정립해 주었다.

갑신정변은 정치적으로는 청국의 종주권 주장과 내성간섭을 단호히 철폐하여 완전 자주독립을 실현하고 전근대적 전제군주제도를 입헌군주제의 방향으로 개혁하여 근대국가체제를 수립하려 하였다. 사회적으로는 양반신분제도와 문벌제도를 폐지하고 국민평등권리의 제도를 제정하여 신분사회를 근대시민사회로 변혁시키려고 하였다.

경제적으로는 중세적 경제조직과 특권상업제도를 폐지하고 회사형태의 상공업 자유기업에 의한 근대자본주의적 경제와 산업을 발전시키려고 하였다.

문화적으로는 양반중심의 귀족문화를 철폐하고 일반 국민중심의 근대문화

---

11) 徐載弼, 〈回顧甲申政變〉(앞의 책, 82쪽 참조).

와 신교육을 실시하려고 하였다. 군사적으로는 전근대적 군사제도를 개혁해서 사관학교와 근위대와 신식 육군·해군을 창설하여 국방을 자기 무력으로 실행하려고 하였다. 이것은 종합적으로 낙후한 전근대적 국가와 사회체제를 선진적인 근대적 국가와 사회로 개혁하려 한 것이었다.

이러한 방향의 국가개혁은 그 이후의 모든 개화운동이 계승하여 추구한 것이었으며, 10년 후의 갑오개혁은 갑신정변의 개혁안을 다른 상황에서 계승하여 실행한 측면이 많은 것이었다.

셋째, 갑신정변은 한국의 반침략 독립운동에도 하나의 근대적 기원을 정립한 것이었다. 갑신정변은 당시 청국의 시대착오적인 對朝鮮 '屬邦化'정책과 적극 간섭정책을 타도하고 조국의 완전 자주독립을 쟁취하기 위한 과감한 운동이었지만, 이 운동의 내부 성격은 비단 청국의 침략만이 아니라 모든 외세의 침략에 대한 저항과 독립의 추구가 본질을 이루고 있었다.

朴殷植이 그의 고전적 저서 《韓國獨立運動之血史》의 제1장을 〈甲申獨立黨의 革命失敗〉로부터 시작한 것은 갑신정변을 한국독립운동의 근대적 시작으로 본 때문이었다.12)

넷째, 갑신정변은 한국의 근대민족주의 사상과 운동의 형성 발전에 하나의 이정표를 세운 운동이었다. 한국근대사에서 모든 근대민족주의 운동은 갑신정변을 비판적으로 계승하여 그것을 반성하고 발전시킨 것이 매우 많았다. 그 후의 갑오개혁의 자주적 부문, 독립협회·만민공동회운동, 애국계몽운동은 직접적으로 갑신정변을 비판적으로 계승하고 발전시킨 운동이었다고 볼 수 있다.

〈愼鏞廈〉

12) 朴殷植, 《韓國獨立運動之血史》(《朴殷植全集》 상, 451쪽 참조).

# 집 필 자

개　요 ………………………………………………… 신용하

## Ⅰ. 개화파의 형성과 개화사상의 발전

1. 개화파의 형성과 활동 ………………………………… 신용하
2. 개화사상의 발전 ……………………………………… 권오영

## Ⅱ. 개화정책의 추진

1. 개화정책의 추진세력 ………………………………… 서영희
2. 신문명의 도입
   1) 일본시찰단의 파견 ………………………………… 허동현
   2) 청국유학생(영선사)의 파견 ………………………… 권석봉
   3) 미국시찰단의 파견 ………………………………… 김원모
3. 제도의 개혁 …………………………………………… 변승웅

## Ⅲ. 위정척사운동

1. 위정척사사상의 대두 ………………………………… 이택휘
2. 위정척사운동의 전개 ………………………………… 문소정
3. 위정척사운동의 영향과 의의 ………………………… 이택휘

## Ⅳ. 임오군란과 청국세력의 침투



## Ⅴ. 갑신정변

**한국사 38**
개화와 수구의 갈등

편찬간행 **국사편찬위원회**

초판1쇄 2003년 11월 30일
2쇄 2013년 6월 4일

번각발행 **탐구당**

등록일 1950년 11월 1일
등록번호 서울 제 03-00993 호

주소 서울특별시 용산구 한강대로 62 나길 6
전화 (02) 3785-2211(대표)
팩스 (02) 3785-2272
홈페이지 www.tamgudang.co.kr
전자우편 tamgudang@paran.com

ISBN 978-89-8236-604-8
978-89-8236-566-9(세트)

**값** 18,000 원